Gustave Flaubert

Die Erziehung des Herzens

Geschichte eines jungen Mannes

1919

„Frédéric Moreau ist jung, ehrgeizig und voller Pläne. Mit überschäumendem Herzen lässt er die Provinz hinter sich und begibt sich nach Paris, in die Metropole der Kunst, der Politik, der Macht. Doch Moreau ist auch empfindsam, wie es Künstlerseelen bisweilen zu sein pflegen. Die Liebe zu Madame Arnoux überwältigt ihn und lähmt seine Tatkraft bis auf Weiteres. Nachdem er überdies seine politischen Naivitäten in sich zusammenfallen sieht, bleibt von seiner Schaffenskraft nicht mehr übrig als langweilende Mittelmäßigkeit, für die Paris keine Verwendung hat. Game over!“ *Redaktion Gröls-Verlag (Edition I Werke der Weltliteratur)*

Redaktionelle Hinweise und Impressum

Das vorliegende Werk wurde zugunsten der Authentizität sehr zurückhaltend bearbeitet. So wurden etwa ursprüngliche Rechtschreibfehler regelmäßig *nicht* behoben, denn kleine Unvollkommenheiten machen das Buch – wie im Übrigen den Menschen – erst authentisch. Mitunter wurden jedoch zum Beispiel Absätze behutsam neu getrennt, um den Lesefluss zu erleichtern.

Wir sind bemüht, ein ansprechendes Produkt zu gestalten, welches angemessenen Ansprüchen an das Preis/Leistungsverhältnis und vernünftigen Qualitätserwartungen gerecht wird. Um die Texte zu rekonstruieren, werden antiquarische Bücher von leistungsfähigen Lesegeräten gescannt und dann durch eine Software lesbar gemacht. Der so entstandene Text wird von Menschen gegen eine Aufwandsentschädigung gegengelesen und korrigiert – Hierbei können gelegentlich Fehler auftreten. Wenn Sie ebenfalls antiquarische Texte einreichen möchten, wenden Sie sich für weitere Informationen gerne an

www.groels.de

Informieren Sie sich dort auch gerne über die anderen Werke aus unserer

Edition | Bedeutende Werke der Weltliteratur

Sie werden es mit 99,053 %iger Wahrscheinlichkeit nicht bereuen.

Die Deutsche Nationalbibliothek verzeichnet dieses Werk in der Deutschen Nationalbibliografie.

Verleger: Marcel Hermann-Josef Gröls, Poelchaukamp 20, 22301 Hamburg.
Externer Dienstleister für Distribution und Herstellung: BoD, In de Tarpen 42, 22848 Norderstedt

Inhaltsverzeichnis

Erstes Buch

1.

Am fünfzehnten September 1840, gegen sechs Uhr Morgens, lag die "Ville-de-Montereau", zur Abfahrt bereit, vor dem Quai Saint-Bernard und stieß pustend schwere Rauchwolken aus.

Atemlos kamen Reisende an; Tonnen, Taurollen und Wäschekörbe versperrten die Wege; die Matrosen antworteten keinem Menschen; man stieß sich im Gedränge; die Gepäckstücke türmten sich allmählich zwischen den beiden Radkasten hoch auf, und all der Lärm wurde zum Schluß vom Ausströmen des Dampfes verschlungen, der aus dem Maschinenraum durch Metallklappen hervordrang und eine weißliche Wolke weithin ausgoß; vorne klingelte mittlerweile die Glocke ohne Aufhören.

Endlich war der Dampfer in Bewegung; und die beiden Ufer, dicht besetzt mit Speichern, Bauplätzen und Maschinen, zogen vorbei wie zwei breite Bänder, die man langsam abrollt.

Ein junger Mann von achtzehn Jahren, mit langem Kopfhaar, ein Skizzenbuch unter dem Arm, stand dicht am Steuerrad, unbeweglich. Durch den Nebel sah er auf Türme und Gebäude, deren Namen er nicht kannte; mit einem letzten Blick klammerte er sich an die Insel St. Louis, die Altstadt, Notre-Dame; und als Paris bald darauf verschwand, stieß er einen tiefen Seufzer aus.

Frédéric Moreau hatte eben sein Abiturienten-Examen gemacht und war auf dem Rückwege nach Nogent-sur-Seine, wo er zwei Monate zuzubringen gezwungen war, ehe er mit dem Studium des Rechts beginnen sollte. Seine Mutter hatte ihn, mit den unumgänglich nötigsten Geldmitteln versehen, nach Havre zum Besuche eines Onkels geschickt, dessen Erbschaft sie für ihren Sohn erhoffte; gestern erst war er von dort zurückgekehrt; und da er sich nicht in Paris aufhalten konnte, suchte er eine Entschädigung in der Länge des Umwegs, auf dem er seinem heimatlichen Städtchen wieder zustrebte.

Der Lärm legte sich; alle hatten ihre Plätze gefunden; einige standen, sich wärmend, ringsum an der Maschine, deren Schornstein mit rhythmischem und langsamem Stöhnen dicken, schwarzen Rauch ausstieß; auf den Kupferröhren saßen Wassertröpfchen; das Deck erzitterte unter einer leisen Erschütterung von unten her, und die beiden Räder peitschten das Wasser mit schnellen Umdrehungen.

Das Ufer war gesäumt mit Sanddünen. Man begegnete Holzflößen, die unter dem Anprall der Wellen zu schaukeln begannen, oder einem Ruderboot, in dem ein Mann saß und fischte; dann teilten sich die Nebel, die Sonne kam hervor, der Hügel, der zur rechten Seite dem Lauf der Seine folgte, flachte langsam ab, und es erhob sich ein anderer, näherer auf dem entgegengesetzten Ufer.

Den Gipfel krönten Bäume und niedrige Häuser mit flachen italienischen Giebeldächern. An diese schlossen sich Gärten, die zum Ufer abfielen und durch Mauern abgeteilt waren; auch Gitter aus Schmiedeeisen gehörten dazu, Rasenplätze, Treibhäuser, Blumenvasen mit Geranien und Terrassen, die zum Ausruhen lockten. Mehr als einer, der diese koketten und so ruhig gelegenen Siedelungen sah, mochte den neidischen Wunsch nach solchem Besitz empfinden, um da bis ans Ende seiner Tage zu leben, mit einem guten Billard, einem Segelboot, einer Frau oder mit einer anderen Liebhaberei. Das Vergnügen einer Wasserfahrt, einigen völlig neu, erleichterte die Vertraulichkeiten. Spaßvögel begannen Scherze zu treiben. Viele sangen. Man wurde lustig. Man bot sich was zum Trinken an.

Frédérics Gedanken weilten bei dem Zimmer, in das er nun zurückkehren sollte, bei dem Entwurf eines Dramas, bei Einfällen für Bilder, bei Leidenschaften, die noch kommen sollten. Er fand, daß das Glück, das er nach seiner Ansicht kraft der Vortrefflichkeit seiner Seele verdiente, lange auf sich warten ließ. Er sprach düstere Verse vor sich hin; dabei durchmaß er das Verdeck mit schnellen Schritten; er drang bis zum Bugspriet vor, wo die Schiffsglocke war; – und da sah er in einem Kreis von Passagieren und Matrosen einen Herrn, der mit einer Bäuerin schön tat und mit dem goldenen Kreuz spielte, das sie auf der Brust trug. Es war ein heiterer Mann, ungefähr vierzig Jahre alt, mit krausem Haar. Eine schwarze Samtjacke bekleidete seinen kräftigen Körper, zwei Smaragde glänzten auf seinem Vorhemd von Batist, und sein breites, weißes Beinkleid fiel auf sonderbare rote Juchtenstiefel, die mit blauen Mustern verziert waren.

Frédérics Gegenwart schien ihn nicht zu stören. Mehrmals wendete er sich zu ihm um und zwinkerte ihm mit den Augen zu; dann bot er allen Umstehenden Zigarren an. Aber schließlich schien diese Runde ihm doch lästig zu werden, und er ging weiter. Frédéric folgte ihm. Ihre Unterhaltung galt vorerst den verschiedenen Tabaksorten, dann ging sie wie von selbst auf die Frauen über. Der Herr mit den roten Stiefeln gab dem jungen Manne gute Ratschläge; er entwickelte Theorien, erzählte Anekdoten, führte sich selbst als Beispiel an, alles mit einem väterlichen Tone, mit einer belustigenden naiven Verderbtheit.

Er war Republikaner; war weitgereist, kannte die Geheimnisse der Theater, der Restaurants, der Zeitungen und alle berühmten Künstler, die er in intimer Weise bei ihren Vornamen nannte; Frédéric vertraute ihm bald seine Pläne an; er ermutigte ihn darin.

Plötzlich unterbrach er sich, um den Schornstein zu beobachten, dann murmelte er rasch eine lange Berechnung vor sich hin, um herauszufinden, "wie viele Kolbenumdrehungen, wenn soundso viel in der Minute erfolgen, nötig wären und so weiter". Nachdem die Endsumme gefunden war, bewunderte er verzückt die Landschaft. Er pries es als ein Glück, daß er dem Geschäft entronnen sei. Frédéric begann, eine gewisse Hochachtung vor ihm zu empfinden, und konnte der Versuchung nicht widerstehen, ihn um seinen Namen zu bitten. Der Unbekannte antwortete in einem Atemzug:

"Jacques Arnoux, Eigentümer des ›Kunstgewerbe‹, Boulevard Montmartre."

Ein Diener mit einer Goldborte an der Mütze kam und meldete:

"Möchte der gnädige Herr nicht herunterkommen? Das Fräulein weint."

Arnoux entfernte sich.

Das "Kunstgewerbe" war ein Zwitter-Unternehmen, bestehend aus einer Fachzeitung für Malerei und aus einer Bilderhandlung. Frédéric erinnerte sich, diesen Titel schon wiederholt in der Auslage des Bücherhändlers in seinem Heimatorte gesehen zu haben, auf riesigen Prospekten, wo der Name Jacques Arnoux sich auffallend bemerkbar machte.

Die Sonne sandte glühende Strahlen und ließ die Metallringe, die die Masten umgaben, die Messingplatten der Brüstung und die Oberfläche des Wassers aufleuchten; dieses teilte sich vom Bug an in zwei Streifen, die sich bis an den Rand der Ufer hinzogen. Bei jeder Flußkrümmung zeigten sich immer wieder dünne Pappeln. Die Gegend war öde und leer. Am Himmel standen unbewegliche kleine weiße Wolken, – und die Langeweile, die sich unmerklich niedersenkte, schien den Gang des Schiffes zu verlangsamen und ließ die Reisenden noch uninteressanter erscheinen als zuvor.

Abgesehen von der kleinen Gesellschaft auf dem ersten Platz waren es Arbeiter und kleinere Ladenbesitzer mit ihren Frauen und Kindern. Nach der Sitte jener Zeit, sich auf der Reise möglichst schäbig zu kleiden, trug fast alles alte Mützen oder verschossene Hüte, abgenutzte schwarze Anzüge und Überröcke, deren Knöpfe bereits das Metall sehen ließen; hier und da zeigte sich unter einer Tuchweste ein mit Kaffee beschmutztes baumwollenes Hemd oder eine Simili-Nadel auf einer zerfetzten Krawatte. Einige plauderten im Stehen oder auf ihre Gepäckstücke hingekauert; andere schliefen in den Ecken; mehrere aßen. Das Deck war mit Schalen von Nüssen und Birnen, Zigarren-Abfällen und Wurstüberresten besudelt. Drei Tischler in ihren Arbeitsblusen hielten sich vor der Schänke auf; ein in Lumpen gekleideter Harfenspieler ruhte sich, auf sein Instrument gelehnt, aus. Dann und wann hörte man Kohlen in den Kessel schaufeln, ein Lachen, laute Stimmen, während der Kapitän auf der Laufbrücke unaufhörlich von einem Radkasten zum andern eilte. Frédéric wollte seinen Sitz wieder aufsuchen und öffnete das Gitter zum ersten Platz; zwei Jäger mit ihren Hunden stieß er dabei unsanft an.

Da war es mit einem Male wie eine Vision.

Sie saß mitten auf der langen Bank, ganz allein; oder waren seine Augen so geblendet, daß er nichts anderes sehen konnte? In dem Augenblicke, wo er an ihr vorüberging, hob sie ihren Kopf; er zuckte unwillkürlich zusammen; und erst nachdem er auf derselben Seite des Verdecks weiter hinaufgegangen war, sah er sie an.

Sie trug einen großen Strohhut mit blaßroten Bändern, die hinter ihr im Winde flatterten. Ihr schwarzes Haar fiel vom Scheitel in glatten Streifen tief herab, als wollte es sich liebevoll an das Oval ihres Gesichtes schmiegen. Ihr weißes, mit kleinen Tupfen geflecktes Musselin-Kleid fiel in zahlreichen Falten. Sie war mit einer Stickarbeit beschäftigt; und ihre gerade Nase, ihr Kinn, die ganze Erscheinung zeichnete sich scharf auf dem Hintergrund aus blauer Luft ab.

Da sie unbeweglich blieb, machte er einige Schritte nach rechts und links, um seine Absicht zu maskieren; dann erst pflanzte er sich dicht neben ihrem Sonnenschirm auf, der an die Bank gelehnt war; und er tat, als beobachte er eifrig eine Schaluppe auf dem Fluß.

Nie zuvor hatte er einen glänzenden Teint wie den ihrer braunen Haut, den Zauber einer solchen Taille, nie diese Feinheit der Finger, die das Licht schimmernd durchließen, gesehen. Ihren Arbeitskorb betrachtete er wie ein Wunder. Wie hieß sie? Wo wohnte sie? Was war ihr Leben, ihre Vergangenheit? Er empfand eine Sehnsucht, die Möbel ihres Zimmers kennen zu lernen, alle Kleider, die sie getragen, und die Leute, mit denen sie verkehrte; und selbst die Begierde nach ihrem körperlichen Besitz trat gegen ein stärkeres, anderes Gefühl, eine Art schmerzlicher Neugierde, die grenzenlos war, in den Hintergrund.

Eine Negerin, deren Kopf von einem Tuch bedeckt war, erschien, an der Hand ein junges Mädchen, das schon halberwachsen war. Das Kind, in dessen Augen Tränen schwammen, war soeben erwacht; sie nahm es auf die Knie. "Das kleine Fräulein ist nicht brav, und ist doch bald sieben Jahre alt. Mama wird sie gar nicht mehr liebhaben; man läßt ihr ihre Launen zu sehr durchgehen."

Frédéric hörte das mit Interesse an, als wäre darin eine Entdeckung, ein Gewinn für ihn enthalten.

Er vermutete, daß sie Spanierin, vielleicht Kreolin, sei; die Negerin hatte sie wohl aus den Kolonien mitgebracht?

Nun aber lag hinter ihrem Rücken auf dem Messingbort der Brüstung ein langer Schal mit violetten Streifen. Sie hatte ihn gewiß schon oft auf hoher See benutzt, an langen feuchten Abenden ihre Schultern damit bekleidet, die Füße darin gewärmt, oder darin geschlafen. Jetzt glitt das Tuch, von den Fransen abwärts gezogen, immer tiefer und war in Gefahr, ins Wasser zu fallen. Frédéric machte einen Sprung und hielt es zurück. Sie sagte zu ihm:

"Ich danke Ihnen."

Ihre Blicke trafen sich.

"Frau, bist du fertig?" rief Arnoux, der soeben auf der Kajütentreppe erschien.

Die kleine Martha stürzte sich zu ihm, hängte sich an seinen Hals und zog an seinem Schnurrbart. Plötzlich hörte sie Harfenklänge, sie wollte nun die Musik auch *sehen*; und bald erschien der Mann mit dem Instrument, von der Negerin herbeigeholt, in der ersten Klasse. Arnoux erkannte in ihm ein früheres Modell und duzte ihn zur großen Verwunderung der Nebenstehenden. Schließlich warf der Harfner seine langen Haare über seine Schultern zurück, streckte die Arme vor sich hin und begann zu spielen.

Es war eine orientalische Romanze, in der von Dolchen, Blumen und Sternen die Rede war. Der zerlumpte Musikant sang das mit einer schneidend scharfen Stimme; das Stampfen der Maschine zerriß die Melodie in falschem Rhythmus; er griff stärker: die Saiten zitterten, und ihre metallischen Stimmen schienen aufzuschluchzen, als klagte ein stolzes, aber besiegtes Herz seine Liebe. Auf beiden Ufern neigten sich die Bäume bis ans Wasser nieder; ein frischer Luftzug strich vorbei; Madame Arnoux sah unbestimmt in die Ferne. Als die Musik aufhörte, zuckten ihre Lider, als erwachte sie aus einem Traum.

Bescheiden kam der Harfner heran. Während Arnoux nach kleiner Münze suchte, näherte Frédéric seine geschlossene Hand der hingehaltenen Mütze und warf einen Louisdor hinein. Nicht die Eitelkeit war es, die ihn dazu trieb, dieses Almosen vor ihren Augen zu geben, sondern eine Art Opferweihe, mit der er sie in Verbindung brachte, eine fast religiöse Herzensregung.

Arnoux lud ihn ein, mit ihm in die Kajüte hinabzusteigen, und ging voran. Frédéric gab vor, schon gefrühstückt zu haben, während er in Wirklichkeit ausgehungert war; er hatte keinen Pfennig mehr in der Tasche.

Dann sagte er sich, daß er dasselbe Recht wie jeder andere habe, sich unten aufzuhalten.

An runden Tischen aßen viele Gäste, von einem Kellner bedient. Herr und Frau Arnoux hatten im Hintergrunde rechts Platz genommen. Frédéric setzte sich auf eine lange Samtbank und ergriff eine Zeitung, die neben ihm lag.

Das Ehepaar hatte die Absicht, in Montereau die Post nach Châlons zu nehmen; ihre Schweizer Reise sollte einen Monat dauern. Frau Arnoux warf ihrem Manne seine Schwäche gegenüber dem Kinde vor. Er flüsterte ihr etwas ins Ohr, anscheinend eine Liebenswürdigkeit, denn sie lächelte. Dann erhob er sich, um den Fenstervorhang hinter ihr zu schließen.

Der niedrige weißgestrichene Plafond warf grell das Licht zurück. Frédéric, der ihr gegenübersaß, konnte den Schatten ihrer Wimpern deutlich sehen. Sie nippte ab und zu an ihrem Glas und zerbröckelte Brot zwischen ihren Fingern, das Medaillon aus Lapis Lazuli, das an einem Goldkettchen von ihrem Handgelenk herunterhing, schlug mehrmals klirrend an ihren Teller. Indessen, ihrer Umgebung schien sie überhaupt nicht weiter aufzufallen.

Dann und wann sah man durch die Kajütenfenster die Seite einer Barke, die am Schiff anlegte, um Passagiere abzuholen oder zu bringen. Die Leute in der Kajüte sahen zu den Fenstern hinaus und nannten sich die Gegend, wo man gerade war.

Arnoux schimpfte über die Küche, beschwerte sich über die Rechnung und strich von ihrem Betrag etwas ab. Dann schleppte er den jungen Mann in das Vorderteil des Schiffes, um ihn mit Grog zu bewirten. Frédéric kehrte jedoch bald unter das Zelt zurück, wo Madame Arnoux saß. Sie las in einem dünnen Heft mit grauem Umschlag. Ihre Mundwinkel hoben sich zeitweilig, und über ihr Gesicht huschte ein Schimmer von Heiterkeit. Ihn erfaßte eine heftige Eifersucht auf den, der es verstand, sie so zu fesseln. Je mehr er sie betrachtete, desto mehr fühlte er den Abgrund zwischen ihr und sich, und ihn erfüllte ein brennender Schmerz bei dem Gedanken, sie bald unwiderruflich verlassen zu müssen, ohne ein Wort von ihr erhascht zu haben und ohne etwas in ihrer Erinnerung zu sein.

Rechts dehnte sich eine Ebene aus; auf der linken Seite ging eine Weide fast unmerklich in einen Hügel über, auf dem man Weinstöcke, Nußbäume und, im Grünen versteckt, eine Mühle sah; weiter entfernt konnte man kleine Pfade unterscheiden, die zickzackförmig auf einen weißen Felsen führten. Welches Glück mußte es sein, Seite an Seite mit ihr; den Arm um sie geschlungen, dort umherzuwandern, – ihre Schleppe würde über die welken Blätter streichen, ihre Stimme könnte er hören, ihre Augen strahlen sehen. Das Schiff brauchte nur anzulegen und sie mit ihm auszusteigen, und diese anscheinend so einfache Sache war doch ebenso unmöglich, wie die Sonne von ihrer Stelle zu bewegen. In der Entfernung zeigte sich ein Schloß mit spitzen Dächern und eckigen Türmchen. Ein Blumenbeet dehnte sich vor der Front aus, und hohe Linden bildeten Alleen, die wie dunkle Wölbungen aussahen. Auf der Terrasse zwischen Orangekübeln sah man einen jungen Mann und eine Dame. Und dann verschwand alles.

An Frédérics Seite spielte das Kind. Er wollte es küssen, aber es versteckte sich hinter der Magd. Die Mutter schalt es wegen seiner Unliebenswürdigkeit gegen den Herrn, der ihren Schal gerettet hatte. Sollte das eine Annäherung sein?

"Wird sie endlich sprechen?" fragte er sich. Die Zeit drängte. Wie konnte man eine Aufforderung zu einem Besuch von Arnoux bekommen? Es fiel ihm nichts Besseres ein, als eine Bemerkung über die herbstlichen Farben der Landschaft.

"Nun ist bald wieder Winter, die Saison der Bälle und der Diners."

Arnoux war jedoch ganz mit seinem Gepäck beschäftigt. Man kam jetzt Surville nahe und seinen beiden Landungsbrücken, eine Seilerbahn wurde passiert, dann eine Reihe niedriger Häuser; am Strand sah man Teerkessel und Holzabfälle; über die Düne liefen Gassenjungen und schlugen Purzelbäume. Frédéric erkannte einen Mann in einer Ärmelweste und rief ihm zu:

"Beeile dich."

Man legte an. Mit vieler Mühe erreichte er Arnoux wieder, um sich von ihm zu verabschieden; dieser antwortete ihm mit einem Händedruck:

"Viel Vergnügen, junger Mann."

Auf dem Kai drehte Frédéric sich um. Sie stand nahe am Steuerrad, hochaufgerichtet. Er warf ihr einen Blick zu, in den er seine ganze Seele zu legen versuchte, doch sie blieb unbeweglich, als wenn sie nichts gesehen hätte. Dann herrschte er seinen Diener an, ohne dessen Gruß zu beachten:

"Warum hast du den Wagen nicht hier herangeführt?"

Der gute Mann stammelte eine Entschuldigung.

"Du bist ein Tölpel. Gib mir etwas Geld." Und er ging in ein Wirtshaus essen. Eine Viertelstunde später erfaßte ihn die Lust, wie zufällig in den Abfahrtshof der Post einzutreten. Vielleicht könnte er sie noch einmal sehen.

"Aber wozu?" fragte er sich schließlich.

Und er ließ seinen Viersitzer sich in Bewegung setzen. Seiner Mutter gehörte nur eines der Pferde, das andere hatte sie sich von Chambrion, dem Steuereinnehmer, ausgeliehen. Der Diener Isidore, der am vorhergehenden Tage vom Hause abgefahren war, hatte in Bray bis zum Abend gewartet und in Montereau übernachtet, so daß die ausgeruhten Tiere kräftig ausholten. In endloser Folge dehnten sich Felder, auf denen schon die Ernte lag. Längs der Straße zogen sich zwei Reihen Bäume, unterbrochen von Steinhaufen. Nach und nach kamen ihm Villeneuve-Saint-Georges, Ablon, Chatillon, Corbeil, kurz, seine ganze Reise wieder in Erinnerung, und zwar in so ausgeprägten Bildern, daß ihm neue Einzelheiten und intimere Züge einfielen. Unter dem Saum ihres Kleides sah ihr Fuß in einem schmalen Schuh aus kastanienbrauner Seide hervor; das Leinwanddach war ein breiter Himmel über ihrem Kopf, und die kleinen roten Quasten an der Borte des Daches zitterten im Winde, unaufhörlich. Sie war wie die Heldinnen der Ritterromane. Von ihrer Person hätte er nichts hinwegwünschen, nichts ihr anfügen wollen. Die Welt schien sich plötzlich vor ihm auszudehnen, ihre Person aber war der Lichtpunkt, wo alle Dinge zusammenflossen; und mit halbgeschlossenen Lidern und den Blick zu den Wolken gerichtet, sanft gewiegt durch die Bewegung des Wagens, überließ er sich einer träumerischen und unbegrenzten Freude.

In Bray wartete er die Fütterung der Pferde nicht ab, er ging allein auf der Landstraße voran. Arnoux hatte sie "Marie" angeredet. Ganz laut rief er "Marie". Seine Stimme verlor sich in der Luft. Im Westen flammte der Himmel purpurfarben. Große Heuschober, die sich inmitten der Felder erhoben, warfenriesenhafte Schatten. Ein Hund schlug in einer Hütte an, in weiter Ferne. Er erschauerte, von einer unerklärlichen Unruhe erfaßt. Als Isidore ihn eingeholt hatte, setzte sich Frédéric auf den Bock, um selbst zu kutschieren. Die Schwäche war überwunden, und er war fest entschlossen, unter irgendeinem Vorwande Zutritt bei den Arnoux zu suchen und sich mit ihnen enger zu befreunden. Ihr Haus mußte wohl unterhaltend sein, Arnoux gefiel ihm; und endlich, man konnte nicht wissen –! Das Blut stieg ihm ins Gesicht, seine Schläfen hämmerten, er knallte mit der Peitsche, zog heftig an den Zügeln und zwang die Pferde zu einem so schnellen Schritt, daß der alte Kutscher ängstlich rief:

"Sachte! Aber sachte! Sie werden Ihnen durchgehen!"

Nach und nach beruhigte sich Frédéric, und er ließ den Diener erzählen.

Man erwartete den gnädigen Herrn mit großer Ungeduld. Fräulein Luise hatte geweint, weil sie gern in dem Wagen mitgefahren wäre.

"Fräulein Luise? Wer ist denn das?"

"Wissen Sie nicht? Die Kleine des Herrn Roque."

Zerstreut erwiderte Frédéric:

"Richtig. Das habe ich vergessen."

Schließlich konnten die Pferde nicht mehr, beide hinkten schon; und es schlug neun Uhr vom Saint-Lorent-Turme, als er auf der Place d'Armes vor dem Hause seiner Mutter anlangte. Das Ansehen der Frau Moreau, die die geachtetste Dame der Gegend war, wurde durch das geräumige Haus, das seinen Garten bis an die Felder ausdehnte, noch gehoben. Sie stammte aus einem alten, jetzt ausgestorbenen Adelsgeschlecht. Ihr Mann, ein Nichtadliger, mit dem ihre Eltern sie verheiratet hatten, war während ihrer Schwangerschaft im Duell gefallen und hatte ihr ein etwaszusammengeschmolzenes Vermögen hinterlassen. Dreimal in der Woche sah sie Gäste bei sich, und von Zeit zu Zeit gab sie ein elegantes Diner; aber alles bis auf die Anzahl der Kerzen war im voraus berechnet, und mit Ungeduld erwartete sie den Eingang der Pachtgelder. Dieser pekuniäre Druck, den sie ängstlich wie ein Laster verbarg, hatte sie vorzeitig ernst gemacht, ohne daß ihre Wohltätigkeit dadurch einen bitteren Beigeschmack bekam. Ihre kleinen Gefälligkeiten wurden wie große Almosen aufgenommen. Man zog sie bei der Anstellung neuer Dienstboten, beim Einkochen von Früchten, bei der Kindererziehung zu Rate, und wenn der Bischof auf seiner geistlichen Rundreise in ihre Stadt kam, stieg er bei ihr ab.

Für ihren Sohn hegte Madame Moreau einen starken Ehrgeiz, und bei ihrer Vorsicht war es ihr schon jetzt unangenehm, wenn jemand in ihrer Gegenwart über die Regierung schimpfte. Zuerst würde er ja natürlich Protektion brauchen, dann aber konnte er dank seiner Fähigkeiten Staatsrat, Gesandter, Minister werden. Seine Triumphe im Gymnasium zu Sens, wo er einen Ehrenpreis errungen hatte, berechtigten zu solchem Ehrgeiz. Als er in den Salon trat, entstand eine allgemeine Bewegung, alles erhob sich, und man umarmte ihn; dann bildete sich ein großer Halbkreis vor dem Kamin. Herr Gamblin fragte ihn sofort um seine Meinung über Frau Lafarge. Dieser Prozeß, der damals die Sensation bildete, entfesselte sofort eine leidenschaftliche Diskussion, die aber Frau Moreau zum Bedauern des Herrn Gamblin abschnitt; der hätte ein solches Gespräch für den jungen Mann, in seiner Eigenschaft als zukünftiger Rechtsgelehrter, sehr angezeigt gefunden; er verließ beleidigt den Salon.

Von einem Freunde des alten Roque konnte schließlich nichts überraschen. Vom alten Roque kam man übrigens auf Herrn Dambreuse zu sprechen, welcher soeben das Gut La Fortelle erworben hatte. Aber der Steuereinnehmer hatte Frédéric in einen Winkel gezogen, um seine Meinung über das letzte Werk Guizots zu hören. Alle wünschten das Resultat seiner Reise zu erfahren, Madame Benoit machte es besonders geschickt, indem sie sich nach dem Onkel erkundigte. Wie ging es dem guten Mann? Man hörte gar nichts von ihm! Hatte er nicht noch einen Verwandten in Amerika? Die Köchin meldete, daß das Diner des jungen Herrn serviert sei. Die Gesellschaft empfahl sich. Als sie dann allein waren, fragte die Mutter leise: "Nun?"

Der Greis hatte ihn sehr herzlich aufgenommen, aber sich über seine Absichten nicht geäußert. Frau Moreau seufzte. Wo ist sie in diesem Augenblick? dachte er sinnend. Ihr Wagen rollt, und in den Schal gehüllt, stützt sie ihren schönen Kopf im Schlaf auf die Sitzlehne. Sie waren im Begriffe, sich zurückzuziehen, als ein Kellner aus dem "Cygne de la Croix" einen Brief brachte. "Was gibt es?"

"Deslauriers schickt nach mir, er muß mich sprechen."

"Ah, dein Kamerad," sagte Frau Moreau mit einem verächtlichen Lächeln. "Die Zeit ist wirklich gut gewählt."

Frédéric zögerte, aber die Freundschaft siegte, und er nahm seinen Hut.

"Bleibe wenigstens nicht lange," rief ihm die Mutter nach.

2.

Charles Deslauriers' Vater, der früher aktiver Hauptmann gewesen war und im Jahre 1818 seine Entlassung genommen hatte, war dann nach Nogent übersiedelt. Dort hatte er geheiratet und mit der Mitgift seiner Frau ein Gerichtsvollzieheramt gekauft, das ihn jedoch kaum ernährte.

Verbittert durch Ungerechtigkeiten, von seinen Kriegswunden nicht geheilt und immer noch den Kaiser betrauernd, ließ er seinen Zorn und seinen Kummer an seiner Umgebung aus. Es gibt wenig Kinder, die geschlagen wurden wie sein Sohn; aber trotz der Prügel gab der Kleine nicht nach. Bei solchen Szenen versuchte die Mutter, sich ins Mittel zu legen, erreichte jedoch nur, daß auch sie mißhandelt wurde. Schließlich setzte der Hauptmann den Knaben in sein Bureau, wo er ihn den ganzen Tag am Pulte festhielt und zwang, Akten abzuschreiben, was ihm für Lebenszeit eine schiefe Schulter eintrug. Im Jahre 1833 verkaufte der Alte sein Amt. Seine Frau war an einem Krebsleiden gestorben, und er übersiedelte nach Dijon. Später errichtete er einen Laden in Troyes und brachte den kleinen Charles, nachdem er eine halbe Freistelle für ihn erreicht hatte, auf das Gymnasium in Sens, wo Frédéric ihn kennen lernte. Aber der Altersunterschied von drei Jahren und die Verschiedenheit der Charaktere hinderten anfangs eine Intimität zwischen den Kindern.

Frédéric hatte in seinem Schranke alle möglichen Leckereien, auch Luxussachen, zum Beispiel ein Toiletten-Necessaire. Er schlief morgens gern lange, sah den Schwalben nach und las Theaterstücke; das Leben im Gymnasium erschien ihm hart, verglichen mit den Annehmlichkeiten des mütterlichen Hauses. Dem Sohn des Gerichtsvollziehers gefiel es in der Schule. Er machte solche Fortschritte, daß er nach zwei Jahren in die Tertia kam. War es nun seine Armut oder sein unverträgliches Temperament, jedenfalls hatte er unter der starken Böswilligkeit seiner Umgebung zu leiden. Eines Tages nannte ihn ein Schuldiener vor den Kameraden einen Betteljungen, worauf Charles wie ein wildes Tier auf ihn lossprang und ihn erwürgt hätte, wenn nicht mehrere Lehrer dies verhindert hätten. Frédéric war begeistert von dieser Energie, und von diesem Tage an wurden sie innig befreundet. Die Zuneigung eines älteren Kameraden schmeichelte der Eitelkeit des jüngeren, und der andere empfand dieses Freundschaftsverhältnis wie ein unverhofftes Glück.

Sein Vater ließ ihn auch während der Ferien im Gymnasium. Eine Übersetzung Platos, die ihm durch Zufall in die Hände fiel, begeisterte ihn aufs höchste. Von da an beschäftigte er sich mit metaphysischen Studien und machte darin schnelle Fortschritte, da er seine ganzen Kräfte daransetzte; Jouffroy, Cousin, Laromiguière, Malebranche, kurz alles, was die Bibliothek enthielt, wurde von ihm verschlungen. Um an die Bücher zu gelangen, hatte er die Schlüssel stehlen müssen. Frédérics Zerstreuungen waren weniger ernster Natur. Er zeichnete viel, unter anderem den Stammbaum Christi, der an einem Portal der Rue des Trois-Rois in Holzschnitzerei angebracht war, sowie das Tor der Kathedrale. Nachdem er sich an mittelalterlichen Dramen satt gelesen hatte, verschlang er alle Memoiren, die ihm in die Hände fielen: Froissart, Comines, Brantôme, Pierre de l'Estoile. Diese Lektüre machte einen so starken Eindruck auf ihn, daß er den mächtigen Drang empfand, Ähnliches zu produzieren. Der Ehrgeiz erfaßte ihn, eines Tages der französische Walter Scott zu werden. Deslauriers dagegen träumte von einer neuen Philosophie mit den weitestgehenden Folgerungen. Diese unreifen Pläne beschäftigten sie unausgesetzt, während der Pausen im Schulhofe, in der Kirche, im Schlafsaale. Auf Spaziergängen blieben sie zusammen zurück und sprachen von nichts anderem.

Sie schmiedeten Projekte für die Zeit, wo sie die Schule verlassen sollten. Zuerst würden sie eine große Reise machen, und zwar mit dem Gelde, das Frédéric bei seiner Mündigkeit zufallen mußte. Dann wollten sie nach Paris zurückkehren, zusammen arbeiten und sich nie wieder trennen. Sie träumten von Liebschaften mit Prinzessinnen in luxuriösen Boudoirs oder von wahnsinnigen Orgien mit berüchtigten Halbweltlerinnen. Freilich kamen auch Augenblicke, wo sie am Erfolge zweifelten, und dann bemächtigte sich ihrer eine tiefe Niedergeschlagenheit. An heißen Sommerabenden, nachdem sie lange umhergewandert waren, befiel sie häufig eine Art Rausch und sie warfen sich im Felde nieder, fast betäubt, während die Mitschüler in Hemdärmeln turnten oder Papierdrachen steigen ließen. Der begleitende Hilfslehrer war gezwungen, sie wiederholt zu rufen. Dann trat man den Heimweg an, an Gärten vorbei, die durch kleine Bäche durchschnitten wurden. Die leeren Straßen widerhallten von ihren Schritten, das Gitter öffnete sich, und man stieg die Treppen hinauf; eine seltsame Trauer, wie nach großen Ausschweifungen, lähmte sie.

Der Schulinspektor behauptete, daß sie sich gegenseitig zur Überspannung reizten. Indessen war es nur Charles' Einfluß zuzuschreiben, daß Frédéric in den oberen Klassen ordentlich arbeitete; in den Sommerferien 1837 nahm er dann seinen Freund mit zu sich nach Hause. Der junge Mann mißfiel der Frau Moreau auf das entschiedenste. Er aß für drei, am Sonntag weigerte er sich, in die Kirche zu gehen, und er hielt republikanische Reden; außerdem glaubte sie, daß er ihren Sohn in unpassende Lokale geführt habe. Man überwachte ihren Umgang. Ihre

Freundschaft wurde dadurch nicht getrübt; und ihr Abschied war schmerzlich, als Deslauriers im folgenden Jahre das Gymnasium verließ, um in Paris Jus zu studieren. Frédéric rechnete damit, ihm auch dahin als Kamerad zu folgen. Nun hatten sie sich zwei Jahre lang nicht gesehen; nachdem sie sich umarmt hatten, gingen sie auf die Landungsbrücken, um ungestörter plaudern zu können.

Der Hauptmann, der zur Zeit ein kleines Café in Villenauxe bewirtschaftete, hatte vor Wut gerast, als sein Sohn seine Großjährigkeits-Abrechnung von ihm verlangte, und hatte ihm überhaupt jede Unterstützung entzogen. Charles aber, der sich später um einen Lehrstuhl am Seminar bewerben wollte und ohne Mittel war, nahm einen Posten als erster Schreiber bei einem Anwalt in Troyes an. Durch Entbehrungen hoffte er viertausend Franken zu ersparen; dann hatte er selbst ohne die mütterliche Erbschaft genug, um drei Jahre für sich arbeiten und auf eine passende Stelle warten zu können. So mußten sie ihren alten Plan, zusammen in Paris zu leben, aufgeben, wenigstens für den Augenblick.

Frédéric ließ den Kopf hängen. Von seinen Träumen stürzte der erste zusammen.

"Beruhige dich," sagte der Sohn des Hauptmanns, "das Leben ist lang, und wir sind jung. Ich werde dir folgen. Denk' nicht weiter daran!"

Er streichelte ihn zärtlich und fragte ihn nach seiner Reise, um ihn aufzuheitern.

Frédéric hatte nicht viel zu erzählen, aber als er an Frau Arnoux dachte, verflog sein Kummer. Von ihr sprach er nicht, in einem gewissen Schamgefühl, – um so mehr aber von Arnoux, dessen Manieren, Reden und Beziehungen er schilderte, wonach Deslauriers ihm riet, diese Bekanntschaft unbedingt fortzusetzen.

In der letzten Zeit hatte Frédéric nichts mehr geschrieben; seine literarischen Anschauungen hatten sich geändert. Jetzt schätzte er vor allem die Leidenschaft in der Literatur; Werther, René, Franck, Lara Lelia und andere weniger Bedeutende begeisterten ihn in gleichem Maße. Manches Mal hatte er das Gefühl, daß nur die Musik imstande sei, seine innere Unruhe auszudrücken, und er träumte dann von Sinfonien. Er hatte auch Verse gemacht, die Deslauriers sehr schön fand, ohne das Bedürfnis zu äußern, mehr davon zu hören.

Dieser hatte die Metaphysik an den Nagel gehängt, dafür beschäftigten ihn die Nationalökonomie und die Revolution. Äußerlich war er jetzt ein großer magerer Bursche von zweiundzwanzig Jahren mit einem sehr sicheren Ausdruck. Er trug einen schlechten Lasting-Paletot, und seine Stiefel waren dick mit Staub bedeckt, da er, um Frédéric zu treffen, den Weg von Villenauxe zu Fuß gemacht hatte.

Isidore näherte sich ihnen. Die gnädige Frau ließ den jungen Herrn bitten, nach Hause zu kommen, und schickte ihm einen Mantel; er könnte sich sonst erkälten. "Bleibe doch," sagte Deslauriers, und sie gingen wieder von einem Ende der beiden Brücken, die von der kleinen Insel zu dem Kanal und dem Flusse führen, bis zum anderen und zurück. Wenn sie auf die Nogenter Seite kamen, sahen sie ein Gewirr von kleinen auf abfallender Straße gelegenen Häusern: rechts erschien die Kirche hinter den Sägemühlen, deren Türen geschlossen waren, und links zogen sich den Fluß entlang Gebüsche, die kaum sichtbare Gärten vom Wasser trennten. Auf der Pariser Seite senkte sich die Landstraße in gerader Richtung, und in der Ferne sah man Felder, die sich im nächtlichen Nebel verloren. Alles war still, der Duft von feuchtem Laubwerk stieg bis zu ihnen auf, und nichts war zu hören, als etwa hundert Schritte weiter das monotone Geräusch der Schleuse und das Anschlagen der Wellen gegen das Ufer. Deslauriers blieb stehen und sagte: "Da liegen nun die guten Leute und schlafen sorglos und ahnen nicht, daß sich ein zweites Neunundachtzig vorbereitet. Das Volk hat genug von den Verfassungen, den Kompromissen und den Lügen. Ach, wenn ich eine Rednertribüne oder eine Zeitung zur Verfügung hätte, ich würde dazwischenfahren. Aber dazu gehört Geld. Es ist ein Fluch, der Sohn eines Schankwirtes zu sein und seine Jugend zu verlieren, weil man essen muß!"

Er senkte den Kopf, biß sich auf die Lippen und erschauerte unter seiner dünnen Bekleidung. Frédéric warf ihm einen Teil seines Mantels über die Schultern, so daß sie beide eingehüllt waren; und so setzten sie, sich umschlingend, ihre Wanderung fort.

"Wie kann ich ohne dich in Paris leben?" sagte Frédéric, den die Bitterkeit seines Freundes gleichfalls in Trauer versetzte. "Mit einer Frau, die mich geliebt hätte, würde ich etwas Hervorragendes geleistet haben. Warum lachst du? Die Liebe ist die Nahrung des Genies und die Atmosphäre, in der sie gedeiht. Außergewöhnliche Erregungen erzeugen außergewöhnliche Werke. Aber ich habe es aufgegeben, die zu suchen, die ich brauche, und wenn ich sie trotzdem finde, wird sie mich nicht wollen. Ich gehöre zu den Enterbten des Glücks; am Schlusse meines Lebens werde ich nicht wissen, ob der Schatz, den ich besessen, aus falschen oder echten Steinen bestanden hat."

Ein menschlicher Schatten fiel lang aufs Pflaster, und zugleich hörten sie die Worte: "Ihr Diener, meine Herren!" Der Sprecher war ein kleiner Mann, in einen weiten braunen Mantel gehüllt; unter seiner Mütze sah man eine Spitznase.

"Herr Roque?" fragte Frédéric. "Er selbst," antwortete die Stimme. Er motivierte sein Erscheinen damit, daß er die Wolfsfallen in seinem Garten am Flußufer besichtige. "Sie sind also wieder zurück? Ich hatte das übrigens schon von meiner Kleinen gehört! Hoffentlich geht es Ihnen gut, und Sie verlassen uns nicht gleich wieder?" Damit ging er, anscheinend von Frédérics Zurückhaltung verletzt. Frau Moreau mied den Verkehr mit dem alten Roque; er lebte in wilder Ehe mit seinem Dienstmädchen und wurde wenig geachtet, obgleich er Vorsteher bei den Wahlen und Verwalter des Herrn Dambreuse war.

"Dambreuse? Ist das der Bankier in der Rue d'Anjou?" fing Deslauriers wieder an. "Weißt du, was du tun solltest, mein Junge?" Wieder unterbrach sie Isidore. Er hätte strengen Befehl, Frédéric mitzubringen. Die gnädige Frau würde sehr besorgt sein.

"Gut, gut, er kommt schon," sagte Deslauriers; "er wird nicht im Freien übernachten." Als der Diener gegangen war, fuhr er fort: "Du solltest den Alten bitten, dich bei den Dambreuse einzuführen; nichts kann so nützlich werden, wie der Zutritt zu einem reichen Hause. Du hast einen Frack und weiße Handschuhe; verwende das. Du mußt in diese Kreise kommen und mich später hineinlotsen. Denke nur, ein Millionär! Suche ihm zu gefallen und namentlich seiner Frau. Vielleicht kannst du ihr Geliebter werden!" Frédéric wollte widersprechen. "Aber denke doch an Rastignac in Balzacs › Comédie humaine‹! Du wirst sicher reüssieren!" Frédérics Vertrauen zu Deslauriers war so groß, daß er schwankend wurde. Er vergaß Frau Arnoux, oder vielleicht bezog er sie in die Prophezeiung des Freundes mit ein; er mußte lächeln.

Der Schreiber fuhr fort: "Noch einen letzten Rat; mache dein Examen. Ein Titel ist immer etwas wert; und quäle dich nicht mehr mit deinen katholischen oder ketzerischen Dichtern, die eben nur die Philosophie ihres Zeitalters gekannt haben. Deine Verzweiflung ist kindisch. Größere Männer als du haben viel kleiner angefangen, denke nur an Mirabeau! Übrigens werden wir nicht lange getrennt sein. Ich werde meinen Alten zwingen, mir mein Geld herauszugeben! Es ist Zeit, daß ich nach Hause gehe. Adieu! Hast du fünf Franken, daß ich mein Mittagessen bezahlen kann?" Frédéric gab ihm zehn Franken, den Rest des Geldes, das er am Morgen von Isidore erhalten hatte. Etwa zwanzig Meter von der Brücke, am linken Ufer des Flusses, glänzte ein Licht aus dem Dachfenster eines niedrigen Hauses. Deslauriers erblickte es und sagte pathetisch, indem er seinen Hut zog:

"Venus, Königin des Himmels, meine Ehrerbietung! Aber die Armut ist die Mutter der Weisheit. Und man hat uns deinetwegen schon genug verlästert."

Diese Anspielung auf ein gemeinsames Abenteuer versetzte sie in Heiterkeit. Sie lachten laut auf, während sie durch die Straßen gingen. Nachdem Deslauriers seine Rechnung im Wirtshaus beglichen hatte, begleitete er Frédéric bis zum nächsten Kreuzweg; – und dort trennten sie sich nach einer langen Umarmung.

3.

Zwei Monate später war Frédéric eines Morgens in Paris eingetroffen, in der Rue Coq-Herin abgestiegen, und er dachte nun daran, sofort den Besuch zu machen, der ihm so am Herzen lag. Der Zufall war ihm günstig; der alte Roque hatte ihm eine Rolle wichtiger Papiere mitgegeben mit der Bitte, sie persönlich Herrn Dambreuse zu überreichen, und zugleich einen geschlossenen Einführungsbrief, in dem er seinen jungen Landsmann vorstellte.

Frau Moreau war von diesem Schritt überrascht gewesen; Frédéric aber hatte das Vergnügen, welches er sich davon versprach, verheimlicht.

Herr Dambreuse nannte sich in Wirklichkeit Graf D'Ambreuse. Seit 1825 hatte er sich der Industrie zugewendet und nach und nach auf seinen Adel und seine politischen Freunde verzichtet. Allenthalben seine Fühler ausstreckend, immer auf der Jagd nach Geschäften, gerieben wie ein Levantiner und fleißig wie ein Auvergnate, hatte er schließlich ein bedeutendes Vermögen angesammelt; überdies war er Offizier der Ehrenlegion, Generalrat seines Departements und Deputierter. Da er von Natur dienstfertig war, peinigte er die Minister unausgesetzt für andere mit Bitten um Hilfe, um Orden, um Tabakbureaus, und da er mit der Regierung schmollte, schloß er sich dem linken Zentrum an. Seine Frau, die hübsche Frau Dambreuse, die von den Modeblättern zitiert wurde, war immer an der Spitze von Wohltätigkeitsunternehmen. Sie entwaffnete die Feindseligkeit der adligen Kreise, indem sie den Herzoginnen den Hof machte und den Glauben erweckte, daß Herr Dambreuse doch noch eines Tages in seine frühere Sphäre zurückkehren und ihnen nützlich werden könne. Auf dem Wege zu ihnen war Frédéric etwas beklommen. "Ich hätte doch vielleicht besser getan, meinen Frack anzuziehen. Sicher wird man mich zum nächsten Balle einladen."

Schließlich verlieh ihm der Gedanke, daß Herr Dambreuse jetzt nichts weiter als ein Bürgerlicher war, eine gewisse Zuversicht, und heiter stieg er auf dem Trottoir der Rue d'Anjou aus dem Wagen. Nachdem er eines der Portale passiert hatte, überschritt er den Hof, stieg eine Freitreppe hinauf und trat in eine Vorhalle, deren Boden mit farbigem Marmor belegt war.

Vor ihm befand sich eine Doppelstiege, bedeckt mit einem roten Teppich, der durch Messingstäbe gehalten war. Am Fuße der Stiege war ein Bananenbaum, dessen große Blätter auf den Samt des Geländers niederfielen. Zwei Bronzekandelaber trugen Porzellankuppeln, die an kleinen Ketten hingen; die Kaminöffnungen strömten eine schwüle Hitze aus; und nichts war zu hören als das Ticken einer großen Uhr, die am anderen Ende der Halle unter einer Waffengarnitur stand. Eine Glocke schlug an; ein Diener erschien und führte Frédéric in ein Kabinett, in dem zwei Geldschränke und Fächer, die mit Mappen gefüllt waren, auffielen. In der Mitte des Zimmers stand ein Schreibtisch, an dem Herr Dambreuse saß und schrieb.

Er durchflog den Brief des alten Roque, öffnete mit seinem Federmesser den Umschlag, der die Papiere enthielt, und prüfte sie. Aus der Ferne hätte man ihn wegen seiner schmächtigen Gestalt für jung halten können, aber seine spärlichen grauen Haare, seine schlaffen Gliedmaßen und vor allem die außerordentlich blasse Gesichtsfarbe zeigten eine starke Verlebtheit. Eine unerbittliche Energie sprach aus seinen graugrünen, kalten Augen. Er hatte hervortretende Backenknochen und knochige Fingergelenke.

Endlich erhob er sich, richtete an den jungen Mann mehrere Fragen über gemeinsame Bekannte, über Nogent, über seine Studien; dann verabschiedete er ihn mit einer Verbeugung. Frédéric entfernte sich durch einen andern Korridor und befand sich wieder auf dem Hofe, in der Nähe der Ställe.

Eine blaue Kutsche, mit einem Rappen bespannt, wartete vor der Freitreppe. Der Schlag wurde geöffnet, eine Dame stieg ein, und der Wagen rollte mit dumpfem Geräusch über den Sand. Am Portal, das Frédéric von der andern Seite erreichte, holte er den Wagen ein, und da der Raum eng war, mußte er ihn vorbeilassen, ehe er seinen Weg fortsetzen konnte.

Die junge Dame lehnte sich aus dem Schiebefenster und sprach leise mit dem Portier. Frédéric konnte nur ihren Rücken sehen, der mit einem violetten Mantel bedeckt war; aber er überblickte das Innere des Wagens: ein mit blauem Rips und seidenen Schnüren ausgeschlagenes Schmuckkästchen. Die Kleider der Dame füllten es aus; Iris-Parfüm entströmte ihm, vermischt mit einem unbestimmten Duft von weiblicher Eleganz. Plötzlich zog der Kutscher die Zügel an, das Pferd machte eine scharfe Biegung, und alles verschwand. Frédéric ging zu Fuß über die Boulevards zurück und bedauerte, Frau Dambreuse nicht gesehen zu haben. Auf der Höhe der Rue Montmartre ließ ihn ein Wagengewirr seinen Weg unterbrechen; er sah sich um und bemerkte auf der andern Seite der Straße, gerade gegenüber, ein Marmorschild mit der Aufschrift:

JACQUES ARNOUX.

Woher kam es, daß er nicht früher an sie gedacht hatte? Das war Deslauriers' Schuld. Er näherte sich dem Laden, aber er wagte nicht, einzutreten; er wartete, daß sie sich zeigen würde. Durch die großen Scheiben sah man in einem geschickten Arrangement Statuetten, Zeichnungen, Stahlstiche, Kataloge und Nummern des "Kunstgewerbe"; auf der Ladentür prangten die Initialen des Herausgebers und die Abonnementspreise. An den Wänden bemerkte man große Ölgemälde, deren Firnis glänzte, im Hintergrunde zwei antike Schränke, die mit Porzellan, Bronzen und mit allen möglichen Altertümern bedeckt waren. Zwischen den Schränken war eine kleine Treppe, die oben durch eine Portiere abgeschlossen war; ein Kronleuchter aus. Meißner Porzellan, ein grüner Teppich am Boden und ein Tisch mit Marqueterien gaben dem Ganzen mehr das Ansehen eines Salons als eines Ladens.

Frédéric gab sich den Anschein, als wenn er die Zeichnungen betrachtete. Nach langem Zögern trat er endlich ein. Ein Angestellter hob die Portiere in die Höhe und gab die Auskunft, daß Herr Arnoux nicht vor fünf Uhr im "Magazin" sei. Aber man könnte ihm vielleicht etwas bestellen.

"Nein, danke, ich werde wiederkommen," antwortete Frédéric schüchtern.

Die folgenden Tage benutzte er dazu, sich eine Wohnung zu suchen; schließlich entschied er sich für ein Zimmer im zweiten Stock eines Hotel garni der Rue Saint-Hyacinthe. Eine ganz neue Schreibmappe unter dem Arm, begab er sich zur Eröffnungsvorlesung der Universität. Dreihundert junge Leute mit bloßen Köpfen füllten einen Hörsaal, in dem ein Greis in einem roten Talar mit einförmiger Stimme vortrug, und wo man sonst nichts als das Kratzen der Federn auf dem Papier hörte. Er fand in diesem Saale die staubige Atmosphäre der Schule wieder, dieselbe Form der Bänke, dieselbe Langeweile! Vierzehn Tage lang besuchte er die Vorlesungen regelmäßig, man war aber noch nicht beim Artikel III, als er schon vom bürgerlichen Recht genug hatte.

Die Pariser Freuden, von denen er geträumt hatte, schienen auszubleiben; und als er den Inhalt eines Lesekabinetts erschöpft, die Sammlungen des Louvre durchlaufen und das Theater mehrere Male hintereinander besucht hatte, wurde er von einem unendlichen Überdruß befallen. Unzählige Kleinigkeiten vermehrten seinen Mißmut. Er mußte seine Wäsche zählen und seinen Portier erdulden, eine Art Bauer, der jeden Morgen sein Bett machen kam, nach Alkohol roch und schimpfte. Sein Zimmer, dessen einziger Schmuck eine Alabaster-Standuhr war, mißfiel ihm. Die Wände waren dünn, und er hörte die Studenten ihren Punsch brauen, lachen und singen.

Schließlich bekam er die Einsamkeit satt, er suchte einen seiner früheren Schulkameraden, namens Baptiste Martinon; und er entdeckte ihn in einer sehr billigen Pension der Rue Saint-Jacques, wie er vor einem kleinen Ofen saß und Zivilprozeß büffelte. An seiner Seite war ein Mädchen in einem Kattunkleid, das Strümpfe stopfte. Martinon war, was man einen schönen Mann nennt: groß, pausbäckig, mit regelmäßigen Zügen und blauen runden Augen; sein Vater, ein Grundbesitzer, hatte ihn zur Beamtenlaufbahn bestimmt, und da er älter erscheinen wollte, trug er einen rundgeschnittenen Vollbart. Frédérics Klagen über seine Existenz, da er keinen positiven Grund anführen konnte, blieben Martinon unverständlich. Er seinerseits ging jeden Morgen in die Vorlesung, lief dann im Luxembourg-Garten spazieren, besuchte abends ein kleines Café, und so fühlte er sich, mit seinen fünfzehnhundert Franken im Jahr und der Liebe dieser Grisette, vollkommen glücklich.

"Was für ein Glück!" sagte Frédéric zu sich selbst.

Auf der Universität hatte er noch eine Bekanntschaft gemacht, die eines Herrn von Cisy, der aus vornehmer Familie stammte, und der so zierliche Manieren hatte wie ein junges Mädchen.

Cisy beschäftigte sich mit Zeichenkunst, insbesondere schwärmte er für den gotischen Stil. Häufig gingen sie zusammen die Sainte-Chapelle und Notre-Dame bewundern. Die natürliche Vornehmheit des jungen Patriziers war allerdings mit einer sehr schwachen Intelligenz gepaart. Alles überraschte ihn, über alles lachte er ohne Grund, mit einer solchen Naivität, daß Frédéric, der ihn zuerst für einen Spötter gehalten hatte, ihn schließlich als das erkannte, was er war, als einen Dummkopf. Es war also niemand da, dem er sich anvertrauen konnte, und auf eine Einladung der Dambreuse wartete er immer noch. Zum Neujahr schickte er ihnen seine Karte, er blieb aber ohne jede Antwort.

Im "Kunstgewerbe" war er noch einmal gewesen. Er ging noch ein drittes Mal hin und traf endlich Arnoux, der sich gerade mit mehreren Besuchern zankte und ihn kaum begrüßte; Frédéric war verletzt. Aber er sann deshalb nicht weniger auf Mittel und Wege, zu "ihr" zu gelangen.

Er hatte zuerst die Idee, häufiger in den Laden zu gehen und nach den Preisen von Bildern zu fragen. Dann dachte er daran, der Redaktion der Zeitung einige brillante Artikel einzusenden, was nähere Beziehungen herbeiführen könnte.

Vielleicht wäre auch das Klügste, ihr seine Liebe zu erklären? Er verfaßte einen zwölf Seiten langen lyrischen Brief; aber er zerriß ihn wieder und blieb nun ganz untätig, weil er Furcht vor einem Mißerfolg hatte. Über dem Laden Arnoux' befanden sich im ersten Stock drei Fenster, die jeden Abend hell erleuchtet waren. Man sah hinter ihnen Schatten sich bewegen, namentlich einen, den er schon kannte; das mußte ihr Schatten sein; und er kam häufig aus weiten Entfernungen vor das Haus, um diese Fenster und diesen Schatten zu betrachten.

Eine Negerin, die er eines Tages im Tuilerien-Garten mit einem kleinen Mädchen an der Hand sah, erinnerte ihn an die Negerin der Frau Arnoux. Es war anzunehmen, daß auch sie ab und zu hinkommen würde; jedesmal, wenn er durch den Garten ging, hatte er Herzklopfen, da er sie zu treffen hoffte. An sonnigen Tagen setzte er seinen Spaziergang bis zum Ende der Champs-Elysées fort.

Equipagen fuhren vorbei, in denen Damen, deren Schleier im Winde flatterten, nachlässig-vornehm saßen. Die Wagen wurden immer zahlreicher und nahmen bald die ganze Straße ein. Mähne stieß an Mähne, Laterne an Laterne; die metallenen Beschläge, die silbernen Kinnketten, die Messingknöpfe waren leuchtende Punkte inmitten der endlosen Reihe kurzer Beinkleider, weißer Handschuhe und pelzbesetzter Kutschermäntel, die über die Wagenschläge herabfielen. Er fühlte sich wie verloren, wie in einer fremden Welt. Er musterte die Frauenköpfe, und hier und da erinnerte ihn eine entfernte Ähnlichkeit an Frau Arnoux. Er stellte sie sich in dieser Umgebung vor, in einem kleinen Coupé, wie dem der Frau Dambreuse. – Allmählich sank die Sonne, und ein kühler Wind wirbelte Staubwolken auf. Die Kutscher vergruben das Kinn in ihren Krawatten, die Räder drehten sich schneller, das Makadam knirschte, und die Wagen fuhren im Trab die Avenue hinunter, sich berührend, sich überholend; dann, auf der Place de la Concorde, zerstreute sich alles. Hinter den Tuilerien nahm der Himmel eine schiefergraue Färbung an, die Bäume des Parks bildeten nur noch dunkle, unförmige Massen. Die Straßenlaternen flammten auf; und die grünlichen Wasser der Seine leuchteten wie Silberstreifen, die sich an den Brückenpfeilern brachen.

Er ging in ein billiges Restaurant der Rue de la Harpe speisen.

Mit Widerwillen betrachtete er das alte Holzbüfett, die schmutzigen Tischtücher, das unsaubere Besteck und die Hüte, die an der Wand hingen. Seine Umgebung bestand aus Studenten, wie er selbst. Sie unterhielten sich über ihre Lehrer, ihre Geliebten. Die Lehrer interessierten ihn nicht, und eine Geliebte hatte er nicht; um das nicht immer anhören zu müssen, kam er möglichst spät. Speisenüberreste bedeckten alle Tische, zwei müde Kellner schliefen in den Ecken, und ein Geruch von Essen, Öllampen und Tabak erfüllte den leeren Raum.

Dann ging er langsam nach Hause. Die Straßenlaternen schaukelten sich im Winde und warfen grelle längliche Lichter auf den Straßenkot. Schatten glitten mit Regenschirmen an den Häusern entlang, das Pflaster war schlüpfrig, ein Nebel senkte sich, und er hatte das Gefühl, daß die feuchte Finsternis, die ihn umhüllte, auch tief ins Herz eindrang.

Er machte sich Vorwürfe über seinen Müßiggang und ging wieder in die Vorlesungen. Aber da er viel versäumt hatte, machten ihm die einfachsten Dinge große Schwierigkeiten. Er begann einen Roman zu schreiben: "Sylvio, der Sohn des Fischers", der in Venedig spielte. Der Held war er selbst, die Heldin Frau Arnoux. Sie hieß Antonia, und um sie zu erobern, legte er die halbe Stadt in Asche und brachte ihr Serenaden unter ihrem Balkon, wo sich rote Vorhänge, wie die auf dem Boulevard Montmartre im Winde bewegten. Aber die Reminiszenzen, die er einfließen sah, entmutigten ihn wieder; er brach ab, und seine Zerfahrenheit steigerte sich womöglich noch.

Schließlich bat er Deslauriers, zu ihm zu ziehen; sie würden zusammen mit einer Pension von zweitausend Franken auskommen; alles war diesem unerträglichen Leben vorzuziehen. Deslauriers konnte jedoch Troyes noch nicht verlassen; er riet ihm, sich zu zerstreuen und Sénécal aufzusuchen.

Sénécal war ein Hilfslehrer der Mathematik, ein intelligenter Kopf und enragierter Republikaner; ein zweiter Saint-Just, wie Deslauriers sagte. Frédéric stieg dreimal die fünf Treppen zu ihm hinauf, aber vergeblich, und er gab es dann auf. Er wollte sich unterhalten und ging auf die Opernbälle, aber diese lärmende Lustigkeit widerte ihn an. Auch hatte er Angst vor den Geldausgaben; er malte sich aus, daß ein Souper mit einem Domino eine große Summe verschlingen würde.

Trotzdem schien es ihm, daß er Liebe müßte finden können. Ab und zu erwachte er morgens sehr hoffnungsvoll, kleidete sich sorgfältig wie zu einem Rendezvous an und lief dann stundenlang umher. Bei jeder Frau, der er folgte, oder die ihm entgegenkam, dachte er: "Vielleicht die!" Jedesmal war es eine neue Enttäuschung. Der Gedanke an Frau Arnoux blieb vorherrschend. Er hoffte immer, ihr zufällig zu begegnen; und um mit ihr zusammen zu kommen, wünschte er die abenteuerlichsten Verwicklungen herbei, außerordentliche Gefahren, aus denen er sie retten könnte. So verging die Zeit in ewiger Wiederholung derselben gleichförmigen, langweiligen Gewohnheiten. Er war Stammgast bei den Buchhändlern der Odéon-Arkaden, las im Café die Revue des deux Mondes, besuchte auch dann und wann das Kolleg, um eine Stunde lang Chinesisch oder Politische Ökonomie zu hören. Jede Woche schrieb er einen langen Brief an Deslauriers, ab und zu speiste er mit Martinon oder ging zu Cisy.

Er mietete ein Klavier und komponierte deutsche Walzer.

Eines Abends ging er ins Theater Palais-Royal und bemerkte dort in einer Proszeniumsloge Arnoux mit einer Dame. War sie es? Das Gesicht konnte er nicht sehen, da der grüne Schirm es verdeckte. Endlich ging der Vorhang in die Höhe, und der Schirm in der Loge wurde beiseitegezogen. Er sah ein hochgewachsenes weibliches Wesen, etwa dreißig Jahre alt und schon stark verblüht, mit dicken Lippen, zwischen denen prachtvolle Zähne sichtbar wurden, wenn sie lachte. Sie plauderte in sehr intimer Weise mit Arnoux und schlug ihn mit dem Fächer auf die Finger. Dann erschien ein blondes junges Mädchen mit Augen, die anscheinend vom Weinen gerötet waren, und setzte sich zwischen sie. Von da an blieb Arnoux auf ihre Schulter hinabgebeugt und redete leise in sie hinein, ohne daß sie antwortete. Frédéric hätte viel darum gegeben, zu wissen, aus welcher Sphäre diese Mädchen, die bescheidene dunkle Kleider mit Umlegekragen trugen, waren.

Als die Vorstellung aus war, stürzte er in den überfüllten Logengang. Arnoux ging vor ihm langsam die Treppe hinab, an jedem Arm eines der Mädchen. Plötzlich bemerkte er an Arnoux' Hut einen Flor. War sie gestorben? Dieser Gedanke peinigte ihn so, daß er am nächsten Morgen in das "Kunstgewerbe" eilte. Er kaufte einen Stich und fragte den Angestellten, wie es Herrn Arnoux ginge.

Die Antwort war: "Sehr gut."

Frédéric erbleichte.

"Und Frau Arnoux?"

"Auch sehr gut."

Er verließ den Laden in einer solchen Verwirrung, daß er seinen Einkauf mitzunehmen vergaß.

Der Winter ging zu Ende. Im Frühling verlor sich seine Melancholie, er bereitete sich auf das Examen vor, bestand dasselbe leidlich und fuhr dann nach Nogent zurück.

Seinen Freund in Troyes besuchte er nicht, um keine Bemerkungen seiner Mutter zu provozieren. Nach Paris zurückgekehrt, kündigte er seine Wohnung und mietete auf dem Quai Napoleon zwei Zimmer, die er möblierte. Die Hoffnung auf eine Einladung bei den Dambreuse hatte er aufgegeben; seine große Leidenschaft für Frau Arnoux begann sich zu legen.

4.

Eines Morgens im Dezember, als er auf dem Wege zur Vorlesung war, glaubte er in der Rue Saint-Jacques mehr Bewegung als sonst zu bemerken. Die Studenten strömten aus den Cafés oder riefen sich aus den offenen Fenstern etwas zu, die Ladeninhaber standen unruhig mitten auf den Trottoirs, die Fensterläden wurden geschlossen, und als er in der Rue Soufflot ankam, sah er am Panthéon einen großen Menschenauflauf. Junge Leute in kleinen Trupps spazierten Arm in Arm herum und sammelten sich dann zu größeren Gruppen, die sich an den verschiedensten Stellen postierten; im Hintergrunde des Platzes standen an den Gittern Blusenmänner, die heftig gestikulierten, während Polizisten, den Dreispitz auf dem Kopfe und die Hände auf dem Rücken, an den Mauern auf und ab gingen und das Pflaster unter ihren schweren Stiefeln erdröhnen ließen. Alle machten erstaunte, geheimnisvolle Gesichter; augenscheinlich wurde irgendein Ereignis erwartet, aber jeder hielt seine Neugierde zurück.

Frédéric geriet neben einen blonden jungen Mann mit offenen Zügen, der Schnurr- und Kinnbart wie ein Stutzer aus der Zeit Ludwigs des Dreizehnten trug, und fragte ihn nach dem Grunde der Aufregung.

Er erhielt die Antwort, die von Gelächter begleitet war: "Ich weiß es nicht, die anderen aber auch nicht. Das ist jetzt so Sitte! Ein netter Spaß." Die Petitionen wegen der Reformen, die in der Nationalgarde zur Unterschrift kursierten, und noch andere Ereignisse hatten nun schon seit Monaten in Paris Ansammlungen zur Folge gehabt, und zwar so häufig, daß die Zeitungen keine Notiz mehr davon nahmen. Frédéric drehte sich um, da ihn jemand auf die Schulter klopfte. Es war Martinon, der furchtbar blaß aussah und tief seufzend sagte:

"Wieder ein Aufstand."

Er lebte in der Angst, kompromittiert zu werden. Insbesondere beunruhigten ihn die Blusenmänner, die geheimen Gesellschaften anzugehören schienen.

"Gibt es das wirklich?" fragte der junge Mann mit dem merkwürdigen Bart.

"Das ist doch nur ein Ammenmärchen der Regierung, um die Bürger zu erschrecken."

Martinon bat ihn aus Furcht vor der Polizei, leiser zu sprechen.

"Sie glauben noch an die Polizei? Übrigens, wer sagt Ihnen, daß ich nicht selbst ein Spitzel bin?"

Er sah Martinon dabei so sonderbar an, daß dieser den Scherz nicht sofort verstand. Die Menge drängte so stark, daß sie gezwungen wurden, sich auf die kleine Treppe zu flüchten, die zum neuen Hörsaal führte.

Plötzlich bildete sich eine Gasse, und mehrere junge Leute zogen den Hut; man begrüßte den berühmten Professor Samuel Rondelot, der, in seinen weiten Mantel gehüllt, durch seine silberne Brille aufblickend und mit asthmatischem Keuchen, ruhig durch die Menge in seine Vorlesung ging. Dieser Mann war eine der juristischen Berühmtheiten des neunzehnten Jahrhunderts, der Nebenbuhler Zacharias' und Ruhdorffs. Die ihm kürzlich verliehene Würde eines Pairs von Frankreich hatte nichts in seinen Gewohnheiten geändert. Man wußte, daß er arm war, und hatte große Ehrfurcht vor ihm. Vom Platze her hörte man Rufe:

"Nieder mit Guizot!"

"Nieder mit Pritchard!"

"Nieder mit den Verrätern!"

"Nieder mit Louis Philippe!"

Die Menge stieß sich und drückte sich gegen die Türen, die geschlossen waren, was den Professor verhinderte, seinen Weg fortzusetzen. Vor der Treppe machte er halt, und man sah ihn dann auf der obersten der drei Stufen.

Er versuchte, zu reden, aber das Gemurmel erstickte seine Stimme. Eben vorher noch sehr beliebt, wurde er jetzt gehaßt, denn er repräsentierte die Obrigkeit. Sobald er sich vernehmbar machen wollte, fing das Geschrei wieder an. Mit Gebärden forderte er die Studenten auf, ihm zu folgen, aber ein allgemeines Gebrüll antwortete ihm. Er zuckte verächtlich mit den Achseln und verschwand im Korridor. Martinon hatte die Gelegenheit benutzt, sich gleichzeitig aus dem Staube zu machen. "Der Feigling!" sagte Frédéric.

"Er ist eben vernünftig," erwiderte der andere.

Die Menge jubelte, da sie den Rückzug des Professors als einen Sieg betrachtete. Aus allen Fenstern sahen Neugierige. Einige stimmten die Marseillaise an, andere schlugen vor, vor das Haus Bérangers zu ziehen.

"Zu Laffitte."

"Zu Chateaubriand."

"Zu Voltaire," brüllte der junge Mann mit dem blonden Schnurrbart.

Die Schutzleute suchten die Menge zu zerstreuen, indem sie so sanft wie möglich sagten:

"Bitte, meine Herren, gehen Sie auseinander."

Plötzlich ertönte der Ruf:

"Nieder mit den Totschlägern."

Das war seit den September-Unruhen der ständige Schimpfname für die Polizei. Der Ruf pflanzte sich fort. Man pfiff die Polizisten aus; sie erbleichten; einer verlor die Geduld und stieß einen jungen Mann, der ihm zu nahe kam und ihm ins Gesicht lachte, so derb zurück, daß er umfiel. Alles wich zurück, aber im selben Augenblick rollte der Schutzmann zu Boden, niedergeschlagen von einem herkulischen Kerl, dessen Haarmassen wie ein Büschel Werg unter einer Wachstuchmütze hervorquollen. Seit einigen Minuten an der Ecke der Rue Saint-Jacques stehend, hatte er soeben einen großen Karton, den er trug, hingeworfen und sich auf den Schutzmann gestürzt, der bald unter ihm lag, und auf dessen Gesicht er mit geballter Faust einhieb. Die anderen Polizisten kamen herbeigeeilt, aber der Bursche war so stark, daß mindestens vier nötig waren, um ihn zu bändigen. Zwei hielten ihn am Kragen fest, zwei zogen ihn an den Armen, und ein Fünfter stieß ihn mit dem Knie in die Seiten, wobei sie ihn "Mörder, Spitzbube, Aufrührer" titulierten. Die Kleider in Fetzen und halbnackt, beteuerte er seine Unschuld; er könne kein Kind erschlagen, wenn er nicht gereizt werde.

"Ich heiße Dussardier und bin bei den Herren Valinçart frères, Spitzenfabrikanten in der Rue de Cléry, angestellt. Wo ist mein Karton? Ich will meinen Karton haben." Und immer wieder rief er: "Dussardier! ... Rue de Cléry. Ich will meinen Karton haben!"

Schließlich beruhigte er sich und ließ sich mit gleichmütiger Miene zur Polizeiwache der Rue Descartes führen. Eine große Menge folgte. Frédéric und der junge Mann gingen unmittelbar hinter ihm, voll Bewunderung für ihn, und erbittert gegen die Gewalttätigkeit der Polizei. Je weiter man kam, desto mehr verlor sich die Menge. Von Zeit zu Zeit drehten sich die Polizisten mit wütenden Blicken um, und da die Lärmmacher nichts mehr zu tun und die Neugierigen nichts zu sehen hatten, verlief sich schließlich alles. Passanten, denen man begegnete, fixierten Dussardier unter beleidigenden Rufen. Eine alte Frau, die vor ihrer Tür stand, behauptete sogar, er hätte ein Brot gestohlen; diese Ungerechtigkeit steigerte die Empörung der beiden Freunde. Endlich kam man vor der Wache an, das Gefolge hatte sich auf etwa zwanzig Personen reduziert, und auch diese verloren sich, als sie die Soldaten sahen.

Frédéric und sein Freund wollten energisch für Dussardier intervenieren, hinter dem sich die Tür geschlossen hatte. Der Posten drohte ihnen, sie selbst einsperren zu lassen, wenn sie nicht fortgingen. Sie verlangten, zum Chef der Polizeiwache geführt zu werden, und gaben dort ihre Namen mit dem Zusatz "Rechtsschüler" zu Protokoll, indem sie behaupteten, daß der Gefangene ihr Kollege sei. Man ließ sie in ein ganz leeres Zimmer eintreten, in dem sich an den rauchgeschwärzten Kalkwänden vier Bänke entlangzogen. Im Hintergrunde öffnete sich eine kleine Tür, und das robuste Gesicht Dussardiers erschien, das mit seinen zerzausten Haaren, seinen kleinen gutmütigen Augen und seiner Stumpfnase eine gewisse Ähnlichkeit mit der Physiognomie eines treuen Hundes hatte.

"Du erkennst uns nicht?" sagte Hussonnet, der junge Mann mit dem Schnurrbart.

"Aber ..." stammelte Dussardier.

"Sei doch nicht so dumm," fuhr der andere fort, "man weiß bereits, daß du, ebenso wie wir, Hörer der Rechte bist."

Trotz der Zeichen, die sie ihm gaben, begriff Dussardier nicht das geringste. Er schien nachzudenken, dann rief er plötzlich:

"Wo ist mein Karton?"

Frédéric blickte resigniert zum Himmel, doch Hussonnet erwiderte:

"Der Karton, wo du deine Notizen für die Vorlesungen bewahrst? Sei deswegen nur ganz ruhig."

Sie verdoppelten ihre Pantomime; endlich begriff Dussardier, daß sie ihm helfen wollten, und schwieg, um keine Dummheiten zu sagen. Auch schämte er sich, für einen Studenten und für einen Gleichgestellten dieser jungen Herren mit den eleganten weißen Händen gehalten zu werden.

"Sollen wir irgend jemandem etwas von dir ausrichten?" fragte Frédéric.

"Nein, danke."

"Aber deine Familie?"

Er senkte still den Kopf, der Arme war ein uneheliches Kind; die beiden Freunde wunderten sich über sein Schweigen.

"Hast du zu rauchen?" fuhr Frédéric fort.

Er betastete sich, dann zog er aus seiner Tasche die Bruchstücke einer Pfeife – einer schönen Meerschaumpfeife mit schwarzem Holzrohr, silbernem Deckel und einem Bernstein-Mundstück.

Seit drei Jahren arbeitete er daran, ein Meisterwerk aus dieser Pfeife zu machen, deren Kopf er stets in einem ledernen Futteral aufbewahrte; er hatte immer nur vorsichtig daraus geraucht und sie jeden Abend über seinem Bett aufgehängt. Jetzt hielt er in seiner blutigen Hand die Reste, und mit gesenktem Kopf und traurigem Blick betrachtete er starr die Trümmer seiner Freude.

"Wollen wir ihm Zigarren geben?" fragte Hussonnet leise, wobei er in die Tasche griff.

Frédéric hatte bereits sein gefülltes Zigarrenetui auf das Fensterbrett gelegt.

Beide streckten Dussardier die Hände hin, der sich darauf stürzte und sie krampfhaft schüttelte.

Von Schluchzen unterbrochen, stammelte er:

"Was? Das alles für mich?"

Die beiden Freunde entzogen sich seiner Dankbarkeit und gingen ins Café Tabourey neben dem Luxembourg frühstücken.

Während er sein Beefsteak zerteilte, sagte Hussonnet seinem Gefährten, daß er für Modejournale arbeite und Reklamen für das "Kunstgewerbe" verfasse.

"Für Jacques Arnoux?" fragte Frédéric.

"Sie kennen ihn?"

"Ja! Nein! ... Das heißt, ich habe ihn schon einmal gesehen."

Nachlässig fragte er Hussonnet, ob er Frau Arnoux häufig sähe.

"Ab und zu," erwiderte der Bohème. Frédéric wagte nicht, weiter zu fragen; dieser Mann nahm plötzlich eine außerordentliche Bedeutung in seinem Leben ein. Er bezahlte das Frühstück, ohne daß der andere irgendwelche Einwendungen dagegen machte. Ihre Sympathien waren gegenseitig, sie tauschten ihre Adressen aus, und Hussonnet lud Frédéric ein, ihn in die Rue de Fleurus zu begleiten. Sie waren in der Mitte des Gartens angelangt, als der Gehilfe Arnoux' seinen Atem anhielt und, das Gesicht scheußlich verzerrend, ein Hahnengeschrei imitierte. Alle Hähne, die in der Nähe waren, antworteten mit einem langgezogenen Kikeriki.

"Es ist ein Signal," sagte Hussonnet. In der Nähe des Theaters Bobino blieben sie vor einem Hause stehen, in das man durch einen langen Flur eintrat. In einer

Dachluke der Mansarde, zwischen Blumen, zeigte sich ein junges Mädchen im Mieder, das beide Arme auf die Dachrinne stützte.

"Guten Tag, mein Engel, guten Tag, mein Kätzchen," rief Hussonnet, ihr Kußhände zuwerfend. Er stieß die Barriere mit dem Fuße auf und verschwand.

Die ganze nächste Woche hindurch wartete Frédéric auf ihn. Ihn im Hause besuchen wollte er nicht, um nicht den Anschein zu erwecken, als wenn er eine Revanche für sein Frühstück haben wollte, aber dafür suchte er abends das ganze Quartier latin nach ihm ab. Schließlich traf er ihn und schleppte ihn zu sich nach dem Quai Napoléon. Sie plauderten lange und schütteten ihre Herzen aus. Hussonnets Traum war, Ruhm und Geld auf dem Theater zu erringen. Er arbeitete an Possen, die nie aufgeführt wurden, verfertigte Couplets, von denen er einige sang. Er bemerkte auf einer Etagère einen Band Hugo und einen Lamartine, und das gab ihm Anlaß, die romantische Schule zu verspotten. Diese Dichter besaßen weder gesunden Menschenverstand, noch tadellose Form, und vor allem waren sie keine Franzosen! Er selbst schmeichelte sich, in die innersten Tiefen der Sprache eingedrungen zu sein; er zerpflückte die schönsten Wendungen mit der trockenen Strenge und mit jenem akademischen Geschmack, der gerade dem Philister eigen ist, wenn er sich einmal mit ernster Kunst befaßt.

Frédéric fühlte sich dadurch tief verletzt; er hatte Lust, den Verkehr mit ihm aufzugeben. Trotzdem entschloß er sich, den Schritt zu tun, von dem sein Glück abhing: Er fragte den Literaten, ob er ihn bei Arnoux einführen könne.

Nichts ist leichter als das, war die Antwort, und sie verabredeten sich für den folgenden Tag.

Hussonnet hielt das Rendezvous nicht ein, ebenso drei spätere. Endlich, eines Sonnabends, erschien er um vier Uhr. Da Frédéric einen Wagen nahm, benutzte er dies, um zuerst am Théâtre-Français vorzufahren und sich eine Loge zu verschaffen, dann ging es zum Schneider und zu einer Putzhändlerin, an verschiedenen Stellen schrieb er in den Portierstuben Briefe. Endlich erreichten sie den Boulevard Montmartre. Frédéric ging durch den Laden und stieg die Treppe hinauf. Arnoux erkannte ihn in dem Spiegel, der vor seinem Schreibtisch hing, und reichte ihm über die Schulter hinweg die linke Hand, ohne sich im Schreiben zu unterbrechen. Fünf oder sechs Personen füllten das enge Zimmer,dessen einziges Fenster auf den Hof hinaus ging; im Hintergrunde sah man einen Alkoven mit zwei Portieren aus braunem Damast, in dem ein Ruhebett, mit gleichem Stoffe überzogen, stand. Auf dem mit Papieren überdeckten Kamin stand eine Venus aus Bronze, auf beiden Seiten Leuchter mit Rosakerzen. Rechts saß ein Herr, den Hut auf dem Kopfe, in einem Fauteuil und las in einer Zeitung. Die Wände waren mit Bildern, Stichen und Skizzen moderner Maler bedeckt. Viele trugen Widmungen mit Ausdrücken der wärmsten Zuneigung für Jacques Arnoux.

"Geht es Ihnen gut?" fragte er Frédéric.

Ohne eine Antwort abzuwarten, wendete er sich leise an Hussonnet:

"Wie heißt eigentlich Ihr Freund?", um laut fortzufahren:

"Nehmen Sie eine Zigarre, die Kiste steht dort!"

Das "Kunstgewerbe" war wegen seiner Lage im Mittelpunkt von Paris ein bequemer Rendezvousort, ein neutraler Boden, wo Nebenbuhler friedlich miteinander verkehrten. Augenblicklich waren gerade anwesend: Anténor Braive, der Porträtist der Monarchen, Jules Burrieu, dessen Zeichnungen den algerischen Krieg populär zu machen begannen, der Karikaturist Sombaz, der Bildhauer Vourdat und noch andere. Der Student fand seine Vorurteile angenehm enttäuscht, da alle ungemein einfach in ihrem Wesen waren, allerdings auch sehr frei in ihren Reden. Der Mystiker Lovarias erzählte eine zweideutige Geschichte, und der berühmte Dittmer, der Entdecker der orientalischen Landschaften, der unter seiner Weste ein gestricktes Hemd trug, benutzte sogar den Omnibus, um nach Hause zu fahren. Zuerst sprachen sie von einer gewissen Apollonie, einem früheren Modell, das Burrieu auf dem Boulevard in einer vornehmen Equipage erkannt haben wollte. Hussonnet erklärte diese Wandlung mit der großen Anzahl ihrer Verhältnisse.

"Wie der Bursche die Frauenzimmer von Paris kennt!" sagte Arnoux.

"Nach Ihnen, Majestät, wenn etwas übrig bleibt!" erwiderte der Bohème, militärisch grüßend und den Grenadier kopierend, der Napoléon seine Feldflasche angeboten hatte. Dann sprach man über einige Bilder, zu denen Apollonie Modell gestanden hatte, und kritisierte abwesende Kollegen. Man wunderte sich über die Preise, die ihre Werke erzielten, und alle beklagten sich darüber, nicht genügend zu verdienen, als ein Herr von mittlerer Figur eintrat, mit lebhaften Augen und einem etwas närrischen Gesicht; er trug einen Rock, der durch einen einzigen Knopf geschlossen wurde.

"Was für Philister ihr doch seid!" rief er. "Spielt denn das eine Rolle? Die Alten, die Meisterwerke schufen, haben auch nicht das Bedürfnis gehabt, Millionäre zu werden. Correggio, Murillo ..."

"Und Pellerin," warf Sombaz dem eintretenden Sprecher entgegen. Der aber überhörte es und sprach mit solchem Nachdruck weiter, daß Arnoux ihm zweimal zurufen mußte: "Meine Frau erwartet Sie Donnerstag. Vergessen Sie es nicht."

Diese Worte brachten Frédérics Gedanken wieder auf Frau Arnoux. Zu ihr schien man durch das Kabinett neben dem Divan zu gelangen. Arnoux hatte es eben geöffnet, um sich ein Taschentuch zu holen. Im Hintergrunde hatte Frédéric einen Waschtisch bemerkt. Eine Art Knurren erscholl aus der Ecke neben dem Kamin; es kam von dem Herrn, der in dem Fauteuil die Zeitung las. Er war fast sechs Fuß hoch, hatte müde Augenlider, graues Haar und eine sehr würdevolle Miene – sein Name war Regimbart.

"Was gibt es?" fragte Arnoux. "Wieder eine Niederträchtigkeit der Regierung."

Es handelte sich um die Amtsentsetzung eines Schullehrers. – Pellerin zog Vergleiche zwischen Michelangelo und Shakespeare. Dittmer verabschiedete sich.

Arnoux lief ihm nach, um ihm zwei Banknoten in die Hand zu stecken. Hussonnet, der den Augenblick für günstig hielt, sagte:

"Könnten Sie mir nicht einen kleinen Vorschuß ...?" Weiter kam er nicht, denn Arnoux hatte sich schon wieder hingesetzt und schalt mit einem schmutzigen Greis, der eine blaue Brille trug.

"Na, Sie machen schöne Sachen, Vater Isaac! Drei Werke total verdorben! Man kennt sie jetzt, und alle Welt macht sich lustig über mich! Was soll ich damit anfangen? Ich werde die Bilder nach Kalifornien schicken müssen. Schweigen Sie."

Die Spezialität dieses Ehrenmannes bestand darin, an Gemälden die Signaturen alter Meister anzubringen. Arnoux weigerte sich, ihm zu bezahlen, und wies ihm brutal die Tür. Plötzlich veränderte er sein Benehmen und begrüßte einen sehr steifen, dekorierten Herrn, der einen Backenbart hatte und eine weiße Krawatte trug. An die Fensterbank gelehnt, sprach er lange mit süßlicher Miene mit ihm. Endlich verlor er die Geduld.

"Aber Herr Graf, ich kann Vermittler bekommen, so viel ich will."

Der Edelmann schwieg resigniert, Arnoux zählte ihm fünfhundert Franken auf und sagte, als der andere draußen war:

"Sind diese großen Herren nicht unerträglich?"

"Sie sind alle Lumpen," murmelte Regimbart.

Je später es wurde, desto mehr häuften sich Arnoux' Geschäfte, er sah Artikel durch, öffnete Briefe und stellte Rechnungen aus; dann und wann ging er hinaus, das Einpacken der Waren zu überwachen, gleich darauf kehrte er wieder zu seiner Arbeit zurück; und während seine Feder über das Papier glitt, nahm er an der Unterhaltung teil. Nachher wollte er noch bei seinem Anwalt zu Mittag essen und am nächsten Tage nach Belgien reisen. Die anderen plauderten von den Tagesereignissen: von dem Porträt Cherubinis, von der nächsten Ausstellung. Pellerin schimpfte über die Akademie. Die Klatschereien und Diskussionen wurden immer lebhafter. Das niedrige Zimmer war so voll, daß man sich nicht rühren konnte, und die roten Kerzen leuchteten durch den Tabaksqualm wie Sonnenstrahlen durch den Nebel. Die Tür nahe dem Divan öffnete sich, und ein großes, schlankes Mädchen mit hastigen Bewegungen, bei denen die Anhängsel ihrer Uhrkette an ihrem schwarzen Taffetkleid klirrten, trat ein.

Es war die Dame, die Frédéric im Sommer in der Loge des Palais Royal gesehen hatte. Einige redeten sie mit ihrem Vornamen an und schüttelten ihr die Hand. Hussonnet hatte endlich die gewünschten fünfzig Franken erlangt; die Uhr schlug sieben; die Gesellschaft empfahl sich. Arnoux bat Pellerin, zu bleiben, und führte Fräulein Vatnaz in das Kabinett. Frédéric konnte nicht verstehen, was sie im Flüstertone sprachen. Plötzlich erhob sich die weibliche Stimme:

"Sechs Monate ist die Sache schon erledigt, und ich warte noch immer."

Es wurde sehr still, dann erschien Fräulein Vatnaz wieder; Arnoux mußte ihr wieder etwas versprochen haben.

"Wir werden später sehen."

"Adieu, Sie Beneidenswerter," sagte sie, indem sie ging.

Arnoux ging wieder in das Kabinett, strich sich Pomade in den Schnurrbart, zog seine Hosenträger fester und wusch sich die Hände; dabei sagte er:

"Ich muß also zwei Türgesimse haben, zweihundertfünfzig Franken das Stück, Genre Boucher; abgemacht?"

"Jawohl," antwortete Pellerin, der errötet war.

"Gut, und vergessen Sie meine Frau nicht."

Frédéric begleitete Pellerin bis zum Faubourg Poissonnière und bat ihn um die Erlaubnis, ihn manchmal besuchen zu dürfen, was ihm liebenswürdig gewährt wurde. Pellerin las alle Werke über Ästhetik, um die wahre Theorie des Schönen zu entdecken, in der Überzeugung, nachdem er sie gefunden hätte, Meisterwerke schaffen zu können. Er umgab sich mit allen möglichen Hilfsmitteln, Zeichnungen, Abdrücken, Modellen, Stichen; suchte unausgesetzt und verwarf wieder; schalt auf das Wetter, seine Nerven, sein Atelier, ging aus, um die Eingebung zu suchen, und glaubte, sie gefunden zu haben; gab dann die Arbeit auf und plante eine andere, die noch viel schöner werden sollte. Die Sucht nach dem Ruhm quälte ihn, und da er seine Zeit in Diskussionen verlor und an tausend Albernheiten glaubte, an Systeme, an eine allgemeine Regelung der Kunst und so weiter, hatte er, trotz seiner fünfzig Jahre, bisher nur Entwürfe hervorgebracht. Sein starker Hochmut ließ ihn keine Enttäuschung empfinden, aber er war stets gereizt und in jener gleichzeitig natürlichen und gekünstelten Erregung, die Komödianten erzeugt.

In seiner Wohnung sah man auf den ersten Blick zwei große Leinwandtafeln, auf deren weißen Flächen die ersten Farbentöne, die hier und da aufgetragen waren, braune, rote und blaue Flecken bildeten. Ein Gewirr von Kreidelinien zog sich dazwischen hin, wie die Maschen eines Netzes, für den Beschauer absolut unverständlich. Pellerin erklärte das Sujet der beiden Werke, indem er mit dem Daumen die Partien bezeichnete, die noch fehlten. Eines sollte den Wahnsinn Nebukadnezars, das andere den Brand Roms unter Nero darstellen. Frédéric bewunderte beides. Er bewunderte Gruppen von nackten Frauen mit zerzausten Haaren und Landschaften, auf denen man eine Menge Baumstämme sah, die vom Sturm gekrümmt waren, namentlich aber Federzeichnungen, Erinnerungen an Callot, Rembrandt und Goya, an Bilder, die ihm unbekannt waren. Seine Jugendarbeiten schätzte Pellerin nicht mehr, jetzt schwärmte er für den großen Stil und theoretisierte lebhaft über Phidias und Winckelmann. Seine Umgebung verstärkte die Macht seiner Worte: Man entdeckte einen Totenkopf auf einem Betpult, türkische Dolche und eine Mönchskutte, die Frédéric sich anprobierte.

Wenn er morgens frühzeitig kam, so überraschte er den Maler noch in seinem schlechten Gurtenbett, das von einem Fetzen Tapete halb verdeckt war; denn Pellerin ging spät schlafen, da er ein fleißiger Theaterbesucher war. Seine Bedienung versah eine zerlumpte Frau, seine Mahlzeiten nahm er in einer Garküche ein, eine Geliebte hatte er nicht. Da und dort aufgelesene Kenntnisse ließen seine Paradoxe amüsant erscheinen. Sein Haß gegen das Gewöhnliche und Philiströse machte sich in Spöttereien von überschwenglicher Kühnheit Luft, für die großen Meister aber hatte er eine Verehrung, die so stark war, daß sie ihn fast auf deren Niveau hob. Warum sprach er aber nie von Frau Arnoux? Den Mann nannte er bald einen guten Kerl, bald einen Charlatan. Frédéric mußte abwarten, ob er von selbst auf die Frau zu sprechen käme. Als er eines Tages unter seinen Kartons blätterte, entdeckte er auf dem Bilde einer Zigeunerin die Züge von Fräulein Vatnaz, und da diese ihn interessierte, wollte er etwas über sie wissen.

Pellerin glaubte, daß sie früher Lehrerin in der Provinz gewesen sei; jetzt gäbe sie Stunden und schriebe für Winkelblätter. Frédéric meinte, daß ihr Benehmen gegen Arnoux intime Beziehungen zwischen beiden vermuten lasse.

"Das hat der nicht nötig, der hat noch ganz andere."

Der junge Mann errötete vor Scham über seinen häßlichen Gedanken, als er sagte: "Seine Frau revanchiert sich wohl?"

"Durchaus nicht; sie ist anständig!"

Frédéric fühlte tiefe Reue und ging nun häufiger ins "Kunstgewerbe".

Die großen Buchstaben, die auf der Marmortafel über der Ladentür Arnoux' seinen Namen bildeten, erschienen ihm eigenartig und bedeutungsvoll wie eine eigene geheiligte Schrift. Das lange Trottoir, das an dieser Stelle stark abfiel, zwang ihn zu einem schnellen Schritt, die Tür öffnete sich fast von selbst, und die glatte Klinke gab die Empfindung eines Händedrucks. Ohne es zu bemerken, wurde er ein ebenso regelmäßiger Gast wie Regimbart.

Täglich nahm dieser seinen Platz am Kamin in seinem Fauteuil ein, bemächtigte sich des "National" und drückte seine Gedanken durch Ausrufe oder einfach durch Achselzucken aus. Von Zeit zu Zeit wischte er sich die Stirn mit einem Taschentuch, das er zusammengerollt auf der Brust zwischen zwei Knöpfen seines grünen Rockes trug. Er trug ein gebügeltes Beinkleid, Halbschuhe und eine lange Krawatte; sein Hut mit den aufgestülpten Krempen ließ ihn schon von weitem im dichtesten Gewühl erkennen.

Um acht Uhr früh kam er von den Höhen des Montmartre herunter, um sofort in einer kleinen Kneipe der Rue Notre-Dame des Victoires haltzumachen. Sein Frühstück, an das sich mehrere Billardpartien schlossen, beschäftigte ihn bis drei Uhr. Dann ging er nach der Passage des Panoramas, um einen Absinth zu nehmen. Nach dem Besuch bei Arnoux ging er in die Bordelaiser Weinstube und trank dort Wermut; dann, statt nach Hause zu seiner Frau zu gehen, aß er meist allein in einem kleinen Café der Place Gaillon, wo er stets "Hausmannskost" haben wollte.

Schließlich wanderte er nach einem anderen Winkel-Café und blieb dort bis tief nach Mitternacht, bis der müde Wirt, nachdem das Gas ausgelöscht war, ihn flehentlich bat, zu gehen.

Es war nicht die Lust am Trinken, die Regimbart in diese Lokale zog, sondern das Bedürfnis, dort politische Kannegießereien zu treiben; mit dem Alter hatte er seinen Humor verloren, und nur noch eine stille Verdrossenheit war ihm geblieben. Wenn man seine tiefernsten Züge sah, konnte man glauben, daß ihn die allerwichtigsten Dinge beschäftigten. Aber nichts davon kam jemals zum Vorschein, und niemand wußte, was er trieb, obgleich er behauptete, er mache Geschäfte.

Arnoux schien ihn unendlich zu schätzen. Eines Tages sagte er zu Frédéric:

"Der leistet sehr viel, das ist ein ganz besonderer Mensch."

Ein anderes Mal wies Regimbart Papiere vor, die Bergwerke in der Bretagne betrafen, und Arnoux verließ sich darin auf seine Sachkenntnisse.

Frédéric behandelte Regimbart mit großer Achtung, ja, er bewirtete ihn ab und zu; obgleich er ihn für beschränkt hielt, suchte er seine Gesellschaft, einzig und allein, weil er Arnoux' Freund war.

Nachdem der Kunsthändler die jungen Maler in ihren Anfängen unterstützt hatte, begann er als richtiger Mann des Fortschritts auf seinen Profit zu sehen, obgleich er die Allüren eines Kunstfreundes beibehielt. Er suchte eine neue Richtung: das Erhabene zu billigen Preisen. Alle Luxus-Industrien von Paris unterlagen seinem Einfluß, der in allen Kleinigkeiten gut, bei größeren Dingen aber verhängnisvoll wirkte. Mit seinen Bemühungen, der öffentlichen Meinung zu schmeicheln, verdarb er die geschickten und bedeutenden Künstler und nützte die kleinen aus, und seine Beziehungen und seine Zeitung halfen ihm dabei mächtig. Die Farbenkleckser wollten ihre Werke in seinem Schaufenster sehen, und die Tapezierer kauften bei ihm Möbelmodelle. Frédéric schätzte ihn als Millionär, als Kunstliebhaber, als Mann von Energie. Allerdings fiel ihm manches seltsam auf; Arnoux machte nämlich auch ganz merkwürdige Geschäfte.

Er empfing zum Beispiel aus einer entlegenen Gegend Deutschlands oder Italiens ein Gemälde, das in Paris fünfzehnhundert Franken gekostet hatte, und verkaufte es auf Grund einer Rechnung, die das Bild mit viertausend Franken bewertete, für dreitausendfünfhundert Franken, aus Gefälligkeit. Einer seiner gewöhnlichen Tricks, den er mit den Malern anwendete, war, von ihnen als Vergütung eine verkleinerte Kopie des Bildes zu verlangen, da er, wie er sagte, einen Stich davon herausgeben wollte: die Kopie verkaufte er stets, der Stich erschien nie. Denen, die sich beklagten, daß sie von ihm ausgenützt würden, antwortete er mit einem scherzhaften Stoß vor den Magen. Im übrigen war er gutmütig, verschwendete Zigarren an andere, duzte Leute, die er kaum kannte; und begeisterte er sich für jemanden oder für sein Werk, so war er überaus eifrig und legte sich gewaltig ins Zeug mit Laufereien, Korrespondenzen und Reklamen. Er hielt sich für sehr anständig und plauderte in seinem Mitteilungsbedürfnis ganz naiv seine unsauberen Mittelchen aus.

Einst wollte er einem Konkurrenten, der die Gründung einer anderen Fachzeitung mit einem großen Bankett feierte, einen Streich spielen; er bat Frédéric, in seiner Gegenwart, kurz vor dem Feste, Briefe an die Gäste zu schreiben, durch die sie ausgeladen wurden.

"Sie müssen wissen, das ist nichts Unanständiges."

Der junge Mann wagte nicht, ihm diesen Dienst abzuschlagen.

Am folgenden Tage, als Frédéric mit Hussonnet in das Bureau kam, sah er durch die Tür, die auf die Treppe führte, den Saum eines Kleides verschwinden.

"Pardon," sagte Hussonnet, "wenn ich gewußt hätte, daß Damen hier sind ..."

"Es ist nur meine Frau," fuhr Arnoux fort. "Sie hat mir eben im Vorübergehen einen Besuch gemacht."

"Einen Besuch?" fragte Frédéric.

"Jawohl, sie geht aber wieder nach Hause."

Der Reiz, den der Gedanke an ihre unmittelbare Nähe bisher für ihn gehabt hatte, verflog plötzlich. Er fühlte eine unendliche Überraschung und einen Schmerz, fast als hätte man ihn betrogen.

Arnoux, der in seiner Schieblade wühlte, lächelte. Machte er sich vielleicht über ihn lustig? Der Kommis legte auf dem Schreibtisch ein Bündel druckfeuchter Papiere nieder.

"Ah, die Anschlagzettel!" rief der Kunsthändler. "Heute werde ich um mein Mittagessen kommen."

Regimbart nahm seinen Hut.

"Was? Sie wollen schon gehen?"

"Es ist sieben Uhr," sagte Regimbart.

Frédéric folgte ihm.

An der Ecke der Rue Montmartre drehte er sich um und betrachtete die Fenster der ersten Etage, sich innerlich einen Narren scheltend, denn er dachte daran, mit welcher Liebe er sie so häufig angesehen hatte. Wo wohnte sie? Wie ihr jetzt begegnen? Die Einsamkeit verband sich mit seiner Sehnsucht, die größer war als je zuvor.

"Kommen Sie mit mir?" fragte Regimbart.

"Wohin?"

"Zu einem Absinth."

Frédéric ließ sich von ihm in die Bordelaiser Weinstube führen. Während er sinnend die Weinflasche betrachtete, lugte der andere nach allen Seiten aus. Plötzlich bemerkte er Pellerin auf dem Trottoir, er klopfte laut an die Fensterscheibe und fragte den Maler, ehe dieser noch Zeit gehabt hatte, sich zu setzen, warum er nicht mehr ins "Kunstgewerbe" komme.

"Der Teufel mag mich holen, wenn ich da wieder hineingehe! Er ist ein Elender, ein Lump, ein Vieh!"

Diese Schimpfworte taten der Erbitterung Frédérics wohl, und doch fühlte er sich durch sie verletzt, denn er hatte die Empfindung, daß Frau Arnoux auch dadurch beleidigt werde.

"Was hat er Ihnen denn getan?" fragte Regimbart.

Pellerin stampfte auf den Boden und schnaubte heftig, statt zu antworten.

Pellerin beschäftigte sich mit nicht ganz einwandfreien Arbeiten, wie Nachahmungen berühmter Gemälde für Amateure, die nichts davon verstanden, und da diese Dinge ihn innerlich beschämten, verschwieg er sie sonst. Aber die Schäbigkeit Arnoux' erbitterte ihn zu sehr, und deshalb erleichterte er jetzt sein Herz.

Auf Grund einer Bestellung, die in Frédérics Gegenwart erfolgte, hatte er ihm zwei Gemälde gebracht, und der Händler hatte sich erlaubt, diese zu kritisieren! Er hatte die Komposition, die Farben und die Zeichnung, namentlich diese, getadelt und die Bilder um keinen Preis haben wollen. Pellerin, durch einen fälligen Wechsel gezwungen, hatte sie dem Juden Isaac überlassen, und vierzehn Tage später verkaufte Arnoux sie eigenhändig einem Spanier für zweitausend Franken.

"Keinen Pfennig weniger! Welche Schurkerei! Und das ist noch nicht das Ärgste. Es dauert nicht mehr lange, daß wir ihn auf der Anklagebank sehen!"

"Wie Sie gleich übertreiben!" sagte Frédéric schüchtern.

"Nun übertreibe ich auch noch!" schrie der Maler, mit der Faust auf den Tisch schlagend.

Diese Heftigkeit gab dem jungen Mann seine Überlegenheit wieder. Sicherlich hätte Arnoux nobler handeln können, aber vielleicht fand er die beiden Bilder ...

"Schlecht? Sagen Sie es nur ruhig! Haben Sie sie gesehen? Sind Sie vom Fach? Ich möchte Ihnen nur sagen, ich vertrage die Kritik von Laien nicht!"

"Ich habe auch gar kein Interesse daran!"

"Warum verteidigen Sie ihn denn so warm?"

Der junge Mann stotterte:

"Weil ... weil ich sein Freund bin."

"Grüßen Sie ihn von mir! Guten Abend."

Der Maler stürzte wütend davon, selbstverständlich ohne zu zahlen.

Während Frédéric Arnoux verteidigte, hatte er sich selbst in eine Überzeugung hineingeredet. Sich an seinen Worten berauschend, fühlte er plötzlich eine große

Zuneigung zu diesem guten und gescheiten Mann, den seine Freunde verleumdeten und der nun allein und verlassen arbeiten mußte. Er fühlte plötzlich das ungestüme Bedürfnis, ihn sofort aufzusuchen; zehn Minuten später betrat er das Magazin.

Arnoux entwarf mit seinem Kommis ungeheure Anschlagzettel für eine Bilderausstellung.

"Was, schon wieder hier?"

Diese im Grunde naheliegende Frage setzte Frédéric in Verlegenheit, und um einen Vorwand zu haben, fragte er, ob nicht vielleicht sein Notizbuch, ein kleines Notizbuch aus blauem Leder, gefunden worden sei.

"Sind da wohl Briefe von Damenbekanntschaften drin?"

Frédéric, wie ein junges Mädchen errötend, wies diese Vermutung zurück.

"Also Gedichte?" versetzte der Händler, während er die ausgebreiteten Proben prüfte, ihre Form, ihre Farbe, die Randleiste. Frédéric wurde durch die Wichtigkeit, die er dabei zur Schau trug, geärgert, besonders aber durch seine Hände, mit denen er die Affichen betastete, große, ein wenig weiche Hände mit platten Nägeln. Endlich erhob sich Arnoux mit dem Ausruf: "Fertig!" und griff Frédéric familiär unter das Kinn. Diese Vertraulichkeit mißfiel Frédéric, und er trat einen Schritt zurück; dann verließ er das Bureau mit dem Entschluß, zum letzten Male dort gewesen zu sein. Frau Arnoux selbst war in seinen Augen durch die Gewöhnlichkeit des Mannes herabgesetzt.

In derselben Woche erhielt er einen Brief, worin Deslauriers seine Ankunft in Paris für den nächsten Donnerstag ankündigte. Nun konnte er sich zu dieser solideren und wertvolleren Freundschaft flüchten! Ein solcher Mann wog alle Frauen der Welt auf! Jetzt würde er weder Regimbart, noch Pellerin, noch Hussonnet, noch sonst jemanden nötig haben. Um seinen Freund besser beherbergen zu können, kaufte er eine eiserne Bettstelle, einen zweiten Lehnstuhl und vervollständigte die Bettwäsche; Donnerstag früh zog er sich an, um Deslauriers abzuholen, als die Türglocke ertönte und Arnoux eintrat.

"Nur ein Wort. Gestern habe ich aus Genf eine schöne Forelle geschickt bekommen, wir rechnen zu Tisch auf Sie, präzise sieben Uhr. Rue de Choiseul 24 a. Vergessen Sie nicht!"

Frédérics Knie schwankten, er war gezwungen, sich niederzusetzen. Er wiederholte unausgesetzt: "Endlich, endlich!" Dann schrieb er seinem Schneider, seinem Schuster, seinem Hutmacher und ließ diese drei Briefe durch drei verschiedene Dienstmänner besorgen. Plötzlich öffnete sich die Tür, und der Portier erschien mit einem Koffer auf der Schulter.

Frédéric erblickte Deslauriers und zitterte wie eine schuldige Frau vor ihrem Gatten.

"Was hast du denn?" fragte Deslauriers. "Hast du meinen Brief nicht bekommen?"

Frédéric hatte nicht die Kraft, zu lügen, er öffnete die Arme und warf sich an die Brust des Freundes.

Nun erzählte dieser seine Geschichte. Sein Vater hatte ihm die Vormundschaftsabrechnung verweigert, unter dem Vorwand, daß so etwas in zehn Jahren verjähre. Aber Deslauriers, der im bürgerlichen Recht gut bewandert war, hatte ihm schließlich die ganze Erbschaft der Mutter herausgerissen, siebentausend Franken, die er in einem alten Portefeuille bei sich trug.

"Das ist wenigstens eine Reserve im Falle der Not. Gleich morgen werde ich eine geeignete Stelle suchen, das Geld sicher zu deponieren, und dann muß ich mich um eine Unterkunft bemühen. Heute aber wird noch gefaulenzt, da gehöre ich ganz dir, mein Junge!"

"Oh, du mußt dich meinetwegen nicht stören," sagte Frédéric. "Wenn du vielleicht heute abend etwas vorhast ..."

Der Portier hatte auf dem Tische neben dem Ofen Kotelettes, Sülze, eine Languste, Dessert und zwei Flaschen Bordeaux aufgestellt. Eine so feierliche Begrüßung rührte Deslauriers.

"Du empfängst mich wie ein König, wahrhaftig!"

Sie plauderten von der Vergangenheit und von der Zukunft und schüttelten sich häufig über dem Tisch die Hände; gerührt sahen sie einander an. Plötzlich brachte ein Dienstmann einen neuen Hut, den Deslauriers bewunderte.

Dann kam der Schneider mit dem Frack, den er aufgebügelt hatte.

"Man sollte meinen, daß du Hochzeit machen willst," bemerkte Deslauriers.

Eine Stunde später kam ein drittes Individuum und zog aus einem großen schwarzen Sack ein Paar neue Lackstiefel. Während Frédéric sie probierte, sagte der Schuster, mit einem Seitenblick auf die Fußbekleidung des Provinzialen:

"Haben Sie nichts nötig?"

"Danke," antwortete der Schreiber, indem er seine alten Schnürschuhe unter seinem Stuhl versteckte.

Diese Demütigung genierte Frédéric. Er zögerte trotzdem, die Wahrheit zu gestehen. Endlich sagte er, als wenn ihm plötzlich etwas einfiele:

"Donnerwetter, ich habe ganz vergessen!"

"Was denn?"

"Ich bin heute zum Essen eingeladen."

"Bei den Dambreuse? Warum hast du mir nichts davon geschrieben?"

"Nicht bei Dambreuse, sondern bei Arnoux."

"Du hättest mich benachrichtigen sollen," versetzte Deslauriers. "Ich wäre einen Tag später gekommen."

"Das war unmöglich," antwortete Frédéric ziemlich brüsk, "ich bin eben erst eingeladen worden."

Und um diese Rücksichtslosigkeit sofort wieder gutzumachen und seinen Freund zu versöhnen, löste er die Stricke, die um Deslauriers Koffer geschlungen waren, und brachte seine Sachen in einem Schrank unter; er wollte ihm sogar sein eigenes Bett geben und selbst in der Kohlenkammer schlafen. Dann, schon um vier Uhr, begann er die Vorbereitungen zu seiner Toilette.

"Du hast ja noch Zeit," sagte der andere.

Endlich war er fertig und ging.

Deslauriers dachte bei sich: "So sind die reichen Leute" und wanderte in die Rue Saint-Jacques in ein kleines Restaurant, das er kannte, um zu essen.

Frédérics Herz klopfte so stark, daß er mehrere Male auf der Treppe stehenblieb. Einer seiner Handschuhe, die zu eng waren, platzte, aber während er den Riß unter seiner Manschette versteckte, faßte Arnoux, der hinter ihm die Treppe heraufgekommen war, ihn am Arme und ließ ihn eintreten.

Das Vorzimmer, das in chinesischem Stil dekoriert war, hatte eine bemalte Lampe am Plafond und Bambusmöbel in den Ecken. Frédéric stolperte über ein Tigerfell. Die Armleuchter waren noch nicht angezündet, aber zwei Lampen brannten in dem Boudoir, das die Reihe der Zimmer abschloß.

Die kleine Martha kam und sagte, daß ihre Mutter sich ankleide. Arnoux hob sie zu sich empor, um sie zu küssen, dann ließ er Frédéric mit dem Kinde allein; er selbst ging in den Keller, die passenden Weinsorten auszusuchen.

Seit der Reise von Montereau war die Kleine sehr gewachsen. In langen braunen Locken fiel ihr Haar auf ihre nackten Arme herab. Ihr Kleidchen, das sich stärker bauschte als der Rock einer Ballettänzerin, ließ ihre rosigen Waden sehen, und das ganze niedliche Persönchen war frisch wie ein Blumenstrauß. Sie nahm die Komplimente des fremden Herrn mit Koketterie entgegen, sah ihn unerschrocken an und verschwand wie ein Kätzchen, indem sie sich zwischen den Möbeln durchwand.

Seine Verwirrung war ganz verflogen. Die Lampen, mit Papierschirmen bedeckt, warfen ein weißliches, mildes Licht auf den mauvefarbenen Satin der Wände. Zwischen den Stäben des Kamingitters, das die Gestalt eines großen Fächers hatte, sah man die Kohlen glühen, vor der Stutzuhr stand eine Kassette mit silbernen Verzierungen. Eine Puppe lag auf dem Sofa, ein Halstuch hing über einer Stuhllehne, und auf dem Arbeitstischchen befand sich eine wollene Strickarbeit, aus der zwei Elfenbeinnadeln, die Spitzen nach unten gerichtet, heraushingen. Das Ganze ein Bild familiärer, friedlicher Wohlanständigkeit.

Arnoux trat wieder ein; unter der anderen Portiere erschien Frau Arnoux. Sie stand im Schatten, und Frédéric konnte zuerst nur ihren Kopf erkennen. Sie trug ein schwarzes Samtkleid und in den Haaren ein algerisches Netz aus roter Seide, das um den Kamm geschlungen war und auf ihre linke Schulter niederfiel.

Arnoux stellte Frédéric vor.

Sie sagte: "Oh, ich erkenne den Herrn wieder."

Dann traten, fast gleichzeitig, die übrigen Gäste ein. Es waren Dittmer, Lovarias, Burrieu, der Komponist Rosenwald, der Dichter Théophile Lorris, zwei Kunstkritiker und Kollegen Hussonnets, ein Papierfabrikant und schließlich der berühmte Meinsius, der letzte Vertreter der großen Malkunst, der seinen Ruhm, seine achtzig Jahre und sein Embonpoint mit der gleichen Vergnügtheit ertrug.

Als man zu Tische ging, nahm Frau Arnoux seinen Arm. Ein Stuhl war für Pellerin, den Arnoux gern hatte, obgleich er ihn ausbeutete, leer geblieben. Übrigens fürchtete Arnoux Pellerin wegen seiner bösen Zunge so sehr, daß er, um ihn zu bestechen, im "Kunstgewerbe" das Bild des Malers, begleitet von übertriebenen Lobeserhebungen, veröffentlicht hatte; und Pellerin, der für Ruhm empfänglicher als für Geld war, erschien, ganz außer Atem, um acht Uhr. Frédéric glaubte übrigens, daß sie schon lange wieder ausgesöhnt seien.

Die Gesellschaft, die Speisen, alles gefiel ihm. Das Zimmer war ganz wie ein mittelalterliches Refektorium mit gepreßtem Leder bespannt; eine holländische Etagère stand vor einem Gestell mit türkischen Pfeifen; und über den ganzen Tisch verteilt, machten die bunten leuchtenden böhmischen Gläser inmitten der Blumen und Früchte den Eindruck einer Illumination in einem Garten.

Er konnte zwischen zehn Sorten Senf wählen, aß die ausgewähltesten Dinge und trank die besten Weine. Arnoux setzte seinen Stolz darein, eine glänzende Küche zu führen. Mit Rücksicht auf die ausländischen Delikatessen verhielt er sich mit allen Schaffnern der Paketpost, und auch mit den Köchen der großen Häuser, die ihm Saucenrezepte gaben, war er eng befreundet.

Am meisten Freude aber hatte Frédéric an der Unterhaltung. Seiner Vorliebe für Reisen entsprach Dittmer, der vom Orient erzählte, Rosenwald plauderte Kulissengeheimnisse der Oper aus, die ihn aufs höchste fesselten, und die im Grunde fürchterliche Existenz der Bohème erschien im Lichte der Schilderungen Hussonnets komisch, denn dieser erzählte unter anderem in einer fast pittoresk-anschaulichen Weise, wie er einen ganzen Winter hindurch nichts anderes als Schweizerkäse zu essen gehabt hatte. Eine Diskussion zwischen Lovarias und Burrieu über die Florentiner Schule machte ihn mit neuen Namen und neuen Horizonten bekannt, und er konnte kaum seine Begeisterung zügeln, als Pellerin ausrief:

"Verschonen Sie mich mit Ihrer scheußlichen Realistik! Was will das überhaupt heißen, Realistik? Die einen sehen schwarz, die anderen blau, und die große

Menge höchstens stumpfsinnig. Es gibt nichts weniger Natürliches als Michelangelo, und dabei nichts Gewaltigeres. Das emsige Bemühen um die äußerliche Wahrheit beweist nur unsere heutige Kleinlichkeit; und die Kunst wird, wenn man so fortfährt, noch zu einem Schmarren werden, weit wertloser als Religion und Politik. Ihr höchstes Ziel – jawohl, ihr Ziel –, uns in der Erregung über uns selbst hinauszuheben, wird mit kleinen Werken, auch bei den größten Finessen der Ausführung, nicht erreicht werden. Da sind zum Beispiel die Bilder von Bassolier, hübsch, zierlich und so winzig, man kann sie in die Tasche stecken und auf die Reise mitnehmen! Liebhaber zahlen zwanzigtausend Franken dafür. Ideen sind nur für sechs Dreier darin, aber ohne die Idee gibt es nichts Schönes und nichts Großes! Der Olymp ist ein Berg! Das kolossalste Monument werden doch immer die Pyramiden bleiben. Der Überschwang wiegt schwerer als der gute Geschmack, die Wüste ist bedeutender als ein Trottoir, und ein Wilder mehr als ein Friseur!"

Frédéric sah Frau Arnoux an, während er diesen Worten zuhörte. Sie fielen in sein Herz wie glühendes Metall in einen Schmelzofen, vereinigten sich mit seinen Gefühlen und wurden Liebe.

Er saß drei Plätze von ihr entfernt auf derselben Seite des Tisches. Zeitweilig beugte sie sich etwas vor und wandte den Kopf, um mit ihrer Kleinen zu sprechen; wenn sie dann lächelte, bildete sich ein Grübchen in ihrer Wange, was ihrem Antlitz noch mehr zarte Liebenswürdigkeit gab.

Nach dem Kaffee zog sie sich zurück. Man reichte Liköre, und die Unterhaltung wurde sehr frei, wobei sich Herr Arnoux hervortat; Frédéric staunte über den Zynismus dieser Menschen. Trotzdem brachte das allgemeine Interesse für das "Weib" ihn dieser Gesellschaft näher, und das erhöhte doch wieder seine Person in seinen eigenen Augen.

In den Salon zurückgekehrt, blätterte er, um etwas zu tun, in einem Album, das auf dem Tische lag. Die großen Künstler der damaligen Zeit hatten es mit Zeichnungen geschmückt, hatten Prosa, Verse oder einfach ihre Unterschrift hineingesetzt, zwischen berühmten Namen gab es viele unbekannte, und die originellen Einfälle erschienen in einer Flut von Dummheiten. Alle Beiträge enthielten eine mehr oder weniger direkte Huldigung für Frau Arnoux. Frédéric hätte um keinen Preis etwas dazu geschrieben.

Sie holte aus ihrem Boudoir die Kassette mit den Silberbeschlägen, die er auf dem Kamin bemerkt hatte; es war ein Kunstwerk der Renaissance, ein Geschenk von ihrem Manne. Die Freunde Arnoux' machten ihm Komplimente darüber, und seine Frau dankte ihm dafür; er war sehr gerührt und gab ihr vor allen Leuten einen Kuß.

Man plauderte dann in Gruppen; der gute alte Meinsius saß mit Frau Arnoux auf einem Kanapee in der Nähe des Kamins, sie neigte sich zu seinem Ohr, wobei ihre Köpfe sich berührten.

Frédéric wäre gern taub, gebrechlich und häßlich gewesen um den Preis eines berühmten Namens und grauer Haare, kurz um etwas zu haben, das ihn zu solcher Intimität berechtigte. Das Herz krampfte sich ihm zusammen, und seine Jugendlichkeit war ihm lästig.

Später kam sie zu ihm in die Ecke, in der er saß, und fragte ihn, ob er einzelne der Gäste kenne, ob er die Malerei liebe, und wie lange er schon in Paris studiere. Jedes Wort aus ihrem Munde schien Frédéric etwas ganz Neues und wie eine originelle Äußerung ihrer Persönlichkeit.

Aufmerksam betrachtete er die Spitzen ihres Haarputzes, die bis auf ihre nackte Schulter herunterfielen; er konnte seine Augen nicht davon abwenden, mit seiner ganzen Seele hing er an dem weißen Glanz ihrer Büste; aber er wagte nicht, frei aufzublicken und ihr ins Gesicht zu sehen.

Rosenwald unterbrach sie, indem er Frau Arnoux bat, etwas zu singen. Während er einige einleitende Takte spielte, wartete sie; ihre Lippen öffneten sich, und ein reiner, abgerundeter Ton erklang. Frédéric verstand den italienischen Text nicht, er hörte nur einen ernsten Rhythmus, ähnlich einem Kirchenlied, der mächtig anschwoll, langsam erstarb, um dann des Thema in breiten Schwingungen wiederzubringen.

Sie stand aufrecht neben dem Klavier, mit herabhängenden Armen, versunkenen Blicks. Dann und wann bog sie den Kopf etwas vor, mit den Augen suchend, um die Noten besser sehen zu können. Ihre Altstimme hatte in der tiefen Lage eine düstere Färbung, die erschauern machte, ihr schöner Kopf senkte sich dabei auf ihre Schulter; ihre Brust hob sich, ihre Arme breiteten sich aus, der Hals neigte sich wie unter unsichtbaren Küssen; sie schmetterte drei hohe Töne hinaus und schloß nach einer kurzen Pause mit einer Fermate.

Rosenwald blieb am Flügel. Er spielte weiter, wie für sich selbst. Von Zeit zu Zeit verschwand einer der Gäste. Um elf Uhr, als die letzten sich zurückgezogen hatten, schloß Arnoux sich Pellerin an, unter dem Vorwand, ihn zu begleiten. Er gehörte zu den Leuten, die glauben, daß sie krank werden, wenn sie nicht nach dem Essen "gelaufen" sind.

Frau Arnoux war mit ins Vorzimmer gegangen; Dittmer und Hussonnet verabschiedeten sich von ihr, sie reichte ihnen die Hand, ebenso Frédéric, der dabei eine heiße Welle in allen Fasern seiner Haut spürte. Er verließ seine Freunde, da er das Bedürfnis fühlte, allein zu sein. Sein Herz war zum Zerspringen voll. Warum hatte sie ihm die Hand gegeben? War das nur eine unüberlegte Bewegung oder eine Ermutigung? "Ach was! Ich bin verrückt!" Übrigens war das Nebensache, da er sie jetzt ganz nach Belieben sehen und in ihrer Atmosphäre leben konnte.

Die Straßen waren leer, manchmal fuhr eine schwere Karre vorüber, unter der das Pflaster erzitterte. Die Häuser folgten einander mit ihren grauen Fassaden und ihren geschlossenen Fenstern; geringschätzig dachte er an die menschlichen Wesen, die hinter diesen Mauern schliefen und existierten, ohne sie zu sehen, ja, von denen nicht einer wußte, daß sie auf der Welt war! Er dachte nicht mehr an seine

Umgebung, an die Grenzen von Raum und Zeit, an nichts; fest aufstampfend und mit seinem Stock die Fensterläden anstreifend, ging er plan- und ziellos immer weiter. Schließlich fühlte er sich von einer feuchten Luft umgeben und sah, daß er am Wasser angekommen war. Die Straßenlaternen zogen sich in zwei endlosen Linien fort, und langgezogene Flammen spiegelten sich in derWassertiefe, die sich schiefergrau ansah. Der Himmel war etwas heller und wie von den schwarzen, massigen Schatten getragen, die auf beiden Seiten des Flusses lagerten. Häuser, die man nicht sehen konnte, verstärkten mit ihren dunklen Flächen die allgemeine Finsternis, ein leuchtender Nebel schwebte über den Dächern; alle Geräusche verschmolzen in einem einzigen Summen; ein leichter Wind erhob sich.

Mitten auf dem Pont-Neuf stand er still und holte mit bloßem Kopf und den Rock über der Brust geöffnet tief Atem. Er fühlte in sich etwas Unerschöpfliches, eine überströmende Zärtlichkeit, die seine Nerven aufrührte. Von einem Turm schlug es ein Uhr, langsam, fast wie eine Stimme, die ihn rief.

Und da erfaßte ihn einer jener Seelenschauer, in dem man das Gefühl hat, in eine höhere Welt versetzt zu werden. Eine außerordentliche Kraft war über ihn gekommen. Er fragte sich ernsthaft, ob er ein großer Maler oder ein großer Dichter werden würde, – und er entschied sich für die Malerei, da diese ihn in Berührung mit Frau Arnoux bringen mußte. Endlich hatte er also seinen Beruf gefunden! Sein Lebensziel war jetzt klar vor ihm und die Zukunft nicht mehr schwankend.

Als er seine Tür von innen geschlossen hatte, hörte er jemanden in dem dunklen Kabinett neben seinem Zimmer schnarchen. Es war der andere. An den dachte er nicht mehr. Im Spiegel sah er sein Bild; er fand sich schön, und er blieb eine Minute lang stehen, sich zu betrachten.

5.

Am nächsten Morgen schon, ehe es Mittag schlug, hatte er sich einen Farbenkasten, Pinsel und eine Staffelei gekauft. Pellerin erklärte sich bereit, ihn zu unterrichten, und Frédéric führte ihn mit in seine Wohnung hinauf, damit er sehe, ob an den Malutensilien nichts fehle.

Deslauriers war zu Hause, ein junger Mann nahm den anderen Fauteuil ein. Der Schreiber stellte ihn mit den Worten vor:

"Das ist Sénécal."

Dieser junge Mann mißfiel Frédéric. Seine Stirn war künstlich erhöht durch die bürstenförmig kurzgeschorenen Haare, etwas Hartes und Kaltes lag in seinen grauen Augen, und sein langer schwarzer Gehrock, sein ganzes Äußere verriet den Pädagogen und Geistlichen.

Zuerst plauderte man von Tagesereignissen, unter anderm vom Rossinischen " Stabat mater"; Sénécal bekannte, daß er nie ins Theater gehe. Pellerin öffnete den Farbenkasten.

"Das alles hast du für dich angeschafft?" fragte der Schreiber.

"Jawohl."

"Welche Idee!"

Er beugte sich über den Tisch, an dem der Hilfslehrer in einem Bande von Louis Blanc blätterte, welchen er selbst mitgebracht hatte. Pellerin und Frédéric untersuchten indessen zusammen die Palette, das Messer, die Pinsel, dann kamen sie auf das Diner bei Arnoux zu sprechen.

"Ist das der Kunsthändler?" fragte Sénécal. "Netter Bursche das!"

"Warum?"

Sénécal erwiderte:

"Ein Mann, der aus politischer Unanständigkeit Kapital schlägt –!"

Er erzählte dann von einer berühmten Lithographie, die die ganze königliche Familie idealisierte: Louis Philippe hielt ein Gesetzbuch in der Hand, die Königin ein Gebetbuch, die Prinzessinnen stickten, der Herzog von Nemours gürtete sich einen Säbel um, Herr von Joinville zeigte seinen jüngeren Brüdern eine Landkarte, im Hintergrunde sah man ein zweischläfriges Bett. Dieses Gemälde, das "Eine brave Familie" unterzeichnet war, bildete das Entzücken der Philister und den Kummer der Patrioten. Pellerin antwortete in beleidigtem Tone, fast als wenn er der Autor wäre, daß alle Meinungen ihre Berechtigung hätten; Sénécal widersprach; die Kunst sei dazu da, die Sittlichkeit der großen Masse zu fördern, man dürfe nur Stoffe wiedergeben, die tugendhaften Handlungen entnommen seien, alles andere wäre schädlich.

"Aber es kommt dabei nur auf die Ausführung an!" rief Pellerin; "wenn es nun Meisterwerke sind, die ich hervorbringe?"

"Dann desto schlimmer! Man hat nicht das Recht ..."

"Wie?"

"Nein, Sie sind nicht berechtigt, mein Interesse für Dinge zu erwecken, die ich verwerfe! Was brauchen wir denn diese mühselig produzierten Bilder, die niemandem Vorteile bringen, diese Venus mit allen Euren Landschaften? Daraus ist keine Belehrung für das Volk zu gewinnen! Zeigt uns sein Elend, begeistert uns für seine Entbehrungen! Wahrhaftiger Gott, es fehlt auch da nicht an künstlerischen Vorwürfen: das Ackerland, die Werkstätten –!"

Pellerin konnte vor Entrüstung kaum sprechen und glaubte ein wirksames Argument gefunden zu haben:

"Und Molière? Halten Sie auch von ihm nichts?"

Sénécal erwiderte: "Den bewundere ich als Vorläufer der Revolution!"

"Ach, die Revolution! Welche jämmerliche Epoche in der Kunst!"

"Und doch gibt es keine größere!"

Pellerin kreuzte die Arme und fixierte seinen Gegner:

"Sie scheinen ja von der famosen Nationalgarde zu sein!"

Der andere, der in Diskussionen sehr beschlagen war, erwiderte:

"Zu der gehöre ich nicht, und sie ist mir ebenso verhaßt wie Ihnen. Aber mit solchen Prinzipien verdirbt man das Volk! Im übrigen rechnet die Regierung mit diesen Grundsätzen, und sie wäre sicherlich nicht so mächtig ohne die Mitschuld der Narren, wie Arnoux einer ist."

Der Maler nahm die Partei des Angegriffenen, denn die Ansichten Sénécals erbitterten ihn. Er verstieg sich zu der Behauptung, daß Jacques Arnoux eine Perle von einem Manne sei, der seinen Freunden diene und seine Frau vergöttere.

"Na, na, wenn man ihm nur genügend Geld anbietet, würde er sich auch nicht weigern, sie Modell stehen zu lassen."

Frédéric wurde kreidebleich.

"Was hat er Ihnen getan?"

"Mir? Nichts! Ich habe ihn nur einmal mit einem Freunde im Café gesehen."

Sénécal redete die Wahrheit, nur die täglichen Reklamen des "Kunstgewerbe" hatten ihn gereizt. In Arnoux verkörperte sich für ihn eine Klasse, die der Demokratie gefährlich war. Als strenger Republikaner hielt er jeden Luxus für verdächtig, zumal, da er persönlich kein Verlangen danach hatte und von unerschütterlicher Strenge gegen sich selbst war.

Die Unterhaltung konnte nicht mehr in Fluß kommen. Der Maler erinnerte sich einer Verabredung, der Hilfslehrer seiner Schüler, und beide gingen. Nach längerem Schweigen fing Deslauriers an, sich über Arnoux genauer zu erkundigen.

"Du wirst mich doch später dort einführen, nicht wahr, mein Junge?"

"Gewiß," versetzte Frédéric.

Dann sprachen sie über die Einrichtung ihres gemeinsamen Haushaltes.

Deslauriers hatte ohne Mühe die Stellung eines zweiten Schreibers bei einem Anwalt gefunden, sich auch in der juristischen Fakultät einschreiben lassen, und das Leben, das sie so sehr ersehnt, sollte beginnen.

Wirklich wurde es auch, dank ihrer Jugend, sehr reizvoll. Da Deslauriers über die gemeinsamen Kosten nichts gesagt hatte, sprach auch Frédéric nicht davon. Er bestritt allein die Ausgaben und besorgte die Wirtschaft. Handelte es sich darum, dem Portier einen Verweis zu erteilen, so übernahm dies der Schreiber, der noch vom Gymnasium her die Rolle des älteren Beschützers beibehielt.

Den ganzen Tag getrennt, fanden sie sich abends zu Hause wieder; jeder setzte sich an eine Seite des Kamins, mit einer Arbeit beschäftigt, die allerdings häufig unterbrochen wurde. Es gab dann charmante Plaudereien, Heiterkeitsausbrüche ohne eigentliche Ursache und manchmal kleine Differenzen, sei es, daß die Lampe blakte oder ein Buch nicht zu finden war; kurze Zwischenfälle, die schnell wieder unter Lachen endeten.

Nachts blieb die Tür zur Holzkammer offen, und so plauderten sie auch noch lange, wenn sie in den Betten lagen.

Des Morgens gingen sie in Hemdärmeln auf ihrer Terrasse umher; die Sonne erhob sich leuchtend, dünne Nebel stiegen über dem Flusse auf, man hörte laute Stimmen vom benachbarten Blumenmarkt, und der Rauch ihrer Pfeifen zerteilte sich in der reinen Luft, die den noch schlaftrunkenen Augen so erfrischend war. Mit dieser Luft, in der sie atmeten, kam auch ein Gefühl freudiger und unermeßlicher Hoffnung über sie.

Sonntags, wenn es nicht regnete, gingen sie zusammen aus und schlenderten Arm in Arm durch die Straßen. Fast immer kamen ihnen gleichzeitig Einfälle, und wenn sie im Plaudern waren, verschwand ihnen alles ringsumher. Deslauriers wünschte sich den Reichtum als Mittel zur Macht. Sein Ideal war, viele Menschen zu beschäftigen, viel Unruhe in seiner Umgebung zu verursachen, drei Sekretäre zur Verfügung zu haben und jede Woche ein großes politisches Diner zu geben. Frédéric wünschte sich einen maurischen Palast, um dort neben einem plätschernden Springbrunnen, von kleinen Negern bedient, auf Kaschmirdivans ruhen zu können; und die eingebildeten Schätze standen ihm schließlich so vor Augen, daß er ihnen nachtrauerte, als hätte er sie verloren.

"Wozu von alledem sich unterhalten," sagte er, "da wir es ja doch nie erreichen werden!"

"Wer weiß!" gab Deslauriers zur Antwort.

Ungeachtet seiner demokratischen Anregungen redete er ihm zu, wieder zu den Dambreuse zu gehen. Frédéric wies auf das Ergebnislose seines ersten Besuches hin.

"Versuche es noch einmal! Sie werden dich einladen!"

Gegen Mitte März bekamen sie größere Rechnungen, darunter die des Wirts, der ihnen das Essen lieferte. Frédéric, der nicht genügend Geld hatte, lieh sich hundert Franken von Deslauriers. Vierzehn Tage darauf ging er ihn wieder um Geld an, aber dieser schalt ihn wegen der Ausgaben, die er bei Arnoux machte.

Tatsächlich war er in dieser Beziehung leichtsinnig. Drei Städteansichten, Venedig, Neapel und Konstantinopel,nahmen die Mitte der drei Wände ein; Reiterbilder von Alfred de Dreux, eine Pradiersche Gruppe, die auf dem Kamin stand, Nummern des "Kunstgewerbe", die auf dem Klavier lagen, und Kartons, in allen Ecken auf der Erde verstreut, füllten das Zimmer, so daß man sich kaum bewegen oder etwas aus der Hand legen konnte. Frédéric erklärte, daß er alles für seine Malerei brauche.

Er arbeitete bei Pellerin. Aber Pellerin war viel unterwegs, da er die Gewohnheit hatte, allen Beerdigungen und Ereignissen, über die die Zeitungen berichten würden, beizuwohnen, und so blieb Frédéric stundenlang allein im Atelier. Die Ruhe, die in dem großen Zimmer herrschte, wo man nichts hörte als das Rascheln der Mäuse, tat ihm wohl, ebenso wie das Licht, das durch die Glasdecke herniederfiel, und sogar das Knistern im Kamin. Wenn er die Arbeit unterbrach, ruhten seine Blicke auf den Kohlenzeichnungen an der Wand, auf den Nippsachen der Etagère, folgten den Linien der Gipsabgüsse, auf denen dicker Staub wie Sammet lag; und wie ein Wanderer, der sich inmitten eines Waldes verirrt hat und auf den verschiedensten Wegen immer zu demselben Platz zurückkommt, fand er im Grunde jedes neuen Eindrucks immer die Erinnerung an Frau Arnoux wieder.

Er nahm sich vor, an einem bestimmten Tage zu ihr zu gehen; wenn er dann vor ihrer Wohnung angelangt war, konnte er sich lange nicht entschließen, zu läuten; öffnete sich aber die Tür, so wirkten die Worte: "Die gnädige Frau ist ausgegangen," wie eine Befreiung auf ihn, und eine Last fiel ihm vom Herzen.

Indessen, er traf sie endlich doch an. Das erste Mal waren drei Damen bei ihr; an einem anderen Nachmittage kam der Schreiblehrer der kleinen Martha dazu, während er dort war. Übrigens war es in ihrem Hause nicht Sitte, Anstandsbesuche zu machen, und auch Frédéric kam nicht wieder, um nicht aufdringlich zu sein.

Mit um so größerer Regelmäßigkeit fand er sich Mittwochs im "Kunstgewerbe" ein, um zu den Donnerstags-Diners eingeladen zu werden; und er blieb, in dieser Hoffnung, länger als alle anderen, selbst als Regimbart, unter dem Vorwand, daß er ein Bild betrachte oder eine Zeitung studiere. Endlich sagte Arnoux zu ihm: "Sind Sie morgen abend frei?", und dann nahm er an, ehe der andere den Satz beenden konnte. Arnoux schien eine Zuneigung zu ihm zu fassen, er lehrte ihn Weine kosten, Punsch machen und Schnepfen-Ragouts bereiten. Frédéric ging gelehrig auf seine Ratschläge ein, liebte er doch alles, was mit Frau Arnoux auch nur entfernt sich berührte, ihre Möbel, ihre Dienstboten, ihr Haus, sogar ihre Straße, in der sie wohnte.

Während der Diners bei ihr sprach er nicht viel, er betrachtete sie nur. Auf der rechten Seite, nahe der Schläfe, hatte sie ein kleines Muttermal, ihr schwarzes Haar war am Scheitel dunkler als im Nacken, und sie hatte die Gewohnheit, von Zeit zu Zeit darüber hinzustreichen, nur mit zwei Fingern. Er kannte die Form eines jeden ihrer Nägel, das Rauschen ihrer Seidenrobe entzückte ihn, und heimlich sog er den Duft ihres Taschentuches ein. Ihr Kamm, ihre Handschuhe, ihre Ringe waren für ihn nicht Dinge wie andere, sondern bedeutungsvoll wie Kunstgegenstände und fast lebendig wie Menschen; alles griff ihm ans Herz und vermehrte seine Leidenschaft.

Er hatte nicht die Kraft, seine Liebe vor Deslauriers zu verbergen. Wenn er von Frau Arnoux zurückkam, weckte er ihn, wie aus Versehen, um ihm von ihr erzählen zu können.

Deslauriers, der in der Holzkammer nahe der Wasserleitung schlief, erwachte mit lautem Gähnen. Frédéric setzte sich auf den Bettrand. Erst sprach er vom Diner, dann erzählte er tausend unbedeutende Einzelheiten, in denen er Beweise ihrer Geringschätzigkeit oder ihrer Zuneigung suchte.

Zum Beispiel hatte sie einmal seinen Arm refüsiert, um den Dittmers zu nehmen, was Frédéric betrübte.

"Wie kindisch!"

Oder sie hatte ihn "mein Freund" genannt.

"Also los!"

"Ich habe keinen Mut," erwiderte Frédéric.

"Dann denke nicht weiter an sie. Gute Nacht!"

Deslauriers drehte sich zur Wand um und schlief wieder ein. Er wollte nichts wissen von dieser "Liebe", die er als eine Jugendtorheit ansah; er glaubte, daß Frédéric seine Gesellschaft nicht mehr genüge, und lud deshalb ihre gemeinsamen Freunde einmal die Woche in ihr Haus.

Am Samstag abend, gegen neun Uhr, kamen sie. Die Vorhänge wurden sorgfältig geschlossen, die Lampe und vier Kerzen brannten; in der Mitte des Tisches prangte die Tabakdose zwischen Bierflaschen, dem Teetopf, einem Flakon Rum und Backwerk. Man diskutierte über die Unsterblichkeit der Seele und zog Vergleiche zwischen den Professoren.

Hussonnet führte eines Samstagabends einen schlanken jungen Mann ein, dessen Paletot an den Handgelenken viel zu kurz war, und der außerordentlich verlegen schien. Es war derselbe, welchen sie im vorigen Jahre auf der Polizeiwache befreien wollten.

In der damaligen Schlägerei war der Spitzenkarton verloren gegangen, sein Chef hatte ihn des Diebstahls beschuldigt und ihm mit den Gerichten gedroht; jetzt war er Kommis in einem Speditionsgeschäft. Hussonnet hatte ihn am selben Morgen an einer Straßenecke getroffen und brachte ihn nun mit, da Dussardier aus Erkenntlichkeit den "Anderen", wie er sich ausdrückte, gern gesehen hätte.

Er übergab Frédéric das gefüllte Zigarrenetui unberührt; wie ein Heiligtum hatte er es bei sich bewahrt, da er immer hoffte, es zurückstellen zu können. Die jungen Leute luden ihn ein, wiederzukommen, was er auch tat.

Sie alle verstanden einander; vor allem war es der Haß gegen die Regierung, der als unerschütterliches Dogma an erster Stelle stand. Martinon allein versuchte, Louis Philippe zu verteidigen. Man bekämpfte ihn mit den damals gang und gäben Schlagwörtern, die durch die Zeitungen gingen: die Befestigung von Paris, die September-Gesetze, Pritchard, Lord Guizot usw., so daß Martinon schließlich schwieg, aus Furcht, jemanden zu verletzen. In den sieben Jahren im Collège hatte er nie eine Strafarbeit zu machen brauchen, und auf der Universität wußte er den Professoren zu gefallen. Gewöhnlich trug er einen weiten grauen Überrock und Gummischuhe, aber eines Abends erschien er, angezogen wie ein Bräutigam, mit Samtweste, weißer Krawatte und goldener Uhrkette.

Das Erstaunen wurde noch einmal so groß, als er erzählte, daß er von den Dambreuse komme. Die Sache war die, daß der Bankier von dem alten Martinon eine große Holzladung gekauft hatte; der stellte ihm seinen Sohn vor, und so waren beide zu Tisch eingeladen worden.

"Gab es viele Trüffeln?" fragte Deslauriers, "und hast du in irgendeinem dunklen Winkel seine Frau umarmt, sicut decet?"

Die Unterhaltung kam auf die Frauen. Pellerin wollte nicht zugeben, daß es schöne Frauen gäbe, er für seine Person ziehe selbst einen Tiger einer Frau vor. Übrigens sei das weibliche Wesen eine viel tieferstehende Kreatur in der ästhetischen Rangfolge.

"Was Euch verführt, ist gerade das, was sie als Idee herabsetzt, ich meine die Brüste, die Haare ..."

Frédéric versuchte zu widersprechen.

"Aber lange schwarze Haare, große schwarze Augen ..."

"Die alte Geschichte," rief Hussonnet. "Ich danke für das Antike. Schließlich, Hand aufs Herz, ein galantes Mädchen ist ja doch amüsanter als die Venus von Milo. Zum Donnerwetter, seien wir doch echte Gallier! Und mehr Schneid, wo möglich! Coulez, bons vins; femmes, daignez sourire! Brünette und Blondinen, man muß sie abwechseln lassen. Sind Sie auch dieser Ansicht, Meister Dussardier?"

Dussardier antwortete nicht, und alle drangen in ihn, um seinen Geschmack kennen zu lernen.

"Nun denn," erwiderte er errötend, "ich für meine Person möchte stets dieselbe lieben!"

Er sagte das in einem solchen Ton, daß eine allgemeine Stille entstand; die einen waren von dieser Treuherzigkeit überrascht, die anderen entdeckten darin vielleicht den geheimen Wunsch ihrer eigenen Herzen.

Sénécal setzte sein Bierglas auf die Fensterbank und dozierte, daß es das Beste wäre, keusch zu bleiben, da die Prostitution eine Tyrannei und die Ehe etwas Unmoralisches sei. Deslauriers erklärte das Weib für eine Zerstreuung, nichts weiter, und Cisy fürchtete es.

Der letztere, der von einer frömmelnden Großmutter erzogen worden war, fand die Gesellschaft der jungen Leute anziehend wie ein verbotenes Lokal und belehrend wie die Sorbonne. Man war sehr freigebig gegen ihn mit guten Lehren, und er war sehr eifrig, ihnen nachzukommen, selbst im Rauchen, das er trotz der

Herzanfälle, die er davon bekam, erlernen wollte. Frédéric war besonders aufmerksam gegen ihn. Er bewunderte die Form seiner Krawatten, das Pelzfutter seines Paletots und namentlich seine Stiefel, die schmal wie Handschuhe und von protziger Sauberkeit und Zierlichkeit waren; sein Wagen wartete ja unten vor der Tür.

Eines Abends, als Cisy gerade fortgefahren war und dichter Schneefall herrschte, fing Sénécal an, den Kutscher zu bemitleiden. Er schimpfte auf die jeunesse dorée. Er für seine Person hätte viel mehr für einen Arbeiter übrig als für diese Leute.

"Ich wenigstens arbeite! Ich bin arm."

"Das sieht man," erwiderte Frédéric gereizt.

Der Hilfslehrer trug ihm dieses Wort im Zorne nach.

Aber sie fanden ein neues Bindeglied ihrer Bekanntschaft.

Regimbart hatte gelegentlich erwähnt, daß er Sénécal flüchtig kenne, und da wollte Frédéric dem Freunde Arnoux' eine Aufmerksamkeit erweisen und lud ihn zu den Samstagabenden ein. Beide Patrioten freuten sich über diese Begegnung; indessen, in ihren Ansichten gingen sie auseinander.

Sénécal sah in allem nur Systeme, Regimbart dagegen in allen Dingen nur das Tatsächliche. Was ihn in erster Linie beunruhigte, war die Rheingrenze. Er gab vor, sich auf Artillerie zu verstehen, und er ließ bei dem Schneider der polytechnischen Schule arbeiten.

Das erste Mal, als man ihm Kuchen anbot, zuckte er verächtlich mit den Achseln und sagte, daß das etwas für Frauen sei, auch die nächsten Male war er nicht viel liebenswürdiger. Wenn im Gespräch die Ideen sich etwas vom Banalen entfernten, murmelte er: "Nur keine Utopien, nur keine Träume!" In Kunstsachen waren seine Anschauungen nicht sehr bedeutend, wenngleich er viel in Ateliers verkehrte, wo er häufig aus Gefälligkeit Fechtunterricht gab. Er verglich den Stil Marasts mit dem Voltaires und die Vatnaz mit Frau von Stael, wegen einer Ode auf Polen, in der "viel Herz war", wie er sich ausdrückte. Deslauriers' größter Wunsch war, bei Arnoux eingeführt zu werden, da er hoffte, dort nützliche Bekanntschaften zu machen. "Wann bringst du mich dorthin?" fragte er Frédéric, der immer auswich. Arnoux sei stark beschäftigt, oder im Begriffe, zu verreisen, auch lohne es jetzt kaum, da die Zeit der Diners doch zu Ende gehe.

Wenn es sich darum gehandelt hätte, das Leben für seinen Freund einzusetzen, so hätte Frédéric das getan. Aber da ihm daran lag, im vorteilhaftesten Lichte zu erscheinen, da er auf seine Sprache, seine Manieren und seine Toilette derart achtete, daß er zum Beispiel nur tadellos behandschuht im "Kunstgewerbe" erschien, fürchtete er, daß Deslauriers mit seinem alten schwarzen Rock, seinen Beamtenmanieren und seinen hochmütigen Ansichten Frau Arnoux mißfallen würde, was ihn selbst in ihren Augen kompromittieren und herabsetzen könnte. Die anderen störten ihn nicht, aber Deslauriers gerade hätte ihn fürchterlich geniert. Der merkte auch, daß Frédéric sein Versprechen umgehen wollte; und daß dies schweigend geschah, erschien ihm doppelt verletzend.

Der Schreiber wollte Frédéric vollständig beherrschen und ihn nach ihren gemeinsamen Jugendidealen sich entwickeln sehen, daher kam ihm sein Nichtstun wie Ungehorsam oder Verrat vor. Auch sprach Frédéric, der nur an Frau Arnoux dachte, häufig von ihrem Manne, und Deslauriers begann eine unerträgliche Fopperei, die darin bestand, daß er den Namen Arnoux täglich, unzählige Male, bei jeder Gelegenheit und am Ende eines jeden Satzes anwandte, wie ein Idiot seine fixe Idee wiederholt. Wenn es an der Tür klopfte, rief er: "Herein, Arnoux!" Im Restaurant forderte er einen Käse à la Arnoux, und nachts stellte er sich, als ob er einen bösen Traum hätte, indem er seinen Kameraden aufweckte und "Arnoux, Arnoux!" schrie. Endlich sagte Frédéric, der es kaum mehr ertragen konnte, eines Tages kläglich:

"Nun höre doch endlich einmal mit Arnoux auf!"

"Niemals!" erwiderte der Schreiber.

"Aber so schweige doch!" rief Frédéric mit geballten Fäusten.

Dann fuhr er ruhiger fort:

"Du weißt doch, daß diese Sache mir peinlich ist ..."

"O Pardon," versetzte Deslauriers mit einer tiefen Verbeugung, "man wird in Zukunft die Nerven des gnädigen Herrn mehr schonen, noch einmal Pardon!"

So hörte der Scherz für dieses Mal auf, aber drei Wochen später sagte Deslauriers eines Abends:

"Eben habe ich Frau Arnoux gesehen."

"Wo denn?"

"Im Justizpalast mit dem Anwalt Balandard; eine Brünette von mittlerer Größe, nicht wahr?"

Frédéric bejahte und wartete, daß Deslauriers fortsetze. Bei dem geringsten bewundernden Wort würde er sein Herz ausgeschüttet haben, aber der andere schwieg beharrlich. Endlich konnte er nicht mehr an sich halten und fragte mit möglichst gleichgültiger Miene, was er von ihr dächte.

Deslauriers fand sie nicht übel, ohne daß sie indessen etwas Außergewöhnliches hätte.

"Findest du?" war die Antwort.

Der August und damit die Zeit des zweiten Examens kam heran; die allgemeine Ansicht ging dahin, daß vierzehn Tage genügten, um sich dafür vorzubereiten. Frédéric, der nicht an seiner Kraft zweifelte, verschlang hintereinander die vier ersten Bücher der prozessualen Gesetze, die drei ersten des Strafgesetzbuches, mehrere Bruchstücke der Kriminalinstruktion und einen Teil des Bürgerlichen

Gesetzbuches mit den Ponceletschen Erläuterungen. Am Tag vor dem Examen überhörte ihn Deslauriers bis in die Nacht; um auch noch die letzte Viertelstunde auszunützen, setzte er dies auf der Straße im Gehen fort.

Da mehrere Prüfungen gleichzeitig stattfanden, war viel Zuhörerschaft im Saale, unter anderen Hussonnet und Cisy; wenn es sich um Kameraden handelte, versäumte man nicht, dabei zu sein. Frédéric wurde mit der traditionellen schwarzen Robe bekleidet, dann trat er mit drei anderen Studenten, begleitet von dem Publikum, in ein großes Zimmer, das Fenster ohne Gardinen hatte, und in dem sich Bänke an den Wänden entlang zogen. In der Mitte umgaben Lederstühle einen Tisch, auf dem eine grüne Decke lag. Der Tisch trennte die Kandidaten von den Examinatoren; die letzteren waren in roten Roben mit Hermelin-Achselstreifen und goldbetreßten Baretts.

Frédéric befand sich als Vorletzter in der Reihe, eine ungünstige Position. Bei der ersten Frage, über den Unterschied zwischen einer Vereinbarung und einem Kontrakt, verwechselte er die Definitionen. Der Professor, ein gutmütiger Mann, sagte: "Denken Sie ruhig nach," dann stellte er zwei leichte Fragen, auf die ziemlich unklare Antworten folgten, und ging endlich auf die vierte Frage über. Frédéric wurde durch diesen kläglichen Anfang ganz verwirrt. Deslauriers, der sich ihm gegenüber im Publikum befand, machte ihm ein Zeichen, daß noch nicht alles verloren sei, und bei dem zweiten Examen, über das Strafgesetz, bestand er leidlich. Aber nach dem dritten, in dem es sich um das geheime Testament handelte, verdoppelte sich seine Angst, da der Examinator die ganze Zeit in unerbittlichem Schweigen geblieben war und Hussonnet die Hände zusammenlegte, wie um Beifall zu bezeugen, während Deslauriers unaufhörlich mit den Achseln zuckte. Endlich kam der Moment, wo er über das Prozeßverfahren befragt wurde, und zwar über den Einspruch eines Dritten gegen ein Urteil. Der Professor, empört über Ansichten, die seinen Theorien total entgegengesetzt waren, fragte in brutalem Tone:

"Was ist Ihre Ansicht darüber? Wie vereinigen Sie das Prinzip des Artikels 1351 des Zivilrechts mit diesem außergewöhnlichen Einspruchsverfahren?"

Frédéric fühlte einen heftigen Kopfschmerz infolge der letzten schlaflosen Nacht. Ein Sonnenstrahl, der durch die Spalte eines herabgelassenen Fensterrouleaus drang, traf ihn ins Gesicht. Hinter seinem Stuhle stehend, bewegte er sich schlenkernd hin und her und zupfte an seinem Schnurrbärtchen.

"Ich erwarte Ihre Antwort noch immer," versetzte der Herr mit dem Goldbarett, und da das Benehmen Frédérics ihn ärgerte, fügte er hinzu:

"In Ihrem Barte werden Sie sie nicht finden."

Der Spott verursachte Lachen im Zuhörerraum; der Professor, dem dies schmeichelte, wurde milder. Er stellte noch zwei Fragen über die Vorladungen und das Hauptverfahren, dann nickte er zustimmend. Der öffentliche Teil des Examens war beendigt, und Frédéric konnte das Zimmer verlassen.

Während der Universitätsdiener ihm die Robe abnahm, um sofort einen anderen damit zu bekleiden, umgaben ihn seine Freunde, die ihn vollends mit ihren widersprechenden Ansichten über das Resultat der Prüfung verwirrten. Indessen, es wurde bald genug mit mächtiger Stimme vom Saale heraus verkündigt:

"Der Dritte ist reprobiert."

"Futsch!" sagte Hussonnet; "gehen wir!"

Vor der Portierwohnung trafen sie Martinon, rot, aufgeregt, mit triumphierendem Gesicht. Er hatte soeben sein letztes Examen glatt bestanden. Blieb nur noch die Dissertation. Vor Ablauf von vierzehn Tagen würde er Referendar sein. Seine Familie war mit einem Minister bekannt, "eine schöne Karriere" öffnete sich vor ihm.

"Der Kerl hat dich überflügelt," sagte Deslauriers.

Nichts ist so demütigend, wie wenn man einen Dummkopf da reüssieren sieht, wo man selbst scheitert. Frédéric antwortete geärgert, daß er darauf pfeife. Seine Ziele wären höhere; und da Hussonnet Miene machte, sich zu verabschieden, flüsterte er ihm zu:

"Kein Wort darüber bei Arnoux, Sie verstehen mich!"

Das war leicht einzuhalten, denn am nächsten Tage sollte Herr Arnoux nach Deutschland abreisen.

Als der Schreiber abends nach Hause kam, fand er den Freund merkwürdig verändert. Er tänzelte und drehte sich, er pfiff; auf seine erstaunte Frage erwiderte Frédéric, daß er nicht nach Hause fahre, sondern die Ferien zum Arbeiten benutzen würde.

Die Abreise Arnoux' hatte ihn mit großer Freude erfüllt. Jetzt konnte er hingehen, wann er wollte, und brauchte nicht zu befürchten, in seinen Besuchen gestört zu werden. Die Überzeugung einer absoluten Sicherheit würde ihm Mut geben. Auf keinen Fall durfte er sich jetzt von ihr entfernen oder von ihr getrennt sein. Etwas, das stärker war als eine Eisenkette, fesselte ihn an Paris, eine innere Stimme rief ihm zu, zu bleiben.

Zwar waren Hindernisse da. Er suchte sie zu überwinden, indem er an seine Mutter schrieb. Zuerst beichtete er seinen Mißerfolg, den er mit plötzlichen Änderungen im Programme, einem Zufall, einer Ungerechtigkeit motivierte; übrigens wären alle großen Advokaten (er führte ihre Namen an) im Examen reprobiert worden. Mitte November würde er's wieder versuchen, – da er keine Zeit zu verlieren habe, könne er dieses Jahr nicht nach Hause kommen; er bat dann außer seinem Vierteljahrswechsel um zweihundertfünfzig Franken für unumgängliche Nachhilfestunden. Das Ganze war eingerahmt mit Ausdrücken des Bedauerns, Versprechungen und Versicherungen kindlicher Liebe.

Frau Moreau, die ihren Sohn schon erwartete, war zweifach betrübt; sie sprach zu niemandem von dem Mißerfolg der Prüfung und schrieb, er möge trotzdem kommen. Frédéric gab nicht nach. Eine Verstimmung war die Folge. Ende der Woche empfing er nichtsdestoweniger das Vierteljahrsgeld und die zur Nachhilfe bestimmte Summe, die er dazu verwendete, ein perlgraues Beinkleid, einen weißen Filzhut und ein Spazierstöckchen mit goldenem Knopf zu kaufen.

Als er das alles hatte, zögerte er wieder.

"Es ist am Ende eine richtige Friseur-Idee, die ich da gehabt habe!"

Er befragte den Zufall, ob er zu Frau Arnoux gehen solle, indem er dreimal Geldstücke in die Luft warf; immer war die Antwort ein Ja; das Geschick selbst befahl es ihm. Er nahm einen Wagen und fuhr nach der Rue de Choiseul.

Schnell stieg er die Treppe hinauf und zog am Glockenstrang; es klingelte nicht. Er fühlte sich einer Ohnmacht nahe.

Dann riß er wieder heftig an der schweren Seidenquaste, ein lautes Geklingel antwortete, erstarb allmählich, und dann war wieder nichts zu hören.

Frédéric bekam Angst und legte sein Ohr gegen die Tür; kein Laut! Er sah durchs Schlüsselloch, ohne etwas zu bemerken. Er wandte sich schon zum Gehen, besann sich aber noch einmal. Er läutete ein letztes Mal, und zwar ganz leise, da öffnete sich die Tür, und auf der Schwelle erschien Arnoux selbst mit zerzaustem Haar, dunkelrotem Gesicht und verdrießlicher Miene.

"Was zum Teufel bringt Sie her? Treten Sie näher!"

Er führte ihn nicht in das Boudoir oder in sein Zimmer, sondern in das Speisezimmer, wo sich auf dem Tische eine Champagnerflasche und zwei Gläser befanden, und sagte in barschem Tone:

"Wünschen Sie etwas von mir?"

"Nein, nichts! Nichts!" stotterte der junge Mann, indem er nach einem Vorwand für seine Visite suchte.

Endlich sagte er, daß er hätte erfahren wollen, wie es ihm ginge, denn er glaubte ihn in Deutschland, nach den Äußerungen Hussonnets.

"Keine Rede!" erwiderte Arnoux. "Was ist dieser Mensch für ein Schwachkopf, alles hört er verkehrt!"

Um seine Verwirrung zu verbergen, ging Frédéric im Zimmer auf und nieder, dabei stieß er an einen Stuhl, und ein Sonnenschirm, der daran gelehnt war, fiel um. Der Griff von Elfenbein zerbrach.

"Mein Gott," rief er aus, "wie tut es mir leid, Frau Arnoux' Schirm zerbrochen zu haben."

Bei diesem Wort sah ihn der Kaufmann mit einem eigentümlichen Lächeln an, aber Frédéric, der die Gelegenheit, von ihr zu sprechen, ergriff, setzte schüchtern hinzu:

"Könnte ich sie nicht begrüßen?"

Sie war nach Hause zu ihrer kranken Mutter gefahren.

Er wagte nicht, nach der Dauer dieser Abwesenheit zu fragen, sondern erkundigte sich nur nach der Heimat von Frau Arnoux.

"Chartres! Ist Ihnen das so interessant?"

"Mir? Nein, nicht im mindesten!"

Nun hatten sie sich aber nichts weiter zu sagen. Arnoux, der sich eine Zigarette gedreht hatte, lief um den Tisch herum. Frédéric, der an den Ofen gelehnt stand, betrachtete die Wände, die Etagère, das Parkett; reizende Bilder zogen vor seinem Gedächtnis oder vielmehr vor seinen Augen vorüber. Endlich ging er.

Ein zusammengeknülltes Stück Zeitungspapier lag im Vorzimmer auf dem Boden, Arnoux hob es auf, und sich auf die Fußspitzen stellend, schob er es zwischen die Glockenschnur, um seine "unterbrochene Siesta" fortzusetzen. Dann gab er ihm die Hand und sagte:

"Seien Sie so gut und verständigen Sie den Portier, daß ich nicht zu Hause bin."

Damit schloß er hastig die Tür hinter ihm.

Frédéric stieg die Treppe langsam hinunter. Das Mißglücken dieses ersten Versuchs nahm ihm den Mut zu weiteren. Und damit begannen für ihn drei Monate trostloser Langeweile. Er hatte keinerlei Arbeit, und das Nichtstun verstärkte seine Melancholie.

Stunden brachte er damit zu, von seinem Balkon aus den Fluß anzusehen, der zwischen den grauen, an der Einmündung der Kanäle geschwärzten Kaimauern dahinströmte. Am Ufer befestigt lag ein Wäscherinnenkahn, in dem häufig Straßenjungen standen und sich damit belustigten, einen Pudel im Schlamme zu baden. Links konnte er die Steinbrücke von Notre-Dame und die drei Kettenbrücken sehen, aber seine Augen suchten immer wieder den Quai aux Ormes auf und auf diesem eine alte Baumgruppe, ähnlich den Linden, die vor dem Stadttor von Montereau standen. Der Turm Saint-Jacques, das Rathaus, Saint-Gervais, Saint-Louis, Saint-Paul stiegen vor ihm zwischen den Dächern hervor, und der Genius der Julisäule glänzte im Süden wie ein großer goldener Stern, während auf der anderen Seite der Tuilerien-Dom seine schwere blaue Masse rund gegen den Himmel abzeichnete. Da hinten, in dieser Richtung, mußte das Haus von Frau Arnoux liegen.

Er kehrte in sein Zimmer zurück und überließ sich, auf dem Sofa liegend, ziellosem Nachdenken, Arbeitsplänen, guten Vorsätzen, Zukunftsprojekten. Endlich, um seinem Überdruß über sich selbst zu entfliehen, ging er aus.

Er wanderte aufs Geratewohl im Quartier latin umher, das sonst so lärmend, jetzt verödet war; die Studenten waren nach Hause zu ihren Familien gereist. Die großen Mauern der Kollegien erschienen in der Stille noch langgestreckter und sahen noch düsterer aus; man hörte alle möglichen friedlichen Geräusche, wie Flügelschlagen in Vogelkäfigen, das Ächzen einer Drehbank, den Hammer eines Schusters; die Kleiderhändler, inmitten der Straße stehend, sahen fragend zu den Fenstern hinauf, aber umsonst. Im Hintergrund eines verlassenen Cafés gähnte die Büfettdame zwischen den gefüllten Flaschen, die Zeitungen lagen in ungetrübter Ordnung auf den Tischen der Lesekabinette, in den Läden der Plättereien ließ der warme Wind die Wäsche sich hin und her bewegen. Zeitweilig blieb er vor einer Bücherauslage stehen; ein Omnibus, der abwärts fuhr und hart ans Trottoir streifte, zwang ihn, sich umzudrehen; war er dann vor dem Luxembourg angekommen, so ging er nicht weiter.

Manchmal zog ihn ein Zerstreuungsbedürfnis zu den Boulevards. Durch düstere Gäßchen, die eine feuchte, erfrischende Kühle ausatmeten, kam er auf große, leere, lichtüberströmte Plätze, wo die Schatten der Gebäude sich dunkel und wie zackige Spitzen auf dem Pflaster abzeichneten. Aber wieder kamen Karren und Läden zum Vorschein, und die Menschenmenge betäubte ihn, namentlich am Sonntag, wo von der Bastille bis zur Madeleine-Kirche ein immenser Strom auf dem Asphalt hin und her wogte, staubbedeckt und in nimmer ersterbendem Lärm. Frédéric fühlte sich durch die Gewöhnlichkeit der Gesichter, die Banalität der Unterhaltung und die beschränkte Zufriedenheit, die auf den schweißgetränkten Stirnen zu lesen war, angewidert; indessen das Bewußtsein, mehr zu sein als diese Menschen, milderte die Verstimmung, die es verursachte, sie anzusehen.

Täglich ging er ins "Kunstgewerbe"; und um zu erfahren, wann Frau Arnoux wiederkomme, erkundigte er sich ausführlich nach ihrer Mutter. Immer war Arnoux' Antwort dieselbe, es ginge besser und seine Frau würde in der nächsten Woche mit der Kleinen wieder da sein. Je länger sich ihre Rückkehr verzögerte, desto mehr Unruhe zeigte Frédéric, so daß Arnoux, den so viel Anhänglichkeit rührte, ihn fünf- bis sechsmal zum Essen im Restaurant einlud.

In diesen langen gemeinsamen Stunden erkannte Frédéric, daß der Kunsthändler nicht allzu geistreich war. Das machte ihn unwillkürlich kühler, und Arnoux konnte das leicht eines Tages merken; da fühlte er sich denn veranlaßt, ihm seine Liebenswürdigkeiten zu erwidern.

Da er dies auf große Weise tun wollte, verkaufte er einem Trödler alle seine neuen Kleider, wofür er achtzig Franken erhielt; dazu nahm er hundert, die er noch hatte, und so holte er Arnoux zum Diner ab. Zufällig war Regimbart dort, und sie gingen zusammen zu den Trois-Frères-Provençaux.

Der Bürger Regimbart begann damit, daß er seinen Gehrock ablegte; dann stellte er mit dem Gehaben eines Mannes, der seiner Überlegenheit sicher ist, das Menu zusammen. Aber trotzdem er sich selbst in die Küche bemühte, um mit dem Küchenchef zu reden, und in den Weinkeller, in dem er jeden Winkel kannte, und zu dem Geschäftsführer, dem er eine Standrede hielt, war er weder mit dem Essen, noch mit den Weinen, noch mit der Bedienung zufrieden. Bei jedem neuen Gericht, bei jeder neuen Flasche ließ er gleich nach dem ersten Bissen, dem ersten Schluck die Gabel fallen oder schob sein Glas weit zurück; dann stützte er sich mit beiden Armen breit auf den Tisch und schrie, daß man in Paris nicht mehr dinieren könne. Da ihm schließlich nichts anderes mehr einfiel, bestellte er sich Bohnen in Öl, "ganz einfach", wie er sagte, und diese, obgleich auch nur zur Hälfte gelungen, befriedigten ihn doch etwas. Dann fing er mit dem Kellner ein Gespräch an über die früheren Kellner bei Provençaux: Was ist aus Antoine geworden? Und ein gewisser Eugène? Und der kleine Theodor, der immer unten bediente? Ja damals, da war das Essen noch ausgewählt; solche Kalbsköpfe in Burgunder wird man nicht wiedersehen!

Das Gespräch kam dann auf den Wert von Grundstücken in einem Vorort, einer unfehlbaren Spekulation von Arnoux, die ihn allerdings in der Zwischenzeit viel Zinsen kostete. Da er zu keinem Preise verkaufen wollte, machte sich Regimbart anheischig, ihm jemanden zu finden, der ihm mit Geld aushelfen würde, und beide stellten mit ihren Bleistiften Berechnungen an – bis zum Ende des Desserts.

Den Kaffee nahm man in der Passage du Saumon in einem kleinen Lokal im Zwischenstock. Frédéric mußte stehend bei unendlichen Partien Billard zusehen, die von unzähligen Schoppen begleitet waren – und blieb bis Mitternacht dort, ohne eigentlich zu wissen, warum, aus Feigheit, aus Dummheit, in der unklaren Hoffnung auf irgendein Ereignis, das mit seiner Liebe zusammenhängen konnte.

Wann würde er sie endlich wiedersehen? Frédéric verzweifelte. Aber gegen Ende November sagte Arnoux eines Abends:

"Meine Frau ist gestern abend zurückgekommen!"

Am nächsten Tage gegen fünf Uhr erschien er bei ihr.

Er begann mit Glückwünschen zu der Genesung ihrer Mutter, die so schwer krank gewesen.

"Meine Mutter? Wer hat Ihnen das erzählt?"

"Arnoux."

Sie sagte verwundert "Ach" und fügte dann hinzu, daß sie zuerst sehr besorgt gewesen wäre, aber jetzt beruhigt sei.

Er saß neben dem Kamin auf einem Lehnsessel, den Hut zwischen den Knien, sie auf dem Kanapee. Die Unterhaltung schleppte sich peinlich dahin, da sie zerstreut war und er keine Gelegenheit fand, seine Gefühle auszudrücken. Er klagte, daß er gezwungen sei, Rechtsverdrehungen zu studieren, und sie erwiderte abwesend: "Ja, ich begreife ..., der Beruf!", plötzlich in Gedanken versunken.

Er hätte die letzteren für sein Leben gern gekannt und dachte an nichts anderes mehr. Die Dämmerung senkte ihre Schatten über beide. Sie stand auf, da sie noch einen Weg vorhatte, und schickte sich, bekleidet mit einem Samt-Kapotthut und einem schwarzen, graubordierten Mantel, zum Gehen an. Er wagte, ihr seine Begleitung anzubieten.

Es war schon ganz dunkel; das Wetter war rauh, und ein schwerer Nebel, der die Fassaden der Häuser verwischte, verunreinigte die Luft. Frédéric atmete ihn mit Entzücken ein, denn er fühlte durch einen wattierten Ärmel die Form ihres Armes; und ihre Hand, die mit einem zweiknöpfigen schwedischen Handschuh bekleidet war, ihre kleine Hand, die er hätte mit Küssen bedecken mögen, stützte sich auf seinen Arm. Da das Pflaster schlüpfrig war, gingen sie unsicher; ihm war, als ob sie beide inmitten einer Wolke vom Winde geschaukelt würden.

Der Glanz der Lichter auf dem Boulevard brachte ihn in die Wirklichkeit zurück. Die Gelegenheit war da, die Zeit drängte. Er nahm sich vor, ihr in der Rue Richelieu seine Liebe zu erklären, aber sie blieb vor einer Porzellanhandlung stehen und sagte:

"Hier habe ich zu tun, ich danke Ihnen. Donnerstag also, wie gewöhnlich; nicht wahr?"

Die Diners fingen wieder an; und je mehr er wieder in ihr Haus kam, desto stärker wurde seine Sehnsucht.

Der Anblick dieser Frau entnervte ihn, wie der Gebrauch eines zu starken Parfüms. Die tiefsten Wurzeln seines Ichs griff dieses Gefühl an, und seine ganze Art, zu empfinden, ja, zu leben, wurde damit anders.

Die Prostituierten, die er beim Gaslicht der Laternen traf, die Sängerinnen, wenn sie ihre Triller ertönen ließen, die Kunstreiterinnen auf galoppierenden Pferden, die Bürgersfrauen, die Grisetten an ihren Fenstern, kurz, alle weiblichen Wesen weckten immer in ihm den Gedanken an die eine, sei es durch Ähnlichkeit oder auffallende Kontraste. In den Auslagen sah er Kaschmir-Shawls, Spitzen, Brillantohrringe immer nur in den Gedanken, wie sie sich um ihre Hüften geschlungen, an ihrer Bluse befestigt und aufblitzend zwischen ihren schwarzen Haaren ausnehmen würden. Bei den Händlerinnen blühten die Blumen, damit sie sich im Vorbeigehen einen Strauß aussuchen könne, in den Schuhläden schienen die kleinen Atlaspantoffeln mit Schwanbesatz ihren Fuß zu erwarten; alle Straßen schienen nach ihrem Hause zu führen; die Wagen warteten auf den Standplätzen nur, um den Weg zu ihr abzukürzen; Paris deckte sich vollständig mit ihrer Person, und die große Stadt mit all ihren Geräuschen umbrauste wie ein ungeheures Orchester nur sie.

Wenn er in den Jardin des Plantes ging, versetzte ihn der Anblick einer Palme in ferne Länder. In seiner Phantasie reisten sie zusammen auf dem Rücken von Dromedaren, in Zelten, die von Elefanten getragen wurden, in der Kajüte einer Jacht, die zwischen blauen Inselgruppen kreuzt, oder Seite an Seite auf zwei Maultieren mit Schellen, die – mitten im tropischen Grün – an geborstene Säulen stoßen. Manchmal blieb er im Louvre vor alten Bildern stehen, und seine Leidenschaft konnte sie auch von verschwundenen Jahrhunderten so wenig trennen, daß er in den Frauengestalten der Bilder nur ihr Bildnis sah. Bekleidet mit einem hohen

Spitzenkopfputz, betete sie kniend hinter einem in Blei gefaßten Kirchenfenster. Als kastilianische oder Brabanter Fürstin saß sie da, mit einer gesteiften Halskrause und einer Schnürbrust mit großen Troddeln. Dann stieg sie eine große Porphyrtreppe herab, inmitten von Senatoren unter einem Baldachin von Straußenfedern, in einer Brokatrobe. Zu anderen Malen träumte er von ihr, wie sie in gelbseidenen Beinkleidern auf den Kissen eines Harems saß, und alles, was schön war, das Blinken der Sterne, bestimmte Musikstücke, der Klang eines Satzes, die Linie einer Zeichnung, brachte sie ihm immer und immer wieder, unmerklich und mit einemmal, vor Augen.

Sollte er versuchen, sie zur Geliebten zu gewinnen? Er war sicher, daß jedes Bemühen vergeblich wäre.

Eines Abends kam Dittmer und küßte sie auf die Stirn; Lovarias tat dasselbe mit den Worten:

"Sie erlauben! Ich nehme mir das Vorrecht der Freunde!"

Frédéric stammelte:

"Sind wir nicht alle Freunde?"

"Aber nicht alte!" erwiderte sie.

Das hieß doch, ihn im voraus abweisen, indirekt.

Was sollte er übrigens tun? Ihr sagen, daß er sie liebte? Sie würde ihm sicher ausweichen oder gar entrüstet die Tür zeigen; alle Qualen zog er der schrecklichen Aussicht vor, sie nicht mehr zu sehen.

Er beneidete die Virtuosen um ihr Talent, die Soldaten um ihre Narben. Er wünschte sich eine gefährliche Krankheit, um vielleicht dadurch ihr Interesse zu erwecken.

Eines setzte ihn in Erstaunen: er war auf Arnoux nicht im mindesten eifersüchtig; er konnte sie sich gar nicht anders als bekleidet vorstellen, so natürlich erschien an ihr das Schamgefühl und so geheimnisvoll verhüllt alles Geschlechtliche.

Er malte sich das Glück aus, mit ihr zusammen zu leben, sie zu duzen, ihren schwarzen Scheitel zu streicheln oder vor ihr zu knien, ihre Taille zu umfassen und sie mit den Blicken zu verschlingen. Um das zu erreichen, hätte er das Schicksal vergewaltigen müssen, aber unfähig, zu handeln, Gott lästernd und mit den bittersten Selbstvorwürfen wegen seiner Feigheit, wälzte er sich in seinen Begierden wie ein Gefangener in seinem Kerker. Eine immerwährende Angst erstickte ihn. Stundenlang blieb er regungslos oder er brach in Tränen aus, und als er eines Tages nicht die Kraft hatte, sich zu beherrschen, fragte Deslauriers ihn:

"Donnerwetter, was hast du denn?"

Frédéric klagte über seine Nerven, aber Deslauriers glaubte ihm nicht. Angesichts eines solchen Schmerzes erwachte seine Zuneigung wieder, und er tröstete den

Fassungslosen. Ein Mann wie er, sich so niederdrücken lassen, welche Kinderei! Das ginge noch in der Jugend hin, aber später ist das nur Zeitvergeudung.

"Ich möchte den Frédéric von früher wiedersehen! Freund, so hättest du bleiben sollen. Zünde dir eine Pfeife an und ermanne dich ein wenig! Du betrübst mich, auf Ehrenwort!"

"Du hast recht," erwiderte Frédéric. "Ich bin verrückt."

Der Schreiber sprach weiter:

"Oh, du alter Troubadour, ich weiß ganz gut, was dich melancholisch macht. Das kleine Herz! Gestehe nur! Ach was! Eine verloren, vier neue gefunden! Über die ehrbaren Frauen tröstet man sich mit den anderen. Soll ich dir Weiber zeigen? Du brauchst nur mit mir in die Alhambra zu kommen."

(Ein öffentliches Ballokal, das kürzlich in den Champs-Elysées eröffnet worden war, und das schon im zweiten Jahre seines Bestehens infolge eines für die damalige Zeit verfrühten Luxus zugrunde ging.)

"Man unterhält sich da allem Anschein nach nicht schlecht. Komm mit mir! Du kannst die anderen auch mitnehmen, ich erlaube dir sogar Regimbart."

Frédéric forderte jedoch den Patrioten nicht auf, Deslauriers verzichtete dafür auch auf Sénécal. Sie nahmen nur Hussonnet, Cisy und Dussardier mit, und ein Fiaker brachte alle fünf nach der Alhambra.

Zwei Galerien im maurischen Stil liefen links und rechts parallel. Die Feuermauer eines Hauses nahm dem Eingang gegenüber den ganzen Hintergrund ein, und die vierte Seite, die des Restaurants, stellte ein gotisches Kloster mit farbigen Fenstern vor. Eine Art chinesisches Dach bedeckte die Terrasse, auf der die Musikanten spielten, der Boden ringsumher war asphaltiert, und venetianische Lampen, die an Pfählen hingen, warfen bunte Lichter auf die tanzenden Paare der Quadrille. Da und dort stand auf einem Sockel ein steinernes Becken, aus dem ein dünner Wasserstrahl in die Höhe schoß. In den Hecken sah man Gipsstatuen, Hebe oder Cupido, die von Ölfarben glänzten, und die zahlreichen Alleen, die mit gelbem, sorgsam geharktem Sand gedeckt waren, ließen den Garten viel größer erscheinen, als er in Wirklichkeit war.

Studenten promenierten mit ihren Mädchen; Modewaren-Kommis stolzierten umher, den Spazierstock in der Hand; Gymnasiasten rauchten Regalias; alte Junggesellen strichen mit Kämmchen die gefärbten Bärte glatt; Engländer, Russen, Südamerikaner, drei Orientalen waren in der Menge vertreten. Konfektioneusen, zweideutige und öffentliche Mädchen waren da, in der Erwartung, einen Beschützer oder Verehrer, ein Goldstück oder auch nur das Vergnügen des Tanzes zu finden; und ihre grünen, dunkelblauen und violetten Faltenröcke kamen oder schwebten einher zwischen Buchsbäumen und Fliedersträuchen. Fast alle Herren trugen karrierte Anzüge, einige sogar weiße Beinkleider, trotz des kühlen Abends.

Die Gasflammen wurden angezündet.

Hussonnet kannte viele von den Damen durch seine Beziehungen zu den Modejournalen und den kleinen Theatern; er warf ihnen Kußhände zu, und von Zeit zu Zeit verließ er seine Gesellschaft, um mit ihnen zu plaudern.

Deslauriers sah dies Getue mit Neid. Zynisch redete er eine große Blondine, die ein Nanking-Kleid trug, an. Nachdem sie ihn verdrießlich betrachtet hatte, sagte sie: "Nein, mein Bester, Sie sind nichts für mich," und drehte ihm den Rücken.

Er versuchte sein Glück nun bei einer üppigen Brünetten, die zweifellos verrückt war, denn beim ersten Worte wurde sie wild und drohte ihm, falls er sie nicht in Ruhe ließe, mit dem Schutzmann. Deslauriers versuchte, die Sache komisch zu nehmen; dann forderte er ein Mädchen, das er abseits unter einer Laterne sitzen sah, zum Kontretanz auf.

Die Musikanten, die auf der Estrade wie in einem Affenkäfig zusammengepfercht waren, kratzten und bliesen mit wildem Ungestüm. Der Dirigent schlug automatisch den Takt. Dicht zusammengedrängt, amüsierte sich das Publikum; die offenen Hutbänder verschlangen sich in den Krawatten, die Stiefel gerieten zwischen die Unterröcke, und alles sprang im Rhythmus der Musik umher; Deslauriers drückte das Mädchen an sich, und fortgerissen von dem Delirium des Cancans, gebärdete er sich inmitten der Quadrillen wie eine toll gewordene Marionette. Cisy und Dussardier setzten ihre Promenaden fort; der junge Aristokrat beäugelte die Mädchen, getraute sich jedoch – trotz des Zureden des Kommis – nicht, eine anzureden, da er sich einbildete, daß bei diesen Weibern immer "ein Mann mit einer Pistole in einem Schranke versteckt sei, der im geeigneten Moment herauskommt und von unsereinem Geld erpreßt".

Sie kamen wieder zu Frédéric zurück. Deslauriers hatte aufgehört, zu tanzen, und alle überlegten, wo man den Abend beschließen sollte, als Hussonnet plötzlich rief:

"Sieh da, die Marquise d'Amaëgui!"

Eine blasse Frau mit Stülpnase, Fausthandschuhen, die bis zu den Ellbogen reichten, und großen schwarzen Locken, welche wie Hundeohren an ihren Wangen herunterhingen, näherte sich ihnen. Hussonnet redete sie an:

"Wir möchten ein kleines Fest bei dir veranstalten, eine Art orientalischen Rout. Such' doch einige deiner Freundinnen für diese französischen Kavaliere zusammen! Nun, warum zögerst du? Erwartest du deinen Hidalgo?"

Die Andalusierin senkte den Kopf, sie kannte die wenig luxuriösen Gewohnheiten Hussonnets und fürchtete, die Ausgaben selbst bestreiten zu müssen. Schließlich murmelte sie etwas von Geld, und Cisy offerierte fünf Napoleons, alles, was er bei sich hatte. Damit war die Sache geregelt, aber Frédéric war nicht zu finden.

Er hatte die Stimme Arnoux' zu erkennen geglaubt, einen Frauenhut entdeckt und war in ein Boskett, das in der Nähe war, eingetreten.

Fräulein Vatnaz saß dort mit Arnoux allein.

"Entschuldigen Sie! Ich störe wohl?"

"Keine Rede!" erwiderte der Händler.

Frédéric hatte nach den letzten Worten ihrer Unterhaltung gemerkt, daß Arnoux in die Alhambra gekommen war, um mit der Vatnaz über eine dringliche Angelegenheit zu sprechen; und Arnoux schien noch nicht ganz beruhigt, denn er sagte aufgeregt zu ihr:

"Sind Sie dessen sicher?"

"Ganz und gar. Sie werden geliebt! Was für ein Mann!"

Sie sah ihn kokett an. Ihre üppigen, blutroten Lippen und ihre prachtvollen Augen, aus denen Geist, Liebe und Sinnlichkeit blitzten, setzten Lichter auf den gelblichen Teint ihres mageren Gesichts. Arnoux beugte sich zu ihr nieder mit den Worten:

"Sie sind reizend, geben Sie mir einen Kuß!"

Sie nahm seinen Kopf in ihre Hände und küßte ihn auf die Stirn.

In diesem Augenblick wurde der Tanz unterbrochen, und auf dem Platze des Orchesterdirigenten erschien ein sogenannter schöner junger Mann, fett und bleich wie Wachs. Er trug lange schwarze Haare nach Heiligenmanier und eine Weste aus blauem Samt mit Goldstickereien. Er sah hochmütig wie ein Pfau und dumm wie ein Truthahn aus. Als er sich vor dem Publikum verbeugt hatte, begann er ein Couplet zu singen, das von einem Dörfler handelte, der seine Reise in die Hauptstadt schildert. Der Sänger sprach Dialekt und spielte den Betrunkenen; der Refrain:

Ah! j'ai t'y ri, j'ai t'y ri,
Dans ce gueusard de Paris!

entfesselte Beifallsstürme, die der Gesangskomiker Delmas zu klug war, einrosten zu lassen. Er griff schnell nach seiner Gitarre und begann eine Romanze, betitelt "Der Bruder der Albanesin", zu säuseln.

Der Text erinnerte Frédéric an das, was der zerlumpte Harfner damals auf dem Schiffe gesungen hatte: seine Augen richteten sich unwillkürlich auf den Kleidsaum, der vor ihm lag. Nach jedem Vers gab es eine lange Pause, und das Rauschen des Windes in den Blättern erinnerte ihn an das der Wellen.

Die Vatnaz, die mit der Hand die Zweige eines Jasminstrauches zurückbog, der ihr die Aussicht auf die Estrade verdeckte, betrachtete den Sänger mit vibrierenden Nasenflügeln und wie in eine tiefe Freude versunken.

"Jetzt weiß ich, warum Sie heute abend in der Alhambra sind!" bemerkte Arnoux. "Delmas scheint Ihnen zu gefallen, meine Liebe."

Sie wollte das nicht zugeben.

"Wie zimperlich Sie sind. Ist das wegen dieses jungen Mannes da? Das wäre falsch, denn es gibt keinen Diskreteren."

Die anderen, die ihren Freund suchten, kamen nun gleichfalls in die Laube. Hussonnet stellte sie vor. Arnoux bot Zigarren an und bewirtete alle mit Sorbet.

Die Vatnaz errötete, als sie Dussardier erblickte; sie erhob sich sofort und reichte ihm die Hand:

"Sie entsinnen sich meiner nicht, Herr Auguste?"

"Woher kennen Sie sich?" fragte Frédéric.

"Wir sind im selben Hause beschäftigt gewesen," war die Antwort Dussardiers.

Cisy zog ihn am Rockärmel, sie gingen, und kaum waren sie verschwunden, als die Vatnaz den Charakter Dussardiers sehr zu loben begann; sie verstieg sich bis zum Ausdrucke, er habe das Genie des Herzens.

Dann sprach man von Delmas, der als Schauspieler leicht Karriere machen könne, und eine Diskussion folgte, in welcher Shakespeare, die Zensur, der Stil, das Volk, die Einnahmen des Theaters Porte Saint Martin, Alexandre Dumas, Victor Hugo und Dumersan zusammengeworfen wurden. Arnoux hatte mehrere berühmte Schauspielerinnen gekannt, über die er unter größter Aufmerksamkeit der jungen Leute sprach. Seine Worte wurden jedoch durch den Lärm der Musik fast erstickt, und war die Quadrille oder Polka beendet, so stürzte sich alles an die Tische und rief nach den Kellnern; durch die Heckenwände knallten die Bier- und Limonadeflaschen, einige Weiber kreischten wie Hennen; mehrmals waren Gäste im Begriffe, sich zu schlagen; ein Dieb wurde abgefaßt und verhaftet.

Beim Galopp ergossen die tanzenden Paare sich auch auf die Alleen. Keuchend, lachend und mit roten Gesichtern stürmten sie in einem Wirbelwind vorüber, so daß Kleider und Rockschöße aufflatterten; die Posaunen ertönten immer stärker, und das Tempo wurde immer schneller; hinter dem gotischen Kloster hörte man ein Prasseln; Raketen platzten, Feuerwerkssonnen begannen sich zu drehen, ein Strahl bengalischen Lichts von smaragdgrüner Farbe erhellte eine Minute lang den ganzen Garten – beim Verlöschen des letzten Schwärmers ging ein allgemeines Seufzen durch die Menge.

Langsam verlief man sich. Eine Wolke von Raketenstaub schwebte durch die Luft. Frédéric und Deslauriersmarschierten mitten im Gewühl schrittweise vorwärts, als sie plötzlich Martinon entdeckten. Er ließ sich in der Garderobe auf ein Geldstück herausgeben und war in Begleitung einer Frau von etwa fünfzig Jahren, die häßlich, auffallend gekleidet und von fragwürdigem sozialen Rang erschien.

"Der Bursche ist nicht so blöde, wie man glaubt," sagte Deslauriers. "Aber wo ist denn Cisy?"

Dussardier zeigte auf die Schänke, wo der Nachkomme der alten Ritter vor einer Punschbowle in Gesellschaft eines rosa Hutes saß.

Hussonnet, der seit fünf Minuten verschwunden war, kam in diesem Augenblick zurück.

Ein Mädchen stützte sich auf seinen Arm, schreiend nannte sie ihn: "Mein kleiner Kater."

"Nicht doch!" sagte er. "Vor allen Leuten nicht! Nenne mich lieber Vicomte, das klingt so nach Rittermode, Ludwig dem Dreizehnten und Stulpstiefeln! Ja, meine Lieben, eine alte Freundin! Ist sie nicht niedlich?" Dabei faßte er ihr Kinn. "Begrüße die Herren, es sind alles Söhne von französischen Pairs, ich verkehre mit ihnen, damit sie mich zum Gesandten machen."

"Wie kann man so verrückt sein!" seufzte die Vatnaz.

Sie bat Dussardier, sie nach Hause zu bringen.

Arnoux sah ihnen nach, dann wandte er sich an Frédéric.

"Gefällt die Vatnaz Ihnen? Übrigens, darin sind Sie nicht aufrichtig! Ich glaube, daß Sie Ihre Liebschaften verbergen."

Frédéric, der schneeweiß wurde, beteuerte, daß er nichts zu verbergen habe.

"Ich sage das, weil man keine Geliebte von Ihnen kennt," fügte Arnoux hinzu.

Frédéric hatte Lust, aufs Geratewohl einen Namen zu nennen, aber die Sache konnte "ihr" zu Ohren kommen. Er erwiderte, daß er tatsächlich keine Geliebte habe.

Der Kunsthändler machte ihm darüber Vorwürfe.

"Heute abend war die Gelegenheit so günstig! Warum haben Sie es nicht wie die anderen gemacht, die alle eine mitnehmen?"

"Und Sie?" antwortete Frédéric, den diese Hartnäckigkeit reizte.

"Ach ich, mein Junge! Das ist etwas anderes. Ich fahre von hier erst zu meiner Fürstin!"

Er rief einen Wagen heran und war auch schon verschwunden.

Die beiden Freunde gingen zu Fuß nach Hause. Ein Ostwind wehte. Keiner sprach ein Wort. Deslauriers bedauerte, daß er vor einem Zeitungschef gestanden und nicht brilliert habe; Frédéric aber versank in seine Melancholie. Endlich sagte er, daß ihm die ganze Kneipe furchtbar blödsinnig erschienen sei.

"Das ist deine eigene Schuld! Warum hast du dich wegen deines Arnoux von uns getrennt?"

"Ach was! Alles, was ich getan hätte, wäre doch gleich zwecklos gewesen!"

Der Schreiber indessen hatte eigene Theorien. Um etwas zu erreichen, genügte es, es eifrig zu wünschen.

"Aber du selber hast doch gerade ..."

"Das war nur Scherz," entgegnete Deslauriers auf die Anspielung. "Ich werde mir doch nicht Weiber aufladen!"

Und er zog gegen ihre lockeren Sitten und ihre Dummheiten los; kurz, sie mißfielen ihm alle.

"Sei doch kein Poseur," sagte Frédéric.

Deslauriers schwieg. Plötzlich bemerkte er:

"Willst du hundert Franken wetten, daß ich die erste haben werde, die vorbeikommt?"

"Ja! Abgemacht!"

Aber die erste, die vorbeiging, war eine häßliche Bettlerin; sie glaubten schon, keine passende Gelegenheit mehr zu finden, als sie in der Mitte der Rue de Rivoli ein hochgewachsenes Mädchen bemerkten, das einen kleinen Karton trug.

Deslauriers hielt sie unter den Arkaden an. Sie schwenkte schnell nach der Tuilerienseite ab und ging über die Place du Carrousel, sich nach allen Seiten umsehend. Sie lief einem Fiaker nach, aber Deslauriers holte sie ein und ging neben ihr, mit vielen Gesten in sie hineinredend. Endlich nahm sie seine Begleitung an, und sie setzten ihren Weg die Kais entlang fort. Auf der Höhe des Chatelets gingen sie dann vielleicht zwanzig Minuten lang auf und ab, wie Soldaten auf der Wache. Plötzlich kreuzten sie den Pont au Change, den Marché aux Fleurs und den Quai Napoléon. Frédéric nahm denselben Weg, aber Deslauriers gab ihm zu verstehen, daß er sie störe, und daß er seinem Beispiel folgen solle.

"Wieviel hast du noch?"

"Zwei Fünffrankenstücke."

"Das ist genug! Adieu!"

Frédéric war erstaunt, wie über einen tollen Einfall, den man verwirklicht sieht. "Er macht sich über mich lustig!" dachte er. "Wenn ich ihnen nachginge?" Deslauriers könnte vielleicht glauben, daß ich auf diese Geliebte neidisch bin! Als ob ich nicht auch eine hätte, und eine, die hundertmal seltener, edler, bedeutender ist! – Eine Art Zorn trieb ihn vorwärts. Vor der Haustür der Frau Arnoux blieb er stehen.

Die Fenster ihres Zimmers gingen nicht nach der Straße hinaus, trotzdem starrte er auf die Fassade, als wenn er geglaubt hätte, mit seinen Blicken die Mauern durchdringen zu können. Zweifellos schlief sie jetzt, ruhig, wie eine schlummernde Blume, die schönen schwarzen Haare zwischen den Spitzen des Kopfkissens, die Lippen halb geöffnet und den Kopf auf einem Arm gebettet.

Das Gesicht Arnoux' erschien ihm, er entfernte sich, um vor dieser Vision zu fliehen.

Deslauriers' Ratschläge kamen ihm ins Gedächtnis und flößten ihm Abscheu ein. Er strich planlos in den Straßen umher.

Wenn ihm ein Passant entgegenkam, versuchte er, seine Züge zu erkennen. Von Zeit zu Zeit fiel ein Lichtschein auf das Pflaster, und dahinter tauchte ein Lumpensammler mit seinem Sack und seiner Laterne aus dem Dunkel auf. Der Wind rüttelte in versteckten Häuserwinkeln an den Rauchfängen; von fern her kamen Geräusche, die sich mit dem Summen in seinem Kopfe vermischten, und er glaubte in den Lüften die schwebende Musik der Quadrille zu hören. Der Rhythmus im Gehen verstärkte diese Illusion; plötzlich sah er sich auf der Concorde-Brücke.

Da trat ihm jener Abend des vorigen Winters in Erinnerung, wo er zum ersten Male von ihr gekommen war und hier Halt machen mußte; so schlug ihm damals das Herz unter dem Ansturm seiner Hoffnungen. Wo waren die jetzt? Alle tot!

Düstere Wolken liefen über die helle Mondscheibe; er sah hinauf zu ihr, und seine Phantasie schweifte durch die Größe des Weltenraumes, über das Elend des Lebens, verweilte zum Schluß bei der Nichtigkeit alles Menschlichen. Der Tag kam herauf; die Zähne klapperten ihm; halb schlafend, feucht vom Nebel der Dämmerung und tränenüberströmt fragte er sich: warum nicht ein Ende machen? Eine einzige Bewegung genügte doch! Seine müde Stirn zog ihn mit schwerem Gewicht hinunter; er sah sich als Leiche den Fluß hinabtreiben ... Frederic neigte sich zum Sprung. Indessen, die Brustwehr war ziemlich breit, und so geschah es aus Müdigkeit, daß er den Versuch wieder aufgab, sie zu überschreiten.

Entsetzen packte ihn. Er erreichte wieder die Boulevards und ließ sich dort auf eine Bank fallen. Schutzleute weckten ihn und hielten ihn für betrunken.

Er nahm seinen Marsch wieder auf; aber da er großen Hunger spürte, und alle Restaurants geschlossen waren, aß er etwas in einer Schänke in den Hallen. Dann strich er, da es ihm noch zu früh schien, bis viertel neun Uhr in der Gegend des Rathauses herum.

Deslauriers hatte seine Bekanntschaft schon lange nach Hause geschickt und schrieb an dem Tisch in der Mitte des Zimmers. Gegen vier Uhr trat Cisy bei ihm ein.

Dank der Vermittelung Dussardiers hatte Cisy am vorigen Abend die Bekanntschaft einer Dame gemacht und sie mit ihrem Manne im Wagen bis an die Schwelle eines Hauses begleitet, wohin sie ihn für heute bestellte. Eben kam er von dort. Man kannte ihren Namen gar nicht.

"Soll ich da etwas machen?" fragte Frédéric.

Der Edelmann begann damit, daß er auf den Busch klopfte; er sprach von der Vatnaz, von der Andalusierin und den anderen. Endlich kam er mit vielen Umschreibungen auf den Zweck seines Besuchs, und im Vertrauen auf die Diskretion seines Freundes bat er ihn, ihm bei einem Schritt zu assistieren, nach dem er sich definitiv als Mann betrachten würde. Frédéric schlug ihm dies nicht ab. Er erzählte dann Deslauriers die Sache, allerdings ohne die Wahrheit betreffs dessen zu sagen, was ihn dabei persönlich anging.

Der Schreiber fand, daß er jetzt "ganz hübsch Fortschritte mache". Dies Befolgen seiner Ratschläge erhöhte noch seine gute Laune.

Durch eben diese hatte er bei der ersten Begegnung Fräulein Clémence Daviou, eine Uniformgoldstickerin, verführt, das süßeste Persönchen, das es gab, schlank wie ein Rosenstrauch, mit stets erstaunt blickenden großen blauen Augen. Der Schreiber nützte ihre Naivität so weit aus, daß er sie glauben machte, er wäre dekoriert; bei ihren Zusammenkünften trug er im Knopfloch ein rotes Bändchen, das er sonst wegließ, um seinen Chef nicht zu demütigen, wie er sich ausdrückte. Übrigens ließ er immer einen Abstand zwischen sich und ihr, er wollte wie ein Pascha geliebkost sein, wobei er sie scherzhaft "Tochter des Volkes" nannte. Jedesmal brachte sie ihm kleine Veilchenbuketts mit.

Eine solche Liebe war nicht nach Frédérics Geschmack. Trotzdem empfand er eine eigene Bitterkeit, wenn er sie Arm in Arm zu Pinson oder Barillot in ein Cabinet particulier gehen sah. Frédéric wußte ja nicht, wie sehr Deslauriers seit einem Jahr an jedem Donnerstag gelitten hatte, wenn er – Frédéric – sich die Nägel bürstete, bevor er in die Rue de Choiseul dinieren ging.

Eines Abends, als er den beiden von seinem Balkon aus nachgesehen hatte, bemerkte er von weitem Hussonnet auf der Arcole-Brücke. Der Bohème wollte sich ihm durch Zeichen verständlich machen, und als Frédéric die fünf Treppen hinuntergeeilt war, sagte er:

"Am nächsten Sonnabend, am vierundzwanzigsten, ist der Namenstag von Frau Arnoux."

"Wieso denn? Sie heißt doch Marie?"

"Angèle auch; ist übrigens egal! Wir werden in ihrem Landhause in St. Cloud tafeln, ich soll Sie benachrichtigen. Sie werden um drei Uhr einen Wagen vor dem "Kunstgewerbe" finden. Also abgemacht. Entschuldigen Sie, daß ich Sie herunterbemüht habe, aber ich habe so viele Wege!"

Frédéric hatte sich kaum umgedreht, als ihm sein Portier einen Brief übergab.

"Herr und Frau Dambreuse bitten Herrn Frédéric Moreau, ihnen die Ehre zu erweisen, am Samstag, den vierundzwanzigsten, bei ihnen zu dinieren. – U. A. w. g."

"Zu spät," dachte er.

Trotzdem zeigte er den Brief Deslauriers, der ausrief:

"Also endlich! Aber du scheinst gar nicht begeistert zu sein; warum eigentlich?"

Frédéric sagte nach einigem Zögern, daß er für denselben Tag noch eine andere Einladung habe.

"Tu mir den Gefallen und laß die Rue de Choiseul fahren. Keinen Unsinn! Wenn du dich genierst, werde ich für dich antworten."

Und er schrieb wirklich eine Zusage an Dambreuse, in der dritten Person.

Da er die Welt nie anders als im Fieber seiner Begierden betrachtet hatte, stellte er sie sich als eine künstliche Schöpfung vor, die von mathematischen Gesetzen regiert wird. Eine Tischeinladung, die Bekanntschaft eines angesehenen Mannes, das Lächeln einer hübschen Frau konnten durch eine Aufeinanderfolge von Umständen, die einer aus dem anderen entstanden, riesenhafte Resultate haben. Gewisse Pariser Salons waren für ihn wie Maschinen, die den Rohstoff aufnehmen und an Wert verhundertfacht wieder herausgeben. Er glaubte an die Halbweltlerinnen, von denen die Diplomaten regiert werden, an reiche Ehen, zu denen man durch Intrigen kommt, an das Genie von Zuchthäuslern, an die Gefügigkeit des Geschicks in der Hand eines Starken, kurz, er hielt den Verkehr bei den Dambreuse für so nützlich und wußte das Frédéric derart zu demonstrieren, daß er nun nicht wußte, wozu er sich entschließen solle.

Unter allen Umständen jedoch mußte er Frau Arnoux ein Geschenk machen, da ihr Namenstag war; natürlich dachte er an einen Sonnenschirm, um seine Ungeschicklichkeit wieder gutzumachen. Wirklich entdeckte er auch einen kleinen chinesischen Schirm aus taubengrauer Seide mit einem ziselierten Elfenbeingriff. Der aber kostete hundertfünfundsiebzig Franken, und er hatte keinen Sou, sondern lebte bereits auf Kredit in Erwartung seines nächsten Wechsels. Indessen, er wollte es nun einmal, und so wandte er sich, wenn auch widerstrebend, an Deslauriers.

Deslauriers sagte, daß er nichts habe.

"Aber ich brauche es sehr notwendig."

Der andere blieb hartnäckig, und Frédéric fuhr auf:

"Du könntest auch manchmal ..."

"Was denn?"

"Nichts."

Der Schreiber hatte begriffen. Er behob von seinem Guthaben die verlangte Summe und sagte, nachdem er sie Franken für Franken hatte durch die Finger gehen lassen: "Eine Quittung kann ich nicht von dir verlangen, da ich ja auf deine Kosten lebe."

Frédéric warf sich ihm gerührt an die Brust, aber Deslauriers blieb kalt. Als er am nächsten Morgen den Schirm auf dem Klavier liegen sah, ließ er bloß fallen:

"Darum also."

"Ich werde ihn vielleicht verschenken," sagte Frédéric feige.

Der Zufall war ihm günstig, denn am selben Abend erhielt er ein schwarz gerändertes Billett, in dem ihm Frau Dambreuse den Tod eines Onkels anzeigte und sich entschuldigte, daß sie das Vergnügen, seine Bekanntschaft zu machen, auf später verschieben müßte.

Um zwei Uhr war er schon im "Kunstgewerbe". Anstatt mit seinem Wagen auf ihn zu warten, war Arnoux schon am Abend vorher nach St. Cloud gefahren; er hatte dem Drang nach frischer Luft nicht länger widerstehen können. In jedem Jahre, sobald das erste Grün erschien, befiel ihn eine unbezwingbare Lust, aufs Land zu fahren, er strich dann durch die Felder, trank in den Meierhöfen Milch, schäkerte mit Bäuerinnen, unterhielt sich über den Ausfall der Ernte und sammelte Salat in seinem Taschentuch. Und so brachte er einen alten Traum zur Erfüllung, als er sich schließlich ein Landhaus kaufte.

Während Frédéric mit dem Angestellten sprach, erschien die Vatnaz, die enttäuscht war, Arnoux nicht anzutreffen. Und er sollte zwei bis drei Tage ausbleiben. Der Kommis riet ihr, doch "hinzufahren", aber sie konnte nicht hinfahren – oder einen Brief zu schreiben, aber sie hatte Angst, daß der Brief verloren gehen könnte. Frédéric erbot sich, ihn selbst mitzunehmen. Sie schrieb hastig und beschwor ihn, das Schreiben unter vier Augen zu übergeben.

Vierzig Minuten später stieg er in St. Cloud aus.

Das Haus lag auf halber Höhe des Hügels, etwa hundert Schritte von der Brücke entfernt. Die Mauern des Gartens wurden von zwei Reihen Linden verdeckt, und ein großer Rasen zog sich bis zum Flusse hinunter. Die Gittertür stand offen, Frédéric trat ein.

Arnoux, auf dem Grase ausgestreckt, spielte mit einer Tracht kleiner Katzen. Diese Zerstreuung schien ihn unendlich zu fesseln, doch schreckte ihn der Brief der Vatnaz hastig auf.

"Zum Teufel, das ist unangenehm. Sie hat recht, ich muß in die Stadt!"

Nachdem er den Brief in seine Tasche gestopft hatte, machte es ihm ein großes Vergnügen, Frédéric durch seine Besitzung zu führen. Alles zeigte er ihm, die Küche, den Stall, den Schuppen. Rechts lag der Salon, der auf der Pariser Seite zu einer Veranda führte, deren Drahtwerk mit Wein bewachsen war. Plötzlich erklang von oben her Gesang. Frau Arnoux, die sich allein glaubte, übte sich in Trillern, Rouladen und Skalen. Auf lange Töne, die festgehalten wurden, folgten andere kurz abgebrochene wie Wassertröpfchen einer Kaskade; ihre Stimme drang durch das geschlossene Fensterrouleau in die große Stille der Natur.

Sie unterbrach sich plötzlich, da Herr und Frau Oudry, Nachbarn, gemeldet wurden.

Kurz darauf erschien sie auf dem Absatz der Freitreppe, und er konnte, wie sie jetzt die Stufen hinunterschritt, ihren Fuß sehen. Sie trug kleine goldfarbene Halbschuhe mit drei ledernen Spangen, so daß auf ihren Strümpfen ein goldenes Gitter sich abzeichnete.

Die Eingeladenen kamen. Außer dem Advokaten Lefaucheur waren es die ständigen Gäste der Donnerstage. Jeder hatte ein Geschenk mitgebracht: Dittmer eine syrische Schärpe, Rosenwald ein Romanzen-Album, Burrieu ein Aquarell, Sombaz eine Karikatur von sich selbst, und Pellerin eine Zeichnung, die einen Totentanz vorstellte, eine grauenhafte Phantasie in mittelmäßiger Ausführung. Hussonnet brachte gar nichts.

Frédéric wartete, bis er als letzter seine Gabe reichte.

Sie dankte ihm sehr warm; darauf sagte er:

"Oh, es ist ... fast eine Schuld. Ich war ja so bestürzt."

"Worüber?" erwiderte sie. "Ich begreife gar nicht."

"Zu Tische!" rief Arnoux, ihn beim Arme nehmend; dabei flüsterte er ihm ins Ohr:

"Sehr geschickt sind Sie nicht!"

Überraschend wirkte das Speisezimmer, das in wässerigem Grün gehalten war. An dem einen Ende badete eine steinerne Nymphe ihre große Zehe in einem muschelförmigen Bassin. Durch die offenen Fenster sah man den ganzen Garten mit dem großen Rasen, an den sich eine alte, zu drei Vierteilen kahle schottische Fichte schloß; wilde Blumenrabatten standen um sie her. Auf der anderen Seite des Flusses erblickte man im weiten Halbkreis das Bois de Boulogne, Neuilly, Sèvres, Meudon. Unmittelbar vor dem Garteneingang schaukelte ein Segelboot.

Man plauderte vorerst von dieser Aussicht, dann von der Gegend im allgemeinen, und es gab bereits Meinungsverschiedenheiten, als Arnoux dem Diener den Befehl gab, den Viersitzer gegen halb zehn anzuspannen. Ein Brief seines Kassierers riefe ihn nach Paris zurück.

"Willst du, daß ich mit dir fahre?" fragte Frau Arnoux.

"Aber gewiß;" mit einer neckischen Verbeugung fuhr er fort: "Sie wissen, gnädige Frau, daß man ohne Sie nicht leben kann."

Alle machten ihr Komplimente über ihren guten Mann.

"Ach, ich bin es nicht allein," erwiderte sie sanft, auf ihr Töchterchen zeigend.

Die Unterhaltung ging dann auf die Malerei über, man sprach von einem Ruysdael, mit dem Arnoux ein glänzendes Geschäft zu machen hoffte, und Pellerin fragte, ob es wahr sei, daß der berühmte Saul Mathias in London ihm im vergangenen Monat dreiundzwanzigtausend Franken dafür geboten habe.

"Das stimmt genau," erwiderte Arnoux, und zu Frédéric gewendet, "das ist derselbe Herr, den ich damals in der Alhambra umherführte; ein Vergnügen war es nicht, die Engländer sind nicht amüsant."

Frédéric, der hinter dem Briefe der Vatnaz eine Frauenzimmer-Affäre vermutete, hatte die Geschicklichkeit Arnoux' bewundert, sich mit einem plausiblen Vorwand aus dem Staube zu machen, aber die neue, völlig zwecklose Lüge machte ihn ganz verdutzt.

Der Händler fuhr leichthin fort:

"Wie heißt doch der große junge Mann, Ihr Freund?"

"Deslauriers," sagte Frédéric schnell.

Und um das Unrecht gegen ihn, dessen er sich schuldig fühlte, gutzumachen, rühmte er ihn als eine hervorragende Intelligenz.

"Wirklich? Er sieht aber nicht so bieder aus, wie der andere, der Speditionskommis."

Frédéric verwünschte Dussardier. Sie mußte jetzt glauben, daß sein Verkehr aus gewöhnlichen Leuten bestehe. Man sprach von den Verschönerungen der Hauptstadt, von den neuen Vierteln, und Oudry nannte unter den großen Grundstücksspekulanten auch Dambreuse.

Frédéric ergriff die Gelegenheit, sich zur Geltung zu bringen: er sagte, daß er ihn kenne. Aber Pellerin zog in einer Philippika gegen die Krämer zu Felde; mit Spezereiwaren oder mit Geld handeln wäre kein großer Unterschied. Rosenwald und Burrieu sprachen über Porzellan; Arnoux unterhielt sich mit Frau Oudry über Gartenkultur; Sombaz, ein Spaßvogel der alten Schule, machte sich den Scherz, Herrn Oudry aufzuziehen. Er nannte ihn Odry, nach dem berühmten Schauspieler, dann behauptete er, er müsse von Oudry, dem Hundemaler, abstammen, denn die Liebe zu den Tieren sei an seinem Schädel deutlich sichtbar. Er wollte sogar seinen Kopf untersuchen, was dieser indessen wegen seiner Perücke nicht zulassen konnte; unter allgemeinem Gelächter endete das Dessert.

Nachdem man den Kaffee genommen, geraucht hatte und herumgeschlendert war, schickte man sich zu einem Spaziergange längs des Flusses an.

Vor einer Fischbude, in der ein Fischer Aale reinigte, blieb die Gesellschaft stehen. Die kleine Martha wollte die Tiere sehen, und der Mann leerte den Korb auf dem Strande aus. Das Kind warf sich auf die Knie, um sie zu fangen, lachte abwechselnd vor Freude und schrie aus Furcht. Die Fische waren bald entschlüpft, Arnoux bezahlte sie.

Dann hatte er die Idee, eine Bootfahrt zu veranstalten.

Die eine Hälfte des Himmels begann zu verblassen, während auf der anderen ein breiter orange Ton zum Horizont sich hinabzog und im Rücken der Hügel, die ganz schwarz geworden waren, in ein purpurnes Rot überging. Frau Arnoux saß auf einem großen Stein, und dieses flammende Rot war hinter ihr. Die anderen promenierten umher; Hussonnet stand am Fuße der Böschung und ließ Steine auf dem Wasser tanzen.

Arnoux kam zurück, hinter ihm her eine alte Schaluppe, in die er trotz der vernünftigsten Abmahnungen seine Gäste hineinstopfte. Das Boot drohte umzuschlagen, und alle mußten wieder aussteigen.

Im Salon, der ganz mit einem Perser bespannt war, brannten bereits die Kerzen, von Kronleuchtern aus Kristall an den Wänden gehalten. Die alte Oudry schlummerte sanft in einem Fauteuil, und die anderen hörten Lefaucheur zu, der die Berühmtheiten des Barreau kritisierte. Frau Arnoux stand ganz allein am Fenster, Frédéric redete sie an.

Sie unterhielten sich über das, wovon man eben sprach. Sie bewunderte die Redner, er zog den Ruhm der Schriftsteller vor. Sie behauptete, daß es eine stärkere Befriedigung sein müsse, direkt und selbst auf die Menge zu wirken und auf diese seine eigenen Empfindungen zu übertragen. Diese Triumphe reizten Frédéric nicht, er hatte keinen Ehrgeiz.

"Warum?" fragte sie, "man muß etwas Ehrgeiz haben."

Beide standen in der Fensternische. Vor ihnen breitete sich die Nacht wie ein ungeheurer dunkler, silbern punktierter Schleier aus. Es war wohl das erste Mal, daß sie nicht von gleichgültigen Dingen redeten. Er erfuhr sogar etwas von ihren Antipathien und ihren Neigungen: Gewisse Parfüms erregten ihre Übelkeit, sie hatte großes Interesse für Geschichtswerke, sie glaubte an Träume.

Er kam auf das Gebiet der sentimentalen Abenteuer zu sprechen. Sie beklagte die Opfer der Liebesleidenschaft, äußerte sich aber entrüstet über feige Scheinheiligkeit; und diese Geradheit des Denkens paßte so gut zu der regelmäßigen Schönheit ihres Gesichtes, daß sie damit sogar zusammenzuhängen schien.

Manchmal lächelte sie, indem sie ihre Augen auf ihm ruhen ließ, einen Moment lang. Dann fühlte er ihre Blicke bis in seine Seele dringen, gleich jenen großen Sonnenstrahlen, welche bis auf den Grund des Wassers tauchen. Er liebte sie ohne Nebengedanken, ohne Hoffnung auf Erwiderung, rückhaltlos; und in dieser stummen Verzückung, die einem feurigen Dankbarkeitsgefühl glich, hätte er ihre Stirn mit Küssen bedecken wollen. Zugleich aber hob ihn eine Regung im Innern fast über sich selbst hinaus; es war ein Drang, sich zu opfern, ein Wunsch nach unmittelbarer Hingabe, um so stärker, als er ihn nicht befriedigen konnte.

Er ging nicht mit den anderen weg, auch Hussonnet nicht. Sie sollten im Wagen zurückfahren; und der Viersitzer wartete am Fuße der Freitreppe, als Arnoux in den Garten hinabkam, um Rosen zu pflücken. Er band den Strauß mit einem Faden zusammen, da jedoch die Stiele ungleich hervorragten, wühlte er in seiner mit Papieren gefüllten Tasche, nahm eines aufs Geratewohl heraus, wickelte die Blumen damit ein, und nachdem er das Ganze mit einer großen Nadel befestigt hatte, überreichte er es seiner Frau mit einer gewissen Feierlichkeit.

"Nimm, mein Liebling, entschuldige, daß ich dich vergessen habe."

Sie stieß einen leichten Schrei aus; die ungeschickt befestigte Nadel hatte sie verletzt, und sie ging in ihr Zimmer. Man wartete fast eine Viertelstunde; endlich kam sie zurück, hob Martha in den Wagen und setzte sich schnell neben sie.

"Und dein Blumenstrauß?" fragte Arnoux.

"Laß ihn nur, er ist überflüssig!"

Frédéric wollte hineinstürzen, um ihn zu holen; sie rief ihm jedoch zu:

"Ich will ihn nicht!"

Trotzdem brachte er ihn herbei, indem er bemerkte, daß er ihn wieder in die Umhüllung tun mußte, da er die Blumen auf den Fußboden verstreut gefunden. Sie steckte das Bukett zwischen das Spritzleder des Wagens und den Sitz, und man fuhr ab.

Frédéric, der neben ihr saß, sah, daß sie furchtbar zitterte. Als sie die Brücke passiert hatten und Arnoux nach links abbog, rief sie:

"Aber nein! Du irrst dich! Nach rechts!"

Sie schien gereizt, alles störte sie. Endlich, nachdem Martha die Augen geschlossen hatte, nahm sie den Strauß und warf ihn über den Wagenschlag hinaus; dann faßte sie Frédéric am Arm und machte ihm mit der anderen Hand ein Zeichen, daß er niemals darüber sprechen dürfe.

Und weiterhin blieb sie regungslos sitzen, ihr Taschentuch gegen die Lippen gepreßt.

Die beiden anderen unterhielten sich auf dem Bock über Buchdruckerei und über Abonnenten. Arnoux, der unachtsam kutschierte, verirrte sich inmitten des Bois de Boulogne, so daß er genötigt war, auf Nebenwegen weiter zu fahren. Das Pferd ging im Schritt; die Baumzweige schlugen gegen das Dach. Frédéric sah von Frau Arnoux im Dunkeln nichts als die Augen; Martha hatte sich auf ihrem Schoß ausgestreckt, und er hielt den Kopf der Kleinen.

"Sie belästigt Sie!" sagte die Mutter.

Er antwortete:

"O nein! Ganz gewiß nicht!"

Staubwolken erhoben sich; man kam durch Auteuil, wo alle Häuser geschlossen waren; hier und da beleuchtete eine Straßenlaterne einen Mauervorsprung, dann wurde die Dunkelheit wieder stärker; mit einem Male sah er, daß sie weinte.

War das Reue? War es Verlangen? Was war es? Dieser Kummer, dessen Grund er nicht wußte, berührte ihn wie eine Sache, die ihn selbst anging; jetzt war zwischen ihnen ein neues Band, eine Art von Mitschuld, und er sagte zu ihr, so sanft er konnte:

"Sie leiden?"

"Ja, ein wenig," erwiderte sie.

Der Wagen rollte dahin, und Geisblatt und Jasminsträucher, die zu beiden Seiten aus den Gärten herausragten, hauchten betäubende Düfte in die Nacht. Der Faltensaum ihres Kleides bedeckte seine Füße. Und durch dieses Kind, das zwischen ihnen ausgestreckt lag, fühlte er sich mit ihrer ganzen Person in Berührung. Er neigte sich über das kleine Mädchen und küßte sanft ihre Stirn, indem er die hübschen braunen Haare zur Seite strich.

"Sie sind gut," sagte Frau Arnoux.

"Warum?"

"Weil Sie Kinder lieben."

"Nicht alle!"

Er fügte nichts hinzu, aber er streckte seine linke Hand nach ihrer Seite aus und hielt sie weit geöffnet – er dachte daran, daß sie vielleicht ein gleiches tun könnte, und er ihre Hand berühren. Dann schämte er sich und zog den Arm wieder zurück.

Bald kam man auf eine gepflasterte Straße. Der Wagen fuhr schneller, die Laternen wurden zahlreicher, man war in Paris. Vor dem Garde-Meubles sprang Hussonnet vom Bock. Frédéric stieg erst vor ihrem Hause aus; dann verbarg er sich an der Ecke der Rue de Choiseul und bemerkte Arnoux, der langsam in der Richtung der Boulevards zurückging.

Gleich am nächsten Tage begann er, mit dem Aufgebot aller seiner Kräfte zu arbeiten.

Er sah sich in einem Gerichtssaale an einem Winterabend, wie er seine Verteidigung beendet; die Geschworenen sind schon erschöpft, und die aufgeregte Menge sprengt fast die Schranken des Zuschauerraumes; er spricht seit vier Stunden, resümiert alle seine Beweise, entdeckt noch neue und fühlt, wie bei jedem Satz, bei jedem Wort, bei jeder Geste das Messer der Guillotine, das hinter ihm hängt, sich weiter zurückzieht. Dann sah er sich auf der Kammertribüne als den Redner, von dessen Lippen das Wohl eines ganzen Volkes abhängt, der seine Gegner mit seinen Perioden erdrückt, mit einer einzigen Erwiderung vernichtet, mit peitschenharten oder wohlklingend sanften Tönen, ironisch oder pathetisch behandelt.

Sie würde ihm, irgendwo in der Menge versteckt, lauschen und unter dem Schleier Tränen der Begeisterung weinen; dann würden sie sich treffen; – und Entmutigung, Verleumdung, Beleidigungen könnten ihm nichts mehr anhaben, wenn sie bloß sagt: "Das war schön" und mit ihren leichten Händen über seine Stirn streicht.

Diese Bilder blitzten auf wie Leuchtturmstrahlen am Horizont seines Lebens. Sein Geist wurde durch die Erregung elastischer und stärker. Bis zum August arbeitete er in strengster Zurückgezogenheit, und dann bestand er sein letztes Examen.

Deslauriers, der unendliche Mühe gehabt hatte, ihm Ende Dezember das zweite und im Februar das dritte einzutrichtern, war über so viel Eifer erstaunt. Die alten Hoffnungen kamen wieder. In zehn Jahren mußte Frédéric Abgeordneter, in fünfzehn Minister sein! Warum nicht? Mit seinem Erbteil, das ihm bald zufallen würde, könnte er eine Zeitung gründen; das wäre der Anfang, das andere würde schon nachkommen. Was ihn selbst betraf, so wünschte er sich nach wie vor einen Lehrstuhl an der juristischen Fakultät; und er zeichnete sich wirklich in seiner Dissertation für das Doktorat in so bemerkenswerter Weise aus, daß ihn die Professoren beglückwünschten.

Frédéric bekam sein Zeugnis drei Tage später. Bevor er in die Ferien ging, veranstaltete er ein Picknick zum feierlichen Abschluß der Samstags-Zusammenkünfte.

An diesem Abend war er sehr lustig. Frau Arnoux war jetzt in Chartres bei ihrer Mutter. Aber bald würde er sie wiedersehen und schließlich ihr Geliebter werden.

Deslauriers hielt eine mit Beifall aufgenommene Rede. Er, der sonst so nüchtern war, berauschte sich und sagte beim Dessert zu Dussardier:

"Du bist ein ehrlicher Mensch! Sowie ich reich geworden bin, ernenne ich dich zu meinem Verwalter."

Alle waren glücklich; Cisy brauchte sein Studium nicht zu beenden; Martinon konnte das Gerichtsjahr in der Provinz fortsetzen, wo er zum Substituenten ernannt werden sollte; Pellerin bereitete ein großes Bild "Das Genie der Revolution" vor. Hussonnet wollte in der nächsten Woche dem Direktor der Délassements den Entwurf eines Stückes vorlesen und zweifelte nicht am Erfolge.

"Warum auch? Daß ich ein Drama zimmern kann, wird mir niemand bestreiten. Leidenschaften –? Ich habe mir die Hörner so gründlich abgelaufen, daß ich darin Bescheid weiß. Und die geistreichen Einfälle gehören zu meinem Metier."

Er sprang auf, ließ sich auf die Hände fallen und ging so, die Beine in der Luft, einige Male um den Tisch herum.

Dieser Übermut konnte Sénécal nicht aufheitern. Er war aus seiner Pension hinausgeworfen worden, weil er den Sohn eines Aristokraten geprügelt hatte. Für seine zunehmende Not machte er die soziale Ordnung verantwortlich, er verfluchte die Reichen und schüttete sein Herz vor Regimbart aus, der sich auch immer enttäuschter und stärker angeekelt fühlte. Der Patriot beschäftigte sich jetzt mit Fragen des Budgets und klagte die Kamarilla an, daß sie Millionen in Algier verpulvere.

Da er nicht einschlafen konnte, ohne in der Alexandreschen Kneipe eingekehrt zu sein, verschwand er, sobald die Uhr elf schlug. Die anderen gingen später, und

Frédéric erfuhr von Hussonnet beim Abschied, daß die Rückkehr der Frau Arnoux am Tage vorher erwartet worden war.

Er ging zur Post, um seinen Platz für einen Tag später umzutauschen, und fand sich gegen sechs Uhr abends vor ihrer Tür ein. Der Portier sagte, daß sie ihre Ankunft um eine Woche verschoben habe. Frédéric aß allein zu Mittag und streunte dann auf den Boulevards umher.

Rosafarbene Wolken zogen sich wie Schärpen über den Häusern hin; man begann, die Zeltdächer vor den Läden aufzuziehen; Sprengwagen gossen eine kleine Regenflut über den Staub aus, und eine unerwartete Frische verjagte die Ausdünstungen der Cafés, in die man durch die geöffneten Türen blicken konnte: – Blumensträuße zwischen Silbergeräten und Goldverzierungen, die sich in hohen Glastafeln spiegelten. Die Menge bewegte sich langsam vorwärts. Mitten auf den Trottoirs plauderten Männer in Gruppen, und Frauen gingen vorüber, in deren Augen Schlaffheit und auf deren Wangen der kamelienfarbene Teint lag, den die Erschöpfung der großen Hitze der weiblichen Hautfarbe gibt. Eine ungewöhnliche Stimmung, die alles Maß übertraf, war in der Luft, hüllte die Häuser ein. Nie war ihm Paris so schön vorgekommen. Die Zukunft, was ist sie? Eine unerschöpfliche Reihe von Jahren, die von nichts anderem ausgefüllt sind, als von der Liebe.

Vor dem Theater Porte-Saint-Martin blieb er stehen, um den Anschlagzettel zu lesen; zum Zeitvertreib kaufte er sich ein Billett.

Man spielte eine alte Feerie. Es war nur wenig Publikum da; durch die Dachfenster der obersten Galerie brach das Licht in kleinen blauen Vierecken, während an der Rampe die gelben Lichter in gerader Reihe brannten. Die Szene stellte einen Sklavenmarkt in Peking vor, mit Glocken, Tamtams, Sultaninnen, hohen Mützen und Kalauern. Nachdem der Vorhang gefallen war, irrte er einsam im Foyer herum und bewunderte auf dem Boulevard am Fuße der Freitreppe einen großen grünen Landauer, der mit zwei Schimmeln bespannt war und von einem Kutscher in Kniehosen gelenkt wurde.

Er wollte eben seinen Platz wieder einnehmen, als eine Dame und ein Herr in die erste Balkon-Loge traten. Der Mann hatte ein bleiches, von einem grauen Bartstreifen umrahmtes Gesicht, das rote Bändchen im Knopfloch und jenen kalten Ausdruck, an dem man die Diplomaten zu erkennen glaubt.

Seine Frau, die wenigstens zwanzig Jahre jünger und weder groß noch klein, weder häßlich noch hübsch war, trug ihre blonden Haare in schraubenförmigen Locken à l'anglaise, eine Robe mit glatter Taille und einen schwarzen Spitzenfächer. Daß Leute der Gesellschaft in dieser Jahreszeit ins Theater kamen, mußte ein Zufall sein oder aus Langeweile geschehen, um nicht den Abend allein zu verbringen. Die Dame knabberte an ihrem Fächer, der Herr gähnte; Frédéric konnte nicht darauf kommen, wo er dies Gesicht schon gesehen hatte.

In der nächsten Pause traf er das Paar beim Passieren des Korridors; er grüßte flüchtig, worauf Herr Dambreuse ihn erkannte und ansprach, wobei er sich sofort wegen seiner unverzeihlichen Nachlässigkeit entschuldigte. Dies war eine Anspielung auf die zahlreichen Visitkarten, die Frédéric auf Anraten des Schreibers geschickt hatte. Übrigens verwechselte er die Zeitverhältnisse, da er glaubte, daß Frédéric im zweiten Studienjahre sei. Er beneidete ihn, daß er aufs Land gehen könne; er selbst habe auch Ruhe nötig, aber seine Geschäfte hielten ihn in Paris zurück.

Frau Dambreuse, welche sich auf seinen Arm stützte, neigte leicht ihren Kopf; und die geistvolle Anmut ihrer Züge stach sehr ab von dem kummervollen Ausdruck, den sie eben vorher gehabt hatte.

"Man findet hier auch wirklich schöne Zerstreuungen," sagte sie nach den letzten Worten ihres Mannes. "Wie dumm doch dieses Stück ist! Finden Sie nicht?" Alle drei blieben stehen und plauderten vom Theater und von neuen Stücken.

Frédéric, der an das Getue der provinziellen Kleinbürgerinnen gewöhnt war, hatte noch nie bei einer Frau eine derartige Ungezwungenheit des Wesens gesehen, nie diese Einfachheit, die ein Raffinement ist, und in der naive Menschen den Ausdruck einer augenblicklich entstandenen Sympathie finden.

Man rechnete nach seiner Rückkehr unbedingt auf ihn; Herr Dambreuse bat ihn auch, den alten Roque zu grüßen.

Frédéric versäumte nicht, als er nach Hause kam, Deslauriers von dieser Einladung zu erzählen.

"Famos," rief der Schreiber, "vor allem laß dich nicht von deiner Mutter festhalten und komme sofort wieder!"

Am Tage nach seiner Ankunft führte ihn Frau Moreau nach dem Frühstück in den Garten.

Sie schätzte sich glücklich, wie sie sagte, daß er einen Beruf habe, denn sie seien nicht so reich, wie man glaubt; das Gut brächte wenig ein, und die Pächter zahlten schlecht; sie war sogar genötigt gewesen, ihren Wagen zu verkaufen. Kurz, sie setzte ihm ihre Lage auseinander.

Nachdem sie Witwe geworden war, hatte ihr in augenblicklichen Geldverlegenheiten Roque, der sehr verschlagen war, Darlehen gegeben, immer wieder gegeben und fast gegen ihren Willen prolongiert. Plötzlich hatte er die Rückzahlung verlangt; da mußte sie sich seinen Bedingungen fügen und ihm das Pachtgut Presles für einen spottschlechten Preis abtreten. Zehn Jahre später hatte sie ihr flüssiges Kapital bei dem Fallissement eines Bankiers in Melun verloren. Aus Furcht vor einer hypothekarischen Belastung und um den Schein zu wahren, den sie für die Zukunft ihres Sohnes für nützlich hielt, hatte sie Roques Anerbieten, die er erneuert hatte; noch einmal angenommen. Jetzt war sie allerdings mit diesem quitt, aber ihnen blieben nur ungefähr zehntausend Franken Rente, wovon dreitausendzweihundert auf ihren Sohn kamen, sein ganzes Erbteil!

"Das ist nicht möglich!" rief Frédéric.

Sie machte eine Kopfbewegung, wie um zu sagen, daß das sehr möglich sei. Aber sein Onkel würde ihm etwas hinterlassen! Das wäre nichts weniger als sicher! Sie gingen den Garten entlang, ohne zu sprechen. Endlich zog sie ihn an sich und sagte mit tränenerstickter Stimme:

"Mein armer Junge! Ich habe viele Träume aufgeben müssen!"

Er setzte sich auf eine Bank im Schatten der großen Akazie.

Sie riet ihm, als Kanzlist bei dem Anwalt Prouharam einzutreten, der ihm später sein Geschäft überlassen wollte; wenn er darin reüssierte, könnte er es eines Tages weiter verkaufen und eine vorteilhafte Heirat machen.

Frédéric hörte nichts mehr. Mechanisch sah er über die Hecke in den gegenüberliegenden Garten. Ein kleines rothaariges Mädchen von ungefähr zwölf Jahren war allein darin. Sie hatte sich Ohrringe aus Beeren verfertigt; das grauwollene Kleidchen ließ ihre von der Sonne gebräunten Schultern sehen; das weiße Röckchen war durch Obstflecke beschmutzt; – in ihrem ganzen nervigen und zarten Persönchen lag die Grazie einer jungen Katze. Die Gegenwart eines Unbekannten schien sie zweifellos in Erstaunen zu setzen, denn sie blieb plötzlich, mit der Gießkanne in der Hand, stehen und sah ihn mit ihren klaren grün und bläulichen Augen starr an.

"Es ist Herrn Roques Tochter," sagte Frau Moreau. "Er hat kürzlich sein Dienstmädchen geheiratet und sein Kind ehelich gemacht."

6.

Ruiniert, verarmt, verloren!

Frédéric war auf der Bank sitzengeblieben, wie von einem Schlaganfall getroffen. Er fluchte dem Schicksal, er hätte jemanden prügeln mögen; seine Verzweiflung wurde dadurch noch verstärkt, daß er auf sich eine Art Schande, eine Entehrung zu fühlen glaubte; er hatte sich ja eingebildet, daß sein väterliches Erbteil sich eines Tages auf fünfzehntausend Franken Rente belaufen würde, und dies indirekt den Arnoux' zu verstehen gegeben. Er würde also jetzt für einen Schwindler, für einen Aufschneider, einen hergelaufenen Lumpen gelten, der sich bei ihnen eingeschlichen hatte, um sie auszunützen! Und sie, Frau Arnoux, wie ihr jetzt wieder unter die Augen treten?

Das war ganz unmöglich, nun, da er nur noch dreitausend Franken Rente hatte. Er konnte nicht dauernd im vierten Stock wohnen, sich nur vom Portier bedienen lassen und Besuche mit armseligen schwarzen, an den Spitzen blau gewordenen Handschuhen, einem fettigen Hut und immer in demselben alten Überrock machen. Nein, nein, niemals! Und doch war das Leben ohne sie unerträglich. Es brachten sich doch viele ohne Vermögen durch, Deslauriers unter anderen; – und er fand es feige, mittelmäßigen Dingen eine solche Wichtigkeit beizulegen. Das Elend würde vielleicht seine Fähigkeiten verhundertfachen. Er begeisterte sich in dem Gedanken an bedeutende Männer, die in Dachstuben arbeiteten. Eine Seele wie die der Frau Arnoux mußte von diesem Schauspiel gepackt sein und sich rühren lassen. So war denn eigentlich diese Katastrophe ein Glück für ihn; ähnlich den Erdbeben, die Schätze ans Tageslicht werfen, hatte sie ihm den verborgenen Reichtum seiner Natur enthüllt. Aber es gab in der ganzen Welt nur einen Ort, wo er ihn zur Geltung bringen konnte, Paris! Denn in seinen Vorstellungen waren Kunst, Wissenschaft und Liebe (diese drei Angesichter Gottes, wie Pellerin gesagt haben würde) ausschließliches Produkt der Hauptstadt.

Noch an demselben Abend erklärte er seiner Mutter, daß er nach Paris zurückkehren würde. Frau Moreau war überrascht und entrüstet; das sei Tollheit, Unsinn. Er täte besser, ihrem Rat zu folgen, das heißt bei ihr zu bleiben und in einer Kanzlei zu arbeiten. Frédéric zuckte mit den Achseln: "Ach wo denn!" Er fühlte sich durch einen solchen Vorschlag verletzt.

Die gute Dame wandte dann eine andere Methode an. Mit zärtlicher Stimme und leisem Schluchzen sprach sie von ihrer Einsamkeit, ihrem Alter und den Opfern, die sie gebracht hatte. Jetzt, wo sie so unglücklich war, wollte er sie verlassen. Dann spielte sie auf ihren baldigen Tod an.

"Mein Gott, du brauchst dich ja nur kurze Zeit zu gedulden, bald wirst du frei sein!"

Diese Lamentationen wiederholten sich drei Monate lang zwanzigmal am Tage; und gleichzeitig wurden die Reize der Häuslichkeit angewandt, ihn zu fesseln; er empfand ein Behagen darin, ein weiches Bett zu haben und Handtücher ohne Löcher; bis er schließlich, müde, entnervt und durch die furchtbare Gewalt der Sanftmut besiegt, sich zu dem Advokaten Prouharam schleppen ließ.

Bei diesem zeigte er weder Wissen noch Geschicklichkeit. Bis dahin hatte man ihn für einen jungen Mann mit großen Anlagen, der eines Tages der Ruhm des Departements werden sollte, gehalten. Daraus wurde nun eine öffentliche Enttäuschung.

Zuerst hatte er sich gesagt: "Ich muß Frau Arnoux benachrichtigen!" Und eine Woche lang hatte er überschwungvollen Episteln und dann über Briefen von kurzer, aber vielsagender Fassung gebrütet. Die Scheu, seine Lage zu offenbaren, hielt ihn zurück. Dann hielt er es für besser, dem Manne zu schreiben; Arnoux kannte doch das Leben und würde ihn verstehen. Endlich, nach vierzehn Tagen des Zögerns, sagte er sich:

"Ach was! Ich werde sie ja doch nicht wiedersehen; mögen sie mich vergessen! Wenigstens werde ich in ihrer Erinnerung nicht herabsinken! Sie wird mich für tot halten und – vielleicht – bedauern!"

Da ihm gerade die extremsten Entschlüsse sehr leicht wurden, schwor er sich, nie wieder nach Paris zurückzukehren und sich auch nicht mehr nach Frau Arnoux zu erkundigen.

Indessen, bald fehlte ihm die frühere Umgebung, sogar der Geruch des Gases und der Lärm der Omnibusse. Er träumte von allem, worüber man dort mit ihm gesprochen hatte, vom Klang ihrer Stimme, vom Glanz ihrer Augen, – da er darauf verzichten mußte, kam er sich wie tot vor, und er tat nichts mehr, überhaupt nichts.

Er stand sehr spät auf und betrachtete durchs Fenster die vorbeiziehenden Rollwagen mit ihren Gespannen. Namentlich die ersten sechs Monate waren abscheulich.

An gewissen Tagen erfaßte ihn eine Art Entrüstung gegen sich selbst. Dann ging er aus. Er streifte durch die Wiesen, die im Winter halb bedeckt sind von den Fluten der Seine. Pappelreihen stehen mitten drin. Da und dort erhebt sich eine kleine Brücke. Er irrte bis zum Abend umher, die gelben Blätter unter seinen Schritten zertretend, den Nebel einschluckend, über Gräben springend; je heftiger seine Pulse schlugen, eine desto wildere Tatbegierde packte ihn; er wollte Trapper in Amerika werden, in die Dienste eines orientalischen Paschas treten, als Matrose zur See gehen; und schließlich machte er seiner Melancholie in langen Briefen an Deslauriers Luft.

Dieser mühte sich ab, durchzudringen. Das feige Betragen seines Freundes und seine ewigen Jeremiaden erschienen ihm töricht. Bald hörte ihr Briefwechsel fast gänzlich auf. Frédéric hatte ihm seine ganze Einrichtung gegeben, da Deslauriers die Wohnung behielt. Seine Mutter sprach ab und zu davon, bis er eines Tages gestand, daß er sie dem anderen geschenkt hatte; und gerade schalt sie mit ihm deswegen, als er einen Brief erhielt.

"Was hast du denn?" fragte sie, "du zitterst ja!"

"Ich habe nichts," antwortete Frédéric.

Deslauriers teilte ihm mit, daß er Sénécal bei sich aufgenommen habe, und daß sie seit vierzehn Tagen zusammen lebten. Also Sénécal machte sich jetzt inmitten der Dinge breit, die von Arnoux herrührten! Er konnte sie jetzt verkaufen, Bemerkungen und Witze darüber machen. Frédéric fühlte sich ins Innerste verletzt. Er ging in sein Zimmer hinauf. Er wünschte sich den Tod.

Seine Mutter rief ihn, um ihn wegen einer Pflanze im Garten zu befragen.

Dieser Garten, in der Art der englischen Parks angelegt, war in der Mitte durch einen Zaun aus Pfählen abgeteilt; die zweite Hälfte gehörte dem alten Roque, der außerdem noch einen Gemüsegarten am Flußufer besaß. Die beiden Nachbarn, die auf gespanntem Fuße lebten, vermieden es sonst, gleichzeitig darin zu sein. Aber seitdem Frédéric zurückgekommen war, ging der Alte häufig dort spazieren, und er erwies ihm sogar alle möglichen Aufmerksamkeiten. Er bedauerte ihn, daß er in einer kleinen Stadt leben müsse. Eines Tages erzählte er ihm, daß Dambreuse sich nach ihm erkundigt hätte. Ein anderes Mal sprach er über die alte Sitte der Champagne, wo der Adel sich auch von mütterlicher Seite vererbt.

"Damals wären Sie ein Edelmann geworden, da sich Ihre Mutter "von Fouvens" nannte. Und man hat gut reden, ein Name ist doch etwas! Übrigens," fügte er mit pfiffiger Miene hinzu, "das ist Sache des Justizministers."

Roques Schwäche für die Aristokratie kontrastierte merkwürdig mit seiner Persönlichkeit. Er war klein, und nur sein langer kastanienbrauner Überzieher ließ seinen Oberkörper etwas größer erscheinen. Wenn er seine Kappe abnahm, bemerkte man ein fast weibisches Gesicht mit einer außerordentlich spitzen Nase; seine gelben Haare sahen wie eine Perücke aus; er grüßte immer sehr tief, indem er sich möglichst klein machte.

Bis zu seinem fünfzigsten Jahre hatte ihm Catherine zur Bedienung genügt, eine Lothringerin, die ebenso alt wie er und vollständig blatternarbig war. Aber um das Jahr 1834 hatte er sich aus Paris eine stattliche Blondine mit einem Schafsgesicht und einer "königlichen Haltung", wie er sich ausdrückte, mitgebracht. Bald sah man sie mit großen Ohrringen umherstolzieren, und alles wurde klar, als sie einer Tochter das Leben gab, die als Elisabeth Olympe Louise Roque angemeldet wurde.

Catherine glaubte in ihrer Eifersucht, daß sie dieses Kind hassen würde. Aber im Gegenteil, sie liebte es. Sie wartete es, überhäufte es mit Aufmerksamkeiten und Liebkosungen, um die Mutter zu verdrängen und in ungünstigem Licht erscheinen zu lassen: eine leichte Aufgabe, denn Frau Eleonore vernachlässigte die Kleine vollständig und schwatzte lieber mit den Lieferanten. Am Tage nach ihrer Hochzeit machte sie einen Besuch in der Unterpräfektur, hörte auf, die Dienstboten zu duzen, und glaubte, weil sie es als zum guten Ton gehörig betrachtete, streng gegen ihr Kind sein zu müssen. Sie wohnte dem Unterricht der Kleinen bei; der Lehrer, ein alter Bureaumensch aus der Mairie, verstand nicht, mit ihr umzugehen. Die Schülerin wurde widerspenstig, erhielt Ohrfeigen und flüchtete heulend auf Catherines Schoß, die ihr unweigerlich recht gab. Dann zankten sich beide Frauen, bis Roque dazwischenfuhr. Er hatte sich aus Liebe zu seiner Tochter verheiratet und wollte nicht, daß sie gequält würde.

Häufig trug sie ein zerrissenes weißes Kleid mit einem spitzenbesetzten Höschen; an den Feiertagen wurde sie wie eine Prinzessin gekleidet und ausgeführt, um die Bürgersleute zu ärgern, die ihren Kindern den Verkehr mit ihr verboten hatten, und zwar wegen ihrer unehelichen Geburt.

Sie lebte in ihrem Garten vereinsamt, schaukelte sich und lief den Schmetterlingen nach, blieb dann wieder plötzlich stehen, um die Käfer zu betrachten, die sich auf die Rosensträucher stürzten. Dies Leben war es zweifellos, das ihrem Gesicht einen so kühnen und zugleich träumerischen Ausdruck gab. Übrigens hatte sie ganz die Gestalt Marthas, so daß Frédéric bei der zweiten Begegnung zu ihr sagte:

"Würden Sie mir gestatten, kleines Fräulein, daß ich Sie umarme?"

Das kleine Persönchen hob den Kopf in die Höhe und antwortete:

"Gewiß."

Die Hecke trennte sie jedoch voneinander.

"Ich muß hinübersteigen," sagte Frédéric.

"Nein, hebe mich in die Höhe!"

Er beugte sich über den Zaun und hob sie mit ausgestreckten Armen in die Höhe, um sie auf beide Wangen zu küssen; dann setzte er sie auf dieselbe Weise drüben wieder ab; dies wiederholte sich von da an öfters.

Sobald sie ihren Freund kommen hörte, lief sie ihm entgegen, ohne mehr Zurückhaltung als ein vierjähriges Kind, oder sie ahmte, hinter einem Baum versteckt, Hundegebell nach, um ihn zu erschrecken.

Eines Tages, als Frau Moreau nicht zu Hause war, führte er sie in ihr Zimmer. Sie öffnete alle Parfümfläschchen und pomadisierte sich reichlich die Haare, dann legte sie sich ohne die geringste Befangenheit auf das Bett, wo sie mit offenen Augen lang ausgestreckt liegen blieb.

"Ich bilde mir ein, daß ich deine Frau bin," sagte sie.

Am nächsten Tage fand er sie in Tränen aufgelöst. Sie gestand, daß "sie ihre Sünden beweine", und als er die Sünden wissen wollte, antwortete sie mit niedergeschlagenen Augen:

"Frage mich nicht weiter!"

Die erste Kommunion kam heran; am Morgen führte man sie zur Beichte.

Das Sakrament hatte sie nicht vernünftiger gemacht. Oft geriet sie in wirkliche Zornesausbrüche, und man mußte dann Frédéric heranbitten, um sie zu beruhigen.

Häufig nahm er sie auf seinen Spaziergängen mit. Während er im Gehen vor sich hinträumte, pflückte sie Klatschrosen am Saume der Getreidefelder, und wenn sie ihn trauriger als gewöhnlich fand, so suchte sie ihn mit herzlichen Worten zu trösten. Sein Herz, das liebeleer war, flüchtete sich in diese Kinderfreundschaft; er zeichnete ihr Figuren, erzählte ihr Geschichten und las ihr vor.

Er begann mit den "Romantischen Jahrbüchern", einer damals berühmten Sammlung von Versen und Prosa. Ohne Rücksicht auf ihr Alter, bestochen von ihrer Intelligenz, las er dann nach und nach Atala, Cinq-Mars, die Feuilles d'Automne. Eines Nachts jedoch (am Abend vorher hatte sie Macbeth in der Übersetzung von Letourneur gehört) wachte sie mit dem Schrei: "Der Fleck! Der Fleck!" auf, ihre Zähne klapperten, sie zitterte, und indem sie ihre rechte Hand entsetzt ansah und rieb, schrie sie: "Immer noch ein Fleck!" Der Arzt wurde schließlich geholt, der die Fernhaltung jeder Aufregung für sie verordnete.

Die Spießbürger sahen darin nur ein ungünstiges Anzeichen für ihre Sittlichkeit. Man sagte, daß der junge Moreau später eine Schauspielerin aus ihr machen wolle.

Bald trat ein anderes Ereignis in den Vordergrund; der Onkel Barthélemy wurde erwartet. Frau Moreau räumte ihm ihr Schlafzimmer ein und trieb ihr Entgegenkommen so weit, daß sie sogar an den Fasttagen Fleisch auf den Tisch bringen ließ.

Der Greis war nicht übermäßig liebenswürdig. Er verglich unausgesetzt Havre mit Nogent; die Luft in dieser Stadt fand er drückend, das Brot nicht gut, die Straßen schlecht gepflastert, die Kost mittelmäßig und die Einwohner faul. – "Und wie kläglich das Geschäft bei euch ist!" – Er tadelte die Extravaganzen seines verstorbenen Bruders, während er selbst siebenundzwanzigtausend Franken Rente angesammelt hatte! Schließlich reiste er nach Ablauf einer Woche wieder weg, indem er noch auf dem Wagentritt die wenig tröstlichen Worte fallen ließ:

"Auf alle Fälle freue ich mich, daß es euch so gut geht."

"Du wirst nichts erben," sagte Frau Moreau, als sie ins Zimmer zurückkam.

Der Onkel war nur auf ihre Bitten erschienen, und acht Tage hatte sie versucht, von ihm eine Erklärung zu bekommen. Vielleicht hatte sie dies zu plump gemacht? Sie bereute, so gehandelt zu haben, und saß jetzt in ihrem Lehnstuhl mit gesenktem Kopfe und zusammengepreßten Lippen. Frédéric, der ihr gegenübersaß, beobachtete sie, und beide schwiegen wie vor fünf Jahren bei der Rückkehr aus Montereau. Diese Erinnerung brachte ihm Frau Arnoux ins Gedächtnis.

In demselben Augenblick hörte man Peitschenknall unter den Fenstern, und eine Stimme rief ihn. Es war der alte Roque, und er saß allein in seinem Wagen. Er wollte den ganzen Tag auf dem Gut la Fortelle bei Herrn Dambreuse verbringen und forderte Frédéric dringend auf, ihn zu begleiten.

"Wenn Sie mit mir sind, brauchen Sie keine Einladung; da seien Sie ganz unbesorgt."

Frédéric hatte große Lust, anzunehmen. Aber wie seinen dauernden Aufenthalt in Nogent erklären? Er hatte überdies keinen anständigen Sommeranzug; was würde auch seine Mutter dazu sagen! Er lehnte ab.

Von dieser Zeit an war der Nachbar weniger freundschaftlich gegen ihn. Louise wurde größer; Frau Eleonore erkrankte gefährlich, und der Verkehr löste sich, zur großen Genugtuung der Frau Moreau, welche fürchtete, daß der Umgang mit solchen Leuten ihrem Sohne bei der Etablierung schaden könne.

Sie hatte die Absicht, ihm die Gerichtsschreiberstelle zu kaufen, und Frédéric zeigte sich dieser Idee nicht allzusehr abgeneigt. Er begleitete sie jetzt in die Messe und spielte abends Karten mit ihr; er fing an, sich an die Provinz zu gewöhnen, und versank schon fast darin; – selbst seine Liebe hatte einen Zug von schmerzlicher Süße, von versöhnender Resignation angenommen. Seine Trauer hatte sich so in seine Briefe ergossen, mit seiner Lektüre verschmolzen, und war auf seinen Spaziergängen so sehr in die freie Natur mit hinausgewandert, daß sie fast versiegt schien. Frau Arnoux war für ihn wie eine Tote; er war erstaunt, ihr Grab nicht zu kennen; so ruhig und resigniert war seine Neigung geworden.

Eines Tages, am 12. Dezember 1845, gegen neun Uhr morgens, brachte ihm die Köchin einen Brief in sein Zimmer. Die Adresse zeigte große Buchstaben von einer unbekannten Handschrift; und Frédéric, der noch im Halbschlaf lag, beeilte sich mit dem Aufmachen des Briefes nicht. Endlich las er:

"Friedensrichteramt von Havre, 3. Bezirk.

Mein Herr!

Da Herr Moreau, Ihr Onkel, ohne Testament gestorben ist ..."

Er erbte!

Als wenn Feuer im Nebenzimmer ausgebrochen wäre, sprang er mit nackten Füßen im Hemd aus dem Bette; er betastete sein Gesicht, da er seinen Augen nicht traute und noch zu träumen glaubte; dann öffnete er das Fenster ganz weit, um sich an der Wirklichkeit zurechtzufinden.

Es hatte geschneit, und die Dächer waren weiß; er erkannte im Hofe einen Waschzuber, über den er am Abend vorher gestolpert war. Er las den Brief dreimal hintereinander; es war also wahr! Das ganze Vermögen des Onkels! Siebenundzwanzigtausend Franken Rente! Und eine tolle Freude bemächtigte sich seiner bei der Idee, Frau Arnoux wiederzusehen! Mit der Klarheit einer Halluzination sah er sich neben ihr, bei ihr, wie er ihr ein Geschenk in Seidenpapier überreicht, während vor ihrer Tür sein Tillbury, nein, vielmehr sein Kupee hält, ein schwarzes Kupee mit einem Diener in braunem Gewand; er hörte sein Pferd stampfen, er hörte das Klirren der Trense, und zugleich glaubte er ein Seufzen unter stürmischen Küssen zu hören. Das würde sich täglich bis ins Unendliche fortsetzen. Er wird sie bei sich in seinem Hause empfangen; das Speisezimmer wird in rotem Leder, das Boudoir in gelber Seide gehalten sein, und überall Diwans! Und was für Etageren! Was für chinesische Vasen, was für Teppiche! Diese Bilder stürmten so heftig auf ihn ein, daß ihn schwindelte. Dann erinnerte er sich seiner Mutter, und er ging, den Brief in der Hand, zu ihr hinunter.

Frau Moreau suchte ihre Bewegung zu beherrschen und bekam einen Ohnmachtsanfall. Frédéric nahm sie in seine Arme und küßte sie auf die Stirn.

"Meine gute Mutter, du kannst deinen Wagen zurückkaufen; lache doch, weine nicht, weine nicht mehr und sei glücklich!"

Zehn Minuten später war die Nachricht bis in die Vorstädte gedrungen. Alle Freunde, Benoist, Gamblin, Chambion, waren herbeigeeilt. Frédéric stahl sich für eine Minute hinweg, um an Deslauriers zu schreiben. Dann kamen andere Besuche, und der Nachmittag verging unter Beglückwünschungen. An die kranke Frau Roque dachte man nicht.

Am Abend, als sie beide allein waren, sagte Frau Moreau ihrem Sohn, daß sie ihm rate, sich in Troyes als Advokat niederzulassen. Da er in seiner Gegend bekannter als in einer anderen wäre, könnte er sich da viel leichter vorteilhaft verheiraten.

"Ah, das ist stark!" schrie Frédéric.

Kaum glaubte er das Glück in der Hand zu haben, als man es ihm schon nehmen wollte. Er erklärte feierlich seinen Entschluß, in Paris zu wohnen.

"Was willst du da tun?"

"Nichts!"

Frau Moreau, von seiner Art und Weise überrascht, fragte ihn, was er werden wolle.

"Minister!" antwortete Frédéric.

Er beteuerte, daß er nicht spaße, daß er sich der Diplomatie widmen wolle, zu der ihn seine Studien und seine Neigungen hinzogen. Zuerst würde er mit der Protektion von Herrn Dambreuse in den Staatsdienst eintreten.

"Du kennst ihn?"

"Aber gewiß, durch Herrn Roque!"

"Das ist sonderbar," erwiderte Frau Moreau.

Er hatte in ihrem Herzen die alten ehrgeizigen Pläne wieder erweckt. Sie überließ sich ihnen mit allen ihren Gedanken und sprach von den anderen nicht mehr.

Wenn Frédéric seiner Ungeduld gehorcht hätte, wäre er auf der Stelle abgereist. Für den nächsten Morgen waren alle Plätze im Postwagen belegt; er mußte seine Unruhe bis zum nächsten Abend sieben Uhr zügeln.

Sie setzten sich zu Tische, als vom Kirchturm drei langgezogene Glockenschläge erklangen; gleichzeitig kam das Dienstmädchen herein und teilte mit, daß Frau Eléonore soeben gestorben sei.

Dieser Todesfall konnte aber schließlich für niemanden ein Unglück sein, nicht einmal für das Kind. Das junge Mädchen würde es nun besser haben.

Da beide Häuser aneinanderstießen, hörte man ein großes Hinundherlaufen und Stimmengemurmel; der Gedanke an diese Leiche in ihrer nächsten Nähe warf einen düsteren Schatten auf ihre Trennung. Zwei- oder dreimal wischte sich Frau Moreau die Augen. Frédéric stand mit gepreßtem Herzen auf.

Nach dem Essen wurde er draußen von Catherine angehalten. Das Fräulein wollte ihn unter allen Umständen sehen und erwartete ihn im Garten. Er ging hinunter, überstieg die Hecke und tappte sich, oft an Äste stoßend, zum Hause der Familie Roque. An einem Fenster des zweiten Stockwerks erglänzten Lichter, dann erschien eine Gestalt in der Dunkelheit, und eine Stimme flüsterte:

"Ich bin es."

Sie erschien ihm größer als sonst, wohl durch ihr schwarzes Kleid. Da er nicht wußte, was er ihr sagen sollte, begnügte er sich, ihre Hand zu ergreifen, indem er: "Meine arme Louise!" seufzte.

Sie antwortete nicht, sondern sah ihn nur lange und tief an. Frédéric fürchtete, den Wagen zu versäumen; er glaubte in der Ferne ein Rollen zu hören und sagte deshalb:

"Catherine hat mir gesagt, daß du etwas wünschest ..."

"Ja, das ist wahr! Ich wollte Ihnen sagen ..."

Dieses "Sie" setzte ihn in Erstaunen; sie schwieg noch immer.

"Nun, was?"

"Ich weiß es nicht mehr. Ich habe es vergessen! Ist es wahr, daß Sie abreisen?"

"Ja, sofort."

Sie wiederholte:

"Sofort? Auf immer? Wir werden uns nie wiedersehen?"

Mit schluchzender Stimme rief sie:

"Adieu! Adieu! Küsse mich doch!"

Dann schloß sie ihn wild in ihre Arme.

Zweites Buch

1.

Als er seinen Platz im innern Abteil eingenommen hatte und die Postkutsche, von fünf Pferden gezogen, sich in Bewegung setzte, ergriff ihn eine Trunkenheit, die ihm fast die Besinnung raubte. Wie ein Architekt den Plan eines Palastes ausarbeitet, so entwarf er den Plan seines Lebens. Er füllte es mit den köstlichsten und strahlendsten Dingen; bis zum Himmel stieg es in seiner Phantasie auf; Schätze waren darin überreich verteilt, und in diese Bilder versenkte er sich so tief, daß die äußere Wirklichkeit für ihn nicht mehr existierte.

Am Fuße des Sourdiner Hügels erkannte er endlich, wo man war. Der Wagen hatte höchstens fünf Kilometer zurückgelegt, was ihn empörte. Er ließ das Schiebefenster herab, um den Weg zu sehen. Mehrere Male fragte er den Schaffner, wieviel Zeit sie genau brauchten, um anzukommen. Er beruhigte sich schließlich und blieb mit offenen Augen in seiner Ecke sitzen.

Die Laterne, die am Sitze des Postillons angebracht war, beleuchtete die Kruppen der Handpferde. Darüber hinweg konnte er an den Vorderpferden nur die Mähnen erkennen, die wie weiße Wellen hin und her wogten; aus ihren Nüstern strömte auf jeder Seite des Gespannes weißer dichter Nebel; die eisernen Kettchen tönten, die Scheiben klirrten in ihren Rahmen, und der schwere Wagen rollte in gleichmäßigem Tempo auf dem Pflaster dahin. Hier und da unterschied man die Mauer einer Scheune oder eine vereinsamte Herberge. Manchmal sahen sie auf dem Weg durch Dörfer den Ofen eines Bäckers hell aufleuchten und dann die riesenhafte Silhouette der Pferde auf dem gegenüberliegenden Hause vorüberhuschen. Auf den Stationen, wo das Gespann gewechselt wurde, blieb es minutenlang ganz still. Man hörte nur jemanden in der Gegend der Imperiale sich bewegen, während auf der Schwelle einer Tür eine Frau ihr Licht mit der Hand schützte. Dann sprang der Schaffner auf den Wagentritt, und die Kutsche fuhr weiter.

In Mormans hörte man ein Uhr und ein Viertel schlagen.

"Es ist also schon so weit," sagte er sich; "mit dem heutigen Tage fängt es an."

Bald aber verwischte sich in seinem Geiste alles, seine Hoffnungen und Erinnerungen, die Rue de Choiseul, Frau Arnoux, seine Mutter.

Ein dumpfes Geräusch von Brettern erweckte ihn; man kam über die Brücke von Charenton, man war in Paris. Von seinen beiden Reisegefährten nahm der eine seine Kappe, der andere sein Seidenmützchen ab, sie setzten ihre Hüte auf und begannen zu plaudern.

Der eine, ein dicker roter Mensch in einem Samtrock, war ein Kaufmann; der andere fuhr in die Hauptstadt, einen Arzt zu konsultieren; Frédéric, der fürchtete, ihn während der Nacht gestört zu haben, entschuldigte sich aus freien Stücken bei ihm – mit einer Zartheit, die aus seinem überwallenden Glücksgefühl kam.

Da der Quai de la Gare anscheinend unter Wasser war, wählte man den Weg in gerader Richtung, und freies Feld begann wieder. In der Ferne sah man den Rauch hoher Fabrikschlote. Dann fuhr man in Ivry ein und eine aufsteigende Straße hinauf; plötzlich erblickte er in der Ferne die Kuppel des Panthéon.

Die Ebene, durch die sie kamen, sah aus wie von Ruinen bedeckt. Der Gürtel der Festungswerke zog sich wie ein langer Wall hin; auf den ungepflasterten Fußwegen, die die Fahrstraßen einsäumten, standen ganz kahle Bäumchen, geschützt durch zusammengenagelte Bretter. Chemische Fabriken wechselten mit Holzlagern ab. Hohe Tore, wie auf dem Lande, ließen durch ihre offenen Flügel unsaubere Höfe voll von Kehricht sehen, in deren Mitte Lachen von schmutzigem Wasser standen. In dunkelrot angestrichenen Häusern sah man Kneipen, die über ihrem Hauptgeschoß zwischen den Fenstern durch zwei gekreuzte Billardqueues in einem gemalten Kranz kenntlich gemacht waren; hier und da stand eine verlassene und unfertige Gipshütte. Dann folgte ununterbrochen die doppelte Reihe von Häusern; auf den nackten Fassaden tauchten öfters riesige Blechzigarren auf, als Zeichen eines Tabakladens. Auf den Schildern der Hebammen waren Matronen mit Häubchen gemalt, die pausbäckige Kinder unter einer spitzengarnierten Steppdecke wiegen. An den Ecken klebten Plakate, die, zu drei Vierteln zerfetzt, wie Lumpen im Winde hin und her flatterten. Arbeiter in Blusen, Bierwagen, Wäsche- und Schlächterkarren kamen vorbei; ein feiner Regen fiel, und es war kalt, der Himmel farblos; aber zwei Augen, die ihm das Licht der Sonne widerstrahlten, leuchteten hinter dem Nebel.

An der Mautlinie gab es einen langen Aufenthalt; Kärrner, Geflügelhändler und eine Hammelherde drängten sich dort zusammen. Der Posten ging, die Kapuze über den Kopf gezogen, vor seinem Schilderhaus hin und her, um sich zu wärmen. Der Zollbeamte kletterte auf das Dach des Wagens, und von einem Waldhorn ertönte eine Fanfare. In scharfem Trab, mit losen Zügeln ging es den Boulevard hinunter. Die Schnur der langen Peitsche knallte in der feuchten Luft; der Kutscher rief mit kräftiger Stimme: "Achtung!", die Straßenfeger und die Fußgänger sprangen zur Seite, der Kot spritzte gegen die Wagenfenster. Man kreuzte Omnibusse, Droschken, Karren. Endlich zog sich das Gitter des Jardin des Plantes an ihrem Wege hin.

Die Seine, die gelblich dahinfloß und fast das Niveau der Brücken erreichte, atmete Frische aus. Frédéric sog die Luft mit vollen Zügen ein, diese merkwürdige Pariser Luft, die ein Fluidum von Liebe und einen Strom geistiger Anregung zu enthalten scheint; der Anblick des ersten Fiakers rührte ihn fast. Die mit Stroh belegten Schwellen der Weinhandlungen, die Stiefelputzer mit ihren Kästchen, die Krämerkommis mit ihren Kaffeebrennern, alles erweckte sein Entzücken. Frauen trippelten unter Regenschirmen ihres Weges, er beugte sich hinab, um ihre Züge zu sehen; vielleicht, durch einen Zufall konnte Frau Arnoux um diese Zeit ausgehen.

Die Läden zogen vorbei, das Gewühl und der Lärm nahmen zu. Nach dem Quai St. Bernard, dem Quai de la Tournelle und dem Quai Montebello fuhr man über den Quai Napoléon; er wollte seine Fenster sehen, aber sie waren weit entfernt. Dann fuhr man über den Pont-Neuf auf das andere Ufer und erreichte endlich durch die Rue St. Honoré, Rue Croix des petits-champs und Rue du Bouloi die Rue Coq-Héron und damit den Posthof. Um die Vorfreude mehr auszukosten, machte Frédéric so langsam wie möglich Toilette, und aus demselben Grunde ging er zu Fuß nach dem Boulevard Montmartre; er lächelte bei dem Gedanken, jetzt gleich auf der Marmorplatte den geliebten Namen wieder zu erblicken – und sah hinauf. Nichts! Weder Schaufenster noch Bilder!

Er eilte nach der Rue de Choiseul. Herr und Frau Arnoux wohnten nicht mehr dort, und der Portier war nicht anwesend. Frédéric wartete, bis er wiederkam, aber es war nicht derselbe wie früher; er wußte Arnoux' Adresse nicht. Frédéric ging in ein Café und schlug, während er frühstückte, im Handels-Adreßbuch nach. Es gab da mehr als dreihundert Arnoux, aber keinen einzigen Jacques Arnoux! Wo konnten sie nur wohnen? Pellerin mußte es wissen!

In dessen Atelier, am Ende des Faubourg Poissonnière angekommen, mußte er, da weder Glocke noch Klopfer vorhanden war, stark an die Tür schlagen und rufen; niemand antwortete.

Er dachte an Hussonnet. Aber wie ihn finden? Er hatte ihn einmal bis in das Haus seiner Geliebten in der Rue de Fleurus begleitet. Er ging wirklich dahin, da bemerkte er, daß er den Namen des Mädchens nicht wußte. Er wendete sich zur Polizeipräfektur, wo er von Flur zu Flur, von einem Amtszimmer zum andern irrte. Das Bureau der Auskünfte wurde gerade geschlossen; man ersuchte ihn, am nächsten Tage wieder vorzusprechen. Dann erkundigte er sich bei allen Bilderhändlern, die er entdecken konnte, nach Arnoux, aber niemand wußte etwas von ihm, da er kein Geschäft mehr betrieb.

Endlich kam er entmutigt, erschöpft und nahezu krank in sein Hotel zurück und ging zu Bett. In dem Augenblicke, wo er sich ausstreckte, kam ihm eine glückliche Idee.

"Regimbart! Was für ein Dummkopf bin ich doch, nicht früher an den gedacht zu haben!"

Am nächsten Morgen, schon um sieben Uhr, war er vor der kleinen Kneipe, wo Regimbart immer einkehrte. Sie war noch nicht offen, er ging in der Nähe auf und ab und nach einer halben Stunde wieder hin. Regimbart war gerade weggegangen. Frédéric lief ihm nach, er konnte noch von ferne seinen Hut erkennen, aber ein Leichenzug, der vorüberkam, hielt ihn auf. Als er seinen Weg fortsetzen konnte, war Regimbart nicht mehr zu sehen.

Glücklicherweise fiel ihm ein, daß der Patriot täglich präzise elf Uhr in einem kleinen Restaurant der Place Gaillon frühstückte. Er mußte also in Geduld warten; nach einem endlos langweiligen Bummel von der Place de la Bourse bis zur

Madeleine-Kirche trat Frédéric pünktlich um elf in das Restaurant der Place Gaillon, sicher, Regimbart dort zu finden.

"Kenne ich nicht," sagte der Wirt.

Frédéric wollte sich damit nicht abspeisen lassen, der andere aber wiederholte mit Nachdruck:

"Ich kenne ihn nicht mehr," und sein merkwürdiges Achselzucken schien auf ein Geheimnis hinzudeuten.

Einmal hatte der Patriot auch von dem Alexandreschen Wirtshaus gesprochen. Frédéric verschlang eine Brioche und erkundigte sich, in einen Wagen springend, beim Kutscher, ob nicht irgendwo in der Nähe der Sainte Geneviève-Kirche ein Alexandresches Wirtshaus sei. Der Kutscher fuhr in die Rue des Francs-Bourgeois-Saint-Michel zu einem Lokal dieses Namens, und auf die Frage nach Regimbart antwortete der Wirt mit einem ganz besonders liebenswürdigen Lächeln:

"Wir haben ihn heute noch nicht gesehen," während er seiner Frau, die am Büfett saß, einen verständnisvollen Blick zuwarf; auf die Uhr sehend, setzte er hinzu:

"Aber ich hoffe, daß er in zehn Minuten, höchstens einer Viertelstunde, hier sein wird. Célestin, schnell die Zeitungen! Was wünscht der Herr zu nehmen?"

Er hatte nicht das Bedürfnis, irgend etwas zu nehmen, und trank ein Glas Rum, ein Glas Kirschwasser, einen Curaçao, dann verschiedene kalte und warme Grogs. Er las den Siècle einige Male von Anfang bis zum Ende und studierte die Karikaturen des Charivari bis in die Papierfasern; die Annoncen wußte er auswendig.

Einige Male hörte er einen Schritt sich auf dem Trottoir nähern, oder er sah eine Gestalt durch die Scheiben, aber es war nicht der Erwartete.

Um sich die Zeit zu vertreiben, wechselte er den Platz; er ging in den Hintergrund, dann nach rechts, dann nach links. Eine Katze, die sich leise an der Samtlehne rieb, erschreckte ihn, als sie plötzlich auf den Tisch sprang, um Sirupflecke auf dem Kaffeebrett auszulecken; das Kind des Wirts, ein unerträglicher Balg von vier Jahren, spielte am Büfett mit einer Klapper. Seine Mutter, eine kleine blasse Frau mit schlechten Zähnen, lächelte stupide. Wo konnte Regimbart stecken? Frédéric wartete und wartete in unendlicher Angst.

Der Regen prasselte wie Hagel auf das Schutzdach des Wagens herab. Zwischen den Musselin-Gardinen hindurch sah er vor der Tür das arme Pferd unbeweglicher als ein Holzpferd stehen. Der mit Wasser überfüllte Rinnstein ergoß sich durch die Radspeichen, und der Kutscher schlummerte halb, in seine Decke eingehüllt. Die Furcht, daß sein Fahrgast sich aus dem Staube machen könnte, veranlaßte ihn, ab und zu die Tür zu öffnen, wobei sich Ströme in das Lokal ergossen. Wenn Blicke Dinge abnützen könnten, so hätte Frédéric die Uhr zerstört, so oft sah er darauf. Der gute Alexandre ging hin und her, immer wieder murmelnd: "Er wird sicher kommen, verlassen Sie sich darauf!", und um ihn zu zerstreuen, politisierte er mit ihm. Er trieb die Liebenswürdigkeit so weit, ihm eine Dominopartie vorzuschlagen. Endlich, um halb fünf, sprang Frédéric, der nun seit Mittag dasaß, plötzlich auf und erklärte, nicht länger warten zu wollen.

"Ich verstehe das selbst nicht," antwortete der Wirt mit dem ehrlichsten Gesicht, "es ist das erste Mal, daß Herr Ledoux nicht kommt."

"Wer, Herr Ledoux?"

"Jawohl."

"Ich habe Regimbart gesagt," schrie Frédéric wütend.

"Verzeihen Sie, Sie irren sich. Nicht wahr, Frau, der Herr hat Ledoux gesagt?"

Dann wandte er sich an den Kellner.

"Sie haben es doch auch gehört?"

Der Kellner, der nicht viel für seinen Herrn übrig zu haben schien, begnügte sich mit einem vielsagenden Lächeln.

Frédéric ließ sich nach dem Boulevard zurückfahren, empört über den Zeitverlust, wütend auf den Patrioten, seine Anwesenheit herbeiwünschend wie die eines Gottes und fest entschlossen, ihn aus den entlegensten Höhlen ans Tageslicht zu ziehen. Sein Wagen machte ihn nervös, er schickte ihn fort; seine Gedanken verwirrten sich, dann blitzten plötzlich alle Namen von Wirtshäusern, die der Esel Regimbart früher in seiner Gegenwart genannt hatte, in seinem Gedächtnis auf, und zwar alle gleichzeitig, wie die vielen Teile eines Feuerwerks: Café Gascard, Café Grimbert, Café Halbout, die Bordelaiser Kneipe, Havanas, Havrais, Boeuf à la mode, Brasserie Allemande, Mère Morel; in alle lief er nach der Reihe. In dem einen war Regimbart kurz vorher gewesen, in einem anderen erwartete man ihn noch, in einem dritten hatte man ihn seit sechs Monaten nicht gesehen, anderswo hatte er gestern eine Hammelkeule für Samstag bestellt. Endlich im Café Vautier, als Frédéric den Kellner fragte:

"Kennen Sie Herrn Regimbart?", erhielt er die Antwort:

"Was, ob ich den kenne? Ich habe ja die Ehre, ihn stets zu bedienen. Er ist oben und hat gerade diniert."

Die Serviette unter dem Arm, kam der Wirt selbst heran:

"Sie fragen nach Herrn Regimbart? Er ist eben hier gewesen."

Frédéric stieß einen Fluch aus, aber der Cafétier behauptete, er würde ihn unweigerlich bei Bouttevilain finden.

"Ich gebe Ihnen mein Ehrenwort darauf. Er ist hier etwas früher als gewöhnlich weggegangen, denn er hatte eine geschäftliche Verabredung. Aber ich wiederhole Ihnen, Sie finden ihn bei Bouttevilain, Rue St. Martin 92, zweiter Eingang links nach hinten, Entresol, rechte Tür."

Endlich, dort entdeckte er ihn, allein, im Tabaksqualm eines Hinterzimmers, neben dem Billard, einen Schoppen vor sich, das Kinn in einer nachdenklichen Pose gesenkt.

"Sie suche ich nun schon einige Zeit."

Ohne überrascht zu sein, reichte ihm Regimbart zwei Finger und murmelte einige nichtssagende Worte über die Eröffnung der Kammersession; als wenn er den anderen gestern erst gesehen hätte.

Frédéric unterbrach ihn, indem er mit der natürlichsten Miene, die er annehmen konnte, fragte:

"Arnoux geht es gut?"

Die Antwort ließ etwas auf sich warten, denn Regimbart schien mit seinem Getränk zu gurgeln.

"Jawohl, nicht schlecht."

"Wo wohnt er jetzt?"

"Aber natürlich Rue Paradis-Poissonnière," erwiderte der Patriot erstaunt.

"Welche Nummer?"

"37, selbstverständlich, Sie sind drollig!"

Frédéric stand auf.

"Was, Sie gehen wieder?"

"Ja, ich habe eine Besorgung, die ich vergessen hatte. Adieu."

Frédéric ging also zu Arnoux; wie von einem milden Winde getragen ging er dahin und mit jenem Gefühl glücklicher Leichtigkeit, das man sonst nur im Traume kennt. Bald war er im zweiten Stock, vor einer Tür, deren Glocke anschlug. Ein Dienstmädchen erschien, eine zweite Tür öffnete sich, und er erblickte Frau Arnoux, die am Ofen saß. Arnoux sprang auf ihn los und umarmte ihn. Sie hatte einen kleinen Knaben von drei Jahren auf den Knien; ihre Tochter, die jetzt ebenso groß war, wie sie selbst, stand an der anderen Seite des Kamins.

"Erlauben Sie mir, Ihnen diesen Herrn vorzustellen," sagte Arnoux, indem er seinen Knaben unter die Arme faßte und sich während einiger Minuten damit beschäftigte, ihn hoch in die Luft zu werfen und mit erhobenen Armen wieder aufzufangen.

"Du wirst ihn zu einem Krüppel machen; mein Gott, höre doch auf!" rief Frau Arnoux.

Arnoux versicherte sie, daß keine Gefahr vorhanden sei, und überschüttete den Jungen mit Kosenamen in seiner südfranzösischen Mundart. Dann fragte er Frédéric, warum er ihnen nicht geschrieben, was er da unten gemacht habe und was ihn jetzt zurückführe.

"Ich selbst, lieber Freund, bin jetzt Fayencehändler. Aber sprechen wir von Ihnen."

Frédéric schützte einen langen Prozeß und eine Krankheit seiner Mutter vor, er sprach davon sogar sehr ausführlich, um sich interessant zu machen. Dieses Mal bliebe er endgültig in Paris. Von der Erbschaft sagte er nichts, um damit nicht das Ansehen seiner Vergangenheit zu schädigen.

Die Vorhänge waren ebenso wie die Möbel aus braunem Wolldamast; im Bette sah man die zwei Kissen, die am Kopfpfühl nebeneinander lagen; ein Kochkessel stand im Ofen zwischen den Kohlen, und der Schirm der Lampe, die am Rande der Kommode stand, verdunkelte das Zimmer. Frau Arnoux trug ein Hauskleid aus Merino. Den Blick auf das Feuer gerichtet und eine Hand auf der Schulter des Kleinen, öffnete sie mit der anderen das Schnürband seines Kittelchens; der Knirps, der im Hemd dastand, weinte und kratzte sich den Kopf, nicht anders als Herr Alexandre junior.

Frédéric hatte geglaubt, daß er das Übermaß des Glückes kaum ertragen würde, aber die Leidenschaften verblühen, wenn man sie verpflanzt, und da er Frau Arnoux nicht in derselben Umgebung fand, in der er sie früher gekannt hatte, schien sie etwas eingebüßt zu haben; er hätte es nicht definieren können, es war wie eine Erniedrigung; jedenfalls war sie nicht mehr dieselbe. Er war über seine eigene Ruhe ganz verblüfft. Er erkundigte sich nach den alten Freunden, unter anderen auch nach Pellerin.

"Ich sehe ihn wenig," sagte Arnoux; sie fügte hinzu:

"Wir empfangen nicht mehr so wie früher!"

Sollte das ein Wink sein, daß man ihn nicht einladen würde? Arnoux warf ihm jedoch in liebenswürdiger Weise vor, warum er sich nicht ohne weitere Umstände zum Essen angesagt hätte, dann erklärte er ihm, weshalb er sein Gewerbe gewechselt habe.

"Was wollen Sie in einer Periode des Verfalls, wie es die unsrige ist? Die große Malerei ist aus der Mode gekommen! Übrigens kann man allenthalben künstlerisch wirken. Sie kennen mich ja und wissen, daß ich nur den Kultus des Schönen betreibe! Ich muß Sie nächstens einmal in meine Fabrik führen!"

Außerdem bestand er darauf, ihm sofort einige seiner Erzeugnisse in dem Magazin des Entresol zu zeigen.

Schüsseln und Suppentöpfe, Teller und Schalen bedeckten den Fußboden. An die Wände gelehnt standen große Steinfliesen für Badezimmer und Ankleidezimmer mit mythologischen Bildern im Renaissancestil; in der Mitte war eine Doppel-Etagère, die bis zur Decke reichte und Eisschalen, Blumentöpfe, Leuchter, kleine Jardinièren und große vielfarbige Figuren, Neger und Schäferinnen, trug. Die Erklärungen Arnoux' langweilten Frédéric; er fror und hungerte.

Er eilte ins Café Anglais, nahm dort eine reichliche Mahlzeit und dachte beim Essen:

"Ein richtiger Esel bin ich mit meinem Schmerz gewesen! Sie hat mich kaum erkannt! Was ist sie doch für eine Spießbürgerin!"

In einem plötzlichen Kraftüberschwang machte er selbstsüchtige Pläne. Sein Herz sollte hart werden wie der Tisch, auf den er die Arme stützte; dann konnte er sich ohne Furcht in den Strudel stürzen. Er dachte an die Dambreuse, die er schon auszunützen wissen würde, dann an Deslauriers. Was wollte er noch mit diesem? Trotzdem sandte er ihm durch einen Dienstmann ein Billett, in dem er ihm für den nächsten Tag ein Rendezvous im Palais-Royal gab, um mit ihm zusammen zu frühstücken.

Zu Deslauriers war das Glück nicht gekommen.

In seiner Habilitationsarbeit hatte er als These das "Recht des Erblassers" behandelt und dabei die Ansicht verfochten, daß dieses Recht möglichst einzuschränken sei; sein Gegner hatte ihn dann derartig in Rage gebracht, daß er viele Dummheiten zum Besten gab, ohne freilich die Examinatoren aus ihrer Gleichgültigkeit zu wecken. Der Zufall wollte überdies, daß er als Vorlesungsgegenstand die "Verjährung" aus der Losurne zog. Er fing an, fragwürdige Theorien zu entwickeln; darnach sollten die ältesten Rechtsansprüche dieselbe Gültigkeit wie die neuesten haben; warum sollte ein Eigentümer seines Besitzes beraubt werden, wenn er zufällig sein Recht darauf erst nach der Verjährungsfrist nachweisen könne? Das hieße ja die Sicherheit des ehrlichen Mannes dem Erben des Diebes, der sich bereichert hatte, verleihen. Alle Ungerechtigkeiten würden durch eine Ausdehnung dieses Rechtes, welches eine Tyrannei und der Mißbrauch der Gewalt sei, legalisiert. Er war so weit gegangen, zu rufen:

"Schaffen wir es ab, und die Franken werden nicht mehr die Gallier unterdrücken, ebensowenig wie die Engländer die Irländer, die Yankees die Rothäute, die Türken die Araber, die Weißen die Neger, die Polen ..."

Der Präsident unterbrach ihn:

"Gut, gut, Ihre politischen Ansichten interessieren uns hier nicht, Sie werden sich später noch einmal zur Prüfung stellen."

Das hatte nun Deslauriers nicht getan, aber dieser unglückliche Paragraph 20 des dritten Buches des bürgerlichen Rechts war für ihn ein Berg des Anstoßes geworden. Er arbeitete an einem großen Werk, "Die Verjährung, betrachtet als Grundpfeiler des bürgerlichen Rechts und des natürlichen Rechts der Völker", und versenkte sich in Dunod, Rogérius, Balbus, Merlin, Vazeille, Savigny, Troplong und andere Autoritäten. Um mehr Muße zu haben, hatte er seine Stellung als Bureauchef aufgegeben. Er lebte von Hilfsstunden, die er gab, und von der Ausarbeitung von Thesen; und bei den Vereinssitzungen erschreckte er durch seine Giftigkeit die konservative Partei so sehr, daß er in bestimmten Bezirken eine Berühmtheit erlangte, – eine Berühmtheit, in der allerdings zugleich Mißtrauen gegen seine Person mitsprach.

Er erschien zum Stelldichein in einem großen, mit rotem Flanell gefütterten Überrock, wie ihn auch Sénécal früher getragen hatte.

Die Gegenwart Fremder hielt sie ab, sich zu umarmen, und sie gingen Arm in Arm zu Véfour, laut vor Freude lachend und mit vor Rührung feuchten Augen. Als sie allein waren, rief Deslauriers:

"Donnerwetter, jetzt werden wir uns das Leben fein einrichten!"

Es war nicht nach Frédérics Geschmack, daß der andere es so selbstverständlich fand, an seinem Glück sich sofort zu beteiligen. Der gute Freund zeigte zu viel Freude für sie beide zusammen und nicht genügend für ihn allein.

Dann erzählte Deslauriers von seinem Mißerfolg, von seinen Arbeiten und seiner Existenz, über sich gleichmütig und von den anderen mit Bitterkeit sprechend. Alles mißfiel ihm; es gab für ihn keinen Menschen, der nicht entweder ein Kretin oder eine Kanaille war. Wegen eines schlecht ausgespülten Glases fuhr er den Kellner an, und auf eine besänftigende Bemerkung Frédérics rief er:

"Ich werde mich vor solchen Kerlen genieren, die sechs- bis achttausend Franken im Jahr verdienen, die Wähler sind und vielleicht sogar Kandidaten für die Wahlen! O nein!"

Dann fuhr er heiterer fort:

"Ich vergesse übrigens, daß ich mit einem Kapitalisten spreche, denn das bist du ja jetzt!"

Er kam wieder auf die Erbschaft zurück, indem er die Idee ausführte, daß die Erbfolge aus Seitenlinien (an sich eine ungerechte Sache, wenngleich er sich im speziellen Falle darüber freue) sicher sehr bald, bei der nächsten Revolution, abgeschafft werden würde.

"Glaubst du?" sagte Frédéric.

"Verlaß dich darauf!" antwortete er. "Das kann nicht so bleiben! Wenn ich Leute wie Sénécal im Elend sehe ..."

"Immer dein Sénécal!" dachte Frédéric.

"Was gibt es übrigens sonst Neues? Bist du immer noch in Frau Arnoux verliebt? Das ist doch vorbei?"

Frédéric, der um eine Antwort verlegen war, schloß die Augen, indem er den Kopf senkte. Was Arnoux betraf, so erzählte ihm Deslauriers, daß dessen Zeitung jetzt Hussonnet gehörte, der sie umgewandelt hatte. Sie nannte sich jetzt "Die Kunst, literarisches Institut, Aktiengesellschaft mit Beteiligung von je hundert Francs; Gesellschaftskapital vierzigtausend Francs", mit der Berechtigung eines jeden Aktionärs, Reproduktionen seiner Werke zu verlangen; denn "die Gesellschaft hat zum Zweck, die Werke von Anfängern zu veröffentlichen und dem Talent, vielleicht sogar dem Genie die schmerzlichen Hindernisse zu ersparen, welche das Leben verbittern"; ein hübscher Schwindel! Trotzdem wäre vielleicht etwas zu machen, man könnte den Ton des Blattes verbessern und dann plötzlich, ohne das Äußerliche zu ändern, den Abonnenten eine politische Zeitung liefern; allerdings würde der Gewinn dabei kein sehr großer sein.

"Wie denkst du darüber? Willst du dich daran beteiligen?"

Frédéric wies den Vorschlag nicht zurück, aber er müßte die Regelung seiner Angelegenheiten abwarten.

"Wenn du dann etwas von mir brauchen wirst ..."

"Danke, mein Junge!" sagte Deslauriers.

Dann rauchten sie Puros, auf das Samtkissen gelehnt, welches das Fensterbrett bedeckte. Die Sonne schien, die Luft war warm, Vögelschwärme flatterten im Garten nieder; die Bildsäulen aus Bronze und Marmor, die durch den Regen gereinigt worden waren, glänzten; Kindermädchen plauderten, auf den Stühlen sitzend, und man hörte das Lachen der Kinder, das sich mit dem einförmigen Geplätscher des Springbrunnens vermischte.

Die Bitterkeit Deslauriers' hatte Frédéric etwas verstimmt, aber unter dem Einfluß des Weines, der durch seine Adern lief, träge und im Halbschlaf, von der Sonne voll im Gesicht beschienen, empfand er nichts mehr als ein unendliches, wollüstiges und stumpfsinniges Wohlbefinden, wie eine von Wärme und Feuchtigkeit gesättigte Pflanze. Deslauriers sah mit halbgeschlossenen Lidern träumerisch in die Ferne. Seine Brust hob sich, und er sagte:

"Ach! Es war doch schöner, als Camille Desmoulins, da unten auf einem Tische stehend, das Volk zum Sturm auf die Bastille anfeuerte! Damals lebte man, damals konnte man sich durchsetzen, seine Kraft beweisen! Einfache Advokaten kommandierten Generälen, Menschen ohne Stiefel schlugen Könige; während jetzt ..."

Er schwieg, dann rief er plötzlich:

"Zum Glück, die Zukunft ist noch groß!"

Einen Wirbel auf den Fensterscheiben trommelnd, deklamierte er die Verse Barthélémys:

Die furchtbare Nationalversammlung wird wieder erstehen,
Die wir jetzt noch in der Erinnerung sehen,
Dieser Koloß, der mit mächtigen Schritten sich vorwärts bewegte.

"Das Übrige weiß ich nicht mehr! Aber es ist spät, wollen wir nicht gehen?"

Auf der Straße fuhr er fort, ihm seine Theorien auseinanderzusetzen.

Frédéric suchte, ohne auf ihn zu hören, in den Auslagen der Läden Stoffe und Möbel, die für seine Einrichtung passen konnten; und vielleicht war es der Gedanke an Frau Arnoux, der ihn vor dem Schaufenster eines Antiquitätenhändlers, vor drei Fayencetellern, Halt machen ließ. Sie waren mit gelben Arabesken von metallischem Lüster dekoriert, und das Stück sollte hundert Franken kosten. Er ließ sie für sich reservieren.

"An deiner Stelle", sagte Deslauriers, "würde ich lieber Silberzeug kaufen;" diese Vorliebe für das Protzige war für ihn, den Mann von geringer Herkunft, bezeichnend.

Sobald er allein war, begab sich Frédéric zu dem berühmten Pomadère, wo er drei Beinkleider, zwei Leibröcke, einen Pelzmantel und fünf Westen bestellte, dann zu einem Schuster, zu einem Hemdenfabrikanten und zu einem Hutmacher, und überall drang er auf möglichst größte Eile.

Drei Tage später, als er abends von Havre zurückkam, fand er zu Hause seine Garderobe vollständig vor; und in dem ungeduldigen Wunsche, sich ihrer zu bedienen, beschloß er, sofort einen Besuch bei den Dambreuse zu machen. Aber es war noch zu früh, kaum acht Uhr.

"Wenn ich zu den anderen ginge?" dachte er.

Arnoux saß allein vor seinem Spiegel und war dabei, sich zu rasieren. Er bot Frédéric an, ihn in ein Lokal zu führen, wo er sich amüsieren würde; als dieser den Namen Dambreuse erwähnte, rief Arnoux:

"Das trifft sich gut! Sie werden da Freunde von ihm sehen; kommen Sie nur, das wird drollig werden!"

Frédéric fragte nach Frau Arnoux; diese erkannte seine Stimme und begrüßte ihn durch die Zwischenwand, da ihre Tochter nicht wohl und sie selbst auch leidend war; man hörte das Klirren eines Löffels gegen ein Glas und die anderen gedämpften Geräusche eines Krankenzimmers. Dann verschwand Arnoux, um sich von seiner Frau zu verabschieden. Er überbot sich vor ihr in Entschuldigungen:

"Du weißt, daß das sehr wichtig ist! Es ist unbedingt notwendig, daß ich hingehe, und außerdem werde ich bestimmt erwartet."

"Geh nur, mein Freund. Unterhalte dich!"

Arnoux rief einen Fiaker an:

"Palais Royal! Galerie Montpensier, sieben."

Indem er sich auf die Wagenkissen fallen ließ, sagte er:

"Ach! Wie bin ich müde, mein Lieber! Ich werde mich noch daran zu Tode arbeiten. Übrigens, Ihnen kann ich es ja anvertrauen."

Geheimnisvoll flüsterte er Frédéric ins Ohr:

"Ich hoffe, das Kupferrot der Chinesen wiederzufinden."

Und er erklärte ihm, was Glasur und Scharffeuer sei.

Bei Chevet angekommen, bekam er einen großen Korb überreicht, den er auf den Wagen setzen ließ. Dann suchte er für seine "arme Frau" Rosinen, Ananas und verschiedene Raritäten der Küche aus, und er bat, daß ihm diese am nächsten Morgen früh geschickt würden.

Sie fuhren zu einem Kostümverleiher, da es sich um einen Maskenball handelte. Arnoux nahm ein blausamtnes Beinkleid, ein Wams aus demselben Stoff und eine rote Perücke, Frédéric einen Domino; und sie stiegen dann aus in der Rue de Laval, vor einem Hause, dessen zweites Stockwerk durch farbige Laternen erleuchtet war.

Schon unten an der Treppe hörte man den Klang von Violinen.

"Wo zum Teufel führen Sie mich hin?" fragte Frédéric.

"Zu einem netten Mädchen! Sie können ganz beruhigt sein!"

Ein Groom öffnete ihnen die Tür, und sie betraten ein Vorzimmer, wo Paletots, Mäntel und Shawls auf Stühlen aufgehäuft lagen. Eine junge Dame, im Kostüm eines Dragoners Ludwigs XV., kam gerade hinzu. Es war Fräulein Rose-Anette Bron, die Herrin des Hauses.

"Nun?" sagte Arnoux.

"Erledigt!" erwiderte sie.

"Danke, mein Engel!"

Dabei wollte er sie umarmen.

"Nimm dich doch in acht, Dummkopf! Du wirst noch meine ganze Schönheit zerstören!"

Arnoux stellte Frédéric vor.

"Seien Sie willkommen!"

Sie schlug eine Portiere zurück und rief feierlich:

"Der Küchenjunge Ritter Arnoux und ein ihm befreundeter Prinz!"

Vorerst war Frédéric durch die Lichter derartig geblendet, daß er nur ein Durcheinander von Seide, Samt und nackten Schultern sah; eine Farbenmasse, die sich zu den Klängen eines in grünem Laub versteckten Orchesters bewegte, zwischen Wänden, die mit gelber Seide ausgeschlagen waren, und an denen hier und da Pastellbilder und gläserne Leuchtpfannen im Stil Ludwigs XVI. angebracht waren. Hohe Lampen, deren matte Kuppeln Schneebällen glichen, ragten aus Blumenkörben hervor, die auf Konsolen in den Ecken standen. Dem Eingang gegenüber, hinter einem zweiten kleineren Zimmer, sah man in einem dritten ein Bett mit gedrehten Säulen, an dessen Kopfende ein venezianischer Spiegel hing.

Der Tanz wurde unterbrochen; Beifallsklatschen und Freudenlärm wurden laut, als man Arnoux erblickte; auf dem Kopfe trug er den Korb, in dem Eßsachen sichtbar aufgeschichtet waren. – "Achtung, der Kronleuchter!" Frédéric sah in die Höhe; es war der Meißener Kronleuchter, der den Laden des "Kunstgewerbes" geschmückt hatte, und die früheren Zeiten kamen ihm wieder ins Gedächtnis. Plötzlich stellte sich ihm ein Linieninfanterist mit dem albernen Gesichtsausdruck, welchen die Tradition den Rekruten zuschreibt, in den Weg, indem er beide Arme ausstreckte, um sein Erstaunen auszudrücken; Frédéric erkannte trotz des Furcht erregenden schwarzen zugespitzten Schnurrbarts, der ihn entstellte, seinen alten Freund Hussonnet. In einem Kauderwelsch, halb elsässisch, halb Negeridiom, überschüttete ihn der Bohème mit Glückwünschen, wobei er ihn Oberst titulierte. Frédéric, durch alle diese Masken aus der Fassung gebracht, konnte nicht die richtige Antwort finden. Man hörte das Klopfen eines Violinbogens auf ein Pult, und die tanzenden Paare nahmen ihre Plätze ein.

Es waren ungefähr sechzig Menschen, die Damen meistens als Bäuerinnen oder Marquisen, die Herren, fast alle reiferen Alters, als Fuhrleute, Hafenarbeiter oder Matrosen kostümiert.

Frédéric betrachtete, an die Wand gelehnt, die Quadrille.

Ein alter Stutzer, der wie ein venezianischer Doge in einen langen rotseidenen Talar gekleidet war, tanzte mit Rosanette, die einen grünen Rock, eine Trikot-Kniehose und Reiterstiefel mit goldenen Sporen trug. Das Paar gegenüber bestand aus einem mit mehreren Yatagans bewaffneten Arnauten und einer Schweizerin mit blauen Augen, vollem Busen und milchweißem Teint, die in Hemdärmeln und einem roten Mieder war. Eine große Blondine, Choristin an der Oper, hatte sich als Wilde kostümiert, um ihre langen Haare, die bis an die Knie reichten, besser zeigen zu können; über ihrem braunen Trikot trug sie nichts als einen Lederschurz, Armbänder aus Glasperlen und ein Diadem aus Flittergold, aus dem ein Strauß von Pfauenfedern herausragte. Vor ihr schlug ein Hanswurst in einem lächerlich weiten schwarzen Frack mit seinen Ellenbogen den Takt auf seiner Tabaksdose. Ein kleiner Schäfer à la Watteau, azurblau und silbern wie ein Mondstrahl, stieß seinen Stab gegen den Thyrsus einer Bacchantin, die ein Stirnband von Weintrauben, ein Leopardenfell auf der linken Schulter und Kothurne mit Goldbändern trug. Gegenüber stand eine Polin in einer hellroten Samtjacke; ihr Gaze-Jupon wehte um ihre perlgrauen Seidenstrümpfe, die in rosa Stiefelchen mit weißem Pelzbesatz steckten. Sie lächelte einem beleibten Vierzigjährigen zu, der als Chorknabe angezogen war und hohe Luftsprünge machte, wobei er mit einer Hand sein Chorhemd hochhielt und mit der anderen sein Käppchen festhielt. Der Stern des Abends war aber Fräulein Loulou, eine Berühmtheit der öffentlichen Bälle. Reich, wie sie damals war, trug sie eine große Spitzenkrause über ihrer schwarzen Samtjacke; auf ihrem hochroten Seidenbeinkleid, das am Kreuz eng anschloß und an der Taille durch eine Kaschmirschärpe festgehalten wurde, waren die Nähte durch kleine natürliche Kamelien markiert. Ihr blasses, etwas aufgedunsenes Gesicht mit der Stülpnase erschien noch unverschämter durch die zerzauste Perücke, auf der ein weißer Filz-Herrenhut saß, der auf dem rechten

Ohr plattgedrückt war; bei den Sprüngen, die sie machte, berührten die Escarpins mit Diamantschnallen, die sie trug, beinahe die Nase ihres Nachbarn, eines langen mittelalterlichen Barons, der ganz in eine Eisenrüstung versank. Außerdem war noch ein Engel mit einem goldenen Schwerte in der Hand und zwei Schwanenflügeln auf dem Rücken da, der seinen Kavalier, einen Ludwig XIV., jeden Augenblick verlor und störend zwischen den Tänzern herumlief.

Frédéric fühlte beim Anblick aller dieser Menschen ein Gefühl der Verlassenheit und ein gewisses Unbehagen. Mit seinen Gedanken war er noch bei Frau Arnoux, und ihm schien, als wenn er an etwas Feindseligem, das gegen sie geplant würde, teilnehme.

Als die Quadrille beendet war, redete Rosanette ihn an. Sie war ein wenig außer Atem, und ihr Ringkragen, der wie ein Spiegel glänzte, hob und senkte sich.

"Sie tanzen nicht?"

Frédéric entschuldigte sich, er könne nicht tanzen.

"Wirklich? Aber mit mir doch?"

Auf ein Bein sich stützend und das andere lässig gebogen, stand sie da, streichelte mit der linken Hand den Perlmuttergriff ihres Degens und sah ihn eine Minute lang bittend und zugleich spöttisch an. Endlich sagte sie "Guten Abend," drehte sich auf dem Absatz herum und verschwand.

Frédéric, der mit sich selbst unzufrieden war und nicht wußte, was anfangen, begann in den Räumen herumzuirren.

Er betrat das Boudoir, das mit blaßblauer Seide mit eingewirkten Sträußen von Feldblumen bespannt war; auf der Decke sah man Amoretten, die aus einem azurblauen Himmel auftauchten und in einem Kreis von vergoldetem Holze auf Wolken tändelten, die aussahen wie Ruhebetten. Dieser Luxus, der heutzutage für Mädchen in Rosanettes Verhältnissen armselig erscheinen würde, blendete ihn, und alles erregte Bewunderung bei ihm: die künstlichen Blumen, die die Umrisse des Spiegels einfaßten, die Kaminvorhänge, der türkische Diwan und in einer Wandnische eine Art Zelt, das mit roter Seide und darüber mit weißem Musselin tapeziert war. Schwarze, mit Messing eingelegte Möbel standen im Schlafzimmer, und auf einer Estrade, die mit einem weißen Fell bedeckt war, sah man das große mit Straußenfedern geschmückte Himmelbett. Im Halbdunkel, bei dem schwachen Lichtschein, den eine an drei Kettchen aufgehängte böhmische Lampe verbreitete, erkannte er Nadeln mit Edelsteinknöpfen, die in Kissen steckten, Ringe, die unordentlich in Schalen umherlagen, Medaillons mit Goldreifen und silberne Kästchen. Durch eine kleine halb geöffnete Tür sah man ein Treibhaus von der Länge einer ganzen Terrasse, das am anderen Ende durch ein Vogelhaus abgeschlossen wurde.

Das war eine Welt, die ihm gefallen konnte! In einer ungestümen Aufwallung seines jugendlichen Blutes nahm er sich fest vor, zu genießen, was sich ihm bieten würde, und dieser Entschluß gab ihm eine gewisse Kühnheit. In den Salon zurückgekehrt, wo jetzt noch mehr Menschen waren, und wo sich alles in einer Art leuchtender Staubwolke abspielte, blieb er an der Tür stehen, mit halb zugekniffenen Augen, um besser sehen zu können, betrachtete die Quadrille und atmete die Parfüms der Frauenkörper ein, die in der Luft lagen – ein einziger großer Sinnenkitzel. Neben ihm an der anderen Seite der Tür stand Pellerin; – Pellerin in großer Toilette, den linken Arm in der Brust und in der rechten Hand seinen Hut und einen zerrissenen weißen Handschuh.

"Sieh da, es ist lange her, daß man Sie nicht gesehen hat! Wo zum Teufel haben Sie denn gesteckt? Verreist, in Italien? Abgeschmackt, Italien, nicht wahr? Nicht so viel los, wie man sagt! Gleichviel! Zeigen Sie mir doch mal nächstens Ihre Skizzen!"

Ohne eine Antwort abzuwarten, fing der große Künstler an, von sich selbst zu sprechen.

Er hatte große Fortschritte gemacht, da er nun endgültig die Dummheit der "schönen Linie" erkannt hatte. Man dürfte in einem Werke nicht so sehr die Schönheit und die Einheit suchen, als Charakter und die Vielfältigkeit der Einzelheiten.

"Alles existiert in der Natur, somit ist alles berechtigt, alles plastisch. Man muß nur die richtige Note treffen, das ist das ganze Kunststück. Ich habe das Geheimnis entdeckt!" Er stieß ihn an und wiederholte mehrmals: "Ich habe das Geheimnis entdeckt. Sie werden gleich sehen! Betrachten Sie mal diese kleine Frau mit der Sphinx-Frisur, die mit einem russischen Postillon tanzt, da ist alles klar, trocken, scharf abgezeichnet, alles in Halbfläche und in grellen Tönen; Indigo unter den Augen, eine Zinnoberschicht auf der Wange, Bister an den Schläfen; piff, paff!" Er machte mit seinem Daumen Bewegungen wie Pinselstriche in der Luft. – "Während die Dicke da hinten," fuhr er fort, auf ein Fischweib in einem kirschroten Kleide mit einem goldenen Kreuz um den Hals zeigend, "da ist alles nur Rundung, die Nasenlöcher weiten sich wie die Flügel ihrer Haube, die Mundwinkel heben sich, während das Kinn abfällt, alles ist feist, reichlich, ruhig und glänzend, ein echter Rubens! Beide sind dabei vollkommen! Wo also ist der richtige Typus?" Er ereiferte sich. "Was ist eine schöne Frau? Was ist das Schöne? Sie werden mir sagen, das Schöne ..." Frédéric unterbrach ihn, um zu erfahren, wer der Pierrot mit dem Ziegenbockprofil wäre, der gerade während einer Pastorelle alle Tänzer segnete.

"Nichts Besonderes! Ein Witwer, Vater von drei Jungen. Er läßt sie ohne Hosen herumlaufen, verbringt seine Tage im Klub und seine Nächte mit seinem Dienstmädchen."

"Und der da, im Kostüm eines Amtmanns, der in der Fensternische mit einer Marquise Pompadour plaudert?"

"Die Marquise ist Madame Vandaël, früher Schauspielerin am Gymnase-Theater, die Geliebte des Dogen, der ein Graf von Palazot ist. Zwanzig Jahre sind sie schon zusammen, niemand weiß, warum. Früher hat dieses Weib Augen gehabt –! Was den neben ihr betrifft, so ist es der Capitaine d'Herbigny, einer aus der alten Schule, der nichts besitzt als seinen Orden und seine Pension, der bei feierlichen Gelegenheiten den Onkel von Grisetten spielt, Duelle arrangiert und in befreundeten Häusern schmarotzt."

"Also eine Kanaille?" sagte Frédéric.

"Nein, ein Ehrenmann!"

"Ah!"

Der Künstler nannte ihm noch andere, als er einen Herrn bemerkte, der, wie die Molièreschen Ärzte, eine lange Robe von schwarzer Serge trug, die aber ganz geöffnet war, um alle Uhrgehänge zu zeigen.

"Der da ist der Doktor De Rogis, der die verzweifeltsten Anstrengungen macht, berühmt zu werden, und zu diesem Zwecke ein pornographisches medizinisches Werk geschrieben hat und in der vornehmen Welt Schuhputzerdienste verrichtet; übrigens ist er diskret, und die Damen vergöttern ihn. Er und seine Ehehälfte (die magere Burgfrau dort in dem grauen Kleide) treiben sich zusammen in allen öffentlichen und anderen Lokalen herum. Obgleich ihre Verhältnisse schlecht sind, haben sie einen Jour, künstlerische Tee-Réunions, wo Verse deklamiert werden. – Achtung!"

Der Doktor kam auf sie zu, und alle drei bildeten eine Plaudergruppe am Eingang des Salons, zu der sich erst Hussonnet und dann der Geliebte der wilden Frau gesellte, ein junger Dichter, der unter einem kurzen Mantel à laFranz I. eine recht jämmerliche Gestalt sehen ließ; schließlich gesellte sich noch ein geistvoller junger Mann dazu, der als Türke aus den niederen Volksklassen verkleidet war. Sein goldbetreßtes Wams hatte schon so oft wandernden Quacksalbern gedient, sein langes plissiertes Beinkleid war von einem so verschossenen Rot, sein schlangenartig gewundener Turban so armselig, kurz, sein ganzes Kostüm so erbärmlich und realistisch wahr, daß die Frauen einen Ekel nicht unterdrücken konnten. Der Doktor tröstete ihn darüber, indem er ihm große Komplimente über seine Geliebte machte, die als Débardeuse gekleidet war. Der Türke war der Sohn eines Bankiers.

In der Pause zwischen zwei Quadrillen ging Rosanette zum Kamin, wo in einem Fauteuil ein kleiner dicker Greis in einem braunen Rock mit Goldknöpfen saß. Trotz seiner schlaffen Wangen, die auf seine hohe weiße Krawatte herabhingen, gaben ihm die immer noch blonden Haare, die in natürlichen Locken fielen, etwas jugendlich Mutwilliges.

Sie hörte ihm zu, zu ihm niedergebeugt. Dann machte sie ihm ein Glas Limonade zurecht; und entzückend waren dabei ihre Hände, die unter Spitzenmanschetten aus den Aufschlägen des grünen Rockes hervorsahen. Der Alte küßte diese Hände, nachdem er getrunken hatte.

"Aber das ist ja Herr Oudry, der Nachbar Arnoux'."

"Den hat er nun nicht mehr!" sagte Pellerin lachend.

"Wieso?"

Ein Postillon von Lonjumeau faßte Rosanette um die Taille, und ein Walzer begann. Alle Damen, die bis dahin auf Bänken an der Wand gesessen hatten, erhoben sich jetzt schnell und in einer Linie, und ihre Röcke, ihre Schärpen und ihre Frisuren begannen sich zu drehen.

Der Tanz brachte sie Frédéric so nahe, daß er die Schweißtropfen auf den Gesichtern unterscheiden konnte, – und diese kreisende Bewegung, die immer lebhafter wurde und in ihrer Regelmäßigkeit schwindelerregend wirkte, ließ wechselnde Bilder vor ihm auftauchen; die Tänzerinnen wirbelten an ihnen vorbei, zusammen eine blendende Gruppe, und jede einzelne doch wieder nach der Art ihrer Schönheit von besonderem Anreiz. Die Polin, die sich schmachtend dem Rhythmus überließ, flößte ihm die Begierde ein, mit ihr in einem Schlitten über eine Schneefläche dahinzusausen und sie an sein Herz zu drücken. Aussichten von ruhiger Schönheit am Ufer eines Sees in einer Sennhütte stiegen vor ihm auf bei den Bewegungen der Schweizerin, die mit kerzengeradem Oberkörper und gesenkten Augenlidern tanzte. Dann ließ ihn plötzlich die Bacchantin, die ihren braunen Kopf zurückbog, von verzehrenden Liebkosungen in einem schwülen Lorbeerhain beim dumpfen Klang der Tambourins träumen. Die Fischfrau, die das zu schnelle Tempo außer Atem brachte, lachte geräuschvoll und erweckte in ihm die Lust, in ihrem Brusttuch zu wühlen, wie auf den Bildern der guten alten Zeit. Vor allem aber war es die Débardeuse, die seine trunkenen Blicke fesselte, sie, deren leichte Fußspitzen kaum den Parkettboden berührten; mit der Geschmeidigkeit ihrer Glieder und ihrem ernsten Gesichtsausdruck schien sie alle Raffinements der modernen Liebe – einer Liebe, die die Präzision einer Wissenschaft und die Flinkheit eines Vogels hat – zu versprechen. Rosanette drehte sich, die Faust auf die Hüfte gestemmt; ihre Perücke, die auf ihrem Kragen hin und her tanzte, verbreitete eine Wolke von Lilien-Parfüm um sie herum; bei jeder Drehung streifte sie Frédéric beinahe mit ihren goldenen Sporen.

Bei den letzten Walzerklängen erschien Fräulein Vatnaz. Sie trug ein algerisches Tuch als Kopfputz, eine Münzenschnur auf der Stirn und hatte sich die Augenränder mit Antimon gefärbt. Bekleidet war sie mit einer Art Paletot aus schwarzem Kaschmir, der auf einen hellen, silberdurchwirkten Jupon herabfiel, in der Hand hielt sie eine Schellentrommel.

Unmittelbar hinter ihr kam ein großer Bursche im klassischen Dantekostüm, der (sie machte also jetzt kein Geheimnis mehr daraus) der frühere Sänger der Alhambra war; eigentlich hieß er Auguste Delmare, hatte sich als Künstler zuerst Anténor Dellamarre, dann Delmas, Belmar und schließlich Delmar genannt, seinen Namen gleichzeitig mit seinem steigenden Ruhm ändernd und vervollkommnend. Das Tingeltangel hatte er mit dem Theater vertauscht und eben unter großem Aufsehen am Ambigu in "Gaspardo, der Fischer" debütiert.

Hussonnet runzelte die Stirn, als er ihn bemerkte. Seitdem man sein Stück refüsiert hatte, haßte er die Leute vom Theater. Die Eitelkeit dieser Menschen könne man sich nicht vorstellen, namentlich die von diesem da!

"Sehen Sie nur den Poseur an!"

Nachdem er Rosanette flüchtig begrüßt hatte, blieb Delmar, an den Kamin gelehnt, unbeweglich stehen, eine Hand auf dem Herzen, den linken Fuß vorgeschoben, die Augen zum Himmel gerichtet, mit seinem vergoldeten Lorbeerkranz über der Mönchskapuze; er versuchte, einen unendlich poetischen Ausdruck in seinen Blick zu legen, um die Damen zu faszinieren. Ein weiter Kreis hatte sich um ihn gebildet.

Nachdem die Vatnaz Rosanette lange umarmt hatte, kam sie zu Hussonnet mit der Bitte, ein pädagogisches Werk, das sie veröffentlichen wollte, und das "Blumenlese für die Jugend, literarische und moralische Sammlung" hieß, auf den Stil durchzusehen. Der Literat versprach ihr seine Hilfe. Dann fragte sie ihn, ob er nicht in einem der Blätter, die ihm zugänglich waren, ihren Freund ein wenig herausstreichen und ihn vielleicht selbst zu Worte kommen lassen könne. Hussonnet vergaß darüber, ein Glas Punsch zu nehmen.

Den Punsch hatte Arnoux bereitet, und begleitet von dem Groom des Grafen, der ein nacktes Tablett trug, bot er ihn den Gästen mit Genugtuung an.

Als er bei Oudry vorbeikam, hielt Rosanette ihn an:

"Nun, und Ihre Angelegenheit?"

Er errötete leicht und sagte zu dem Alten:

"Unsere Freundin hat mir gesagt, daß Sie die Liebenswürdigkeit ..."

"Aber gewiß, mein Bester! Ich bin ganz zu Ihrer Verfügung."

Da sie sich halblaut unterhielten, verstand Frédéric einiges; er hörte den Namen Dambreuse. Dann ging er auf die andere Seite des Kamins hinüber, wo Rosanette und Delmar sich unterhielten. Der Cabotin hatte gewöhnliche Züge, die wie die Theaterdekorationen nur von weitem betrachtet werden durften, dicke Hände, große Füße, einen herabhängenden Unterkiefer. Er verriß die berühmtesten Schauspieler, behandelte die Dichter geringschätzig, sagte: "Mein Organ, mein Äußeres, meine Mittel" und schmückte seine Auslassungen mit Wörtern, die er selbst kaum verstand, und die er mit Vorliebe anwandte, wie "Morbidezza", "analog" und "Homogenität".

Rosanette hörte ihm mit zustimmenden leichten Kopfbewegungen zu. Unter der Schminke ihres Gesichts sah man einen bewundernden Ausdruck, und ihre kalten Augen, deren Farbe sich nicht bestimmen ließ, waren von einem feuchten Schleier bedeckt. Wie konnte ein solcher Mann sie fesseln? Frédéric empfand den inneren Drang, ihn noch mehr als bisher zu verachten, vielleicht um damit die Eifersucht, die er gegen ihn fühlte, zu unterdrücken.

Die Vatnaz stand jetzt neben Arnoux, und während sie von Zeit zu Zeit laut auflachte, warf sie häufig Blicke auf ihre Freundin, die von Oudry nicht aus den Augen gelassen wurde.

Dann verschwanden Arnoux und die Vatnaz, während Oudry zu Rosanette hinging und ihr leise sagte:

"Nun ja, es ist abgemacht! Lassen Sie mich in Ruhe."

Dann bat sie Frédéric, in der Küche nachzusehen, ob Arnoux nicht dort sei.

Ein Heer von halbvollen Gläsern bedeckte den Boden der Küche; Pfannen, Kochtöpfe, der Fischkessel, der Bratofen siedeten. Arnoux gab den Dienstboten Befehle, wobei er sie duzte, schlug die Remoulade, kostete die Saucen und schäkerte mit dem Stubenmädchen.

"Fertig," sagte er endlich. "Benachrichtigen Sie sie, daß ich servieren lassen werde."

Man hatte aufgehört zu tanzen, die Frauen hatten sich wieder niedergesetzt, die Männer gingen umher. Einer der Fenstervorhänge blähte sich im Winde, und die Sphinx setzte, trotzdem man sie allgemein warnte, ihre erhitzten Arme dem Luftzuge aus. Wo war Rosanette nur? Frédéric suchte sie allenthalben, selbst im Boudoir und im Schlafzimmer. Von den Gästen hatten sich einzelne, die allein sein wollten, und auch einige Paare dahin geflüchtet. Im Halbdunkel hörte man Flüstern und durch Taschentücher ersticktes leises Lachen und unterschied Fächerbewegungen, die langsam und sanft wie die Flügelbewegungen eines verwundeten Vogels erschienen.

Im Treibhaus erblickte er unter den großen Blättern eines Caladiums nahe dem Springbrunnen Delmar, der platt auf dem Leinensofa ausgestreckt lag; Rosanette, die neben ihm saß, fuhr ihm mit der Hand durch die Haare, und sie sahen einander an. Im selben Augenblick trat Arnoux durch die andere Tür neben dem Vogelhaus herein. Delmar sprang mit einem Satz in die Höhe und ging dann mit gekünstelter Ruhe hinaus, ohne sich umzusehen; er hielt sich sogar nahe der Tür auf, um eine Blume abzupflücken, die er in sein Knopfloch steckte. Rosanette senkte den Kopf; Frédéric, der sie im Profil sah, bemerkte, daß sie weinte.

"Was hast du?" fragte Arnoux.

Sie zuckte mit den Achseln, ohne zu antworten.

"Ist das seinetwegen?" fuhr er fort.

Sie schlang die Arme um seinen Hals, küßte ihn auf die Stirn und sagte:

"Du weißt genau, daß ich dich ewig lieben werde, Dicker! Also denken wir nicht mehr daran und gehen wir zum Souper!"

Ein Kronleuchter aus Messing mit vierzig Kerzen erhellte den Saal, dessen Wände von alten Fayencen bedeckt waren; und dieses gerade niederfallende grelle Licht ließ einen riesigen Steinbutt, der, umgeben von Tellern mit Krebssuppe, zwischen den kalten Platten und den Früchten die Mitte des Tisches einnahm, noch weißer erschienen. Die Frauen setzten sich nebeneinander unter starkem Rauschen der Kleider, indem sie ihre Röcke, Ärmel und Schärpen zusammennahmen, die Männer gruppierten sich stehend in den Winkeln. Pellerin und Oudry kamen in Rosanettes Nähe, Arnoux ihr gegenüber. Palazot und seine Freundin gingen gerade fort.

"Glückliche Reise," rief Rosanette. "Fangen wir an!"

Der Chorknabe, der ein Freund von Scherzen war, machte das Zeichen des Kreuzes und stimmte das Benedicite an.

Die Damen waren darüber empört, namentlich die Fischfrau, die eine Tochter hatte und aus ihr eine anständige Frau machen wollte. Arnoux selbst "liebte das auch nicht", da er fand, daß man die Religion achten müsse.

Eine Schwarzwälder Uhr schlug zwei, das "Kuckuck" rief große Lustigkeit hervor. Alles schrie durcheinander; Kalauer, Anekdoten, Aufschneidereien, Wetten, unmögliche Behauptungen, einen Wirrwarr von Worten, der sich bald in einzelne Unterhaltungen auflöste. Die Weine machten die Runde, die Speisen folgten einander, und der Doktor tranchierte unermüdlich. Man warf sich Orangen und Pfropfen zu, man tauschte die Plätze, um die Unterhaltung wechseln zu können. Rosanette wendete sich häufig an Delmar, der unbeweglich hinter ihr stand, Pellerin schwatzte, Herr Oudry lächelte. Die Vatnaz vertilgte fast allein eine Krebspyramide, und die Schalen knirschten unter ihren langen Zähnen. Der Engel, der sich auf dem Klaviersessel plaziert hatte (dem einzigen Ort, wo er seiner Flügel wegen bequem sitzen konnte), kaute friedlich, ohne sich stören zu lassen.

"Gesegnete Mahlzeit!" schrie der Chorknabe immer wieder, indem er ihm überrascht zusah; "gesegnete Mahlzeit!"

Die Sphinx trank Schnaps, schrie aus vollem Halse und gebärdete sich wie eine Wilde. Plötzlich schwollen ihre Backen an, und ein Blutstrom drohte sie zu ersticken, sie führte eine Serviette an die Lippen und warf sie dann unter den Tisch.

Frédéric hatte sie beobachtet.

"Es ist nichts."

Auf seine Mahnung, nach Hause zu fahren und sich pflegen zu lassen, antwortete sie:

"Ach was! Das ist mir alles egal. Das Leben ist ohnehin nicht so schön!"

Er erschauerte unter einer eisigen Empfindung, als wenn er eine Welt voll Elend und Verzweiflung, ein Kohlenbecken neben einem zerlumpten Bett und die Kadaver der Morgue in ihren Lederschürzen, mit dem Wasserstrahl, der sich auf ihre Haare ergießt, vor sich gesehen hätte.

Hussonnet, der zu Füßen der wilden Frau kauerte, kreischte mit heiserer Stimme, den Schauspieler Grassot imitierend:

"Sei nicht grausam, Celuta! Dieses kleine Familienfest ist reizend! Berauscht mich mit Liebe, meine Angebeteten! Wir wollen selig sein!"

Er küßte die Frauen auf die Schultern. Sie zuckten zusammen, von seinem Schnurrbart gekitzelt; dann tat er, als wenn er seinen Schädel an einem Teller zertrümmern wollte, indem er beide gegeneinander schlug. Andere wollten es ihm nachmachen, die Fayenceteller flogen herum wie Dachplatten im Sturm, und die Débardeuse schrie: "Geniert euch nicht! Das kostet nichts. Der Mann, der das fabriziert, schenkt es uns!"

Alle sahen Arnoux an, der erwiderte:

"Ja, aber die Rechnung folgt nach," – zweifellos, um nicht mehr als Geliebter von Rosanette angesehen zu werden.

Plötzlich hörte man zwei wütende Stimmen:

"Dummkopf!"

"Lumpenkerl!"

"Ich schicke Ihnen meine Zeugen!"

"Bitte!"

Es waren der mittelalterliche Ritter und der russische Postillon, die aneinander geraten waren; dieser hatte behauptet, daß die Rüstung der Notwendigkeit enthebe, tapfer zu sein, was der andere als eine Beleidigung auffaßte. Er wollte sich schlagen, alle legten sich ins Mittel, und der Capitaine versuchte, sich in dem Tumult Gehör zu verschaffen:

"Meine Herren, hören Sie mich an! Nur ein Wort! Ich habe Erfahrung in solchen Sachen!"

Rosanette, die mit ihrem Messer an ein Glas klopfte, konnte endlich die Ruhe wieder herstellen, sie rief dem Ritter, der seinen Helm aufbehalten hatte, und dem Postillon, der eine langhaarige Mütze trug, zu:

"Vor allem weg mit Ihrer Bratpfanne! Man schwitzt ja, wenn man das sieht! Und Sie da unten, nehmen Sie Ihren Wolfskopf ab! Wollen Sie gefälligst gehorchen, zum Donnerwetter! Seht meine Epaulettes an, ich bin eure Marschallin!"

Sie gehorchten, und alle applaudierten, indem sie riefen: "Es lebe die Marschallin! Es lebe die Marschallin!"

Sie nahm eine Flasche Champagner vom Kamin und füllte die Becher, die man ihr hinhielt. Da der Tisch zu breit war, drängten alle Gäste, namentlich die Damen, zu ihr hin und stellten sich auf die Fußspitzen und auf die Querstäbe der Stühle; dies gab eine Minute lang eine Pyramide von Frisuren, nackten Schultern, ausgestreckten Armen und vorgeneigten Büsten, die aber plötzlich mit Wein durchnäßt wurde, denn der Pierrot und Arnoux machten jeder auf einer Seite des Saales eine Flasche auf und bespritzten alles. Die kleinen Vögel der Volière, deren Tür offen geblieben war, waren in den Saal entwischt und flatterten erschreckt um den Kronleuchter oder stießen gegen die Fensterscheiben und die Möbel, einige setzten sich auf die Köpfe und nahmen sich inmitten der Frisuren wie große lebende Blumen aus.

Die Musikanten waren schon fortgegangen. Man zog das Klavier aus dem Vorzimmer in den Salon, die Vatnaz setzte sich hin und spielte, begleitet von dem Chorknaben, der eine Schellentrommel schlug, einen Kontretanz, wobei sie wie ein Pferd auf den Tasten herumstampfte und sich in den Hüften wiegte, um den Takt besser zu markieren. Die Marschallin zog Frédéric in tollem Tanz mit sich, Hussonnet schlug ein Rad, die Débardeuse verrenkte die Glieder wie ein Clown, der Pierrot gebärdete sich wie ein Affe, und die wilde Frau imitierte mit ausgestreckten Armen das Schwanken einer Schaluppe. Endlich stockten alle, da sie nicht mehr konnten, und man öffnete ein Fenster.

Das helle Tageslicht flutete zugleich mit der frischen Morgenluft herein. Es weckte Ausrufe des Erstaunens, dann tiefe Stille. Die gelben Lichter flackerten; Bänder, Blumen und Perlen waren auf dem Parkett zerstreut, Punsch- und Sirupflecke klebten auf den Konsolen; die Vorhänge waren beschmutzt, die Kostüme zerzaust und staubbedeckt; die Haarflechten hingen auf die Schultern herab; und die Schminke lief, vermischt mit dem Schweiß, auf den Gesichtern herunter, deren gerötete Augenlider im grellen Lichte blinzelten. Die Marschallin allein war frisch, wie aus dem Bade gestiegen, mit rosigen Wangen und glänzenden Augen. Sie warf ihre Perücke beiseite, und ihre Haare hüllten sie wie ein Vließ ein und ließen von ihrer Toilette nur die Kniehosen sehen – was ein komisches, aber zugleich hübsches Bild gab.

Die Sphinx, deren Zähne im Schüttelfrost aneinanderschlugen, mußte einen Shawl haben.

Rosanette lief in ihr Zimmer, einen zu holen, aber als ihr die andere folgen wollte, schlug sie ihr schnell die Tür vor der Nase zu.

Der Türke bemerkte laut, daß man Herrn Oudry nicht habe weggehen sehen; alles war so müde, daß man auf diese Bosheit nicht achtete.

Man wickelte sich in die Kapuzen und Mäntel und wartete auf die Wagen. Es schlug sieben Uhr. Der Engel war im Speisesaale zurückgeblieben und mästete sich mit Butter und Sardinen; die Fischfrau hatte sich neben ihm niedergelassen und rauchte Zigaretten, wobei sie ihm einen Vortrag über die menschliche Existenz hielt. Endlich waren die Fiaker vorgefahren, und die Gäste entfernten sich. Hussonnet, der Zeitungs-Korrespondent für die Provinz war, mußte vor seinem Frühstück noch dreiundfünfzig Journale lesen, die wilde Frau hatte Probe im Theater, Pellerin erwartete ein Modell, der Chorknabe hatte drei Rendezvous. Der Engel, bei dem sich die ersten Symptome eines verdorbenen Magens zeigten, konnte nicht vom Stuhle aufstehen, der mittelalterliche Baron trug ihn in einen Fiaker.

"Nimm dich mit seinen Flügeln in acht," schrie die Débardeuse aus dem Fenster.

Auf dem Treppenflur sagte die Vatnaz zu Rosanette:

"Adieu, meine Liebe. Deine Soirée war sehr hübsch."

Leise fügte sie hinzu:

"Behalte ihn!"

"Bis auf bessere Zeiten," erwiderte die Marschallin, indem sie sich langsam umwandte.

Arnoux und Frédéric gingen, wie sie gekommen waren, zusammen. Der Fayencehändler hatte eine so düstere Miene, daß sein Begleiter ihn für krank hielt.

"Mir fehlt nichts, Sie irren sich!"

Er kaute an seinem Schnurrbart und runzelte die Stirn; Frédéric fragte ihn, ob er geschäftliche Sorgen hätte.

"Ganz und gar nicht."

Dann fuhr er unvermittelt fort:

"Sie kennen ihn von früher, den alten Oudry?"

Mit einem unerklärlichen Groll setzte er hinzu:

"Er ist reich, der alte Schuft!"

Dann sprach er von einem wichtigen Brennen, das heute in seiner Fabrik zu Ende geführt werden sollte. Er wollte dabei sein, und sein Zug ging in einer Stunde. "Ich muß aber meine Frau erst umarmen."

"Ach, seine Frau!" dachte Frédéric.

Frédéric ging zu Bett mit einem unerträglichen Schmerz im Hinterkopf, und nachdem er eine ganze Flasche Wasser ausgetrunken hatte, um seinen Durst zu löschen. Noch ein anderer Durst war über ihn gekommen, der nach Frauen, nach Luxus, nach allem, was die Pariser Existenz ausmacht. Er fühlte sich betäubt, wie jemand, der ein Schiff verläßt, und in der Sinnestäuschung des ersten Schlummers sah er die Schultern der Fischfrau, die Hüften der Débardeuse, die Waden der Polin und die Haare der Wilden unaufhörlich auftauchen und verschwinden. Dann erschienen ihm zwei große schwarze Augen, die aber keine Ballerinnerung waren, und diese senkten sich bis zu seinen Lippen herab. Frédéric bemühte sich, diese Augen wiederzuerkennen, aber er konnte es nicht. Schon hatten ihn die Träume gefangen genommen, er sah sich zusammen mit Arnoux vor einen Fiaker gespannt, während die Marschallin, die rittlings auf ihm saß, ihm ihre Sporen in die Weichen drückte.

2.

Frédéric fand an der Ecke der Rue Rumfort eine kleine Wohnung; gleichzeitig kaufte er einen Wagen, ein Pferd, Möbel, und bei Arnoux zwei Jardinieren, um sie in die zwei Türecken seines Salons zu stellen. Hinter diesem lagen noch ein Zimmer und ein Kabinett. Der Gedanke kam ihm, dort Deslauriers unterzubringen. Aber wie würde er dann "sie" empfangen, seine zukünftige Geliebte? Der Freund würde sie genieren. Er ließ die Zwischenwand niederlegen, um den Salon zu vergrößern, und machte aus dem Kabinett ein Rauchzimmer.

Er kaufte die Dichter, die er liebte, Reisebeschreibungen, Erdkarten, Wörterbücher, denn er hatte ungezählte Arbeitspläne; er trieb die Handwerker an, lief in die Läden, und in seiner Ungeduld des Genießenwollens schleppte er alles nach Hause, ohne über die Preise zu unterhandeln.

Nach den Rechnungen der Lieferanten hatte Frédéric in kurzem etwa vierzigtausend Franken zu zahlen, außerdem die Erbschaftssteuer, die mehr als siebenunddreißigtausend Franken ausmachte: da sein Vermögen im Grund und Boden festlag, bat er brieflich seinen Notar in Havre, einen Teil davon zu verkaufen, um seine Schulden begleichen zu können und etwas bares Geld zu haben. Und endlich, in dem Wunsche, jenes unbestimmte, unbestimmbare und schillernde Etwas kennen zu lernen, das man "die Welt" nennt, schrieb er an die Dambreuse, ob sie ihn empfangen könnten. Frau Dambreuse antwortete, daß sie seinen Besuch für den folgenden Tag erwarte.

Es war ihr jour fixe. Wagen warteten im Hofe, zwei Diener stürzten ihm entgegen, und ein dritter zeigte ihm auf der Treppe den Weg.

Er durchschritt ein Vorzimmer, einen zweiten Raum und dann einen großen Salon mit hohen Fenstern, auf dessen monumentalem Kamin eine globusförmige Uhr zwischen zwei riesigen Porzellanvasen stand. Bilder in der Manier des Ribera hingen an der Wand, schwere gestickte Portieren warfen majestätische Falten, und die Lehnstühle, die Konsolen, die Tische, kurz die ganze Einrichtung im Empirestil hatte etwas Großartiges und Offizielles. Ohne es zu wollen, lächelte Frédéric vor Vergnügen.

Endlich kam er in einen ovalen Raum, der mit Rosenholz getäfelt und mit zierlichen Möbeln vollgepropft war, und den ein Fenster mit großer Spiegelscheibe, das auf den Garten ging, erhellte. Frau Dambreuse saß am Kamin, im Kreise ungefähr zwölf Personen um sie herum. Mit ein paar liebenswürdigen Worten lud sie ihn ein, sich zu setzen; daß sie ihn so lange nicht gesehen hatte, darüber schien sie nicht erstaunt zu sein.

Man rühmte, als er eintrat, die Beredsamkeit des Abbé Coeur. Dann beklagte man die Unsittlichkeit der Dienstboten, da gerade von dem Diebstahl, den ein Kammerdiener begangen hatte, die Rede war; dann entrollte sich der Gesellschaftsklatsch. Die alte Sommery hatte einen Katarrh, Fräulein von Turvisot verheiratete sich, die Montcharron würden nicht vor Ende Januar zurückkommen, die Bretancourt auch nicht, überhaupt bliebe man jetzt sehr lange auf dem Lande. Die Armseligkeit der Unterhaltung erschien in dieser luxuriösen Umgebung noch greller;

dabei war das, was gesagt wurde, noch nicht so albern wie die Art des Plauderns, die sich ohne Ziel, ohne Logik und ohne die geringste Anregung dahinschleppte. Und doch waren schließlich Männer von Erfahrung anwesend, ein früherer Minister, der Pfarrer einer großen Gemeinde, zwei oder drei hohe Regierungsbeamte, und diese alle ergingen sich in den abgedroschensten Gemeinplätzen. Einige glichen müden Matronen, andere hatten die Manieren von Roßtäuschern; ein paar alte Männer waren mit ihren Frauen gekommen, aber sie konnten für deren Großväter gelten.

Frau Dambreuse behandelte alle mit derselben gleichmäßigen Liebenswürdigkeit. Wenn von einem Kranken die Rede war, runzelte sie die Stirn schmerzlich, und wenn von Bällen oder Soiréen gesprochen wurde, nahmen ihre Züge einen freudigen Ausdruck an. Bald würde sie gezwungen sein, auf gesellschaftliche Unterhaltungen zu verzichten, da sie beabsichtige, eine Nichte ihres Gatten, eine Waise, aus der Pension in ihr Haus zu nehmen. Man lobte in exaltierter Weise ihre Aufopferung; das hieße, in idealer Weise die Pflichten einer Familienmutter erfüllen.

Frédéric beobachtete sie. Ihr glanzloses Gesicht zeigte die künstliche Frische, die einer konservierten Frucht eigen ist; aber ihre Haare, die in Schmachtlocken à l'anglaise herabfielen, waren feiner als Seide, ihre Augen von glänzendem Azurblau, alle ihre Bewegungen von einer äußersten Zartheit. Im Hintergrund auf der Causeuse sitzend, spielte sie mit den roten Quasten eines japanischen Ofenschirms, zweifellos, um ihre Hände bewundern zu lassen, lange, schmale, ein wenig magere Hände mit Fingern, die an der Spitze aufwärts gebogen waren. Sie trug ein graues hochgeschlossenes Moirékleid, das ihr etwas Puritanisches gab.

Frédéric fragte sie, ob sie dieses Jahr nicht nach La Fortelle käme. Frau Dambreuse wußte es noch nicht. Er könne das übrigens begreifen, denn ihn müsse ja auch Nogent langweilen. Die Zahl der Besucher nahm zu. Ein unaufhörliches Rauschen von Kleidern auf dem Teppich war zu hören; die Damen, die auf den Stuhlrändern saßen, kicherten und sprachen ein paar Worte; dann, nach fünf Minuten, verschwanden sie mit ihren Töchtern. Bald wurde es unmöglich, der Unterhaltung weiter zu folgen, und Frédéric verabschiedete sich, wobei Frau Dambreuse ihm sagte:

"Jeden Mittwoch, nicht wahr, Herr Moreau?"

Mit dieser einen Phrase machte sie die Gleichgültigkeit, die sie ihm vorher gezeigt hatte, wieder gut.

Er war zufrieden. Trotzdem atmete er die Straßenluft mit Wohlbehagen ein, und im Verlangen nach einer weniger affektierten Umgebung erinnerte er sich, daß er der Marschallin einen Besuch schulde.

Die Tür des Vorzimmers stand offen. Zwei Bologneser Hündchen liefen herbei. Eine Stimme rief:

"Delphine, Delphine! – Sind Sie es, Felix?"

Er blieb stehen; die beiden Hündchen bellten unaufhörlich. Endlich erschien Rosanette in einem Négligé von weißem Musselin, das mit Spitzen garniert war, die nackten Füße in Pantoffeln.

"Ach, Verzeihung, Herr Moreau! Ich hielt Sie für den Friseur! Eine Minute, bitte, ich komme sofort!"

Er blieb allein im Speisesaal.

Die Gardinen waren geschlossen. Frédéric ließ seine Augen durch den Raum gehen, und er mußte an den Lärm in der Ballnacht zurückdenken, als er plötzlich in der Mitte des Tisches einen Männerhut bemerkte, einen alten, verbeulten, fettigen, breiten Filzhut. Wem mochte er gehören? Mit seinem aufgerissenen Futter, das er ohne Scheu sehen ließ, schien er zu sagen: "Ich pfeife auf alles. Ich bin hier der Herr!"

Die Marschallin kam zurück. Sie ergriff den Hut, öffnete die Tür des Treibhauses, warf ihn hinein, schloß die Tür wieder (gleichzeitig hörte man andere Türen sich öffnen und schließen) und führte Frédéric durch die Küche in ihr Toilettezimmer.

Man konnte gleich erkennen, daß dieses der besuchteste Raum des Hauses und sozusagen sein wahrer sittlicher Mittelpunkt war. Großgeblümte persische Teppiche bedeckten die Wände, die Fauteuils und einen breiten elastischen Diwan; auf einem Tisch mit einer weißen Marmorplatte standen in einiger Entfernung voneinander zwei große Waschbecken aus blauer Fayence; eine Etagère aus Kristallplatten, die darüber hing, war mit Flakons, Kämmen, Bürsten, Schminkstangen und Puderdosen bedeckt. Das Kaminfeuer strahlte aus einem hohen Stehspiegel zurück; aus einer Wanne hing ein Badetuch heraus; die Luft war mit dem Geruch von Mandelkleie und Benzoë erfüllt.

"Sie müssen die Unordnung entschuldigen! Ich muß noch zu einem Diner heute abend! Ich bin eingeladen!" Sie wandte sich bei diesen Worten um und wäre dabei beinahe auf eines der Hündchen getreten. Frédéric fand die Tiere reizend. Sie hob beide zu sich in die Höhe und näherte ihre schwarzen Schnauzen seinem Gesicht:

"Hübsch artig sein! Macht euer Kompliment!"

Ein Mann in einem schmutzigen Überzieher mit Pelzkragen trat plötzlich ein.

"Felix, lieber Freund," sagte sie, "Sie bekommen Ihre Rechnung nächsten Sonntag, bestimmt!"

Der Mann begann, sie zu frisieren. Er erzählte ihr Klatsch von ihren Freundinnen, Frau von Rochegune, Frau von Saint-Florentin, Frau Lombard, lauter Adligen, wie im Hause Dambreuse. Dann kam er auf das Theater zu sprechen; im Ambigu war heute abend eine außergewöhnliche Vorstellung.

"Gehen Sie hin?"

"Nein, ich bleibe zu Hause."

Delphine kam und wurde ausgezankt, weil sie ohne Erlaubnis weggegangen war. Sie schwor, daß sie vom Markte käme.

"Also gut; bringen Sie mir Ihr Buch! – Sie verzeihen, nicht wahr?"

Halblaut im Hefte lesend, machte sie bei jedem einzelnen Posten Bemerkungen; auch war die Addition falsch.

"Geben Sie mir vier Sous wieder heraus!"

Delphine gab ihr das Geld; als das Mädchen das Zimmer verlassen hatte, seufzte sie:

"Heilige Jungfrau! Was hat man doch für Plage mit diesen Leuten!"

Frédéric fühlte sich von dieser Bemerkung unangenehm berührt; sie brachte ihm den Kreis ins Gedächtnis, den er eben verlassen hatte, es war ihm langweilig, dieses Haus dem andern ähnlich zu finden.

Delphine kam wieder ins Zimmer, näherte sich der Marschallin und flüsterte ihr etwas ins Ohr.

"Nein, nein, ich will nicht!"

Delphine erschien abermals.

"Gnädige Frau, sie will nicht fortgehen."

"Welche Plage! Wirf sie doch hinaus!"

Im selben Augenblick erschien eine alte, schwarzgekleidete Frau auf der Schwelle. Frédéric hatte keine Zeit, etwas zu sehen oder zu hören, denn Rosanette stürzte der Alten entgegen und zog sie mit sich ins Vorzimmer.

Als sie zurückkam, hatte sie gerötete Wangen; ohne zu sprechen, warf sie sich in einen Fauteuil. Eine Träne fiel auf ihre Wange, dann wandte sie sich mit sanfter Stimme an den jungen Mann:

"Wie heißen Sie mit Vornamen?"

"Frédéric."

"Ah, Féderico! Ist es Ihnen nicht unangenehm, wenn ich Sie so nenne?"

Dabei sah sie ihn schmeichelnd, fast verliebt an. Plötzlich stieß sie einen Freudenschrei aus, weil die Vatnaz ins Zimmer trat.

Die "Künstlerin" kam in wahnsinniger Eile, da sie um sechs Uhr präzise bei ihrer table d'hôte präsidieren mußte, und war ganz atemlos. Zuerst zog sie aus ihrer Handtasche eine Uhrkette mit einem Papier, dann verschiedene Sachen, anscheinend Einkäufe.

"Weißt du, daß es in der Rue Joubert prachtvolle schwedische Handschuhe für sechsunddreißig Sous gibt? Dein Färber verlangt noch acht Tage Zeit. Wegen der Guipure habe ich gesagt, daß ich wieder vorsprechen werde. Bugneaux hat seine

Abschlagzahlung bekommen. Ich glaube, daß das alles ist. Hundertfünfundachtzig Franken bekomme ich von dir!"

Rosanette nahm aus einer Schublade zehn Napoléons. Keine von beiden hatte kleines Geld, Frédéric bot ihnen welches an.

"Ich werde es Ihnen zurückgeben," sagte die Vatnaz, indem sie die fünfzehn Franken in ihre Handtasche stopfte. "Aber ich bin böse auf Sie, Sie haben neulich nicht ein einziges Mal mit mir getanzt! – Denke nur, meine Liebe, auf dem Quai Voltaire habe ich in einem Kramladen einen Rahmen mit ausgestopften Vögeln entdeckt, die zum Verlieben sind. An deiner Stelle würde ich sie mir kaufen. Sieh mal her, wie gefällt dir das?"

Dabei zog sie einen alten Rest roter Seite heraus, den sie im Temple gekauft hatte, um Delmar ein mittelalterliches Wams daraus zu machen.

"Er ist heute hier gewesen, nicht wahr?"

"Nein."

"Das ist sonderbar!"

Nach einer kurzen Pause setzte sie hinzu:

"Wohin gehst du heute abend?"

"Zu Alphonsine," erwiderte Rosanette; was übrigens die dritte Version über ihr Programm an diesem Abend war.

Die Vatnaz fragte weiter:

"Und der Alte vom Berge? Was gibt es Neues mit dem?"

Mit energischem Augenzwinkern wies die Marschallin sie an, zu schweigen, dann begleitete sie Frédéric ins Vorzimmer und fragte ihn, ob er Arnoux bald sehen würde.

"Bitten Sie ihn doch, zu mir zu kommen; natürlich nicht in Gegenwart seiner Frau!"

Bei der Entreetür stand ein Regenschirm an die Wand gelehnt, daneben ein Paar Gummischuhe.

"Die gehören der Vatnaz," sagte Rosanette, "ein ganz ausgewachsener Fuß, den meine kleine Freundin hat!"

Frédéric, den ihre Vertraulichkeit kühn machte, wollte sie auf den Hals küssen. Sie sagte kühl:

"O bitte! Das kostet nichts!"

Er ging fröhlich fort; er zweifelte gar nicht, daß die Marschallin bald seine Geliebte würde. Aber dieser Wunsch erweckte einen anderen in ihm, und trotz der

Verstimmung gegen sie, von der er noch nicht frei war, erfaßte ihn die Lust, Frau Arnoux zu besuchen.

Übrigens, er mußte ja auch hingehen, um den Auftrag Rosanettes an ihn auszurichten.

"Sechs Uhr," dachte er, "jetzt ist der Mann gewiß zu Hause."

Er verschob seinen Besuch auf den folgenden Tag.

Sie saß in derselben Haltung da, wie das erste Mal in diesem Raum. Sie war mit dem Nähen eines Kinderhemdes beschäftigt, der kleine Junge spielte zu ihren Füßen mit einer Holzmenagerie; Martha, die etwas entfernt saß, schrieb.

Er machte ihr Komplimente über ihre Kinder. Sie antwortete ruhig, ohne die geringste Übertreibung mütterlicher Eitelkeit.

Das Zimmer bot einen friedlichen Anblick. Helle Sonne fiel durch die Fenster; sie glänzte auf den Ecken der Möbel, leuchtete über den feinen Härchen im Nacken der Frau Arnoux und lag wie flüssiges Gold auf ihrer Ambrahaut.

Er bemerkte:

"Die junge Dame ist in den letzten drei Jahren sehr gewachsen. Denken Sie noch daran, mein Fräulein, daß Sie im Wagen auf meinen Knien geschlafen haben?" Martha erinnerte sich nicht. "Eines Abends, bei der Rückfahrt von St. Cloud?"

Frau Arnoux warf ihm einen eigenartig traurigen Blick zu. Wollte sie damit jede Anspielung auf ihre gemeinsame Erinnerung abwehren?

Ihre schönen schwarzen Augen, deren Netzhaut so hell glänzte, bewegten sich sanft unter ihren schwarzen Lidern; auf dem Grunde dieser Augen lag nichts als Güte. Er fühlte sich aufs neue von einer Liebe zu ihr gepackt, stärker als je, unendlich; es war eine Art Verzückung, die ihn erschlaffte; aber gewaltsam schüttelte er sie ab. Er mußte sich vor ihr zu Ansehen bringen. Wodurch? Nach langem Nachdenken fand er nichts Besseres als das Geld. Er fing damit an, daß das Wetter weniger kalt wäre als in Havre.

"Sie sind dort gewesen?"

"Ja, wegen einer Familienangelegenheit ... einer Erbschaft."

"Oh, darüber freue ich mich aufrichtig," sagte sie mit so warmer und echter Teilnahme, daß er davon wahrhaft gerührt war.

Dann fragte sie ihn, was er beginnen würde; schließlich mußte er als Mann sich ja beschäftigen. Er erinnerte sich seiner Lüge und sagte, daß er hoffe, durch den Abgeordneten Dambreuse in den Staatsrat zu kommen.

"Sie kennen ihn vielleicht?"

"Nur dem Namen nach."

Dann fuhr sie leiser fort:

"Er ist es gewesen, der Sie neulich auf den Ball geführt hat?"

Frédéric schwieg.

"Danke, das wollte ich wissen."

Dann fragte sie ihn über seine Familie und seine Heimat. Es wäre sehr liebenswürdig von ihm, nachdem er so lange dort gewesen, daß er sie und ihren Mann nicht vergessen habe.

"Konnte ich das?" erwiderte er. "Zweifeln Sie daran?"

Frau Arnoux stand auf.

"Ich glaube, daß Sie eine wahre und ehrliche Zuneigung zu uns haben. – Adieu, auf Wiedersehen!"

Sie reichte ihm in offener und herzlich-männlicher Art die Hand. War das nicht ein Versprechen? Frédéric fühlte eine ungeahnte Lebensfreude; er bezwang sich, um nicht laut zu singen, er hatte das Bedürfnis, sich Luft zu machen, andere zu beglücken und Almosen zu verteilen. Er suchte ringsumher, ob niemand da sei, dem er helfen könne. Kein Armer begegnete ihm; und diese Anwandlung verflüchtigte sich wieder, da er nicht der Mann war, die Gelegenheit dazu in der Ferne zu suchen.

Dann erinnerte er sich wieder seiner Freunde. Der erste, an den er dachte, war Hussonnet, der zweite Pellerin. Die niedrige Position Dussardiers legte ihm natürlich eine gewisse Beschränkung auf; was Cisy betraf, so freute er sich, diesem ein wenig mit seinem Vermögen imponieren zu können. Er schrieb an alle vier und lud sie zu einem Einweihungsessen am nächsten Sonntag präzise elf Uhr ein; Deslauriers ersuchte er, Sénécal mitzubringen.

Der Hilfslehrer hatte nun im dritten Pensionat seine Stellung eingebüßt, weil er sich der Preisverteilung widersetzte, die er als eine Gefahr für die Gleichheit ansah. Jetzt war er im Hause eines Maschinentechnikers; seit sechs Monaten wohnte er nicht mehr mit Deslauriers zusammen.

Die Trennung war für beide nicht schmerzlich gewesen. Sénécal hatte in der letzten Zeit Besuche von Blusenmännern empfangen, lauter Patrioten, lauter fleißigen braven Leuten, deren Gesellschaft aber trotzdem dem Advokaten langweilig erschien. Auch mißfielen ihm gewisse Ideen seines Freundes, so ausgezeichnet sie als Waffen im sozialen Kampfe sein mochten. Das verschwieg er freilich aus Ehrgeiz; er schonte die Empfindungen des Freundes, um ihn im geeigneten Augenblicke bei der Hand zu haben, denn er erwartete mit Ungeduld eine große Umwälzung, um eine Position für sich zu erobern.

Sénécals Politik war viel selbstloser. Abend für Abend, wenn er mit seiner Berufsarbeit fertig war, eilte er in seine Dachkammer zurück; hier suchte er in Büchern die wissenschaftliche Grundlage für seine Ideen. Er hatte den "Contrat social" mit

Anmerkungen versehen, und er verschlang die "Revue Indépendante". Er kannte Mably, Morelly, Fourier, Saint-Simon, Comte, Cabet, Louis Blanc, das schwere Geschütz der sozialistischen Schriftsteller, derjenigen, die für die Menschheit das Niveau der Kasernen fordern, die sie über den Arbeitstisch gebeugt oder im Bordell amüsiert sehen wollen; dies alles zusammenwerfend, hatte er sich ein Ideal tugendhafter Demokratie konstruiert, das einer Meierei oder Spinnerei glich, eine Art von amerikanischem Sparta, wo der einzelne nur existieren würde, um der Allgemeinheit zu dienen, die dann mächtiger, unfehlbarer und gottähnlicher sein würde als die größten Autokraten und Despoten der Weltgeschichte. Er zweifelte nicht im mindesten an der baldigen Verwirklichung dieser Vorstellung, und alles, was ihm dafür hinderlich schien, wurde von ihm auf das Hartnäckigste mit mathematischen Schlußfolgerungen und mit dem Fanatismus eines Inquisitors bekämpft. Adelstitel, Orden, Helmbüsche, insbesondere Livreen, und selbst die Berühmtheit einzelner erregten sein Ärgernis, da seine Studien sowohl wie seine Leiden unausgesetzt seinen Haß gegen jeden Standesunterschied oder gegen irgendwelche Überlegenheit anfachten.

"Ist eigentlich dieser Herr Frédéric mehr als ich, daß ich ihm Besuche machen soll? Wenn er etwas von mir will, hätte er ja zu mir kommen können!"

Deslauriers beschwichtigte ihn und zog ihn mit sich.

Sie fanden den Freund in seinem Schlafzimmer. Stores und doppelte Vorhänge, venezianische Spiegel, nichts fehlte. Frédéric lag mit einem Samtjackett bekleidet in einem Lehnsessel und rauchte türkische Zigaretten.

Sénécals Miene verfinsterte sich, wie die eines Muckers, der in eine lustige Gesellschaft gerät. Deslauriers erfaßte alles mit einem einzigen Blick, dann sagte er mit einer ironisch tiefen Verbeugung:

"Gnädiger Herr! Ich lege Ihnen meine Huldigungen zu Füßen!"

Dussardier fiel ihm um den Hals.

"Sie sind also jetzt reich? Ach, wie schön!"

Cisy erschien mit einem Flor um den Hut. Seit dem Tode seiner Großmutter besaß er ein beträchtliches Vermögen; aber ihm lag weniger daran, sich zu unterhalten, als sich von anderen zu unterscheiden und nicht wie alle Welt zu sein, kurz, seine "Individualität" zu bewahren, wie sein Lieblingsausdruck war.

Die Mittagsstunde war schon vorüber, und alle gähnten; Frédéric wartete immer noch auf einen Gast. Als der Name Arnoux genannt wurde, schnitt Pellerin eine Grimasse; er sah den Händler, seitdem er die Kunst an den Nagel gehängt hatte, als einen Verräter an.

"Wenn wir nun nicht länger auf ihn warteten? Was meint ihr?"

Alle stimmten zu.

Ein Diener in hohen Gamaschen öffnete die Tür, und man sah in den Speisesaal mit hohem goldverzierten Eichenplafond und zwei mit Geschirr bedecken Anrichtetischen. Auf dem Ofen lagen die Weinflaschen zum Anwärmen, die Klingen der neuen Messer blitzten neben den Austern; in ihrer einladend hellen Farbe glitzerten die geschliffenen Gläser auf dem schneeweißen Tischtuch, das unter den Braten, Früchten und anderen Delikatessen fast verschwand. Auf Sénécal machte das alles keinen Eindruck.

Er begann damit, Schwarzbrot (und zwar so hartes wie möglich) zu verlangen, und sprach bei dieser Gelegenheit von den Metzeleien von Buzançais und von der Hungerkrisis.

Das alles wäre nicht vorgekommen, wenn die Landwirtschaft besser geschützt, und wenn nicht alles der Konkurrenz, der Anarchie und dem erbärmlichen " Laisser faire, laisser passer" ausgeliefert würde! Auf diese Weise entstände die Geldaristokratie, die schlimmer als jede andere sei! Aber man solle sich doch vorsehen! Schließlich würde das Volk die Geduld verlieren und die, die es ausnützen, seine Leiden teuer bezahlen lassen, durch blutige Opfer oder durch Plünderung ihrer Häuser.

Frédéric sah im Geiste eine Horde Männer mit nackten Armen, die in den großen Saal der Frau Dambreuse eindringen und die Spiegel mit Piken demolieren.

Sénécal fuhr fort: Der Arbeiter sei wegen der Unzulänglichkeit der Löhne unglücklicher als der Helot, der Neger, der Paria, namentlich wenn er Kinder habe.

"Soll er sie sich vom Halse schaffen, indem er sie durch Kohlendunst erstickt, wie es ein, ich weiß nicht gleich welcher, englischer Doktor frei nach Malthus empfiehlt?"

Er fuhr, zu Cisy gewendet, fort:

"Werden wir schließlich gezwungen werden, die Theorien des infamen Malthus zu befolgen?"

Cisy, dem die Infamie und sogar die Existenz Malthus' unbekannt war, antwortete, daß ja doch viel Unglück gelindert würde und daß die gebildeten Klassen ...

"Lassen Sie mich mit den gebildeten Klassen in Ruhe!" höhnte der Sozialist. "Vor allem gibt es keine gebildeten Klassen; Bildung verleiht nur das Herz! Wir wollen kein Almosen, verstehen Sie mich wohl! Wir wollen nur Gleichheit und eine gerechte Verteilung der Erträgnisse."

Was er forderte, sei, daß der Arbeiter Kapitalist werden könne, wie der Soldat Oberst. Die alten Zünfte hätten wenigstens noch die Überfüllung mit Arbeitern verhindert, da sie die Zahl der Lehrlinge begrenzten, und das Gefühl der Brüderlichkeit sei durch ihre Feste und Banner doch etwas gefördert worden.

Hussonnet bedauerte vom Standpunkt des Dichters aus das Verschwinden der Banner, Pellerin auch, eine Vorliebe, die er im Café Dagneaux, als er einer Unterhaltung über die Phalanstère zuhörte, gefaßt hatte. Er erklärte Fourier für einen großen Mann.

"Ach was," rief Deslauriers, "ein alter Esel, der in den großen politischen Umwälzungen den Effekt der göttlichen Rache sieht! Dasselbe wie Herr Saint-Simon und seine Kirche: Ein Haufen Hanswurste, die den Katholizismus wiederherstellen möchten!"

Herr von Cisy, der sich belehren lassen oder eine gute Meinung von sich erwecken wollte, sagte ruhig:

"Die beiden Gelehrten sind also nicht der Ansicht Voltaires?"

"Voltaire? Den schenke ich Ihnen!" schrie Sénécal.

"Wie? Ich glaube doch ..."

"I Gott bewahre! Er hat das Volk nicht geliebt!"

Dann ging die Unterhaltung auf die Zeitereignisse über: Die spanischen Heiraten, die Verschwendungen Rocheforts, das neue Kapitel von Saint Denis, was eine Verdoppelung der Steuern zur Folge haben würde. Nach Sénécals Ansicht zahlte man jetzt schon gerade genug! "Und wofür, großer Gott? Um den ausgestopften Affen Museumspaläste zu bauen, auf unseren Plätzen glänzende Regimenter paradieren zu lassen und unter den Dienern des Schlosses ein gothisches Zeremoniell aufrechtzuerhalten."

"Ich habe in der ›Mode‹ gelesen," sagte Cisy, "daß auf dem Tuilerienballe am Sankt-Ferdinandstag alle Welt als Harlekin verkleidet war."

"Wenn das nicht jammervoll ist!" schrie der Sozialist mit einer Gebärde des Ekels.

"Und das Versailler Museum," rief Pellerin, "sprechen wir mal von dem! Diese Dummköpfe haben einen Delacroix abgeschnitten und einen Gros verlängert! Im Louvre hat man an allen Bildern herumgekratzt und so viel an ihnen restauriert und mit ihnen geschachert, daß in zehn Jahren vielleicht keines mehr übrig sein wird! Über die Fehler im Katalog hat ein Deutscher ein ganzes Buch geschrieben! Meiner Treu, die Fremden machen sich über uns lustig!"

"Ja, wir sind das Gespött Europas," sagte Sénécal.

"Weil die Kunst die Vasallin der Krone ist!"

"Solange ihr nicht die Volksabstimmung haben werdet ..."

"Erlauben Sie!" schrie der Künstler, der seit zwanzig Jahren von allen Ausstellungen zurückgewiesen worden war. "Die Regierung soll uns in Ruhe lassen! Ich für meine Person verlange, daß die Kammer über die Kunstinteressen bestimme! Ein Lehrstuhl der Ästhetik sollte errichtet werden, mit einem Professor, der gleichzeitig praktischer Mann und Philosoph ist, und der es hoffentlich zuwege bringt, die Menge zu leiten. Sie täten gut, Hussonnet, das einmal in Ihrer Zeitung anzuregen!"

"Sind denn die Zeitungen frei? Sind wir es?" rief Deslauriers aufgeregt. "Wenn man bedenkt, daß vielleicht achtundzwanzig Formalitäten nötig sind, um ein kleines Schiff auf einen Fluß bringen zu können, bekommt man beinahe Lust, zu den Menschenfressern zu flüchten! Die Regierung verschlingt uns mit Haut und Haar! Alles gehört ihr, die Philosophie, das Recht, die Künste, die freie Luft; und Frankreich röchelt wie ein Sterbender unter dem Stiefel des Gendarmen und der Soutane des Pfaffen!"

Der zukünftige Mirabeau schüttete so seine Galle aus. Endlich ergriff er sein Glas, erhob es und rief mit blitzenden Augen, den Arm in die Seite gestemmt:

"Ich trinke auf die vollständige Zerstörung der gegenwärtigen Gesellschaftsordnung, alles dessen, was Privileg, Monopol, Verwaltung, Hierarchie, Autorität, Staat heißt!" Mit Donnerstimme schloß er: "die ich zermalmen möchte wie dieses hier!", wobei er das schöne gestielte Glas auf den Tisch schleuderte, daß es in tausend Splitter zerbrach.

Alle jubelten stürmischen Beifall, namentlich Dussardier.

Der Anblick von Ungerechtigkeiten war geeignet, Dussardier in die heftigste Aufregung zu versetzen. Er sorgte sich um Barbès, er gehörte zu den Leuten, die es riskieren, unter die Räder zu kommen, um gestürzten Pferden zu helfen. Seine Gelehrsamkeit beschränkte sich auf zwei Werke, eines betitelt: Die Verbrechen der Könige, das andere: Die Geheimnisse des Vatikans. Er hatte dem Advokaten mit offenem Munde, voller Entzücken zugehört. Endlich konnte er nicht länger an sich halten.

"Was ich Louis-Philippe vorwerfe, ist, daß er die Polen im Stiche läßt!"

"Erlauben Sie," erwiderte Hussonnet. "Vor allem existiert Polen überhaupt nicht, es ist lediglich eine Erfindung von Lafayette! Alle Polen stammen aus dem Faubourg St. Marceau, denn die echten sind schon mit Poniatowski ertrunken." Kurz, "darauf falle er nicht mehr herein," er hätte den Schwindel schon lange durchschaut. Das wäre dasselbe wie die Seeschlange, der Widerruf des Edikts von Nantes und "dies alte Märchen von der Bartholomäusnacht."

Sénécal wandte sich, ohne die Polen zu verteidigen, gegen die letzten Worte des Literaten. Man hätte die Päpste verleumdet, die schließlich das Volk verteidigt hatten, und er nannte die Liga die "Morgenröte der Demokratie, eine große Gleichheitsbewegung gegen die Einzelwesenheit der Protestanten".

Diese Ideen überraschten Frédéric etwas. Cisy langweilten sie wahrscheinlich, denn er brachte die Unterhaltung auf die lebenden Bilder des Gymnase, die damals eine große Attraktion bildeten.

Sénécal war durch das letztere tief betrübt. Solche Schaustellungen verderben die Töchter der Proletarier, die dann einen unverschämten Luxus zur Schau tragen.

Deshalb gab er auch durchaus den bayerischen Studenten recht, die Lola Montez vertrieben hatten. Ganz wie Rousseau schätzte er die Frau eines Kohlenbrenners mehr als die Maitresse eines Königs.

"Die Trauben hängen Ihnen zu hoch!" erwiderte Hussonnet hochmütig. Und er nahm die Partei dieser Damen, da er dabei an Rosanette dachte. Dann, als er von dem Balle bei ihr und von Arnoux sprach, sagte Pellerin:

"Man spricht davon, daß es mit ihm sehr unsicher steht?"

Der Bilderhändler hatte soeben einen Prozeß wegen seiner Terrains in Belleville führen müssen, gegenwärtig war er an einer bretonischen Kaolin-Gesellschaft mit anderen Spekulanten interessiert.

Dussardier wußte Näheres darüber, denn sein Chef, Herr Moussinot, hatte sich bei dem Bankier Oscar Lefevre über Arnoux erkundigt; dieser hatte geantwortet, daß man ihn für wenig solide halte, und daß er ewig in Geldverlegenheit sei.

Das Dessert war beendet; man ging in den Salon, der im Stile Louis XVI. möbliert und wie der der Marschallin mit gelbem Damast ausgeschlagen war.

Pellerin tadelte Frédéric, daß er nicht lieber den neugriechischen Stil gewählt habe; Sénécal rieb Streichhölzer an den Tapeten an, Deslauriers sagte nichts. In der Bibliothek machte er dagegen Bemerkungen, er nannte sie eine Bibliothek für kleine Mädchen. Die meisten zeitgenössischen Schriftsteller waren darin vertreten. Es war unmöglich, von ihren Werken zu sprechen, denn Hussonnet erzählte sofort Anekdoten von ihnen, kritisierte ihre Persönlichkeiten, ihre Sitten, ihre Kostüme, lobte die wenig hervorragenden Geister darunter in übertriebener Weise, setzte die bedeutenderen herab und jammerte selbstverständlich über die moderne Dekadenz. Eine einzige Dorfromanze enthielte allein mehr Poesie als alle Lyriker des neunzehnten Jahrhunderts; Balzac wäre überschätzt, Byron ausgepumpt, Hugo verstände nichts vom Theater und so weiter.

"Warum", fragte Sénécal, "haben Sie nicht die Werke unserer Arbeiterdichter?"

Auch Herr von Cisy, der sich mit Literatur beschäftigte, wunderte sich, auf dem Tische Frédérics "einige dieser neuen Physiologien, die Physiologie des Rauchers, die des Anglers, die des Zollbeamten" zu vermissen.

Sie stichelten ihn derart, daß er Lust bekam, sie hinauszusetzen. "Aber ich bin doch zu dumm." Er nahm Dussardier beiseite und fragte ihn, ob er ihm nicht in irgendeiner Weise nützlich sein könne.

Der gute Bursche war ganz gerührt; mit seiner Kassiererstelle hatte er nichts nötig.

Dann zog Frédéric Deslauriers in sein Zimmer, und während er zweitausend Franken aus seinem Schreibtisch nahm, sagte er:

"Hier, mein Junge, nimm das! Das ist der Rest meiner alten Schulden ..."

"Und ... die Zeitung?" sagte der Advokat. "Du weißt ja, daß ich mit Hussonnet darüber gesprochen habe."

Auf Frédérics Antwort, daß er momentan "ein wenig knapp" sei, lächelte der andere hämisch.

Nach den Likören wurde Bier getrunken, nach dem Bier Grog, und man zündete neue Pfeifen an. Endlich, um fünf Uhr abends, verabschiedeten sich alle; sie gingen stumm nebeneinander her, als Dussardier plötzlich sagte, daß Frédéric sie glänzend aufgenommen habe. Darin stimmten sie überein.

Hussonnet fand das Frühstück nur ein wenig zu schwer. Sénécal kritisierte die Seichtheit der Einrichtung. Cisy dachte ähnlich; die "Individualität" fehlte vollständig.

"Ich finde," sagte Pellerin, "daß er wohl hätte ein Bild bei mir bestellen können."

Deslauriers schwieg und hielt die neuen Banknoten in seiner Hosentasche fest.

Frédéric war allein geblieben. Er dachte an seine Freunde und fühlte, daß etwas wie ein breiter dunkler Graben ihn von ihnen trennte. Trotzdem er ihnen mit ausgestreckten Händen entgegengetreten war, hatten sie die Freimütigkeit seines Herzens nicht erwidert.

Er erinnerte sich der Reden Pellerins und Dussardiers über Arnoux. Sicher war das eine Erfindung, eine Verleumdung! Aber warum? Im Geiste sah er Frau Arnoux ruiniert, weinend, ihre Möbel verkaufend. Dieses Bild quälte ihn die ganze Nacht; am nächsten Morgen ging er zu ihr.

Da er nicht die richtige Gelegenheit fand, ihr mitzuteilen, was er gehört hatte, fragte er sie gesprächsweise, ob Arnoux immer noch seine Terrains in Belleville habe.

"Ja, immer noch."

"Ist er augenblicklich in einer bretonischen Kaolingesellschaft engagiert?"

"Jawohl."

"Seine Fabrik geht gut, nicht wahr?"

"Aber gewiß ... ich vermute es."

Da er zögerte, sagte sie:

"Was haben Sie denn? Sie jagen mir Angst ein!"

Er erzählte ihr von den Geldverlegenheiten, über die man gesprochen hatte. Sie senkte den Kopf und sagte:

"Ich habe es geahnt."

In der Tat hatte Arnoux, um eine gute Spekulation zu machen, abgelehnt, seine Terrains zu verkaufen, und sich viel Geld darauf geborgt, dann später keine Käufer dafür gefunden und geglaubt, durch Errichtung einer Fabrik sich wieder herausarbeiten zu können. Die Kosten hatten die Bauanschläge überschritten. Mehr wußte sie nicht, denn er wich jeder Frage aus und behauptete fortgesetzt, daß alles "sehr gut ginge".

Frédéric versuchte, sie zu beruhigen. Vielleicht waren das nur momentane Verlegenheiten. Übrigens würde er sie benachrichtigen, wenn er etwas erfahren sollte.

"Nicht wahr? Sie versprechen mir das?" sagte sie, indem sie mit einer entzückenden Gebärde der Hilflosigkeit die Hände ineinanderschlang.

Er konnte ihr also nützlich sein. Und der Weg zu ihrer Freundschaft, ihrem Herzen war gefunden!

Arnoux erschien.

"Ah, das ist nett von Ihnen, daß Sie mich zum Essen abholen kommen!"

Frédéric erwiderte nichts darauf.

Arnoux sprach von gleichgültigen Dingen, dann teilte er seiner Frau mit, daß er spät nach Hause kommen würde, da er sich mit Herrn Oudry verabredet habe.

"Bei ihm?"

"Natürlich, bei ihm."

Beim Hinuntergehen gestand er, daß er mit der Marschallin, die einen freien Abend hätte, ein paar lustige Stunden im Moulin-Rouge verbringen wolle, und da er stets einen Zuhörer für seine Redeergüsse brauchte, schleppte er Frédéric bis vor das Haus Rosanettes.

Anstatt hineinzugehen, blieb er auf dem Trottoir stehen und beobachtete die Fenster des zweiten Stockes. Plötzlich wurden die Vorhänge auseinandergezogen.

"Ah, bravo! Der alte Oudry ist nicht mehr da. Gute Nacht!"

Es war also der alte Oudry, der sie unterhielt? Frédéric wußte nicht mehr, was er davon denken sollte.

Von diesem Tage an wurde Arnoux noch herzlicher als früher gegen ihn, er lud ihn bei seiner Geliebten zum Essen ein, und bald verkehrte Frédéric gleichzeitig in beiden Häusern.

Dasjenige Rosanettes belustigte ihn. Man ging abends, wenn man aus dem Klub oder aus dem Theater kam, hin, man trank eine Tasse Tee und spielte Lotto; am Sonntag stellte man Charaden dar; Rosanette, die ausgelassener als die anderen war, zeichnete sich durch die drolligsten Einfälle aus, wie auf allen Vieren laufen oder mit einer Baumwollkappe herumspazieren. Wenn sie die Vorübergehenden vom offenen Fenster aus beobachtete, setzte sie sich einen Hut von gummiertem Leder auf; sie rauchte aus einem Tschibuk und sang Tiroler Lieder. Nachmittags, wenn sie müßig ging, schnitt sie Blumen aus einem Stück persischer Leinwand aus, die sie dann an die Fensterscheiben klebte, beschmierte ihre Hündchen mit Schminke, verbrannte Räucherkerzen oder legte Karten. Unfähig, einem Verlangen zu widerstehen, mußte sie irgendeine Nippsache, die sie gesehen hatte, unter allen Umständen besitzen; sie hatte keine Ruhe, bis sie sie gekauft hatte, um sie dann wieder umzutauschen; sie verschleuderte die Stoffe, verlor ihre Schmucksachen und hätte ihr Hemd für eine Theaterloge hergegeben. Oft bat sie Frédéric, ihr ein Wort zu erklären, das sie gelesen hatte; ohne seine Antwort abzuwarten, sprang sie dann sofort auf eine andere Idee über, indem sie von der einen Frage auf hundert andere kam. Nach Heiterkeitsstürmen zeigte sie sich in kindischen Zornanfällen, oder sie träumte vor sich hin, auf dem Fußboden vor dem Ofen sitzend, mit gesenktem Kopf und das Knie zwischen beiden Händen, regungsloser als eineNatter im Winterschlaf. Ohne weiteres Nachdenken machte sie in seiner Gegenwart Toilette, langsam zog sie ihre seidenen Strümpfe an, dann wusch sie sich das Gesicht mit großer Wasserverschwendung, wobei sie den Oberkörper wie eine erschauernde Najade zurückbog; und das Lachen ihrer weißen Zähne, das Blitzen ihrer Augen, ihre Schönheit, ihre Lustigkeit blendeten Frédéric und peitschten seine Nerven.

Frau Arnoux fand er fast stets dabei beschäftigt, ihren Kleinen im Lesen zu unterrichten, oder hinter dem Stuhle Marthas stehend, die Tonleitern übte; wenn sie mit einer Handarbeit beschäftigt war, machte es ihm große Freude, ab und zu ihre Schere aufheben zu können. Alle ihre Bewegungen waren von einer ruhigen Majestät, ihre kleinen Hände schienen dazu geschaffen, die Blumen des Trostes auszustreuen und Tränen zu trocknen; und ihre Stimme, von Natur etwas klanglos, hatte zuweilen schmeichelnde Accente, die leicht wie ein Hauch waren.

Sie war keine exaltierte Literaturschwärmerin, aber ihr Geist entzückte durch einfache und klare Urteile. Sie liebte das Reisen, das Windesrauschen im Walde und ging für ihr Leben gern mit bloßem Kopf im Regen spazieren. Frédéric hörte alles dieses mit Entzücken an, da er darin den Anfang einer Hingebung zu entdecken glaubte.

Der Umgang mit diesen beiden Frauen wirkte auf ihn wie zwei Melodien: die eine ausgelassen, hinreißend, belustigend, die andere ernst und fast religiös; zugleich ertönend, schwollen sie fortwährend an und gingen nach und nach ineinander über; – denn wenn er nur den Finger von Frau Arnoux berührte, drängte sich sofort das Bild der anderen seinem Verlangen auf, weil er nach dieser Richtung eine weniger entfernte Chance hatte; – und wenn er in Rosanettes Gesellschaft ernster war, so rief er sich sofort seine große Liebe ins Gedächtnis zurück.

Zu dieser Vermischung wurde er auch durch Ähnlichkeiten in beiden Wohnungen gereizt. Eine der Truhen, die man früher im "Kunstgewerbe" gesehen hatte, schmückte jetzt Rosanettes Speisesaal, die andere den Salon der Frau Arnoux. In beiden Häusern war das Tischservice das gleiche, sogar dieselben Schutzdecken lagen auf den Lehnsesseln; eine Menge kleiner Geschenke, Wandschirme, Kasten, Fächer gingen und kamen von der Gattin zu der Maitresse, denn Arnoux nahm häufig ohne das geringste Bedenken der einen wieder weg, was er ihr geschenkt hatte, um es der anderen zu geben.

Die Marschallin amüsierte sich mit Frédéric über diese schlechten Manieren. Eines Sonntags nach dem Diner zog sie ihn in einen Winkel und zeigte ihm in

Arnoux' Überrock eine Tüte mit Kuchen, die er bei Tische hatte verschwinden lassen, zweifellos, um seine Kleinen damit zu beschenken. Arnoux beging aber auch Streiche, die hart an Gemeinheiten streiften. Er hielt es für seine Pflicht, das Zollamt zu betrügen, er ging nie mit einer bezahlten Karte ins Theater und wollte sich immer mit einem Billett niederer Kategorie auf einen besseren Platz einschmuggeln; als einen vorzüglichen Witz erzählte er, daß er im Schwimmbad einen Hosenknopf statt eines Zehnsousstückes in die Büchse des Dieners stecke, was aber die Marschallin nicht hinderte, ihn zu lieben.

Eines Tages sagte sie jedoch, indem sie von ihm sprach:

"Ah, auf die Dauer wird er mir langweilig! Ich habe genug von ihm! Meiner Treu, ich finde auch noch einen anderen!"

Frédéric glaubte, daß der "andere" bereits gefunden sei und Oudry heiße.

"Nun," sagte Rosanette, "und wenn –?"

Mit Tränen in der Stimme fuhr sie fort:

"Ich verlange doch so wenig von ihm und kann es nicht erreichen! Er ist ein Filz! Nur im Versprechen ist er groß!"

Er hatte ihr sogar ein Viertel seines Gewinnes aus den famosen Kaolinminen versprochen, von dem aber ebensowenig etwas zu sehen war wie von dem Kaschmirshawl, mit dem er sie seit sechs Monaten köderte.

Frédéric dachte sofort daran, ihr den Shawl zu schenken. Arnoux hätte das aber für eine Zurechtweisung halten und böse werden können.

Trotzdem war er ein guter Kerl, seine Frau selbst sagte das; aber so verrückt! Anstatt wie früher jeden Tag Leute zum Essen mit nach Hause zu bringen, bewirtete er jetzt seine Bekannten im Restaurant. Er kaufte vollständig unnütze Dinge, wie goldene Ketten, Uhren und Haushaltungsgegenstände. Frau Arnoux zeigte es Frédéric: auf dem Korridor stand ein enormer Vorrat von Kochkesseln, Fußwärmern und Samovars. Endlich gestand sie ihm eines Tages, aufs höchste beunruhigt, daß Arnoux sie hatte einen Wechsel, der an die Ordre des Herrn Dambreuse gestellt war, unterschreiben lassen.

In all dieser Zeit hatte Frédéric, in einem gewissen Schamgefühl gegen sich selbst, seine literarischen Projekte nicht fallen gelassen. Er wollte, als Frucht seiner Unterhaltungen mit Pellerin, eine Geschichte der Ästhetik schreiben, dann verschiedene Epochen der französischen Revolution dramatisieren und eine große Komödie dichten, zu der ihn Deslauriers und Hussonnet indirekt anregten. Inmitten seiner Arbeit tauchte häufig das Gesicht einer der beiden Frauen vor ihm auf; er kämpfte gegen das Verlangen, sie zu sehen, an, und unterlag schließlich; wenn er dann von Frau Arnoux zurückkam, war er nur noch mißgestimmter.

Eines Morgens, als er wieder mit melancholischen Gedanken am Kamin saß, erschien Deslauriers. Die aufrührerischen Reden Sénécals hatten seinen Brotherrn beunruhigt, und wieder einmal war er ohne Hilfsmittel.

"Was soll ich dabei tun?" fragte Frédéric.

"Nichts! Ich weiß ja, daß du kein Geld hast. Aber es würde dir doch nichts ausmachen, ihm eine Stellung zu verschaffen, sei es bei Herrn Dambreuse oder vielleicht bei Arnoux?"

Dieser konnte vielleicht Ingenieure in seiner Fabrik verwenden. Frédéric hatte eine Eingebung: Sénécal könnte ihn benachrichtigen, wann der Mann abwesend ist, Briefe übermitteln und ihm bei tausend Anlässen nützen. Unter Männern leistet man sich derartige Dienste. Übrigens würde er ihn zu verwenden wissen, ohne daß er selbst es bemerken sollte. Der Zufall bot ihm einen Hilfsgenossen, das war ein gutes Vorzeichen, er mußte also die Gelegenheit beim Schopfe nehmen; mit gespielter Gleichgültigkeit antwortete er, daß die Sache vielleicht zu machen sei, und daß er sich damit beschäftigen werde.

Dies tat er dann auch sofort. Arnoux mühte sich fürchterlich in seiner Fabrik ab. Er suchte das chinesische Kupferrot, aber seine Farben verflüchtigten sich durch das Brennen. Um die Risse in seinen Fayencen zu vermeiden, vermischte er die Tonerde mit Kalk, aber die meisten Stücke brachen infolgedessen, die Emailmalereien verdarben, seine großen Platten warfen sich, und da er diese Mißerfolge der schlechten Ausrüstung seiner Fabrik zuschrieb, wollte er sich andere Maschinen und andere Trockenkammern anschaffen. Daran erinnerte sich Frédéric, und er fing damit an, daß er ihm sagte, er hätte einen tüchtigen Mann entdeckt, der wohl imstande sein dürfte, das berühmte Rot zu finden. Arnoux sprang vor Überraschung in die Höhe, dann, nachdem er Frédéric angehört hatte, sagte er, daß er niemanden brauche.

Frédéric strich die wunderbaren Kenntnisse Sénécals heraus, der gleichzeitig Ingenieur, Chemiker und Buchhalter und vor allem ein Mathematiker ersten Ranges sei.

Der Fayence-Fabrikant war bereit, ihn zu sehen.

Als sie zusammenkamen, feilschten sie über die Höhe des Gehalts. Frédéric legte sich ins Mittel, und es gelang ihm am Ende der Woche, sie zu einem passenden Abkommen zu bringen.

Da die Fabrik in Creil gelegen war, konnte ihm Sénécal jedoch nichts nützen. Dieser so naheliegende Gedanke entmutigte ihn wie ein unvorhergesehenes Mißgeschick.

Er dachte: je mehr Arnoux seiner Frau sich entfremdete, desto größere Aussichten werde er bei ihr haben. Darum fing er an, bei ihm für Rosanette Partei zu nehmen, er hielt ihm seine Fehler gegen sie vor, erzählte ihm ihre verhüllten Drohungen von damals und sprach sogar von dem Kaschmirshawl, ohne zu verschweigen, daß sie ihn des Geizes beschuldigte.

Arnoux, den dies verletzte (außerdem begann er, besorgt zu werden), brachte Rosanette den Kaschmir, zankte aber mit ihr, weil sie sich bei Frédéric beklagt hatte; da sie erwiderte, daß er hundertmal an sein Versprechen erinnert worden sei, gab er vor, daß er zu viel im Kopfe und deshalb nicht mehr daran gedacht habe.

Am folgenden Tage ging Frédéric zu ihr. Obwohl es schon zwei Uhr war, lag die Marschallin noch im Bett; am Kopfende hatte Delmar vor einem Tischchen Platz genommen und war damit beschäftigt, eine Gänseleber zu vertilgen. Sie rief, als sie ihn sah, schon von weitem: "Ich habe ihn, ich habe ihn!" Dann nahm sie seinen Kopf bei den Ohren und küßte ihn auf die Stirn, indem sie ihm dankte, ihn duzte und sogar auf ihrem Bett sitzen lassen wollte. Ihre hübschen zärtlichen Augen sprühten, ihre feuchten Lippen lächelten, ihre beiden runden Arme leuchteten aus dem ärmellosen Hemd, und zeitweilig fühlte er durch den Batist die festen Formen ihres Körpers. Delmar saß da und rollte die Augen.

"Nein, aber wirklich, meine Liebe! ..."

Die folgenden Male war es stets dasselbe. Sobald Frédéric eintrat, stieg sie auf einen Schemel, damit er sie bequemer umarmen könne, nannte ihn Liebling oder ihr Herzblatt, steckte ihm eine Blume ins Knopfloch und zupfte seine Krawatte zurecht, und diese Zärtlichkeiten verdoppelte sie noch, wenn Delmar anwesend war.

Waren das Aufforderungen? Frédéric glaubte es. Was das Betrügen eines Freundes anlangte, so würde sich Arnoux an seiner Stelle auch nicht genieren, und gegen seine Maitresse brauchte er wohl nicht so tugendhaft zu sein, wie er es stets gegen seine Frau gewesen war; denn dies – tugendhaft – glaubte er gewesen zu sein, oder er wollte es sich selbst glauben machen, um seine ungeheure Feigheit zu rechtfertigen. Dabei fand er sich aber doch auch blöde, und so beschloß er, bei der Marschallin resolut vorzugehen.

Eines Nachmittags, als sie vor ihrer Kommode in gebückter Haltung beschäftigt war, näherte er sich ihr mit einer Bewegung, die so wenig mißzuverstehen war, daß sie sich tief errötend aufrichtete. Er ließ nicht nach, worauf sie in Tränen ausbrach und sagte, daß sie zwar unglücklich wäre, daß das aber kein Grund sei, sie zu verachten.

Er erneuerte seine Versuche. Sie schlug jetzt einen anderen Ton an; sie lachte immer. Er hielt es für schlau, ebenso zu antworten und sie darin zu übertrumpfen. Aber seine Lustigkeit war zu forciert, als daß sie das hätte für bare Münze nehmen können; und gerade ihre Freundschaft war es, durch die sich jede ernstere Gefühlserklärung ausschloß. Am Ende, eines Tages, sagte sie, daß sie die Reste einer anderen verschmähe.

"Welcher anderen?"

"Nun ja! Geh nur zu Frau Arnoux zurück!"

Frédéric hatte nun allerdings viel von ihr gesprochen, und Arnoux seinerseits hatte dieselbe Gewohnheit; schließlich machte es sie ungeduldig, immer diese Frau rühmen zu hören; und ihre Verdächtigung war eine Art Rache.

Frédéric trug ihr dies nach.

Sie aber hörte nicht auf, ihn stark herauszufordern. Manchmal nahm sie die Pose der Erfahrenen an und sprach von der Liebe so verächtlich und mit einem so häßlichen Lächeln, daß es ihn hätte reizen können, sie zu ohrfeigen. Eine Viertelstunde später behauptete sie, daß die Liebe die einzige "Sache" wäre, die es auf der Welt gäbe, und die Arme auf der Brust kreuzend, wie um jemanden an sich zu drücken, murmelte sie: "Ach, die Liebe ist so schön!", mit halbgeschlossenen Augenlidern und wie dahinschmelzend vor Wonne. Es war unmöglich, sich in ihr auszukennen und etwa zu wissen, ob sie Arnoux wirklich liebte; sie machte sich über ihn lustig, und doch schien sie seinetwegen eifersüchtig. Dasselbe war mit der Vatnaz, welche sie eine Elende und dann wieder ihre beste Freundin nannte. Kurz, über ihrer ganzen Person bis zu ihrem Chignon, den sie hochgekämmt trug, lag etwas Undefinierbares, das einer Herausforderung glich; – er mußte sie haben, schon um des Vergnügens willen, sie besiegen und beherrschen zu können.

Wie aber das anfangen? Denn meistens schickte sie ihn ohne jede Entschuldigung wieder fort, indem sie für eine Minute zwischen zwei Türen erschien, um ihm zuzuflüstern: "Ich bin beschäftigt – heute abend"; oder er fand sie umgeben von einem Dutzend Menschen; und wenn sie allein waren, so hätte man Wetten darauf abschließen können, daß fortgesetzt Störungen eintreten würden. Er lud sie zum Diner ein, und immer lehnte sie ab; ein einziges Mal sagte sie zu, kam aber nicht.

Ein spitzfindiger Gedanke tauchte in ihm auf.

Bei Pellerin, der sich ja, wie er durch Dussardier wußte, über seinen Mangel an Interesse beklagte, wollte er ein Porträt der Marschallin bestellen, ein lebensgroßes Bild, das viele Sitzungen nötig machen würde; die gewohnheitsmäßige Unpünktlichkeit des Künstlers würde ihm dabei ein häufiges Tête-à-tête mit ihr ermöglichen. Er beredete also Rosanette, sich malen zu lassen, um ihr Bild ihrem teueren Arnoux zu verehren. Sie stimmte zu, denn sie sah sich bereits inmitten der Großen Ausstellung, auf dem Ehrenplatz, dicht umlagert; die Zeitungen würden darüber schreiben, was sie mit einem Schlage "lancieren" müßte.

Was Pellerin betraf, so nahm er den Vorschlag mit Freude an. Dieses Bild sollte ihn zum großen Mann machen, denn es mußte ein Meisterwerk werden.

Er ließ in seinem Gedächtnis alle ihm bekannten Meister Revue passieren und entschied sich schließlich für einen Tizian, der noch durch Züge à la Veronese gehoben werden sollte. Demnach würde er sein Bild ohne künstliche Schatten malen, im ungedämpften Licht, das das Fleisch in einen einzigen hellen Ton auflösen und alles übrige leise schimmern lassen sollte.

"Wenn ich ihr", dachte er, "ein rotseidenes Kleid mit einem orientalischen Burnus anziehen würde? Nein, Burnus ist zu gemein! Oder vielleicht blauer Samt auf einem grauen kräftigen Grund? Man könnte ihr dann auch einen weißen Guipurekragen mit einem schwarzen Fächer und im Hintergrund einen scharlachroten Vorhang geben?"

So suchte und überlegte er und erweiterte – zu seiner eigenen Verwunderung – jeden Tag das Bild in seiner Phantasie.

Sein Herz klopfte, als Rosanette, von Frédéric begleitet, zur ersten Sitzung bei ihm erschien. Er ließ sie in der Mitte des Zimmers auf einer Art Estrade sich aufrecht hinstellen; und während er sich über das Licht beklagte und sein früheres Atelier zurückwünschte, wollte er zuerst, daß sie an einen Stock sich lehne, und dann, daß sie auf einem Fauteuil sitze; abwechselnd zurücktretend und näherkommend, um die Falten ihres Kleides richtig zu legen, betrachtete er sie mit halbgeschlossenen Augen und fragte Frédéric um seine Ansicht.

"Nein!" rief er endlich. "Ich komme auf meine erste Idee zurück! Ich male Sie venezianisch!"

Sie würde also ein ponceaurotes Samtkleid mit einem edelsteinbesetzten Gürtel tragen, und ihr weiter hermelingefütterter Ärmel würde ihren nackten Arm sehen lassen, der sich auf das Geländer einer Treppe, die hinter ihr aufsteigt, stützen müßte. Zu ihrer Linken würde eine große Säule bis zum oberen Rande des Bildes reichen und den Ansatz eines Rundbogens sehen lassen. Auf der teppichbedeckten Balustrade müßten in einer silbernen Schale ein Blumenstrauß, ein Rosenkranz aus Bernstein, ein Dolch liegen, und daneben ein Kästchen aus altem, etwas vergilbtem Elfenbein, bis an den Rand mit goldenen Zechinen gefüllt, stehen, von diesen würden einige, hier und da auf dem Boden verstreut, eine Reihe von glänzenden Flecken bilden, und zwar um das Auge auf die Spitze ihres Fußes zu leiten, denn auf der vorletzten Stufe würde sie stehen, in einer natürlichen Stellung und im vollen Licht.

Er schleppte eine Bilderkiste heran, welche er auf die Estrade stellte, um die Treppe zu markieren, dann arrangierte er auf einem Schemel, der die Estrade vorstellen sollte, als Requisiten seine Jacke, einen Schild, eine Sardinenbüchse, eine Federnschachtel, ein Messer; und nachdem er vor Rosanette eine Anzahl Kupfersous ausgestreut hatte, ließ er sie ihre Stellung einnehmen.

"Denken Sie sich, daß diese Dinge Reichtümer und kostbare Geschenke vorstellen. So, den Kopf ein wenig nach rechts! Vorzüglich, aber nur nicht rühren! Diese majestätische Stellung paßt doch ausgezeichnet zu dem Genre Ihrer Schönheit?"

Sie trug ein schottisches Kleid mit einem großen Muff und mußte sich Mühe geben, nicht zu lachen.

"Was die Haartracht anlangt, so werden wir eine Schnur Perlen hineinflechten, das macht sich in roten Haaren immer gut."

Die Marschallin sagte empört, daß sie keine roten Haare habe.

"Lassen Sie nur gut sein! Das Rot der Maler ist nicht das der Spießbürger!"

Er begann, die Verteilung der Farbenflächen zu skizzieren; dabei war er in Gedanken so sehr bei den großen Meistern der Renaissance, daß er von ihnen zu sprechen begann. Eine Stunde lang träumte er laut von diesen herrlichen Existenzen, von ihrem Genie, ihrem Ruhm, ihrem Luxus; er schwärmte von ihren triumphalen Einzügen in den Städten und von ihren Festen bei Fackelschein in der Gesellschaft halbnackter, ideal schöner Frauen.

"Sie wären dazu geschaffen gewesen, in diesem Zeitalter zu leben. Ein Geschöpf wie Sie hätte einen Grandseigneur verdient!"

Rosanette fand diese Komplimente sehr artig. Man vereinbarte den Tag der nächsten Sitzung; Frédéric übernahm es, die Requisiten mitzubringen.

Da die Hitze des Ofens sie etwas betäubt hatte, gingen sie zu Fuß durch die Rue du Bac zurück und kamen auf den Pont Royal heraus.

Das Wetter war schön; herbe und reine Luft wehte. Die Sonne senkte sich; einige Fenster in der inneren Stadt glänzten von ferne wie goldene Streifen, während rechts im Hintergrund die Türme von Notre-Dame sich düster von dem blauen Himmel und dem graudunstigen Horizont abhoben. Da es Mittag wurde und Rosanette erklärte, daß sie hungrig sei, traten sie in die Englische Konditorei ein.

Junge Frauen mit ihren Kindern standen an dem Marmorbüfett, wo unter Glasglocken eine Menge Teller mit kleinen Kuchen aufgereiht waren; Rosanette verschlang zwei Sahnentörtchen. Der Streuzucker saß wie ein Schnurrbart an ihren Mundwinkeln. Von Zeit zu Zeit zog sie ihr Taschentuch aus dem Muff, um ihn abzuwischen; ihr Gesicht glich unter ihrer grünseidenen Kapotte einer Rose, die zwischen Blättern erblüht.

Sie gingen weiter; in der Rue de la Paix blieb sie vor der Auslage eines Juweliers stehen, um ein Armband zu betrachten; Frédéric wollte es ihr schenken.

"Nein," sagte sie, "behalte dein Geld."

Das verletzte ihn.

"Was hat denn der gute Junge? Er ist beleidigt!"

Die Unterhaltung spann sich so wieder an, und er kam wie gewöhnlich auf seine Liebesbeteuerungen.

"Du weißt, daß das unmöglich ist!"

"Warum?"

"Ach, weil ..."

Sie gingen dicht nebeneinander, sie auf seinen Arm gestützt, und die Volants ihres Kleides streiften seine Beine. Dabei dachte er an eine winterliche Abenddämmerung, wo auf demselben Trottoir Frau Arnoux ebenso an seiner Seite gegangen war; und die Erinnerung beschäftigte ihn derart, daß er Rosanette kaum mehr bemerkte und nicht mehr an sie dachte.

Sie sah traumverloren vor sich hin, indem sie sich gleich einem trägen Kinde ein wenig schleppen ließ. Es war die Stunde der Rückkehr aus dem Bois, und eine

Menge Equipagen fuhren im scharfen Trab an ihnen vorüber. Die Schmeicheleien Pellerins fielen ihr zweifellos wieder ein, sie stieß einen Seufzer aus und sagte:

"Ach, gibt es doch glückliche Menschen! Ich bin entschieden für einen reichen Mann geschaffen ..."

Er versetzte in brutalem Tone:

"Sie haben doch einen," (denn Herr Oudry galt für einen dreifachen Millionär).

Sie wünschte nichts sehnlicher, als ihn loszuwerden.

"Wer hindert Sie daran?"

Er erging sich in bitterem Spott über diesen alten Spießbürger und seine Perücke, um ihr zu beweisen, daß eine solche Liaison ihrer unwürdig sei, und daß sie abbrechen müßte!

"Ja," erwiderte die Marschallin, wie mit sich selbst sprechend. "Das wird ja auch schließlich das sein, was ich tun werde."

Frédéric war von dieser Uneigennützigkeit entzückt. Sie begann langsamer zu gehen, er glaubte, daß sie ermüdet sei. Sie weigerte sich hartnäckig, einen Wagen zu benutzen, vor ihrer Tür verabschiedete sie sich von ihm, indem sie ihm eine Kußhand zuwarf.

"Wie schade! Und da gibt es Dummköpfe, die mich reich nennen!"

Er war verstimmt, als er nach Hause kam.

Hussonnet und Deslauriers erwarteten ihn.

Der Bohème saß am Tische und zeichnete Türkenköpfe, der Advokat lag mit seinen schmutzigen Stiefeln auf dem Sofa und erwachte eben aus dem Schlummer.

"Endlich," rief er. "Aber was für ein düsteres Gesicht machst du! Kannst du mich überhaupt anhören?"

Seine Beliebtheit als Hilfslehrer war im Abnehmen, denn er stopfte seine Schüler mit Theorien voll, die ihnen bei ihren Prüfungen schadeten. Er hatte zwei- oder dreimal verteidigt und den Prozeß verloren; jede neue Enttäuschung brachte ihn wieder seinem alten Traum näher, eine Zeitung zu gründen, in der er eine Tribüne hätte, Rache nehmen und seiner Wut und seinen Ideen Ausdruck geben könnte. Geld und Ansehen würden von selbst nachfolgen. In dieser Hoffnung machte er dem Bohème den Hof, da Hussonnet ja ein Blatt besaß.

Momentan druckte er dies auf rosa Papier; er erfand Neuigkeiten, komponierte Rebusse, versuchte, Polemiken in Gang zu bringen, und wollte sogar (in seinem Lokal) Konzerte veranstalten. Ein Jahresabonnement "gewährte das Recht auf einen Parkettplatz in einem der ersten Pariser Theater; außerdem übernahm das Blatt es, den Fremden alle wünschenswerten Auskünfte künstlerischer und anderer Art zu geben." Dessenungeachtet machte der Drucker Schwierigkeiten, ebenso der Hauswirt, der drei fällige Mieten zu fordern hatte, außerdem gab es noch alle möglichen Hindernisse; und so hätte Hussonnet schließlich die "Kunst" einfach zugrunde gehen lassen, wenn der Advokat ihm nicht täglich Mut gepredigt hätte. Er hatte ihn mitgeschleppt, um seinem Antrag mehr Gewicht zu geben.

"Wir kommen wegen der Zeitung," sagte er.

"Was, du denkst noch daran?" erwiderte Frédéric zerstreut.

"Gewiß, ich denke daran!"

Aufs neue entwickelte er seinen Plan. Durch die Börsenberichte würden sie mit Finanzkreisen in Verbindung kommen und auf diese Weise die zu Kautionen unbedingt erforderlichen hunderttausend Franken erhalten. Aber damit das Blatt in eine politische Zeitung umgewandelt werden könne, mußte man vorher eine große Abnehmerzahl haben und zu diesem Zwecke sich zu einigen Ausgaben entschließen, für Papier, Druckkosten und Bureaux, alles in allem fünfzehntausend Franken.

"Ich bin kein Kapitalist!" sagte Frédéric.

"Und wir?" antwortete Deslauriers, die Arme verschränkend.

Durch diese Haltung verletzt, rief Frédéric:

"Ist das meine Schuld?"

"Ah, ausgezeichnet! Die Herren haben Holz in ihrem Kamin, Trüffeln auf ihrer Tafel, ein gutes Bett, eine Bibliothek, einen Wagen, alle Annehmlichkeiten! Aber daß ein anderer in der Mansarde vor Kälte klappert, für zwanzig Sous zu Mittag ißt, wie ein Sträfling arbeitet und im Elend herumirrt, ist das ihre Schuld?"

Immer wieder rief er dies "Ist das ihre Schuld?" mit einer ciceronianischen Ironie, die nach dem Justizpalast roch. Frédéric wollte ihn unterbrechen.

"Übrigens verstehe ich, man hat aristokratische Bedürfnisse; es ist ja immer so ... irgendeine Frau ..."

"Nun, und wenn es so ist? Bin ich nicht frei?"

"Oh, sehr frei!"

Nach einem kurzen Schweigen:

"Es ist so bequem, Versprechungen zu machen!"

"Mein Gott! Die verleugne ich doch nicht!"

Der Advokat fuhr fort:

"Im Gymnasium schwört man sich, man wird eine Phalanx bilden nach den Mustern der Balzacschen "Dreizehn"! Dann, wenn man sich wiederfindet: Guten Abend, mein Lieber, sieh, daß du weiterkommst! Der, der dem andern dienen könnte, behält sorgfältig alles für sich."

"Was?"

"Jawohl, du hast uns nicht einmal bei den Dambreuse eingeführt!"

Frédéric sah ihn an; mit seinem ärmlichen Überrock, seinen matten Brillengläsern und seinem bleichen Gesicht war der Advokat das Bild des richtigen armen Schullehrers, und Frédéric konnte ein geringschätziges Lächeln nicht unterdrücken. Deslauriers bemerkte dies und errötete.

Er hatte bereits seinen Hut in der Hand, um zu gehen. Hussonnet, der sehr unruhig war, versuchte, ihn mit bittenden Blicken zu besänftigen, und da Frédéric ihm den Rücken zukehrte, sagte er:

"Ernstlich, mein Junge! Seien Sie unser Mäcenas! Beschützen Sie die Künste!"

Mit einer resignierten Bewegung nahm Frédéric plötzlich ein Blatt Papier und gab es ihm, nachdem er einige Zeilen darauf gekritzelt hatte. Das Gesicht des Bohème leuchtete. Dann, Deslauriers den Brief hinreichend, sagte er:

"Entschuldigen Sie sich, mein Herr!"

Auf dem Zettel bat Frédéric seinen Notar, ihm schleunigst fünfzehntausend Franken zu schicken.

"Daran erkenne ich dich wieder!" rief Deslauriers.

"Meiner Treu!" setzte der Bohème hinzu, "Sie sind ein anständiger Kerl, man sollte Sie in die Galerie der großen Wohltäter aufnehmen!"

Der Advokat fuhr fort:

"Du wirst nichts dabei verlieren, die Spekulation ist ausgezeichnet."

"Hol mich der Teufel," rief Hussonnet. "Mit dem Kopf auf dem Schafott bin ich bereit, dafür zu zahlen!"

Er redete so viel Dummheiten und versprach so viele Wunder (an die er vielleicht selbst glaubte), daß Frédéric nicht unterscheiden konnte, ob er sich über die anderen oder über sich selbst lustig machte.

An demselben Abend erhielt er einen Brief seiner Mutter.

Sie wunderte sich, ihn noch nicht als Minister zu sehen, und setzte diese Neckereien noch ein wenig fort. Dann sprach sie von ihrer Gesundheit und teilte ihm mit, daß Herr Roque jetzt zu ihr ins Haus käme. "Seitdem er Witwer ist, finde ich nichts darin, ihn zu empfangen. Louise ist sehr zu ihrem Vorteil verändert." Als Postskriptum folgte: "Du schreibst mir nichts über deine vornehme Bekanntschaft, Herrn Dambreuse; an deiner Stelle würde ich dieselbe ausnützen."

Warum nicht? Die literarischen Ambitionen hatten ihn verlassen, und sein Vermögen, wie er jetzt erkannt hatte, reichte nicht aus; denn nachdem er seine Schulden und die Summe, die er den anderen versprochen hatte, bezahlt hatte, mußte sein Einkommen sich um mindestens viertausend Franken verkleinern! Auch fühlte er das Bedürfnis, aus dieser Existenz herauszukommen und sich an irgend etwas Festes zu klammern. Deshalb sagte er, als er am nächsten Tage bei

Frau Arnoux zu Mittag aß, daß seine Mutter ihn quäle, er solle einen Beruf ergreifen.

"Ich glaubte," antwortete sie, "daß Herr Dambreuse Ihnen verhelfen sollte, in den Staatsrat zu kommen? Das würde sehr gut für Sie passen!"

Sie wollte es also. Er gehorchte.

Der Bankier saß wie das erste Mal vor seinem Schreibtisch und bat ihn mit einer Handbewegung, einige Minuten zu warten, denn ein Herr, der der Tür den Rücken zuwandte, sprach mit ihm über wichtige Dinge. Es handelte sich um Steinkohlen und um eine Fusion mehrerer Gesellschaften.

Ein Bild des Generals Foy und eines von Louis-Philippe hingen rechts und links vom Spiegel; längs der Wandtäfelung türmten sich bis zur Decke Kartons mit Akten auf, außerdem waren nur sechs Strohstühle zu sehen, da Herr Dambreuse für seine Geschäfte keine luxuriöse Umgebung brauchte; ähnlich wie in den düsteren Küchen oft die größten Bankette zubereitet werden. Vor allem fielen Frédéric zwei ungeheure Geldschränke auf, die in Nischen eingemauert standen. Er fragte sich, wieviele Millionen wohl darin Platz haben würden. Der Bankier öffnete einen, und als die Eisentür sich drehte, sah man im Innern nur Hefte in blauem Umschlag.

Endlich ging der Besucher an Frédéric vorüber. Es war der alte Oudry. Beide grüßten errötend, was Herrn Dambreuse zu überraschen schien. Übrigens zeigte er sich außerordentlich liebenswürdig. Nichts wäre leichter, als seinen jungen Freund dem Justizminister zu empfehlen. Man würde nur zu glücklich sein, ihn zu gewinnen; und er krönte seine Höflichkeiten damit, daß er ihn zu einer Soirée an einem der nächsten Tage einlud.

Frédéric stieg in den Wagen, um hinzufahren, als ein Brief der Marschallin bei ihm abgegeben wurde. Beim Licht der Wagenlaterne las er:

"Lieber! Ich habe Ihrem Rate gefolgt und soeben mein Scheusal hinausgeworfen! Von morgen abend an volle Freiheit! Und nun sagen Sie noch einmal, daß ich nicht tapfer bin!"

Nichts weiter! Aber das war natürlich die Aufforderung, den leeren Platz einzunehmen. Er stieß einen Ruf der Überraschung aus, steckte den Brief in seine Tasche und stieg in den Wagen.

Zwei berittene Schutzleute hielten vor dem Hause auf dem Fahrdamm. In den beiden Torwegen brannte eine Reihe Lampions; und im Hofe riefen die Diener den Kutschern zu, bis an den Fuß der Freitreppe unter die Marquise vorzufahren. Dann hörte im Vestibul plötzlich der Lärm auf.

Große Topfgewächse füllten das Treppenhaus; die Porzellankuppeln strahlten ein Licht aus, das wie Flocken weißer Seide auf den Wänden lag; Frédéric stieg rasch die Treppe hinauf. Ein Türsteher rief seinen Namen; Herr Dambreuse reichte ihm die Hand, fast gleichzeitig erschien Frau Dambreuse.

Sie trug ein spitzenbesetztes mauve Kleid, die Locken ihrer Frisur noch üppiger als sonst und nicht ein einziges Schmuckstück.

Um etwas zu sagen, machte sie ihm Vorwürfe, daß er so selten komme. Die Gäste erschienen; zum Gruß neigten sie den Körper zur Seite oder bückten sich tief, einige nickten nur mit dem Kopf; dann zog ein Ehepaar oder eine Familie vorbei, und alle zerstreuten sich im Salon, wo es schon voll war von Menschen.

In der Mitte unter dem Kronleuchter stand ein großes Rundsofa und auf diesem eine Jardinière, deren Blumen sich wie Federbüsche über den Köpfen der im Kreise sitzenden Damen herabbogen; ein Teil der Damen saß auf den Lehnsesseln, die in zwei geraden Linien standen, symmetrisch unterbrochen durch die weiten hellroten Samtgardinen und die hohen Türöffnungen mit vergoldeten Oberschwellen.

Die Gruppe der Herren, die, den Hut in der Hand, auf dem Parkett umherstanden, sah in der Entfernung wie eine schwarze Masse aus, in der die Ordensbändchen hier und da rote Tupfen bildeten, und die durch den Gegensatz der weißen Krawatten noch dunkler erschien. Mit Ausnahme ganz junger Leute mit Flaumbärtchen schienen sich alle zu langweilen; einige Stutzer wiegten sich mit verdrießlicher Miene auf den Hacken. Die grauen Köpfe und Perücken waren in der Mehrzahl; ab und zu leuchtete ein kahler Schädel hervor; die Gesichter, ob sie nun stark gerötet oder blaß waren, zeigten in ihrem welken Aussehen die Spuren ungeheurer Ermüdung – die Anwesenden waren nämlich Politiker oder Geschäftsleute. Herr Dambreuse hatte auch einige Gelehrte, Beamte, zwei oder drei berühmte Ärzte eingeladen und wies mit bescheidener Gebärde die Komplimente über sein Fest oder die Anspielungen auf seinen Reichtum zurück.

Überall gingen Diener mit breiten Goldtressen umher. Die großen Leuchtpfannen strahlten wie Feuergarben von den Wänden aus; ihre Lichter wurden von den Spiegeln zurückgeworfen; und im Hintergrunde des Speisesaales, den eine Jasminhecke abschloß, stand das Büfett und glich dem Hochaltar einer Kathedrale oder einer Goldwaren-Ausstellung, – so bedeckt war es mit silbernen und vergoldeten Schüsseln, Glocken, Bestecken, Löffeln und vielen geschliffenen Kristallgläsern, die in Regenbogenfarben leuchteten. Die drei anderen Salons strotzten von Kunstwerken: Landschaften von berühmten Meistern an den Wänden, Elfenbein und Porzellan auf den Tischen, chinesische Figuren und Vasen auf den Konsolen; lackierte Wandschirme breiteten sich vor den Fenstern aus, Kamelienbüschel schmückten die Kamine, und eine leise Musik erzitterte von ferne, wie das Summen eines Bienenschwarms.

Es bildeten sich nur wenige Quadrillen, die Tänzer schienen, nach der lässigen Art zu urteilen, in der sie ihre Füße nachzogen, nur eine Pflicht zu erledigen. Frédéric hörte Bemerkungen wie:

"Sind Sie auf dem letzten Wohltätigkeitsfest bei den Lamberts gewesen, mein Fräulein?"

"Nein."

"Es wird hier bald heiß werden."

"Ja, es ist jetzt schon zum Ersticken."

"Von wem ist doch diese Polka?"

"Ich kann es Ihnen wirklich nicht sagen, gnädige Frau."

Hinter ihm flüsterten sich drei Herren in einer Fensternische zweideutige Bemerkungen zu, andere plauderten über das Eisenbahnwesen und über den Freihandel, ein Sportsmann erzählte Jagdabenteuer, ein Legitimist und ein Orleanist zankten sich. Von Gruppe zu Gruppe irrend, gelangte er in das Spielzimmer, wo er in einem Kreise gesetzter Männer Martinon erkannte, der, wie er sagte, jetzt der Pariser Staatsanwaltschaft zugeteilt war.

Sein dickes wachsfarbenes Gesicht war in würdevoller Weise von einem Bartstreifen eingerahmt, der ein Wunderwerk war, so gleichförmig waren die schwarzen Haare geordnet; und in der beliebten "richtigen Mitte" zwischen der Eleganz, zu der seine Jahre neigten, und der Würde, die sein Beruf erforderte, steckte er zuerst den Daumen nach der Gewohnheit der Stutzer in den Achselausschnitt seiner Weste, dann die Hand zwischen die Knöpfe derselben, nach der Art der Doktrinäre. Er trug übertrieben glänzende Lackschuhe, hatte aber die Schläfen rasiert, um sich eine Denkerstirn zu verschaffen. Nachdem sie einige kühle Worte gewechselt hatten, wandte er sich wieder zu seiner Gruppe. Ein Hauseigentümer sagte:

"Das ist eine Klasse von Menschen, die an den Umsturz der Gesellschaftsordnung denkt!"

"Sie verlangen die Organisation der Arbeiter," bemerkte ein anderer. "Darauf kommt es ihnen an."

"Was wollen Sie?" sagte ein Dritter. "Wenn man sieht, daß Herr von Genoude sich mit dem ›Siècle‹ verbrüdert!"

"Und die Konservativen selbst, die sich Fortschrittler nennen! Um uns zu führen – wissen Sie wohin? Zur Republik! Als ob die in Frankreich möglich wäre!"

Alle erklärten, daß die Republik in Frankreich unmöglich sei.

"Die Sache ist die," rief ein Herr laut dazwischen, "man beschäftigt sich zu viel mit der Revolution; man veröffentlicht darüber eine Menge Schriften und Bücher!"

"Ohne zu berücksichtigen," rief Martinon, "daß es vielleicht ernstere Studienobjekte gibt."

Ein Herr aus dem Ministerium kam auf Theaterskandale zu sprechen:

"So zum Beispiel dies neue Drama ›Reine Margot‹, das wirklich alle Grenzen übersteigt! War es denn nötig, von den Valois zu sprechen? Das alles stellt das Königtum nur in einem ungünstigen Lichte dar! Ganz wie Ihre Presse! Man kann sagen, was man will, die Septembergesetze sind viel zu milde! Ich für meine Person bin für Kriegsgerichte, um den Journalisten den Mund zu stopfen! Bei der geringsten Unverschämtheit vor ein Kriegsgericht, und Sie werden schon sehen!"

"Etwas vorsichtiger müssen wir sein," sagte ein Professor, "greifen wir unsere kostbaren Eroberungen von achtzehnhundertdreißig nicht an! Respektieren wir unsere politische Freiheit." Man müßte eher dezentralisieren und den Überschuß der Städte auf das flache Land verteilen.

"Wenn diese Städte nicht verrottet wären!" rief ein Klerikaler. "Man müßte die Religion wieder kräftigen!"

Martinon beeilte sich, zu sagen:

"Das steht fest: Eine Zügelung ist notwendig!"

Die Quelle allen Übels läge in der modernen Sucht, sich über seinen Stand zu erheben und Luxus zu treiben.

"Man darf aber nicht vergessen," bemerkte ein Industrieller, "der Luxus fördert den Handel. Ich kann es nur billigen, wenn jetzt der Herzog von Nemours die Kniehosen für seine Soiréen vorgeschrieben hat."

"Herr Thiers ist doch in langen Beinkleidern erschienen. Kennen Sie seinen Witz darüber?"

"Ja, reizend! Aber er wird allmählich Demagog, und seine Rede in der Frage der Inkompatibilität ist nicht ohne Einfluß auf das Attentat vom l2. Mai gewesen."

"Ach was!"

"Doch! Doch!"

Der Kreis mußte sich öffnen, um einen Diener durchzulassen, der ein Teebrett trug und versuchte, in das Spielzimmer zu gelangen.

Unter den grünen Lichtschirmen der Kerzen sah man den Tisch von Kartenreihen und Goldstücken bedeckt. Frédéric blieb davor stehen, verlor die fünfzehn Napoléons, die er bei sich hatte, drehte sich auf dem Absatz um und fand sich auf der Schwelle des Boudoirs, wo gerade Frau Dambreuse die Honneurs machte.

Die Damen saßen dicht nebeneinander auf Stühlen ohne Lehnen. Ihre langen Röcke, die sich um sie bauschten, glichen Wellen, aus denen ihre Oberkörper hervorstiegen, und die Busen zeigten sich in den Ausschnitten der Taillen den Blicken. Fast alle hatten ein Veilchenbukett in der Hand. Der matte Ton der Handschuhe ließ das Weiß der Arme hervortreten; Fransen und künstliches Gras hingen von den Schultern herab, und bei gewissen zitternden Bewegungen konnte man manchmal glauben, daß das Kleid herabfallen würde. Die Dezenz der Gesichter milderte allerdings das Herausfordernde der Kostüme, einige zeigten sogar eine fast tierische Ruhe; trotzdem erinnerte dieses Rudel halbnackter Frauen an das Innere eines Harems; dem jungen Manne fiel sogar noch ein viel rüderer

Vergleich ein. Tatsächlich waren alle Schönheitsgattungen vertreten: Engländerinnen mit Keepsake-Profilen, eine Italienerin, deren Augen wie der Vesuv blitzten, drei blaugekleidete Schwestern, drei Normanninnen, frisch wie Apfelbäume im April, eine große Rote mit einem Amethystschmuck; das weiße Glitzern der Diamanten, welche in den Frisuren zitterten, die leuchtenden Punkte der Edelsteine, die auf den Brüsten strahlten, und der sanfte Glanz der Perlen vermischten sich mit dem Schimmern der goldenen Ringe, den Spitzen, dem Puder, den Federn, dem Rot der zierlichen Lippen, dem Perlmutter der Zähne. Der kuppelförmige Plafond gab dem Boudoir die Form eines Korbes; ein parfümierter Luftzug entstand durch die Bewegungen der Fächer.

Frédéric, der sich hinter ihnen, sein Glas im Auge, aufgepflanzt hatte, fand nicht alle Schultern tadellos; er dachte an die Marschallin, was seine Begierden zurückdrängte oder ihn darüber hinwegtröstete.

Indessen, Frau Dambreuse fand er reizend, trotz ihres etwas großen Mundes und ihrer zu weiten Nasenlöcher. Sie hatte eine ganz besondere Anmut. Die Locken ihrer Frisur hatten etwas leidenschaftlich Schmachtendes, ihre achatfarbene Stirn schien viel in sich zu schließen und deutete auf eine starke Persönlichkeit.

Sie hatte eine Nichte ihres Mannes, eine junge, ziemlich häßliche Person, neben sich gesetzt. Von Zeit zu Zeit erhob sie sich, um die Eintretenden zu begrüßen; das Gemurmel der weiblichen Stimmen schwoll immer mehr an und glich einem Vogelgekreisch.

Man sprach von der tunesischen Gesandtschaft und ihren Kostümen. Eine Dame hatte der letzten Aufnahmesitzungder Akademie beigewohnt, eine andere sprach von dem Molièreschen "Don Juan", der kürzlich im Théâtre-Français wieder aufgeführt worden war. Frau Dambreuse legte den Finger auf den Mund, wobei sie auf ihre Nichte deutete, aber ein Lächeln, das ihr entschlüpfte, strafte diese Sittenstrenge Lügen.

Plötzlich erschien Martinon in der anderen Tür. Sie erhob sich, und er bot ihr seinen Arm an. Frédéric wollte ihn seine Galanterien fortsetzen sehen, durchschritt das Spielzimmer und fand sie in dem großen Salon wieder. Frau Dambreuse verließ sofort ihren Kavalier und wandte sich zu ihm.

Sie könnte es begreifen, daß er nicht spiele, nicht tanze.

"In der Jugend ist man traurig." Dann, mit einem Blick auf die Tanzenden, fuhr sie fort:

"Übrigens ist das alles nicht sehr erheiternd! Wenigstens für gewisse Naturen!"

Sie blieb vor der Fauteuilreihe stehen und streute da und dort Liebenswürdigkeiten aus, während alte Herren, die Stahlbrillen mit doppelten Stielen trugen, ihr den Hof machten. Sie stellte Frédéric einigen vor. Herr Dambreuse berührte leicht seinen Arm und führte ihn auf die Terrasse hinaus.

Er hatte mit dem Minister gesprochen. Die Sache war nicht leicht. Man müßte sich einem Examen unterziehen, ehe man als Auditeur beim Staatsrat zugelassen wurde. Frédéric, den ein unerklärliches Selbstvertrauen beseelte, antwortete, daß er die Materie kenne.

Der Finanzier war davon nicht überrascht, nach all dem Günstigen, das ihm Herr Roque über ihn gesagt hatte.

Bei diesem Namen fiel Frédéric die kleine Louise, ihr Haus, ihr Zimmer wieder ein, und er erinnerte sich ähnlicher Nächte, wo er am Fenster gestanden und auf die Kärrner gehört hatte, die vorbeifuhren. Die Erinnerung an diese traurigen Einzelheiten verband sich mit dem Gedanken an Frau Arnoux, und er schwieg, indem er auf der Terrasse auf und ab ging. Die Fensteröffnungen bildeten in der Dunkelheit lange rote Streifen, die Ballmusik wurde schwächer, die Wagen rüsteten zur Abfahrt.

"Warum eigentlich liegt Ihnen so viel am Staatsrat?" fuhr Herr Dambreuse fort.

Mit dem Ton eines Liberalen behauptete er, daß die Beamtenkarriere zu nichts führe, er wüßte das aus Erfahrung, die Geschäfte seien viel empfehlenswerter. Frédéric wandte die Schwierigkeit ein, die letzteren zu lernen.

"Ach was, ich würde Sie in kurzer Zeit darin einweihen ..."

Wollte er ihn bei seinen Unternehmungen beteiligen?

Wie im Schein eines Blitzes sah er ein ungeheures Vermögen vor sich.

"Wir wollen hineingehen," sagte der Bankier, "Sie soupieren mit uns, nicht wahr?"

Es war drei Uhr, die Gäste entfernten sich. Im Speisezimmer erwartete ein gedeckter Tisch die Intimen des Hauses.

Herr Dambreuse erblickte Martinon und sagte leise zu seiner Frau:

"Haben Sie ihn eingeladen?"

Sie antwortete trocken:

"Jawohl."

Die Nichte war nicht anwesend. Man trank viel und lachte laut; gewagte Witze erregten keinen Anstoß, da alle die Erleichterung verspürten, die einem längeren Zwange folgt. Martinon allein blieb würdevoll; er weigerte sich, Champagner zu trinken, um den seriösen Mann zu markieren. Übrigens war er gewandt und sehr höflich, denn er erkundigte sich wiederholt nach dem Befinden Dambreuses, der engbrüstig war und über Beklemmungen klagte; dann schielte er mit seinen blauen Augen nach der Richtung, wo Frau Dambreuse saß.

Sie fragte Frédéric, welche von den jungen Damen ihm gefallen habe. Ihm wäre, antwortete er, keine besonders aufgefallen; übrigens zöge er Frauen von dreißig Jahren vor.

"Das ist vielleicht gar nicht so dumm," erwiderte sie.

Dann, als man die Mäntel und die Überröcke anzog, sagte Herr Dambreuse zu ihm:

"Kommen Sie in den nächsten Tagen zu mir, wir werden weiterreden!"

Martinon zündete sich am Fuße der Treppe eine Zigarre an; als er ihren Rauch aufzog, zeigte er ein so massiges Profil, daß sein Begleiter ausrief:

"Du hast eigentlich einen ganz merkwürdigen Kopf, auf Ehre!"

"Er hat schon einige andere Köpfe verdreht!" erwiderte der junge Beamte stolz und etwas gereizt.

Beim Zubettgehen zog Frédéric die Summe des Abends. Vor allem hatte seine Kleidung vom Schnitt des Frackes bis zum Knoten der Escarpins nichts zu wünschen übrig gelassen, wovon er sich mehrmals im Laufe des Abends im Spiegel überzeugt hatte, dann hatte er mit bedeutenden Männern gesprochen und reiche Frauen in der Nähe betrachtet. Herr Dambreuse hatte sich glänzend gegen ihn benommen, und Frau Dambreuse ihm Avancen gemacht. Er wog ihre Worte, ihre Blicke einzeln ab, tausend Dinge, die nicht zu analysieren und ausdrucksvoll waren. Es wäre doch verteufelt schön, eine derartige Geliebte zu haben! Warum auch nicht? Er wog doch manchen anderen auf! Vielleicht war sie gar nicht so unnahbar? Dann fiel ihm Martinon wieder ein, und beim Einschlafen lächelte er voll Mitleid über diesen braven Jungen.

Der Gedanke an die Marschallin weckte ihn; der Satz in ihrem Briefe: "Von morgen abend an" war ja ein Stelldichein für den heutigen Tag. Er wartete bis neun Uhr und eilte zu ihr.

Vor ihm stieg jemand die Treppe hinauf und schloß oben die Tür hinter sich. Er zog die Glocke, Delphine öffnete ihm und erklärte, daß die Gnädige nicht zu Hause sei.

Frédéric beruhigte sich dabei nicht. Er hätte ihr etwas sehr Ernstes, nur ein einziges Wort, zu sagen. Endlich siegte das Beweismittel des Hundertsousstückes, und das Mädchen ließ ihn im Vorzimmer allein.

Rosanette erschien. Sie war im Hemd mit aufgelösten Haaren, und den Kopf schüttelnd machte sie schon von ferne mit beiden Armen eine Bewegung, die ausdrückte, daß sie ihn nicht empfangen könne.

Frédéric stieg langsam die Treppe hinab. Diese Laune überstieg alle anderen. Er konnte gar keine Erklärung dafür finden.

Vor der Portierstube hielt ihn die Vatnaz an.

"Hat sie Sie empfangen?"

"Nein."

"Man hat Sie hinausgesetzt?"

"Woher wissen Sie das?"

"Das sieht man ja! Aber kommen Sie! Lassen Sie uns hinausgehen! Ich ersticke!"

Sie zog ihn auf die Straße. Sie keuchte. Er fühlte ihren mageren Arm unter dem seinigen zittern. Plötzlich brach sie los:

"Der Elende!"

"Wer denn?"

"Er ist es ja, er! Delmar!"

Diese Enthüllung kränkte Frédéric, er fuhr fort:

"Sind Sie ganz sicher?"

"Wenn ich Ihnen sage, daß ich ihm gefolgt bin!" rief die Vatnaz. "Ich habe ihn hineingehen sehen! Verstehen Sie jetzt? Übrigens konnte ich darauf gefaßt sein; in meiner Dummheit habe ich ihn selbst zu ihr geführt; und wenn Sie wüßten, mein Gott! Ich habe ihn aufgelesen, gefüttert, bekleidet; und meine Schritte für ihn bei den Zeitungen! Wie eine Mutter habe ich ihn geliebt!" Höhnisch sprach sie weiter: "Der vornehme Herr hat Samtröcke haben müssen! Eine Spekulation von ihm, wie Sie sich denken können!! Und sie! Wenn ich bedenke, daß ich sie als Wäsche-Konfektioneuse gekannt habe! Ohne mich wäre sie mehr als zwanzigmal im Kot steckengeblieben. Aber ich werde sie wieder hineinstoßen! Jawohl! Ich will, daß sie im Spital krepiert! Man soll alles erfahren!"

Und wie eine Welle Spülwasser, die Unrat mit sich führt, spie sie in ihrem Zorn die Schamlosigkeiten der Nebenbuhlerin stürmisch vor Frédéric aus.

"Geschlafen hat sie mit Jumillac, mit Flacourt, mit dem kleinen Allard, mit Saint-Valéry, dem Pockennarbigen! Nein, dem anderen! Es sind zwei Brüder, doch das ist gleichgültig! Und wenn sie in Verlegenheiten war, habe ich alles geordnet. Was habe ich dabei verdient? Sie ist so geizig! Und dann, Sie werden mir dies zugeben, war es eine große Liebenswürdigkeit von mir, mit ihr zu verkehren, denn schließlich sind wir nicht aus derselben Welt! Bin ich denn eine Dirne? Verkaufe ich mich? Und dumm ist sie wie ein Stück Holz! Sie schreibt Kategorie mit th. Übrigens passen sie zusammen; sie bilden ein schönes Gespann, obgleich er sich Künstler tituliert und glaubt, daß er Genie besitzt! Aber, mein Gott! Wenn er nur intelligent wäre, hätte er nicht eine derartige Infamie begangen! Man verläßt kein Mädchen, das etwas Besseres ist, um eine Metze! Schließlich pfeife ich darauf! Er wird häßlich! Ich verabscheue ihn! Sehen Sie, wenn ich ihm begegnen würde, würde ich ihm ins Gesicht spucken." Sie spuckte aus. "So wenig mache ich mir aus ihm! Und Arnoux? Ist das nicht niederträchtig gegen ihn? Er hat ihr so oft verziehen! Man kann sich seine Aufopferung nichtausmalen! Sie sollte seine Füße küssen! Er ist so edelmütig, so gut!"

Frédéric tat es wohl, Delmar so anschwärzen zu hören. Arnoux hatte er nun einmal hingenommen. Dieser Verrat Rosanettes erschien ihm als eine unerhörte und unverzeihliche Sache; und von der Erregung der eifersüchtigen Alten angesteckt, fing er an, zärtliches Mitgefühl für Arnoux zu empfinden. Plötzlich befand er sich vor seiner Tür; die Vatnaz hatte ihn, ohne daß er es bemerkte, in das Faubourg-Poissonnière geführt.

"Da sind wir," sagte sie. "Ich kann nicht hinaufgehen. Aber Sie, was hindert Sie?"

"Zu welchem Zweck?"

"Um ihm alles zu sagen, natürlich!"

Frédéric erkannte erst jetzt mit einem Mal die Infamie, zu der er getrieben werden sollte.

"Nun?" begann sie wieder.

Er sah zur zweiten Etage hinauf. Die Lampe der Frau Arnoux brannte. Nichts hinderte ihn tatsächlich, hinaufzugehen.

"Ich erwarte Sie hier. Gehen Sie schon!"

Dieser Befehl kühlte ihn vollends ab, und er sagte:

"Ich werde lange oben bleiben. Sie täten besser, nach Hause zu gehen. Morgen komme ich zu Ihnen."

"Nein, nein!" rief die Vatnaz, mit dem Fuße aufstampfend. "Führen Sie ihn hin! Richten Sie es so ein, daß er sie überrascht!"

"Aber Delmar wird nicht mehr dort sein!"

Sie senkte den Kopf.

"Ja, das ist vielleicht richtig."

Ohne zu sprechen, blieb sie inmitten der Straße zwischen den Wagen stehen, dann richtete sie ihre Wildkatzenaugen auf ihn:

"Ich kann also auf Sie rechnen? Das ist abgemacht zwischen uns beiden! Sehen Sie, was Sie tun können! Auf morgen!"

Frédéric hörte beim Überschreiten des Korridors zwei Stimmen sprechen. Die der Frau Arnoux sagte:

"Lüge nicht! So lüge doch nicht!"

Er trat ein, und Schweigen empfing ihn.

Arnoux ging im Zimmer auf und ab. Seine Frau saß auf dem kleinen Stuhl neben dem Ofen, außerordentlich blaß und mit starrem Blick. Frédéric machte eine Bewegung, wie um wieder zu gehen. Arnoux ergriff seine Hand, glücklich über die Hilfe, die ihm da erstand.

"Aber ich fürchte ...," sagte Frédéric.

"Bleiben Sie doch noch!" flüsterte Arnoux ihm zu.

Seine Frau fing an:

"Man muß nachsichtig sein, Herr Moreau! Das sind Dinge, die man in vielen Ehen zu sehen bekommt."

"Jawohl, wenn man durchaus will," antwortete Arnoux lustig. "Haben die Frauen Grillen! Meine zum Beispiel ist gewiß nicht schlecht! O nein, im Gegenteil! Nun, und trotzdem belustigt sie sich seit einer Stunde, mich mit einer Menge Einbildungen zu quälen."

"Es sind keine Einbildungen!" erwiderte Frau Arnoux ungeduldig. "Du hast ihn ja doch gekauft."

"Ich?"

"Ja, du selbst! Beim ›Perser‹!"

Der Kaschmir! dachte Frédéric.

Er fühlte sich schuldig und fürchtete sich.

Sie setzte sofort hinzu:

"Es war vorigen Monat, an einem Sonnabend, dem vierzehnten."

"Ah, gerade an diesem Tage war ich in Creil! Also, da siehst du!"

"Absolut nicht! Am vierzehnten haben wir bei den Bertin diniert."

"Am vierzehnten?" murmelte Arnoux, der in die Höhe sah, wie um über ein Datum nachzudenken.

"Der Kommis, der ihn dir verkauft hat, war blond!"

"Soll ich mir vielleicht auch den Kommis merken?"

"Er hat doch nach deinem Diktat die Adresse: ›18 Rue de Laval‹ geschrieben."

"Woher weißt du das?" sagte Arnoux verblüfft.

Sie zuckte mit den Achseln.

"Oh, das ist sehr einfach: Ich bin dort gewesen, um meinen eigenen Kaschmir ausbessern zu lassen, und ein Abteilungschef hat mir mitgeteilt, daß er soeben einen ähnlichen an Frau Arnoux habe abgehen lassen."

"Kann ich dafür, wenn es in der betreffenden Straße auch eine Arnoux gibt?"

"Ja, aber nicht Jacques Arnoux," entgegnete sie.

Er versuchte, sie abzulenken, indem er zugleich seine Unschuld beteuerte. Es müßte ein Irrtum, ein Zufall sein, eines der unerklärlichen Dinge, wie sie manchmal vorkommen. Man dürfte niemanden auf Grund eines einfachen Verdachtes oder unbestimmter Indizien verdammen, und er zitierte das Beispiel des unglücklichen Lesurques.

"Kurz, ich versichere dich, daß du dich täuschst! Soll ich dir mein Ehrenwort darauf geben?"

"Das ist nicht der Mühe wert!"

"Warum?"

Sie sah ihn fest an, ohne ein Wort zu sagen, dann streckte sie die Hand aus, nahm die silberne Kassette vom Kamin und reichte ihm eine geöffnete Rechnung.

Arnoux wurde bis über die Ohren rot, und seine verzerrten Züge schwollen an.

"Nun?"

"Ja, aber ..." antwortete er langsam, "was will das beweisen?"

"Ah!" Dies sagte sie mit einem merkwürdigen Ausdruck in der Stimme, in dem sich Schmerz und Ironie vermischten. "Ah!"

Arnoux hatte die Rechnung in der Hand behalten und besah sie genau von allen Seiten, als wenn er darin die Lösung eines großen Problems zu finden hoffte.

"Ach ja, ich erinnere mich jetzt," sagte er endlich. "Das ist ein Auftrag gewesen. Sie müssen das doch wissen, Frédéric?" Frédéric schwieg.

"Ein Auftrag, der mir erteilt worden ist, ... von ... von dem alten Oudry."

"Und für wen?"

"Für seine Maitresse!"

"Für die Ihrige!" rief Frau Arnoux, indem sie sich mit einem Satze erhob.

"Ich schwöre dir ..."

"Fangen Sie nicht wieder an! Ich weiß alles!"

"Ah, sehr gut! Also man spioniert mir nach!"

Sie erwiderte kalt:

"Das verletzt vielleicht Ihr Zartgefühl?"

"In dem Augenblick, wo man sich erhitzt," erwiderte Arnoux, seinen Hut suchend, "zeigt man nur, daß man keinen vernünftigen Einwand hat."

Dann setzte er mit einem lauten Seufzer hinzu:

"Heiraten Sie nicht, lieber Freund, glauben Sie mir das!"

Und er machte sich aus dem Staub, um "Luft zu schöpfen."

Eine tiefe Stille entstand, alles im Zimmer schien regungslos. Ein weißer Lichtkreis zeichnete sich über der Lampe am Plafond ab, während in den Ecken sich der Schatten gleich übereinandergelegten schwarzen Schleiern niedersenkte; man hörte das Ticken der Uhr und das Knistern des Feuers.

Frau Arnoux hatte sich an der anderen Seite des Kamins wieder im Fauteuil niedergesetzt; sie biß sich auf die Lippen, und ihre Zähne klapperten; ihre beiden Hände hoben sich, ein Schluchzen entfuhr ihr, sie weinte.

Er setzte sich auf den kleinen Stuhl und sagte mit dem zärtlichen Tonfall, in dem man mit einem Kranken redet:

"Sie zweifeln doch nicht an meiner Teilnahme ...?"

Sie antwortete ihm nicht. Laut ihren Gedanken folgend, sagte sie:

"Ich lasse ihm ja seine Freiheit! Er hatte nicht nötig, zu lügen!"

"Gewiß," erwiderte Frédéric.

Es wäre zweifellos die Folge seiner Gewohnheiten, er hätte nicht daran gedacht, und vielleicht in ernsteren Dingen ...

"Was gibt es denn noch Ernsteres?"

"Oh, nichts!"

Er stimmte mit gehorsamem Lächeln zu. Nichtsdestoweniger hätte Arnoux gewisse Vorzüge, er liebe seine Kinder.

"Jawohl, und tut alles, um sie zu ruinieren."

Das käme von seinem zu leichten Temperament, trotzdem wäre er ein guter Kerl.

Sie rief:

"Was will denn das sagen, ein guter Kerl!"

Er verteidigte ihn weiter in dieser nichtssagenden Weise, und während er sie bedauerte und beklagte, war er im Innern darüber erfreut, entzückt. Aus Rache oder Neigung mußte sie jetzt zu ihm flüchten. Die Hoffnung, die ins Riesengroße wuchs, verstärkte seine Liebe.

Nie hatte sie ihm so reizvoll, so unergründlich schön geschienen. Von Zeit zu Zeit hob ein Atemzug ihre Brust, ihre fest blickenden Augen waren wie durch eine innere Vision erweitert, ihr Mund halb geöffnet, als wollte sie ihrem Innern damit Freiheit geben. Manchmal drückte sie ihr Taschentuch fest auf die Lippen; er hätte dieses kleine tränengetränkte Stück Batist sein wollen. Ohne es zu wollen, sah er auf das Lager im Hintergrund des Alkovens, indem er sich seinen Kopf auf dem Kissen ausmalte; er sah das so deutlich vor sich, daß er sich zurückhalten mußte, um sie nicht an sich zu reißen. Ruhiger geworden und erschöpft schloß sie die Augen. Er näherte sich ihr, und sich über sie beugend, beobachtete er gierig ihre Züge. Schritte gingen auf dem Flur, es war der andere. Sie hörten die Tür seines Zimmers zufallen. Durch eine Bewegung fragte Frédéric Frau Arnoux, ob er zu ihm gehen solle.

Sie antwortete ihm in derselben Weise "ja", und dieser stumme Gedankenaustausch war wie ein Einverständnis, wie ein erster Schritt zum Ehebruch.

Arnoux, der im Begriffe schien, zu Bett zu gehen, knöpfte seinen Rock auf.

"Nun, wie geht es ihr?"

"Besser," sagte Frédéric. "Es wird vorübergehen!"

Arnoux war jedoch bekümmert.

"Sie kennen sie nicht! Sie hat jetzt Nerven ...! Dieser Esel von Kommis! Das hat man davon, wenn man zu gut ist! Wenn ich diesen verdammten Shawl Rosanette nicht geschickt hätte!"

"Bedauern Sie nichts! Rosanette ist Ihnen unendlich dankbar dafür!"

"Glauben Sie?"

Frédéric zweifelte nicht daran. Der Beweis wäre, daß sie soeben dem alten Oudry den Laufpaß gegeben hätte.

"Wirklich? Armes Tierchen!"

Im Überschwang seiner Bewegung wollte er zu ihr eilen.

"Das lohnt sich nicht! Ich komme gerade von ihr. Sie ist krank!"

"Um so mehr Grund!"

Er zog seinen Rock wieder an und ergriff seinen Leuchter. Frédéric verwünschte sich wegen seiner Dummheit und stellte ihm vor, daß er anständigerweise heute abend bei seiner Frau bleiben müsse. Er könne sie nicht verlassen, das wäre sehr häßlich.

"Ehrlich gesagt, Sie würden ein Unrecht begehen. Dort eilt es nicht so sehr. Morgen werden Sie hingehen. Ich bitte Sie! Tun Sie das meinetwegen!"

Arnoux setzte den Leuchter wieder hin und sagte, ihn umarmend:

"Sie sind ein guter Mensch!"

3.

Für Frédéric begann eine häßliche Existenz. Er wurde der Schmarotzer des Hauses.

Wenn jemandem nicht wohl war, kam er dreimal täglich, um sich zu erkundigen; er ging zum Klavierstimmer und erfand tausend Arten der Zuvorkommenheit; mit zufriedenem Gesicht ertrug er das Maulen Fräulein Marthas und die Liebkosungen des jungen Eugène, der ihm stets mit seinen schmutzigen Händen über das Gesicht fuhr. Er war bei den Mahlzeiten, wo Herr und Frau Arnoux, einander gegenübersitzend, nicht ein Wort wechselten; und wenn nicht dies, so verletzte Arnoux seine Frau durch abgeschmackte Bemerkungen. Nach dem Essen spielte der Fayencehändler im Nebenzimmer mit seinem Sohn, versteckte sich hinter den Möbeln oder trug ihn, auf allen Vieren kriechend, auf dem Rücken. Endlich ging er, und sofort begann sie mit der ewigen, immer gleichen Klage: Arnoux.

Es war nicht seine Untreue, die sie erbitterte. Aber in ihrem Stolz schien sie zu leiden, und sie konnte ihren Widerwillen gegen diesen Menschen ohne Zartgefühl, ohne Würde und ohne Ehre nicht verbergen.

"Vielleicht ist er verrückt!" sagte sie.

Frédéric versuchte auf geschickte Weise, von ihr Bekenntnisse zu erfahren. Bald kannte er ihr ganzes Leben.

Ihre Eltern waren kleine Bürgersleute in Chartres. Eines Tages hatte Arnoux, der am Flußufer saß und zeichnete (damals glaubte er, ein Maler zu sein), sie beim Verlassen der Kirche bemerkt und um ihre Hand angehalten; da er für vermögend galt, mit Erfolg. Übrigens liebte er sie wahnsinnig. Sie fügte hinzu:

"Mein Gott, er liebt mich noch, allerdings auf seine Weise!"

Während der ersten Monate waren sie in Italien gereist.

Arnoux hatte trotz seiner Begeisterung für die Natur und die Meisterwerke der Kunst nichts getan, als auf den Wein geschimpft und, um sie zu zerstreuen, Picknicks mit Engländern veranstaltet. Einige Bilder, die er gut wiederverkauft hatte, veranlaßten ihn, Kunsthändler zu werden. Dann hatte ihn die Fayencefabrik gereizt. Augenblicklich lockten ihn auch noch andere Spekulationen, und immer gewöhnlicher werdend, nahm er zugleich niedrige, aber kostspielige Gewohnheiten an. Aber sie warf ihm weniger seine Laster als sein ganzes Wesen vor. Es wäre auch keine Wandlung bei ihm möglich, und ihr Unglück unabänderlich.

Frédéric erwiderte, daß auch seine Existenz nicht weniger verfehlt sei.

Er wäre aber doch noch so jung. Warum verzweifeln? Sie gab ihm gute Ratschläge. "Arbeiten Sie! Heiraten Sie!" Er antwortete mit einem bitteren Lächeln; statt den wahren Grund seines Kummers anzugeben, erfand er einen anderen, rein geistigen, so etwa frei nach Antony, dem unseligen – was immerhin mit seinen Gedanken auch nicht zu sehr in Widerspruch stand.

Für gewisse Naturen ist eine Tat um so schwieriger, je stärker der Reiz dazu ist. Das Mißtrauen gegen sich selbst macht sie verlegen, die Furcht, zu mißfallen, erschreckt sie; übrigens gleichen die wahrhaft tiefen Neigungen den anständigen Frauen; sie haben Angst, entdeckt zu werden, und gehen mit gesenkten Augen durchs Leben.

Obgleich er jetzt mit Frau Arnoux intimer stand (oder vielleicht gerade deswegen), war er noch feiger als früher. Jeden Morgen gelobte er sich, kühn zu sein. Eine unüberwindbare Scheu hinderte ihn daran; und es gab kein Vorbild, an das er sich halten konnte, denn diese Frau unterschied sich von allen anderen. In seinen Träumereien hatte er sie weit über alles Gewöhnliche hinausgeschoben. Neben ihr fühlte er sich kleiner, unbedeutender als die Flocken Seide, die aus ihrer Schere fielen.

Dann dachte er an ungeheuerliche absurde Dinge, wie, sie des Nachts mit Betäubungsmitteln und Nachschlüsseln zu ihrer Tür zu überraschen – alles erschien ihm leichter, als ihrer Verachtung die Stirn zu bieten.

Übrigens bildeten die Kinder, die beiden Dienstmädchen, die Einteilung der Wohnung unbesiegbare Hindernisse. Er mußte sie also, um sie ganz allein für sich zu besitzen, in die Ferne, in die Einsamkeit locken; er dachte darüber nach, welcher See blau genug, welcher Küstenstrich milde genug, und ob es Spanien, die Schweiz oder der Orient sein könnte; und absichtlich die Tage wählend, an denen sie besonders erbittert war, sagte er ihr, daß sie unbedingt ein Ende machen und dazu ein Mittel suchen müsse – er sähe kein anderes als die Scheidung. Die Liebe zu ihren Kindern, sagte sie, würde sie nie zu einem derartigen äußersten Schritt greifen lassen. So viel Tugend vermehrte noch seinen Respekt.

Die Nachmittage verbrachte er damit, an seinen Besuch vom vorhergegangenen Abend zurückzudenken und den nächsten herbeizuwünschen. Wenn er nicht bei ihnen speiste, stellte er sich gegen neun Uhr an der Straßenecke auf, und dann stieg er, sobald Arnoux das Haus verlassen hatte, schnell die beiden Treppen hinauf und fragte das Dienstmädchen mit unschuldiger Miene:

"Ist der Herr zu Hause?"

Er tat sehr überrascht, daß er ihn nicht antreffe.

Arnoux kam zuweilen ganz plötzlich nach Hause. Dann war er gezwungen, ihm in ein kleines Kaffeehaus der Rue Sainte-Anne zu folgen, wo Regimbart jetzt verkehrte.

Der Patriot begann die Unterhaltung damit, daß er irgendeine neue Beschwerde gegen die Krone hatte. Dann plauderten sie, indem sie sich ganz friedlich die größten Grobheiten an den Kopf warfen. Der Fabrikant hielt Regimbart für einen Denker ersten Ranges, und bekümmert, so viel große Naturanlagen verloren zu sehen, zog er ihn mit seiner Faulheit auf. Der Patriot dagegen fand Arnoux voll Herz und Phantasie, aber entschieden zu wenig moralisch, darum behandelte er ihn vollkommen rücksichtslos und lehnte sogar ab, bei ihm zu speisen, weil ihn die "Wirtschaft anekle".

Manchmal, im Momente des Nachhausegehens, bekam Arnoux Heißhunger. Er "mußte" dann eine Omelette oder gebratene Äpfel essen, und da derartiges nie in dem Lokal vorhanden war, ließ er es holen. Man wartete darauf. Auch Regimbart blieb so lange, schimpfte und aß schließlich mit.

Aber er blieb verstimmt; stundenlang saß er oft vor dem halbvollen Glase. Da die Vorsehung die Dinge nicht nach seinen Ideen lenkte, wurde er Hypochonder, wollte nicht einmal mehr Zeitungen lesen und stieß, sobald er nur den Namen England hörte, ein Wutgeschrei aus. Einmal rief er, als ein Kellner ihn unaufmerksam bediente:

"Haben wir denn noch nicht genug von den Fremden zu ertragen?"

Abgesehen von solchen Zwischenfällen, blieb er stumm, und er grübelte über nichts als einen "unfehlbaren Coup, die ganze Bude in die Luft zu sprengen".

Währenddessen erzählte Arnoux mit eintöniger Stimme und dem Blick eines Angeheiterten unglaubliche Geschichten, in denen er dank seiner Persönlichkeit immer eine glänzende Rolle gespielt hätte, und Frédéric empfand (bewies das nicht doch einen Zug von innerer Ähnlichkeit?) eine gewisse Begeisterung für ihn. Aber er warf sich seine Schwäche vor, da er den Mann doch im Gegenteil hassen mußte.

Arnoux beklagte sich über die schlechte Laune seiner Frau, ihren Eigensinn, ihre ungerechten Vorurteile. So wäre sie früher nicht gewesen.

"An Ihrer Stelle", bemerkte Frédéric, "würde ich ihr eine Pension aussetzen und allein leben."

Arnoux antwortete nicht und stimmte einen Augenblick später ihr Lob an. Sie wäre gut, aufopfernd, intelligent, tugendhaft; und auf ihre körperlichen Eigenschaften übergehend, wurde er verschwenderisch in Enthüllungen, mit der Unbesonnenheit der Menschen, die ihre Schätze in den Herbergen zur Schau stellen.

Eine Katastrophe brachte ihn aus dem Gleichgewicht.

Er war als Mitglied des Aufsichtsrats in eine Kaolin-Gesellschaft eingetreten. Da er sich auf alles verließ, was man ihm sagte, hatte er ungenaue Berichte unterzeichnet und ohne Prüfung die jährlichen Inventuren, die von dem Geschäftsführer schwindelhaft aufgemacht worden waren, gutgeheißen. Die Gesellschaft war verkracht und Arnoux, zivilrechtlich verantwortlich, zusammen mit den anderen zum Schadenersatz verurteilt worden, was auf seinen Teil einen Verlust von ungefähr dreißigtausend Franken ausmachte; dieses Urteil war durch die Art der Begründung noch verschärft worden.

Frédéric hatte das in einer Zeitung gelesen und stürzte in die Rue Paradis.

Er wurde im Zimmer der Frau Arnoux empfangen. Es war die Stunde des ersten Frühstücks. Kaffeetassen standen auf einem kleinen Tischchen am Ofen; Morgenschuhe lagen auf dem Teppich umher, Kleider auf den Lehnstühlen. Arnoux, in der Unterhose und einer gestickten Weste, hatte rote Augen und zerzauste Haare. Der kleine Eugène, der am Ziegenpeter litt, weinte und kaute gleichzeitig an einem Butterbrot. Seine Schwester saß ruhig; Frau Arnoux, etwas bleicher als gewöhnlich, bediente alle drei.

"Nun," sagte Arnoux mit einem lauten Seufzer, "Sie wissen wohl schon!"; und als Frédéric mit einer Gebärde sein Mitgefühl ausdrückte: "Ja, ja! Ich bin das Opfer meiner Vertrauensseligkeit geworden!"

Dann schwieg er, und seine Niedergeschlagenheit war so groß, daß er das Frühstück zurückwies. Frau Arnoux sah zum Himmel auf und zuckte die Achseln. Er fuhr sich mit der Hand über die Stirn.

"Schließlich, schuldig bin ich ja nicht. Ich habe mir nichts vorzuwerfen. Es ist eben ein Unglück! Man wird auch darüber hinwegkommen!"

Darauf nahm er ein Brötchen, um den Bitten seiner Frau nachzugeben.

Für den Abend hatte er vor, mit ihr allein in einem Zimmer der Maison d'or zu speisen. Frau Arnoux verstand diese Herzensregung nicht und war beleidigt, als Lorette behandelt zu werden, – während dies von seiten Arnoux', im Gegenteil, ein Beweis von Zuneigung war. Dann ging er, da er sich langweilte, zu der Marschallin, sich zerstreuen.

Lange genug hatte man ihm vieles durchgehen lassen, dank seinem gutmütigen Charakter. Sein Prozeß warf ihn zu den anrüchigen Menschen. Man begann, sein Haus zu meiden.

Frédéric hielt es für seine Ehrenpflicht, die beiden noch häufiger als früher zu besuchen. Er mietete eine Loge in der italienischen Oper und führte sie jede Woche dorthin. Sie waren aber in jene Periode gelangt, wo in den verstimmten Ehen ein unüberwindlicher Überdruß die Folge der früheren Zugeständnisse ist und die Existenz unerträglich macht. Frau Arnoux mußte an sich halten, um nicht loszubrechen, Arnoux wurde immer finsterer; und das Schauspiel dieser unglücklichen Wesen stimmte Frédéric tieftraurig.

Sie hatte ihn, da er nun einmal ihr Vertrauen besaß, gebeten, ihre geschäftliche Lage zu prüfen. Aber er schämte sich; er litt darunter, daß er in dem Hause regelmäßig aß, dessen Wirtin er begehrte. Trotzdem kam er immer wieder, und er entschuldigte sich vor sich selber damit, daß er sie verteidigen müsse, und daß sich eine Gelegenheit, ihr nützlich zu sein, bieten könnte.

Acht Tage nach dem Ball hatte er Herrn Dambreuse besucht. Der Finanzier hatte ihm zwanzig Aktien seines Kohlenunternehmens angeboten; Frédéric war nicht wieder hingegangen. Deslauriers schrieb ihm mehrere Male, ohne daß Frédéric ihm antwortete, Pellerin hatte ihn aufgefordert, das Porträt anzusehen, er hatte immer Ausreden erfunden. Nur Cisy, der ihm in den Ohren lag, ihn bei Rosanette einzuführen, gab er nach.

Sie empfing ihn sehr artig, aber ohne ihm, wie damals, um den Hals zu fallen. Sein Begleiter war glücklich, bei einem unanständigen Mädchen zugelassen zu werden und vor allem, mit einem Schauspieler plaudern zu können; Delmar war nämlich auch da.

Ein Drama, in dem er einen Bauernlümmel spielte, der Ludwig dem Vierzehnten seine Meinung sagt und Siebzehnhundertneunundachtzig prophezeit, hatte ihn so bekannt gemacht, daß man unausgesetzt dieselbe Rolle für ihn fabrizierte; und seine Lebensaufgabe bestand jetzt darin, die Monarchen aller Länder zu verhöhnen. Als englischer Bauer beschimpfte er Karl den Ersten, als Student von Salamanca verfluchte er Philipp den Zweiten, und als gefühlvoller Vater entrüstete er sich über die Pompadour; das letztere war das Schönste! Die Straßenjungen erwarteten ihn an der Bühnentür, um ihn zu ehren; und seine Biographie, die in den Zwischenakten verkauft wurde, schilderte ihn, wie er seine alte Mutter pflegte, das Evangelium las, die Armen unterstützte – kurz, im Lichte eines heiligen Vinzenz von Paula, verstärkt noch etwa durch Brutus und Mirabeau. Man sagte von ihm "Unser Delmar". Er hatte eine Mission, er wurde zum Heiland.

Das alles hatte Rosanette fasziniert; und sie hatte den alten Oudry abgeschüttelt, ohne zu rechnen, denn sie war nicht geldgierig.

Arnoux, der sie kannte, hatte das lange Zeit benutzt, um sie mit geringen Kosten zu unterhalten; dann war der Alte gekommen, und alle drei hatten Sorge getragen, sich nicht zu offen über ihr Verhältnis untereinander auszusprechen. Endlich erhöhte Arnoux, der sich einbildete, daß sie seinetwegen dem anderen den Laufpaß gegeben habe, ihre Pension. Ihre Geldforderungen mehrten sich jedoch in unerklärlicher Weise, denn sie lebte jetzt viel weniger kostspielig, sie hatte sogar den Kaschmirshawl verkauft, um, wie sie sagte, alte Schulden zu bezahlen; und er gab immer mehr, sie bestrickte ihn, sie nützte ihn mitleidlos aus. Die Rechnungen, die gerichtlichen Zustellungen überfluteten denn auch das Arnouxsche Haus. Frédéric fühlte, daß eine Krisis im Anzuge war.

Eines Tages kam er, nach Frau Arnoux zu sehen. Sie war ausgegangen, der Herr arbeite unten im Magazin.

Tatsächlich war Arnoux inmitten seiner Töpfe beschäftigt, ein junges Ehepaar, Bürgersleute aus der Provinz, "hereinzulegen". Er sprach von Drehscheibenbearbeitung, von Tupfungen, von Schmelzungen; die anderen, die den Anschein vermeiden wollten, daß sie nichts davon verständen, nickten zustimmend und kauften.

Als die Kunden draußen waren, erzählte er, daß er an demselben Morgen einen kleinen Zank mit seiner Frau gehabt habe. Um ihren Bemerkungen über seine Ausgaben zuvorzukommen, hatte er behauptet, daß die Marschallin nicht mehr seine Maitresse sei.

"Ich habe ihr gesagt, daß sie die Ihre ist."

Frédéric war empört; da ihn aber Vorwürfe verraten konnten, stammelte er nur:

"Das war unrecht, sehr unrecht!"

"Was schadet das?" sagte Arnoux. "Ist es eine Schande, für ihren Geliebten zu gelten? Ich bin es doch, ich selbst! Es würde Ihnen doch schmeicheln, wenn Sie es wären!"

Hatte sie geplaudert? War es eine Anspielung? Frédéric beeilte sich, zu antworten:

"Nein, durchaus nicht! Im Gegenteil!"

"Nun also!"

"Ja, es ist wahr! Es macht gar nichts."

Arnoux fuhr fort:

"Warum kommen Sie gar nicht mehr hin?"

Frédéric versprach, sie wieder zu besuchen.

"Ah, ich vergaß! Sie sollten ..., indem Sie von Rosanette sprechen ..., meiner Frau gegenüber ein Wort fallen lassen ... ich weiß nicht genau, was, aber Sie werden schon finden ... etwas, das sie überzeugt, daß Sie ihr Geliebter sind. Ich bitte Sie um diesen Freundschaftsdienst, wollen Sie?"

Die einzige Antwort des jungen Mannes war ein unbestimmtes Achselzucken. Diese Verleumdung bedeutete den Ruin seiner Hoffnungen. An demselben Abend ging er zu ihr und beteuerte ihr, daß Arnoux' Angaben falsch seien.

"Wirklich?"

Ja, er war aufrichtig; sie atmete tief auf und sagte mit einem strahlenden Lächeln: "Ich glaube Ihnen;" dann senkte sie den Kopf und – ohne ihn anzusehen:

"Übrigens hat ja niemand Rechte auf Sie!"

Sie ahnte also nichts! Sie verachtete ihn sogar, da sie nicht glaubte, daß er sie genügend lieben könne, um ihr treu zu bleiben. Frédéric, der in diesem Augenblick seine Bemühungen um die andere vergessen hatte, fand diese Zumutung verletzend.

Dann bat sie ihn, zuweilen zu diesem Mädchen zu gehen; er sollte ihr von dort berichten.

Arnoux kam hinzu und wollte ihn fünf Minuten später zu Rosanette schleppen.

Die Situation war unerträglich.

Abgelenkt wurde er durch einen Brief des Notars, der ihm für den nächsten Tag die Sendung der fünfzehntausend Franken avisierte; um Deslauriers gegenüber seine Nachlässigkeit gutzumachen, ging er sofort, ihm die frohe Nachricht mitzuteilen.

Der Advokat wohnte Rue des Trois-Maries, fünf Treppen hoch nach dem Hofe. Sein Kabinett, ein kleiner, kalter, mit Fliesen gepflasterter und grau tapezierter Raum, hatte als Hauptdekoration eine goldene Medaille, sein Doktor-Diplom, das in einem Ebenholzrahmen gegenüber dem Spiegel hing. Eine Mahagonibibliothek enthielt hinter Glasscheiben ungefähr hundert Bücher. Ein mit braunem Leder überzogener Schreibtisch nahm die Mitte des Zimmers ein. Vier alte grünsamtne Lehnstühle füllten die Ecken; Hobelspäne brannten im Kamin, in dem außerdem stets noch ein Reisigbündel lag, bereit, angezündet zu werden, wenn Besuch an die Tür klopfte. Es war die Stunde der Konsultationen, der Advokat trug eine weiße Krawatte.

Die Ankündigung der fünfzehntausend Franken, auf die er zweifellos nicht mehr gerechnet hatte, beantwortete er mit einem freudigen Grinsen.

"Das ist brav, mein Junge, das ist brav, sehr brav!"

Er warf Holz ins Feuer, setzte sich wieder und sprach sofort von der Zeitung. Das erste, was man tun müsse, wäre, Hussonnet abzuschütteln.

"Dieser Kretin wird mir lästig! Was die Tendenz des Blattes betrifft, so wäre es nach meiner Meinung das Gerechteste und auch das Vernünftigste, gar keine zu haben."

Frédéric schien erstaunt.

"Ja natürlich! Es ist an der Zeit, die Politik wissenschaftlich zu behandeln. Die Alten des achtzehnten Jahrhundertshatten schon damit begonnen, als mit einem Mal Rousseau und andere Schriftsteller die Humanität, die Poesie und ähnliche Dummheiten zur größten Freude der Pfaffen hineinschmuggelten; übrigens eine ganz natürliche Verbindung, denn gerade die modernen Reformatoren glauben, wie ich beweisen kann, alle an die Offenbarung. Aber wenn Ihr Messen für Polen leset, wenn Ihr an die Stelle des Gottes der Dominikaner, der ein Henker war, den der Romantiker setzet, der ein Dekorateur ist; kurz, wenn Ihr vom Absoluten keine größere Vorstellung als Eure Väter habt, wird die Monarchie Eure republikanischen Formen wieder zerfressen und Eure rote Mütze nie etwas anderes als eine Priesterkappe sein! Nur wird dann das Zellensystem die Folter, das Sakrileg wird die Religionslästerung, das europäische Konzert die heilige Allianz ersetzt haben; und in dieser schönen, so bewunderten Gesellschaftsordnung, einem Trümmerwerk aus dem Erbe Ludwigs XIV. und Voltaires Zeitalter, das man übertüncht hat mit Empire-Mörtel und vermischt mit Bruchstücken einer englischen Verfassung, werden Munizipalräte den Bürgermeister zu schikanieren versuchen, ebenso wie jetzt die Kammern den König, die Presse die Regierung und die Verwaltung das Publikum! Aber die guten Seelen geraten ja in Verzückung über das Zivilgesetzbuch, ein Werk, das in einem kleinlichen tyrannischen Geiste abgefaßt ist –! Warum ist das Gesetz dem Familienvater beim Errichten eines Testaments im Wege? Warum hindert es den Zwangsverkauf des Grundbesitzes? Warum bestraft es die Landstreicherei als ein Vergehen, während sie doch nicht einmal eine Übertretung sein dürfte! Und es gibt noch eine Menge Ähnliches! Ich kenne das genau, und deshalb werde ich einen kleinen Roman unter dem Titel "Geschichte des Rechtsbegriffs" schreiben, welcher kurios werden dürfte! ... Aber ich habe einen scheußlichen Durst! Und du?"

Er lehnte sich aus dem Fenster und befahl dem Portier, aus der Kneipe einige Gläser Grog zu holen.

"Kurz, ich sehe drei Parteien ..., nein, drei Gruppen, von denen mich keine interessiert, die Besitzenden, die anderen, die nichts mehr haben, und die, die zu besitzen versuchen. Alle stimmen in der schwachsinnigen Vergötterung der Obrigkeit überein. Erinnere dich nur: Mably predigt, daß man die Philosophen verhindern solle, ihre Lehren zu veröffentlichen; der Herr Mathematiker Wronski nennt in seiner Phraseologie die Zensur ›die kritische Unterdrückung der spekulativen Spontaneität‹; der Pater Enfantin segnet die Habsburger dafür, daß sie ›eine eiserne Hand über die Alpen ausgestreckt haben, um Italien zusammenzudrücken‹; Pierre Leroux will, daß man gezwungen werden könne, einen Redner anzuhören, und Louis Blanc schwärmt für eine Staatsreligion; so weit geht bei diesem Volke von Vasallen die Sucht, beherrscht zu werden. Dabei ist nicht ein einziger gerecht, trotz ihrer ewigen Prinzipien. Und was die Souveränität des Volkes anlangt, warum sollte sie geheiligter als das göttliche Recht sein? Das eine und das andere sind Fiktionen! Wir haben genug von Metaphysik und den Phantastereien! Man braucht keine Dogmen, um die Straße zu kehren! Man wird behaupten, daß ich die Gesellschaftsordnung umstoßen will! Nun, und –? Wo wäre das Übel? Sie ist reizend, deine Gesellschaft!"

Frédéric hätte ihm sehr viel erwidern können. Da er ihn aber von den Theorien Sénécals befreit sah, hielt er ihm manches zugute. Er begnügte sich, zu bemerken, daß ein solches System sie dem allgemeinen Haß überliefern würde.

"Im Gegenteil; da wir jeder Partei ein Unterpfand des Hasses gegen ihren Nachbarn geben, werden alle auf uns zählen. Auch du wirst dabei zu tun haben, du wirst uns die ästhetische Kritik liefern."

Man müßte die Überlieferungen angreifen: die Akademie, die Normalschule, das Konservatorium, die Comédie Française. Dadurch würden sie ihrer Zeitschrift eine durchgehende Grundidee geben. Dann, sobald sie festen Fuß gefaßt hätten, würde die Zeitung plötzlich als Tagblatt zu erscheinen beginnen; dann würden sie zu den Angriffen auf Personen übergehen.

"Und man wird uns respektieren, das kannst du mir glauben!"

Deslauriers war seinem alten Ideal nahe: Eine Chefredaktion, das heißt, das unaussprechliche Glück, Menschen zu dirigieren, ihre Artikel nach Belieben zu beschneiden, andere zu bestellen oder abzulehnen. Seine Augen funkelten hinter seinen Brillengläsern, er ereiferte sich und stürzte mechanisch Glas auf Glas hinunter.

"Es wird notwendig sein, daß du in jeder Woche einmal ein Diner gibst. Das ist unumgänglich, auch wenn die Hälfte deines Einkommens dabei draufgehen sollte! Man wird sich dazu drängen; es wird ein Mittelpunkt für die anderen und ein Hebel für dich sein, und du wirst sehen: Bevor sechs Monate vergangen sind, werden wir als Führer der öffentlichen Meinung in Paris literarisch und politisch tonangebend sein."

Frédéric empfand ein seltsames Gefühl der Verjüngung, wie jemand, der nach einem langen Aufenthalt in einem geschlossenen Raum an die frische Luft gebracht wird. Die Begeisterung des Freundes riß ihn mit fort.

"Jawohl, ich bin ein Faulenzer, ein Dummkopf gewesen, du hast recht!"

"Gott sei Dank!" rief Deslauriers, "jetzt erkenne ich meinen Frédéric wieder!"

Er drohte ihm scherzend mit der Faust.

"Du hast mir viel Kummer gemacht. Aber das ist vergessen; ich habe dich wieder!"

Sie hatten sich beide erhoben und standen da, im Begriff, sich zu umarmen, als eine Frau auf der Schwelle erschien.

"Was führt dich her?" fragte Deslauriers.

Es war Fräulein Clémence, seine Geliebte.

Sie antwortete, daß sie zufällig an seinem Haus vorbeiginge und der Lust, ihn zu sehen, nicht widerstehen konnte; sie brachte für die Vesper Kuchen mit, die sie auf den Tisch legte.

"Gib auf meine Papiere acht!" rief der Advokat heftig. "Übrigens ist das das dritte Mal, daß ich dir verbiete, während meiner Sprechstunde zu kommen."

Sie wollte ihn umarmen.

"Es ist gut! Geh nur, mach', daß du weiterkommst!"

Er stieß sie zurück, sie brach in Schluchzen aus.

"Ah! Du wirst mir schließlich lästig!"

"Liebe ich dich zu wenig?"

"Ich verlange nicht, daß man mich liebt, sondern daß man mir dient!"

Bei diesen harten Worten hörte Clémence plötzlich zu weinen auf. Sie stellte sich ans Fenster und blieb dort unbeweglich, die Stirn an die Scheiben gedrückt.

Ihre Haltung und ihr Verstummen ärgerten Deslauriers.

"Wenn du fertig bist, wirst du deine Equipage bestellen, nicht wahr?"

"Du schickst mich fort?"

"Jawohl."

Sie richtete ihre großen blauen Augen auf ihn – man sah: um ihn noch ein letztes Mal zu bitten; dann zog sie ihren Shawl fester zusammen, wartete noch eine Minute und ging.

"Du solltest sie zurückrufen," sagte Frédéric.

"Ach wo!"

Und um sich zum Ausgehen fertig zu machen, verschwand Deslauriers in der Küche, die sein Toilettenkabinett war. Auf den Fliesen lagen neben einem Paar Stiefel die Überreste eines kargen Frühstücks; eine Matratze und eine Decke waren in einer Ecke zusammengerollt.

"Du siehst," sagte er, daß ich hier keine Marquisen empfange. Ich entbehre sie ganz gut und die anderen auch. Die, die nichts kosten, nehmen unsere Zeit, was in anderer Form auch Geld ist, und ich bin nicht reich! Und dann sind sie alle dumm! so dumm! Kannst du dich mit einer Frau unterhalten?"

An der Ecke des Pont Neuf trennten sie sich.

"Also abgemacht! Du bringst mir morgen das Besprochene, sobald du es hast."

"Abgemacht!" erwiderte Frédéric.

Am nächsten Tage erhielt er frühmorgens durch die Post einen Scheck über fünfzehntausend Franken auf die Banque de France.

Dieser Papierlappen stellte fünfzehn dicke Säcke voll Silber vor, und er malte sich aus, was er mit einer derartigen Summe anfangen könnte. Vor allem: seinen Wagen noch drei Jahre behalten, statt ihn zu verkaufen, wozu er nächstens gezwungen sein würde; dann zwei schöne damaszierte Rüstungen, die er auf dem Quai Voltaire gesehen hatte; kaufen und endlich noch eine Menge anderer Dinge, Bilder, Bücher und wieviel Blumensträuße und Geschenke für Frau Arnoux! Alles wäre schließlich besser gewesen, als so viel Geld bei einer Zeitung zu riskieren, zu verlieren! Deslauriers erschien ihm anmaßend, namentlich da seine gestrige Gefühllosigkeit sehr abstoßend auf ihn gewirkt hatte; und er überließ sich diesen Gedanken der Reue, als zu seiner großen Überraschung Arnoux plötzlich eintrat und sich schwerfällig, wie ein gebrochener Mann, zu ihm auf den Bettrand setzte.

"Was gibt es denn?"

"Ich bin verloren!"

Er hatte an demselben Tage in dem Bureau des Notars Beauminet, Rue Sainte-Anne, achtzehntausend Franken zu bezahlen, die ihm ein gewisser Vanneroy geliehen hatte.

"Es ist ein unerklärliches Pech, das ich habe! Ich hatte ihm eine Hypothek gegeben, die ihn vollständig hätte beruhigen müssen. Jetzt droht er mir mit dem Gericht, wenn er nicht heute nachmittag sein Geld hat!"

"Und dann?"

"Dann? Sehr einfach! Er wird mein Grundstück zwangsweise verkaufen lassen, und er braucht das bloß anzukündigen, um mich zu ruinieren! Sonst nichts! Ja, wenn ich jemanden fände, der mir diese verwünschte Summe vorstrecken könnte, ich würde ihm Vanneroys Rechte übertragen, und ich wäre gerettet! Sie haben nicht zufällig das Geld?"

Der Scheck war auf dem Nachttisch neben einem Buch liegen geblieben. Frédéric hob das Buch und verdeckte ihn damit.

"Wie schade, lieber Freund! Ich habe es nicht!"

Aber es fiel ihm schwer, Arnoux das abzuschlagen.

"Finden Sie denn wirklich keinen Menschen, der ...?"

"Niemanden! Und wenn ich bedenke, daß bei mir innerhalb acht Tagen Geld eingehen wird! Ich habe vielleicht ... fünfzigtausend Franken Ende des Monats zu bekommen!"

"Könnten Sie nicht die Leute, die Ihnen das Geld schulden, bitten, im voraus ...?"

"Da käme ich schön an!"

"Aber Sie werden doch irgendwelche Wertpapiere, Wechsel haben?"

"Nichts!"

"Was macht man?" fragte Frédéric.

"Das ist es eben, was ich mich frage," antwortete Arnoux.

Er schwieg und ging im Zimmer auf und ab.

"Es ist nicht so sehr meinetwegen, mein Gott! wie für meine Kinder, meine arme Frau!"

Dann fuhr er abgerissen fort:

"Schließlich ... ich werde mutig sein ... ich werde meine Siebensachen packen ... und anderswo mein Glück versuchen ... wo, weiß ich nicht!"

"Das geht nicht!" rief Frédéric.

Arnoux versetzte ruhig:

"Wie wollen Sie, daß ich jetzt in Paris lebe?"

Eine lange Stille folgte.

Frédéric fing wieder an:

"Wann würden Sie dieses Geld zurückgeben?"

Er selbst hätte es nicht, im Gegenteil! Aber nichts hindere ihn, zu Freunden zu gehen und Schritte zu tun. Er läutete seinem Diener zum Ankleiden. Arnoux dankte ihm.

"Sie brauchen achtzehntausend Franken, nicht wahr?"

"Oh, ich würde mich auch mit sechzehntausend begnügen; denn zweitausendfünfhundert bis dreitausend werde ich aus meinem Silberzeug herausschlagen, allerdings, wenn Vanneroy mir Zeit bis morgen läßt; ich wiederhole Ihnen, Sie können dem Geldgeber versichern, ja schwören, daß die Summe in acht, vielleicht sogar in fünf bis sechs Tagen zurückgezahlt werden wird. Also absolut ohne Risiko, Sie verstehen?"

Frédéric versicherte, daß er vollkommen verstehe und sich augenblicklich auf den Weg machen würde.

Er blieb zu Hause und verwünschte Deslauriers, denn er wollte einerseits sein Wort halten und andererseits Arnoux verpflichten.

"Wenn ich mich an Herrn Dambreuse wendete? Aber unter was für einem Vorwand Geld von ihm verlangen? Ich soll sogar ihm welches für seine Kohlenaktien hintragen! Mag er doch seine Kohlenaktien behalten! Ich brauche sie nicht."

Frédéric gratulierte sich zu diesem kühnen Entschluß, als wenn er Herrn Dambreuse einen Dienst abgeschlagen hätte.

"Ja, wo ich selbst vielleicht sogar", fuhr er bei sich fort, "einen Verlust habe, denn ich könnte mit fünfzehntausend Franken am Ende hunderttausend verdienen! An der Börse kommt das jeden Tag vor ... Wenn ich darauf verzichte, bin ich dadurch nicht frei? Wenn ich übrigens Deslauriers warten ließe! – Nein, das wäre häßlich, ich muß zu ihm!"

Er sah auf seine Zimmeruhr. "Ich habe noch Zeit! Die Bank schließt erst um fünf."

Um halb fünf, als er das Geld einkassiert hatte, sagte er zu sich:

"Jetzt hat es doch keinen Zweck! Ich würde ihn nicht zu Hause finden; ich werde heute abend hingehen," wodurch er sich die Möglichkeit ließ, seinen Entschluß rückgängig zu machen; – unser Gewissen wird ja immer Sophismen zugänglich bleiben, da es aus Sophismen entstanden ist; es behält einen Nachgeschmack davon, wie von einem schlechten Schnaps.

Er schlenderte auf den Boulevards umher und aß allein zu Mittag. Dann sah er sich, um sich zu zerstreuen, einen Akt im Vaudeville an. Aber die Banknoten genierten ihn, als wenn er sie gestohlen hätte. Er wäre am Ende gar nicht sehr betrübt gewesen, wenn sie ihm verloren gegangen wären.

Als er nach Hause kam, fand er einen Brief.

"Wie steht die Sache? Meine Frau schließt sich meiner Bitte an. In der Hoffnung und so weiter und so weiter. Der Ihre."

Und ein Paraphe.

"Seine Frau! Sie bittet mich!"

Im selben Augenblick erschien Arnoux, um zu hören, ob er das Geld bekommen habe.

"Da ist es!" antwortete Frédéric.

Vierundzwanzig Stunden später sagte er zu Deslauriers:

"Ich habe noch nichts bekommen."

Der Advokat kam drei Tage hintereinander wieder. Er bat ihn, dem Notar zu schreiben. Er erbot sich sogar, dahin zu fahren.

"Nein, das hat keinen Zweck. Ich werde selbst hinfahren!"

Als eine Woche verflossen war, erinnerte Frédéric Arnoux schüchtern an seine fünfzehntausend Franken.

Arnoux vertröstete ihn auf morgen, dann auf übermorgen. Frédéric wagte sich erst nach Dunkelwerden auf die Straße, aus Furcht, von Deslauriers überrascht zu werden.

Eines Abends stieß er an der Ecke der Madeleine gegen jemanden. Es war Deslauriers.

"Ich werde das Geld holen," sagte Frédéric.

Deslauriers begleitete ihn bis an eine Haustür im Faubourg Poissonnière.

"Erwarte mich!"

Er wartete. Endlich, nach dreiundvierzig Minuten, kam Frédéric mit Arnoux heraus und bat ihn durch ein Zeichen, sich noch etwas zu gedulden. Der Händler und sein Begleiter gingen Arm in Arm die Rue Hauteville hinauf und bogen dann in die Rue Chabrol ein.

Die Nacht war finster, ein warmer Wind wehte. Arnoux ging langsam und erzählte von den Galeries du Commerce, einer Reihe von gedeckten Durchgängen, die sich vom Boulevard St. Denis bis zum Chatelet hinziehen sollten, einer herrlichen Spekulation, an der er sich für sein Leben gern beteiligen wollte; von Zeit zu Zeit blieb er stehen, um durch die Ladenscheiben die Gesichter der Grisetten zu betrachten, dann setzte er seine Erklärungen fort.

Frédéric hörte die Schritte Deslauriers' hinter sich, sie waren ihm wie Vorwürfe, wie Schläge, die an sein Gewissen pochten. Trotzdem wagte er nicht, seine Mahnung vorzubringen, aus falscher Scham, auch aus Furcht, daß sie unnütz sein würde Der andere kam näher. Er raffte sich auf.

Arnoux sagte ihm in ungenierten Worten, daß seine Eingänge nicht stattgefunden hätten, und daß er daher augenblicklich die fünfzehntausend Franken nicht zurückzahlen könne.

"Ich denke, daß Sie sie nicht brauchen?"

In diesem Moment hielt Deslauriers Frédéric an und zog ihn beiseite.

"Sag' es doch aufrichtig, hast du das Geld? Ja oder nein?"

"Nein!" antwortete Frédéric. "Ich habe es verloren."

"So! Und wie denn?"

"Im Spiel!"

Deslauriers erwiderte nichts, grüßte sehr tief und entfernte sich. Arnoux hatte die Gelegenheit benutzt, sich eine Zigarre in einem Tabakladen anzuzünden. Er kam zurück und fragte, wer der junge Mann sei.

"Niemand! Ein Freund!"

Drei Minuten später vor Rosanettes Tür angelangt, sagte Arnoux:

"Kommen Sie doch mit hinauf. Sie wird sich freuen, Sie zu sehen. Wie menschenscheu Sie jetzt sind!"

Das Licht einer Laterne fiel grell auf ihn; mit der Zigarre zwischen seinen weißen Zähnen und seinem glücklichen Gesichtsausdruck hatte er etwas Unausstehliches.

"Apropos, mein Notar ist heute morgen bei dem Ihrigen gewesen wegen dieser Hypotheken-Umschreibung. Meine Frau hat mich daran erinnert."

"Eine gescheite Frau," erwiderte Frédéric mechanisch.

"Das glaube ich!"

Arnoux begann wieder, ihr Lob zu singen. Sie hätte nicht ihresgleichen, weder an Geist und Herz, noch in der Wirtschaft; dann setzte er leise hinzu, und er rollte dabei mit den Augen:

"Und als Frauenkörper!"

"Adieu!" sagte Frédéric.

Arnoux machte eine Bewegung.

"Wieso?"

Die Hand halb ausgestreckt, betrachtete er ihn aufmerksam, durch sein zorniges Gesicht ganz verblüfft.

Frédéric wiederholte trocken:

"Adieu!"

Er schoß die Rue de Bréda hinunter wie ein Stein, der einen Abgrund hinabrollt, wütend gegen Arnoux, mit dem Entschluß, ihn nie wiederzusehen und auch sie nicht, außer sich, untröstlich. An Stelle des Bruches, den er erwartete, fing nun der andere im Gegenteil an, sie zu vergöttern, und das gründlich, von den Haarwurzeln bis in das Tiefste der Seele. Die Gewöhnlichkeit dieses Menschen empörte Frédéric. Alles gehörte dem also! Übrigens demütigte ihn die "Anständigkeit" Arnoux', der ihm Garantien für sein Geld anbot; er hätte ihn erwürgen mögen; aber noch mächtiger als dieser Ärger erhob sich in seinem Gewissen das Gefühl der Feigheit gegen seinen Kameraden. Tränen drohten ihn zu ersticken.

Deslauriers stürmte die Rue des Martyrs hinunter und fluchte in heller Entrüstung; denn das gescheiterte Projekt erschien ihm – wie ein Obelisk, den man heruntergerissen – jetzt nur noch größer als früher. Er hielt sich für bestohlen, beraubt, geschädigt. Seine Freundschaft für Frédéric war tot, und er empfand Freude darüber; das war eine Vergeltung! Ein Haß gegen die Reichen packte ihn. Er verstand jetzt die Ansichten Sénécals und wollte sich gern in ihren Dienst stellen. Währenddessen saß Arnoux bequem auf einem Diwan neben dem Kamin, schlürfte seine Tasse Tee und hielt die Marschallin auf seinen Knien.

Frédéric ging nicht wieder hin; und um seine unheilvolle Leidenschaft zu vergessen, beschloß er, über irgend etwas ein Buch zu schreiben – eine "Geschichte der Renaissance". Auf seinem Tische lagen Bücher von Humanisten, Philosophen und Dichtern; er lief ins Kupferstichkabinett, um die Stiche Marc Antons zu sehen; er versuchte, in Macchiavell einzudringen. Langsam kam die friedliche Ruhe der Arbeit über ihn. Sich in die Persönlichkeiten der anderen versenkend, vergaß er der eigenen – das einzige Mittel, nicht durch sie zu leiden.

Eines Tages, als er gerade dabei saß, ein Exzerpt zu machen, öffnete sich die Tür, und der Diener meldete Frau Arnoux.

Sie kam zu ihm! Allein? Nein, an der Hand hielt sie den kleinen Eugène, dem das Kindermädchen in der weißen Schürze folgte. Sie setzte sich und sagte nach einem Verlegenheitshusten:

"Sie sind lange nicht bei uns gewesen."

Da Frédéric keine Entschuldigung einfiel, setzte sie hinzu:

"Aus Zartgefühl."

Er erwiderte:

"Zartgefühl?"

"Ja, für Arnoux."

Frédéric machte eine Bewegung, als wollte er sagen: "Um ihn kümmere ich mich sehr wenig! – Ihretwegen habe ich das getan!"

Sie schickte das Kind mit dem Mädchen in den Salon spielen. Dann sprachen sie zwei oder drei Worte, wie es ihnen beiden ginge, und die Unterhaltung stockte.

Sie trug ein Kleid aus brauner Seide, von der Farbe eines spanischen Weines, und ein Jackett aus schwarzem Samt, das mit Marder besetzt war; dieses Pelzwerk weckte die Lust, mit den Händen darüber zu fahren, und ihrem breiten glattgestrichenen Scheitel hätte man mit den Lippen sich nähern wollen. Ein ähnlicher Gedanke schien sie zu beunruhigen; indem sie nach der Richtung der Tür sah, sagte sie:

"Es ist hier recht warm!"

Frédéric verstand diesen Blick:

"Pardon! Die beiden Flügel sind nur angelehnt."

"Ach, das ist wahr."

Sie lächelte, was so viel sagte wie: "Ich fürchte nichts."

Er fragte sie, was sie zu ihm führe.

"Mein Mann", so fing sie mit Überwindung an, "hat mich gebeten, zu Ihnen zu gehen wegen eines Schrittes, den er nicht selbst zu tun wagte."

"Nämlich?"

"Sie kennen Herrn Dambreuse, nicht wahr?"

"Ja, oberflächlich!"

"Ah, oberflächlich."

Sie schwieg.

"Gleichviel. Fahren Sie bitte fort."

Sie erzählte, daß vor zwei Tagen Arnoux vier Wechsel auf je tausend Franken, die an die Order des genannten Bankiers lauteten, und auf die sie ihre Unterschrift gesetzt hatte, nicht habe einlösen können. Sie bereue es, damit das Vermögen ihrer Kinder aufs Spiel gesetzt zu haben, und doch – alles wäre der Schande vorzuziehen; wenn Herr Dambreuse die Klage zurückziehen wollte, so könnte sie ihn sicher bald befriedigen, denn dann möchte sie ein kleines Haus verkaufen, das sie in Chartres hätte.

"Arme Frau!" murmelte Frédéric. – "Ich werde hingehen! Verlassen Sie sich auf mich."

"Danke!"

Sie stand auf, um zu gehen.

"Oh, Sie müssen nicht so eilen!"

Sie blieb stehen und sah sich das Zimmer an: die Trophäe von mongolischen Pfeilen, die vom Plafond herunterhing,die Bibliothek, die Einbände der Bücher, die Schreibgarnitur; sie hob die Bronzeschale, die Federn enthielt, in die Höhe; ihre Absätze drückten sich an verschiedenen Stellen auf dem Teppich ab. Sie war schon häufiger bei Frédéric gewesen, aber immer mit Arnoux. Jetzt war sie allein mit ihm, allein in seinem eigenen Hause; – das war ein außergewöhnliches Ereignis, fast ein Glücksfall.

Sie wollte sein Gärtchen sehen; er bot ihr den Arm, um ihr seine "Güter" zu zeigen, dreißig Fuß Boden, von Häusern umschlossen, mit Sträuchern in den Winkeln und einem Beet in der Mitte geschmückt. Man war im Anfang April. Die Zweige des Flieders hatten schon grüne Blättchen, ein Frühlingswind zog durch die Luft, und kleine Vögel hüpften auf der kahlen Erde und piepten; mit ihrem Gezwitscher wechselte der Lärm ab, den in der Ferne eine Wagenschmiede machte. Frédéric ging für das Kind eine Feuerschaufel suchen, und nun baute der Kleine Sandhaufen auf, während sie beide nebeneinander umhergingen.

Frau Arnoux glaubte nicht, daß ihr Sohn später große Phantasie haben werde, aber er hätte ein zärtliches Gemüt. Seine Schwester dagegen habe eine angeborene Schroffheit, die sie manchmal verletzte.

"Das ändert sich," sagte Frédéric. "Man muß niemals verzweifeln."

Sie wiederholte:

"Man muß niemals verzweifeln."

Diese mechanische Wiederholung seines Ausspruches erschien ihm als eine Art Ermutigung; er pflückte eine Rose, die einzige, die zufällig in den Garten versetzt war.

"Erinnern Sie sich ... an jenes Rosenbukett, und jenen Abend – im Wagen?"

Sie errötete leicht und sagte mit einem gewissen spöttischen Mitgefühl:

"Ja! Ich war sehr jung!"

"Diese Blume", fuhr Frédéric leise fort, "wird wohl dasselbe Schicksal haben?"

Sie antwortete, und dabei drehte sie den Stiel wie den Faden einer Spindel zwischen den Fingern:

"Nein, ich werde sie nicht wegwerfen!"

Mit einer Gebärde rief sie das Mädchen, das nun den Kleinen auf den Arm nahm; auf der Schwelle hielt sie einen Augenblick an und atmete den Duft der Blume ein; ihr Kopf hatte sich zur Schulter herabgesenkt, und ihr Blick hatte etwas unendlich Süßes – es war wie ein Kuß.

Als er wieder in seinem Zimmer stand, betrachtete er den Fauteuil, wo sie gesessen, und die Gegenstände, die sie berührt hatte. Etwas von ihr schwebte noch um ihn, das liebkosende Gefühl war noch nicht verschwunden.

"Sie ist wirklich dagewesen!" sagte er zu sich.

Und die Wogen einer unendlichen Zärtlichkeit schlugen über ihm zusammen.

Am nächsten Vormittag um elf Uhr meldete er sich bei Herrn Dambreuse. Man empfing ihn im Speisezimmer. Der Bankier frühstückte in Gesellschaft seiner Frau. Neben ihr saß ihre Nichte, und auf der anderen Seite die Erzieherin, eine stark pockennarbige Engländerin.

Herr Dambreuse lud seinen jungen Freund ein, sich zu ihnen zu setzen, und sagte, als dieser ablehnte:

"Worin kann ich Ihnen dienlich sein?"

Frédéric gestand mit vorgespielter Gleichgültigkeit, daß er gekommen sei, für einen gewissen Arnoux ein gutes Wort einzulegen.

"Ah, der frühere Bilderhändler," sagte der Bankier mit einem stummen Lachen, das sein Zahnfleisch sehen ließ. "Oudry hat früher für ihn garantiert, dann haben sie sich überworfen."

Er durchflog dabei die Briefe und Zeitungen, die neben seinem Teller lagen.

Zwei Diener servierten, ohne daß man ihre Schritte auf dem Parkett hörte; die Höhe des Zimmers, das drei gestickte Portieren und zwei weißmarmorne Springbrunnen enthielt, das Glänzen der Schüsselwärmer, die Zusammenstellung der Hors-d'oeuvres und sogar die steifen Falten der Servietten, dieses ganze luxuriöse

Wohlbehagen erweckte in Frédérics Geist den Kontrast mit einem andern Frühstück bei Arnoux. Er wagte nicht, Herrn Dambreuse zu unterbrechen.

Frau Dambreuse bemerkte seine Verlegenheit.

"Sehen Sie unseren Freund Martinon ab und zu?"

"Er wird heute abend kommen," sagte das junge Mädchen lebhaft.

"Ah, das weißt du also?" erwiderte die Tante mit einem eisigen Blick auf sie.

Dann, nachdem ihr ein Diener etwas ins Ohr geflüstert hatte:

"Deine Schneiderin, mein Kind! ... Miß John!"

Und die Erzieherin stand gehorsam auf und verschwand mit ihrem Zögling.

Herr Dambreuse, durch das Rücken der Stühle gestört, fragte, was es gäbe.

"Es ist Frau Regimbart."

"Sieh da! Regimbart! Den Namen kenne ich. Ich habe seine Unterschrift schon gesehen."

Frédéric fing endlich von der Sache an; Arnoux verdiene Interesse; er würde sogar, einzig und allein um seinen Verpflichtungen nachzukommen, ein Haus, das seiner Frau gehöre, verkaufen.

"Sie gilt für sehr hübsch," meinte Frau Dambreuse.

Der Bankier setzte mit unschuldiger Miene hinzu:

"Sie sind ihr intimer Freund?"

Frédéric sagte, ohne darauf bestimmt zu antworten, daß er ihm sehr dankbar sein würde, wenn er gütigst berücksichtigen wolle ...

"Gut, da es Ihnen Vergnügen macht, meinetwegen! Wir werden warten! Ich habe noch Zeit. Würden Sie mich jetzt in mein Bureau begleiten, haben Sie Lust?"

Das Frühstück war beendet; Frau Dambreuse verneigte sich leicht, mit einem eigentümlichen Lächeln, das voll Höflichkeit und Ironie war. Frédéric hatte keine Zeit, darauf weiter zu achten, denn Herr Dambreuse sagte, kaum daß sie allein waren:

"Sie haben Ihre Aktien nicht abgeholt?"

Und fuhr fort, ohne eine Entschuldigung abzuwarten:

"Das schadet nichts! Es ist nur selbstverständlich, daß Sie die Sache etwas genauer kennen wollen."

Er bot ihm eine Zigarette an und begann.

Das "Syndikat der französischen Steinkohlenwerke" war begründet; man wartete nur noch die Genehmigung der Regierung ab. Die Tatsache des Zusammenschlusses allein verminderte die Verwaltungskosten sowie die Arbeitslöhne und erhöhte die Reingewinne. Überdies plante die Gesellschaft etwas ganz Neues, und zwar eine Beteiligung der Arbeiter an dem Unternehmen. Sie würde ihnen Häuser, gesunde Wohnungen bauen und sogar die Lieferantin ihrer Angestellten werden, indem sie ihnen alles zu Einkaufspreisen liefert.

"Und wir werden glänzend verdienen, das ist der Erfolg dieses Fortschritts; das wird eine schlagende Antwort auf die republikanischen Hetzereien sein! Wir haben in meinem Verwaltungsrat", er nahm den Prospekt heraus, "einen Pair von Frankreich, einen Gelehrten des Instituts, einen höheren Genie-Offizier a. D., lauter bekannte Namen! Solche Namen flößen den ängstlichen Kapitalisten Vertrauen ein und locken die intelligenten an." Die Gesellschaft könne auf die staatlichen Aufträge zählen, dann auf die Eisenbahnen, die Dampf-Marine, die Hüttenwerke, die Gasanstalten, die bürgerlichen Küchen. "Wir liefern das Heizmaterial, wir liefern die Beleuchtung und dringen auf diese Weise in die bescheidensten Haushaltungen. Sie werden mich fragen, wie wir uns den Absatz sichern können? Durch besondere Privilegien, lieber Freund, die wir uns verschaffen werden; das wird eben unsere Aufgabe sein! Ich bin übrigens von Bekenntnis Prohibitionist; mein Grundsatz ist: vor allem das Vaterland!" Man hätte ihn zum Direktor ernannt, aber ihm fehle die Zeit, sich mit den vielen Einzelheiten, unter anderem auch mit der Redaktion, zu beschäftigen. "Ich bin nicht mehr so beschlagen in der guten Prosa, meine Philologie habe ich vergessen! Ich müßte jemanden haben ..., der meine Ideen zu Papier bringen kann." Hastig schloß er: "Wollen Sie dieser Mann mit dem Titel Generalsekretär sein?"

Frédéric war um eine Antwort verlegen.

"Nun, was hindert Sie?"

Seine Pflichten würden sich darauf beschränken, alljährlich einen Bericht an die Aktionäre auszuarbeiten. Er würde in tägliche Beziehungen zu den bedeutendsten Männern von Paris kommen. Da er die Gesellschaft bei den Arbeitern repräsentieren müßte, würde er natürlich von ihnen vergöttert werden, was ihn später in den Stand setzen könne, beim Generalrat und bei der Deputiertenwahl zu kandidieren.

Frédéric klangen die Ohren. Woher kam dieses Wohlwollen? Er erschöpfte sich in Ausdrücken des Dankes.

Aber er dürfte nicht abhängig sein, sagte der Bankier. Das beste Mittel wäre, Aktien zu nehmen, "übrigens eine glänzende Anlage, denn Ihr Kapital garantiert Ihre Position, ebenso wie Ihre Position Ihr Kapital."

"Wieviel würde ungefähr erforderlich sein?" fragte Frédéric.

"Mein Gott, was Sie für richtig halten; ich nehme an, vierzigtausend bis sechzigtausend Franken."

Diese Summe war für Herrn Dambreuse so geringfügig und sein Einfluß so groß, daß Frédéric sich sofort entschloß, ein Pachtgut zu verkaufen. Er nahm also an; Herr Dambreuse wollte ihm in den nächsten Tagen eine Zusammenkunft bestimmen, um ihre Abmachungen zu fixieren.

"Ich kann also Jacques Arnoux sagen ...?"

"Was Sie wollen! Der arme Kerl! Alles, was Sie wollen!"

Frédéric schrieb den Arnoux', sie sollten ganz ruhig sein; er ließ dann den Brief durch seinen Diener hintragen, der die Antwort brachte: "Sehr gut!"

Seine Bemühungen hatten wohl mehr Dank verdient. Er wartete auf einen Besuch, zum mindesten auf einen Brief. Niemand kam, ebensowenig ein Brief.

War das Vergeßlichkeit oder Absicht? Nachdem Frau Arnoux schon einmal bei ihm gewesen war, was hinderte sie, wiederzukommen? Das geheime Einverständnis zwischen ihnen, das sie herbeigeführt, war also nur ein Manöver, das ihr ihr Interesse diktiert hatte? Hatten sie ihr Spiel mit ihm getrieben? Und war sie mit daran schuld? Trotz seines großen Verlangens hinderte ihn eine gewisse Scheu, wieder zu ihnen zu gehen.

Eines Morgens (drei Wochen nach ihrer Zusammenkunft) schrieb ihm Herr Dambreuse, daß er ihn an demselben Tage in einer Stunde erwarte.

Auf dem Wege dachte er wieder an die Arnoux; und da er gar keine Erklärung für ihr Benehmen finden konnte, so wurde er von einem Angstgefühl, einer düsteren Ahnung befallen. Um es loszuwerden, stieg er in einen Wagen und ließ sich nach der Rue Paradis fahren.

Arnoux war verreist.

"Und die gnädige Frau?"

"Auf dem Lande, in der Fabrik."

"Wann kommt der Herr zurück?"

"Morgen ganz bestimmt!"

Er würde sie also allein finden; der Augenblick war da. Eine innere gebietende Stimme rief ihm zu: "Fahre doch gleich zu ihr!"

Aber Herr Dambreuse? "Mag er warten! Ich werde sagen, daß ich krank gewesen bin." Er eilte zum Bahnhof, im Coupé dachte er: "Ich habe vielleicht unrecht gehandelt? Ach was, das ist jetzt egal."

Zu beiden Seiten der Bahn breiteten sich grüne Ebenen aus, durch die der Zug rollte; die Stationshäuschen glitten wie Theaterdekorationen vorüber, und der Rauch der Lokomotive tanzte immer in derselben Richtung in dicken Flocken über das Gras, um sich nach einiger Zeit zu verteilen.

Frédéric, allein auf seiner Bank, betrachtete das mechanisch, in jener Mattigkeit, die auf das Übermaß der Ungeduld folgt. Hebekrane, Magazine tauchten auf. Man fuhr in Creil ein.

Die Stadt, erbaut am Abhang zweier niedriger Hügel, von denen der eine kahl und der andere belaubt ist, sah ihm mit ihrem Kirchturm, ihren ungleichmäßigen Häusern und ihrer Steinbrücke entgegen – heiter, still, liebenswürdig. Ein großes, flachgehendes Boot bewegte sich stromabwärts, und das Wasser, vom Winde getrieben, schäumte auf; Hühner pickten am Fuße des Kalvarienberges im Stroh; eine Frau kam vorbei, die nasse Wäsche auf dem Kopfe trug.

Nachdem er die Brücke überschritten hatte, war er auf einer Insel, wo man zur Rechten die Ruinen einer Abtei sah. Eine Mühle drehte sich, den zweiten Arm der Oise in seiner ganzen Länge versperrend; an dessen Ufer stand die Fabrik. Die Ausdehnung der Bauten überraschte Frédéric sehr. Sein Respekt vor Arnoux wuchs. Drei Schritte weiter bog er in ein Gäßchen ein, das am Ende von einem Gitter abgeschlossen war.

Er trat ein. Die Portiersfrau rief ihn mit den Worten zurück:

"Haben Sie einen Erlaubnisschein?"

"Wozu?"

"Um die Fabrik zu besichtigen!"

Frédéric antwortete barsch, daß er Herrn Arnoux besuchen wolle.

"Arnoux? Wer soll das sein?"

"Der Chef, der Besitzer natürlich!"

"Das ist ein Irrtum, hier ist die Fabrik von Leboeuf und Milliet!"

Die gute Frau scherzte sicherlich. Arbeiter kamen hinzu, er redete zwei oder drei an und bekam dieselbe Auskunft.

Frédéric verließ den Hof taumelnd wie ein Betrunkener, und so bestürzt war sein Aussehen, daß ein Mann, der auf dem Pont de la Boucherie seine Pfeife rauchte, ihn fragte, ob er etwas suche. Dieser kannte die Arnouxsche Fabrik. Sie lag in Montataire.

Frédéric erkundigte sich nach einem Wagen, man konnte nur am Bahnhof einen bekommen. Er ging also wieder dahin zurück. Eine klapprige Kalesche, bespannt mit einem alten Gaul, dessen zerlumptes Geschirr zwischen den Deichseln herabhing, wartete einsam vor der Gepäckexpedition.

Ein Junge erbot sich, den "alten Pilon" zu suchen. Er kam nach zehn Minuten wieder; der alte Pilon frühstückte. Frédéric riß die Geduld, und er ging weiter. Aber der Bahnübergang war geschlossen, er mußte zwei Züge vorbeifahren lassen. Endlich war der Weg ins Feld frei.

In seinem eintönigen Grün sah es aus wie ein unendliches Billardtuch. Auf beiden Seiten des Weges lag in Haufen, geschichtet wie Kieselsteine, Eisenschlacke. Etwas weiter hin sah man den Rauch von Fabrikschornsteinen, einen neben dem andern. Gerade ihnen gegenüber stand auf einem runden Hügel ein mit Türmchen gekröntes kleines Schloß, daneben der viereckige Glockenturm einer Kirche. Dazu gehörten auch die langen Mauern, die weiter unten am Abhang unregelmäßige Linien zwischen den Bäumen zogen; unten in der Ebene grenzten die Häuser des Dorfes an.

Es sind einstöckige Gebäude mit Treppen von drei Stufen, die aus einem Stein gehauen sind. Man hörte einige Male das Klingeln von der Türglocke eines Kaufmanns. Tiefe Fußspuren waren in den dunklen Kot gedrückt, und ein feiner Regen rieselte herab, der unzählige Striche auf den farblosen Himmel zeichnete.

Frédéric ging auf der Mitte der Landstraße weiter; plötzlich sah er auf der linken Seite am Eingang einer Nebengasse einen großen Torbogen aus Holz, auf dem in Goldbuchstaben zu lesen war: Fayencen.

Nicht ohne Absicht hatte Jacques Arnoux die Nachbarschaft von Creil gewählt; indem er seine Fabrik in möglichster Nähe der anderen (die schon lange gut akkreditiert war) errichtete, gab er Anlaß zu Verwechselungen, die ihm nützen sollten.

Das Hauptgebäude lag dicht an dem Flusse, der die Wiesen durchzog. Das von einem Garten umgebene Wohnhaus zeichnete sich durch eine Freitreppe aus, die mit vier Kaktusvasen geschmückt war. Haufen weißer Erde trockneten teils unter den Schuppen, teils im Freien; in der Mitte des Hofes stand Sénécal in seinem ewigen blauen rotgefütterten Paletot.

Der frühere Hilfslehrer hielt ihm seine Hand entgegen.

"Wollen Sie zum Chef? Er ist nicht hier."

Frédéric, ein wenig befangen, antwortete einfältigerweise:

"Das habe ich gewußt." Er fand jedoch sofort die Fassung wieder.

"Ich komme wegen einer Angelegenheit, die Frau Arnoux betrifft. Kann sie mich empfangen?"

"Ich habe sie seit drei Tagen nicht gesehen," sagte Sénécal.

Er begann eine Litanei von Klagen. Als er die Bedingungen des Fabrikanten angenommen hatte, war er der Meinung, in Paris wohnen zu können, nicht in dieser Einöde, fern von seinen Freunden und ohne Zeitungen. Doch das war nun einmal geschehen! Aber Arnoux schien seine Verdienste durchaus nicht zu würdigen. Er sei dazu zu dumm und rückschrittlich, und unwissend wie kein Zweiter. Anstatt künstlerische Verbesserungen zu suchen, wäre es klüger gewesen, Kohlen- und Gasfeuerungen einzuführen. Der gute Mann "werde hereinfallen"; Sénécal betonte das besonders. Kurz, seine Beschäftigung mißfiel ihm, und fast gebieterisch forderte er von Frédéric, daß er in seinem Interesse spreche und eine Erhöhung seiner Bezüge veranlasse.

"Seien Sie ganz ruhig!" sagte der andere.

Auf der Treppe begegnete er noch niemandem. Im ersten Stock blickte er in ein leeres Zimmer, den Salon. Er rief sehr laut. Niemand antwortete; zweifellos war die Köchin, ebenso wie das Stubenmädchen, ausgegangen. Schließlich öffnete er, im zweiten Stock angelangt, eine Tür. Frau Arnoux war allein vor einem Spiegelschrank. Der Gürtel ihres offenen Schlafrockes hing an ihren Hüften herunter; ihre Haare bildeten eine schwarze Welle auf ihrer rechten Schulter; beide Arme hatte sie erhoben, indem sie mit einer Hand ihren Chignon festhielt und mit der anderen eine Nadel darin befestigte. Sie stieß einen Schrei aus und verschwand.

Dann kam sie, korrekt angezogen, wieder. Ihre Taille, ihre Augen, das Rauschen ihres Kleides, alles bezauberte ihn. Frédéric mußte sich beherrschen, um sie nicht mit Küssen zu überfallen.

"Ich bitte Sie um Entschuldigung," sagte sie, "aber ich konnte nicht ..."

Er war so kühn, sie zu unterbrechen:

"Das hat Ihnen aber sehr gut gestanden ... das eben ..."

Zweifellos fand sie das Kompliment etwas plump, denn ihre Wangen färbten sich. Die Furcht befiel ihn, daß er sie beleidigt haben könnte. Sie fuhr fort:

"Welcher günstige Zufall hat Sie hergeführt?"

Er wußte nicht, was antworten, und sagte nach einem kurzen Lachen, das ihm zur Überlegung Zeit gab:

"Wenn ich es Ihnen sage, werden Sie mir glauben?"

"Warum nicht?"

Frédéric erzählte, daß er in der vergangenen Nacht einen fürchterlichen Traum gehabt:

"Mir träumte, daß Sie sehr krank, dem Tode nahe gewesen seien."

"Oh, weder mein Mann noch ich sind in der Zeit krank gewesen."

"Ich habe nur von Ihnen geträumt," sagte er.

Sie sah ihn ruhig an.

"Träume erfüllen sich nicht immer."

Frédéric stotterte, suchte nach Worten und stürzte sich damit in eine lange Tirade über die Gemeinschaft der Seelen. Eine Kraft existiere, die über große Entfernungen hinweg zwei Menschen in Verbindung bringe, sie über ihre Empfindungen unterrichten und sie zusammenführen könne.

Sie hörte ihm mit gesenktem Kopf und ihrem bezaubernden Lächeln zu. Er beobachtete sie heimlich voller Freude und schüttete seine Liebeserklärungen unter dem Schutz eines Gemeinplatzes freier als je aus. Sie schlug vor, ihm die Fabrik zu zeigen, und da sie darauf bestand, nahm er es an.

Um ihn zuerst durch etwas Amüsantes zu zerstreuen, ließ sie ihn eine Art Museum betrachten, das die Treppen schmückte. Die Muster, die an den Wänden befestigt oder auf Brettern aufgestellt waren, gaben Zeugnis von Arnoux' Versuchen, die unermüdlich wie fixe Ideen aufeinander folgten. Nachdem er das Kupferrot der Chinesen gesucht hatte, wollte er Majoliken, Fayencen, etruskische, orientalische Keramik herstellen; endlich hatte er einige Vervollkommnungen versucht, die später auch wirklich gelangen. So sah man weiterhin breite Vasen, mit Mandarinen bemalt, Schalen von glitzernder Goldkäferfarbe, Töpfe mit arabischen Inschriften, Krüge im Renaissancestil und große Teller mit zwei Figuren, die wie mit Rotstift in zarter und duftiger Art gezeichnet waren. Er verfertigte jetzt Buchstaben für Schilder und Wein-Etiketten; da aber seine Intelligenz nicht groß genug war, um bis zur Kunst zu reichen, und wiederum nicht praktisch genug, um ausschließlich auf den Profit zu sehen, so befriedigte er niemanden und ruinierte sich selbst dabei. Beide betrachteten die Sachen, als ihre Tochter Martha vorbeikam.

"Erkennst du den Herrn nicht?" fragte die Mutter.

"Gewiß!" antwortete sie, ihn begrüßend, während ihr klarer und argwöhnischer Blick, der Blick eines heranwachsenden Backfisches, zu sagen schien: "Was willst du eigentlich hier?" Sie stieg die Treppe hinauf; ihr Kopf war ein wenig zur Seite geneigt.

Frau Arnoux führte Frédéric in den Hof und setzte ihm dort ernsthaft auseinander, wie die Erde zerstoßen, gereinigt und durchsiebt wird.

"Das Wichtigste ist die Präparierung des Teiges."

Sie führte ihn in einen Saal, der mit Kufen angefüllt war und in dem sich eine senkrechte Achse mit horizontalen Armen um sich selbst drehte. Frédéric ärgerte sich, daß er ihren Vorschlag nicht soeben einfach abgelehnt hatte.

"Das sind die Patscher," sagte sie.

Frédéric fand den Ausdruck grotesk und in ihrem Munde fast unschicklich.

Lange Riemen liefen an der Decke von einem Ende zum anderen, um dann auf Walzen weiterzugehen; in eintöniger, mathematischer und für ihn entnervender Regelmäßigkeit spielte sich das ab.

Sie verließen den Raum und kamen zu einer verfallenen Hütte, die früher dazu gedient hatte, Gärtnergeräte zu beherbergen.

"Sie ist jetzt nicht mehr zu verwenden," sagte Frau Arnoux.

Er versetzte mit zitternder Stimme:

"Das Glück hat Raum darin."

Das Getöse der Feuerspritze erstickte seine Worte, und sie gingen in den Knetraum.

An einem schmalen Tische saßen Männer und hatten auf einer Drehscheibe Klumpen Teig vor sich; mit der linken Hand schabten sie das Innere aus, mit der rechten modelten sie an der Außenfläche, und man sah Vasen entstehen, wie Blumen, die sich entfalten.

Frau Arnoux ließ ihm die Modelle für die kunstvollen Formungen zeigen.

In einem anderen Raum wurden die Ornamente entworfen, im oberen Stockwerk die Nähte entfernt und die kleinen Löcher, die bei den früheren Arbeiten entstanden waren, mit Gips verkleidet.

Auf den Fensterbänken, in den Ecken, mitten auf den Korridoren, allenthalben waren Töpferwaren aufgestellt.

Frédéric fing an, sich zu langweilen.

"Das ermüdet Sie wohl?" fragte sie.

Aber er fürchtete, damit seinen Besuch abkürzen zu müssen, und so heuchelte er im Gegenteil große Begeisterung. Er bedauerte sogar, sich dieser Industrie nicht gewidmet zu haben.

Sie schien überrascht.

"Gewiß. Ich hätte in Ihrer Nähe leben können!"

Er suchte ihren Blick, und Frau Arnoux, um dem auszuweichen, nahm von einem Bort Teigklümpchen, die von fehlerhaften Formungen stammten, knetete sie zusammen und drückte ihre Hand darauf ab.

"Kann ich das behalten?" fragte Frédéric.

"Mein Gott, sind Sie kindisch!"

Er wollte antworten, als Sénécal eintrat.

Auf der Schwelle schon bemerkte der Herr Unterdirektor eine Übertretung der Hausordnung. Die Werkstätten sollten allwöchentlich ausgefegt werden, es war Sonnabend, und da die Arbeiter das bisher nicht getan hatten, erklärte ihnen Sénécal, daß sie eine Stunde länger dableiben müßten.

"Wer nicht hören will ..."

Sie beugten sich über ihre Arbeit, ohne zu murren, aber ihr Zorn war an den heiseren Atemzügen zu erkennen. Übrigens waren sie, die alle aus der großen Fabrik hinausgeworfen waren, schwer zu leiten. Der Republikaner regierte sie streng. Mann der Theorie, rechnete er nur mit den Massen und zeigte sich gegen den einzelnen unerbittlich.

Frédéric, den seine Gegenwart genierte, fragte Frau Arnoux leise, ob es nicht möglich sei, die Öfen zu sehen. Sie stiegen ins Erdgeschoß hinunter, und sie war gerade im Begriffe, ihm den Gebrauch der Brennkasten zu erklären, als sich Sénécal, der ihnen gefolgt war, zwischen sie schob.

Ohne Aufforderung setzte er die Erklärung fort, indem er weitschweifig über die verschiedenen Sorten Brennmaterial, das Einschieben in die Öfen, den Hitzezeiger, die Metalle sprach und mit chemischen Begriffen, Chlorür, Schwefel, Borax, Karbonat, um sich warf. Frédéric verstand kein Wort davon und drehte sich jede Minute einmal nach Frau Arnoux um.

"Sie hören nicht zu," sagte sie, "trotzdem Herr Sénécal sich sehr klar ausdrückt. Er kennt dies alles sehr viel besser als ich."

Der Mathematiker, dem dies Lob schmeichelte, schlug vor, das Auftragen der Farben anzusehen. Frédéric blickte Frau Arnoux ängstlich an. Sie blieb unbeweglich, da sie zweifellos nicht mit ihm allein sein und ihn doch auch nicht verlassen wollte. Er bot ihr seinen Arm.

"Nein, danke sehr! Die Treppe ist zu eng."

Als sie oben angelangt waren, öffnete Sénécal die Tür zu einem Raum, der mit Arbeiterinnen gefüllt war.

Sie manipulierten mit Pinseln, Fläschchen, Schalen und Glasplatten, dünne Papierschnitzel flatterten herum; ein Schmelzofen verbreitete eine ekelerregende Temperatur, in die sich auch der Geruch von Terpentin mischte.

Fast alle Frauen hatten schmutzige Kleider. Eine allerdings saß darunter, die besser angezogen war und lange Ohrringe trug. Sie war hoch aufgeschossen und doch schön von Wuchs, hatte große schwarze Augen und die fleischigen Lippen einer Negerin. Ihre üppige Brust zeichnete sich unter ihrem Hemd ab, das durch das Band ihres Rockes um ihre Taille zusammengezogen wurde; und einen Ellbogen auf den Arbeitstisch gestützt, während der andere Arm schlaff herunterhing, sah sie träumerisch in die Ferne hinaus. Neben ihr stand eine Flasche Wein und etwas kalter Aufschnitt.

Die Hausordnung verbot, in den Arbeitssälen zu essen, um die Arbeit rein zu halten und zugleich aus Gesundheitsrücksichten im Interesse der Angestellten.

Sénécal, bei dem es entweder Pflichtgefühl war oder das Bedürfnis, den Despoten zu spielen, schrie schon von ferne, indem er auf eine eingerahmte Ankündigung zeigte:

"Sie da! Sie da unten, Bordelaisin! Lesen Sie mal laut den Artikel neun vor!"

"Und dann?"

"Und dann? Sie werden drei Franken Strafe zahlen, mein Fräulein!"

Sie sah ihm unverschämt ins Gesicht.

"Was liegt mir daran? Wenn der Alte zurückkommt, wird er schon die Strafe annullieren! Sie können mir leid tun, verehrter Herr!"

Sénécal, der mit den Händen auf dem Rücken wie ein Hilfslehrer in dem Schulsaal hin und her ging, begnügte sich, zu lächeln.

"Artikel dreizehn, Insubordination, zehn Franken."

Die Bordelaisin hatte sich wieder an ihre Arbeit gemacht. Frau Arnoux sagte schicklicherweise nichts, aber ihre Augenbrauen zogen sich zusammen. Frédéric murmelte:

"Für einen Demokraten sind Sie recht hart!"

Der andere erwiderte in dozierendem Ton:

"Die Demokratie ist nicht die Zügellosigkeit des einzelnen. Sie ist das gemeinsame Niveau unter dem Gesetze, die Verteilung der Arbeit, die Ordnung!"

"Sie vergessen die Humanität," sagte Frédéric.

Frau Arnoux nahm seinen Arm. Sénécal, vielleicht durch diese stumme Zustimmung verstimmt, ging.

Frédéric fühlte eine ungeheure Erleichterung. Seit dem Morgen suchte er eine Gelegenheit, sich zu erklären; nun war sie da. Außerdem war ihm die spontane Bewegung der Frau Arnoux wie eine Annäherung erschienen, und er bat sie, angeblich weil er kalte Füße hatte, in das Zimmer hinaufzugehen. Als er aber neben ihr saß, fing seine Verlegenheit an; die Anknüpfung fehlte ihm; glücklicherweise fiel ihm Sénécal ein.

"Nichts ist kindischer", sagte er, "als solche Strafen."

Frau Arnoux entgegnete:

"Es gibt aber Härten, die unumgänglich sind."

"So reden Sie, die so gut ist? Oder sind Sie es gar nicht? Es macht Ihnen ja sogar Vergnügen, leiden zu sehen!"

"Ihre Rätsel kann ich nicht verstehen, mein lieber Freund!"

Und ihr Blick, der strenger war als das, was sie sagte, brachte ihn zum Schweigen. Aber er wollte sich nicht einschüchtern lassen. Ein Band Musset lag zufällig auf der Kommode. Er schlug einige Blätter um, dann fing er an, von der Liebe, ihren Begeisterungen und ihren Verzweiflungen zu sprechen.

Nach Frau Arnoux' Auffassung war das alles entweder verbrecherisch oder Pose.

Der junge Mann fühlte sich durch diese Zurückweisung verletzt; und um sie zu widerlegen, zitierte er als Beweis die Selbstmorde, von denen man in den Zeitungen liest, und schwärmte von den großen Vorbildern in der Literatur, Phädra, Dido, Romeo, Desgrieux. Dabei verrannte er sich.

Das Feuer im Kamin brannte nicht mehr, der Regen peitschte gegen die Fenster. Frau Arnoux saß bewegungslos, die Hände auf den Lehnen des Fauteuils; die Patten ihrer Haube glichen den Stirnbändern einer Sphinx; ihr reines Profil hob sich scharf und hell von den Schatten des Zimmers ab.

Er war in Versuchung, sich ihr zu Füßen zu werfen, – auf dem Korridor wurde ein Knarren von Schritten hörbar; er wagte es nicht.

Und auch eine Art von religiöser Furcht hielt ihn zurück. Dieses Kleid, das mit der Dunkelheit in Eins sich auflöste, es bekam für ihn etwas Unkörperliches, Unendliches. Gerade das verdoppelte seine Begierde, aber die Furcht, er könnte zuviel oder nicht genug tun, nahm ihm die Kraft zu jedem Entschluß.

Wenn ich ihr mißfalle, sprach er zu sich, warum jagt sie mich nicht weg? Und wenn sie mich mag, warum ermutigt sie mich nicht?

Seufzend sagte er:

"Sie geben also nicht zu, daß man eine Dame lieben kann?"

Frau Arnoux erwiderte:

"Wenn sie frei ist, so heiratet man sie; wenn sie einem andern angehört, so zieht man sich zurück."

"Und das Glück ist also etwas Unerreichbares?"

"Nein, aber in der Lüge, der Unruhe und in Gewissensbissen findet man es nicht."

"Was macht das, wenn es mit den höchsten Freuden bezahlt wird?"

"Das Risiko ist zu groß!"

Er wollte sie mit Ironie entwaffnen:

"Die Tugend wäre also demnach Feigheit?"

"Sagen Sie lieber Scharfblick. Jenen, die Pflicht und Religion vergessen, müßte der einfache gesunde Menschenverstand genügen. Der nackte Egoismus bildet die sicherste Grundlage für die Tugend."

"Oh, was haben Sie für bürgerliche Ideale!"

"Aber ich rühme mich ja auch gar nicht, eine ›große Dame‹ zu sein!"

In diesem Augenblick kam ihr kleiner Sohn hereingelaufen.

"Mama, kommst du zum Essen?"

"Jawohl, sofort!"

Frédéric stand auf; im selben Augenblick erschien Martha.

Er konnte sich nicht entschließen, zu gehen, und sagte mit einem bittenden Blick:

"Die Frauen, von denen Sie sprechen, sind also ganz unempfindlich?"

"Nein! Aber, wenn es nötig ist, taub."

Und während sie dies sagte, stand sie aufgerichtet auf der Schwelle ihres Zimmers, die beiden Kinder zu ihren Seiten. Er verneigte sich, ohne weiter ein Wort zu sagen. Sie dankte stumm für seinen Gruß.

Seine erste Empfindung war die einer grenzenlosen Verblüffung. Diese Art, ihm die Vergeblichkeit seiner Hoffnungen begreiflich zu machen, zerschmetterte ihn. Er fühlte sich verloren, wie jemand, der in einen Abgrund gefallen ist und weiß, daß er keine Hilfe erwarten kann und sterben muß.

Dabei ging er wie ein Marschierender vor sich hin, ohne etwas zu sehen, dem Zufall sich überlassend. Er stieß gegen Steine und verfehlte zum Schluß den Weg. Geklapper von Holzschuhen klang hinter ihm; es waren die Arbeiter, die aus der Gießerei kamen. Nun sah er, wo er war.

Am Horizont bildeten die Laternen der Eisenbahn eine leuchtende Linie. Er kam am Bahnhof an, gerade als ein Zug abfahren sollte, ließ sich in einen Wagen stoßen und schlief ein.

Eine Stunde später, als er auf den Boulevards war, zog die Heiterkeit des abendlichen Paris über seine Reise den Schleier einer fernen Vergangenheit. Er wollte stark sein und erleichterte sein Herz, indem er Frau Arnoux durch Schmähungen herabsetzte:

"Sie ist eine Idiotin, eine Gans, ein Vieh, ach was, ich denke nicht mehr an sie!"

Zu Hause fand er in seinem Arbeitszimmer einen acht Seiten langen Brief auf blauem Papier mit den Initialen R. A.

Er fing mit freundschaftlichen Vorwürfen an:

"Wo stecken Sie, mein Lieber? Ich langweile mich!"

Die Handschrift war so abscheulich, daß Frédéric das Ganze beiseite werfen wollte, als er folgendes Postskriptum entdeckte:

"Ich rechne morgen auf Sie, Sie sollen mich zum Rennen führen!"

Was bedeutete diese Aufforderung? War das von der Marschallin ein neuer Aufsitzer? Aber man hat denselben Mann nicht ohne Grund zweimal zum Besten, und neugierig geworden, las er den Brief aufmerksam durch.

Frédéric entzifferte: "Ein Mißverständnis ... auf dem Holzwege gewesen ... Enttäuschung ... Arme junge Leute, die wir sind ... Gleich zwei Flüssen, die sich treffen und so weiter."

Dieser Stil kontrastierte mit der gewöhnlichen Ausdrucksweise der Lorette. Was für eine Veränderung war da vorgegangen?

Er hielt die Blätter lange zwischen den Fingern. Sie dufteten nach Iris, und in der Form der Schriftzüge und den ungleichen Zwischenräumen der Linien war etwas vom Négligé einer Frau, und das erregte ihn.

"Warum sollte ich nicht hingehen?" dachte er endlich. "Wenn Frau Arnoux es aber erfährt? Ach was, sie mag es wissen! Um so besser, sie soll eifersüchtig werden! Das wird meine Rache sein!"

4.

Die Marschallin war fertig und wartete.

"Das ist nett von Ihnen," rief sie und sah ihn mit zärtlichen und zugleich kecken Blicken an.

Sie band die Schleife ihres Kapotthütchens fest, setzte sich auf den Diwan und sagte nichts weiter.

"Gehen wir?" fragte Frédéric.

Sie sah auf die Kaminuhr.

"O nein! nicht vor halb zwei," als wenn sie ihrer eigenen Ungewißheit im Innern diese Grenze gesetzt hätte.

Endlich, nachdem die Stunde geschlagen hatte, sagte sie:

"Gehen wir; andiamo, caro mio!"

Sie strich sich noch einmal das Haar zurecht und gab Delphine Aufträge.

"Kommt das gnädige Fräulein zum Diner zurück?"

"Weshalb denn? Wir werden irgendwo zusammen speisen, im Café Anglais, oder wo Sie sonst wollen!"

"Schön."

Ihre Hündchen sprangen kläffend zu ihr.

"Wir können sie mitnehmen, nicht wahr?"

Frédéric trug sie selbst bis an den Wagen. Es war eine Miets-Berline mit zwei Postpferden und einem Postillon; auf dem Hintersitz hatte Frédéric seinen Diener postiert. Die Marschallin schien von diesen Aufmerksamkeiten befriedigt; dann, nachdem sie sich gesetzt hatte, fragte sie, ob er kürzlich bei Arnoux gewesen sei.

"Seit einem Monat nicht," antwortete Frédéric.

"Ich habe ihn vorgestern getroffen, er wollte sogar heute kommen. Aber er hat alle möglichen Unannehmlichkeiten, wieder irgendeinen Prozeß, weiß der Kuckuck, um was. Ein drolliger Mann!"

"Ja! Sehr drollig!"

Mit gleichgültiger Miene setzte Frédéric hinzu:

"Apropos, sehen Sie noch ... wie hieß er doch? ... diesen ehemaligen Sänger ... Delmar?"

Sie erwiderte kalt:

"Nein, das ist aus."

Also endgültig gebrochen! Frédéric schöpfte Hoffnungen.

Sie fuhren im Schritt durch das Quartier Bréda; da es Sonntag war, lagen die Straßen verödet; zu den Fenstern sahen Kleinbürger heraus. Der Wagen nahm einen schnelleren Gang, beim Lärmen der Räder drehten die Vorübergehenden sich um, das Leder des heruntergeschlagenen Daches glänzte, der Diener wiegte sich in der Taille, und die beiden Havaneserhündchen sahen aus wie zwei Hermelinmuffs, die man nebeneinander auf die Kissen gelegt hat. Frédéric ließ sich von dem Auf und Nieder der Hängeriemen behaglich wiegen. Die Marschallin drehte lächelnd den Kopf nach rechts und links.

Ihr glänzender Strohhut war mit schwarzen Spitzen garniert. Der Capuchon ihres Umhanges flatterte im Winde, und sie hatte gegen die Sonne einen Schirm aus lila Satin aufgespannt, der geschweift war wie eine Pagode.

"Was für reizende kleine Finger!", sagte Frédéric, indem er sanft ihre andere Hand ergriff, die linke, deren Gelenk mit einem goldenen Armband, einer Schuppenkette, geschmückt war. "Das ist allerliebst; woher ist das?"

"Oh, das habe ich schon lange," antwortete die Marschallin.

Der junge Mann hatte auf diese ausweichende Antwort nichts zu bemerken. Er hielt es für richtiger, "von den Umständen zu profitieren". Ihr Gelenk immer noch festhaltend, drückte er seine Lippen zwischen dem Handschuh und der Manschette darauf.

"Hören Sie auf, man sieht uns!"

"Ach was, das schadet nichts!"

Nachdem sie die Place de la Concorde passiert hatten, fuhren sie über den Quai de la Conférence und den Quai de Billy, wo in einem Garten eine Zeder stand. Rosanette glaubte, daß der Libanon in China sei; sie lachte selbst über ihre Unwissenheit und bat Frédéric, ihr Geographiestunden zu geben. Dann fuhren sie, den Trocadéro zur Linken lassend, über den Pont d'Jéna und hielten endlich inmitten des Champ de Mars neben anderen Wagen, die sich an der Rennbahn schon aufgestellt hatten.

Die grünen Hügel waren von Volk bedeckt. Auch auf dem Balkon der Militärschule konnte man Neugierige bemerken; und die beiden Pavillons außerhalb des Wägeraums, die beiden Tribünen innerhalb desselben und eine dritte, die vor der königlichen lag, waren mit einer festlich gekleideten Menge gefüllt, die in ihrer Haltung deutlich den Respekt vor dieser – noch ganz neuen – Unterhaltung verriet. Zugleich war aber das Publikum der Rennen damals noch viel gewählter, auch im Aussehen; es war die Epoche der Hosenstege, der Sammetkragen und der weißen Handschuhe. Die Damen trugen Kleider von bunt glänzenden Farben mit langen Taillen; sie saßen auf den Stufen der Estraden – wie große Blumensträuße, zwischen denen die dunklen Anzüge der Herren hier und da schwarze Punkte bildeten. Aber alles sah auf den berühmten Algerier Bou-Maza, der unbeweglich mit zwei Generalstabsoffizieren auf einer Privattribüne stand. Die Abteilung des Jockey-Klubs war für die ganz Auserlesenen reserviert.

Indessen standen die Enthusiasten unten an der Bahn, die durch zwei Reihen von Pfählen, über die Stricke hinliefen, freigehalten wurde; in dem ungeheuren Oval, welches durch diesen Weg gebildet wurde, ließen fliegende Händler mit Erfrischungen ihre Klappern ertönen, andre verkauften Rennprogramme, schrien Zigarren aus, es war ein allgemeines Lärmen; Schutzleute gingen auf und ab; eine Glocke, die an einem mit Ziffern bedeckten Pfosten hing, ertönte. Fünf Pferde erschienen, und alles eilte auf die Tribünen.

Dunkle Wolken zeigten sich plötzlich über den Wipfeln der gegenüberliegenden Ulmen. Rosanette fürchtete, daß es Regen geben könne.

"Ich habe Regenschirme", sagte Frédéric, "und alles, was man zur Zerstreuung braucht," fügte er hinzu, wobei er den Wagenkasten öffnete, der einen Korb mit Eßwaren enthielt.

"Bravo! Wir verstehen uns!"

"Und wir werden uns noch besser verstehen, nicht wahr?"

"Das könnte sein!" erwiderte sie errötend.

Die Jockeys in seidenen Jacken versuchten, die Pferde in eine Reihe zu bringen, indem sie sie mit beiden Händen zurückzogen. Jemand senkte eine rote Fahne; und alle fünf, mit vornüberfallenden Mähnen, liefen durch den Start. Zuerst blieben sie in eine einzige Masse zusammengedrängt; bald zog sich diese in die Länge, löste sich auf; der Reiter mit der gelben Jacke wäre in der Mitte der ersten Runde beinahe gefallen; lange war die Führung unentschieden zwischen Filly und Tibi; dann nahm Tom-Pouce die Tête; schließlich aber holte Clubstick, der am Anfang ganz zurückgeblieben war, alle ein und ging als erster, Sir-Charles mit zwei Längen schlagend, durchs Ziel. Das war eine Überraschung; alles schrie durcheinander; die Holzbaracken erzitterten unter dem Stampfen der Füße.

"Ist das nicht himmlisch?" sagte die Marschallin; "ich liebe dich, mein Schatz!"

Frédéric zweifelte nicht mehr an seinem Erfolg; diese Äußerung Rosanettes war die Gewähr dafür.

Hundert Schritte entfernt erschien in einem viersitzigen Kabriolett eine Dame. Sie beugte sich aus dem Wagenfenster und zog sich schnell wieder zurück; das wiederholte sich mehrere Male, und immer konnte Frédéric das Gesicht nicht erkennen. Ein Verdacht kam über ihn: es schien ihm, als könnte es Frau Arnoux sein. Aber das war ja unmöglich! Warum sollte sie gekommen sein?

Er stieg aus unter dem Vorwande, daß er im Wägeraum sich umsehen wolle.

"Sie sind nicht sehr galant!" rief ihm Rosanette nach.

Er hörte nichts davon und eilte vorwärts. Das Kabriolett machte plötzlich Kehrt und fuhr im Trabe davon.

Im selben Augenblick wurde Frédéric von Cisy angehalten.

"Guten Tag, mein Lieber! Wie geht es Ihnen? Hussonnet ist da unten! Was haben Sie denn?

Frédéric suchte sich loszumachen, um das Kabriolett zu erreichen.

Die Marschallin machte ihm indessen ein Zeichen, zu ihr zurückzukommen; Cisy bemerkte sie und bestand hartnäckig darauf, sie zu begrüßen.

Seitdem er die Trauer um seine Großmutter abgelegt hatte, begann er sein Ideal zu verwirklichen und "Schliff anzunehmen". Schottische Weste, kurzes Jackett, große Schleifen auf den Lackschuhen und das Plaque im Hutbande, in der Tat, nichts fehlte daran, was er selbst seinen "Chic" nannte: ein Chic, der nur ein Nachäffen der Engländer war. Er führte sich damit ein, daß er sich über das Champ de Mars, den elenden Rennplatz, beklagte; dann sprach er von den Rennen in Chantilly und den tollen Streichen, die man dort verübte, beteuerte, daß er zwölf Glas Champagner während der zwölf Mitternachtsschläge austrinken könne, proponierte der Marschallin eine Wette, streichelte die beiden Hündchen zärtlich und fuhr fort, mit dem einen Arm auf dem Wagenschlag lehnend, den Knopf seines Stockes zwischen den Lippen, Dummheiten zu schwatzen; dabei hielt er die Beine gespreizt und den Rücken gebogen. Frédéric stand rauchend neben ihm und spähte aus, was wohl aus dem Kabriolett geworden sein mochte.

Nachdem das Glockenzeichen gefallen war, verabschiedete sich Cisy, zum großen Vergnügen Rosanettes, die er fürchterlich langweilte, wie sie sagte.

Das zweite Rennen bot nichts Besonderes, das dritte ebensowenig, nur daß ein Mann auf einer Tragbahre weggeschafft werden mußte. Das vierte, in dem acht Pferde um den Preis der Stadt kämpften, war interessanter.

Die Tribünenbesucher waren auf die Bänke geklettert. Die andern, die in den Wagen aufrecht standen, verfolgten durch ihre Stechbrillen die Manöver der Jockeys, die man wie rote, gelbe, weiße und blaue Flecke die Menschenmauer entlang huschen sah, die die Rennbahn einsäumte. Aus der Ferne konnte man ihre Schnelligkeit nicht hoch anschlagen; am anderen Ende des Champ de Mars schien sie sogar stark nachzulassen, und es sah aus, als ob die Pferde sich nur durch eine Art Rutschen fortbewegten, bei dem die Leiber den Boden berührten, ohne daß die ausgestreckten Beine sich rührten. Schnell jedoch näherten sie sich wieder und wurden immer größer; sausend durchschnitten sie die Luft, der Boden zitterte, und Kieselsteine flogen unter den Hufen auf; der Wind, der sich in den Jacken der Reiter fing, blähte sie wie Segel auf; mit gewaltigen Peitschenhieben bearbeitete jeder sein Tier, um das Ziel zu erreichen. Man entfernte die Nummern, eine einzige wurde aufgezogen; und unter Beifallsklatschen schleppte sich das siegreiche Pferd bis zur Wage, schweißbedeckt, mit steifen Knien und niederhängendem Halse, während der Reiter, im Sattel keuchend, sich die Seiten hielt.

Ein Streitfall verzögerte das letzte Rennen. Die Menge, die sich dabei langweilte, zerteilte sich. Am Fuße der Tribünen standen plaudernde Gruppen. Es wurden freie Reden geführt; Damen der Gesellschaft, die die Nachbarschaft der Loretten entrüstete, entfernten sich.

Es waren auch Berühmtheiten der öffentlichen Bälle und Schauspielerinnen der Boulevardtheater da; – und es waren nicht gerade die Schönsten, die am meisten umschwärmt wurden. Die alte Georgine Aubert, die ein Theaterschriftsteller den Ludwig XI. der Prostitution genannt hatte, lag fürchterlich geschminkt und von Zeit zu Zeit ein Lachen ausstoßend, das wie ein Grunzen klang, lang ausgestreckt in ihrer Kalesche, eingehüllt in einen Marder-Pelzkragen, wie mitten im Winter. Frau von Remoussot, die durch ihren Prozeß in Mode gekommen war, thronte auf dem Bock eines Break, umgeben von Amerikanern; und Thérèse Bachelu, die aussah wie eine gothische Jungfrau, füllte mit ihren sieben Röcken einen Escargot, der statt eines Spritzleders einen Aufsatz mit lauter Rosen hatte. Die Marschallin wurde auf soviel Berühmtheit neidisch; damit man sie auch bemerkte, fing sie an, mit lebhaften Bewegungen und laut zu sprechen.

Einige Gentlemen erkannten sie und grüßten sie von weitem. Sie nickte ihnen zu und nannte Frédéric ihre Namen. Es waren alles Grafen, Vicomtes, Herzöge und Marquis; er wurde eitel, denn alle Blicke waren voll Respekt vor seinem Glück.

Nicht minder strahlte Cisy in der Gesellschaft älterer Herren, die ihn umgab. Sie lächelten von oben herab, als wenn sie sich über ihn lustig machten; endlich schüttelte er die Hand des ältesten von ihnen und ging auf die Marschallin zu.

Sie aß mit einer affektierten Gierigkeit eine Scheibe Gänseleberpastete; Frédéric folgte aus Gehorsam ihrem Beispiel, dabei hielt er eine Flasche Wein zwischen seinen Knien.

Das Kabriolett kam wieder zurück, es war wirklich Frau Arnoux. Sie wurde außerordentlich bleich.

"Gib mir Champagner!" rief Rosanette.

Das gefüllte Glas so hoch wie möglich haltend, rief sie:

"Halloh! Die anständigen Frauen sollen leben! Auf die Ehefrau meines Gönners! Hoch!"

Ringsumher wurde laut gelacht, das Kabriolett verschwand wieder. Frédéric zog sie am Kleid, er war im Begriff, aufzufahren; nur die Anwesenheit Cisys hielt ihn zurück, der seine frühere Stellung wieder eingenommen hatte und nun – mit gesteigerter Sicherheit – Rosanette für den Abend zum Diner einlud.

"Unmöglich!" rief sie. "Wir fahren zusammen ins Café Anglais."

Frédéric blieb stumm, als wenn er nichts gehört hätte, und Cisy verließ die Marschallin mit enttäuschter Miene.

Während er, an die Wagentür gelehnt, mit ihr sprach, war Hussonnet von der anderen Seite herangekommen und sagte, da er den Namen Café Anglais aufgeschnappt hatte:

"Hübsches Lokal! Wie wäre es, wenn wir da eine Flasche Sekt vertilgten? Was meinen Sie dazu?"

"Wie Sie wollen," antwortete Frédéric, und in eine Ecke des Wagens sich zurücklehnend, sah er dem Kabriolett nach, das am Horizont verschwand; er fühlte, daß sich etwas zugetragen, das nicht wieder gutzumachen war, und daß er in diesem Augenblick seine "große Liebe" für immer verscherzt hatte.

Und dicht neben ihm saß die andere, die Priesterin der heiteren und leichtherzigen Liebe!

Angewidert und voll der widersprechendsten Begierden, ohne mehr recht zu wissen, was er wollte, empfand er nichts als schrankenlose Traurigkeit, Todessehnsucht.

Ein großer Lärm von Schritten und Stimmen schreckte ihn auf; die Gassenjungen hatten die Stricke der Rennbahnüberstiegen und schauten sich die Tribünenbesucher an; man brach zum Gehen auf. Einige Regentropfen fielen. Das Gedränge der Wagen wurde immer größer, Hussonnet war nicht zu finden.

"Um so besser!" sagte Frédéric.

"Man will lieber allein sein?" fragte die Marschallin, wobei sie ihre Hand auf die seine legte.

Plötzlich fuhr mit einem Glitzern von Kupfer und Stahl ein prachtvoller vierspänniger Landauer, der à la Daumont von zwei Jockeys in goldbesetzten Samtjacken geführt wurde, an ihnen vorbei. Frau Dambreuse saß an der Seite ihres Mannes, Martinon auf dem Rücksitz; alle drei zeigten erstaunte Gesichter.

"Sie haben mich erkannt!" sagte Frédéric zu sich.

Rosanette wollte halten lassen, um die Wagen vorbeifahren zu sehen. Aber Frau Arnoux konnte wieder erscheinen. Frédéric rief deshalb dem Kutscher zu:

"Weiter, vorwärts!"

Und so nahm die Berline ihre Richtung nach den Champs-Elyssés, mitten zwischen den anderen Wagen, den Kaleschen, Britschken, Tandems, Tilburys, Dogcarts, Möbelwagen mit Ledervorhängen, in denen angeheiterte Arbeiter sangen, und vierräderigen Einspännern, die von den Familienvätern selbst vorsichtig gelenkt wurden. Aus überfüllten Victorias, in denen die jungen Leute aufeinander saßen, sah man Beine heraushängen. In großen Coupés mit Tuchsitzen fuhren vornehme alte Damen, die eingewickelt waren; ab und zu flog ein prächtiger Stopper vorüber mit einem Gefährt, das einfach und kokett war, wie der Frack eines Stutzers. Das Wetter verschlimmerte sich noch. Regenschirme, Sonnenschirme und Gummimäntel wurden hervorgezogen, man rief sich zu:

"Guten Tag! – Wie geht es Ihnen? – Gut! – Nein! – Auf bald!" und die Gesichter flogen mit der Geschwindigkeit eines chinesischen Schattenspiels vorüber. Frédéric und Rosanette saßen stumm nebeneinander; das unaufhörliche Rollen der Räder neben ihnen machte sie fast stumpfsinnig.

Zeitweilig mußten die Wagenreihen, aneinander gestaut, Halt machen. Dann waren die Insassen festgehalten und sahen einander an. Über wappengeschmückte Wagenschläge fielen gleichgültige Blicke musternd auf die Menge; neidische Augen spähten in die Droschken hinein; hochmütiges Kopfnicken und geringschätziges Lächeln wurden zum Gruß ausgetauscht; mit aufgerissenen Mäulern gaben andere ihre einfältige Bewunderung zu erkennen; hier und da mußte ein Spaziergänger mit einem Satze zurückspringen, um einem Reiter auszuweichen, der zwischen den Wagen galoppierte und dem das Durchkommen gelungen war. Dann setzte sich alles wieder in Bewegung, die Kutscher ließen die Zügel nach und senkten die langen Peitschen; die Pferde schüttelten munter die Kinnketten und warfen Schaumflocken aus, während die Kruppen und die feuchten Sattelzeuge im Zwielicht der untergehenden Sonne dampften. Die Strahlen, die unter dem Arc de Triomphe hindurchgingen, sammelten sich in Manneshöhe zu einem rötlichen Licht, das die Naben der Räder, die Handgriffe der Wagentüren und die Deichselspitzen vergoldete; auf beiden Seiten der großen Allee – eines Stroms, in dem Mähnen, Kleider, Menschenköpfe wogten – zogen sich die Bäume, auf denen die Regentropfen glänzten, wie zwei grüne Mauern hin. Das Blau des Himmels, das an verschiedenen Stellen durchbrach, hatte eine atlaszarte Färbung.

Frédéric erinnerte sich plötzlich jener weit zurückliegenden Tage, wo er sich nach dem unaussprechlichen Glück sehnte, in einem dieser Wagen an der Seite einer dieser Frauen zu sitzen. Jetzt hatte er dieses Glück erreicht und war dessen nicht froh.

Es hatte zu regnen aufgehört. Die Fußgänger, die sich in die Säulengänge des Garde-Meubles geflüchtet hatten, verliefen sich. Aus der Rue Royale ergoß sich der Strom der Spaziergänger auf die Boulevards. Auf den Stufen vor dem Ministerium des Äußeren standen eine Menge Schaulustige.

Als der Wagen zu den Chinesischen Bädern kam, mußte er im Schritt fahren, da das Pflaster schadhaft war. Ein Mann in einem nußbraunen Paletot ging hart am Rande des Trottoirs. Eine Welle von Straßenkot, die unter dem Wagen hervorspritzte, beschmutzte ihn. Er drehte sich wütend um. Frédéric erbleichte; er hatte Deslauriers erkannt.

An der Tür des Café Anglais entließ er den Wagen. Rosanette ging vor ihm hinein, während er den Kutscher bezahlte.

Er holte sie auf der Treppe ein, wo sie mit einem Herrn sprach. Frédéric nahm ihren Arm. Aber auf dem Korridor hielt wieder ein anderer sie an.

"Geh nur voran," sagte sie, "ich komme dir gleich nach."

Er ging allein in das Zimmer. Durch die offenen Fenster konnte man in den gegenüberliegenden Häusern Menschen sehen, die über die Brüstungen herausblickten. Von dem regennassen Asphalt stieg eine erfrischende Kühle auf, und eine auf den Balkon gesetzte Magnolia duftete bis in das Zimmer hinein. Der Duft und die Frische beruhigten seine Nerven; er sank auf den roten Diwan unter dem Spiegel.

Die Marschallin kam herein; sie küßte ihn auf die Stirn und sagte:

"Du hast Kummer, mein Armer?"

"Vielleicht," antwortete er.

"Du bist nicht der Einzige, verlaß dich darauf!" was wohl heißen sollte: "Laß uns beide unsere Sorgen in einem gemeinsamen Rausch vergessen!"

Dann nahm sie ein Blumenblatt zwischen die Lippen und hielt es ihm zum Munde hin. Die Grazie und die fast laszive Hingebung, mit der sie dies tat, stimmte Frédéric zärtlich.

"Warum bereitest du mir Kummer?" sagte er, indem er an Frau Arnoux dachte.

"Ich Kummer?"

Vor ihm stehend, sah sie ihn lange an, mit zusammengezogenen Brauen und beide Hände auf seine Schultern gelegt.

Alle seine Grundsätze, sein ganzer Groll schmolzen in einer grenzenlosen Schwäche.

Er antwortete:

"Weil du mich nicht lieben willst!" und dabei zog er sie auf seine Knie.

Sie ließ es geschehen; er umfaßte ihre Taille mit beiden Armen; das Rauschen ihres Seidenrocks erhitzte ihn.

"Wo sind sie?" hörte man Hussonnet auf dem Korridor rufen.

Die Marschallin erhob sich schnell und ging auf die andere Seite des Zimmers hinüber, so daß sie der Tür den Rücken kehrte.

Sie bestellte Austern, und sie setzten sich zu Tisch.

Hussonnet war kein lustiger Gesellschafter. Dadurch, daß er gezwungen war, über die verschiedensten Dinge zu schreiben, viele Zeitungen zu lesen, eine Menge Diskussionen zu hören und Paradoxe loszulassen, um zu verblüffen, hatte er schließlich den genauen Begriff der Dinge verloren, und mit seinen schwachen Geistesblitzen blendete er nur sich selbst. Die Schwierigkeiten einer Lebensführung, die, anfangs vielleicht bequem, sehr bald undankbar geworden war, hielten ihn in einer unaufhörlichen Aufregung, und sein Nichtserreichen, das er sich selbst nicht eingestehen wollte, machte ihn bissig und sarkastisch. Man sprach von "Ozai", einem neuen Ballett, und er schimpfte über den Tanz, dann über das

Opernhaus, dann über die italienischen Sänger, die mittlerweile durch eine spanische Schauspielertruppe ersetzt seien, "als wenn man noch nicht genug von Kastilien hätte!" Frédéric mit seiner romantischen Liebe für Spanien wurde empfindlich berührt, und er erkundigte sich, um das Gespräch abzubrechen, nach dem Collège de France, aus dem soeben Edgar Quinet und Mickiewicz ausgeschlossen worden waren. Überraschenderweise erklärte sich Hussonnet, der ein Bewunderer De Maistres geworden war, für die Autorität und den Spiritualismus. Dabei bezweifelte er die am besten beglaubigten Tatsachen, ließ die Geschichte nicht gelten und bestritt die positivsten Dinge; er ging so weit, beim Worte Geometrie zu rufen: "Das ist purer Schwindel!" Zwischendurch kopierte er berühmte Schauspieler. Sainville war sein bestes Modell.

Diese Mätzchen ermüdeten Frédéric. Bei einer ungeduldigen Bewegung trat er eins der Hündchen unter dem Tische.

Beide fingen darauf ein ekelhaftes Gekläff an.

"Schicken Sie sie doch nach Hause," sagte er schroff.

Rosanette wollte sie niemandem anvertrauen, schließlich wendete sie sich an den Bohème.

"Kommen Sie, Hussonnet, opfern Sie sich!"

"Ja, lieber Freund! Das wäre sehr nett!"

Hussonnet ging, ohne sich lange bitten zu lassen.

Womit wurde diese Gefälligkeit belohnt? Frédéric dachte nicht darüber nach. Er fing langsam an, sich über das Tête-à-tête zu freuen, als ein Kellner eintrat.

"Gnädiges Fräulein, es wünscht Sie jemand zu sprechen!"

"Was, noch jemand?"

"Ich muß doch nachsehen!" sagte Rosanette.

Gerade jetzt, wo er nach ihr Verlangen hatte, wo er sie brauchte! Dieses Verschwinden war eine Pflichtvergessenheit, ja eine Roheit. Was wollte sie eigentlich? Hatte sie noch nicht genug damit, daß Frau Arnoux beleidigt war? Der geschah übrigens ganz recht! Jetzt, jetzt haßte er alle Frauen, und Tränen erstickten ihn fast, weil seine Liebe so verkannt und seine Begierde so betrogen war.

Die Marschallin kam zurück und brachte Cisy herein.

"Ich habe den Herrn eingeladen. Es ist dir doch recht? Nicht wahr?"

"Selbstverständlich!"

Mit dem Lächeln eines Menschen, der auf der Folterbank liegt, lud Frédéric den Gecken zum Sitzen ein.

Die Marschallin begann, die Speisekarte vorzulesen; bei allen ungewöhnlichen Ausdrücken stockte sie.

"Wie wäre es mit einem Turban de Lapins à la Richelieu und einem Pudding à la d'Orléans?"

"Oh, keinen Orléans!" rief Cisy, der Legitimist war und einen Witz zu machen glaubte.

"Möchten Sie lieber einen Turbot à la Chambord?" fragte sie.

Dies Entgegenkommen ärgerte Frédéric.

Die Marschallin entschied sich für einen einfachen Tournedos, Krebse, Trüffeln, einen Ananassalat und Sorbet à laVanille.

"Wir werden dann weiter sehen. Vorläufig das! Halt, ich habe vergessen: Bringen Sie mir ein Würstchen, aber nicht mit Knoblauch!"

Dabei redete sie den Kellner mit "junger Mann" an, schlug mit dem Messer an ihr Glas und warf mit Brotkügelchen gegen den Plafond. Sie wollte gleich Burgunder trinken.

"Damit fängt man nicht an," bemerkte Frédéric.

Der Vicomte behauptete, daß das manchmal doch geschehe.

"O nein! Niemals!"

"Doch, doch, Sie können mir's glauben!"

"Siehst du?"

Der Blick, mit dem sie dies sagte, bedeutete:

"Das ist ein reicher Mann, von dem kannst du lernen!"

Die Tür öffnete sich jeden Augenblick, die Kellner schrien, und auf einem niederträchtigen Klavier im anstoßenden Salon hämmerte jemand einen Walzer. Man sprach vom Rennen und infolgedessen von der Reitkunst und ihren beiden verschiedenen Systemen. Cisy verteidigte Baucher, Frédéric den Grafen d'Aure; schließlich wurde Rosanette ungeduldig.

"Höre doch endlich auf! Er versteht das besser als du!"

Sie biß in einen Apfel, die Ellbogen auf den Tisch gestützt; die Kerzen des Kandelabers, der vor ihr stand, flackerten im Luftzuge; das weißliche Licht goß einen Elfenbeinton auf ihre Haut und rosige Schatten auf ihre Lider, machte ihre Augen glänzend, und das Rot der Frucht verband sich mit dem Purpur ihrer Lippen; ihre schmalen Nasenflügel bebten; ihre ganze Person hatte etwas Hingegossenes, Trunkenes und Schamloses, das Frédéric empörte und das ihn doch zu wilder Begierde aufstachelte.

Plötzlich fragte sie mit einer ganz anderen, ruhigen Stimme, wem der große Landauer mit den kastanienbraunen Livreen gehöre.

"Der Gräfin Dambreuse," erwiderte Cisy.

"Die sind sehr reich, nicht wahr?"

"Oh, sehr reich, obzwar Frau Dambreuse, die ganz einfach eine geborene Boutron, die Tochter eines Präfekten ist, nur wenig gehabt hat."

Ihr Mann dagegen hätte noch mehrere Erbschaften zu erwarten, die Cisy aufzählte; da er bei den Dambreuse verkehrte, kannte er genau ihre Verhältnisse.

Frédéric widersprach ihm hartnäckig, um ihn zu ärgern. Er behauptete, daß Frau Dambreuse ein Fräulein "von" Boutron gewesen sei, er verbürgte sich für ihre adelige Abstammung.

"Das ist mir egal, aber ihre Equipage möchte ich haben," sagte die Marschallin, indem sie sich in ihrem Fauteuil zurücklehnte.

Der Ärmel ihres Kleides, der sich etwas zurückgestreift hatte, ließ an ihrem linken Handgelenk ein Armband mit drei Opalen sehen.

Frédéric bemerkte es.

"Aber, das ist ja ..."

Sie sahen sich alle drei an und erröteten.

Die Tür wurde diskret ein wenig geöffnet, der Rand eines Hutes erschien, das Profil Hussonnets folgte.

"Entschuldigt, wenn ich euch in einer Liebesszene störe!"

Er hielt jedoch erstaunt inne, als er Cisy erblickte und sah, daß dieser seinen Platz eingenommen hatte.

Man ließ für ihn ein Kuvert kommen; und da er großen Hunger hatte, nahm er aufs Geratewohl von den Resten einiges auf seinen Teller, ein wenig Fleisch von einer Schüssel, aus dem Obstkorb eine Frucht, mit der einen Hand nahm er zum Trinken, mit der anderen aß er, und dabei berichtete er von seiner Mission. Die beiden Wauwaus wären glücklich zu Hause. Sonst wäre nichts Neues. Die Köchin hätte er mit einem Soldaten überrascht – was übrigens eine Fabel war und von ihm nur erfunden, um ihn interessanter zu machen.

Die Marschallin nahm ihre Kapotte vom Haken herunter, Frédéric eilte zur Zimmerglocke und rief dem herbeieilenden Kellner schon von weitem zu:

"Einen Wagen!"

"Ich habe meinen unten," sagte der Vicomte.

"Aber ...!"

"Wie beliebt?"

Sie blickten sich scharf an, beide außerordentlich blaß und heftig zitternd.

Endlich nahm die Marschallin Cisys Arm und sagte, auf den schnaufenden Bohème zeigend, zu Frédéric:

"Nehmen Sie sich doch seiner an! Er wird noch ersticken. Ich möchte nicht, daß seine Aufopferung für meine Köter ihm das Leben kostet."

Die Tür schloß sich.

"Nun?" sagte Hussonnet.

"Was meinen Sie?"

"Ich glaubte ..."

"Was haben Sie geglaubt?"

"Sind Sie nicht ...?"

Er beendete seinen Satz durch eine Gebärde.

"Fällt mir ja gar nicht ein!"

Hussonnet fragte nicht weiter.

Er hatte einen besonderen Zweck, als er sich zum Essen einlud. Seine Zeitung, die sich nicht mehr "Die Kunst", sondern "Der flotte Bursche" (" Le Flambart") mit dem Motto: "Kanoniere, an eure Geschütze!" nannte, ging absolut nicht, und er wollte sie gern in eine Wochenrevue umwandeln, aber allein, ohne Deslauriers' Hilfe. Er kam darauf zu sprechen und setzte seinen neuen Plan auseinander.

Frédéric, der nicht zuhörte oder nicht verstand, antwortete mit unbestimmten Redensarten. Hussonnet steckte eine Handvoll Zigarren, die auf dem Tische lagen, ein, sagte: "Adieu, mein Bester!" und entfernte sich.

Frédéric ließ sich die Rechnung geben. Sie war lang genug, und der Kellner wartete, die Serviette unter dem Arm, auf sein Geld, als ein anderer, ein fahles Individuum, das Martinon ähnlich sah, hinzukam und sagte:

"Entschuldigen Sie, im Bureau ist übersehen worden, den Fiaker mit anzuschreiben."

"Welchen Fiaker?"

"Den, den der andere Herr vorhin für die Hunde genommen hat."

Das Gesicht des Kellners wurde lang vor Erstaunen, und als ob er Mitleid mit dem armen jungen Manne hätte. Frédéric hätte ihn dafür ohrfeigen mögen. Die zwanzig Franken, die er herausbekam, gab er ihm als Trinkgeld.

"Ich danke, gnädiger Herr!" sagte der Mann mit der Serviette, sich tief verbeugend.

Den ganzen nächsten Tag konnte Frédéric das Gefühl der Empörung und Demütigung nicht los werden. Er machte sich Vorwürfe, daß er Cisy nicht geprügelt hatte. Was die Marschallin betraf, so gelobte er sich, sie nie wieder zu sehen; es gab ja noch andere, die ebenso schön waren; da man Geld haben mußte, um diese Frauen zu besitzen, so würde er mit dem Erlös seines Landgutes an der Börse spielen, auf diesem Wege ein reicher Mann werden und mit seinem Luxus die

Marschallin und alle anderen erdrücken. Als es Abend wurde, wunderte er sich, die ganze Zeit nicht an Frau Arnoux gedacht zu haben.

"Eigentlich ganz gut! Wozu auch?"

Am übernächsten Tage, schon um acht Uhr früh, kam Pellerin zu ihm. Er führte sich mit Schmeicheleien und Komplimenten über seine Wohnung ein. Dann sagte er plötzlich:

"Sie waren Sonntag beim Rennen?"

"Ja, leider!"

Der Maler begann darauf, sich über die englischen Pferde lustig zu machen, denen er die Pferde Géricaults und die des Parthenon gegenüberstellte. "Rosanette war mit Ihnen?" Über sie sagte er viel Lobendes, sehr geschickt und sehr artig.

Die Kälte Frédérics brachte ihn aus der Fassung. Er wußte nicht, wie er das Gespräch auf das Porträt bringen sollte.

Sein erster Gedanke war gewesen, es im Stile Tizians zu malen. Aber nach und nach hatten ihn die natürlichen Farben seines Modells verlockt; und er arbeitete ohne Zwang darauf los, Strich auf Strich und Licht auf Licht setzend. Rosanette war zuerst entzückt, dann wurden durch ihre Rendezvous mit Delmar die Sitzungen unterbrochen, und Pellerin hatte reichlich Zeit, sich an seinem Werke selbst zu berauschen. Aber seine Selbstbewunderung kühlte sich wieder ab, und er fragte sich, ob sein Bild nicht der Größe ermangele. Er hatte wieder vor Tizian gestanden, hatte den Unterschied begriffen und seine Fehler erkannt; und da ging er nun daran, die Konturen auf seinem Bilde anders abzustimmen. Er versuchte, mit dem Spachtel den Ton der Gestalt und den des Hintergrundes mehr ineinander zu bringen; dadurch bekam das Gesicht mehr Festigkeit und der Schatten mehr Stärke; alles erschien jetzt viel kraftvoller. Endlich war die Marschallin wieder gekommen. Sie erlaubte sich Einwendungen; der Künstler, natürlich, verteidigte sein Werk. Nachdem er anfangs in heftige Wut über ihre Dummheit geraten war, sagte er sich endlich, daß sie doch vielleicht recht haben könnte. Damit begann für ihn das Stadium des Zweifels, jener Gemütsunruhe, die Magenbeschwerden, Schlaflosigkeit, Fieber und Ekel vor sich selbst hervorruft. Er nahm sich ein Herz und versuchte, Retouschen anzubringen, aber ohne Überzeugung und mit dem Gefühl, daß seine Schöpfung nichts tauge.

Vor Frédéric beklagte er sich, daß er im Salon zurückgewiesen sei, dann warf er ihm vor, daß er sich das Bild noch nicht angesehen habe.

"Ich pfeife auf die Marschallin!"

Diese Antwort machte den Maler kühner.

"Was sagen Sie dazu, daß das Aas das Bild nicht mehr haben will?"

Dabei verschwieg er, daß er tausend Franken von ihr verlangt hatte. Der Marschallin war es sehr gleichgültig, wer es zahlen würde, und da sie Arnoux für dringendere Ausgaben sich warm halten mußte, hatte sie ihm vornächst keine Silbe davon gesagt.

"Nun, und Arnoux?" sagte Frédéric.

Sie hatte Pellerin endlich zu ihm geschickt, aber der frühere Kunsthändler hatte keine Verwendung für das Bild.

"Er behauptet, daß das Rosanettes Sache sei."

"Das ist auch richtig!"

"So? Und sie schickt mich nun zu Ihnen!" erwiderte Pellerin.

Wenn er selbst an das Werk geglaubt hätte, wäre es ihm wohl nicht eingefallen, daraus pekuniären Vorteil zu ziehen. Aber eine Summe (eine ansehnliche Summe) mußte eine Widerlegung der Kritik und eine Entschädigung für ihn bedeuten. Um ihn los zu werden und aus Höflichkeit fragte Frédéric nach den Bedingungen.

Die Höhe des Betrages empörte ihn, er antwortete:

"Nein! O nein!"

"Sie sind ja aber doch ihr Geliebter, Sie haben das Bild bei mir bestellt."

"Erlauben Sie, ich bin der Vermittler gewesen!"

"Ich kann doch nicht damit sitzenbleiben!"

Der Künstler war wütend geworden.

"Ich habe Sie nicht für so habgierig gehalten!"

"Ich Sie nicht für so geizig! Ich empfehle mich!"

Er war eben fortgegangen, als Sénécal erschien. Frédéric war überrascht und fragte unruhig:

"Was gibt es?"

Sénécal erzählte:

"Sonnabend gegen neun Uhr hat Frau Arnoux einen Brief bekommen, der sie nach Paris berief; da zufällig niemand zur Hand war, um in Creil einen Wagen zu besorgen, wollte sie mich selbst hinschicken. Ich habe abgelehnt, denn das gehört nicht zu meinen Pflichten. Sie ist weggefahren und Sonntag abend zurückgekommen. Gestern frühmorgens platzt Arnoux plötzlich herein. Die Bordelaisin hat sich beklagt. Ich weiß nicht, was zwischen ihnen vorgefallen ist, aber jedenfalls hat er ihre Strafe vor aller Welt aufgehoben. Wir haben einen Wortwechsel gehabt, und er hat mir meine Entlassung gegeben. Nun bin ich wieder da!"

Dann sagte er mit besonderer Betonung:

"Übrigens bereue ich nichts, ich habe meine Pflicht getan. Allerdings sind Sie schuld an allem!"

"Wieso?" rief Frédéric, der Furcht bekam, daß Sénécal etwas erraten hätte.

Dies war aber nicht der Fall, denn er fuhr fort:

"Ich meine, daß ich ohne Sie vielleicht etwas Besseres gefunden hätte."

Frédéric wurde von einer gewissen Reue ergriffen.

"Worin kann ich Ihnen jetzt behilflich sein?"

Sénécal suchte irgendeinen Posten.

"Für Sie ist das leicht. Sie kennen so viele Leute, Herrn Dambreuse unter anderen, wie mir Deslauriers gesagt hat."

Die Erinnerung an Deslauriers war Frédéric unangenehm. Auch lag ihm nichts daran, wieder zu den Dambreuse zu gehen, seit dem Zusammentreffen auf dem Champ de Mars.

"Ich bin nicht so intim in dem Hause, um jemanden empfehlen zu können."

Der Demokrat nahm diese Ablehnung stoisch auf und sagte nach einem kurzen Stillschweigen:

"Alles kommt sicher von der Bordelaisin und Ihrer Frau Arnoux."

Das "Ihrer" erstickte bei Frédéric den letzten Rest von gutem Willen. Aus Höflichkeit nahm er trotzdem den Schlüssel zu seinem Sekretär heraus.

Sénécal kam ihm zuvor.

"Danke!"

Dann sprach er, seine Sorgen vergessend, von politischen Dingen, den Orden, die am Namenstage des Königs massenhaft verliehen worden waren, einem Wechsel im Ministerium, den Affären Drouillard und Bénier, die damals ungeheuren Skandal hervorriefen. Er schimpfte über die Bourgeoisie und kündigte eine Revolution an.

Ein japanischer Dolch, der an der Wand hing, fiel ihm in die Augen. Er nahm ihn herunter, betrachtete die Scheide und warf ihn dann mit einer Gebärde des Ekels auf den Diwan.

"Adieu! Ich muß nach Notre-Dame de Lorette."

"Wirklich? Weshalb?"

"Heute ist die Jahrtagsfeier zur Erinnerung an Godefroy Cavaignac. Er ist mitten im Werke gestorben! Aber noch ist nicht aller Tage Abend! ... Wer weiß?"

Dann hielt er ihm bieder die Hand hin.

"Wir werden uns vielleicht nie mehr sehen! Adieu!"

Dies "Adieu", das er zweimal wiederholte, sein nachdenkliches Gesicht beim Betrachten des Dolches, seine Resignation und namentlich seine feierliche Haltung beschäftigten Frédéric; bald jedoch dachte er nicht mehr daran.

Noch in derselben Woche schickte ihm sein Notar in Havre den Erlös seines Pachtgutes, einhundertvierundsiebzigtausend Franken. Er teilte das Geld; für die eine Hälfte kaufte er Rentenobligationen, die andere trug er zu einem Agent de change, um damit an der Börse zu spielen.

Er aß in den Restaurants, die am meisten in Mode waren, ging in die Theater und versuchte, sich zu zerstreuen. Eines Morgens bekam er einen Brief von Hussonnet, worin dieser ihm als guten Spaß erzählte, daß die Marschallin am Tage nach dem Rennen Cisy verabschiedet habe. Frédéric freute sich dessen und überlegte nicht weiter, warum der Bohème ihm dies mitteilte.

Der Zufall wollte, daß er Cisy drei Tage später traf. Der Edelmann verlor seine gute Haltung nicht und lud ihn sogar für den folgenden Mittwoch zum Diner ein.

An demselben Tage frühmorgens hatte Frédéric eine Zustellung bekommen, worin Herr Charles-Jean-Baptiste Oudry ihm mitteilte, daß er laut Gerichtsbeschluß Eigentümer eines in Belleville belegenen Grundstückes, das dem Herrn Jacques Arnoux gehört habe, geworden, und daß er bereit sei, den Kaufpreis von zweihundertdreiundzwanzigtausend Franken zu bezahlen. Aus dem Aktenstück war aber weiter zu ersehen, daß die Summe der Hypotheken, mit denen das Grundstück belastet sei, den Kaufpreis überstieg, und somit war Frédérics Forderung gänzlich verloren.

Das ganze Unglück kam daher, daß er nicht rechtzeitig eine Hypothek zu seiner Sicherung hatte eintragen lassen. Arnoux hatte es übernommen, dies zu besorgen, und dann vergessen. Frédéric geriet in Zorn gegen ihn, faßte sich aber, nachdem der Ärger verraucht war:

"Na! Schließlich ... wenn das ihn retten kann, um so besser! Ich werde nicht daran zugrunde gehen! Denken wir nicht mehr daran!"

Als er aber in seinen Briefschaften stöberte, fiel ihm das Schreiben von Hussonnet wieder in die Hand, und er bemerkte eine Nachschrift, die ihm das erstemal nicht aufgefallen war. Der Bohème verlangte fünftausend Franken, nicht mehr, nicht weniger, um die Sache mit der Zeitung in Gang zu bringen.

"Ah! Das ist ja ekelhaft!"

Er lehnte schroff ab in einem kurz gehaltenen Brief. Dann kleidete er sich an, um in die Maison-d'or zu gehen.

Cisy stellte seine Gäste vor, wobei er mit dem Würdigsten, einem dicken Herrn mit weißen Haaren, anfing.

"Der Marquis Gilbert Des Aulnays, mein Pate. Herr Anselme de Forchambeaux," sagte er weiter (von einem blonden, schmächtigen jungen Mann, der schon eine

Glatze hatte); dann auf einen Vierziger, der sehr einfach aussah, deutend: "Herr Joseph Boffreu, mein Vetter; und hier mein früherer Lehrer Herr Vezou."

Der letztere sah aus wie eine Mischung aus einem Fuhrmann und einem Seminaristen, er trug einen großen Backenbart und einen langen Rock, der unten mit einem einzigen Knopf geschlossen war und über der Brust wie ein Shawl lag.

Cisy erwartete noch jemanden, den Baron de Comaing, "der vielleicht kommen wird, aber nicht sicher!" Jeden Augenblick lief er mit unruhiger Miene hinaus; endlich, um acht Uhr, ging man in einen Saal, der prachtvoll beleuchtet, aber für die Zahl der Gäste viel zu geräumig war. Cisy hatte ihn mit Absicht gewählt, des größeren Prunkes wegen.

Ein mit Blumen und Früchten beladener, vergoldeter Tafelaufsatz nahm die Mitte des Tisches ein, der nach alter französischer Sitte mit Silberzeug ganz bedeckt war; geschweifte Schüsseln mit Vorgerichten und Gewürzen rahmten den Aufsatz ein; Krüge mit Wein, in Eis gekühlt, Gläser von verschiedener Höhe waren aufgereiht und Dinge, deren Gebrauch nicht recht klar war, die aber jedenfalls ganz verfeinerte Eßwerkzeuge vorstellten. Als ersten Gang gab es: einen Störkopf in Champagner, Yorker Schinken in Tokayer, Krammetsvögel au gratin, gebratene Wachteln, ein Vol-au-Vent Béchamel, ein Ragout von Rebhühnern und zu beiden Seiten jeder Schüssel Kartoffeln mit Trüffeln. Ein Luster und mehrere Kronleuchter erhellten das Zimmer, das mit rotem Damast bespannt war. Hinter den Lederfauteuils standen vier Diener im schwarzen Frack. Bei diesem Anblick äußerten die Gäste laut ihre Bewunderung, namentlich der Lehrer.

"Meiner Treu! Unser Amphitrion ist wirklich leichtsinnig gewesen. Das ist zu schön!"

"Das?" erwiderte Cisy. "Aber gehen Sie!"

Beim ersten Bissen sagte er:

"Nun, mein alter Des Aulnays, sind Sie schon im Palais-Royal gewesen und haben ›Père et Portier‹ gesehen?"

"Du weißt sehr gut, daß ich dazu keine Zeit habe!" entgegnete der Marquis.

Seine Vormittage waren durch einen Kursus über Baumzucht ausgefüllt, seine Abende durch den Landwirtschaftlichen Klub und die Nachmittage mit Studien in den Fabriken von Ackerbau-Utensilien. Da er drei Viertel des Jahres in der Saintonge wohnte, benutzte er seine Reisen in die Hauptstadt dazu, sich zu belehren, sein breitkrempiger Hut, der auf einer Konsole lag, war voll mit Broschüren.

Cisy, der bemerkte, daß Herr von Forchambeaux keinen Wein nehmen wollte, rief:

"Trinken Sie doch, zum Donnerwetter! Für Ihr letztes Junggesellenmahl sind Sie nicht schneidig!"

Alle verbeugten sich, man gratulierte.

"Und die junge Dame", sagte der Lehrer, "ist sicherlich wohl reizend?"

"Gewiß!" rief Cisy, "aber trotzdem hat er unrecht; es ist doch zu dumm, zu heiraten!"

"Du sprichst leichtsinnig, mein Freund!" erwiderte Herr Des Aulnays, dem bei der Erinnerung an seine verstorbene Ehehälfte eine Träne ins Auge trat.

Forchambeaux wiederholte mehrere Male hintereinander mit einem kurzen Lachen:

"Sie werden auch noch dahin kommen. Sie werden auch noch dahin kommen!"

Cisy protestierte. Er zöge vor, sich zu amüsieren. Er wollte das Boxen lernen, um die Diebskneipen der Cité besuchen zu können, wie der Prinz Rodolphe in den "Geheimnissen von Paris". Aus seiner Tasche zog er eine kurze Pfeife, die er anzündete, er fuhr die Diener an, trank unmäßig und bekrittelte alle Gerichte, um sich erhaben zu zeigen. Selbst die Trüffeln wies er zurück, und der Lehrer, der sich daran gütlich tat, sagte kriecherisch:

"So gut wie die geschlagenen Eier bei Ihrer Frau Großmutter sind sie allerdings nicht!"

Dann fuhr er fort, mit seinem Nachbarn, dem Landwirt, zu plaudern, der den Aufenthalt auf dem Lande für außerordentlich vorteilhaft erklärte, und sei es nur, um seine Töchter zur Einfachheit erziehen zu können. Der Lehrer drückte ihm seinen Beifall über solche Ideen aus und schmeichelte ihm in niedriger Weise, da er bei ihm Einfluß auf seinen Schüler, dessen geschäftlicher Vertrauensmann er heimlich zu werden hoffte, voraussetzte.

Frédéric war zu Cisy voll Feindseligkeit gekommen; seine Dummheit hatte ihn bald entwaffnet. Aber seine Bewegungen, sein Gesicht, seine ganze Person riefen ihm das Diner im Café Anglais ins Gedächtnis zurück, und das berührte ihn immer empfindlicher; und so hörte er denn mit Interesse die wenig schmeichelhaften Bemerkungen an, die der Vetter Joseph, ein braver Junge ohne Vermögen, der eine Leidenschaft für die Jagd hatte, über Cisy machte. Cisy nannte ihn verschiedene Male im Scherz "Dieb", plötzlich rief er:

"Ah! Der Baron!"

Ein Bursche von dreißig Jahren, der etwas Rauhes in den Zügen und etwas Geschmeidiges in den Gliedern hatte, trat herein, den Hut auf einem Ohr und eine Blume im Knopfloch. Er war das Ideal des Vicomte, der entzückt schien, ihn bei sich zu haben, und, durch sein Erscheinen aufgeregt, sogar geistreich zu werden versuchte; man trug gerade einen Coq de bruyère auf, und er sagte:

"Hier, von allen Charakteren Bruyères der beste!"

Im Laufe des Gesprächs richtete Cisy an Herrn de Comaing eine Menge Fragen über Leute, die der Gesellschaftgänzlich fremd waren; dann sagte er, als wenn ihm plötzlich etwas eingefallen wäre:

"Sagen Sie mal! Haben Sie an mich gedacht?"

Der andere zuckte die Achseln.

"Sie haben noch nicht das nötige Alter, mein Junge! Unmöglich!"

Cisy hatte ihn gebeten, ihn in seinen Klub aufnehmen zu lassen. Der Baron fuhr fort, jedenfalls um die Eigenliebe des andern wieder zu versöhnen:

"Ich vergesse ganz! Viele Glückwünsche anläßlich Ihrer Wette, mein Lieber!"

"Was für eine Wette?"

"Die Sie beim Rennen gemacht haben, daß Sie am selben Abend zu jener Dame gehen würden."

Frédéric fühlte sich wie von einem Peitschenhieb getroffen. Das verblüffte Gesicht Cisys beruhigte ihn jedoch sofort.

Die Sache lag so, daß die Marschallin lebhafte Reue empfand, als Arnoux, ihr erster und bevorzugter Liebhaber, gerade an demselben Tage zu ihr kam. Beide hatten dem Vicomte begreiflich zu machen gesucht, daß er lästig falle, und ihn ohne alle Umstände hinausgesetzt.

Er tat, als hätte er nichts gehört. Der Baron fuhr fort:

"Wie geht es ihr denn, der guten Rose? Hat sie immer noch so hübsche Beine?" Damit wollte er beweisen, daß er sie genau kenne.

Frédéric war außer sich über diese neue Entdeckung.

"Sie brauchen nicht zu erröten," fing der Baron wieder an. "Es ist keine so schlechte Sache!"

Cisy schnalzte mit der Zunge:

"Ach, etwas Besonderes auch nicht!"

"Was Sie sagen!"

"Mein Gott, jawohl! Erstens finde ich das wirklich und dann kann man ihresgleichen doch haben, soviel man will; denn schließlich ... sie ist ja zu kaufen!"

"Nicht für jeden!" erwiderte Frédéric beißend.

"Er glaubt, daß er der einzige ist!" versetzte Cisy; "ein ausgezeichneter Witz!"

Die ganze Gesellschaft brach in Gelächter aus.

Frédéric fühlte sein Herz so klopfen, daß er zu ersticken glaubte. Aber der Baron fuhr fort:

"Ist sie immer noch mit einem gewissen Arnoux zusammen?"

"Das weiß ich nicht," entgegnete Cisy. "Ich kenne den Herrn nicht!"

Trotzdem sagte er gleich darauf, daß das eine Art Hochstapler sei.

"Erlauben Sie!" rief Frédéric.

"Sie können sich darauf verlassen! Er hat sogar einen Prozeß gehabt."

"Das ist nicht wahr!"

Frédéric begann, Arnoux zu verteidigen. Er wollte für seine Ehrlichkeit bürgen, schließlich glaubte er das selbst und erfand Ziffern und Beweise. Der Vicomte, der aufgebracht und im übrigen auch betrunken war, blieb hartnäckig bei seinen Behauptungen, so daß Frédéric ernsthaft zu ihm sagte:

"Sie scheinen mich beleidigen zu wollen?"

Dabei sah er ihn mit blitzenden Augen an.

"Oh, durchaus nicht! Ich will Ihnen sogar zugeben, daß er etwas sehr Gutes hat: seine Frau."

"Sie kennen sie?"

"Natürlich! Sophie Arnoux, alle Welt kennt sie!"

"Was haben Sie gesagt?"

Cisy, der sich erhoben hatte, wiederholte stotternd:

"Alle Welt kennt sie!"

"Schweigen Sie! Mit solchen Damen verkehren Sie überhaupt nicht!"

"Gott sei Dank!"

Frédéric schleuderte ihm seinen Teller ins Gesicht.

Wie ein Blitz flog das Wurfgeschoß über den Tisch, warf zwei Flaschen um, zertrümmerte eine Kompottschale und traf, an dem Tafelaufsatz in drei Stücke zerschellend, den Vicomte vor den Magen.

Alles erhob sich, um ihn zurückzuhalten. Er wehrte sich, indem er wie ein Wahnsinniger schrie; Herr Des Aulnays wiederholte immerfort:

"Beruhigen Sie sich, mein Kind! Ich bitte Sie darum!"

"Das ist schrecklich!" tobte der Lehrer.

Forchambeaux, der weiß wie das Tischtuch war, zitterte; Joseph lachte aus vollem Halse; die Diener wischten den Wein auf und lasen die Scherben auf dem Boden zusammen; der Baron schloß das Fenster, denn der Lärm konnte, trotz des Wagengerassels, auf dem Boulevard gehört werden.

Da in dem Augenblicke, wo der Teller flog, alle Welt gleichzeitig gesprochen hatte, war es unmöglich, den Grund der Beleidigung zu entdecken: ob es sich um Arnoux, Frau Arnoux, Rosanette oder um einen anderen gehandelt hatte. Bemerkt hatte man nur die unbegreifliche Brutalität Frédérics; und nun verweigerte er auch noch das leiseste Wort des Bedauerns.

Herr Des Aulnays suchte ihn zu besänftigen, ebenso der Vetter Joseph, auch der Lehrer, selbst Forchambeaux. Währenddessen tröstete der Baron Cisy, der, von einer nervösen Schwäche gepackt, Tränen vergoß. Frédéric dagegen wurde immer aufgebrachter, und man würde wohl noch bei Tagesanbruch gesessen haben, wenn nicht der Baron, um der Sache ein Ende zu machen, gesagt hätte:

"Der Vicomte wird Ihnen seine Zeugen schicken."

"Um welche Zeit?"

"Um zwölf Uhr, wenn es Ihnen recht ist."

"Bitte."

Auf der Straße atmete Frédéric in vollen Zügen. Zu lange schon hatte er sein Herz bezwingen müssen. Endlich hatte er sich Luft machen können; er empfand etwas wie Stolz auf seine Männlichkeit und einen Überschuß von neuerwachten Kräften, die ihn berauschten. Vor allem mußte er jetzt zwei Zeugen haben. Der erste, an den er dachte, war Regimbart, und sofort schlug er auch den Weg zu einer Kneipe der Rue Saint-Denis ein. Das Ladenfenster war geschlossen, aber aus einer Scheibe über der Tür brach ein Lichtschimmer hervor. Die Tür war offen, und er trat ein, wobei er sich in dem niedrigen Eingange tief bücken mußte.

Eine Kerze, die auf dem Zahltisch stand, erleuchtete das leere Zimmer. Alle Stühle waren, mit den Beinen nach oben, auf die Tische gestellt. Der Wirt und die Wirtin aßen mit dem Kellner in einem Winkel nahe der Küche; – und Regimbart, den Hut auf dem Kopfe, teilte ihr Mahl, wobei er sogar den Kellner genierte, der genötigt war, bei jedem Bissen sich ein wenig zur Seite zu neigen. Frédéric bat ihn, nachdem er ihm die Sache kurz erzählt hatte, um seinen Beistand. Der Patriot antwortete zuerst gar nicht und rollte nachdenklich die Augen. Nachdem er mehrere Male im Zimmer auf und ab gegangen war, sagte er endlich:

"Ja, gern!"

Ein mörderisches Lächeln flog über sein Gesicht, als er hörte, daß der Gegner ein Edelmann sei.

"Wir werden ihm schon das Marschieren beibringen, verlassen Sie sich darauf! Vor allem, natürlich Degen ..."

"Aber vielleicht", wandte Frédéric ein, "habe ich nicht das Recht ..."

"Ich sage Ihnen ja doch, daß wir den Degen wählen müssen," entgegnete der Patriot brutal. "Können Sie fechten?"

"Ein wenig!"

"Ein wenig! So sind Sie nun! Und dabei ist ein jeder von euch auf ein Assaut erpicht. Hören Sie mich an: Halten Sie sich in richtiger Distanz, indem Sie sich immer im Kreise decken, und weichen Sie aus! Weichen Sie aus! Das ist erlaubt! Ermüden Sie ihn! Und dann erst fallen Sie aus! Vor allem keine Mätzchen, keine Stöße à la Fougère! Nein! Einfaches Loslösen der Klinge. Sehen Sie? Einfaches Umdrehen des Handgelenks, wie um ein Schloß zu öffnen. Vater Vautier, geben Sie mir mal Ihren Spazierstock! So, das genügt!"

Er nahm den Stock, der dazu diente, das Gas anzuzünden, rundete den linken Arm, krümmte den rechten und machte Ausfälle gegen den Holzverschlag. Er stieß mit dem Fuße auf, wurde immer wilder und erfand im Geiste sogar Hindernisse, wobei er schrie: "Nun wird's bald? Los!" In riesiger Größe zeichnete sich seine Silhouette auf der Wand ab, und sein Hut schien an die Decke zu stoßen. Der Wirt rief von Zeit zu Zeit: "Bravo! Ausgezeichnet!" Sein Weib bewunderte ihn gleichfalls, obwohl sie sehr aufgeregt war, und Théodore, ein gedienter Soldat und fanatischer Verehrer Regimbarts, war stumm vor Bewunderung.

Am nächsten Morgen eilte Frédéric zu früher Stunde in das Magazin Dussardiers. Nachdem er durch mehrere Räume gekommen war, überall an Stoffen vorbei, die in Fächern oder quer über die Tische ausgebreitet lagen, während auf mehreren Holzbüsten Shawls hingen, fand er den Gesuchten endlich in einer Art von vergittertem Käfig, umgeben von Registern und an einem Stehpult schreibend. Der gute Junge ließ sofort seine Arbeit liegen.

Die Zeugen kamen vor zwölf. Frédéric hielt es für taktvoll, der Besprechung nicht beizuwohnen.

Der Baron und Joseph erklärten, sich mit den einfachsten Entschuldigungen begnügen zu wollen. Regimbart aber, der das Prinzip hatte, nie nachzugeben, und der es für notwendig erklärte, Arnoux' Ehre zu verteidigen (Frédéric hatte dies als einzigen Grund des Duells bezeichnet), verlangte, daß der Vicomte sich seinerseits entschuldige. Herr von Comaing war über diese Dreistigkeit empört. Der Patriot wollte aber nicht nachgeben. Somit war jede Versöhnung ausgeschlossen, man mußte sich schlagen.

Andere Schwierigkeiten tauchten auf, denn die Wahl der Waffen stand rechtmäßigerweise Cisy, als dem Beleidigten, zu. Regimbart behauptete jedoch, daß Cisy, als der Herausfordernde, auch der Beleidiger sei. Dessen Zeugen wandten dagegen entrüstet ein, daß eine Ohrfeige ja doch die tödlichste der Beleidigungen sei. Hierauf hatte der Patriot wieder die Entgegnung, daß ein Stoß keine Ohrfeige wäre. Endlich beschloß man, sich dem Urteil von militärischen Persönlichkeiten zu unterwerfen, und die vier Zeugen gingen, um sich bei den Offizieren in irgendeiner Kaserne zu erkundigen.

Die nächste war auf dem Quai d'Orsay. Herr von Comaing sprach zwei Hauptleute an und setzte ihnen den strittigen Fall auseinander.

Die Offiziere konnten kein Sterbenswörtchen verstehen, da die Zwischenreden des Patrioten die Sache vollständig verwirrten. Schließlich rieten sie den Herren, ein Protokoll aufzunehmen, dann würden sie ihre Meinung äußern. Die Zeugen gingen daraufhin in ein Café; um die Affäre möglichst diskret zu behandeln, wurde Cisy durch ein H und Frédéric durch ein K bezeichnet.

Dann ging man wieder in die Kaserne. Die Offiziere waren ausgegangen. Nachdem sie zurückgekommen waren, erklärten sie, daß augenscheinlich die Wahl der Waffen Herrn H zukäme. Alle gingen wieder zu Cisy. Regimbart und Dussardier blieben vor der Tür.

Der Vicomte geriet, als er die Lösung erfuhr, in eine so große Bestürzung, daß man sie ihm mehrmals wiederholen mußte; und als Herr de Comaing auf die Forderungen Regimbarts kam, murmelte er: "Ja, wieso denn –?" im Innern nicht abgeneigt, auf alles einzugehen. Dann ließ er sich in einen Fauteuil fallen und erklärte, daß er sich nicht schlagen werde.

"Was?" rief der Baron.

Nun überließ sich Cisy einem wirren Redestrom. Er wollte sich mit Blunderbüchsen schlagen oder über das Schnupftuch schießen.

"Oder wir werden Arsenik in ein Glas tun und dann losen. Das kommt vor; ich habe es gelesen!"

Der Baron, der von Natur wenig geduldig war, fuhr ihn an:

"Die Herren warten auf Ihre Antwort. Das geht doch nicht länger! Also was wählen Sie? Den Degen?"

Durch ein Kopfnicken antwortete er mit "ja"; und die Zusammenkunft wurde auf den nächsten Morgen präzise sieben Uhr bei der Porte Maillot festgesetzt.

Da Dussardier gezwungen war, in sein Bureau zurückzukehren, ging Regimbart allein zu Frédéric, ihm das Resultat mitzuteilen.

Man hatte ihn den ganzen Tag ohne Nachrichten gelassen; seine Ungeduld war unerträglich geworden.

"Gut! Einverstanden!" rief er.

Der Patriot war von seiner Haltung befriedigt.

"Man hat von uns Entschuldigungen verlangt; das ist doch unglaublich, was? Eigentlich so gut wie nichts, nur ein paar Worte! Aber ich habe sie gründlich abfahren lassen! Das mußte ich doch, nicht wahr?"

"Selbstverständlich!" antwortete Frédéric, wobei er im stillen dachte, daß er besser daran getan hätte, einen anderen Zeugen zu wählen.

Als er allein war, wiederholte er laut mehrere Male:

"Ich werde mich also schlagen! Ich werde mich schlagen! Komisch!"

Er ging dabei im Zimmer auf und nieder; als er an seinem Spiegel vorbeikam, sah er, wie blaß er war.

"Werde ich Angst haben?"

Eine abscheuliche Angst faßte ihn bei dem Gedanken, daß er auf dem Kampfplatz selbst sich fürchten könnte.

"Wenn ich falle? Mein Vater ist diesen Tod gestorben. Ja, ich werde fallen!"

Und er sah plötzlich seine Mutter vor sich, schwarz gekleidet; unzusammenhängende Bilder zogen durch sein Gehirn. Seine eigene Feigheit entrüstete ihn. Er wurde von einem Paroxysmus der Tapferkeit, von einem wahren Blutdurst ergriffen. Ein ganzes Bataillon hätte ihn nicht erschreckt. Nachdem sich dieses Fieber beruhigt hatte, fühlte er sich zu seiner Freude unerschütterlich. Um sich zu zerstreuen, ging er in die Oper, wo ein Ballett gegeben wurde. Er hörte die Musik, sah sich durchs Opernglas die Tänzerinnen an und trank im Zwischenakt ein Glas Punsch. Nach Hause zurückgekehrt, erlitt er aber beim Anblick seines Zimmers und seiner Möbel, die er vielleicht zum letzten Male sehen sollte, einen Schwächeanfall.

Er ging in seinen Garten hinunter. Die Sterne schimmerten; er sah zu ihnen auf. Der Entschluß, sich für eine Frau zu schlagen, erhob ihn in seinen eigenen Augen und adelte ihn. Dann legte er sich ruhig schlafen.

Mit Cisy war es durchaus nicht so. Nach dem Fortgang des Barons hatte Joseph versucht, ihm Mut einzuflößen; da das aber auf den Vicomte keinen Eindruck machte, sagte er:

"Nun, mein Junge, wenn du lieber willst, daß man dich in Ruhe läßt, werde ich es sagen!"

Cisy sagte nicht: "Tue das!" aber er war böse, daß sein Vetter ihm diesen Dienst nicht leistete, ohne erst davon zu sprechen.

Er wünschte, daß Frédéric während der Nacht an einem Schlaganfall sterbe, oder daß ein Aufstand losbreche, so daß am nächsten Morgen genug Barrikaden da wären, um alle Zugänge zum Bois de Boulogne zu sperren, oder daß ein Ereignis einen der Zeugen hindere, zu kommen, denn ohne Zeugen könnte das Duell nicht stattfinden. Er hatte Lust, irgendwohin auszureißen. Er bedauerte, nicht so viel Medizin zu verstehen, um etwas einnehmen zu können, das, ohne ihn lebensgefährlich zu verletzen, an seinen Tod glauben machen würde. Er ging sogar so weit, sich eine schwere Krankheit zu wünschen.

Um einen Beistand, eine Hilfe zu haben, schickte er zu Herrn Des Aulnays und ließ ihn zu sich bitten. Der war jedoch in die Saintonge zurückgereist, auf eine Depesche, die ihm die Erkrankung einer seiner Töchter gemeldet hatte. Das erschien Cisy als eine böse Vorbedeutung. Glücklicherweise kam Herr Vezou, sein Lehrer, ihn besuchen. Dem schüttete er sein Herz aus.

"Was tut man da? Mein Gott, was tut man?"

"Ich an Ihrer Stelle, Herr Graf, würde einen Mann von der Halle mieten, der ihm eine Tracht Prügel geben müßte."

"Er würde sofort wissen, woher das kommt," versetzte Cisy.

Und er stöhnte von Zeit zu Zeit und sagte endlich:

"Hat man eigentlich das Recht, sich zu duellieren?"

"Es ist ein Überbleibsel der Barbarei. Was soll man dagegen machen?"

Aus Gefälligkeit lud sich der Pädagoge selbst zum Essen ein.

Sein Zögling aß nichts und fühlte nach dem Mahle das Bedürfnis, einen Spaziergang zu machen.

Er sagte, als sie an einer Kirche vorbeikamen:

"Wenn wir auf einen Augenblick hineingingen ... nur um es anzusehen?"

Herr Vezou war durchaus einverstanden und reichte ihm sogar das Weihwasser.

Man war im Marienmonat, Blumen bedeckten den Altar, Stimmen sangen, die Orgel rauschte. Aber es war ihm unmöglich, zu beten, die Prachtentfaltung des Gottesdienstes erinnerte ihn an eine Leichenfeier, er glaubte das Gemurmel des " De profundis" zu hören.

"Gehen wir! Ich fühle mich nicht wohl!"

Die ganze Nacht verbrachten sie mit Kartenspielen. Der Vicomte bemühte sich, zu verlieren, um das Schicksal zu versöhnen, was Herr Vezou ausnützte. Endlich, als der Morgen graute, schlief Cisy, dessen Kräfte erschöpft waren, in den Kleidern ein und versank in unangenehme Träume.

Wenn der Mut darin besteht, seine Schwäche beherrschen zu wollen, so war der Vicomte mutig, denn beim Anblick der Zeugen, die ihn abholen kamen, nahm er sich mit aller Kraft zusammen, da seine Eitelkeit ihm sagte, daß Schwäche ihn jetzt unmöglich machen würde. Herr de Comaing sagte ihm Schmeicheleien über seine gute Haltung.

Auf dem Wege aber brachte ihn das Schaukeln des Fiakers und die Hitze der Morgensonne wieder aus der Fassung. Seine Energie war verflogen. Er konnte nicht einmal mehr unterscheiden, wo man war.

Der Baron belustigte sich damit, seine Angst zu vergrößern, indem er von dem "Leichnam" und wie man ihn, ohne Aufsehen zu erregen, in die Stadt hineinschaffen könne, sprach. Joseph ging auf seinen Ton ein; übrigens waren beide davon überzeugt, daß die Sache, die sie für kindisch hielten, arrangiert werden würde.

Cisy hatte den Kopf gesenkt gehalten, er hob ihn jetzt langsam in die Höhe und machte die Bemerkung, daß man keinen Arzt mitgenommen habe.

"Das ist überflüssig," antwortete der Baron.

"Es ist also keine Gefahr?"

Joseph erwiderte in ernstem Ton:

"Hoffentlich!"

Dann sprach niemand im Wagen mehr.

Um sieben Uhr zehn Minuten kam man vor der Porte Maillot an. Frédéric und seine Vertreter waren schon da, alle drei schwarz gekleidet. Regimbart trug statt seiner Krawatte eine Roßhaarbinde wie ein alter Soldat; eine Art langen Violinkasten hielt er unter dem Arm. Man begrüßte sich kühl und ging dann ins Bois de Boulogne hinein, auf der Straße, die nach dem Madrider Restaurant führte, um einen passenden Platz zu finden.

Regimbart sagte zu Frédéric, der zwischen ihm und Dussardier ging:

"Nun? Wie ist es mit der Angst? Wenn Sie irgend etwas wünschen, so genieren Sie sich nicht, ich kenne das! Die Furcht ist nun einmal den Menschen angeboren!"

Dann fuhr er leise fort:

"Rauchen Sie nicht, das macht schlaff!"

Frédéric warf seine Zigarre weg, die ihn belästigte, und ging festen Schrittes weiter; hinter ihm kam der Vicomte, auf seine beiden Zeugen gestützt.

Nur wenige Menschen begegneten ihnen. Der Himmel war blau, und man hörte zeitweilig Kaninchen im Gebüsch rascheln. An einer Wegecke plauderte eine schlecht gekleidete Weibsperson mit einem Manne, der eine Bluse trug, und in der großen Avenue führten Diener in Leinwandjacken Reitpferde unter den Kastanien auf und ab. Cisy dachte an die glücklichen Zeiten zurück, wo er, auf einer Fuchsstute und das Glas im Auge, neben dem Wagenschlag irgendeiner Equipage dahinritt; diese Erinnerungen verstärkten sein Angstgefühl; ein unerträglicher Durst peinigte ihn; das Summen der Fliegen und das Schlagen seiner Pulse schienen ihm ein und dasselbe Geräusch zu bilden. Seine Füße sanken in den Sand ein; er glaubte schon seit undenklicher Zeit zu marschieren.

Die Zeugen prüften, ohne stehen zu bleiben, beide Seiten des Weges; man beriet, ob man bis zur Croix Catelan oder unter die Mauern von Bagatelle gehen solle. Endlich bog man nach links ab und machte in einer Kreuzung unter Fichten halt.

Der Ort wurde so gewählt, daß das Niveau des Bodens für beide Teile das gleiche war. Die Plätze, die die Gegner einzunehmen hatten, wurden bezeichnet. Dann öffnete Regimbart seinen Kasten. Darin lagen auf einem Polster von rotem Schafleder vier zierliche hohlgeschliffene Degen, deren Handgriffe mit Filigran montiert waren. Ein Sonnenstrahl, der durch die Zweige drang, fiel darauf; da sahen die Klingen aus wie silberne Vipern auf einer Blutlache.

Der Patriot konstatierte, daß die Degen die gleiche Länge hatten; den dritten nahm er selbst, um nötigenfalls die Kämpfer zu trennen. Herr de Comaing hielt einen Spazierstock in der Hand. Tiefes Schweigen herrschte, man sah einander an. Alle Gesichter hatten etwas Bestürztes oder etwas Grausames.

Frédéric hatte seinen Rock und seine Weste abgelegt. Joseph half Cisy dasselbe tun; als seine Krawatte abgenommen war, sah man an seinem Halse eine geweihte Medaille, was Regimbart ein mitleidiges Lächeln entlockte.

Herr de Comaing (um Frédéric noch einen letzten Augenblick zur Überlegung zu lassen) fing an, Schikanen zu machen. Er beanspruchte das Recht, seinen Handschuh anzuziehen und den Degen des Gegners mit der linken Hand auffangen zu dürfen; Regimbart, der es eilig hatte, machte keine Einwendungen dagegen. Endlich wandte sich der Baron an Frédéric direkt:

"Alles hängt von Ihnen ab! Es ist nie eine Schande, sein Unrecht einzusehen."

Dussardier stimmte ihm mit einer Bewegung zu. Der Patriot war empört.

"Glauben Sie, daß wir hier sind, um Enten zu rupfen, zum Donnerwetter? – Achtung!"

Die Gegner standen einander gegenüber, an ihrer Seite die Zeugen. Regimbart gab das Signal:

"Los!"

Cisy wurde furchtbar blaß. Seine Klinge zitterte an der Spitze wie eine Reitpeitsche. Sein Kopf fiel nach hinten zurück, seine Arme öffneten sich, und er stürzte ohnmächtig auf den Rücken. Joseph hob ihn auf und schüttelte ihn kräftig, indem er ihm ein Flakon unter die Nase hielt. Der Vicomte öffnete die Augen, um dann plötzlich wie ein Wütender auf seinen Degen zu springen. Frédéric hatte seinen in der Hand behalten und erwartete den Gegner mit festem Blick und erhobenem Arm.

"Halt! Halt!" schrie eine Stimme vom Wege her; gleichzeitig hörte man den Schritt eines galoppierenden Pferdes und sah das Verdeck eines Kabrioletts die Zweige durchbrechen. Ein Mann, der sich aus dem Wagen hinauslehnte, winkte mit seinem Taschentuch und rief unausgesetzt: "Halt! Halt!"

Herr de Comaing, der an eine Intervention der Polizei dachte, erhob seinen Spazierstock.

"Machen Sie doch Schluß! Der Vicomte blutet!"

"Ich?" rief Cisy.

Er hatte sich wirklich im Fallen den Daumen der linken Hand verletzt.

"Ja, das kommt aber nur von dem Falle," stellte der Patriot fest.

Der Baron tat, als hörte er das nicht.

Arnoux war aus dem Wagen gesprungen.

"Ich komme zu spät! Nein! Gott sei Dank!"

Er drückte Frédéric fest in seine Arme, betastete ihn prüfend und bedeckte schließlich sein Gesicht mit Küssen.

"Ich war der Grund; Sie haben Ihren alten Freund verteidigen wollen! Das ist schön, wahrhaftig; schön ist das! Nie werde ich das vergessen! Wie gut Sie sind, mein liebes Kind!"

Er betrachtete ihn und weinte und lachte zugleich vor Freude. Der Baron wandte sich an Joseph.

"Ich glaube, daß wir bei diesem kleinen Familienfeste überflüssig sind. Wir sind fertig, nicht wahr, meine Herren? – Vicomte, stecken Sie den Arm in eine Binde, hier haben Sie mein Halstuch!" Dann sagte er kommandierend: "Und nun kein Groll mehr! Das ist Comment!"

Die beiden Gegner schüttelten sich nachlässig die Hände. Der Vicomte, Herr von Comaing und Joseph entfernten sich nach der einen Seite, Frédéric und seine Freunde nach der anderen.

Das Restaurant Madrid war nicht weit; Arnoux schlug vor, dort ein Glas Bier zu trinken.

"Man könnte sogar frühstücken," sagte Regimbart.

Da Dussardier aber keine Zeit hatte, begnügten sie sich, im Garten eine Erfrischung zu nehmen. Alle verspürten das selige Gefühl, das sich nach der glücklichen Lösung einer gefährlichen Situation einstellt. Nur der Patriot war ärgerlich, daß das Duell im schönsten Moment unterbrochen war.

Arnoux hatte davon durch einen gewissen Compain, einen Freund Regimbarts, gehört und war in einer Gefühlsaufwallung herbeigeeilt, um es zu verhindern, in dem Glauben, daß seine Person die Veranlassung sei. Er bat Frédéric, ihm einige Details darüber zu sagen; Frédéric, durch die Beweise seiner Zärtlichkeit gerührt, hielt es für gewissenlos, seine Illusionen zu vergrößern.

"Bitte, sprechen wir nicht davon!"

Arnoux fand diese Zurückhaltung sehr vornehm. Dann sprang er mit seiner gewohnten Oberflächlichkeit auf etwas anderes über:

"Was gibt es Neues, Bürger?"

Sie fingen an, von Wechseln und Fälligkeiten zu sprechen. Um ungestört zu sein, gingen sie sogar allein an einen anderen Tisch und flüsterten dort.

Frédéric unterschied die Worte: "Sie werden mir das unterschreiben! – Ja, aber Sie werden selbstverständlich ... Ich habe es für dreihundert Franken begeben! – Hübsche Provision, wahrhaftig!" Es war ganz klar, daß Arnoux mit dem Patrioten eine Menge unsauberer Geschäfte machte.

Frédéric dachte daran, ihn an seine fünfzehntausend Franken zu erinnern. Aber der Schritt, den Arnoux soeben unternommen hatte, schloß jeden Vorwurf, selbst den sanftesten, aus. Auch fühlte er sich ermüdet, und der Ort war dazu nicht der Richtige. Er verschob es also auf ein anderes Mal.

Arnoux, der im Schatten eines Ligusters saß, rauchte in heiterer Laune. Er sah auf die Türen der Einzelkabinetts, die alle auf den Garten gingen, und sagte, daß er früher oft dagewesen sei.

"Sicherlich nicht allein?" erwiderte der Patriot.

"Natürlich nicht!"

"Was Sie für ein Bummler sind! Ein verheirateter Mann!"

"Nun, und Sie?" versetzte Arnoux; dann sagte er mit einem milden Lächeln: "Ich bin überzeugt, daß dieser Lump irgendwo ein Zimmer hat, wo er kleine Mädchen empfängt!"

Der Patriot gab dies durch eine einfache Bewegung der Augenbrauen zu. Die beiden Herren setzten sich über ihren Geschmack auseinander: Arnoux zog jetzt die Jugend, die Arbeiterinnen vor; Regimbart verabscheute die "Zierpuppen" und sah vor allem auf das Positive. Die Schlußfolgerung, die sich der Fayencehändler leistete, war, daß man die Frauen nicht ernst nehmen dürfe.

"Und doch liebt er seine!" dachte Frédéric, und er wandte sich ab; er fand ihn unanständig. Er zürnte ihm wegen des Duells, als wenn er sein Leben soeben für ihn gewagt hätte.

Dussardier dagegen war er für seine Aufopferung dankbar; auf sein Bitten kam der Kommis bald täglich zu ihm.

Frédéric lieh ihm Bücher: Thiers, Dulaure, Barante, "Die Girondisten" von Lamartine. Der brave Junge hörte ihm mit Andacht zu und nahm seine Anschauungen wie die eines Meisters auf.

Eines Abends kam er ganz bestürzt an.

Am Morgen war ein atemlos rennender Mann gegen ihn gestoßen und hatte, in ihm einen Freund Sénécals erkennend, gerufen:

"Man hat ihn soeben verhaftet, ich bringe ihn in Sicherheit!"

Es war die Wahrheit. Dussardier hatte den Tag damit verbracht, Erkundigungen einzuziehen, Sénécal war hinter Schloß und Riegel, unter der Anklage eines politischen Attentates.

Als Sohn eines Werkführers in Lyon geboren und von einem früheren Schüler Chaliers erzogen, hatte er sich nach seiner Ankunft in Paris in die "Société des Familles" aufnehmen lassen; man kannte ihn, und die Polizei überwachte ihn. Er hatte an den Stürmen im Mai 1839 teilgenommen und hielt sich seit dieser Zeit im Hintergrunde; aber immer exaltierter in seinen Ansichten, ein fanatischer Verehrer Alibauds, warf er seine Beschwerden gegen die Gesellschaft mit denen des Volkes gegen die Monarchie in einen Topf und erwachte jeden Morgen mit der

Hoffnung auf eine Revolution, die in vierzehn Tagen oder einem Monat die Welt umwälzen würde. Endlich, angeekelt durch die Schlaffheit seiner Gefährten, wütend über die Verzögerungen, die die Verwirklichung seiner Träume erfuhr, und an seinem Vaterlande verzweifelnd, war er als Chemiker dem Komplott der brandstiftenden Bombenwerfer beigetreten und im Besitze von Schießpulver überrascht worden, das er auf dem Montmartre versuchen wollte, als letztes Mittel, um die Republik herbeizuführen.

Dussardier schwärmte für dies Ideal nicht weniger, das nach seinem Glauben die Befreiung und das allgemeine Glück bedeutete. Eines Tages – vor fünfzehn Jahren – hatte er in der Rue Transnonain, vor dem Laden eines Gewürzkrämers, Soldaten mit blutigen Bajonetten gesehen, an deren Kolben Haare klebten; seit dieser Zeit erschien ihm die Regierung wie die lebendige Verkörperung der Ungerechtigkeit. Totschläger und Gendarmen waren so ziemlich dasselbe, ein Spitzel war in seinen Augen ebenso schlimm wie ein Vatermörder. Alles Schlechte auf Erden schrieb er ohne Bedenken der öffentlichen Macht zu, und er empfand gegen diese einen unauslöschlichen dauernden Haß, der sein ganzes Denken ausfüllte und seine Empfindlichkeit aufs höchste reizte. Die Deklamationen Sénécals hatten ihn verführt. Ob er schuldig war oder nicht, ob sein Versuch verdammenswert, ganz gleich! Von dem Augenblicke an, wo er ein Opfer der Obrigkeit war, mußte man ihm zu Hilfe kommen.

"Die Pairs werden ihn sicher verurteilen! Dann wird er wie ein Galeerensträfling in einem Zellenwagen weggeschleppt, man wird ihn in Mont-Saint-Michel einsperren, und dort läßt die Regierung sie umkommen! Austen ist verrückt geworden! Steuben hat sich das Leben genommen! Als man Barbès in den Kerker schleppte, zog man ihn an den Beinen, an den Haaren! Man trampelte auf seinem Körper herum, und sein Kopf schlug auf jeder Treppenstufe an! So niederträchtig sind diese Elenden!"

Tränen des Zornes erstickten seine Stimme; er lief im Zimmer auf und ab, wie unter einem fürchterlichen Angstgefühl.

"Und doch muß etwas geschehen! Lassen Sie uns nachdenken, ich weiß nichts! Wenn wir ihn zu befreien versuchten? Was? Während man ihn in das Luxembourg führt, könnte man sich im Korridor auf die Eskorte stürzen. Ein Dutzend entschlossener Männer dringt überall durch."

Ein solches Feuer brannte in seinen Augen, daß Frédéric erbebte.

Sénécal erschien ihm bedeutender, als er ihn bisher gesehen hatte. Er dachte an seine Leiden, an sein puritanisches Leben; ohne die Begeisterung Dussardiers zu teilen, fühlte er trotzdem die Bewunderung, die jeder Mensch, der sich für eine Idee opfert, einflößt. Er sagte sich, daß es mit Sénécal nicht so weit gekommen wäre, wenn er ihm geholfen hätte; und die beiden Freunde suchten nun emsig nach einem Auskunftsmittel, um ihm zu helfen.

Es wurde ihnen unmöglich gemacht, bis zu ihm zu dringen.

Aus den Zeitungen suchte sich Frédéric über sein Schicksal zu unterrichten; drei Wochen lang besuchte er die Lesekabinette.

Eines Tages fielen ihm mehrere Nummern des "Flambart" in die Hände. Der Hauptartikel war ausnahmslos zur Vernichtung irgendeines berühmten Mannes geschrieben. Dann kamen die mondänen Berichte, der Klatsch, und auf den folgten die Plaudereien über das Odéon, Carpentras, die künstliche Fischzucht und die zum Tode Verurteilten – wenn es gerade welche gab. Das Verschwinden eines Dampfbootes gab für ein ganzes Jahr Stoff zu Witzen. In der dritten Spalte brachte eine Kunstrubrik unter der Form von Anekdoten oder Ratschlägen Reklamen von Schneidern, Verkaufsankündigungen, Analysen von Büchern, dabei im gleichen Stil über einen Band Verse und über ein Paar Stiefel berichtend. In scheinbar ernstem Tone gehalten war nur die Kritik der kleinen Theater, in der zwei oder drei Direktoren hartnäckig verfolgt wurden; unter dem Deckmantel der Kunstinteressen wurde in Wirklichkeit über die Dekorationen der Funambules oder über eine Liebhaberin der Délassements berichtet.

Frédéric wollte die Blätter aus der Hand legen, als seine Augen auf einen Artikel fielen, der unter dem Titel "Ein Hühnchen zwischen drei Hähnen" die Geschichte seines Duells in einem derb witzelnden Stile behandelte. Er erkannte sich mühelos, denn er wurde mit der häufig wiederkehrenden Spötterei: "Ein junger Mann aus dem Collège von Sens, dem es daran (an Sens) fehlt" bezeichnet. Er wurde sogar als ein armer Teufel von Provinzler dargestellt, als ein Dummkopf von niederer Herkunft, der versucht, mit großen Herren zu verkehren. Was den Vicomte anlangt, so kam dieser glänzend weg, zuerst bei dem Souper, wo er gewaltsam eingedrungen sein sollte, dann bei der Wette, da er angeblich die Schöne errungen hatte, und schließlich auf dem Kampfplatz, wo er als echter Edelmann geschildert war. Die Tapferkeit Frédérics wurde nicht direkt bestritten, aber man deutete an, daß ein Vermittler, der "Beschützer" selbst, gerade im richtigen Augenblick dazwischengetreten wäre. Das Ganze schloß mit der perfiden Phrase:

"Woher diese Zärtlichkeit? Ein merkwürdiges Rätsel, und, wie Bazile sagt, wen zum Teufel betrügt man hier?"

Jeder Zweifel war ausgeschlossen, das war eine Rache Hussonnets gegen Frédéric wegen des Refus der fünftausend Franken.

Was war nun zu tun? Wenn er ihn zur Verantwortung ziehen wollte, würde der Bohème seine Unschuld beteuern und nichts zu erreichen sein. Das Beste war, die Sache stillschweigend zu übergehen. Schließlich las ja niemand den "Flambart".

Beim Verlassen des Lesekabinetts bemerkte er vor dem Laden eines Bilderhändlers eine Menschenansammlung. Man betrachtete ein Frauenporträt, das unten in schwarzen Buchstaben die Inschrift trug: "Fräulein Rose-Annette Bron, Eigentum des Herrn Frédéric Moreau, Nogent."

Sie war es wirklich – oder doch so ziemlich – en face gesehen, mit entblößtem Busen und aufgelösten Haaren, in der Hand einen roten Samtbeutel haltend, während im Hintergrunde ein Pfau seinen Schnabel an ihre Schulter lehnte und die Wand mit seinem großen Federrad bedeckte.

Pellerin hatte diese Ausstellung veranstaltet, um Frédéric zur Zahlung zu zwingen, in der Überzeugung, daß er berühmt genug sei, um ganz Paris für das ihm angetane Unrecht zu interessieren.

War das ein Komplott? Hatten der Maler und der Journalist diesen Streich gemeinsam ausgeführt?

Sein Duell hatte also keinen Zweck gehabt. Er war der Lächerlichkeit verfallen, und alle Welt machte sich über ihn lustig.

Drei Tage später, Ende Juni, waren die Nordbahn-Aktien um fünfzehn Franken gestiegen; er hatte im letzten Monat zweitausend Stück gekauft, und sein Gewinn betrug dreißigtausend Franken. Dieser Glücksstrahl gab ihm sein Selbstvertrauen wieder. Er sagte sich, daß er niemanden nötig habe, und daß alle seine Unannehmlichkeiten lediglich die Folgen seiner Schüchternheit und seines Zögerns seien. Er hätte bei der Marschallin sofort brutal vorgehen, Hussonnet gleich am ersten Tage einen Refus geben und sich nicht mit Pellerin befassen sollen; um zu zeigen, daß er sich aus dem Gerede nichts mache, ging er zu Frau Dambreuse an einem ihrer gewöhnlichen Abendempfänge.

Im Vorzimmer traf er mit Martinon, der ebenfalls gerade gekommen war, zusammen.

"Was, du bist hier?" sagte dieser, überrascht und sogar unangenehm berührt, ihn zu sehen.

"Warum nicht?"

Über die Ursache einer derartigen Anrede grübelnd, trat Frédéric in den Salon.

Hier herrschte Halbdunkel trotz der Lampen, die in den Ecken aufgestellt waren; die drei Fenster, weit geöffnet, bildeten nebeneinander große dunkle Vierecke. Unter den Bildern zogen sich Blumen-Arrangements in Manneshöhe an den Wänden entlang, und eine silberne Teekanne mit einem Samowar spiegelte sich im Hintergrunde in einem Trumeau. Ein Gemurmel gedämpfter Stimmen ging durch den Raum. Auf dem Teppich knarrten Lackschuhe.

Er unterschied schwarze Gesellschaftsanzüge, dann einen runden Tisch, auf den eine Lampe mit großem Schirm ihr Licht warf, sechs oder acht Damen in Sommertoiletten und, etwas weiter entfernt, Frau Dambreuse in einem Schaukelstuhl. Ihr Kleid aus lila Taft hatte Schlitzärmel mit Musselinbesatz, und der weiche Farbenton des Stoffes war mit der Nuance ihrer Haarfarbe zusammengestimmt. Sie lag ein wenig zurückgelehnt, mit der Fußspitze auf einem Kissen, – unbewegt wie ein zierlich gemeißeltes Kunstwerk oder wie eine Orchidee.

Herr Dambreuse und ein weißhaariger Greis promenierten von einem Ende des Salons zum anderen. Einige Gäste plauderten, auf den kleinen Diwans an der Seite sitzend; die anderen standen in der Mitte zusammen.

Sie sprachen von Abstimmungen, Zusatzanträgen, Zusätzen der Zusatzanträge, von der Rede Grandins, von der Erwiderung Benoists! Die Mittelpartei ginge entschieden zu weit! Das linke Zentrum sollte sich doch besser an seine Herkunft erinnern! Das Ministerium hatte einen starken Stoß erlitten! Beruhigend sei nur, daß niemand da ist, seine Erbschaft anzutreten. Kurz, die Situation wäre genau dieselbe wie im Jahre 1834.

Da diese Dinge Frédéric langweilten, näherte er sich den Damen. Martinon stand bei ihnen, den Hut unter dem Arm, das Gesicht im Dreiviertelprofil, zierlich wie eine Sèvres-Figur. Er nahm eine "Revue des deux mondes", die auf dem Tische zwischen einer "Imitation" und einem Gothaer Almanach lag, in die Hand und kritisierte laut einen berühmten Dichter; dann erzählte er, daß er die Saint-François-Vorlesung besuche, klagte über seinen Kehlkopf und verschluckte von Zeit zu Zeit eine Gummipastille. Fräulein Cécile, die Nichte des Herrn Dambreuse, die ein paar Manschetten für sich stickte, sah ihn verstohlen an, und ihre Augen wurden dabei blaßblau; Miß John, die Erzieherin mit der Stumpfnase, vergaß darüber ihre Handarbeit; beide schienen im Innern zu sagen:

"Wie schön er ist!" Frau Dambreuse wandte sich zu ihm.

"Geben Sie mir doch bitte meinen Fächer, der hinten auf der Konsole liegt. Sie irren! Den andern!"

Sie stand auf, und da er zurückkam, begegneten sie sich in der Mitte des Zimmers; sie warf ihm schnell einige Worte zu, zweifellos Vorwürfe, nach ihrem hochmütigen Gesichtsausdruck zu urteilen; Martinon versuchte zu lächeln und mischte sich dann unter die gesetzten Männer. Frau Dambreuse nahm ihren Platz wieder ein und sagte, sich auf den Arm des Fauteuils lehnend, zu Frédéric:

"Vorgestern habe ich jemanden gesprochen, der mir von Ihnen erzählt hat, Herrn von Cisy; Sie kennen ihn, nicht wahr?"

"Ja ... oberflächlich."

Plötzlich rief Frau Dambreuse:

"Herzogin, oh, wie reizend!"

Zugleich ging sie bis zur Tür, einer kleinen alten Dame entgegen, die ein Kleid aus hellbraunem Taft und eine Spitzenhaube mit langen Patten trug. Als Tochter eines Exilgefährten des Grafen d'Artois und Witwe eines Marschalls des ersten Kaiserreiches, der 1830 zum Pair von Frankreich ernannt worden war, hatte sie Beziehungen in allen Lagern und war sehr einflußreich. Die Gruppen, die plaudernd umherstanden, machten ihr Platz, dann setzten sie ihre Unterhaltung wieder fort.

Man sprach eben vom Pauperismus, dessen Schilderungen, wie die Herren meinten, sehr übertrieben waren.

"Es ist wahr," meinte Martinon, "das Elend ist da, das wird niemand leugnen. Aber das Heilmittel ist weder eine Sache der Wissenschaft, noch der Regierung. Es ist eine rein individuelle Frage. Wenn die unteren Klassen sich von ihren Lastern befreien wollten, so würden sie sich auch von ihren Entbehrungen befreien. Das Volk werde moralischer, und es wird weniger arm sein!"

Herr Dambreuse meinte, ohne großen Kapitalsüberfluß könnte man den Volkswohlstand nicht heben. Das einzig mögliche Mittel wäre also, "die Sache des Fortschritts denen anzuvertrauen, die das öffentliche Vermögen vermehren könnten, wie es übrigens die Saint-Simonisten wollten". ("Mein Gott, sie haben auch ihre guten Seiten! Man muß gegen jedermann gerecht sein!") Unmerklich ging man auf die großen industriellen Unternehmungen, die Eisenbahnen, den Kohlenbergbau über. Herr Dambreuse sagte leise zu Frédéric:

"Sie sind wegen unserer Sache nicht gekommen."

Frédéric schützte eine Krankheit vor; da er aber fühlte, daß diese Entschuldigung zu dumm sei, setzte er hinzu:

"Außerdem habe ich mein Kapital gebraucht."

"Um einen Wagen zu kaufen?" fragte Frau Dambreuse, die, mit einer Tasse Tee in der Hand, an ihm vorüberging; sie sah ihn eine Minute lang an, den Kopf zur Schulter herabgeneigt.

Sie hielt ihn für Rosanettes Liebhaber; die Anspielung war klar. Es schien Frédéric sogar, daß alle Damen ihn von weitem ansahen und miteinander flüsterten. Um besser zu sehen, was sie eigentlich von ihm glaubten, näherte er sich ihnen noch einmal.

An der anderen Seite des Tisches blätterte Martinon neben Fräulein Cécile in einem Album, das Lithographien von spanischen Kostümen enthielt. Er las laut die Bezeichnungen: "Frau aus Sevilla – Gärtner aus Valencia – Andalusischer Picador" und schließlich am unteren Ende einer Seite:

"Jacques Arnoux, Herausgeber. – Ein Freund von dir, nicht?"

"Das stimmt," sagte Frédéric, von seiner Miene verletzt.

Frau Dambreuse setzte fort:

"Jawohl, Sie sind ja eines Morgens hier gewesen, ... wegen ... eines Hauses glaube ich? Richtig, wegen eines Hauses, das seiner Frau gehört." (Das sollte bedeuten: "Sie ist Ihre Geliebte.")

Er errötete bis über beide Ohren; Herr Dambreuse, der im selben Augenblick herankam, fügte noch hinzu:

"Sie schienen sich sogar sehr für die Leute zu interessieren."

Diese letzten Worte raubten Frédéric den Rest seiner Fassung. Er dachte, daß seine Verwirrung, die man sehen mußte, den Verdacht verstärken würde, als Herr Dambreuse leise und mit ernstem Ton zu ihm sagte:

"Ich nehme an, daß Sie nicht Geschäfte zusammen machen?"

Frédéric protestierte durch mehrfaches Kopfschütteln, ohne die Absicht des Kapitalisten, der ihm einen Rat geben wollte, zu verstehen.

Er hatte große Lust, zu gehen. Die Furcht, feige zu erscheinen, hielt ihn zurück. Ein Diener nahm die Teetassen fort; Frau Dambreuse plauderte mit einem Diplomaten in blauem Frack; zwei junge Mädchen steckten die Köpfe zusammen und betrachteten einen Ring; die übrigen, die im Halbkreise auf Fauteuils saßen, bewegten artig ihre weißen, von schwarzen oder blonden Haaren umrahmten Gesichter; um ihn kümmerte sich niemand mehr. Er drehte sich um, und schon hatte er in Zickzackwindungen beinahe die Tür erreicht, als er, an eine Konsole streifend, zwischen einer chinesischen Vase und der Wandtäfelung eine Zeitung gefaltet stecken sah. Er zog sie ein wenig hervor und las die Aufschrift: "Le Flambart".

Wer hatte das hierher gebracht? Cisy! Sicherlich niemand anders. Was lag übrigens daran! Freilich, sie würden alle dem Artikel glauben, sie glaubten ihm vermutlich schon jetzt. Und warum diese Hetze? Eine stumme Ironie umgab ihn. Er kam sich vor, wie verlassen in einer Einöde. Plötzlich hörte man Martinon:

"Apropos Arnoux! Ich habe unter den Angeklagten im Bombenprozeß den Namen Sénécal gelesen. Ist das unser Bekannter?"

"Derselbe," erwiderte Frédéric.

Martinon rief erstaunt mehrere Mal:

"Was, unser Sénécal! Unser Sénécal!"

Man befragte ihn über das Komplott; da er der Staatsanwaltschaft zugeteilt war, mußte er etwas darüber wissen.

Er verneinte das. Übrigens kenne er den Betreffenden nur sehr wenig, da er ihn nur zwei- oder dreimal gesehen habe; er halte ihn aber für einen richtigen Lumpen. Frédéric rief entrüstet:

"Das ist er durchaus nicht! Er ist ein anständiger Kerl!"

"Bester Herr," warf ein Hausbesitzer ein, "man ist doch nicht anständig, wenn man an Verschwörungen teilnimmt!"

Die Mehrzahl der Anwesenden hatte mindestens unter vier Regierungen gedient; und sie hätten Frankreich oder das ganze Menschengeschlecht verkauft, nur um ihr Vermögen zu sichern, sich eine Unbequemlichkeit oder eine Verlegenheit zu ersparen, oder auch aus bloßer Niedrigkeit und blinder Anbetung der herrschenden Macht. Sie alle erklärten die politischen Vergehen für unverzeihlich, viel eher könne man Verbrechen entschuldigen, die aus Not verübt würden! Und man verfehlte nicht, das unsterbliche Beispiel des Familienvaters anzuführen, der für seine Kinder das unsterbliche Stück Brot bei dem unsterblichen Bäcker stiehlt.

Ein Verwaltungsbeamter rief sogar:

"Was mich betrifft, wenn ich erführe, daß mein Bruder konspiriert, so würde ich selbst ihn anzeigen!"

Frédéric berief sich auf das Recht der Opposition, und in Erinnerung an einige Zitate, die ihm Deslauriers gesagt hatte, zitierte er Desolmes, Blackstone, das englische Gesetz über die Einzelrechte und den Artikel zwei der Verfassung von 91. Eben auf Grund des letzteren war die Absetzung Napoléons proklamiert, und derselbe Artikel war 1830 wieder an der Spitze der Verfassungsurkunde anerkannt worden.

"Übrigens ist der Rechtsfall ja klar; wenn der Herrscher den Kontrakt nicht einhält, so ist es natürlich, daß er gestürzt wird."

"Aber das ist ja abscheulich!" rief die Frau eines Präfekten.

Alle übrigen blieben stumm, in einem unbestimmten Entsetzen, als hätten sie schon die Kugeln pfeifen gehört. Frau Dambreuse wiegte sich in ihrem Schaukelstuhl und hörte lächelnd dem Gespräche zu.

Ein Industrieller, der früher Carbonaro gewesen, suchte ihm zu beweisen, daß die d'Orléans eine prächtige Familie seien; allerdings hätten sie Mißbräuche ...

"Nun also?"

"Ja, aber man braucht das nicht über die Dächer auszuschreien, lieber Herr! Wenn Sie wüßten, wie diese Nörgeleien der Opposition dem Geschäfte schaden!"

"Ich pfeife auf das Geschäft!" erwiderte Frédéric.

Die Verspottung dieser alten Herren empörte ihn; und von dem Mute hingerissen, der manchmal gerade die Schüchternsten befällt, griff er die Finanziers, die Abgeordneten, die Regierung, den König an, verteidigte die Arbeiter und schwatzte eine Menge Dummheiten. Einige ermutigten ihn ironisch: "Nur weiter! Fahren Sie fort!", während andere murmelten: "Teufel auch, welche Exaltation!" Endlich hielt er es für richtig, sich zurückzuziehen; und da sagte Herr Dambreuse zu ihm, auf den Sekretärposten anspielend:

"Es ist noch nichts beschlossen! Aber Sie müssen sich beeilen!"

Frau Dambreuse sagte:

"Auf baldiges Wiedersehen, nicht wahr?"

Frédéric fühlte in den Grüßen beider einen gewissen Spott. Er war entschlossen, nie wieder in dieses Haus zurückzukehren und mit allen diesen Leuten nicht mehr zu verkehren. Er glaubte, sie verletzt zu haben; er ahnte nicht, wie unendlich viel Gleichgültigkeit den Menschen eigen ist! Die Frauen namentlich empörten ihn. Nicht eine, die auf seiner Seite gewesen, und wenn es selbst nur mit einem Blick geschehen wäre. Er konnte es ihnen nicht verzeihen, daß es ihm nicht gelungen war, sie zu rühren. Frau Dambreuse, wenn er es sich recht überlegte, hatte etwas Schmachtendes und zugleich etwas Gefühlloses; man konnte sie nicht mit einem Satze abtun. Hatte sie einen Liebhaber? Wer konnte es sein? Der

Diplomat oder ein anderer? Martinon vielleicht? Unmöglich! Trotzdem empfand er eine Art Eifersucht gegen ihn, und gegen sie eine unerklärliche Mißgunst.

Dussardier, der an diesem Abend wie gewöhnlich gekommen war, wartete auf ihn. Frédérics Herz war voll, er schüttete es aus, und seine Beschwerden, obgleich unbestimmt und schwer zu erklären, betrübten den wackeren Kommis; Frédéric beklagte sich sogar über sein Alleinsein. Dussardier schlug ihm zögernd vor, zu Deslauriers zu gehen.

Bei diesem Namen wurde Frédéric in der Tat von einem ungewöhnlichen Bedürfnis erfaßt, den Advokaten wiederzusehen. Seine geistige Vereinsamung war groß, und die Gesellschaft Dussardiers nicht genug. Er überließ es ihm, die Sache einzuleiten, wie er wollte.

Auch Deslauriers fühlte nach ihrem Zerwürfnis eine Leere in seinem Dasein. Auf das herzliche Entgegenkommen ging er ohne Schwierigkeit ein.

Beide umarmten sich, dann sprachen sie von gleichgültigen Dingen.

Die Zurückhaltung Deslauriers rührte Frédéric, und um ihm eine Art Genugtuung zu geben, erzählte er ihm am folgenden Tage von seinem Verlust, den fünfzehntausend Franken, wobei er die Tatsache umging, daß diese fünfzehntausend Franken die ursprünglich für Deslauriers bestimmten waren. Der Advokat fragte auch nicht danach. Der Unglücksfall seines Freundes, der ihm in seinem Vorurteil gegen Arnoux recht gab, entwaffnete seinen Groll, und er erwähnte die ehemalige Zusage nicht mehr. Frédéric glaubte deshalb, daß er dieselbe schon vergessen habe. Einige Tage später fragte er ihn, ob es kein Mittel gebe, wieder zu seinem Geld zu kommen. Man konnte die früher plazierten Hypotheken anfechten, Arnoux als Schwindler fassen und Beschlag auf etwaiges Vermögen der Frau legen.

"Nein, nein! Das nicht!" rief Frédéric; und als Deslauriers ihn daraufhin auszufragen begann, gestand er die Wahrheit. Deslauriers aber war überzeugt, daß er sie ihm aus Diskretion nicht vollständig sage, und dieser Mangel an Vertrauen verletzte ihn.

Trotzdem waren sie wieder so intim wie früher, und so gern waren sie allein zusammen, daß die Gegenwart Dussardiers sie störte. Unter dem Vorwande anderer Verabredungen gelang es ihnen auch wirklich, ihn loszuwerden. Es gibt Menschen, die im Verkehr mit anderen keine Bestimmung haben, als Vermittler zu sein; man benützt sie als Brücken und geht weiter.

Frédéric verbarg seinem alten Freunde nichts. Er erzählte ihm die Sache mit dem Kohlenbergwerk und den Vorschlag des Herrn Dambreuse. Der Advokat wurde nachdenklich.

"Das ist eigentümlich! Für den Posten wäre jemand nötig, der im Recht tüchtig beschlagen ist!"

"Du könntest mir ja helfen," erwiderte Frédéric.

"Ja ... jawohl! Natürlich!"

Einige Tage später zeigte er ihm einen Brief seiner Mutter.

Frau Moreau machte sich Vorwürfe, Herrn Roque falsch beurteilt zu haben; er hätte sein früheres Verhalten durchaus genügend aufgeklärt. Dann sprach sie von seinem Vermögen und von der Möglichkeit einer – späteren – Heirat mit Louise.

"Das wäre vielleicht gar nicht so dumm!" bemerkte Deslauriers.

Frédéric wollte nichts davon wissen; Roque sei ein alter Spitzbube. Das machte, wie der Advokat behauptete, nichts aus.

Ende Juli trat eine unerklärliche Baisse in den Nordbahn-Aktien ein. Frédéric hatte seine nicht verkauft; er verlor mit einem Schlage sechzigtausend Franken. Seine Einkünfte waren empfindlich verkleinert. Er mußte seine Ausgaben einschränken, etwas zu verdienen suchen oder eine reiche Heirat machen.

In diesem Augenblick sprach Deslauriers wieder von Fräulein Roque. Nichts hinderte ihn, sich die Sachlage einmal in der Nähe anzusehen. Frédéric war etwas abgespannt; die Provinz und das mütterliche Haus konnten ihn auffrischen. Er reiste ab.

Der Anblick der Straßen von Nogent, durch die er im Mondschein ging, versetzte ihn zurück in alte Erinnerungen, und er empfand eine Art von Bangigkeit, wie alle Menschen, die von langen Reisen heimkehren.

Bei seiner Mutter fand er die Stammgäste von ehedem vor: die Herren Gamblin, Heudras und Chambrion, die Familie Lebrun, die Damen Auger, außerdem den alten Roque und, gegenüber Frau Moreau, vor einem Spieltische, Louise. Sie war jetzt eine erwachsene Frau. Mit einem Schrei stand sie auf, und alles kam in Bewegung. Sie blieb regungslos stehen; die vier Lichter auf dem Tische machten ihr Gesicht noch blässer, als es ohnehin war. Als sie weiterspielen wollte, zitterte ihre Hand. Die Bewegung schmeichelte Frédéric, dessen Stolz krank, zerfetzt war, über alle Begriffe; er dachte sich: "Du endlich wirst mich lieben!" Und zur Revanche für die Enttäuschungen, die er in Paris erlitten hatte, begann er hier, den Pariser, den Salonlöwen zu spielen, Theateranekdoten zu erzählen, Klatsch aus der großen Welt, den er aus den Winkelblättern hatte, wiederzugeben und damit seine Landsleute zu verblüffen. Am nächsten Tag hielt ihm Frau Moreau einen Vortrag über die guten Eigenschaften von Louise; dann zählte sie die Waldungen und Pachtgüter auf, die dem jungen Mädchen einst zufallen würden. Das Vermögen des Herrn Roque war beträchtlich.

Er hatte es durch Vermittlung von Geldanlagen für Herrn Dambreuse erworben. Dank einer sorgfältigen Überwachung riskierte das Kapital nichts. Übrigens schrak der alte Roque nie vor einer Pfändung zurück; dann kaufte er die belasteten Güter billig an, und Herr Dambreuse, der so sein Geld wieder hereinkommen sah, fand seine Interessen vorzüglich gewahrt.

Diese heiklen Geschäfte gaben ihn jedoch ganz in die Hand seines Verwalters, dem er nun nichts abschlagen konnte. Auf dessen Bitten war es geschehen, daß er Frédéric so gut aufgenommen hatte.

Tatsächlich hegte der alte Roque im Grunde seines Herzens einen Ehrgeiz. Er wollte, daß seine Tochter Gräfin werde; um das zu erreichen, ohne das Glück seines Kindes aufs Spiel zu setzen, sah er keinen anderen jungen Mann, als Frédéric.

Durch Herrn Dambreuses Protektion konnte man ihm den Titel seines Großvaters verschaffen, da Frau Moreau die Tochter eines Grafen von Fouvens und im übrigen mit den ältesten Familien der Champagne, den Lavernade und den d'Etrigny, verwandt war. Was die Moreau anlangte, so sprach eine gothische Inschrift bei den Mühlen von Villeneuve-L'Archevêque von einem Jacob Moreau, der sie im Jahre 1596 gebaut hatte; und das Grab seines Sohnes, Pierre Moreau, des ersten Hofstallmeisters unter Ludwig XIV., befand sich in der Kapelle Saint-Nicolas.

Soviel Familienglanz entzückte Roque, der der Sohn eines früheren Bedienten war. Sollte die Grafenkrone nicht zu erreichen sein, so wollte er sich mit anderen Vorteilen trösten, denn Frédéric konnte, wenn Herr Dambreuse zum Pair erhoben würde, Abgeordneter werden und ihm, seinem Schwiegervater, dann in seinen Unternehmungen behilflich sein, ihm Lieferungen und Kommissionen verschaffen. Auch gefiel ihm die Persönlichkeit des jungen Mannes. Und schließlich wollte er ihn schon aus dem einen Grunde zum Schwiegersohn haben, weil er sich lange in diesen Gedanken hineingelebt hatte und es täglich noch mehr tat.

Jetzt besuchte er fleißig die Kirche; – und er hatte Frau Moreau namentlich durch die Hoffnung auf den Titel verführt. Trotzdem hütete sie sich, ihm eine entscheidende Antwort zu geben.

Immerhin, acht Tage später, ohne daß eine Verlobung stattgefunden hätte, galt Frédéric für den "Zukünftigen" von Fräulein Louise; und der alte Roque, der darin nicht so ängstlich war, ließ sie öfters allein.

5.

Deslauriers hatte sich von Frédéric die Abschrift der Subrogationsurkunde und eine regelrechte Vollmacht, die ihm uneingeschränkte Rechte verlieh, geben lassen; aber als er seine fünf Treppen hinaufgestiegen war und allein in seinem tristen Zimmer in seinem Lederstuhl saß, ekelte ihn der Anblick des Stempelpapiers an.

Er hatte diese Dinge satt, so gut wie das Mittagessen um zweiunddreißig Sous, die Fahrten im Omnibus, sein Elend und seine Anstrengungen. Er nahm die Papiere wieder vor; andre lagen daneben; es waren die Prospekte der Kohlenbergwerks-Gesellschaft, die Liste der Minen und die ihres Tonnengehaltes, die Frédéric ihm gegeben hatte, um seine Ansicht darüber zu hören.

Eine Idee kam ihm: Wenn er sich Herrn Dambreuse vorstellte und ihn um den Sekretärposten bat? Aber der konnte kaum ohne die Erwerbung einer Anzahl Aktien zu bekommen sein. Er sah die Torheit seines Planes ein und sagte sich:

"O nein! Das wäre nicht schön."

Dann dachte er darüber nach, wie die fünfzehntausend Franken wieder einzutreiben wären. Eine derartige Summe war für Frédéric gar nichts! Aber wenn er sie hätte, was wäre das für ihn! Der Ex-Schreiber entrüstete sich darüber, daß das Vermögen seines Freundes so groß war.

"Er macht einen jammervollen Gebrauch davon. Weil er ein Egoist ist. Ach was! Ich pfeife auf seine fünfzehntausend Franken!"

Warum hatte er sie verliehen? Wegen der schönen Augen von Frau Arnoux? Sie war seine Geliebte! Deslauriers zweifelte nicht daran. "Auch eine Sache, zu der das Geld verhilft!" Gehässige Gedanken stürmten auf ihn ein.

Er dachte an Frédérics Persönlichkeit. Diese hatte auf ihn immer einen fast weiblichen Reiz ausgeübt; und zum Schluß bewunderte er ihn wegen der Erfolge, deren er sich selber unfähig wußte.

War aber nicht ein zielbewußter Wille die Haupttriebfeder aller Unternehmungen? Und da man mit seiner Hilfe über alles Herr wird ...

"Oh, das wäre gelungen!"

Bald schämte er sich wieder solcher Perfidie, dann sagte er sich aber gleich darauf:

"Ach was, brauche ich mich zu fürchten?"

Frau Arnoux, von der er unausgesetzt hatte erzählen hören, beschäftigte seine Einbildungskraft schon lange auf das stärkste. Die Beharrlichkeit dieser Liebe beunruhigte ihn wie ein seltsames Rätsel. Seine eigene Sittenstrenge kam ihm jetzt etwas theatralisch und sogar lächerlich vor. Außerdem, die Weltdame (oder was er dafür hielt) blendete, faszinierte ihn wie das Symbol und die Versprechung von tausend unbekannten Freuden. Arm, wie er war, lechzte er nach dem Luxus in seiner stärksten, klarsten Form.

"Und schließlich, wenn er böse werden sollte, so ist das sein Pech! Er hat sich infam gegen mich benommen, ich muß auch auf ihn nicht Rücksicht nehmen! Wer weiß auch sicher, daß sie seine Geliebte ist! Er hat es ja geleugnet. Also bin ich frei!"

Die Lust, sich in einem solchen Abenteuer zu versuchen, verließ ihn nicht. Es war eine Kraftprobe, die er machen wollte; und eines Tages putzte er selbst seine Stiefel, kaufte sich weiße Handschuhe und machte sich auf den Weg, mit der Empfindung, daß er sich nun an Frédérics Stelle setze, ja, daß er Frédéric selber sei, – in einer sonderbaren geistigen Verfassung, die gleichzeitig aus Haß und Sympathie, Eifersucht und Dreistigkeit bestand.

Er ließ sich als "Doktor Deslauriers" melden.

Frau Arnoux war sehr überrascht, denn sie hatte einen Arzt gar nicht rufen lassen.

"Ich bitte vielmals um Entschuldigung, ich bin Doktor der Rechte und vertrete die Interessen des Herrn Moreau."

Dieser Name schien sie in Verwirrung zu setzen.

"Um so besser," dachte der Ex-Schreiber; "da sie ihn gewollt hat, wird sie auch mich wollen!" Er hatte ja nun einmal die Idee gefaßt, daß es leichter sei, einen Liebhaber auszustechen, als einen Ehemann.

Er hatte schon einmal das Vergnügen gehabt, mit ihr zusammenzutreffen, im Justizpalast; er nannte sogar das Datum. Ein solches Gedächtnis setzte Frau Arnoux in Erstaunen. Er fuhr mit übertriebener Freundlichkeit fort:

"Sie sind bereits in Verlegenheiten gewesen ... geschäftlich!"

Sie antwortete nichts; es war richtig.

Er begann eine Konversation von hundert verschiedenen Dingen, von ihrer Wohnung, der Fabrik; dann entdeckte er Medaillons an der Wand, zu beiden Seiten des Spiegels.

"Ah, wohl Familienbilder?"

Er betrachtete das eine, das Bildnis einer alten Frau, der Mutter von Frau Arnoux.

"Ein famoser Kopf, jedenfalls eine Südfranzösin."

"Nein, sie war aus Chartres."

"Chartres! eine hübsche Stadt."

Er sprach begeistert von der Kathedrale und den Pasteten; dann kam er auf das Bild zurück und fand Ähnlichkeit mit Frau Arnoux; dabei konnte er ihr indirekt Schmeicheleien sagen. Sie nahm es ruhig hin. Sein Mut wuchs, und er erklärte, daß er Arnoux bereits lange kenne.

"Er ist ein braver Mensch! Aber leichtsinnig! Zum Beispiel, was diese Hypothek anlangt, ist er von einer Unbesonnenheit ..."

"Jawohl, ich weiß." Sie sagte das achselzuckend.

Ihre unwillkürliche Zustimmung reizte Deslauriers, fortzufahren.

"Sie wissen vielleicht nicht, daß die Geschichte mit dem Kaolin beinahe sehr schief gegangen wäre, und daß sogar sein guter Ruf ..."

Er sah ihre Brauen finster werden und unterbrach sich.

In allgemeinen Redensarten fuhr er fort; er beklagte die armen Frauen, deren Männer ihr Vermögen vergeuden.

"Aber es gehört ja ihm; ich selbst habe nichts!"

Das sei egal! Man könne nie wissen ... ein erfahrener Freund könne viel nützen. Er versicherte sie seiner Ergebenheit, strich seine eigenen Verdienste übertrieben heraus; dabei sah er ihr gerade ins Gesicht, durch seine Brillengläser, die im Halbdunkel funkelten.

Eine vage Hilflosigkeit erfaßte sie; aber schon im nächsten Augenblick raffte sie sich auf.

"Bitte, wollen wir nicht zur Sache gehen?"

Er schlug die Aktenstücke auf.

"Hier ist die Vollmacht von Frédéric. Eine solche Akte in den Händen eines Gerichtsvollziehers, und die Sache ist sehr einfach: Innerhalb vierundzwanzig Stunden ... (sie blieb unbeweglich, er änderte deshalb die Taktik); ich verstehe übrigens nicht, was ihn dazu treibt, diese Summe zurückzufordern; denn schließlich braucht er sie ja nicht!"

"Aber Herr Moreau ist doch immer so freundlich gewesen ..."

"Oh! Gewiß!"

Deslauriers fing an, sein Lob zu singen, dann ging er unmerklich dazu über, ihn anzuschwärzen; er nannte ihn egoistisch, geizig und unzuverlässig.

"Ich glaubte, daß er Ihr Freund sei?"

"Das hindert mich nicht, seine Fehler zu erkennen. So zum Beispiel ist er sehr wenig dankbar für die ... wie soll ich sagen? Sympathie ..."

Frau Arnoux schlug die Blätter des Aktenbündels um. Sie unterbrach ihn, um sich einen Ausdruck erklären zu lassen.

Er beugte sich über ihre Schulter, wobei er ihr so nahe kam, daß er den Hauch ihrer Wange fühlte. Sie errötete; dies Erröten brachte sein Blut in Wallung; er küßte stürmisch ihre Hand.

"Herr Doktor, was tun Sie!"

Hoch aufgerichtet lehnte sie an der Wand; mit einem entsetzten Blick, der aus ihren großen schwarzen Augen kam, hielt sie ihn zurück.

"Haben Sie Nachsicht mit mir! Ich liebe Sie!"

Sie stieß ein schrilles, verzweifeltes und schreckliches Lachen aus. Deslauriers hätte sie vor Wut erwürgen können. Er beherrschte sich und sagte mit der Miene eines Besiegten, der um Gnade bittet:

"Sie haben sehr unrecht! Ich würde nie so weit gehen wie er ..."

"Von wem sprechen Sie?"

"Von Frédéric!"

"Herr Moreau interessiert mich sehr wenig, wie ich Ihnen bereits gesagt habe!"

"Ich bitte um Entschuldigung!"

Dann fuhr er mit schneidender Stimme und langsamer Betonung fort:

"Ich glaubte sogar, daß Sie sich genug für ihn interessieren, um mit Vergnügen zu erfahren ..."

Sie wurde totenblaß. Der Ex-Schreiber setzte hinzu:

"Er wird sich verheiraten."

"Herr Moreau?"

"Spätestens in einem Monat, mit Fräulein Roque, der Tochter des Verwalters des Herrn Dambreuse. Er ist sogar schon nach Nogent gereist, nur deshalb."

Sie preßte die Hand auf ihr Herz, als wenn sie einen furchtbaren Stoß erhalten hätte; mit einem Mal zog sie die Glocke. Deslauriers wollte nicht abwarten, daß man ihn hinauswerfe. Als sie sich umsah, war er verschwunden.

Frau Arnoux glaubte zu ersticken; sie ging ans Fenster, um Luft zu schöpfen.

Auf der anderen Seite der Straße, auf dem Trottoir, nagelte ein Packer eine Kiste zu. Fiaker fuhren vorüber. Sie schloß das Fenster und setzte sich wieder. Die hohen Nachbarhäuser hielten die Sonne ab, ein kaltes Licht fiel ins Zimmer. Ihre Kinder waren ausgegangen, nichts rührte sich rings herum. Das Gefühl einer unendlichen Verlassenheit kam über sie.

"Er verheiratet sich! Soll das wahr sein?"

Ein nervöses Zittern befiel sie.

"Was habe ich denn? Ich liebe ihn doch nicht?"

Sie erschrak.

"Ja! Ich liebe ihn! ... Ich liebe ihn!"

Es war ihr, als sänke sie nieder in einen Abgrund, der ohne Ende war. Die Stutzuhr schlug drei. Sie hörte die Schwingungen der Glockenschläge verklingen. Und sie blieb regungslos an der Lehne ihres Fauteuils stehen, mit starrem Blick, mit starrem Lächeln.

An demselben Nachmittag, zur gleichen Stunde, gingen Frédéric und Louise in dem Garten auf und ab, den Herr Roque am Rande der Insel hatte. Die alte Catherine überwachte sie von fern; sie gingen Seite an Seite, und Frédéric sagte:

"Erinnern Sie sich noch, wie ich Sie aufs Feld mit hinausnahm?"

"Wie gut sind Sie gegen mich gewesen!" antwortete sie. "Sie haben mir geholfen, Kuchen aus Sand machen, meine Gießkanne füllen und auf die Schaukel klettern!"

"Haben Sie noch Ihre Puppen, die, denen Sie die Namen von Königinnen und Marquisen gegeben haben?"

"Ich schäme mich, ich habe sie verloren!"

"Und Ihr Mops Moricaud?"

"Der arme Kerl ist ertrunken!"

"Und der ›Don Quichote‹, in dem wir zusammen die Stiche koloriert haben?"

"Den habe ich noch!"

Er erinnerte sie an den Tag ihrer ersten Kommunion, und wie niedlich sie bei der Vesper ausgesehen hätte, mit ihrem weißen Schleier und ihrer großen Kerze, und wie sie alle um den Chor herumgezogen wären, während die Glocke läutete.

Diese Reminiszenzen hatten augenscheinlich wenig Reiz für Fräulein Roque; sie hatte nichts darauf zu antworten; nach einer kurzen Pause sagte sie:

"Böser Mensch! Nicht ein einziges Mal habe ich irgend etwas von Ihnen gehört!"

Frédéric entschuldigte sich mit seinen zahlreichen Arbeiten.

"Was arbeiten Sie denn?"

Die Frage brachte ihn erst in Verlegenheit, dann sagte er, daß er Politik studiere.

"Ah!"

Ohne eine nähere Erklärung zu verlangen, fügte sie hinzu:

"Sie haben Ihre Beschäftigung, aber ich! ..."

Sie schilderte ihm die Leere ihrer Existenz, ohne Freundinnen, ohne das geringste Vergnügen oder die mindeste Zerstreuung. Sie wollte jetzt reiten lernen.

"Der Vikar behauptet, daß das für ein junges Mädchen nicht schicklich ist; diese Schicklichkeitsfragen, das ist ja albern! Früher hat man mich machen lassen, was ich wollte, jetzt gar nichts mehr!"

"Aber Ihr Vater liebt Sie doch!"

"Gewiß, aber ..."

Sie seufzte auf, als wollte sie sagen:

"Das ist nicht genug für mein Glück!"

Dann schwiegen beide. Sie hörten nichts als das Knirschen des Sandes unter ihren Füßen und das Rauschen des Wasserfalls; die Seine teilt sich unterhalb Nogent in zwei Arme, und der eine, der Mühlen dreht, entleert an dieser Stelle seine zurückgestauten Fluten, um sich weiter unten wieder mit dem natürlichen Flußlauf zu vereinigen; von den Brücken herkommend, sieht man zur Rechten auf der andern Uferseite eine Rasenböschung, die von einem weißen Hause überragt ist. Links auf der Wiese ziehen sich Pappeln entlang, und in der geraden Verlängerung wird der Horizont von einer Krümmung des Flusses abgeschlossen; der war jetzt glatt wie ein Spiegel, und große Insekten schwärmten über dem stillen Wasser. Die Ufer sind mit Schilf und Binsen bewachsen; Feldblumen bilden dazwischen einen unregelmäßig bunten Teppich. In einer kleinen Bucht schwammen Wasserlilien; auf dieser Seite der Insel bildete eine Allee von alten Weiden, in der Wolfsfallen versteckt waren, den einzigen Schutz des Gartens.

Im Innern schlossen vier Mauern mit Schieferdächern einen Obstgarten ein, in dem frisch umgegrabene Beete als braune Felder sich abzeichneten. Die Glasglocken der Melonen glänzten in gerader Reihe auf ihrem engen Beet, Artischocken, Bohnen, Spinat, Mohrrüben und Paradiesäpfel zogen in wechselnder Folge bis zu einem Spargelbeet hin, das aussah wie ein kleiner Wald von Federn.

Dieses ganze Grundstück war unter dem Direktoire das gewesen, was man einen "Lustgarten" nannte. Seither waren die Bäume ins Riesige gewachsen. Clematis und Moos überwucherten die Wege, allenthalben brachen die Dornen durch. Von den geborstenen Statuen brach der Gips und fiel auf das Gras. Im Gehen verwickelte man sich in die Überreste eines Drahtzaunes. Von dem Pavillon standen nur noch zwei Zimmer des Erdgeschosses mit Fetzen von blauen Tapeten. Vor der Fassade zog sich ein italienisches Spalier entlang, auf dessen Ziegelpfeilern ein Holzgerüst stand und von wildem Wein überwachsen war.

Beide lenkten ihre Schritte dorthin; da das Licht durch die unregelmäßigen Lücken der Laubwand fiel, konnte Frédéric, während er von der Seite her zu Louise sprach, den Schatten der Blätter auf ihrem Gesicht sich abzeichnen sehen.

In ihren roten Haaren, die sie aufgekämmt trug, stak eine Nadel mit einem falschen Smaragd; trotz ihrer Trauer hatte sie (so naiv war ihre Geschmacklosigkeit) Strohpantoffeln an, die mit rosa Satin besetzt waren, eine billige Extravaganz, die sicherlich von einem Jahrmarkt herrührte.

Er bemerkte das und machte ihr ein ironisches Kompliment.

"Machen Sie sich nicht über mich lustig!" erwiderte sie.

Dann sah sie ihn prüfend an, von seinem grauen Filzhut bis zu den seidenen Halbschuhen.

"Wie eitel Sie sind!"

Sie bat ihn, ihr Lektüre zu empfehlen. Er nannte ihr einige Bücher, und sie sagte:

"Oh, Sie sind aber gelehrt!"

Als sie ein Kind war, hatte sie eine jener Leidenschaften erfaßt, die rein wie die Religion und doch heftig wie eine echte Begierde sind. Er war ihr Kamerad, ihr Bruder, ihr Herr gewesen, er hatte ihren Geist angeregt, ihr Herz schlagen lassen und, ohne es zu wollen, in ihrem tiefsten Innern einen geheimen und nicht so leicht zu löschenden Rausch angefacht. Dann hatte er sie verlassen, im Augenblick ihrer höchsten Trauer, da ihre Mutter gerade gestorben war; in doppelter

Verzweiflung blieb sie zurück. Die Trennung hatte ihn in ihrer Erinnerung idealisiert; nun kam er mit einer Art Heiligenschein zurück, und sie machte kein Hehl aus der Freude, daß sie ihn wiedersehen konnte.

Zum erstenmal in seinem Leben fühlte Frédéric sich geliebt, und dieses unbekannte Glück, das nicht so heftig war, ihm die angenehme Ordnung der Empfindungen zu stören, goß einen Hauch von Zärtlichkeit über ihn; er sah auf den Weg vor sich hin und öffnete verlangend die Arme.

Eine schwere Wolke stieg am Himmel auf.

"Sie bewegt sich in der Richtung nach Paris," sagte Louise, "Sie möchten ihr gern folgen?"

"Ich? Weshalb?"

"Wer weiß?"

Mit einem scharfen Blick sah sie ihn an:

"Vielleicht haben Sie dort ... (sie suchte den passenden Ausdruck) eine Liebe?"

"Ich habe eine Liebe!"

"Wahrhaftig?"

"Wahrhaftig, Fräulein Louise!"

In weniger als einem Jahre war mit dem jungen Mädchen eine außerordentliche Wandlung vorgegangen, die Frédéric in Erstaunen setzte. Nach einem kurzen Schweigen fuhr er fort:

"Wir sollten uns duzen, wie früher; wollen Sie?"

"Nein."

"Warum?"

"So!"

Er drang in sie. Sie antwortete und senkte die Stirn:

"Ich wage es nicht!"

Sie waren am Ausgange des Gartens am Flusse angelangt.

Frédéric warf aus Übermut einen Kiesel so, daß er auf dem Wasser tanzte. Sie schlug vor, sich hinzusetzen. Er gehorchte und sagte dann, auf den Wasserfall zeigend:

"Das ist ganz wie der Niagara!"

Er begann, von fernen Ländern und weiten Reisen zu sprechen. Schon daran zu denken entzückte sie. Sie würde sich vor nichts fürchten, weder vor Stürmen, noch vor wilden Tieren.

So saßen sie, dicht nebeneinander, nahmen die Hände voll Sand und ließen ihn im Plaudern zwischen den Fingern durchrieseln; von der Ebene kam ein warmer Wind, der trug Wellen von Lavendelduft heran und brachte den Teergeruch einer Barke, die hinter der Schleuse lag. Die Sonne fiel gerade auf den Wasserfall; die grünlichen Steinblöcke an der kleinen Felswand, über die der Strom herunterfiel, sahen aus wie von einem Silberschleier bedeckt, der ohne Unterbrechung abrollt. Am unteren Ende schoß immer wieder eine breite Gischtmauer auf. Und kleine Strömungen, Wellenwirbel und unzählige Wasserläufe der verschiedensten Richtungen blitzten daraus hervor und vereinigten sich zum Schluß in eine einzige klare, helle Flut.

Louise sagte, daß sie die Fische um ihr Dasein beneide.

"Das muß herrlich sein, so im Wasser dahinzuschießen, wie man Lust hat – sich von den Wellen streicheln zu lassen."

Sie erschauerte; und ihre Bewegung war von einer Lässigkeit – wie in sinnlicher Hingabe.

Da hörte man eine Stimme rufen:

"Wo bist du?"

"Ihr Fräulein sucht Sie," sagte Frédéric.

"Schon gut!"

Louise ließ sich nicht stören.

"Sie wird am Ende böse werden," sagte er.

"Das ist egal! Und außerdem ..." Fräulein Roque gab durch eine Bewegung zu verstehen, daß sie sich auf die Diskretion der Bonne verlassen könne.

Trotzdem stand sie auf, sie klagte über Kopfschmerzen. Als sie weiterplauderte, neckte er sie mit ihrer bäuerlichen Mundart. Langsam verzogen sich ihre Mundwinkel, sie biß ihre Lippen; schmollend wollte sie sich entfernen.

Frédéric hielt sie zurück; er beteuerte, daß er sie nicht habe verletzen wollen, daß er sie sehr, sehr gern habe.

"Wirklich?" rief sie; dabei sah sie ihn mit einem Lächeln an, das ihr Gesicht – trotz der Sommersprossen – verklärte.

Diesem sieghaften Gefühlsausdruck, der Frische ihrer Jugend konnte er nicht widerstehen; er sagte:

"Warum soll ich dich belügen? ... Zweifelst du daran ...? Hm?" wobei er seinen linken Arm um ihre Taille legte.

Ein leiser Schrei, wie das Girren einer Taube, kam aus ihrer Brust; ihr Kopf fiel zurück, und sie drohte, umzusinken; er fing sie auf. Die Anständigkeit war es nicht mehr allein, die sie vor ihm schützte; vor dieser Jungfrau, die sich ihm hingebend anbot, war er mit einem Mal ängstlich geworden. Er half ihr sanft, einige Schritte zu machen. Seine zärtlichen Worte waren verstummt; er konnte nur mehr Gleichgültiges sprechen und fragte nach der Gesellschaft von Nogent.

Plötzlich stieß sie ihn zurück, mit einem bittern Ausdruck:

"Du hättest nie den Mut, mich zu entführen!"

Er blieb verblüfft stehen. Sie brach in Schluchzen aus und hielt den Kopf an seiner Brust geborgen.

"Kann ich denn ohne dich leben?"

Er wollte sie beruhigen. Sie aber legte beide Hände auf seine Schultern, um ihm besser ins Gesicht zu sehen, und sagte – dabei durchbohrte sie ihn fast mit ihren grünfunkelnden Augen –:

"Willst du mich zur Frau nehmen?"

"Zur Frau? ..." erwiderte Frédéric, nach irgendeiner Antwort suchend. "Gewiß ... ich wünsche mir nichts Besseres."

In diesem Augenblick tauchte Herrn Roques Mütze hinter einem Fliederstrauch auf.

Er lud "seinen jungen Freund" zu einer kleinen zweitägigen Fahrt in die Umgegend ein, um ihm seine Besitzungen zu zeigen; als Frédéric zurückkam, fand er drei Briefe vor.

Der erste war ein Billett von Herrn Dambreuse, der ihn für den vorhergehenden Dienstag zum Essen gebeten hatte. Was bedeutete diese Aufmerksamkeit? Seine Keckheit hatte man ihm also verziehen?

Der zweite war von Rosanette. Sie dankte ihm dafür, daß er sein Leben für sie eingesetzt hatte. Zuerst verstand Frédéric nicht, was sie eigentlich wollte; nach vielen Umschweifen flehte sie ihn dringlich, mit Berufung auf seine Freundschaft, seine Galanterie, auf beiden Knien, wie sie sich ausdrückte, und wie man um Brot bettelt, um eine Unterstützung von fünfhundert Franken an. Sein Entschluß stand sofort fest, ihr das Geld zu geben.

Der dritte Brief, der von Deslauriers kam, sprach von der Vollmacht und war ebenso ausführlich wie unverständlich. Der Advokat hatte noch keinen entscheidenden Schritt getan. Dem Freunde riet er, sich ja nicht stören zu lassen. "Es ist unnötig, daß du zurückkommst!" Das schrieb er mehrmals mit auffallender Hartnäckigkeit.

Frédéric verlor sich in allen möglichen Mutmaßungen und hatte Lust, sofort nach Paris zurückzukehren; denn diese Anmaßung, ihm sein Verhalten diktieren zu wollen, empörte ihn.

Übrigens, das Heimweh nach dem Boulevard ergriff ihn langsam; und dann drängte seine Mutter ihn so sehr, Herr Roque umgarnte ihn so geschickt, und Louise zeigte ihm ihre Leidenschaft so deutlich, daß er nicht länger bleiben konnte, ohne sich zu erklären. Er mußte darum mit sich zu Rate gehen, und das in der Ferne, wo man viel klarer urteilen konnte.

Um seine Abreise zu begründen, erfand Frédéric ein Märchen; er fuhr ab und sagte allen, daß er bald wiederkommen würde; er glaubte es auch selbst.

6.

Seine Rückkehr nach Paris machte ihm nicht viel Freude; es war Abend, gegen Ende August, der Boulevard sah leer und öde aus, nur wenige Menschen kamen hintereinander her, mit verdrießlichen Mienen; hier und da rauchte ein Asphaltkessel, in vielen Häusern waren die Fensterjalousien luftdicht geschlossen; er kam nach Hause; Staub lag auf den Gardinen; und bei einem einsamen Mahl wurde Frédéric von einem seltsamen Gefühl der Verlassenheit ergriffen. Da dachte er wieder an Fräulein Roque.

Die Idee, sie zu heiraten, erschien ihm nicht mehr so ungeheuerlich. Sie würden zusammen reisen, nach Italien, nach dem Orient gehen! Er sah sie vor sich, auf einem Hügel oder vor einer Landschaft oder in einer Florentiner Galerie, auf seinen Arm gelehnt, vor den Bildern. Welche Freude mußte es sein, das gute kleine Geschöpf sich an den Herrlichkeiten der Kunst und der Natur berauschen zu sehen! Aus ihrer jetzigen Umgebung herausgenommen, mußte sie in kurzer Zeit eine charmante Frau werden. Auch reizte ihn Herrn Roques Vermögen. Aber trotz allem, sich so zu binden widerstrebte ihm, wie wenn es Schwäche, Erniedrigung wäre.

Nur zu einem war er entschlossen: um jeden Preis eine andre Existenz zu beginnen, sein Herz nicht mehr in unfruchtbaren Leidenschaften zu verlieren; und er zögerte deshalb sogar, einen Auftrag zu erledigen, den ihm Louise gegeben hatte. Er bestand darin, für sie bei Jacques Arnoux zwei große bunte Statuetten, Neger, zu kaufen; sie hatte ähnliche in der Präfektur von Troyes gesehen. Sie kannte die Fabrikmarke und wollte keine andern haben. Frédéric aber fürchtete, wenn er zu Arnoux käme, wieder seiner alten Leidenschaft zu verfallen.

Diese Gedanken beschäftigten ihn den ganzen Abend; er wollte gerade schlafen gehen, als eine Dame eintrat.

"Ich bin es," sagte Fräulein Vatnaz lachend. "Rosanette schickt mich."

Also waren sie ausgesöhnt?

"Mein Gott, ja! Sie wissen ja, ich bin nicht gehässig. Und dann, das arme Mädchen ... es ist übrigens zu lang, um es zu erzählen."

Kurz heraus gesagt, die Marschallin wollte ihn gern sprechen; sie wartete auf eine Antwort, nachdem ein Brief von ihr nach Nogent gegangen war; die Vatnaz wußte nicht, was er enthielt. Frédéric wollte Genaueres von Rosanette wissen.

Sie "war" jetzt "mit" einem sehr reichen Mann, einem Russen, dem Fürsten Tzernoukoff, der sie im letzten Sommer beim Rennen auf dem Champ de Mars gesehen hatte.

"Jetzt hat man drei Wagen, ein Reitpferd, livrierte Diener, einen Groom, ein Landhaus, eine Loge bei den Italienern und noch eine ganze Menge anderer Dinge. Jawohl, mein Lieber!"

Die Vatnaz sah heiterer als früher, ja sogar glücklich aus, wie wenn sie von diesem Schicksalswechsel profitiert hätte. Sie zog ihre Handschuhe aus und betrachtete prüfend die Möbel und die Nippes im Zimmer. Sie schätzte sie genau ab, wie ein Trödler. Er hätte ihren Rat einholen sollen, um billiger einzukaufen, aber sie sagte ihm alles Schöne über seinen guten Geschmack:

"Das ist reizend, wirklich reizend! In solchen Einfällen sind Sie einzig."

Dann entdeckte sie, am Kopfende des Alkovens, eine Tür:

"Ah, hier also läßt man die kleinen Freundinnen hinaus, nicht wahr?"

Und sie griff ihn vertraulich unter das Kinn. Er erschauerte bei der Berührung dieser mageren und zugleich weichen, langen Finger. Ihre Handgelenke waren von Spitzenborten umflossen, und auf der Bluse ihres grünen Kleides hatte sie Verschnürungen wie ein Husar. Ihr schwarzer Tüllhut, dessen Ränder etwas nach unten gebogen waren, verbarg ihre Stirn ein wenig, ihre Augen blitzten darunter hervor; ein Patchouliduft strömte aus ihrem Haar; die Lampe, die auf dem niederen Tischchen stand und sie von unten herauf wie ein Rampenlicht beleuchtete, ließ ihren Unterkiefer stark hervortreten; und plötzlich ergriff Frédéric diesem häßlichen Mädchen gegenüber, das in der Taille die graziösen Bewegungen einer Tigerkatze hatte, eine gierige Lüsternheit, eine Empfindung tierischer Wollust.

Sie sagte mit einschmeichelnder Stimme – dabei zog sie drei Papierzettel aus ihrem Portemonnaie:

"Sie werden mir das abnehmen!"

Es waren drei Plätze zu einer Benefizvorstellung für Delmar.

"Was? Delmar?"

"Natürlich!"

Ohne Ziererei bekannte sie, daß sie den Schauspieler mehr als je anbete. Wenn man ihr glauben wollte, gehörte er jetzt endlich zu den "führenden Geistern". Und er war nicht bloß irgendein Künstler, er repräsentierte den Genius Frankreichs selbst, das Volk! In ihm schlug das "Herz der ganzen Menschheit; er verstand das Priestertum der Kunst!" Frédéric gab ihr, um diese Schwärmerei nicht weiter anzuhören, das Geld für die drei Plätze.

"Sie müssen bei ihr nichts davon erwähnen! Mein Gott, wie spät ist es geworden; ich muß gehen. Richtig, die Adresse: Rue Grange-Batelière vierzehn."

Auf der Schwelle rief sie ihm zu:

"Adieu, geliebter Mann!"

"Von wem geliebt?" fragte sich Frédéric. "Was wollte sie nun wieder damit?"

Er dachte plötzlich an Dussardier, der ihm einmal über sie gesagt hatte: "Oh, an der ist nicht viel dran!" als wenn er damit auf dunkle Geschichten hätte anspielen wollen.

Am nächsten Tage machte er den Weg zur Marschallin. Sie bewohnte ein neues Haus, an dem die Fenstergardinen auf die Straße hinausgingen. Auf jedem Treppenabsatz hing ein Wandspiegel, vor den Fenstern standen Blumenkasten; die Stiege war mit einem Läufer bedeckt; wenn man von draußen kam, wirkte die Kühle des Treppenhauses erfrischend.

Ein Diener in einer roten Weste öffnete. Im Vorzimmer warteten eine Frau und zwei Männer, anscheinend Lieferanten, wie im Vorsaal eines Ministeriums. Zur Linken stand die Tür des Speisezimmers halb offen, man sah leere Flaschen auf dem Büfett und Servietten auf den Stuhllehnen; eine Galerie zog sich durch den Raum, deren goldfarbene Pfeiler ein Spalier von Rosen trugen. Unten auf dem Hofe reinigten zwei Burschen mit nackten Armen einen Landauer. Ihre Stimmen klangen herauf, zugleich mit dem zeitweisen Aufprallen einer Pferdebürste auf dem Steinpflaster.

Der Diener kam zurück: "Madame würde sofort erscheinen," und er führte Frédéric durch ein zweites Vorzimmer, dann durch einen großen Salon, der mit gelbem Brokatell bespannt war und mit gefransten Borten geschmückt, die sich von den Ecken hinauf zum Plafond bis zum Laubwerk des Lusters fortzogen. Man hatte anscheinend die vorige Nacht dort getäfelt, auf den Konsolen lag noch Zigarrenasche.

Endlich kam er in ein Boudoir, das durch bunte Scheiben ein mattes Licht erhielt. Die Türgesimse hatten Ornamente aus Holzschnitzerei, hinter einer Balustrade stand ein Diwan mit drei roten Polstern, auf den der Schlauch eines silbernen Narghilé niederfiel. Statt eines Spiegels trug der Kamin eine pyramidenförmige Etage, deren Fächer eine vollständige Raritätensammlung enthielten; alte silberne Uhren, böhmische Gläser, mit Steinen verzierte Spangen, Emaillen, Porzellanfigürchen, eine kleine byzantinische Jungfrau mit einem vergoldeten Mantel: alles das verschmolz in einem unbestimmten Licht mit der bläulichen Farbe des Teppichs, den perlmutterglänzenden Tabouretts und dem fahlroten Ton, den die kastanienfarbene Wandtapete annahm. In den Ecken standen auf Sockeln Bronzevasen mit Blumensträußen von drückend schwerem Duft.

Rosanette kam. Sie hatte eine rote Atlasjacke und einen Rock von weißem Kaschmir an. Um ihren Hals schlang sich ein Schmuck von türkischen Münzen, auf dem Kopf trug sie eine rote Kappe, die mit einem Jasminstrauch geschmückt war.

Frédéric machte eine Bewegung des Erstauntseins, dann sagte er, daß er die "bewußte Sache" mitgebracht habe; damit hielt er ihr die Banknote hin.

Sie sah ihn überrascht an, und da er nicht wußte, wohin er das Geld tun solle, sagte er:

"Nehmen Sie doch, bitte!"

Sie nahm es und warf es auf den Diwan:

"Sie sind sehr liebenswürdig."

Sie brauchte das Geld, um eine Jahresrate auf ein Grundstück in Bellevue zu bezahlen. Eine derartige Ungeniertheit verletzte Frédéric. Übrigens, um so besser! Das glich das Gewesene aus!

"Setzen Sie sich!" sagte sie. "Zu mir, näher!" In ernstem Ton fuhr sie fort: "Vor allem, mein Lieber, muß ich Ihnen dafür danken, daß Sie Ihr Leben für mich aufs Spiel gesetzt haben."

"Aber ich bitte Sie!"

"Das war sehr edel!"

Die Marschallin bezeugte ihm eine Dankbarkeit, die ihm peinlich war, denn sie mußte denken, daß er sich ausschließlich für Arnoux geschlagen hatte; dieser bildete es sich ja ein und hatte zweifellos sich nicht enthalten können, es zu erzählen.

"Sie macht sich am Ende über mich lustig," dachte Frédéric.

Seine Mission war erledigt; er schützte eine Verabredung vor und erhob sich.

"Nein, bitte, bleiben Sie!"

Er setzte sich wieder und machte ihr Komplimente über ihr Kostüm.

Sie antwortete mit einem Seufzer:

"Der Prinz will, daß ich so gehe! Und aus dieser Maschine muß ich rauchen" – sie zeigte auf das Narghilé. "Wollen Sie es einmal sehen?"

Sie ließ Feuer bringen; da sich die Pfeife schwer anzünden ließ, stampfte sie vor Ungeduld mit dem Fuße. Dann befiel sie eine Abspannung, und sie saß unbeweglich auf dem Diwan, ein Kissen unter der Achsel, den Körper zur Seite gedreht, das eine Knie gebeugt, das andre Bein gerade ausgestreckt. Der Schlauch aus rotem Maroquin, der auf dem Boden in Ringen lag, schlang sich um ihren Arm. Sie nahm das Bernstein-Mundstück zwischen die Lippen und sah durch den Rauch, der sie einhüllte, Frédéric blinzelnd an. Ihr Atmen machte das Wasser plätschern; dazwischen murmelte sie:

"Armer kleiner Kerl! Armer Schatz!"

Er suchte nach einem amüsanten Gesprächsstoff; die Vatnaz fiel ihm ein.

Er sagte, daß sie ihm sehr elegant erschienen wäre.

"Das glaube ich!" erwiderte die Marschallin. "Die kann von Glück sagen, daß sie mich hat!" Das sagte sie, ohne ein Wort näherer Erklärung hinzuzufügen – abgerissen, wie es ihre Art war.

Beide fühlten etwas Gezwungenes, Unfreies zwischen sich. In Wirklichkeit hatte das Duell Rosanette, die sich als Ursache dafür ansah, sehr geschmeichelt. Dann war sie erstaunt gewesen, daß er nicht eilends kam, um sich seine Heldentat zunutze zu machen; um ihn heranzulocken, hatte sie die Sache mit den fünfhundert Franken erdacht. Was bedeutete es nun, daß er nicht als Gegenleistung etwas Zärtlichkeit verlangte? Sie sah darin ein Raffinement, das sie aufs höchste verwunderte; in einer Herzensaufwallung sagte sie:

"Wollen Sie mit uns an die See kommen?"

"Mit wem, ›uns‹?"

"Mir und meinem Schatz; ich werde Sie für meinen Vetter ausgeben, wie in den alten Komödien."

"Tausend Dank!"

"Warum nicht? Sie nehmen eine Wohnung in unserer Nähe."

Die Idee, sich hinter einen reichen Mann zu stecken, empörte ihn.

"Nein, das ist unmöglich."

"Wie Sie wollen!"

Rosanette wandte sich mit einer Träne im Auge ab. Frédéric bemerkte, daß sie weinte, und um ihr etwas freundliches Interesse zu zeigen, sagte er, daß er sich freue, sie endlich in glänzenden Verhältnissen zu finden.

Sie zuckte mit den Achseln. Was war es dann, was sie betrübte? Wurde sie am Ende nicht geliebt?

"Oh, mich liebt man immer!"

Sie fügte hinzu:

"Es kommt allerdings darauf an, auf welche Weise."

Mit einem Mal klagte sie, daß "sie vor Hitze ersticke", und zog ihre Jacke aus, und ohne ein anderes Kleidungsstück um die Hüften als ein Seidenhemd, ließ sie den Kopf auf die Schulter sinken, mit der Miene einer Sklavin, die sich anbietet.

Ein Mann von stärkerem Instinkt und weniger Überlegung hätte nicht daran gedacht, daß gerade in diesem Augenblick der Vicomte oder Herr von Comaing oder irgend jemand erscheinen konnte. Aber Frédéric war zu häufig schon von diesen Blicken gefoppt worden, um sich einer neuen Demütigung auszusetzen.

Sie wollte seinen Verkehr, seine Vergnügungen kennen; sie ging sogar so weit, sich nach seiner geschäftlichen Lage zu erkundigen, und sie bot ihm Geld an – falls er welches brauchte. Frédéric, den es nicht länger litt, nahm seinen Hut.

"Also, meine Liebe, amüsieren Sie sich gut; auf Wiedersehen!"

Sie machte große Augen, dann sagte sie trocken:

"Auf Wiedersehen!"

Er ging wieder durch den gelben Salon und das zweite Vorzimmer. Auf dem Tische stand zwischen einer Schale mit Visitkarten und einem Schreibzeug eine Kassette aus ziseliertem Silber. Es war die der Frau Arnoux! Rührung überfiel ihn, und gleichzeitig war er empört, wie über eine Entweihung. Er fühlte eine große Versuchung, die Kassette zu öffnen, aber er fürchtete, daß er bemerkt würde, und ging.

Frédéric blieb standhaft. Er kehrte nicht mehr in das Arnouxsche Haus zurück.

Er ließ die beiden Neger durch seinen Diener kaufen, nachdem er ihm alles Notwendige eingeprägt hatte, und am selben Abend ging die Kiste nach Nogent ab. Als er am nächsten Morgen auf dem Wege zu Deslauriers war, stand an der Ecke der Rue Vivienne und des Boulevard Frau Arnoux plötzlich vor ihm.

Beide machten den Versuch, auszuweichen, dann kam beiden das gleiche Lächeln auf die Lippen, und sie begrüßten sich. Aber eine Minute lang blieben sie stumm.

Die Sonne hüllte Frau Arnoux ein, – ihr ovales Antlitz, ihre langen Wimpern, ihr schwarzer Spitzenshawl, der sich an die Form ihrer Schulter schmiegte, ihr taubengraues Seidenkleid, der Veilchenstrauß an ihrem Kapotthütchen, alles war für ihn von goldenem Glanze bestrahlt. Eine unendliche Lieblichkeit leuchtete aus ihren schönen Augen; und berauscht, wie er war, stammelte er die ersten Worte, die der Zufall ihm in den Mund legte:

"Wie geht es Arnoux?"

"Ich danke!"

"Und Ihren Kindern?"

"Recht gut!"

"So! ... Ach! – Was für schönes Wetter, nicht wahr?"

"Ja, wirklich prachtvoll!"

"Sie machen Einkäufe?"

"Ja."

Langsam senkte sie den Kopf zum Gruß:

"Adieu!"

Sie hatte ihm weder die Hand gereicht, noch ein einziges herzliches Wort gesagt, nicht einmal aufgefordert hatte sie ihn, sie zu besuchen, und doch! er hätte diese

Begegnung nicht für das schönste aller Abenteuer hingegeben; er genoß die süße Erinnerung daran noch während des ganzen Weges, den er ging.

Deslauriers war sehr überrascht, ihn zu sehen, und konnte seinen Ärger nur schwer verbergen; hartnäckig hegte er noch immer die Hoffnung auf Frau Arnoux. Er hatte Frédéric geraten, zu Hause zu bleiben, um darin von ihm nicht gestört zu werden.

Er erzählte nun, daß er zu ihr gegangen sei, um zu erfahren, ob in ihrem Ehekontrakt die Gütergemeinschaft stipuliert sei; in diesem Falle hätte man sich an die Frau halten können; "sie hat übrigens eine sehr drollige Miene gemacht, als ich ihr erzählte, daß du heiraten wirst!"

"Was ist das für ein Einfall!"

"Es war notwendig, um zu zeigen, daß du dein Geld brauchst. Und ich muß sagen: eine Frau, der das gleichgültig wäre, hätte nicht einen halben Ohnmachtsanfall bekommen, wie sie."

"Ist das wahr?" rief Frédéric.

"Siehst du, mein Junge, wie du dich verrätst? Jetzt gestehe!"

Da aber ergriff den Verehrer der Frau Arnoux eine unendliche Mutlosigkeit.

"Was fällt dir ein! ... Ich versichere dich! ... Mein Ehrenwort darauf: nein!"

Diese schwachen Versuche, zu leugnen, überzeugten Deslauriers vollends. Er machte Frédéric Komplimente und wollte "Einzelheiten" wissen. Frédéric erzählte ihm keine und widerstand sogar der Versuchung, welche zu erfinden.

Bezüglich der Hypothek sagte er ihm, er solle nichts tun und abwarten. Deslauriers fand, daß er unrecht habe; er wurde sogar in seinen Entgegnungen ziemlich brutal.

Er war düsterer und reizbarer als je. Wenn in einem Jahre seine Lage sich nicht bessern sollte, so würde er nach Amerika gehen oder sich eine Kugel vor den Kopf schießen. So erbittert zeigte er sich gegen alles, und von einem so unversöhnlichen Radikalismus, daß Frédéric sich nicht enthalten konnte, zu sagen:

"Du bist ganz wie Sénécal!"

Von diesem erzählte Deslauriers, daß er wieder aus Sainte-Pélagie entlassen worden sei, da die Untersuchung anscheinend nicht genügend Beweise erbracht habe, um ihm den Prozeß zu machen.

Aus Freude über diese Freilassung wollte Dussardier "einen Punsch zum Besten geben", und er lud Frédéric dazu ein, mit dem Bemerken, daß Hussonnet, der sich besonders gut gegen Sénécal benommen habe, dabei sei.

Tatsächlich hatte der "Flambart" sich soeben ein eigenes Bureau angelegt, das sich auf dem Prospekt als "Kontor für Weinproduzenten – Annoncenbureau – Inkassi und Auskünfte und so weiter und so weiter" ankündigte. Der Bohème fürchtete jedoch, daß diese geschäftliche Tätigkeit seinem literarischen Ansehen schaden könne, und hatte für die Buchführung den Mathematiker engagiert. Es war eine recht mittelmäßige Stellung, aber ohne sie wäre Sénécal verhungert. Frédéric wollte den braven Kommis nicht kränken und nahm die Einladung an.

Dussardier hatte schon drei Tage vorher selber die roten Dielen seines Dachstübchens gebohnt, den Fauteuil ausgeklopft und den Kamin abgestaubt, auf dem eine Alabaster-Standuhr unter einem Glassturz zwischen einem Tropfstein und einer Kokosnuß paradierte. Da seine beiden Leuchter und sein Wachsstock nicht genügten, hatte er sich vom Portier zwei Lichter ausgebeten; und die fünf Flammen strahlten auf der Kommode, auf der drei Handtücher als Schutzdecke lagen, und Makronen, Biskuits, eine Brioche und zwölf Flaschen Bier gruppiert waren. Gegenüber, an der gelben Wandtapete, hing eine kleine Mahagonibibliothek mit den "Fabeln von Lachambeaudie", den "Geheimnissen von Paris", dem "Napoléon" von Norvins – aus der Mitte des Alkovens lächelte in einem Palisanderrahmen das Antlitz Bérangers hervor.

Die Gäste waren (außer Deslauriers und Sénécal) ein Apotheker, der kürzlich sein Examen bestanden hatte, aber ohne die nötigen Mittel war, um sich selbständig zu machen, ein junger Mann aus Dussardiers "Haus", ein Weinreisender, ein Architekt und ein Herr aus einer Versicherungsgesellschaft. Regimbart hatte nicht kommen können. Man bedauerte das.

Frédéric wurde von allen mit großer Sympathie behandelt, denn Dussardier hatte von seinem Verhalten bei Herrn Dambreuse erzählt. Sénécal begnügte sich damit, ihm mit stummer Würde die Hand zu reichen.

Sénécal lehnte am Kamin. Die andern saßen, mit der Pfeife im Munde, und hörten ihm zu. Er sprach über das allgemeine Wahlrecht, aus dem der Triumph der Demokratie und endlich die Erfüllung des Evangeliums erblühen würden. Übrigens, der Augenblick wäre nicht mehr weit; Zusammenkünfte der Reformisten mehrten sich in der Provinz; Piemont, Neapel, Toscana ...

"Das steht fest," – damit fiel Deslauriers ihm ins Wort: "so kann es nicht lange weitergehen!"

Er begann, ein Bild der politischen Lage zu entwerfen.

Holland hätten sie geopfert, um von England die Anerkennung Louis-Philippes zu erlangen, aber diese famose englische Allianz sei nun zum Teufel, dank den spanischen Heiraten! In der Schweiz verteidige Herr Guizot im Schlepptau des Österreichers die Verträge von 1815. Preußen mache uns mit seinem Zollverein auch neue Ungelegenheiten. Und die Orientfrage sei noch immer nicht gelöst.

"Die Geschenke, die der Großfürst Konstantin dem Herzog von Aumale schickt, sind noch kein Grund, um Rußland zu vertrauen. Und was die innere Politik anlangt, so hat es noch nie so viel Verblendung und Dummheit gegeben! Die Regierungsmehrheit wird sich nicht mehr lange halten! Überall das alte Lied: nichts,

nichts, nichts! Und bei so viel Erbärmlichkeit", so schloß der Advokat in Rednerpose, die Hände auf den Hüften, "erklären sie sich befriedigt!"

Diese Anspielung auf eine berühmte Abstimmung rief einen Beifallssturm hervor. Dussardier machte eine Bierflasche auf; der Schaum spritzte auf die Gardinen, aber er bemerkte das nicht; er stopfte die Pfeifen, zerschnitt die Brioche und bot davon an; mehrmals war er schon hinuntergelaufen, um nachzusehen, ob der Punsch nicht käme. Die Stimmung wurde bald erregt, denn alle glühten in derselben Erbitterung gegen die Machthabenden. Dies Gefühl, das so heftig war, hatte seinen stärksten Grund in dem Hasse gegen die Ungerechtigkeit; aber mit den berechtigten Beschwerden verbanden sie zugleich die dümmsten Vorwürfe.

Der Apotheker klagte über den schmachvollen Zustand unserer Flotte. Der Versicherungsagent wollte die beiden Schildwachen des Marschalls Soult nicht dulden. Deslauriers griff die Jesuiten an, die sich soeben ganz öffentlich in Lille niedergelassen hatten. Sénécals ganzer Haß konzentrierte sich auf Herrn Cousin, denn der Eklektizismus mit seiner Folgerung, sich an das Feststehende zu halten, entwickele den Eigennutz und zerstöre die Solidarität; der Weinreisende, der von diesen Dingen wenig verstand, warf laut dazwischen, daß sie viele Infamien vergessen hätten: "Der königliche Salonwagen auf der Nordbahn soll achtzigtausend Franken kosten! Wer wird das bezahlen?"

"Ja, wer wird das bezahlen?" wiederholte der Handlungskommis, wütend, als wenn man ihm die Summe aus seiner Tasche gezogen hätte.

Es folgten Klagen über die Raubritter der Börse und die Bestechlichkeit der Beamten. Sénécal meinte, man müsse höher hinaufsteigen und vor allem die Prinzen anklagen, die die Sitten der Regentschaft wieder erweckten.

"Haben Sie nicht neulich die Freunde des Herzogs von Montpensier aus Vincennes zurückkommen sehen? Alle betrunken –? Wie sie mit ihrem Gejohle die Arbeiter des Faubourg Saint-Antoine belästigt haben?"

"Man rief sogar: Nieder mit den Dieben!" sagte der Apotheker. "Ich war selbst dabei, ich habe mitgeschrien!"

"Um so besser! Seit dem Prozeß Teste-Cubières beginnt das Volk sich zu regen."

"Ich bedaure diesen Prozeß," sagte Dussardier, "weil ein alter Soldat dadurch entehrt wird!"

"Wißt ihr," fuhr Sénécal fort, "was man bei der Herzogin von Praslin gefunden ...?"

Die Tür wurde plötzlich mit dem Fuße aufgestoßen. Hussonnet trat ein.

"Grüß Gott, meine Herrschaften!" rief er, sich auf das Bett setzend.

Es fiel keine Anspielung auf seinen Artikel, den er übrigens bedauerte, und wegen dessen ihn die Marschallin derb heruntergemacht hatte.

Er kam aus dem Dumasschen Theater, wo er den "Chevalier de Maison-Rouge" gesehen hatte, den er "ganz stumpfsinnig" fand.

Eine solche Kritik verwunderte die Demokraten, da dieses Drama durch seine Tendenzen und namentlich durch seine Ausstattung ihren Leidenschaften schmeichelte. Sie widersprachen. Sénécal fragte, um den Streit zu beenden, ob das Stück der Demokratie diene.

"Ja ..., vielleicht; aber der Stil ..."

"Ganz gleich, dann ist es ein gutes Stück! Was liegt am Stil? Die Idee ist die Hauptsache!"

Ohne Frédéric zu Wort kommen zu lassen, fuhr er fort:

"Ich wollte euch also von dem Falle Praslin erzählen ..."

Da unterbrach ihn Hussonnet:

"Das ist auch eine nette Geschichte! Ich finde sie empörend!"

"Sie nicht allein!" rief Deslauriers. "Es sind nicht weniger als fünf Zeitungen deswegen konfisziert worden! Hören Sie diese Note!"

Er zog sein Taschenbuch heraus und las laut:

"Seit der Entstehung der besten der Republiken sind zwölfhundertneunundzwanzig Preßprozesse angestrengt worden, bei denen auf die Schriftsteller dreitausendeinhunderteinundvierzig Jahre Gefängnis und die kleine Summe von sieben Millionen, hundertzehntausendfünfhundert Franken Geldstrafen entfallen sind. – Nett, was?"

Alle brachen in bitteres Lachen aus. Frédéric, der ebenso aufgeregt wie die andern war, rief aus:

"Die ›Démocratie pacifique‹ hat sogar einen Prozeß angehängt bekommen wegen ihres Feuilletons, eines Romans: ›Der Anteil der Frauen‹."

"Oh, sehr gut!" sagte Hussonnet. "Wenn man uns auch noch unsern Anteil an den Frauen verbietet!"

"Was wird denn nicht verboten?" rief Deslauriers. "Es ist verboten, im Luxembourg zu rauchen, es ist verboten, die Hymne Pius' IX. zu singen ..."

"Und man verbietet das Festessen der Typographen!" ließ sich eine heisere Stimme im Hintergrund vernehmen.

Es war die des Architekten, der im Dunkel des Alkovens verborgen saß und bisher ganz still gewesen war. Er fügte hinzu, daß in den letzten Wochen ein gewisser Turbot wegen Majestätsbeleidigung verurteilt worden sei.

"Der Turbot ist ›gekocht‹ worden!" sagte Hussonnet.

Dieser Scherz erschien Sénécal so unpassend, daß er ihm vorwarf, den "Gaukler des Stadthauses, den Freund des Verräters Dumouriez" zu verteidigen.

"Ich? Im Gegenteil!"

Er fand Louis-Philippe abgeschmackt, so spießbürgerlich und jämmerlich wie möglich. Die Hand auf das Herz legend, deklamierte der Bohème die üblichen Phrasen: – "Es gereicht uns immer wieder zur Freude ... Die polnische Nationalität wird nicht untergehen ... Unsere großen Aufgaben werden gelöst werden ... Geben Sie mir Geld für meine Familie ..." Alle lachten sehr und erklärten ihn für einen entzückenden, geistvollen Burschen; die Stimmung wurde durch das Erscheinen der Punschbowle, die ein Kellner brachte, noch animierter.

Die Flammen des Alkohols und die der Kerzen erhitzten das Zimmer schnell, und das Licht der Mansarde, das über den Hof fiel, beleuchtete gegenüber den First eines Daches und das Rohr eines Kamins, das schwarz in die Nacht emporragte. Sie sprachen laut und alle gleichzeitig; ihre Röcke hatten sie ausgezogen, die Möbel erzitterten, die Gläser klangen aneinander.

Hussonnet rief:

"Laßt große Damen heraufkommen, wir wollen einen modernen Turm von Nesle, mit romantischen Farben, rembrandtesk ..."

Der Apotheker, der den Punsch unausgesetzt umrührte, begann aus voller Kehle zu singen:

"Ich habe zwei große Ochsen in meinem Stall,
Zwei große weiße Ochsen ..."

Sénécal legte ihm die Hand auf den Mund, da er nicht liebte, Aufsehen zu erregen; die Nachbarn waren ohnehin schon durch den ungewöhnlichen Lärm in Dussardiers Wohnung an ihre Fenster gelockt worden.

Der brave Junge war glücklich und sagte, daß ihn dies an ihre früheren kleinen Sitzungen auf dem Quai Napoléon erinnere, allerdings fehlten einige, "wie Pellerin ..."

"Der Verlust ist zu ertragen," sagte Frédéric.

Deslauriers erkundigte sich nach Martinon.

"Was treibt er eigentlich, dieser interessante Herr?"

Frédéric machte sofort dem Ärger, den er gegen Martinon empfand, Luft; er schalt seinen Verstand, seinen Charakter, seine falsche Eleganz, kurz, den ganzen Mann. Er sei das richtige Muster des bäuerlichen Parvenus! Die neue Aristokratie, das Bürgertum reichten doch nicht an den alten Adel heran! Er suchte das zu beweisen, und die Demokraten stimmten ihm zu – als ob er zu der ersteren gehört hätte, und als ob sie selbst die neue Gesellschaft kannten. Man war von ihm entzückt. Der Apotheker verglich ihn sogar mit Herrn d'Alton-Shée, der, obgleich Pair von Frankreich, die Sache des Volkes verteidigte.

Es war Zeit geworden, nach Hause zu gehen. Man trennte sich voneinander mit feierlichem Händedruck, Dussardier begleitete Frédéric und Deslauriers nach

Hause. Unten auf der Straße machte der Advokat ein nachdenkliches Gesicht und sagte nach einem kurzen Stillschweigen:

"Du bist wohl über Pellerin sehr böse?"

Frédéric machte aus seinem Ärger kein Geheimnis.

Der Maler hatte aber doch das famose Bild wieder aus dem Schaufenster herausgenommen. Man sollte sich doch wegen solcher Nichtigkeiten nicht erzürnen. Wozu sich einen Feind machen?

"Er hat einem Augenblick der Rachsucht nachgegeben; bei einem Manne, der keinen Pfennig hat, ist das entschuldbar. Du kannst so etwas ja nicht nachfühlen!"

Nachdem Deslauriers hinter seiner Haustür verschwunden war, ließ der Kommis Frédéric nicht los, er riet ihm sogar, das Porträt zu kaufen. Pellerin hatte nämlich, nachdem er es aufgegeben hatte, Frédéric einzuschüchtern, auf die beiden eingeredet, damit er ihnen zuliebe das Bild nehme.

Deslauriers fing am nächsten Tage wieder davon an. Die Ansprüche des Künstlers seien keine unsinnigen.

"Ich bin sicher, daß vielleicht mit fünfhundert Franken ..."

"Meinetwegen, gib sie ihm! Hier hast du das Geld," erwiderte Frédéric.

Am selben Abend noch wurde das Bild gebracht. Es erschien ihm noch scheußlicher als das erstemal. Die Halbtöne und die Schattierungen hatten unter dem zu häufigen Übermalen eine Bleifarbe angenommen und wurden neben den Lichtern, die stellenweise erglänzten und den Zusammenhang zerstörten, noch düsterer.

Frédéric rächte sich dafür, daß er solches Zeug bezahlen mußte, indem er es blutig verhöhnte. Deslauriers gab ihm darin vollständig recht, schon deshalb, weil er noch immer den Ehrgeiz hegte, eine Kampfgruppe der jungen Leute zu bilden, deren Führer er selbst sein sollte; übrigens gibt es Menschen, die Freude daran finden, ihre Freunde zu Schritten zu verleiten, die ihnen unangenehm sind.

In das Dambreusesche Haus war Frédéric nicht wieder gegangen. Die Kapitalien fehlten ihm. Das hätte endlose Erklärungen abgegeben – er konnte keinen festen Entschluß fassen. Was sollte er tun? Nichts war jetzt sicher, auch das Geschäft mit den Kohlenwerken nicht sicherer als ein anderes. Man mußte diese Versuchungen überhaupt meiden, und wirklich gelang es Deslauriers, ihn von dem Unternehmen gänzlich zurückzuhalten. Aus lauter Haß war jener ein treuer Ratgeber geworden, und überdies sah er Frédéric lieber in der niedrigeren Sphäre. Auf diese Art blieb er seinesgleichen und in intimerer Verbindung mit ihm.

Der Auftrag Fräulein Roques war sehr schlecht ausgeführt worden. Ihr Vater hatte dies geschrieben mit den allergenauesten Angaben und einer scherzhaften Drohung am Schluß.

Frédéric blieb nichts anderes übrig, als wieder zu Arnoux zu gehen. Er trat in das Magazin und sah keinen Menschen. Das Geschäft schien vor dem Zusammenbruch zu stehen; die Angestellten waren ebenso nachlässig wie ihr Chef.

Er ging an der langen, mit Fayencen angefüllten Etagère vorbei, die den ganzen Mittelraum einnahm; im Hintergrund, vor dem Bureau, trat er geräuschvoll auf, um sich bemerkbar zu machen.

Die Portière wurde in die Höhe gehoben, und Frau Arnoux erschien.

"Wie? Sie sind hier! Sie!"

"Ja," sagte sie etwas verwirrt. "Ich suche ..."

Er sah ihr Taschentuch auf dem Pulte liegen und erriet, daß sie in das Bureau ihres Mannes gekommen war, um über etwas Aufklärung zu verlangen, wieder über ein Ärgernis ...

"Aber ... Sie wünschen vielleicht etwas?" fragte sie.

"Oh, nur eine Bagatelle."

"Diese Kommis sind unerträglich! Nie sind sie da!"

Man sollte nicht auf sie schelten. Im Gegenteil, er wäre ganz glücklich über diesen Zufall.

Sie warf ihm einen ironischen Blick zu.

"Nun, und die Heirat?"

"Welche Heirat?"

"Ihre!"

"Meine? Ich denke nicht daran!"

Sie machte eine ungläubige Miene; er sagte:

"Und schließlich, wenn es wirklich so wäre? Man flüchtet sich in die Mittelmäßigkeit, weil man an dem Schönen verzweifelt, das man sich erträumt hat!"

"Alle Ihre Träume sind aber doch nicht immer ... so schön gewesen!"

"Wie meinen Sie das?"

"Ich meine, wenn man mit ... Damen zum Rennen fährt!"

Er verwünschte die Marschallin. Plötzlich kam ihm ein Gedanke.

"Sie selbst sind es ja doch gewesen, die mich gebeten hat, im Interesse Arnoux' zu ihr zu gehen!"

Sie erwiderte kopfschüttelnd:

"Und diese Gelegenheit haben Sie benützt, um sich zu unterhalten!"

"Mein Gott! Vergessen wir doch alle diese Dummheiten!"

"Namentlich, wo Sie im Begriffe stehen, zu heiraten!"

Sie unterdrückte einen Ausdruck der Erregung, indem sie die Lippen aufeinander biß.

Da schrie er auf:

"Aber ich sage Ihnen ja unaufhörlich, daß das nicht wahr ist! Können Sie glauben, daß ich, mit meinen geistigen Bedürfnissen, meinen Gewohnheiten, mich in der Provinz vergraben werde, um Karten zu spielen, Handwerker zu überwachen und in Holzschuhen spazieren zu gehen? Also wozu denn? Man hat Ihnen erzählt, daß sie reich ist, nicht wahr? Gut, ich pfeife auf das Geld! ... Ich, ich sollte, nachdem ich jahrelang ersehnt habe, was das Schönste, das Liebste, das Bezauberndste ist, ein Paradies in Menschengestalt, und nachdem ich es endlich gefunden, dieses Ideal, das alles andere verdunkelt ..."

Und er hatte ihren Kopf zwischen seinen Händen und küßte sie auf die Augenlider und wiederholte:

"Nein, nein, nein! Nie werde ich mich verheiraten! Nie! Nie!"

Sie nahm seine Liebkosungen hin, gelähmt vor Überraschung, vor Entzücken.

Die Tür, die vom Magazin auf die Treppe führte, ging wieder auf. Sie sprang zurück und blieb mit ausgestrecktem Arm stehen, wie um ihm Schweigen zu gebieten. Man hörte Schritte herankommen. Dann sagte jemand draußen:

"Gnädige Frau?"

"Herein!"

Frau Arnoux saß, den Arm auf den Schreibtisch gestützt und eine Feder zwischen den Fingern, in ruhiger Haltung, als der Buchhalter die Portière zurückschlug.

Frédéric erhob sich.

"Gnädige Frau, ich sage Ihnen Adieu. Das Service wird fertig sein, nicht wahr? Ich kann darauf rechnen?"

Sie antwortete nichts, aber dieses stille Einverständnis ließ ihr Gesicht aufflammen, blutigrot, wie vom Schamgefühl eines Ehebruchs.

Am nächsten Tage kam er wieder; er wurde empfangen; und um sofort seine Stellung ihr gegenüber auszunutzen,begann er sofort und ohne Vorbereitung sich wegen der Begegnung auf dem Champ de Mars zu rechtfertigen. Der Zufall allein hätte das Zusammentreffen mit dieser Person herbeigeführt. Selbst angenommen, daß sie hübsch wäre (was gar nicht der Fall sei), wie könnte sie seine Empfindung fesseln, auch nur für eine Minute, da er doch eine andere liebe!

"Sie wissen das wohl, ich habe es Ihnen gesagt."

Frau Arnoux senkte den Kopf.

"Es tut mir weh, daß Sie es mir gesagt haben!"

"Warum?"

"Die einfachsten Begriffe der Schicklichkeit verlangen jetzt, daß ich Sie nie wiedersehe!"

Er beschwor ihr, daß seine Liebe zu ihr rein und unschuldig sei. Die Vergangenheit müsse ihr für die Zukunft bürgen; er selbst hätte sich gelobt, ihre Existenz nicht zu beunruhigen und sie niemals mit seinen Klagen zu belästigen.

"Nur gestern, da ist mir das Herz übergegangen."

"Wir dürfen nicht mehr an diesen Augenblick denken, mein Freund!"

Wo wäre denn das Unrecht, wenn zwei arme Wesen ihre Trauer gemeinsam trügen?

"Denn auch Sie sind nicht glücklich! Ich kenne Sie, Sie haben niemanden, der Ihrem Bedürfnis nach Zuneigung, nach Hingebung entspricht; ich werde alles tun, was Sie wünschen! Ich werde Ihnen nicht zu nahe treten! ... Das schwöre ich Ihnen!"

Dabei sank er, ohne es zu wollen, auf die Knie, unter einem innern Zwang, der ihn fast erdrückte.

"Stehen Sie auf!" sagte sie. "Ich will es!"

Sie erklärte ihm gebieterisch, daß er sie nie wieder sehen werde, wenn er ihr nicht gehorche.

"Das können Sie mir nicht verbieten!" rief Frédéric. "Was habe ich sonst auf der Welt! Die andern streben nach Reichtum, nach Ruhm, nach Macht! Ich, ich habe keinen Ehrgeiz, Sie sind mein einziger Wunsch, mein ganzes Glück, das Ziel und der Mittelpunkt meines Daseins, meiner Gedanken. Ich kann ohne Sie nicht leben, so wenig, wie ohne das Licht des Himmels! Fühlen Sie denn nicht meine Seele nach der Ihrigen lechzen, und daß ich daran zugrunde gehen werde?"

Frau Arnoux begann an allen Gliedern zu zittern.

"Gehen Sie! Ich beschwöre Sie!"

Ihr verstörtes Gesicht ließ ihn einen Augenblick stutzen, dann machte er einen Schritt auf sie zu. Sie wich zurück, indem sie beide Hände faltete.

"Lassen Sie mich! Um Gottes willen! Seien Sie barmherzig!"

Frédérics Liebe war so groß, daß er ging.

Bald wurde er von einem heftigen Zorn gegen sich ergriffen, er schalt sich einen Dummkopf; und vierundzwanzig Stunden später kam er wieder.

Die gnädige Frau war nicht zu Hause. Sprachlos vor Wut und Empörung stand er auf dem Treppenabsatz. Arnoux erschien und teilte ihm mit, daß seine Frau am

Morgen abgereist sei, um sich in einem kleinen Landhause einzurichten, das sie in Auteuil gemietet; sie hätten das in Saint-Cloud nicht mehr.

"Das ist wieder eine von ihren Grillen! Na, wenn es ihr recht ist, auch gut! Wollen wir heute abend zusammen essen?"

Frédéric schützte ein dringendes Geschäft vor, dann eilte er nach Auteuil.

Frau Arnoux stieß einen Freudenschrei aus. Sein ganzer Ärger war verschwunden.

Er sprach nicht von seiner Liebe. Um ihr mehr Vertrauen einzuflößen, übertrieb er sogar seine Zurückhaltung; als er fragte, ob er wiederkommen dürfe, antwortete sie: "Aber natürlich!" Doch ihre Hand, die sie ihm entgegenstreckte, zog sie fast sofort wieder zurück.

Von da an kam Frédéric immer häufiger. Er versprach dem Kutscher große Trinkgelder; trotzdem stieg er, da ihn die Langsamkeit der Pferde ungeduldig machte, aus; dann sprang er atemlos auf einen Omnibus; wie geringschätzig betrachtete er da die Gesichter der Leute, die neben ihm saßen und nicht zu ihr fuhren!

Von weitem schon erkannte er das Haus an einem riesigen Geißblatt, das auf der einen Seite das Dach bedeckte. Es war eine Art Schweizer Sennhütte, rot angestrichen, mit einem Holzbalkon. Im Garten standen drei alte Kastanienbäume, und in der Mitte auf einem Hügel ein großer Sonnenschirm aus Stroh, den ein Baumstumpf trug. An der Mauer zog sich eine dicke, schlecht befestigte Weinrebe entlang, die Ähnlichkeit mit einem verfaulten Ankertau hatte. Die Glocke des Gartengitters, die sich schwer aus ihrer Ruhe stören ließ, hatte einen langgezogenen schrillen Klang, und es dauerte stets lange, ehe jemand kam. Jedesmal empfand er eine Bangigkeit und eine unbestimmte Furcht.

Dann hörte er die Pantoffel des Dienstmädchens auf dem Sande klappern, oder Frau Arnoux selbst erschien. Einmal, als er kam, kniete sie auf dem Rasen und suchte nach Veilchen.

Das launische Wesen ihrer Tochter hatte es nötig gemacht, sie in ein Kloster zu geben. Ihr Junge verbrachte die Nachmittage in einer Schule, Arnoux hielt lange Frühstückssitzungen im Palais-Royal mit Regimbart und Compain ab. Auf diese Weise waren sie vor lästigen Überraschungen sicher.

Es war ihnen selbstverständlich, daß sie einander nicht besitzen sollten. Diese Gewißheit, die sie vor jeder Gefahr schützte, erleichterte ihre Herzen.

Sie schilderte ihm ihre frühere Existenz in Chartres bei ihrer Mutter: ihre Frömmigkeit, als sie zwölf Jahre alt war, dann ihre Leidenschaft für die Musik, und wie sie bis in die tiefe Nacht hinein in ihrem Zimmerchen, von dem aus man die Wälle übersehen konnte, sang. Er erzählte ihr von seinen melancholischen Stunden im Kolleg, und wie in seinem poetischen Himmel ein Frauenantlitz erstrahlte, das er gleich beim ersten Anblick in ihr wiedererkannte.

Gewöhnlich sprachen sie nur von dem Zeitraum, seitdem sie sich kannten. Er erinnerte sich an unbedeutende Einzelheiten, die Farbe ihres Kleides zu der und der Zeit, welche Person eines Tages mit ihnen zusammengewesen war, was sie bei einer anderen Gelegenheit gesagt hatte; und sie antwortete in heller Verwunderung: "Jawohl! Ich erinnere mich!"

Ihr Geschmack, ihr Urteil stimmte stets überein. Häufig rief der eine, der dem andern zuhörte, aus:

"Ich auch!"

Und der andere stimmte ein:

"Auch ich!"

Dann folgten unendliche Klagen über das Schicksal.

"Warum hat der Himmel es nicht so gewollt! Wenn wir uns begegnet wären! ..."

"Ach, wenn ich jünger wäre!" seufzte sie.

"Nein, ich müßte etwas älter sein."

Sie malten sich ein der Liebe geweihtes Dasein aus, reich genug, die tiefste Einsamkeit zu beleben, größer als alle Freuden, als alles Ungemach, ein Dasein, in dem die Stunden im ungestörten Glück ihrer Zuneigung dahinfließen würden, und das strahlend und erhaben wie der Sternenhimmel geworden wäre.

Fast immer waren sie im Freien, auf dem Balkon, wo vor ihnen die herbstlich gelben Kronen der Bäume in ungleichen Zacken bis zum Rande des farblosen Firmaments sich hinzogen; oder sie gingen die paar Schritte zum Ende der Allee, in ein Gartenhaus, dessen ganze Einrichtung aus einem Sofa von grauem Leinen bestand. Schwarze Flecke trübten den Spiegel, die Wände hauchten einen schimmeligen Geruch aus, – da saßen sie und plauderten von sich selbst, von anderen, ganz gleich wovon, immer voll Entzücken. Manchmal fielen Sonnenstrahlen durch die Fensterläden und dehnten von der Decke bis zum Fußboden sich wie die Saiten einer Harfe; Staubatome wirbelten in diesen leuchtenden Streifen auf. Lächelnd versuchte sie, das flüssige Gold mit der Hand zu durchschneiden, bis Frédéric diese Hand mit sanftem Druck ergriff und lange das Geäder, die Haut, die Form der Finger betrachtete. Jeder dieser Finger bedeutete ihm etwas, war ihm fast etwas Persönliches.

Sie gab ihm ihre Handschuhe, eine Woche später ihr Taschentuch. Sie nannte ihn "Frédéric", er nannte sie "Marie", voll Entzücken über diesen Namen, der, wie er sagte, eigens dazu geschaffen war, in der Ekstase geflüstert zu werden, der ihm Wolken von Weihrauch und Duftwellen von Blumen zu verkörpern schien.

Nach und nach gewöhnten sie sich, den Tag seiner Besuche im voraus zu bestimmen, und wie zufällig ausgehend, kam sie ihm auf der Landstraße entgegen.

Sie tat nichts, um sich ihm begehrenswerter zu machen, ganz in jener Sorglosigkeit, die ein großes Glück mit sich bringt. Sie trug während dieses Sommers ein Hauskleid aus brauner Seide, das mit Samt von der gleichen Farbe besetzt war –

ein weites Gewand, das mit der Ruhe ihrer Bewegungen und ihres ernsten Gesichtes so gut zusammenstimmte. Denn nun stand sie ja vor dem Frühherbst der Frauen, der Zeit, in der sich Klugheit mit Zärtlichkeit vereint, in der die beginnende Reife im Auge eine tiefere Flamme entzündet, die Kraft des Herzens sich mit der Lebenserfahrung vermählt, und in der das Weib, auf der Höhe seiner Blüte und seiner Vollendung, innere Schätze voll Schönheit und Harmonie offenbart. Nie zuvor hatte sie eine so unendliche Anmut und Milde gezeigt. In ihrer Sicherheit, daß sie nicht straucheln könne, überließ sie sich einem tiefen Gefühl, das ihr wie ein Recht erschien, ein durch ihre Leiden erworbenes Recht! Und wie wohl tat das, und wie neu war es ihr! Was für ein Abgrund zwischen der Roheit Arnoux' und der abgöttischen Verehrung Frédérics!

Er zitterte bei dem Gedanken, daß er durch ein Wort alles verlieren könnte, was er erobert zu haben glaubte; denn eine Gelegenheit, so sagte er sich, mag sich am Ende zweimal bieten, aber eine Dummheit wird nie wieder gut gemacht. Er wollte, daß sie sich ihm schenke, nicht sie rauben. Das Bewußtsein, von ihr geliebt zu sein, entzückte ihn wie der Vorgeschmack des Besitzes selbst, und dann, der Reiz ihrer Persönlichkeit wirkte mehr auf sein Herz als auf seine Sinne. Eine so unendliche Glückseligkeit, ein solcher Rausch erfüllte ihn, daß er nicht an die Möglichkeit eines weiteren Glückes dachte. Sobald er fern von ihr war, verzehrten ihn jedoch wütende Begierden.

Bald traten längere Pausen in ihren Gesprächen ein. Eine Art körperlicher Scham ließ sie voreinander erröten. Alle ihre ängstlichen Bemühungen, ihre Liebe zu verbergen, verrieten sie gerade; je stärker wieder diese wurde, um so zurückhaltender wurde ihr Benehmen. Durch dieses fortwährende Lügenmüssen wurde ihre Empfindlichkeit krankhaft gesteigert. Der Duft der feuchten Blätter erschien ihnen als etwas Köstliches, der Ostwind machte sie erschauern, sie litten unter grundlosen Gereiztheiten und düsteren Vorahnungen; ein Geräusch von Schritten, das Knacken im Getäfel verursachte ihnen Entsetzen, als würden sie durch eine Schuld aufgeweckt; sie fühlten sich vor einem Abgrund; eine gewitterschwangere Atmosphäre hüllte sie ein; und wenn Frédéric solche Empfindungen laut werden ließ, beschuldigte sie sich selbst:

"Jawohl, weil ich Unrecht tue! Ich bin ja wie eine Kokette! Ich bitte Sie, kommen Sie nicht mehr!"

Die Folge war, daß er immer dieselben Schwüre wiederholte, und daß sie sie jedesmal aufs neue mit Vergnügen hörte.

Ihre Rückkehr nach Paris und die Geschäfte, die das Neujahrsfest mit sich brachte, veranlaßten eine Unterbrechung in ihren Begegnungen. Als er wiederkam, hatte er etwas Kühneres in seinem Auftreten. Sie ging jeden Augenblick hinaus, um Anordnungen zu treffen, und empfing, trotz seiner Bitten, alle Spießbürger, die sie besuchen kamen. Man debattierte damals gerade über Léotade, Herrn Guizot, den Papst, den Aufstand in Palermo und das Festessen des zwölften Arrondissements, das Befürchtungen einflößte. Frédéric erleichterte sich, indem er über die

Regierung herzog, denn er wünschte, wie Deslauriers, eine allgemeine Umwälzung herbei; so verbittert war er. Frau Arnoux ihrerseits wurde traurig.

Ihr Gatte, der immer ausschweifender lebte, hielt jetzt eine Arbeiterin aus, dieselbe, die man die Bordelaise nannte. Frau Arnoux selbst erzählte das Frédéric. Er wollte daraus ein Argument für sich gewinnen, "da man sie ja betrüge".

"Oh, das beunruhigt mich weiter nicht!" erwiderte sie.

Diese Erklärung schien ihm ihre Intimität endgültig zu besiegeln. Mißtraute übrigens Arnoux ihnen?

"Nein, nicht mehr!"

Sie erzählte ihm, daß er sie beide eines Abends allein gelassen habe, dann zurückgekommen sei, um an der Tür zu horchen. Da sie von gleichgültigen Dingen sprachen, lebte er seit dieser Zeit in vollständiger Sicherheit.

"Und mit Recht, nicht?" erwiderte Frédéric bitter.

"Gewiß, natürlich!"

Sie hätte besser getan, das nicht zu sagen.

Eines Tages, als er zur gewohnten Stunde kam, fand er sie nicht zu Hause. Das erschien ihm wie ein Verrat.

Oft ärgerte er sich, daß die Blumen, die er ihr brachte, in ein Glas Wasser gesetzt wurden.

"Wohin sollte man sie denn tun?"

"Nicht dorthin! Übrigens vielleicht werden sie dort weniger kühl aufgehoben als an Ihrem Herzen."

Einige Zeit später warf er ihr vor, daß sie am Abend vorher in der italienischen Oper gewesen sei, ohne ihn zu benachrichtigen. Andere hatten sie gesehen, bewundert, vielleicht geliebt. Mit diesen Vorwürfen verfolgte er sie nur, um mit ihr zu zanken und sie zu quälen; denn er begann, sie zu hassen, es war ein Verlangen in ihm, daß sie einen Anteil an seinen Leiden habe.

Eines Nachmittags (gegen Mitte Februar) fand er sie sehr aufgeregt. Eugène klagte über Halsschmerzen. Allerdings hatte der Arzt gesagt, daß es nichts weiter als eine starke Erkältung, eine Grippe sei. Frédéric war über das fieberische Aussehen des Kindes erstaunt. Trotzdem beruhigte er die Mutter, zitierte mehrere Beispiele von Kindern dieses Alters, die dasselbe gehabt hätten und sehr schnell geheilt worden seien.

"Wirklich?"

"Ganz sicher!"

"Sie sind herzlich gut!"

Sie gab ihm die Hand, die er feurig in seiner festhielt.

"Oh, lassen Sie meine Hand!"

"Was macht das, Sie reichen sie ja nur dem Tröster! ... Sie halten mich für treu in solchen Lagen und zweifeln an mir ... wenn ich von meiner Liebe spreche!"

"Ich zweifle nicht an Ihnen, mein armer Freund!"

"Warum dann diese Angst? Als wenn ich ein Elender wäre, der Ihr Vertrauen mißbrauchen könnte –!"

"O nein! ..."

"Wenn ich doch nur einen Beweis hätte! ..."

"Was für einen Beweis?"

"Einen, den man dem ersten besten gibt, den Sie mir selbst schon gewährt haben."

Er erinnerte sie daran, daß sie einmal zusammen ausgegangen waren, an einem nebligen Winterabend, zur Dämmerstunde. Das alles lag jetzt so fern! Wer hinderte sie denn, sich wieder an seinem Arm zu zeigen, vor aller Welt, ohne Furcht von ihrer Seite, ohne Hintergedanken von seiner, ohne Rücksicht auf irgend jemanden, da sie ja auf niemanden Rücksicht zu nehmen hätten?

"Gut!" antwortete sie mit einer Kühnheit des Entschlusses, die Frédéric vorerst verblüffte.

Lebhaft sagte er:

"Wollen Sie, daß ich Sie an der Ecke der Rue Tronchet und der Rue de la Ferme erwarte?"

"Mein Gott! Lieber Freund ..." stammelte Frau Arnoux.

Ohne ihr Zeit zum Nachdenken zu lassen, fuhr er fort:

"Nächsten Dienstag, ja?"

"Dienstag?"

"Ja, zwischen zwei und drei Uhr!"

"Ich werde dort sein!"

Und in einer schamhaften Bewegung wandte sie das Gesicht ab. Frédéric preßte seine Lippen auf ihren Nacken.

"Oh, das ist nicht recht," sagte sie. "Wollen Sie, daß ich es bereue?"

Er verabschiedete sich, da er die bekannte Veränderlichkeit der Frauen fürchtete. Auf der Schwelle wiederholte er leise, als feststehende Verabredung: "Dienstag!"

Sie senkte ihre schönen Augen mit einem Ausdruck von Zurückhaltung und Resignation.

Frédéric hatte einen Plan:

Er hoffte, daß er Regen oder Sonnenschein werde zum Vorwand nehmen können, mit ihr in einen Hausflur einzutreten; einmal dort, würde sie auch mit ihm in das Haus gehen. Das Schwierige war nur, ein geeignetes zu entdecken.

Er ging also auf die Suche; in der Mitte der Rue Tronchet fand er ein Schild, auf dem er schon von weitem las: "Möblierte Zimmer."

Der Kellner, der seine Wünsche sofort verstand, zeigte ihm im Entresol ein Zimmer und ein Kabinett mit zwei Ausgängen. Frédéric mietete beide für einen Monat und bezahlte im voraus.

Dann ging er in drei Geschäfte und kaufte die erlesensten Parfüms; er besorgte ein Stück unechter Guipure, um die abscheuliche rotwollene Bettdecke damit zu ersetzen, und suchte ein Paar Pantoffel aus blauem Atlas aus; nur die Furcht, plump zu erscheinen, legte ihm eine gewisse Mäßigung in diesen Einkäufen auf. Er kam damit zurück, und andächtiger, als man Prozessionsaltäre errichtet, setzte er die Möbel um; er drapierte selbst die Vorhänge, stellte Heidekraut auf den Kamin und Veilchen auf die Kommode; am liebsten hätte er das ganze Zimmer mit Gold bedeckt. "Also morgen," sagte er zu sich, "morgen! Und ich träume nicht!" Im Freudenrausch über das, was er erhoffte, fühlte er sein Herz in stürmischen Schlägen klopfen; nachdem alles bereitet war, nahm er den Schlüssel zu sich, als könnte das Glück, das da im Zauberschlaf seiner wartete, sich sonst auf flüchtigen Zehen wieder fortstehlen.

Ein Brief seiner Mutter erwartete ihn zu Hause.

"Warum bleibst Du so lange fort? Dein Benehmen fängt an, lächerlich zu erscheinen. Ich begreife, daß Du bis zu einem gewissen Grade zuerst geschwankt hast vor dieser Verbindung; aber entscheide Dich endlich!"

Sie präzisierte die Sachlage: fünfundvierzigtausend Franken Rente. Übrigens "man sprach bereits davon," und Herr Roque erwartete eine endgültige Antwort. Was das junge Mädchen betreffe, so wäre ihre Situation unerquicklich. "Sie liebt Dich sehr."

Frédéric ließ den Brief liegen, ohne ihn zu Ende zu lesen, und öffnete einen anderen. Er war von Deslauriers.

"Lieber! Die Bombe ist reif. Deinem Versprechen gemäß rechne ich auf Dich. Zusammenkunft morgen bei Tagesanbruch, Place du Panthéon. Geh' ins Café Soufflot hinein. Ich muß Dich vor der Kundgebung sprechen!"

"Ach was, ich kenne das, diese Kundgebungen. Ich bedanke mich! Ich habe ein angenehmeres Stelldichein!"

Am nächsten Vormittag um elf Uhr war Frédéric unterwegs. Er wollte einen letzten Blick auf die Vorbereitungen werfen, und dann – wer weiß, sie konnte ja infolge eines Zufalls früher da sein. Als er aus der Rue Tronchet herauskam, hörte er hinter der Madeleine-Kirche einen großen Lärm, er ging weiter und bemerkte am anderen Ende des Platzes auf der linken Seite Blusenmänner und Bürger.

Ein in allen Zeitungen veröffentlichtes Manifest hatte nämlich alle, die sich zum Festessen der Reformierten gemeldet, an diesen Ort geladen. Unmittelbar darauf wurde es vom Ministerium in einem Anschlag verboten. Infolgedessen verzichtete die parlamentarische Opposition darauf, aber die Patrioten; die von der neuen Entschließung nichts wußten, waren zugleich mit einer großen Anzahl Neugieriger erschienen. Eine Abteilung von Hochschülern ging sofort zu Odillon Barrot. Eben war sie im Ministerium des Äußern, und man wußte nicht, ob das Festessen stattfinden, ob das Ministerium seine Drohungen wahrmachen und ob die Nationalgardisten kommen würden. Man schimpfte auf die Abgeordneten und auf die Regierung. Die Menge vermehrte sich immer noch, als mit einemmal der Refrain der Marseillaise durch die Lüfte zitterte.

Es war der Zug der Studenten, der herankam. Sie gingen in zwei Reihen im Schritt, in vollständiger Ordnung, aber mit gereizten Mienen und bloßen Händen; alle schrien von Zeit zu Zeit:

"Es lebe die Reform! Nieder mit Guizot!"

Frédérics Freunde waren sicherlich dabei. Sie konnten ihn bemerken und würden ihn dann mitschleppen. Er flüchtete sich schnell in die Rue de l'Arcade.

Als die Studenten zweimal die Runde um die Madeleine-Kirche gemacht hatten, gingen sie auf die Place de la Concorde hinunter. Der Platz war mit Menschen angefüllt; und die dicht gedrängte Menge sah in der Ferne aus wie eine Feldsaat schwankender schwarzer Ähren.

In demselben Augenblick formierte sich eine Schlachtreihe von Liniensoldaten links von der Kirche.

Aber die Gruppen blieben stehen. Schutzleute, um ein Ende zu machen, griffen die Widerspenstigen heraus und schleppten sie in brutaler Weise zur Wache. Frédéric war empört und blieb doch stumm; man hätte ihn mit den andern festnehmen können, und er hätte dann Frau Arnoux verpaßt.

Bald tauchten die Helme der Munizipalgardisten auf. Sie hieben mit der flachen Klinge um sich. Ein Pferd stürzte, man eilte herbei, ihm aufzuhelfen; sobald der Reiter wieder im Sattel war, flüchtete alles.

Eine tiefe Stille folgte. Der feine Regen, der den Asphalt benetzt hatte, fiel nicht mehr. Wolken zogen am Himmel vorbei, langsam durch den Ostwind getrieben.

Frédéric begann, die Rue Tronchet hinabzugehen, vor sich und hinter sich schauend.

Endlich schlug es zwei Uhr.

"Jetzt," sagte er sich, "jetzt geht sie aus dem Hause und kommt mir langsam näher;" eine Minute später: "Sie hätte schon da sein können." Bis drei Uhr suchte er sich zu beruhigen. "Nein, sie verspätet sich nicht; nur etwas Geduld!"

Um sich die Zeit zu verkürzen, betrachtete er die wenigen Geschäfte, eine Buchhandlung, eine Sattlerei, ein Trauermagazin. Bald kannte er alle Büchertitel, alle Geschirre, alle Stoffe. Die Ladenbesitzer, die ihn immer wieder kommen und gehen sahen, waren zuerst erstaunt, dann erschreckt und schlossen ihre Schaufenster.

Sicher war sie verhindert worden und litt selbst darunter. Aber welche Freude jetzt! – Denn sie würde kommen, das war ausgemacht! "Sie hat es mir so fest versprochen!" Trotzdem ergriff ihn eine unerträgliche Bangigkeit.

Eine unsinnige Idee trieb ihn in das Hotel, als wenn sie dort sein könnte. Vielleicht kam sie aber jetzt gerade vor der Tür an. Er stürzte wieder auf die Straße. Niemand? Und wieder begann er, auf dem Trottoir auf und ab zu gehen.

Er betrachtete die Risse im Pflaster, die Wasserspeier an den Dachrinnen, die Kandelaber, die Nummern über den Haustoren. Die winzigsten Gegenstände waren ihm wie lebendige oder wie ironische Zuschauer; und die regelmäßigen Fassaden der Häuser sahen ihn kalt und mitleidlos an. Die Füße froren ihm. Er glaubte, vor Niedergeschlagenheit zusammenbrechen zu müssen. Die Erschütterungen, die von seinen Schritten ausgingen, zitterten ihm im Kopfe nach.

Als er sah, daß die Uhr vier zeigte, empfand er eine Art Schwindel, ein Entsetzen. Er versuchte, Verse zu rezitieren, irgend etwas auszurechnen, den Anfang einer Novelle zu erfinden. Unmöglich! Das Bild von Frau Arnoux beherrschte ihn. Er hatte Lust, ihr entgegenzueilen. Aber welchen Weg einschlagen, ohne sie zu kreuzen?

Er hielt einen Dienstmann an, drückte ihm fünf Franken in die Hand und hieß ihn nach der Rue Paradis zu Jacques Arnoux gehen und sich beim Portier erkundigen, ob "die gnädige Frau zu Hause sei". Dann plazierte er sich an der Ecke der Rue Tronchet und der Rue de la Ferme so, daß er beide Straßen gleichzeitig überblicken konnte. Ganz hinten auf dem Boulevard sah er unbestimmte Menschenmassen vorüberziehen. Manchmal unterschied er den Federbusch eines Dragoners, einmal einen Frauenhut; da strengte er seine Augen an, um das Gesicht zu erkennen. Ein zerlumptes Kind, das ein Murmeltier in einem Kasten zeigte, bettelte ihn lächelnd an.

Der Mann mit der Samtjacke erschien wieder. "Der Portier hat sie nicht weggehen sehen." Was hielt sie zurück? Wenn sie krank wäre, so hätte man es gesagt. War Besuch gekommen? Den hätte man ja ohne Schwierigkeit abweisen können. Plötzlich schlug er sich vor die Stirn.

"Ich bin doch zu dumm! Der Aufstand ist schuld!" Diese natürliche Erklärung ließ ihn aufatmen. Dann sagte er sich plötzlich: "Aber ihre Straße ist ja ruhig." Ein abscheulicher Zweifel befiel ihn. "Wenn sie überhaupt nicht kommen wird?

Wenn ihr Versprechen nur ein Mittel war, mich loszuwerden? Nein! Nein!" Zweifellos verhinderte sie ein außergewöhnlicher Zufall, eines jener Ereignisse, die aller Voraussicht spotten. In diesem Falle hätte sie aber geschrieben. Er schickte den Hoteldiener in seine Wohnung, Rue Rumfort, zu sehen, ob kein Brief gekommen wäre.

Man hatte keinen Brief abgegeben. Es konnte also nichts Besonderes geschehen sein; das beruhigte ihn wieder.

In der Zahl der Geldstücke, die er aufs Geratewohl aus der Tasche nahm, in den Physiognomien der Vorübergehenden, in ihrer Haarfarbe suchte er eine Prophezeiung; wenn das Orakel ungünstig ausfiel, bemühte er sich, nicht daran zu glauben. In seinen Wutausbrüchen stieß er halblaut Schimpfworte gegen Frau Arnoux aus. Dann befiel ihn eine Schwäche, als müßte er umfallen, und wieder ein heftiges Aufflackern der Hoffnung. Jetzt wird sie erscheinen. Sie ist schon da, hinter ihm. Er drehte sich um: nichts! Einmal erblickte er, dreißig Schritt entfernt, eine Frau von demselben Wuchs, in denselben Kleidern wie sie. Er lief auf sie zu; sie war es nicht! Es wurde fünf Uhr! Halbsechs! Sechs! Das Gas wurde angezündet. Frau Arnoux war nicht gekommen.

Sie hatte in der vergangenen Nacht geträumt, daß sie lange, lange auf dem Trottoir der Rue Tronchet stände. Sie wartete dort auf irgend etwas, etwas Wichtiges, und ohne zu wissen, weshalb, hatte sie Angst, bemerkt zu werden. Ein verwünschter kleiner Köter, der sie verfolgte, hatte sich am Saum ihres Kleides festgebissen. Er ließ nicht locker und bellte immer heftiger. Frau Arnoux erwachte. Das Bellen des Hundes dauerte fort. Sie spannte ihr Ohr. Das kam aus dem Zimmer ihres Sohnes. Sie stürzte mit bloßen Füßen dahin. Es war das Husten ihres Kindes. Mit heißen Händen lag es da, hatte ein rotes Gesicht und eine schrecklich heisere Stimme. Die Atembeschwerden wurden mit jeder Minute schlimmer. Sie blieb bis zum Tagesanbruch über sein Bett gebeugt, ihn zu beobachten.

Um acht Uhr kam der Tambour der Nationalgarde Herrn Arnoux benachrichtigen, daß seine Kameraden ihn erwarten. Er zog sich eilends an und versprach, zugleich auch zu ihrem Arzt, Doktor Colot, zu gehen. Um zehn Uhr war dieser aber noch nicht gekommen, und so schickte Frau Arnoux ihr Stubenmädchen hin. Da hieß es, der Doktor sei verreist, auf dem Lande, und der junge Mann, der ihn vertrete, bei Patienten.

Eugène hielt seinen Kopf seitwärts gesenkt, und seine Augenbrauen zuckten unaufhörlich, seine Nasenflügel bebten; das arme kleine Gesicht war weißer als das Bettlaken; und aus seinem Kehlkopf drang bei jedem Atemzug ein Pfeifen, immer kürzer und trockner, metallisch. Es war ein Klang wie von dem schrecklichen Mechanismus, der in den "bellenden Hunden" aus Pappe tätig ist.

Frau Arnoux wurde von Entsetzen gepackt. Sie stürzte sich an den Glockenzug und schrie, als würde sie um Hilfe rufen:

"Einen Arzt! Einen Arzt!"

Zehn Minuten später kam ein alter Herr mit weißer Krawatte und grauem, wohlgepflegtem Backenbart. Er stellte eine Menge Fragen über die Gewohnheiten, das Alter und das Temperament des jungen Patienten, dann untersuchte er seinen Hals, horchte an seinem Rücken und verschrieb ein Rezept. Die Ruhe dieses Menschen hatte etwas Widerwärtiges. Er verbreitete Leichengeruch. Sie hätte ihn prügeln mögen. Er sagte, daß er abends wiederkommen werde.

Bald fingen die schrecklichen Hustenanfälle wieder an. Manchmal richtete sich das Kind jäh in die Höhe. In konvulsivischen Bewegungen zitterten die Muskeln an seiner Brust; bei jedem Atemzuge krümmte sich sein Leib, als wäre er nach zu schnellem Lauf am Ersticken. Dann fiel er zurück, den Kopf nach hinten geworfen, den Mund weit geöffnet. Mit unendlicher Vorsicht versuchte Frau Arnoux, ihm den Inhalt der Medizinflaschen, Brechwurzelsirup und ein Antimon-Elixier, einzuflößen. Er stieß den Löffel zurück, indem er mit schwacher Stimme ächzte. Er hauchte, statt zu sprechen.

Von Zeit zu Zeit las sie das Rezept wieder durch. Die Vorschriften erschreckten sie; vielleicht hatte der Apotheker sich geirrt! Daß sie jetzt ohne Hilfe war, brachte sie zur Verzweiflung. Endlich kam der Schüler des Doktor Colot.

Es war ein junger Mann von bescheidenem Wesen, ein Neuling in seinem Beruf, der den ernsten Eindruck, den er hatte, nicht verbarg. Er blieb zuerst unschlüssig, aus Furcht, sich bloßzustellen; dann verordnete er Eisumschläge. Es dauerte lange, bis Eis besorgt werden konnte. Dann platzte die Blase, die die Eisstücke enthielt. Man mußte das Hemd wechseln. Alles das verursachte einen neuen, schrecklicheren Anfall.

Das Kind begann, die Binden von seinem Halse abzureißen, als müßte es darin ersticken; es kratzte an der Wand und riß an den Vorhängen seines Bettchens, als wollte es einen Stützpunkt finden, an dem es Luft schöpfen könnte. Sein Gesicht war jetzt bläulich, und sein kleiner, mit kaltem Schweiß bedeckter Körper schien im Nu abgemagert zu sein. Seine verstörten Augen hefteten sich mit Entsetzen auf seine Mutter. Er umschlang ihren Hals und hing verzweifelt daran; und sie, ihre Tränen verschluckend, stammelte zärtliche Worte:

"Ja, mein Liebling, mein Engel, mein Schatz!"

Dann kamen wieder ruhigere Augenblicke.

Sie suchte Spielsachen, einen Bajazzo, ein Bilderbuch zusammen und breitete sie auf dem Bette aus, um ihn zu zerstreuen. Sie versuchte sogar, zu singen.

Sie begann ein Lied, das sie ihm ehemals vorgesungen hatte, als sie auf diesem selben kleinen gestickten Stuhl mit ihm saß und ihn wickelte. Aber er zitterte jetzt vom Kopf bis zu den Füßen, wie eine Wasserwelle unter einem Windstoß; seine Augäpfel traten hervor: sie glaubte, daß er nun sterben müsse, und wandte sich ab, um das nicht zu sehen.

Einen Augenblick später fand sie die Kraft wieder, ihn anzublicken. Er lebte noch. Die Stunden gingen hin, schwer, düster, endlos, trostlos; sie zählte die Minuten am Fortschreiten dieses Todeskampfes. Die Erschütterung seiner Brust schleuderte ihn nach vorn und drohte, ihn zu zerreißen; endlich erbrach er etwas Eigentümliches, das aussah wie eine Pergamentröhre. Was war das? Sie bildete sich ein, daß er ein Stück seiner Eingeweide von sich gegeben hätte. Er atmete jetzt frei und regelmäßig. Diese scheinbare Besserung erschreckte sie mehr als alles andere; sie saß wie versteinert, mit herabhängenden Armen und stierem Blick, als der Doktor Colot ankam. Er sagte, das Kind sei gerettet.

Sie begriff das Wort nicht sofort; sie ließ es sich noch einmal sagen. War das nicht eine der Tröstungen, wie sie die Ärzte anwenden? Der Doktor ging mit ruhiger Miene fort. Da überfiel sie eine Empfindung, als wenn die Stricke, die ihr Herz einschnürten, sich gelöst hätten.

"Gerettet! Ist es möglich!"

Plötzlich stand der Gedanke an Frédéric deutlich und unerbittlich vor ihr. Das war ein Fingerzeig der Vorsehung. Der Herr hatte in seiner Barmherzigkeit sie nicht ganz vernichten wollen! Welche Strafe würde sie später erwarten, wenn sie in dieser Liebe beharrt wäre! Ganz sicher, man würde ihren Sohn ihretwegen beschimpfen; schon sah ihn Frau Arnoux als jungen Mann, bei einem Duell verwundet, auf einer Bahre, wie man ihn sterbend nach Hause bringt. Sie fiel auf die Knie, und aus tiefstem Herzen, mit zum Himmel gewandter Seele, bot sie ihre erste Leidenschaft, ihre einzige Schwäche ihrem Gott als Opfer dar.

Frédéric war nach Hause zurückgekehrt. Er saß regungslos in seinem Fauteuil, ohne die Kraft, ihr noch zu fluchen. Eine Art Halbschlummer überfiel ihn, und wie im Traume hörte er den Regen tropfen; dabei war ihm, er stände immer noch unten auf dem Trottoir.

Am nächsten Morgen schickte er, noch ein letztes Mal von Feigheit übermannt, einen Dienstmann zu Frau Arnoux.

Ob nun der Savoyarde die Bestellung nicht ausgerichtet hatte, oder sie ihm zu viel zu sagen hatte, um sich mit einem Worte erklären zu können, eine Antwort kam nicht. Diese Unverschämtheit war zu stark! Ein stolzer Zorn ergriff ihn. Er schwor sich zu, keinen Wunsch mehr nach ihr zu haben, und wie ein Haufen Blätter, den ein Sturmwind wegfegt, verflog seine Liebe. Er fühlte eine Erleichterung, eine stoische Freude, dann einen wilden Tatendrang; und er ging aus und schlenderte aufs Geratewohl durch die Straßen.

Männer aus den Vorstädten zogen vorüber, mit Flinten und alten Säbeln bewaffnet, einige mit roten Mützen, und alle sangen die "Marseillaise" oder die "Girondins". Hier und da eilte ein Nationalgardist vorbei, um seinen Einberufungsort zu erreichen. Von fern hörte man Trommelwirbel. Man schlug sich an der Porte-Saint-Martin. In der Luft lag etwas Drohendes und Kriegerisches. Frédéric marschierte immer weiter. Die Bewegung der großen Stadt heiterte ihn wieder auf.

Als er bei Frascati stand, sah er zu den Fenstern der Marschallin hinauf; ein toller Einfall kam ihm, eine Regung seiner Jugend. Er überschritt den Boulevard.

Das große Tor wurde gerade geschlossen, und Delphine, das Kammermädchen, schrieb mit Kohle darauf: "Waffen abgeliefert"; sie rief ihm aufgeregt zu:

"Die gnädige Frau ist in einer schönen Verfassung! Sie hat heute morgen ihren Groom weggejagt, weil er sie beschimpft hat. Sie glaubt, daß überall geplündert werden wird! Sie stirbt vor Angst, überhaupt wo der gnädige Herr abgereist ist!"

"Welcher gnädige Herr?"

"Der Fürst!"

Frédéric betrat das Boudoir. Die Marschallin erschien im Unterrock, mit gelöstem Haar und ganz verstört.

"Wie schön von dir! Du kommst mich zu retten! Das ist nun das zweite Mal, – aber du verlangst keinen Lohn dafür, du!"

"Oh, bitte sehr," sagte Frédéric, indem er beide Arme um ihre Taille legte.

"Wie? Was tust du?" stammelte die Marschallin überrascht und belustigt.

Er antwortete:

"Ich mache die Mode mit, ich reformiere mich!"

Sie ließ sich auf das Sofa werfen und fuhr unter seinen Küssen zu lachen fort.

Den Nachmittag verbrachten sie damit, von ihrem Fenster aus das Treiben auf der Straße sich anzusehen. Dann führte er sie zu den Trois-Frères-Provençaux dinieren. Es war ein köstliches Mahl, und sie saßen lange. Da es keine Wagen gab, gingen sie dann zu Fuß nach Hause.

Die Nachricht von einem Wechsel des Ministeriums hatte die ganze Stadt verändert. Alle Welt war freudig erregt; eine Menge Spaziergänger waren auf den Straßen, und Lampions, die an allen Fenstern brannten, verbreiteten Tageshelle. Die Soldaten rückten abgemattet und mit traurigen Gesichtern wieder in ihre Kasernen ein. Sie wurden mit dem Ruf "Es lebe die Linie!" begrüßt, aber sie setzten ihren Weg fort, ohne zu antworten. Die Offiziere der Nationalgarde dagegen schwangen, rot vor Begeisterung, ihre Säbel und schrien:

"Es lebe die Reform!"

Über dieses Wort mußten die beiden immer wieder lachen. Frédéric machte Unsinn, er war sehr lustig.

Durch die Rue Duphot kamen sie auf die Boulevards. Venezianische Laternen leuchteten an den Häusern wie brennende Girlanden. Darunter wälzte sich eine wirre Menschenmasse dahin; inmitten dieser großen und dunklen Schatten aber blitzten hier und da weiße Lichter auf: Bajonette. Ein lärmendes Geschrei erhob sich. Die Menge war zu dicht, die Rückkehr auf dem direkten Wege unmöglich, und sie bogen in die Rue Caumartin ein, als hinter ihnen ein Geräusch, wie das Krachen eines ungeheuren Stückes Seide, das zerrissen wird, ertönte. Es war die Füsillade auf dem Boulevard des Capucines.

"Na, da müssen einige dran glauben," sagte Frédéric ruhig, – denn es gibt Situationen, wo der harmloseste Mensch von allen anderen so losgelöst ist, daß er das ganze Menschengeschlecht umkommen sehen könnte, ohne mit der Wimper zu zucken.

Der Marschallin, die an seinem Arme hing, klapperten die Zähne. Sie war unfähig, noch zwanzig Schritt weiter zu gehen. Da führte er sie, in einer Spitzfindigkeit des Hasses und um Frau Arnoux im Innern seiner Seele noch mehr zu beschimpfen, in das Hotel der Rue Tronchet, in das Zimmer, das für die andere hergerichtet war.

Die Blumen waren noch nicht verwelkt. Die Guipure lag auf dem Bette. Er zog die kleinen Pantoffel aus dem Schrank. Rosanette fand diese Aufmerksamkeiten sehr zart.

Gegen ein Uhr weckte sie ferner Trommelwirbel, da sah sie ihn schluchzen, das Gesicht in die Kopfkissen gedrückt.

"Was hast du denn, mein Liebling?"

"Es ist das Übermaß des Glückes," antwortete Frédéric. "Zu lange schon hab' ich mich nach dir gesehnt."

Drittes Buch

1.

Das Krachen einer Flintensalve weckte ihn jäh aus seinem Halbschlummer: trotz Rosanettes Vorstellungen wollte er um jeden Preis nachsehen, was vorging. Er eilte zu den Champs-Elysées hinunter, von wo die Schüsse kamen. An der Ecke der Rue Saint-Honoré traf er Blusenmänner, die ihm zuriefen:

"Nicht dahin! Zum Palais-Royal!"

Frédéric folgte ihnen. Man hatte das Gitter der Assomption-Kirche niedergerissen. Etwas weiter entfernt sah er drei Steinhaufen mitten auf dem Fahrdamm, den Anfang einer Barrikade, sowie Flaschenscherben und Drahtzäune, – die Kavallerie aufzuhalten. Plötzlich stürzte aus einem Seitengäßchen ein lang aufgeschossener blasser junger Mann heraus, dem die Haare über die Schultern herabhingen. Er trug ein altes Soldatengewehr und lief auf den Zehen, mit dem Gesichtsausdruck eines Nachtwandlers und der Geschmeidigkeit eines Tigers. Von Zeit zu Zeit hörte man eine Salve.

Am Abend vorher hatte der Anblick eines Karrens, auf den fünf Leichen von Opfern des Boulevard des Capucines geladen waren, die Taktik der Volksmenge geändert; während in den Tuilerien die Adjutanten einander im Audienzzimmer folgten, und Herr Molé, der ein neues Kabinett bilden sollte, nicht wieder erschien, an seiner Stelle Herr Thiers es versuchte, und während der König feilschte und zögerte, um schließlich Bugeaud den Oberbefehl zu erteilen, allerdings nur, damit er sich ihn nicht selber nehme, organisierte sich der Aufstand, wie von einer einzigen Hand geleitet, in unwiderstehlicher Weise. Männer von flammender Beredsamkeit harangierten die Menge an den Straßenecken; andere läuteten in den Kirchen Sturm; man goß Kugeln und rollte Patronen; die Bäume der Boulevards, die Bedürfnisanstalten, die Bänke, die Gitter, die Gasarme, alles wurde zerschlagen oder umgerissen; am anderen Morgen war Paris mit Barrikaden bedeckt. Die Staatsgewalt gab den Widerstand auf; überall legte sich die Nationalgarde ins Mittel; – so daß um acht Uhr das Volk mit oder ohne Anwendung von Gewalt im Besitz von fünf Kasernen und fast allen Bürgermeisterämtern, also der sichersten strategischen Stützpunkte, war. Ganz von selbst, ohne Erschütterung, hatte sich die Monarchie mit einem Male in nichts aufgelöst; augenblicklich griff man den Polizeiposten des Château-d'Eau an, um fünfzig Gefangene zu befreien, die gar nicht dort waren.

Frédéric mußte an der Ecke Halt machen. Bewaffnete Gruppen füllten den Platz, Kompagnien der Linie hatten die Rue Fromenteau und die Rue Saint-Thomas besetzt. Eine enorme Barrikade sperrte die Rue de Valois. Der Rauch, der auf ihr lag, teilte sich, Männer, die lebhaft gestikulierten, überstiegen die Barrikade und verschwanden, dann begann das Gewehrfeuer wieder. Vom Posten aus wurde das Schießen erwidert, ohne daß man jemanden im Innern sah; die Fenster waren mit Eichenläden dicht verwahrt und mit Schießscharten versehen; und das Gebäude mit seinen beiden Etagen, den zwei Flügeln, der Fontäne im Vorhof, der kleinen Tür in der Mitte wurde unter dem Anprall der Kugeln allmählich mit weißen Flecken bespritzt. Die aus drei Stufen bestehende Freitreppe blieb leer.

Dicht neben Frédéric zankte ein Mann, der eine griechische Mütze trug und eine Patronentasche über seiner gestickten Jacke hatte, mit seiner Frau. Sie sagte zu ihm:

"So komm doch wieder mit!"

"Laß mich in Ruhe!" erwiderte der Mann. "Du kannst das Haus ganz gut allein überwachen. Ich frage Sie, Bürger, ist das in Ordnung? Ich habe meine Pflicht immer getan, 1830, 1832, 1834 und 1839! Heute schlägt man sich! Ich muß mich mitschlagen! – Geh!"

Die Portiersfrau gab schließlich nach, bestärkt von einem Nationalgardisten, der neben ihnen stand, – ein Vierziger mit gutmütigem Gesicht und blondem Rundbart. Dieser Mann lud seine Waffe und feuerte, während er sich mit Frédéric unterhielt, ebenso ruhig mitten in der aufständischen Schar wie ein Blumenzüchter in seinem Garten. Ein junger Bursche mit einer Leinwandschürze ging ihm um den Bart, um Zündhütchen für sein Gewehr zu erbetteln, einen schönen Jagdkarabiner, den ihm "ein Herr" geschenkt hatte.

"Nimm dir hinten welche heraus", sagte der Mann von der Bürgerwehr, "und verschwinde! Du wirst dich noch totschießen lassen!"

Die Trommeln wirbelten zum Angriff. Gellendes Schreien und triumphierendes Hurrarufen erklang. Frédéric, der zwischen zwei dichten Massen eingeklemmt war, rührte sich nicht, gebannt im höchsten Grade und fast belustigt. Die Verwundeten, die niederfielen, die am Boden liegenden Toten sahen gar nicht wie wirkliche Verwundete, wirkliche Tote aus. Es war ihm, als wohnte er einem Schauspiel im Theater bei.

Mitten in der Menschenwelle, hoch über den Köpfen sah man einen schwarzgekleideten Mann; er saß auf einem Schimmel, der einen Samtsattel hatte; in der einen Hand hielt er einen grünen Zweig, in der anderen ein Blatt Papier, und beides schwenkte er unaufhörlich. Endlich gab er es auf, sich Gehör zu verschaffen, und verschwand.

Die Linientruppen hatten sich zurückgezogen, und die Schutzleute blieben allein da, um den Posten zu verteidigen. Ein Trupp Unerschrockener stürmte auf die Freitreppe; sie sanken zu Boden, und andere nahmen ihre Stelle ein; das Tor erzitterte unter den Schlägen, die mit Eisenstangen dagegen geführt wurden, aber die Verteidiger wankten nicht. Da wurde ein Wagen, der bis zum Rande mit brennendem Heu gefüllt war, wie eine Riesenfackel, an die Mauer gezogen. Reisigbündel, Stroh und ein Faß voll Weingeist schleppte man hinzu. Das Feuer züngelte an den Wänden hinauf, das Gebäude begann wie eine Schwefelgrube zu rauchen; und am Dachrand zwischen den Docken der Attika brachen große Flammenströme mit einem prasselnden Geräusch hervor. Der erste Stock des Palais-Royal hatte sich mit Männern der Bürgerwehr gefüllt. Aus allen Fenstern des Platzes wurde geschossen, die Kugeln pfiffen, das Wasser des zerschmetterten Springbrunnens mischte sich mit Blut und bildete Lachen auf dem Boden; man stolperte im Kot über Kleidungsstücke, Tschakos und Waffen. Frédéric fühlte etwas Weiches unter seinem Fuße; es war die Hand eines Sergeanten, der mit dem Gesicht im Rinnstein dahingestreckt lag. Immer kamen neue Volksmengen herbei, die die Kämpfenden an das Polizeigebäude herandrängten. Das Gewehrfeuer wurde stürmischer. Die Weinkneipen waren offen; man lief hinein, eine Pfeife zu rauchen oder einen Schoppen zu trinken, dann kehrte man in den Straßenkampf zurück. Ein verirrter Hund heulte; darüber mußte man lachen.

Frédéric wurde fast durch den Anprall eines Mannes umgeworfen, der ihm mit einer Kugel im Leib auf die Schulter fiel. Diese Kugel, die vielleicht ihm selbst bestimmt gewesen war, brachte Frédéric in Wut, und er wollte sich in den Kampf stürzen, als ein Nationalgardist ihn aufhielt.

"Es hat keinen Sinn mehr! Der König ist auf und davon! Wenn Sie mir nicht glauben, sehen Sie selbst nach!"

Diese bestimmte Erklärung beruhigte Frédéric. Die Place du Carrousel lag ruhig da. Das Hotel de Nantes stand einsam wie immer; und die Häuser im Hintergrunde, in der Mitte die Kuppel des Louvre, die lange Holzgalerie rechts und das leere Gelände, das sich bis zu den Baracken der fliegenden Händler hinzog, verschwammen in der grauen Färbung der Luft, in der ein fernes unbestimmtes Geräusch ertönte, – während am anderen Ende des Platzes ein fahles Licht, das zwischen den Wolken auf die Fassade der Tuilerien fiel, deren Fenster grell beleuchtete. Beim Arc de Triomphe lag ausgestreckt ein totes Pferd. Hinter den Gittern standen plaudernde Gruppen von fünf bis sechs Menschen. Die Tore des Schlosses waren geöffnet, die Diener ließen jeden passieren.

Unten in einem kleinen Saal standen noch Schalen mit Milchkaffee. Einige der Neugierigen setzten sich scherzend davor hin, die anderen blieben stehen, unter ihnen auch ein Droschkenkutscher. Er packte mit beiden Händen ein Gefäß, das voll Streuzucker war, sah sich erst ängstlich um und aß dann so gierig von dem Zucker, daß seine Nase sich darin vergrub. Am Fuße der großen Treppe schrieb ein Mann einen Namen in ein Register. Frédéric erkannte ihn von hinten.

"Ist das nicht Hussonnet?"

"Er selbst," antwortete der Bohème. "Ich gebe beim Hof meine Karte ab. Ein gelungener Spaß, was?"

"Kann man hinaufgehen?"

Sie kamen in den Saal der Marschälle. Die Bilder dieser berühmten Herren waren alle unversehrt, mit Ausnahme des Bugeaudschen, das ein Loch im Bauche hatte. Alle standen auf ihren Säbel gelehnt und mit einer Lafette im Hintergrund, in strenger Haltung, die zur gegenwärtigen Situation wenig paßte. Eine dicke Standuhr zeigte ein Uhr zwanzig Minuten.

Plötzlich erscholl die Marseillaise. Hussonnet und Frédéric lehnten sich über das Geländer. Das Volk rückte an. Auf die Treppe stürzte sich, in stürmisch bewegten Wellen, ein wirres Durcheinander von bloßen Köpfen, Helmen, roten Mützen, Bajonetten und Schultern, so ungestüm, daß man einzelne Menschen gar nicht erkennen konnte, sondern nur eine krabbelnde Masse, die unerbittlich höher und höher stieg wie ein im Herbststurm anschwellender Strom, brausend, einer Kraft gehorchend, gegen die es keinen Einhalt gab. Oben angekommen, zerteilte sich die Masse; der Gesang verstummte. Man hörte nichts mehr, als das Stampfen aller dieser Stiefel und das Gepolter der Stimmen. Die Menge war friedlich und begnügte sich damit, zu sehen. Aber dabei zertrümmerte mal auch ein Ellbogen, der sich zu beengt fühlte, eine Scheibe, oder eine Vase oder Statuette fiel von einer Konsole zu Boden. Die Täfelungen brachen. Alle Gesichter waren rot, der Schweiß lief in großen Tropfen herab. Hussonnet bemerkte:

"Die Helden riechen nicht gut!"

"Oh, Sie sind bissig!" erwiderte Frédéric.

Wider Willen vorwärts gestoßen, kamen sie in einen Saal, in dem an der Decke ein Baldachin von rotem Samt hing. Darunter saß auf dem Throne ein schwarzbärtiger Proletarier mit geöffnetem Hemde, der wie ein Affe grinste. Andere kletterten auf die Estrade, um sich an seine Stelle zu setzen.

"Das reine Märchen!" sagte Hussonnet. "Das Volk als Herrscher!"

Der Fauteuil wurde von vielen Händen gepackt, und nun sah es aus, als bewegte er sich schaukelnd durch den Saal.

"Donnerwetter! Wie er schwankt! Das Staatsschiff wiegt sich auf einer stürmischen See! Er tanzt ja Cancan!"

Man hatte ihn an ein Fenster geschleppt und stürzte ihn unter höhnischem Pfeifen hinaus.

"Armes altes Möbel!" sagte Hussonnet, als er den Sessel unten im Garten aufschlagen sah, wo er sofort ergriffen wurde – man schleppte ihn zur Place de la Bastille, um ihn zu verbrennen.

Und da endlich brach eine frenetische Freude aus, als wenn an Stelle des Thrones eine Zukunft von unbegrenztem Glück erschienen wäre; das Volk, weniger aus Rachedurst, als um seine Besitznahme unwiderruflich zu betätigen, zerbrach und zerstückelte die Spiegel, Vorhänge, Kronleuchter, Wandarme, Stühle, Tische, Tabouretts, alle Möbel, selbst die Albums mit Zeichnungen und die Arbeitskörbchen. Da man nun einmal gesiegt hatte, mußte man sich auch amüsieren! Der Pöbel staffierte sich in grimmigem Hohn mit Spitzen und Kaschmir aus. Goldfransen wickelten sich um Blusenärmel, Hüte mit Straußenfedern flogen auf die Köpfe von Schmiedegesellen, Ordensbänder der Ehrenlegion waren Schärpen für Prostituierte geworden. Jeder befriedigte seine Laune; die einen tanzten, andere tranken. In dem Zimmer der Königin schmierte eine Frauensperson ihre Haare mit Pomade; hinter einem Wandschirm spielten zwei Kerle Karten. Hussonnet zeigte Frédéric einen Mann, der, auf den Balkon gelehnt, einen Nasenwärmer rauchte; und diese allgemeine tolle Laune berauschte sich immer mehr an dem fortgesetzten Geklirr des zerbrechenden Porzellans und Kristalls, das schrill wie das Kreischen einer Harmonika klang.

Dann legte sich die Wut. Unanständige Neugierde konnte sich nicht genug tun, alle Kabinette, alle Winkel zu durchwühlen und alle Schiebladen zu öffnen. Galeerensträflinge griffen in die Betten der Prinzessinnen und wälzten sich darin, zum Trost dafür, daß sie sie nicht vergewaltigen konnten. Andere, mit ernsteren Gesichtern, schlichen geräuschlos umher und suchten etwas zu stehlen; aber dazu war die Menschenmenge zu groß. Durch die Türöffnungen sah man in der Zimmerflucht nichts, als diese dunkle Masse in einer Staubwolke zwischen den glitzernden Vergoldungen. Alle keuchten, die Hitze wurde immer beklemmender, und die beiden Freunde eilten hinaus, um nicht zu ersticken.

Im Vorzimmer stand ein öffentliches Mädchen auf einem Haufen Kleider als Statue der Freiheit, unbeweglich mit weitgeöffneten Augen und erschreckend anzusehen.

Sie hatten einige Schritte hinaus gemacht, als eine Anzahl Munizipalgardisten auf sie zukam, die ihre Mützen lüfteten und, die kahlen Köpfe entblößt, das Volk sehr tief grüßten. Bei dieser Respektbezeugung richteten sich die zerlumpten Sieger stolz auf. Und auch Hussonnet und Frédéric konnten nicht umhin, darüber eine gewisse Freude zu empfinden.

Tatendrang erfaßte sie, und sie kehrten zum Palais-Royal zurück. Am Eingang der Rue Fromenteau lagen Haufen von Soldatenleichen auf Stroh. Sie gingen daran kaltblütig vorüber und waren sogar stolz auf ihre tapfere Haltung.

Das Palais war mit Menschen überfüllt. In dem innern Hofe flammten fünf Holzstöße. Aus den Fenstern wurden Klaviere, Kommoden und Pendulen geschleudert. Löschpumpen sandten Wasserströme bis zum Dach hinauf. Strolche versuchten, die Schläuche mit Säbeln zu durchschneiden. Frédéric forderte einen Polytechniker auf, das zu verhindern. Dieser aber, ein dummer Mensch, begriff nicht, was Frédéric wollte. Rings umher in beiden Galerien überließ sich die Volksmenge, die sich der Weinkeller bemächtigt hatte, einer abscheulichen Völlerei. Der Wein floß in Strömen, und man watete darin, die Straßenjungen tranken aus den Flaschen und kreischten laut, wobei sie von einer Seite zur anderen taumelten.

"Machen, wir, daß wir fortkommen!" sagte Hussonnet, "dieses Volk widert mich an!"

Die ganze Galerie d'Orléans entlang lagen Verwundete auf Matratzen, mit purpurnen Vorhängen zugedeckt; kleine Bürgersfrauen aus der Nachbarschaft brachten ihnen Bouillon und Wäsche.

Da rief Frédéric aus:

"Man mag sagen, was man will! Ich finde das Volk großartig!"

Die große Vorhalle war voll von einem Schwarm rasender Menschen, die in die höheren Stockwerke dringen wollten, um alles übrige zu zerstören; auf den Treppenstufen bemühten sich Nationalgardisten, sie zurückzuhalten. Am wildesten benahm sich ein Jäger, der, barhäuptig, mit zerzausten Haaren und mit in Fetzen herabhängendem Lederzeug, um sich schlug. Sein Hemd sah zwischen seinem Beinkleid und seinem Rock hervor. Hussonnets Falkenauge erkannte trotz großer Entfernung Arnoux.

Sie eilten in den Tuileriengarten, um frische Luft zu schöpfen. Sie setzten sich auf eine Bank und blieben einige Minuten so mit geschlossenen Augen und derart betäubt, daß sie nicht die Kraft hatten, zu sprechen. Um sie herum bildeten sich Gruppen von Passanten. Die Herzogin von Orléans war zur Regentin ernannt worden; alles war erledigt, und man empfand das gewisse Wohlbehagen, das der schnellen Lösung einer Krise folgt, als plötzlich an jedem der Dachfenster des Schlosses Diener erschienen, die ihre Livreen in Fetzen rissen. Sie warfen sie, als Zeichen der Abschwörung, in den Garten hinunter. Das Volk pfiff sie aus, und sie verschwanden.

Die Aufmerksamkeit Frédérics und Hussonnets wurde aber von einem langen Burschen abgelenkt, der mit einem Gewehr auf der Schulter schnell zwischen den

Bäumen herankam. Ein Patronengürtel hielt seine rote Bluse zusammen, ein Taschentuch bedeckte seine Stirn unter der Mütze. Er drehte sich um. Es war Dussardier; er warf sich in ihre Arme.

"Was für ein Glück, meine Lieben!" Mehr konnte er nicht herausbringen, so keuchte er vor Ermüdung und Freude.

Seit achtundvierzig Stunden war er auf den Beinen. Er hatte an den Barrikaden im Quartier Latin mitgearbeitet, sich an der Rue Rambuteau geschlagen, drei Dragonern das Leben gerettet, war mit der Kolonne Dunoyer in die Tuilerien eingedrungen und dann in die Kammer und von da zum Stadthause gelaufen.

"Ich komme eben von da! Alles geht gut! Das Volk triumphiert! Die Arbeiter und die Bürger liegen sich in den Armen! Ach! Wenn ihr wüßtet, was ich gesehen habe! Was für tapfere Kerle! Wie schön das ist!"

Er bemerkte nicht, daß sie keine Waffen hatten, und fuhr fort:

"Ich war sicher, euch hier zu treffen! Na, einen Moment lang war es schon recht gefährlich, das muß man sagen!"

Ein Blutstropfen lief ihm an der Wange herunter; auf die Frage der beiden Freunde erwiderte er:

"Oh, nichts! Eine Schramme von einem Bajonett!"

"Aber Sie müssen sich verbinden lassen!"

"Ach, das macht nichts! Ich kann einen Stoß vertragen! Die Republik ist proklamiert! Jetzt werden wir glücklich sein! Mehrere Journalisten haben sich eben mit mir unterhalten; sie sagen, daß man jetzt Polen und Italien befreien werde! Keine Könige mehr! Wißt ihr, was das heißt? Die ganze Erde soll frei sein!"

Er streckte die Arme mit einer triumphierenden Bewegung weit aus; es war, als wollte er die Welt umarmen. Aber ein großer Menschenknäuel war auf der Terrasse am andern Ufer in lebhafter Bewegung.

"Donnerwetter! Das habe ich vergessen! Die Forts sind besetzt! Da muß ich hin! Adieu!"

Er drehte sich um und rief ihnen, sein Gewehr schwingend, zu:

"Es lebe die Republik!"

Aus den Kaminen des Schlosses brachen enorme Wolken von schwarzem Rauch hervor, in denen Funken sprühten. Das Läuten der Glocken hörte sich aus der Ferne wie ein erschrecktes Blöken an. Links und rechts, überall feuerten die Sieger ihre Gewehre ab. Und Frédéric, obwohl er keine kriegerischen Neigungen hatte, fühlte doch sein gallisches Blut aufwallen. Der Magnetismus der begeisterten Menge hatte ihn erfaßt. Wollüstig atmete er die gewitterschwangere, nach Pulver riechende Luft ein; und zugleich erschauerte er unter der Ahnung einer unermeßlichen Liebe, einer überwältigenden und großen Rührung, als schlüge das Herz der ganzen Menschheit in seiner Brust.

Hussonnet sagte gähnend:

"Es ist endlich Zeit, das Publikum zu belehren!"

Frédéric folgte ihm in sein Bureau auf der Place de la Bourse, wo er für die Zeitung in Troyes einen Bericht über die Ereignisse in lyrischem Stil, fast wie ein Gedicht, verfaßte, unter den er seinen Namen setzte. Dann aßen sie zusammen in einer Kneipe. Hussonnet war nachdenklich; die Exzentrizitäten der Revolution gingen denn doch noch über seine eigenen hinaus.

Nach dem Diner, als sie sich zum Stadthaus begaben, um etwas Neues zu erfahren, hatte sein Gassenjungen-Naturell wieder die Oberhand gewonnen. Er erkletterte die Barrikaden wie eine Gemse und rief den Schildwachen patriotische Zoten zu.

Beim Fackelschein wohnten sie der Proklamierung der provisorischen Regierung bei. Endlich, um Mitternacht, kam Frédéric, vor Müdigkeit umfallend, nach Hause.

"Nun," sagte er zu seinem Diener, der ihn auskleidete, "bist du zufrieden?"

"Gewiß, gnädiger Herr! Aber was mir nicht gefällt, das ist dieser Pöbel in den Straßen!"

Am anderen Morgen beim Aufwachen dachte Frédéric an Deslauriers. Er eilte zu ihm. Der Advokat, der zum Kommissar für eine Provinz ernannt worden war, war gerade abgereist. Am Abend hatte er es durchgesetzt, von Ledru-Rollin empfangen zu werden, und hatte ihm im Namen der Hochschüler einen Posten abgerungen. Übrigens, wie der Portier sagte, wollte er in der nächsten Woche schreiben, um seine Adresse anzuzeigen.

Dann ging Frédéric zur Marschallin. Sie empfing ihn ungnädig; sie war wegen seiner Nachlässigkeit ihr gegenüber böse. Ihr Ärger verschwand, als er ihr feierlich versicherte, der Friede sei wieder da. Alles sei ruhig, und es liege kein Grund mehr vor, sich zu fürchten; dabei küßte er sie. Da erklärte auch sie sich für die Republik, – wie es schon der Herr Erzbischof von Paris getan hatte, und wie es mit wunderbarem Eifer die Magistratur, der Staatsrat, das Institut, die Marschälle von Frankreich, Changarnier, Herr de Falloux, alle Bonapartisten, alle Legitimisten und eine Menge Orleanisten nach ihr tun sollten.

Der Sturz der Monarchie war so schnell erfolgt, daß nach dem ersten Schrecken die Bürger erstaunt waren, noch zu leben. Die summarische Hinrichtung einiger Diebe, die ohne Gerichtsverfahren erschossen wurden, erschien als eine vollständig korrekte Sache. Einen Monat lang führte man die Phrase Lamartines über die rote Fahne im Munde, "die sich nur auf dem Champs de Mars gezeigt hatte, während das dreifarbige Banner und so weiter". Unter dem Schutze der Trikolore gruppierten sich alle Parteien; aber jede sah von den drei Farben nur die ihrige, – sobald sie die Herrschaft wieder hatte, wollte sie die beiden anderen schon tilgen.

Da die Geschäfte vollständig unterbrochen waren, trieb die Unruhe und die Schaulust alle Welt auf die Straße. Die Vernachlässigung der Kleidung verwischte den Unterschied zwischen den sozialen Schichten, der Haß versteckte sich, die Hoffnungen machten sich breit, und jedermann befleißigte sich besonderer Sanftmut. Der Stolz auf ein errungenes Recht strahlte von allen Mienen. Es entstand eine Karnevalslustigkeit, die Ungebundenheit eines Soldatenlagers; nichts war amüsanter, als der Anblick von Paris in diesen Tagen.

Frédéric nahm die Marschallin unter seinen Arm und bummelte mit ihr durch die Straßen. Sie lachte über die Rosetten, die alle Knopflöcher schmückten, die Standarten, die aus allen Fenstern hingen, die vielfarbigen Ankündigungen, die an den Mauern klebten, und warf ab und zu etwas Geld in die Sammelbüchsen für die Verwundeten, die mitten auf der Straße auf einem Stuhle standen. Dann blieb sie vor den Karikaturen stehen, die Louis-Philippe als Zuckerbäcker, als Hanswurst, als Köter, als Blutegel darstellten. Allerdings erschreckten sie die Scharen Caussidières mit ihrem Säbel und ihrer Schärpe. Ein anderes Mal wurde ein Freiheitsbaum gepflanzt. Die Herren Geistlichen wohnten der Zeremonie bei; sie waren, von goldbetreßten Dienern eskortiert, gekommen, die Republik einzuweihen; die Menge fand das sehr nett. Das gewöhnliche Schauspiel war das einer Deputation, die irgend etwas im Hotel de Ville erreichen wollte, – denn jedes Handwerk, jede Industrie erwartete von der Regierung eine durchgreifende Abhilfe ihrer Misère. Einige andere freilich gingen nur hin, um gute Ratschläge zu erteilen oder Glück zu wünschen, oder ganz einfach, um eine Anstandsvisite zu machen und die neue Maschine in Betrieb zu sehen.

Gegen Ende März sah Frédéric eines Tages, als er wegen einer Besorgung für Rosanette im Quartier Latin den Pont d'Arcole passierte, einen Trupp von Männern mit langen Bärten und seltsamen Hüten des Weges kommen. Voran marschierte als Trommelschläger ein Mohr, der ein früheres Ateliermodell war; der Mann aber, der das Banner trug, auf dem die Inschrift "Kunstmaler" im Winde flatterte, war niemand anders als Pellerin.

Er bat Frédéric durch ein Zeichen, auf ihn zu warten, und kam wirklich nach fünf Minuten wieder; die Regierung empfange gerade eine Deputation von Steinmetzen. Er kam mit seinen Kollegen, um die Schöpfung eines Forums der Kunst zu verlangen, einer Art Börse, wo man die Interessen der Ästhetik verhandeln könne; erhabene Werke könnten dann entstehen, da die Künstler ihr Genie zusammentun würden. Mit gigantischen Monumenten müßte Paris bald bedeckt sein; er selbst würde die Dekoration übernehmen; er hatte sogar schon ein Bild der Republik zu malen angefangen. Einer seiner Kameraden kam ihn holen, denn die Deputation der Geflügelhändler war ihnen auf den Fersen.

"Torheit, Eselei!" brummte eine Stimme aus der Menge. "Lauter Schwindel! Nichts Ernstes!"

Es war Regimbart. Er grüßte Frédéric nicht, aber die Gelegenheit, seinen Zorn zu entladen, ließ er nicht vorübergehen.

Der Patriot brachte seine Tage damit zu, in den Straßen umherzustreichen; seinen Schnurrbart drehend, die Augen rollend, erhorchte und verbreitete er am liebsten die düsteren Nachrichten; er hatte nur zwei Redensarten im Munde: "Geben Sie acht, wir sind bald wieder in der Tinte!" Oder: "Zum Teufel, man eskamotiert uns die Republik!" Mit allem war er unzufrieden, am meisten aber damit, daß wir unsere natürlichen Grenzen immer noch nicht wieder errungen hätten. Wenn der Name Lamartine fiel, zuckte er die Achseln. Ledru-Rollin fand er "dem Problem nicht gewachsen", Dupont (aus dem Département de l'Eure) nannte er einen alten Einfaltspinsel, Albert einen Idioten, Louis Blanc einen Utopisten, Blanqui einen ganz besonders gefährlichen Menschen, und als Frédéric ihn fragte, was denn geschehenmüßte, antwortete er ihm – dabei drückte er seinen Arm, als wolle er ihn zerbrechen –:

"Den Rhein erobern, sage ich Ihnen! Den Rhein erobern!"

Dann schimpfte er über die Reaktion.

Sie zeige jetzt ihr wahres Gesicht. Die Plünderung der Schlösser von Neuilly und von Suresnes, der Brand von Batignolles, die Unruhen von Lyon, alle Exzesse, alle Beschwerden würden übertrieben, und nun auch noch dieses Zirkular Ledru-Rollins, der Zwangskurs der Banknoten, der Sturz der Rente auf sechzig Franken und schließlich als höchste Ungerechtigkeit, als letzter Stoß die Abgabe der fünfundvierzig Centimes! – Zu alledem käme endlich der Sozialismus! Obgleich seine Theorien, die nicht erschütternder seien als das Gänsespiel, seit vierzig Jahren so viel besprochen wären, daß man ganze Bibliotheken damit füllen könnte, brächten sie die Bürger aus dem Häuschen, als ob ein Hagel von Meteorsteinen vom Himmel gefallen wäre; und man stürze über sie mit jener Gehässigkeit her, die das erste Heraustreten jeder Idee bewirke, eben weil sie eine Idee ist; – jener Gehässigkeit, die sich später in Bewunderung verwandelt, und die nur verrät, daß jeder Gedanke, selbst wenn er mittelmäßig ist, Leute findet, die unter seinem Niveau stehen.

In Wahrheit, der Begriff "Eigentum" wuchs in jenen Tagen im allgemeinen Ansehen bis zur Höhe einer religiösen Vorstellung, und fast wurde er mit dem Begriffe Gottes eins. Jeder Angriff auf die Ordnung des Besitzes erschien wie ein Sakrileg, wie Menschenfresserei. Trotz der humansten Gesetzgebung, so sagt man, müsse man fürchten, das Gespenst von dreiundneunzig wieder auftauchen zu sehen, und das Messer der Guillotine durchzitterte alle Silben des Namens Republik – was nicht hinderte, daß man diese wegen ihrer Schwäche doch mißachtete. Frankreich, das keinen Herrn mehr über sich fühlte, begann vor Bestürzung zu schreien, wie ein Blinder ohne Stab, wie ein kleiner Junge, der sein Kindermädchen verloren hat.

Unter allen Franzosen war der, der am meisten Angst hatte, Herr Dambreuse. Die neue Lage bedrohte sein Vermögen, vor allem aber strafte sie seine Klugheit Lügen. Ein so gutes System, ein so weiser König! War es denn möglich? Die Welt ging unter! Schon am nächsten Tage entließ er drei Dienstboten, veräußerte er seine Pferde, kaufte er sich, um auf die Straße zu gehen, einen weichen Hut, und er dachte selbst daran, sich einen Bart wachsen zu lassen; er blieb tagelang zu Hause, in sich zusammengesunken, dem bitteren Reiz sich überlassend, gerade *die* Zeitungen zu lesen, die seinen Ideen am feindlichsten entgegentraten. Er wurde so verdüstert, daß nichts ihn mehr lächeln machen konnte, nicht einmal die Scherze über die Pfeife von Flocon.

Da er eine Stütze der alten Regierung gewesen war, fürchtete er die Vergeltung des Volkes an seinen Besitzungen in der Champagne, – da kamen ihm die Ausführungen Frédérics unter die Augen. Er malte sich aus, daß sein junger Freund eine sehr einflußreiche Persönlichkeit sei und, wenn ihm auch vielleicht nicht dienen, ihn doch verteidigen könnte, und so erschien eines Morgens Herr Dambreuse, begleitet von Martinon, in Frédérics Wohnung.

Wie er sagte, hatte dieser Besuch keinen anderen Zweck, als mit Frédéric zu plaudern. Im großen Ganzen freue er sich über die Ereignisse, und mit vollem Herzen begrüßte er "unsere erhabene Devise: Freiheit, Gleichheit, Brüderlichkeit, da er im Grunde immer Republikaner gewesen sei". Wenn er unter der bisherigen Regierung für das Ministerium gestimmt hätte, so wäre das nur geschehen, um seinen unausbleiblichen Sturz zu beschleunigen! Er schimpfte sogar auf Herrn Guizot, "der uns in eine hübsche Patsche gebracht hat, – das müssen Sie doch zugeben!" Dagegen bewunderte er Lamartine sehr, der sich "meiner Treu großartig benommen hat, namentlich, was die rote Fahne ..."

"Ja, ich weiß," unterbrach ihn Frédéric.

Dann beteuerte er seine Sympathie für die Arbeiter.

"Denn schließlich sind wir, mehr oder weniger, alle Arbeiter!" Er trieb die Unparteilichkeit so weit, anzuerkennen, daß Proudhon Logik besitze. "Oh, gewiß, viel Logik! Donnerwetter!" Dann plauderte er mit der Flinkheit einer überlegenen Intelligenz von der Kunstausstellung, wo er Pellerins Bild gesehen hatte. Er fand es originell, gut gemalt.

Martinon unterstützte alle diese Worte durch zustimmende Bemerkungen; auch er war der Ansicht, daß man "sich ohne Rückhalt der Republik anschließen müsse", er sprach von seinem Vater, der Landmann sei, spielte sich selbst als den Bauer, den Mann aus dem Volke auf. Bald kam man auf die Wahlen für die Nationalversammlung und auf die Kandidaten in dem Arrondissement de la Fortelle. Der von der Opposition hätte keine Aussicht.

"Sie sollten seinen Platz einnehmen!" sagte Herr Dambreuse.

Frédéric wehrte ab.

"Warum nicht?" Er würde die Stimmen der Radikalen wegen seiner persönlichen Ansichten und die der Konservativen mit Rücksicht auf seine Familie bekommen! "Und dann", fügte der Bankier lächelnd hinzu, "vielleicht auch ein wenig durch meinen Einfluß."

Frédéric wandte ein, daß er nicht wisse, wie man derlei mache. Nichts wäre einfacher, wenn er sich nur von einem Klub der Hauptstadt den Patrioten des Aube-Departements empfehlen ließe. Es handle sich darum, nicht ein bloßes Glaubensbekenntnis, wie man es jetzt täglich höre, sondern eine ernsthafte Auseinandersetzung über politische Grundsätze hören zu lassen.

"Bringen Sie mir so etwas; ich weiß, was für die Gegend paßt! Und Sie könnten, ich wiederhole es, große Dienste dem Lande, uns allen, mir selbst erweisen!"

In solchen Zeiten müßte man sich übrigens gegenseitig aushelfen, und wenn Frédéric etwas brauche, er oder seine Freunde ...

"Besten Dank, Herr Dambreuse!"

"Natürlich auf Revanche!"

Der Bankier war ein braver Mann, das stand fest. Frédéric konnte sich nicht enthalten, über seinen Rat nachzudenken; und bald erfaßte ihn ein seltsamer Rausch. Die großen Männer des Konvents zogen vor seinen Augen vorbei. Eine strahlende Morgenröte kam herauf. Rom, Wien, Berlin waren im Aufstand, die Österreicher aus Venedig verjagt; ganz Europa erzitterte. Es war die Stunde, sich in die Bewegung zu stürzen, sie vielleicht zu beschleunigen; und dann, auch an das Kostüm mußte er denken, das die Deputierten, wie man sagte, tragen würden. Er sah sich im Geiste schon in einem Wams mit Aufschlägen, mit einer dreifarbigen Schärpe; und diese Halluzination, dieser Kitzel wurde so stark, daß er sich Dussardier anvertraute. Der Enthusiasmus des wackeren Burschen wankte nicht.

"Gewiß, natürlich! Kandidieren Sie!"

Trotzdem zog Frédéric Deslauriers zu Rate. Die blöde Opposition, die dem Kommissär in seiner Provinz entgegentrat, hatte ihn in seinem Liberalismus noch mehr bestärkt. Umgehend redete er ihm brieflich auf das Energischste zu.

Aber Frédéric hatte das Bedürfnis, von mehr Menschen in seinem Vorhaben bestärkt zu werden, und er entdeckte sich eines Tages Rosanette, als gerade die Vatnaz bei ihr war.

Fräulein Vatnaz war eines jener Pariser alleinstehenden Mädchen, die jeden Abend, wenn sie ihre Stunden gegebenoder versucht haben, kleine Malarbeiten oder Manuskripte zu Geld zu machen, mit Straßenkot am Unterrock nach Hause kommen, sich ihr Essen kochen, es allein verzehren und dann, die Füße auf einer Wärmflasche, beim Schein einer unsauberen Lampe, von Liebe, einer Familie, einem Heim, Reichtum, kurz, von allem, das ihnen fehlt, träumen. Natürlich hatte sie, wie viele andere, in der Revolution das Anbrechen der Vergeltung begrüßt, und so gab sie sich jetzt einer zügellosen sozialistischen Propaganda hin.

Die Befreiung der Proletarier war, wie sie sagte, nur durch die Befreiung der Frau möglich. Sie wollte die Zulassung der Frauen zu allen Ämtern, die "Recherche de la paternité", ein anderes Strafgesetz, die Abschaffung oder zum mindesten "eine intelligentere gesetzliche Regelung der Ehe". Die Ammen und Hebammen müßten vom Staate bezahlte Beamte sein, ebenso müßte es eine Jury geben, um die Werke von Frauen zu prüfen, besondere Verleger für Frauen, eine Polytechnische Schule für Frauen, eine Nationalgarde für Frauen, kurz, alles für Frauen! Und da die Regierung ihre Rechte verkannte, so müßten sie die Gewalt mit der Gewalt besiegen. Zehntausend Bürgerinnen mit guten Gewehren würden das Stadthaus schon erzittern machen!

Die Kandidatur Frédérics erschien ihren Ideen günstig. Sie ermutigte ihn, indem sie ihm die Lockungen des Ruhmes vormalte. Rosanette war selig, einen Geliebten zu haben, der in der Kammer sprechen würde.

"Und dann wird man dir vielleicht einen guten Posten geben."

Frédéric, keiner Schwäche unzugänglich, wurde von der allgemeinen Tollheit angesteckt. Er arbeitete eine Rede aus und ging zu Herrn Dambreuse, sie ihm vorzulegen.

Beim Geräusch des Straßentores, das zufiel, öffnete sich ein Fenstervorhang, eine Frauengestalt zeigte sich. Er hatte keine Zeit, sie zu erkennen; aber als er im Vorzimmer war, hielt ihn ein Gemälde fest, das Gemälde Pellerins, das, jedenfalls provisorisch, auf einem Stuhle lehnte.

Es sollte die Republik oder den Fortschritt oder die Zivilisation darstellen, und zwar in der Gestalt Jesu Christi, der eine Lokomotive führte, die durch einen Urwald dahinjagte. Frédéric rief laut aus:

"Das ist schauerlich!"

"Nicht wahr?" sagte Herr Dambreuse, der eben erschienen war und glaubte, daß sich Frédérics Ausdruck nicht auf die Malerei, sondern auf die darin verherrlichte Idee beziehe. Auch Martinon kam dazu. Sie gingen in das Kabinett, und Frédéric zog sein Papier aus der Tasche, als Fräulein Cécile plötzlich eintrat und mit naiver Miene fragte:

"Ist meine Tante hier?"

"Nein! Du weißt es ja ganz gut!" erwiderte der Bankier. "Übrigens, genieren Sie sich nicht, mein Fräulein!"

"O danke, ich gehe wieder."

Kaum war sie draußen, da tat Martinon, als wenn er sein Taschentuch suchte.

"Ich habe es in meinem Überrock vergessen, entschuldigen Sie mich!"

"Gern!" erwiderte Herr Dambreuse.

Augenscheinlich durchschaute er dieses Manöver und schien es sogar zu begünstigen. Weshalb? Aber bald kam Martinon zurück, und Frédéric begann mit seiner Rede. Bei der zweiten Seite schon, die das Überwiegen der pekuniären Interessen als eine Schande bezeichnete, schnitt der Bankier ein Gesicht. Dann, auf die Reformen kommend, trat Frédéric für den Freihandel ein.

"Wie ...? Aber erlauben Sie!"

Der Redner hörte ihn nicht und fuhr fort. Er verlangte Steuern auf die Rente, progressive Abgaben, einen europäischenBund, Volksbildung und die weitestgehende Förderung der schönen Künste.

"Wenn das Land Männern wie Delacroix und Hugo hunderttausend Franken Rente aussetzte, was schadet das?"

Das Ganze endigte in Ratschlägen an die oberen Schichten:

"Sparet nicht mit eurem Gelde, ihr, die ihr reich seid! Gebt! Gebt!"

Er hielt inne und blieb aufrecht stehen. Seine beiden Zuhörer saßen da, ohne sich zu äußern. Martinon sperrte die Augen auf. Herr Dambreuse war ganz blaß. Endlich sagte dieser, seine Bewegung unter einem sauersüßen Lächeln verbergend:

"Ausgezeichnet ist Ihre Rede!" Er lobte die Form sehr, um über den Inhalt nichts sagen zu müssen.

Diese Giftigkeit von seiten eines harmlosen jungen Mannes erschreckte ihn, namentlich als Symptom. Martinon versuchte, ihn zu beruhigen. Die konservative Partei würde schon bald ihre Revanche nehmen; in verschiedenen Städten hätte man die Kommissare der provisorischen Regierung verjagt; die Wahlen wären erst auf den dreiundzwanzigsten April anberaumt, und bis dahin sei noch lange Zeit. Mit einem Wort, Herr Dambreuse müßte selbst in dem Departement kandidieren; und zu diesem Zwecke verließ ihn Martinon nicht mehr, er machte sich zu seinem Sekretär und umgab ihn mit kindlicher Sorge.

Frédéric kam, von sich selber sehr entzückt, zu Rosanette. Delmar war dort und teilte ihm mit, daß er "definitiv" als Kandidat im Seine-Departement auftreten würde. In einer Ankündigung, die an das "Volk" gerichtet war und in der er dieses duzte, rühmte sich der Schauspieler, daß "er" das Volk verstehe und daß er sich für das Heil seiner Mitmenschen "durch die Kunst habe kreuzigen lassen", so daß er sich als die Verkörperung, als das Ideal des Volkes betrachten könne. Er glaubte wirklich, einen enormen Einfluß auf die Massen zu haben, – das ging so weit, daß er später einmal in einem Ministerial-Bureau sich anheischig machte, ganz allein einen Aufstand zu bewältigen, und auf die Frage nach den Mitteln, die er anwenden würde, antwortete:

"Fürchten Sie nichts! Ich werde mich den Leuten zeigen!"

Frédéric, um ihn niederzuschmettern, kündigte ihm seine eigene Kandidatur an. Der Komödiant aber stellte sich ihm, als er sah, daß sein zukünftiger Kollege auf die Provinz hinzielte, ganz zur Verfügung und bot ihm an, ihn in die Klubs zu bringen.

Alle wurden von ihnen besucht, oder doch fast alle, die roten und die blauen, die exaltierten und die gemäßigten, die puritanischen, die schamlosen, die mystischen und die trinklustigen, die, in denen man den Tod aller Könige dekretierte, und die, in denen man die Verfälschung der Lebensmittel aufdeckte; überall verwünschten die Mieter die Hausbesitzer, die Bluse griff den schwarzen Rock an, und überall hieß es, die Reichen hätten sich gegen die Armen verschworen. Einige wollten Entschädigungen als ehemalige Opfer der Polizei, andere bettelten um Geld, damit sie Erfindungen verwerten könnten, dann waren es wieder Pläne von Phalansterien, die man hörte, Projekte von Bezirks-Bazaren, Systeme zur allgemeinen Volksbelustigung; – ab und zu ein Strahl von Geist in all diesen Wolken von Dummheit, ein jäher Fluch, wie ein Kotspritzer hingeworfen, blumenreiche Reden im Munde irgendeines Flegels, der ein Degengehänge über der bloßen Brust trug. Dann tauchte zuweilen auch ein Aristokrat mit auffallend bescheidenem Benehmen auf, der plebejische Ansichten verfocht und sich die Hände nicht gewaschen hatte, um sie rauher erscheinen zu lassen. Irgendein Patriot erkannte ihn, selbst die Harmlosesten mißhandelten ihn, und er verschwand mit unterdrückter Wut. Um gesunden Menschenverstand zu beweisen, mußte man die Advokaten verdammen und möglichst häufig mit den Ausdrücken: "seinen Stein zum Gebäude beitragen, – soziales Problem, – Werkstätte" um sich werfen.

Delmar ließ keine Gelegenheit entschlüpfen, das Wort an sich zu reißen, und wenn ihm gar nichts zu sagen einfiel, war sein letztes Mittel dies, daß er sich, die Faust an der Hüfte, den anderen Arm in der Weste, aufpflanzte und sich plötzlich seitwärts drehte, um sein Profil möglichst scharf zu zeigen. Dann hörte man Beifall klatschen, von Fräulein Vatnaz, die im Hintergrunde des Saales stand.

Frédéric wagte sich, trotz der Schwäche der anderen Redner, nicht heraus. Alle diese Leute erschienen ihm zu ungebildet oder zu gehässig.

Dussardier machte sich jedoch auf die Suche und kündigte ihm an, daß in der Rue Saint-Jacques ein Klub existiere, der sich der "Klub der Intelligenz" nenne. Ein solcher Name ließ viel hoffen. Übrigens wollte er Freunde mitbringen.

Er schleppte die heran, die er zu seinem Punsch eingeladen hatte, den Buchhalter, den Weinreisenden, den Architekten; sogar Pellerin war gekommen, und Hussonnet sollte vielleicht noch erscheinen. Auf dem Trottoir vor der Tür stand Regimbart mit zwei Männern, von denen der eine sein getreuer Compain war, ein kleiner dicker Mann mit Pockennarben und roten Augen, und der andere eine Art Mischung von einem Neger und einem Affen, ein ungewöhnlich behaarter Geselle, den er nur als einen "Patrioten aus Barcelona" kannte.

Sie passierten einen Gang und wurden in einen großen Raum geführt, augenscheinlich eine Tischlerwerkstatt, mit noch feuchten Wänden, die nach Gips rochen. Vier in gleicher Richtung angebrachte Lampen gaben ein unangenehmes Licht. Auf einer Erhöhung im Hintergrunde stand ein Schreibtisch mit einer Glocke, etwas darunter ein Tisch, der als Rednertribüne diente, und auf beiden Seiten zwei niedrigere für die Sekretäre. Die Zuhörerschaft, die die Bänke schmückte, bestand aus alten Farbenreibern, Hauslehrern und ungedruckten Literaten. Zwischen diesen Röcken mit fettigen Kragen sah man stellenweise die Haube einer Frau oder das Schurzfell eines Arbeiters. Der Hintergrund des Saales war sogar voll von Arbeitern, die wohl aus Müßiggang gekommen oder von den Rednern mitgebracht worden waren, um zu applaudieren.

Frédéric war darauf bedacht, sich zwischen Dussardier und Regimbart zu setzen, der, kaum daß er sich gesetzt hatte, seine beiden Hände auf einen Stock, sein Kinn auf beide Hände stützte und die Augen schloß, während am anderen Ende des Saales Delmar, hochaufgerichtet, die Versammlung beherrschte.

Am Präsidententisch erschien Sénécal.

Der gute Kommis hatte gedacht, daß diese Überraschung Frédéric Freude machen würde; aber sie war ihm schrecklich.

Die Menge erwies dem Präsidenten große Ehrerbietung. Er gehörte ja zu denen, die am fünfundzwanzigsten Februar die sofortige Organisation der Arbeiter verlangt hatten; den Tag darauf hatte er im Prado für den Angriff auf das Stadthaus gestimmt; und wie sich damals jeder ein Vorbild aussuchte, der eine Saint-Just, ein anderer Danton, ein dritter Marat kopierte, so suchte er seinerseits Blanqui gleichzukommen, der wiederum Robespierre nachahmte. Seine schwarzen Handschuhe und kurzgeschorenen Haare gaben ihm ein strenges, vertrauenerweckendes Aussehen.

Er eröffnete die Sitzung mit der Verlesung der Menschen- und Bürgerrechte, der üblichen Formalität. Dann stimmte eine kräftige Kehle die "Souvenirs du Peuple" von Béranger an.

Aber andere riefen dazwischen:

"Nein, nein! nicht das!"

"La casquette!" brüllten die Patrioten im Hintergrunde.

Und sie sangen im Chor das Gedicht des Tages:

"Hut ab vor meiner Mütze
Und auf die Knie vor mir!"

Auf ein Wort des Präsidenten trat Stille ein. Einer der Schriftsteller begann die eingegangenen Briefe zu verlesen.

Mehrere junge Leute teilten mit, daß sie jeden Abend vor dem Panthéon eine Nummer der "Assemblée nationale" verbrennen, und forderten alle Patrioten auf, ihrem Beispiel zu folgen.

"Bravo! Angenommen!" antwortete die Menge.

"Der Bürger Jean-Jacques Langreneux, Typograph, Rue Dauphine, möchte, daß man ein Denkmal zur Erinnerung an die Märtyrer des Thermidor errichte."

"Michel-Evariste-Népomucène Vincent, ehemaliger Lehrer, spricht den Wunsch aus, daß die europäische Demokratie die Einheit der Sprache annehme. Man könnte sich, meint er, einer klassischen Sprache bedienen, zum Beispiel eines modernisierten Latein."

"Nein! Nicht Latein!" schrie der Architekt.

Ein Schulinspektor wandte sich an ihn: "Warum?"

Die beiden Herren kamen in einen Streit, in den sich auch andere mengten, und in dem jeder durch Geist verblüffen wollte; die Sache wurde bald so langweilig, daß sich viele aus dem Staube machten.

Ein kleiner Greis aber, der auf seiner ungewöhnlich hohen Stirn eine grüne Brille hatte, verlangte das Wort, um eine höchst dringende Mitteilung zu machen.

Er verlas eine Denkschrift über die Verteilung der Steuern. Ein Strom von Ziffern ergoß sich alsbald und nahm kein Ende! Die Ungeduld machte sich zuerst in Gemurmel und Gesprächen Luft; nichts störte ihn. Dann begann man zu zischen, man pfiff sogar; Sénécal rief das Publikum zur Ruhe; der Redner fuhr wie eine Maschine fort. Man mußte ihn endlich am Arm schütteln, um ihn zum Aufhören zu bringen. Der arme Mann sah aus, als wäre er von einem Traume erwacht; er hob langsam seine Brille und sagte:

"Verzeihung, Mitbürger! Verzeihung! Ich gehe schon! Bitte vielmals um Verzeihung!"

Der Mißerfolg dieser vorgelesenen Rede brachte Frédéric aus der Fassung. Auch er hatte seinen Diskurs in der Tasche; eine Improvisation wäre besser gewesen.

Endlich kündigte der Präsident an, daß man auf den wichtigsten Punkt, die Frage der Wahlen, übergehe. Man werde über die großen republikanischen Listen kein Wort verlieren. Der Klub der Intelligenz hätte ebensogut wie ein anderer das Recht, eine Liste aufzustellen, "mit Verlaub der Herrn Paschas vom Stadthause", und die Bürger, die sich um das Mandat des Volkes bewerben wollten, könnten jetzt ihre Ansprüche begründen.

"Melden Sie sich!" rief Dussardier.

Ein Mann in einer Soutane, mit krausem Kopf und finsterem Gesicht, hatte schon die Hand in die Höhe gehoben. Er erklärte stammelnd, daß er Ducretot heiße, Priester und Agronom sei und ein Werk über Dünger geschrieben habe. Man sagte ihm, er solle sich an eine Gartenbaugesellschaft wenden.

Dann bestieg ein Patriot in einer Bluse die Tribüne, ein Plebejer mit breiten Schultern, einem dicken, sehr sanften Gesicht und langen schwarzen Haaren. Er ließ einen schwärmerischen, fast lüsternen Blick über die Versammlung schweifen, warf den Kopf zurück und begann endlich, indem er die Arme ausbreitete:

"Ihr habt Ducretot abgewiesen, meine Brüder! Und ihr habt recht getan, aber es geschah nicht aus Unglauben, denn wir sind alle religiös."

Mit offenem Munde hörte man ihm zu, mit der Andacht von Konfirmanden und in verzückten Stellungen.

"Auch nicht, weil er Priester ist, denn auch wir sind Priester! Der Arbeiter ist Priester, wie es der Gründer des Sozialismus gewesen ist, unser aller Herr, Jesus Christus!"

Der Augenblick wäre gekommen, die Herrschaft Gottes einzusetzen! Das Evangelium führe geradeaus auf neunundachtzig! Nach der Abschaffung der Sklaverei die Abschaffung des Proletariats! Das Zeitalter des Hasses sei vorüber, jetzt beginne das Zeitalter der Liebe.

"Das Christentum ist der Grundstein des neuen Gebäudes ..."

"Der macht sich wohl lustig über uns?" schrie da der Weinreisende. "Wo kommt der Pfaffe her?"

Diese Unterbrechung verursachte einen großen Skandal. Fast alle stiegen auf die Bänke und brüllten mit geballten Fäusten:

"Atheist! Aristokrat! Kanaille!", während die Glocke des Vorsitzenden unaufhörlich klingelte und die Rufe "zur Ordnung! zur Ordnung!" ertönten. Unerschrocken und im übrigen durch "drei Kaffees" gekräftigt, die er vor der Versammlung zu sich genommen hatte, wehrte sich der Angegriffene. "Was, ich? Ich ein Aristokrat? Lächerlich!"

Nachdem er sich endlich Gehör verschaffen konnte, erklärte er, daß man mit den Priestern niemals werde ruhig zusammen leben können; und da man gerade von Ersparnissen gesprochen habe – am besten wäre es, die Kirchen, die Monstranzen und schließlich den ganzen Gottesdienst abzuschaffen.

Jemand wandte ein, daß er sehr weit gehe.

"Jawohl! Ich gehe weit! Aber wenn ein Schiff durch den Sturm überrascht wird ..."

Ohne das Ende des Vergleichs abzuwarten, rief ein anderer:

"Aber man darf doch nicht mit einem Schlage alles demolieren, wie ein unverständiger Maurer ..."

"Sie beschimpfen die Maurer!" brüllte ein mit Gipsstaub bedeckter Bürger; er ließ sich davon nicht abbringen, daß er angegriffen worden sei, stieß unausgesetzt Schimpfworte aus, wollte sich schlagen und klammerte sich an seiner Bank fest. Drei Männer waren kaum stark genug, ihn hinauszuwerfen.

Während dieser Zeit war der Arbeiter immer noch auf der Tribüne geblieben. Die beiden Schriftführer forderten ihn auf, dieselbe zu verlassen. Er protestierte gegen diese Zurücksetzung.

"Sie werden mich nicht hindern, zu rufen: ›Ewige Liebe zu unserm teuren Frankreich! Ewige Liebe auch zur Republik!‹"

"Bürger!" fing Compain nun an, "Bürger!"

Nachdem durch sein wiederholtes Rufen "Bürger" etwas Ruhe entstanden war, stützte er seine beiden roten Hände, die wie Strümpfe aussahen, auf die Tribüne, beugte sich weit nach vorn und sagte, mit den Augen blinzelnd:

"Ich meine, man sollte dem Kalbskopf eine größere Ausdehnung geben."

Alle saßen starr da und glaubten, sich verhört zu haben.

"Ja, dem Kalbskopf!"

Aus dreihundert Kehlen brach ein lärmendes Gelächter mit einem Schlage aus. Die Decke erbebte. Vor diesen durch Lachen verzerrten Gesichtern wich Compain einen Schritt zurück. Dann fuhr er wütend fort:

"Was? Ihr kennt den Kalbskopf nicht?"

Ein Paroxysmus, ein Delirium brach aus. Man hielt sich die Seiten. Einige rollten sogar zu Boden, unter die Bänke. Compain, der nicht länger bleiben wollte, eilte zu Regimbart, um ihn mit fortzuziehen.

"Nein! Ich halte bis zum Schlusse aus!" sagte der Patriot."

Diese Antwort machte Frédérics Zögern ein Ende; er suchte rechts und links seine Freunde zu seiner Unterstützung, da bemerkte er Pellerin auf der Tribüne vor sich. Der Künstler sprach mit der Menge von oben herab.

"Ich möchte mir doch die Frage erlauben: Wo bleibt bei der ganzen Sache der Kandidat für die Kunst? Ich habe ein Gemälde ..."

"Wir haben natürlich nur an Gemälde zu denken!" rief grob ein magerer Mensch mit knochigen, rotgefleckten Wangen.

Pellerin beklagte sich, daß man ihn unterbreche.

Der andere fuhr jedoch in tragischem Tone fort:

"Hätte nicht die Regierung schon lange die Prostitution und das Elend durch ein Dekret abschaffen müssen?"

Mit einem Schlage hatte diese Bemerkung dem Sprecher die Stimmung der Menge gewonnen; er donnerte weiter gegen die Verderbtheit der großen Städte.

"Schmach und Schande! Man sollte die Herrschaften am Ausgange der Maison d'Or aufgreifen und ihnen ins Gesicht spucken! Wenn wenigstens die Regierung nicht noch die Ausschweifungen begünstigte! Aber die Zollbeamten sind gegen unsere Töchter und Schwestern von einer Unanständigkeit ..."

Eine Stimme kam aus dem Hintergrund:

"Das ist köstlich!"

"Hinaus!"

"Man zapft uns Steuern ab, um die Liederlichkeit zu bezahlen! So sind auch die großen Schauspielergagen ..."

"Das Wort!" rief Delmar.

Er stürzte auf die Tribüne, stieß alles beiseite und stellte sich in Positur; darauf erklärte er, daß er so niedrige Anklagen verachte, und begann über die Kulturaufgaben des Schauspielers zu sprechen. Da das Theater der Herd der nationalen Bildung sei, stimme er für die Reform des Theaters; vor allem: keine Direktionen mehr, keine Privilegien!"

"Jawohl! Auf keinem Gebiet!"

Das Auftreten des Schauspielers hatte die Menge erhitzt, und bald folgten umstürzlerische Anträge einander Schlag auf Schlag.

"Keine Akademie, keine Institute mehr!"

"Keine Missionen!"

"Keine Prüfungen!"

"Nieder mit den akademischen Titeln!"

"Behalten wir diese nur," sagte Sénécal; "aber sie müssen durch allgemeine Abstimmung, durch das Volk, den einzig wahren Richter verliehen werden!"

Das wäre übrigens nicht das Wichtigste. Vor allem sollte einmal mit den reichen Leuten abgerechnet werden! Und nun malte er aus, wie sie in ihren vergoldeten Sälen Verbrechen auf Verbrechen häufen, während die Armen, die sich in ihren Dachkammern vor Hunger krümmen, alle Tugenden pflegen. Der Beifall wurde so stürmisch, daß er einhalten mußte. Einige Minuten stand er mit geschlossenen Augen und zurückgelehntem Kopfe, als wiege er sich auf dieser Volkswut, die er selbst entfesselt hatte.

Dann fuhr er fort, in einem dogmatischen Stil, mit Wendungen, die gebieterisch formuliert waren wie Gesetze. Der Staat müsse sich der Bank- und der Versicherungsgesellschaften bemächtigen. Die Erbschaften seien abzuschaffen. Ein sozialer Fond für die Arbeiter wäre anzulegen. Viele andere Maßregeln seien in Zukunft noch nötig; diese aber würden für den Augenblick genügen. Auf die Wahlen zurückkommend, schloß er:

"Wir brauchen makellose Patrioten, neue Männer! Meldet sich jemand?"

Frédéric stand auf. Beifallsgemurmel seiner Freunde begrüßte ihn. Sénécal jedoch, mit einem Gesicht à la Fouquier-Tinville, begann ein Verhör mit ihm über seinen Namen, Vornamen, seine Vergangenheit, sein Leben und seine Sitten.

Frédéric antwortete ihm kurz, mit zusammengebissenen Lippen. Sénécal fragte, ob jemand einen Einwand gegen diese Kandidatur habe.

"Nein! Nein!"

Er selbst jedoch habe einen. Alles neigte sich vor und spitzte die Ohren. Der Bewerber habe eine bestimmte Summe, die er für eine demokratische Gründung, eine Zeitung, versprochen hätte, nicht gegeben. Überdies habe er, obgleich er gebührend Nachricht erhalten, am zweiundzwanzigsten Februar beim Rendezvous auf der Place du Panthéon gefehlt.

"Ich schwöre, daß er in den Tuilerien war!" schrie Dussardier.

"Können Sie beschwören, daß Sie ihn im Panthéon gesehen haben?"

Dussardier ließ den Kopf sinken. Frédéric schwieg; seine Freunde waren bestürzt und sahen ihn unruhig an.

"Und kennen Sie wenigstens", fuhr Sénécal fort, "einen Patrioten, der uns für seine Grundsätze bürgt?"

"Ich selbst tue es!" sagte Dussardier.

"Ach, das genügt nicht! einen anderen!"

Frédéric wandte sich nach Pellerin um. Der Künstler antwortete mit einem Überschwang an Gebärden, der bedeutete:

"Ach, mein Lieber, von mir haben Sie nichts wissen wollen! Was kann ich tun?"

Frédéric stieß nun Regimbart an.

"Ja, Sie haben recht! Es ist Zeit! Ich gehe schon!"

Regimbart kletterte auf die Estrade, dann zeigte er auf den Spanier, der ihm gefolgt war:

"Erlaubt mir, Bürger, euch einen Patrioten aus Barcelona vorzustellen!"

Der Patriot grüßte tief, rollte seine schwarzen Augen und sagte, die Hand auf der Brust:

" Ciudadanos! mucho aprecio el honor que me dispensais, y si grande es vuestra bondad mayor es vuestro atencion."

"Ich bitte ums Wort!" rief Frédéric.

" Desde que se proclamo la constitucion de Cadiz – – "

Noch einmal versuchte Frédéric, sich Gehör zu verschaffen:

"Aber Bürger! ..."

Der Spanier fuhr fort:

" El martes proximo tendra lugar en la iglesia de la Magdalena un servicio funebre –"

"Das wird ja zu blödsinnig! Kein Mensch versteht ein Wort!"

Diese Bemerkung erbitterte die Menge.

"Hinaus! Hinaus!"

"Wer? Ich?" fragte Frédéric.

"Jawohl, Sie!" sagte Sénécal majestätisch. "Hinaus!"

Er wandte sich zum Gehen; und die Stimme des Iberiers verfolgte ihn:

" Y todos los españoles desearian ver alli reunidas deputaciones de los clubs y de la milicia nacional – –"

"Aristokrat!" kreischte ein Gassenjunge, die Faust gegen Frédéric geballt; empört stürmte der Verstoßene auf die Straße. Er warf sich seine Aufopferung vor, ohne zu bedenken, daß die gegen ihn erhobenen Anklagen schließlich richtig waren. Was für eine fatale Idee war doch diese Kandidatur! Und was für Esel sind diese Kerle, was für Cretins! Er verglich sich mit ihnen, und ihre Dummheit war ein Balsam für die Wunde, die seinem Stolze geschlagen worden war. Dann fühlte er das Bedürfnis, Rosanette zu sehen. Nach so viel häßlichem, hölzernem Pathos mußte ihre Liebenswürdigkeit ihm erfrischend sein. Sie wußte, daß er sich soeben in einem Klub hatte vorstellen sollen. Trotzdem fragte sie ihn nicht danach, als er eintrat.

Sie saß am Kamin und trennte das Futter eines Kleides auf. Diese Arbeit überraschte ihn.

"Was machst du denn da?"

"Du siehst ja!" antwortete sie kurz. "Ich bessere meine Sachen aus! Das ist deine Republik!"

"Warum meine Republik?"

"Meine vielleicht?"

Sie warf ihm alles vor, was sich seit zwei Monaten in Frankreich zugetragen hatte; sie beschuldigte ihn, die Revolution gemacht zu haben; er habe es so weit gebracht, daß man ruiniert sei, daß die reichen Leute Paris verlassen hätten und daß sie selber schließlich im Spital enden werde.

"Du hast gut reden, du mit deinen Renten! Übrigens, wie es jetzt aussieht, wirst du sie auch nicht mehr lange haben, deine Renten!"

"Das kann sein," erwiderte Frédéric, "die Aufopferndsten werden doch verkannt, und wenn man nicht sein Gewissen für sich hätte, so würde die Kanaille, mit der man zu tun hat, einem schon die Entsagung verleiden!"

Rosanette sah ihn mit zusammengezogenen Augenbrauen an.

"Wie? Was? Was für eine Entsagung? Der Herr scheint keinen Erfolg gehabt zu haben? Desto besser! Das wird dich lehren, patriotische Gaben zu spenden! Bitte! Leugne nicht! Ich weiß, daß du ihnen dreihundert Franken gegeben hast; sie läßt sich ja aushalten, deine Republik! Amüsiere dich nun auch mit ihr, mein Lieber!"

Unter diesem Ansturm von Grobheiten wurde Frédérics Enttäuschung, mit der er gekommen war, nicht gelindert, sondern nur noch schmerzlicher.

Er hatte sich in den Hintergrund des Zimmers zurückgezogen, sie ging auf ihn zu.

"Denk' mal ein wenig nach! Ein Land braucht, ebenso wie ein Haus, einen Herrn; sonst würde ja jeder stehlen, so viel er mag. Vor allem weiß alle Welt, daß Ledru-Rollin unter Schulden begraben ist! Was Lamartine betrifft, was versteht ein Dichter von Politik? Ach was! Du kannst ruhig den Kopf schütteln und glauben, daß du klüger als die andern bist, es ist doch wahr! Natürlich, du hast ja immer recht; mit dir kann man nicht ein vernünftiges Wort reden! Sieh dir Fournier-Fontaine von den Magazinen von Saint-Roch an: weißt du, was er schuldig ist? Achthunderttausend Franken! Und Gomer, der Verpacker von drüben, auch ein Republikaner, der hat die Feuerzange auf dem Schädel seiner Frau zerschlagen und so viel Absinth getrunken, daß man ihn in eine Anstalt bringen muß. So sind sie alle, die Republikaner! Eine Republik zu fünfundzwanzig Prozent! Jawohl! Du kannst stolz darauf sein!"

Frédéric ging. Die Gewöhnlichkeit der Dirne, die sich in so pöbelhaften Ausdrücken enthüllte, ekelte ihn an. Er fühlte sich sogar wieder ein wenig Patriot werden.

Aber Rosanettes schlechte Laune wurde nur schlimmer. Vor allem war ihr die Vatnaz mit ihrem Enthusiasmus unausstehlich. Die glaubte nämlich an ihre Mission, hatte die Sucht, zu deklamieren und zu predigen, und da sie in politischen Dingen bewanderter als ihre Freundin war, überschüttete sie diese mit ihren Argumenten.

Eines Tages war sie ganz empört über Hussonnet, der sich im Frauenklub Zoten erlaubt hatte. Rosanette fand das "ganz recht" und sagte, sie selbst werde auch Männerkleider anziehen und hingehen, "um ihnen allen ihre Meinung zu sagen und sie zu züchtigen". In diesem Augenblick trat Frédéric ins Zimmer.

Ohne auf ihn Rücksicht zu nehmen, zankten die beiden weiter, die eine als die Bürgerliche, die andere als die Philosophin.

Nach Rosanette waren die Frauen überhaupt nur für die Liebe geschaffen, oder um Kinder zu erziehen und einen Haushalt zu führen.

Nach der Vatnaz dagegen sollte die Frau einen Platz im Staatsleben haben. In alten Zeiten gaben die Gallierinnen Gesetze, ebenso die Angelsächsinnen; die Gattinnen der Huronen saßen im Staatsrat. Kulturarbeit sei etwas den Geschlechtern Gemeinschaftliches. Alle müßten daran mitarbeiten; die Brüderlichkeit müßte endlich an die Stelle des Egoismus, die Assoziation an die Stelle der allgemeinen Zerfahrenheit und die "große Kultur" an die einzelner Bevorrechtung treten.

"Das ist ja reizend! Jetzt verstehst du dich schon auf Kultur!"

"Warum nicht? Es handelt sich um die Menschheit, um ihre Zukunft!"

"Kümmere dich um deine eigene!"

"Das ist nur meine Sache!"

Sie kamen in Zorn gegeneinander. Frédéric legte sich ins Mittel. Die Vatnaz echauffierte sich und ging sogar so weit, den Kommunismus zu verteidigen.

"Was für ein Unsinn!" rief Rosanette. "Wird so etwas je möglich sein?"

Die andere führte als Beweis die Essäer, die Herrnhuter, die Jesuiten von Paraguay an; dabei, als sie so lebhaft gestikulierte, verwickelte sich ihre Uhrkette in die daran hängenden Berloques – ein kleines goldenes Schaf war schuld daran.

Plötzlich wurde Rosanette furchtbar blaß.

Die Vatnaz versuchte, ihre Kette freizumachen.

"Gib dir nicht so viel Mühe," sagte Rosanette, "ich kenne jetzt deine politischen Ansichten."

"Wieso?" fragte die Vatnaz, die rot wie ein junges Mädchen geworden war.

"Du verstehst mich schon!"

Frédéric konnte sich das nicht erklären. Augenscheinlich war in diesem Augenblick etwas zwischen die beiden getreten, das wichtiger und intimer als der Sozialismus war.

"Und wenn es so wäre?" erwiderte die Vatnaz und richtete sich kühn auf. "Das ist ausgeliehen, ein Pfand gegen eine Schuld!"

"Zum Teufel, ich leugne doch meine Schulden nicht? Einige tausend Franken, auch etwas Besonderes! Ich pumpe wenigstens, ich bestehle niemanden!"

Die Vatnaz lachte gezwungen.

"Oh! Ich würde meine Hand dafür ins Feuer legen!"

"Nimm dich in acht! Sie ist dürr genug, um zu brennen!"

Das alte Mädchen hielt ihr ihre Rechte gerade vors Gesicht:

"Es gibt Freunde von dir, denen sie gefällt!"

"Andalusier wohl? Als Kastagnetten?"

"Metze!"

Die Marschallin machte ihr eine tiefe Verbeugung:

"Oh, diese Ehre ist auf Ihrer Seite!"

Fräulein Vatnaz antwortete nicht. Große Schweißtropfen perlten auf ihren Schläfen. Ihre Augen waren starr auf den Teppich gerichtet. Sie keuchte. Endlich hatte sie die Tür erreicht; ehe sie sie wütend zuschlug, rief sie noch:

"Gute Nacht! Sie werden von mir hören!"

"Sehr angenehm," antwortete Rosanette.

Der Zwang, den sie sich auferlegt hatte, hatte ihre Kraft erschöpft. Zitternd fiel sie auf das Sofa, unter Beschimpfungen, die sie stammelte, und unter Tränen. War es die Drohung der Vatnaz, die sie beunruhigte? Nein, auf die pfiff sie! Schuldete ihr denn die andere Geld? Es war das goldene Schaf, ein Geschenk; und mitten in ihrem Weinen entschlüpfte ihr der Name Delmar. Sie liebte also den Komödianten!

"Warum hat sie dann mich genommen?" fragte sich Frédéric. "Und woher kommt es, daß er wiedergekommen ist? Wer zwingt sie, mich zu behalten? Was bedeutet das alles?"

Rosanettes leises Schluchzen dauerte an. Sie lag noch immer auf dem Sofa, zur Seite gewendet, die rechte Wange auf beiden Händen, und sah so zart, so unschuldig und unglücklich aus, daß er sich ihr näherte und sie leise auf die Stirn küßte.

Sie antwortete ihm mit Liebesversicherungen; der Fürst wäre jetzt fort, und sie seien ganz ungestört. Aber im Moment wäre sie etwas ... knapp. "Du hast es selbst neulich gesehen, als ich meine alten Kleider aufarbeitete." Jetzt gebe es keine Equipagen mehr! Und das sei nicht alles; der Tapezierer hatte ihr gedroht, die Möbel aus ihrem Zimmer und dem großen Salon wieder abzuholen. Sie wußte nicht ein noch aus.

Frédéric war versucht, zu antworten: "Beunruhige dich nicht, ich werde zahlen!" Aber die Dame konnte lügen. Die Erfahrung hatte ihn gewitzigt. Er beschränkte sich also darauf, sie zu trösten.

Die Befürchtungen Rosanettes waren nicht grundlos gewesen; sie mußte die Möbel zurückgeben und die schöne Wohnung in der Rue Drouot verlassen. Sie nahm eine andere, auf dem Boulevard Poissonnière, im vierten Stock. Die kleinen Schätze ihres früheren Boudoirs genügten, auch diesen drei Zimmern ein kokettes Aussehen zu geben. Sie hatte chinesische Rouleaux, eine Zeltdecke auf dem Balkon und im Salon einen ganz neuen Gelegenheitsteppich und Schemel von rosa Seide. Frédéric hatte reichlich zu all dem beigesteuert; er empfand nun die Freude eines jungen Ehemanns, der endlich ein Haus hat, das ihm gehört, und eine Frau, die sein ist; es gefiel ihm in diesen Räumen, und er verbrachte seine Abende und Nächte dort.

Eines Morgens erblickte er, als er aus dem Vorzimmer herauskam, auf der Treppe im dritten Stock den Tschako eines Nationalgardisten, der heraufkam. Wo ging der hin? Frédéric wartete. Der Fremde stieg höher, mit etwas gesenktem Kopf, plötzlich sah er auf. Es war Arnoux. Die Situation war klar. Sie erröteten beide, augenscheinlich in gleicher Verlegenheit.

Arnoux war der erste, der eine Ausrede fand:

"Es geht ihr besser, nicht wahr?", als wenn Rosanette krank und er gekommen wäre, um sich nach ihr zu erkundigen.

Frédéric ging darauf ein:

"Ja gewiß! Wenigstens hat mir ihr Stubenmädchen das gesagt," um anzudeuten, daß er nicht empfangen worden sei.

Dann blieben sie beide stehen, unentschlossen, einander prüfend. Jeder wartete, ob nicht der andere weggehen werde. Wieder war es Arnoux, der die Situation rettete.

"Ach was! Ich werde später wiederkommen! Wo wollten Sie hingehen? Ich begleite Sie!"

Als sie auf der Straße waren, plauderte er ebenso ungezwungen wie sonst. Zweifellos war er von Natur nicht eifersüchtig, oder er war zu gutmütig, um sich zu ärgern.

Übrigens beschäftigte ihn jetzt vor allem das Vaterland. Die Uniform zog er überhaupt nicht mehr aus. Am neunundzwanzigsten März hatte er die Bureaus der "Presse" verteidigt. Beim Eindringen in die Kammer hatte er sich durch seinen Mut hervorgetan, und er war zu dem Bankett, das der Nationalgarde von Amiens gegeben wurde, geladen worden.

Hussonnet, der immer gleichzeitig mit ihm Dienst hatte, profitierte mehr als irgendein anderer von seiner Feldflasche und seinen Zigarren; aber von Natur wenig ehrerbietig, machte er sich ein Vergnügen daraus, ihm zu widersprechen; er verhöhnte den Stil der Dekrete, die Konferenzen des Luxembourg, ja sogar den Wagen der Agrikultur, der von Pferden statt von Ochsen gezogen und von häßlichen jungen Mädchen begleitet wurde. Arnoux dagegen verteidigte die Regierung und träumte von der Vereinigung aller Parteien. Mittlerweile nahmen seine Geschäfte wieder einen recht schlechten Gang; aber das beunruhigte ihn nicht sehr.

Auch die Beziehungen Frédérics zu der Marschallin verstimmten ihn nicht im mindesten; diese Entdeckung berechtigte ihn ja (vor seinem Gewissen), die Pension aufzuheben, die er ihr seit der Abreise des Fürsten wieder gezahlt hatte. Er schützte die Schwierigkeiten der jetzigen Lage vor, jammerte viel, und Rosanette war edelmütig. Nun betrachtete Arnoux sich als " amant de coeur", was ihn auch in seiner Selbstachtung hob und sozusagen verjüngte. Da er nicht daran zweifelte, daß Frédéric die Marschallin bezahle, hielt er die Situation für einen "ausgezeichneten Spaß", ging sogar so weit, sich vor dem andern zu verstecken und ihm das Feld zu räumen, wenn sie zusammentrafen.

Diese Teilung verletzte Frédéric, und die Höflichkeit seines Nebenbuhlers erschien ihm als ein etwas zu weit getriebener Hohn. Wenn er aber einen Bruch provozierte, so schnitt er sich jede Aussicht ab, jemals zu "ihr" zurückzukehren, und dann, es war das einzige Mittel, von ihr zu hören. Der Fayencehändler brachte nach seiner Gewohnheit, vielleicht auch aus Bosheit, gern das Gespräch auf sie und fragte ihn sogar, warum er sie nicht mehr besuche.

Frédéric versicherte, nachdem er alle möglichen Ausreden erschöpft hatte, daß er mehrere Male vergebens bei Frau Arnoux gewesen sei. Der Mann glaubte dies;

denn häufig hatte er ihr gegenüber sich über das Ausbleiben ihres Freundes gewundert, und immer hatte sie geantwortet, daß sie seinen Besuch verpaßt habe; die Lügen der beiden widersprachen einander nicht, sie unterstützten sich sogar.

Die Sanftmut des jungen Mannes und die Freude, ihn zu betrügen, veranlaßten Arnoux, sich mehr an ihn anzuschließen als jemals früher. Er trieb die Vertraulichkeit bis zu den äußersten Grenzen, nicht aus Geringschätzung, sondern in seinem Vertrauen. Eines Tages schrieb er ihm, daß eine dringliche Angelegenheit ihn für vierundzwanzig Stunden in die Provinz rufe; er bat ihn, an seiner Stelle auf Wache zu ziehen. Frédéric wagte nicht, ihm dies abzuschlagen, und begab sich auf den Posten des Carrousel.

Er mußte die Gesellschaft der Nationalgardisten ertragen; mit Ausnahme eines Papparbeiters, eines lustigen Menschen, der ungeheuerlich trank, kam sie ihm beispiellos dumm vor. Der wichtigste Gesprächsstoff war der Ersatz des Lederzeugs durch das Säbelgehenk. Einige schimpften über die staatlichen Werkstätten. Man rief: "Wo steuern wir hin?" Der, an den diese Frage gerichtet war, antwortete mit weit aufgerissenen Augen: "Ja, was wird daraus werden?" Ein Kühnerer schrie: "Das kann so nicht fortgehen! Man muß ein Ende machen!" Und da dieselben Reden sich bis in die späte Nacht wiederholten, langweilte Frédéric sich zum Sterben.

Um so größer war seine Überraschung, als er um elf Uhr Arnoux auftauchen sah, der ihm sofort sagte, daß er sich beeilt habe, ihn abzulösen; sein Geschäft sei erledigt.

Er hatte gar kein Geschäft gehabt. Das Ganze war ein Märchen, um vierundzwanzig Stunden allein bei Rosanette sein zu können. Aber der gute Arnoux hatte sich selbst zuviel zugetraut, und als die Ermüdung kam, kam auch die Reue. Nun bedankte er sich bei Frédéric und wollte ihn zum Souper einladen.

"Besten Dank! Ich bin nicht hungrig! Ich sehne mich nur nach meinem Bett!"

"Um so mehr Grund, sofort zusammen zu frühstücken! Was sind Sie für ein schlaffer Kerl! Jetzt geht man nicht nach Hause! Es ist zu spät! Das wäre gefährlich!"

Frédéric gab wieder einmal nach. Arnoux, den man nicht erwartet hatte, wurde von seinen Waffenbrüdern mit Jubel begrüßt, namentlich von dem Papparbeiter. Alle überhäuften ihn mit Aufmerksamkeiten. Aber er mußte eine Minute die Augen schließen, "nur eine Minute, nicht länger."

"Setzen Sie sich zu mir," sagte er zu Frédéric, indem er sich auf dem Feldbett ausstreckte, ohne sein Lederzeug abzunehmen. Aus Furcht vor einem Alarm behielt er sogar gegen das Verbot sein Gewehr bei sich; dann murmelte er mehrmals: "Mein Schatz! Mein kleiner Engel!" und schlief sofort ein.

Die Plaudernden schwiegen, und nach und nach trat tiefe Stille im Posten ein. Frédéric saß da, von Flöhen gepeinigt, und sah sich um. Die gelbgestrichene Wand trug in halber Höhe ein langes Bort, auf dem die kleinen Säcke wie eine

Reihe von Höckern saßen; darunter waren die bleifarbigen Gewehre nebeneinander aufgestellt. Lautes Schnarchen kam von den Männern, und ihre Bäuche hoben sich im Halbdunkel unbestimmt ab. Eine leere Flasche und Teller bedeckten den Ofen. Drei Strohstühle umgaben den Tisch, auf dem ein Spiel Karten ausgebreitet lag. Von einer Trommel, die mitten auf der Bank stand, hingen die Lederriemen herab. Durch die Tür kam ein warmer Wind herein, der die Lampe zum Qualmen brachte. Arnoux schlief mit ausgebreiteten Armen; aber da sein Gewehr mit dem Kolben nach unten etwas schief stand, berührte die Mündung des Rohrs seine Achselhöhle. Frédéric erschrak, als er dies bemerkte.

"Aber nein! Es kann nichts geschehen –! Und doch, wenn er jetzt ums Leben käme ..."

Bilder, die nicht enden wollten, rollten sich in seinem Geiste ab. Er sah sich mit "ihr" des Nachts in einer Postchaise, dann am Ufer eines Flusses an einem Sommerabend und dann – im Schein einer Lampe in ihrer Wohnung. Er ertappte sich sogar schon dabei, daß er die Wirtschaftskosten berechnete, die Anordnungen im Hause überlegte; er griff sein Glück schon mit den Händen, – um es zu verwirklichen, war nichts nötig, als daß der Hahn des Gewehres losging. Man mußte ihn nur mit der Spitze der großen Zehe berühren; der Schuß würde fallen, es wäre ein Zufall, nichts mehr! Frédéric ging diesem Einfall nach, wie ein Dramatiker einer Idee. Es war ihm plötzlich, als wäre die Idee nahe daran, sich in die Tat umzusetzen, und er selber im Begriffe, dazu beizutragen; als würde ihn die Begierde danach jetzt, jetzt gleich vom Stuhle heben; eine entsetzliche Furcht ergriff ihn. Inmitten dieses Angstgefühles empfand er zugleich aber auch Freude, und je mehr er sich dieser Empfindung hingab, desto mehr merkte er zu seinem Entsetzen seine Bedenken schwinden; in seinen wilden Träumereien versank alles übrige in nichts; von seiner eigenen Person hatte er sonst kein Bewußtsein, als das einer unerträglichen Beklemmung um die Brust.

"Trinken wir was?" fragte der Papparbeiter, der soeben aufgewacht war.

Arnoux sprang vom Bette; nachdem sie getrunken hatten, wollte er zunächst Frédérics Wache übernehmen.

Dann schleppte er ihn in die Rue de Chartres, zu Parly, frühstücken; und da er das Bedürfnis fühlte, sich zu stärken, bestellte er zwei Fleischspeisen, einen Hummer, eine Omelette, Salat und so weiter und dazu einen Sauterne 1819, einen Romanée 42, abgesehen von dem Champagner zum Dessert und den Likören.

Frédéric widersprach nicht. Er war befangen, als fürchtete er, daß der andere auf seinem Gesicht die Spuren seiner Gedanken würde entdecken können.

Beide Ellbogen auf den Tischrand gestützt und mit weit vorgeneigtem Kopf vertraute ihm Arnoux seine Luftschlösser an.

Er hatte Lust, alle Erdwälle der Nordbahnstrecke zu pachten, um Kartoffeln darauf zu pflanzen, oder auf den Boulevards eine ungeheure Kavalkade zu veranstalten, in der die "Berühmtheiten der Zeit" figurieren sollten. Er würde alle Fenster vermieten, was bei drei Franken im Durchschnitt einen hübschen Gewinn abwerfen müßte. Kurz, er träumte von einem großen Coup, der ihm ein Vermögen bringen sollte. Dabei war er moralisch, er verurteilte alle Ausschreitungen, alle Liederlichkeit, sprach von seinem "armen Vater" und sagte, daß er jeden Abend sein Gewissen prüfe, ehe er seine Seele dem Herrn empfehle.

"Etwas Curaçao, ja?"

"Wie Sie wollen."

Was die Republik betrifft, so würden sich die Dinge schon arrangieren; im ganzen wäre er doch der glücklichste Mann unter der Sonne; er vergaß sich so weit, daß er die Vorzüge Rosanettes zu preisen begann, die er sogar mit seiner Frau verglich. Das war doch etwas ganz anderes! So schöne Schenkel könne man sich gar nicht vorstellen.

"Auf Ihr Wohl!"

Frédéric tat ihm Bescheid. In seiner Nachgiebigkeit hatte er etwas zu viel getrunken, außerdem blendete ihn der helle Sonnenschein, und als sie zusammen die Rue Vivienne hinaufgingen, berührten sich ihre Epauletten brüderlich.

Nach Hause gekommen, schlief Frédéric bis sieben Uhr. Dann ging er zur Marschallin. Sie war mit jemandem fortgegangen. Vielleicht mit Arnoux? Da er nicht wußte, was unternehmen, setzte er seinen Spaziergang auf den Boulevards fort, konnte aber nicht weiter als bis zur Porte Saint-Martin kommen, da dort eine riesige Menschenversammlung stand.

Im Elend war eine große Menge von Arbeitern sich selbst überlassen geblieben; die versammelten sich jeden Abend, zweifellos, um für irgendein Signal bereit zu sein. Trotz des Gesetzes gegen die Vereine vermehrten sich diese "Klubs der Verzweifelten" in erschreckender Weise, und viele Bürgersleute schlossen sich ihnen tagtäglich an, um Mut zu zeigen, um eine Mode mitzumachen.

Plötzlich bemerkte Frédéric in einer Entfernung von drei Schritten Herrn Dambreuse mit Martinon; er sah weg, denn er war empört über Herrn Dambreuse, seitdem dieser sich zum Abgeordneten hatte machen lassen. Der Kapitalist ging jedoch auf ihn zu.

"Ein Wort, lieber Freund! Ich habe Ihnen Erklärungen zu geben."

"Ich verlange keine."

"Hören Sie mich, bitte, an."

Es wäre nicht seine Schuld gewesen. Man hätte ihn gebeten, fast sogar gezwungen. Martinon bekräftigte sofort seine Worte; eine Deputation aus Nogent hätte sich bei ihm vorgestellt.

"Übrigens glaubte ich frei zu sein von dem Augenblicke an ..."

Eine Menschenflut, die aufs Trottoir drängte, zwang Herrn Dambreuse, zurückzutreten. Eine Minute später erschien er wieder mit Martinon, zu dem er gerade sagte:

"Damit haben Sie mir einen wahren Dienst erwiesen! Sie werden es nicht zu bereuen haben ..."

Alle drei lehnten sich an einen Laden, um bequemer plaudern zu können.

Von Zeit zu Zeit hörte man Rufe "Es lebe Napoleon! Es lebe Barrès! Nieder mit Marie!" Diese ungeheuren Massen sprachen alle sehr laut – und ihre Stimmen, die von den Häusern widerhallten, hörten sich wie das klatschende Geräusch von Wellen in einem Hafen an. Zeitweilig schwiegen sie, dann erklang die Marseillaise. Unter den Haustoren boten Männer, die geheimnisvoll taten, Stockdegen an. Häufig sah man zwei Individuen, die sich beim Vorbeigehen mit den Augen zublinzelten und sich dann schnell entfernten. Gruppen von Gaffern nahmen die Trottoirs ein, auf dem Fahrdamm bewegte sich die dichtgedrängte Menge. Zu ihr stießen ganze Scharen von Polizeiagenten, die aus den Nebengäßchen auftauchten; im Nu waren sie vom Gewoge verschlungen. Kleine rote Fähnchen leuchteten da und dort wie Flammen auf; die Kutscher auf ihren hohen Böcken machten erstaunte Bewegungen, wendeten dann um. Das Ganze war eines der seltsamsten Schauspiele.

"Wie das alles Fräulein Cécile belustigt hätte!" meinte Martinon.

"Sie wissen, Frau Dambreuse liebt es nicht, daß meine Nichte sich uns anschließt," erwiderte Herr Dambreuse lächelnd.

Man hätte ihn nicht wiedererkannt. Seit drei Monaten schrie er: Es lebe die Republik! und er hatte sogar für die Verbannung der Orléans gestimmt. Aber bald sollten diese Zugeständnisse ein Ende nehmen. In seinem Zorn ging er so weit, daß er einen Totschläger bei sich trug.

Ebenso Martinon. Dieser hatte, seitdem Obrigkeiten nicht mehr unabsetzbar waren, die Staatsanwaltschaft verlassen; nun übertraf er noch Herrn Dambreuse an Heftigkeit.

Der Bankier haßte besonders Lamartine (weil er Lebru-Rollin unterstützt hatte) und mit ihm Pierre Leroux, Proudhon, Considérant, Lamennais, alle Hirnverbrannten, alle Sozialisten.

"Denn schließlich, was wollen Sie? Man hat die Fleisch-Accise und die Schuldhaft aufgehoben; jetzt studiert man das Projekt einer Hypothekenbank; von einer Nationalbank ist auch gesprochen worden, und im Budget sind fünf Millionen für die Arbeiter vorgesehen! Aber glücklicherweise hat das Schreien jetzt ein Ende, dank Herrn von Faloux. Angenehme Reise! Der Teufel soll sie holen!"

Da man nämlich nicht wußte, wie man die hundertdreißigtausend Menschen der staatlichen Werkstätten ernähren sollte, hatte der Minister der öffentlichen Arbeiten an demselben Morgen ein Dekret unterzeichnet, das alle Bürger zwischen achtzehn und zwanzig Jahren aufforderte, entweder als Soldaten einzutreten oder nach den Provinzen zu gehen, um sich dort als Feldarbeiter zu verdingen.

Diese Alternative empörte das Volk, das überzeugt war, daß man die Republik vernichten wolle. Das Leben fern von der Hauptstadt erschien ihnen trostlos wie eine Verbannung; sie sahen sich schon in wilden Gegenden im Fieber sterben. Auch sahen viele, die an leichtere Arbeiten gewöhnt waren, den Ackerbau als eine Art Erniedrigung an; das hieß am Ende nur, sie ködern, zum besten haben, alle Versprechungen endgültig verleugnen. Wollten sie aber Widerstand leisten, so würde man natürlich Gewalt anwenden; daran war nicht zu zweifeln, und so galt es, dem zuvorzukommen.

Gegen neun Uhr strömten die Trupps, die sich an der Bastille und dem Chatelet formiert hatten, nach dem Boulevard zurück. Von der Porte Saint-Denis bis zur Porte Saint-Martin war das wie ein riesiger summender Bienenschwarm, eine einzige Masse von dunklem Blau, schwarz beinahe. Die Männer, die man darunter sah, hatten blitzende Augen und blasse Züge, Gesichter, die vom Hunger schmal geworden und von der Ungerechtigkeit erregt waren. Der Himmel hatte sich mittlerweile bewölkt, eine Gewitterschwüle steigerte die in der Luft gehäufte Elektrizität. Die Masse wirbelte um sich selbst, ohne bestimmte Richtung, mit der strudelnden Bewegung einer hohlen Welle; aus ihren Tiefen aber konnte man eine unberechenbare Kraft, die Energie eines Urstoffes herausfühlen. Dann begannen alle zu rufen: "Illuminieren! Illuminieren!" Mehrere Fenster, die sich nicht erhellten, wurden mit Steinen beworfen. Herr Dambreuse hielt es für vorsichtiger, zu gehen. Die beiden jungen Leute begleiteten ihn.

Er sah große Katastrophen voraus. Das Volk könnte wieder in die Kammer dringen; bei dieser Gelegenheit erzählte er, daß er am fünfzehnten Mai ohne die Aufopferung eines Nationalgardisten umgekommen wäre.

"Aber das ist ja Ihr Freund, ich vergaß ganz! Ihr Freund, der Fayencenhändler Jacques Arnoux!" Die Aufrührer hatten ihn eingeschlossen; dieser brave Mann nahm ihn unter die Arme und brachte ihn in Sicherheit. Seitdem sind sie miteinander etwas befreundet. – "Wir müssen nächstens einmal zusammen essen; Sie sehen ihn ja oft, bitte, sagen Sie ihm, daß ich ihn sehr schätze. Er ist ein ausgezeichneter Mensch, er ist nur verleumdet, wie ich glaube; und er hat Witz, der Kerl! Nochmals meine Empfehlungen und schönen guten Abend!"

Nachdem Frédéric Herrn Dambreuse verlassen hatte, ging er wieder zur Marschallin und sagte ihr mit sehr ernster Miene, daß sie zwischen ihm und Arnoux wählen müsse. Sie antwortete ihm heiter, daß sie keine Silbe von "diesem Zeug" verstehe, daß sie Arnoux nicht liebe und gar nicht nach ihm frage. Frédéric brannte darauf, Paris zu verlassen. Sie wies diesen Einfall nicht zurück, und schon am nächsten Tage fuhren sie nach Fontainebleau.

Das Hotel, in dem sie abstiegen, unterschied sich von den anderen durch einen Springbrunnen, der mitten im Hofe plätscherte. Die Zimmertüren gingen auf einen langen Korridor, wie in einem Kloster. Das Zimmer, das man ihnen gab, war groß, gut möbliert, mit Kattun ausgeschlagen und ruhig; denn Fremde kamen nur wenig da hinaus. Kleinstädter ohne Beschäftigung gingen die Häuserreihen entlang; unter ihren Fenstern spielten, als die Sonne unterging, Kinder mit Steinen; – die Stille, die so unmittelbar auf den Pariser Tumult folgte, war ihnen eine Überraschung, eine tiefe Beruhigung.

Am nächsten Morgen in aller Frühe besuchten sie das Schloß. Als sie am Gitter eintraten, übersahen sie die ganze Fassade, die fünf Pavillons mit spitzen Dächern und die hufeisenförmige Treppe im Hintergrund des Hofes, der zu beiden Seiten von niedrigeren Gebäuden eingerahmt ist. Das Moos zwischen den Pflastersteinen hatte annähernd dieselbe Färbung wie der braunrote Ziegelbau, und der ganze Palast, der rostig wie altes Gewaffen aussah, hatte etwas königlich Unnahbares, eine Art militärischer und trister Größe.

Endlich erschien ein Diener mit einem Schlüsselbund. Er zeigte ihnen zuerst die Gemächer der Königinnen, das Betzimmer des Papstes, die Galerie Franz' I., den kleinen Mahagonitisch, auf dem der Kaiser seine Abdankung unterzeichnet hat, und in einem der Räume die Stelle, wo Christine den Monaldeschi ermorden ließ. Rosanette hörte diese Geschichte aufmerksam an, dann sagte sie, zu Frédéric gewendet:

"Aus Eifersucht, nicht? Nimm dich in acht, du!"

Darauf gingen sie durch den Beratungssaal, den Saal der Garde, den Thronsaal, den Saal Ludwigs XIII. Die hohen unverdeckten Fenster ließen ein farbloses Licht herein, leichter Staub bedeckte die Fensterriegel und die Messingfüße der Wandtischchen; überall verhüllten grobe Leinenbezüge die Fauteuils. Über den Türen prangten Jagdszenen Ludwigs XV., und hier und da sah man auf Gobelins die Götter des Olymps, Psyche oder die Schlachten Alexanders.

Wenn sie bei einem Spiegel vorbeikamen, blieb Rosanette einen Augenblick stehen, um ihre Haare zu glätten.

Durch den Erkerhof und die Kapelle Saint-Saturnin kamen sie in den Festsaal.

Verblüfft standen sie vor der Pracht der Decke, deren achteckige Felder mit Gold und Silber gehöht und reicher ziseliert sind als ein Bijou, staunend vor der Fülle der Gemälde, die die Wände in der ganzen Länge des Saales bedecken, vor dem riesigen Kamin, den das Wappen Frankreichs – in einem Kranz von Halbmonden und Köchern – schmückt, bis zur Tribüne für die Musik, die sich am anderen Ende erhebt. Die zehn Bogenfenster waren weit geöffnet; in der Sonne glänzten die Bilder, und der blaue Himmel, der hereinsah, schien das Ultramarin der Bogenfelder ins Unendliche fortzusetzen. Aus der Tiefe des Waldes, dessen dunstige Wipfel den Horizont berührten, klang es wie ein Echo desselben Halali, das hier von gemalten Trompeten kam, und wie ein Widerhall der mythologischen Balletts, die im Gebüsch Prinzessinnen und Ritter, als Nymphen und Waldgötter kostümiert, versammelten: ein Nachklang jener Zeit, da man vom Baum der Erkenntnis in kindlicher Harmlosigkeit pflückte, da die Leidenschaft so heftig, die Kunst so schwelgerisch und das Ideal dieses war, die Welt zu einem Traum der

Hesperiden umzudichten – da die Geliebten der Könige an Ruhm mit den Sternen wetteifern konnten! Die schönste dieser berühmten Frauen hatte sich hier malen lassen, als Jägerin Diana und sogar als Diana der Hölle, anscheinend um ihrer Macht willen, die auch über das Grab dauern sollte. Und wirklich, diese Symbole zeugen noch heute von ihrem Glanz; mit ihnen ist etwas von ihr selbst geblieben, ein leiser Ton, ein Schimmer, der nicht verlischt.

Eine von dieser Vergangenheit angeregte und undefinierbare Sinnlichkeit erfaßte Frédéric. Um sich davon abzulenken, begann er Rosanette zärtlich anzusehen, und er fragte, ob sie nicht diese Frau hätte sein mögen.

"Welche Frau?"

"Diana von Poitiers!"

Er wiederholte:

"Diana von Poitiers, die Geliebte Heinrichs des Zweiten!"

Sie sagte leise: "Ach!" Das war alles.

Ihre Einsilbigkeit bewies klar, daß sie nichts wußte, ihn nicht verstand, so daß er, um ihr entgegen zu kommen, sagte:

"Du langweilst dich vielleicht?"

"O nein, im Gegenteil!"

Und mit erhobenem Kinn, wobei sie einen flüchtigen Blick in die Runde tat, ließ sie die Worte fallen:

"Ja, das weckt Reminiszenzen!"

Aber bei alldem sah man auf ihren Zügen einen Versuch, Bewunderung auszudrücken; und da dieser ernste Ausdruck sie noch hübscher machte, verzieh ihr Frédéric.

Der Karpfenteich belustigte sie mehr. Eine Viertelstunde lang warf sie Brotkrumen ins Wasser, um die Fische hüpfen zu sehen.

Frédéric hatte sich neben sie hingesetzt, unter Lindenbäumen. Er dachte an alle die Personen, die in diesen Mauern geweilt hatten, Karl V., die Valois, Heinrich IV., Peter den Großen, Jean Jacques Rousseau, Voltaire, Napoléon, Pius VII., Louis Philippe; er fühlte sich von diesen berühmten Toten umschwebt, berührt; die Fülle von Bildern war betäubend, und doch, sie war auch voll Reiz für ihn. Endlich gingen sie in den Garten hinunter.

Man tritt in ein weites offenes Rechteck und sieht mit einem einzigen Blick das Ganze: die langen gelben Alleen, die Rasenplätze, die Buchsbaumhecken, die Taxus-Pyramiden und die schmalen Beete: dünn gesäte Blumen, bunte Flecke auf der grauen Erde. Am Ende des Gartens schließt sich ein Park an, der in seiner ganzen Länge von einem Kanal durchschnitten wird.

Die königlichen Schlösser sind von einer seltsamen Melancholie; zu groß für die kleine Zahl ihrer Bewohner, überraschen sie auch durch die Stille, in der alle Fanfaren der Vergangenheit verklungen sind; und ihr unbenützter, durch das Alter verblichener Luxus beweist nur die Vergänglichkeit der Dynastien, das ewige Sterben alles Existierenden. Eine Ausdünstung von Jahrhunderten strömt aus ihnen, betäubend und düster wie der Geruch von Leichen, und teilt sich auch den flachsten Naturen mit. Rosanette gähnte. Sie kehrten ins Hotel zurück.

Nach dem Frühstück ließen sie sich einen offenen Wagen kommen. Sie verließen Fontainebleau bei einem großen Rondell und fuhren langsam auf einer sandigen Straße durch ein Gehölz von niedrigen Fichten. Die Bäume wurden größer, und der Kutscher sagte von Zeit zu Zeit: "Das sind die Siamesischen Brüder, dort der Pharamund, das Königsbukett." Er vergaß keinen der berühmten Ausblicke und hielt manchmal an, um sie bewundern zu lassen.

Sie kamen in die Franchard-Waldung. Das Gefährt rollte wie ein Schlitten auf dem Rasen dahin, unsichtbare Tauben girrten; plötzlich sahen sie einen Kellner, und sie stiegen vor einem Gartengitter ab, hinter dem runde Tische standen. Dann kletterten sie über große Felsen, indem sie zur linken Hand die Ruine einer Abtei liegen ließen, und erreichten bald das Innere der Schlucht.

Dieses ist auf der einen Seite mit Wacholdersträuchern bewachsen, während auf der andern das Erdreich sich nackt zur Sohle des Tales hinabsenkt – dort läuft der Weg, eine weiße Linie, zwischen farbigen Heidekräutern hin; ganz ferne sieht man einen Gipfel von der Form eines abgeplatteten Kegels und die Rückseite eines Telegraphenturms.

Eine halbe Stunde später stiegen sie noch einmal aus dem Wagen, um die Höhen von Aspremont zu erklettern.

Der Weg bildete ein Zickzack zwischen kurzstämmigen Fichten, unter Felsen von zerklüftetem Profil; dieser ganze Teil des Waldes hat etwas Gedrücktes, ein wenig Düsteres und Andächtiges. Man denkt an große Hirsche mit Feuerkreuzen vorn an den Geweihen, an Einsiedler, die mit ihnen hausen und die mit väterlichem Lächeln die frommen Könige von Frankreich vor ihren Felsenhöhlen haben knien sehen. Ein Geruch von Harz erfüllte die warme Luft, auf dem Boden zeichneten freiliegende Wurzeln wie ein Netzwerk von Adern sich ab. Rosanette stolperte darüber, sie war verstimmt und dem Weinen nahe.

Aber plötzlich wurde sie wieder heiter, denn sie entdeckte unter einem Laubendach eine Art von Schenke, in der Holzschnitzereien verkauft wurden. Sie trank eine Flasche Limonade und kaufte sich einen Stechpalmenzweig; ohne der Landschaft, die man unter sich liegen sieht, einen Blick zu schenken, betrat sie die sogenannte Banditenhöhle, geführt von einem Knaben, der eine Fackel trug.

Ihr Wagen erwartete sie am Bas-Bréau.

Ein Maler in einem blauen Kittel arbeitete am Fuße einer Eiche, einen Farbenkasten auf den Knien. Er hob den Kopf und sah ihrem Wagen nach.

Als sie mitten auf dem Abhang von Chantilly waren, platzte eine Wolke, die über ihnen am Himmel stand, und sie mußten das Verdeck aufschlagen. Aber der Regen hörte sofort wieder auf, und das nasse Straßenpflaster glänzte in der Sonne, als sie in die Stadt zurückkamen.

Reisende, die neu eingetroffen waren, erzählten, daß in Paris eine fürchterliche Schlacht wüte. Rosanette und ihr Geliebter waren davon nicht überrascht. Dann trennte man sich, das Hotel wurde wieder friedlich, das Gas ausgelöscht, und beim Murmeln des Springbrunnens im Hofe schliefen sie bald ein.

Am nächsten Morgen besichtigten sie die Wolfsschlucht, den Feenteich, den Long-Rocher, die Marlotte; am übernächsten Tage überließen sie es dem Kutscher, zu fahren, wohin er wollte, ohne zu fragen, wo sie waren, ohne Sorge auch um die berühmtesten Punkte.

Sie fühlten sich ja in ihrem alten Landauer, der niedrig wie ein Sofa und mit einem verschossenen Tuche ausgeschlagen war, so wohl! An Gräben, in denen wilde Hecken standen, fuhren sie vorbei, und dieses gleichmäßig sich fortbewegende Bild hatte etwas so Sanftes! Helle Strahlen schossen wie Pfeile durch die hohen Farrenkräuter; manchmal öffnete sich vor ihren Augen ein Weg, der nicht mehr benutzt wurde, in schnurgerader Linie; hohe Gräser zitterten da und dort im Winde. An den Kreuzungen streckte ein Meilenzeiger seine vier Arme aus, dann wiederum folgten Pfähle, die wie tote Bäume sich seitwärts gesenkt hatten. Kleine gekrümmte Wege, die sich unter dem Laub verloren, luden ein, ihnen zu folgen; im selben Augenblick bog das Pferd auch wirklich ins Gehölz, die Räder sanken tief in das weiche Erdreich; weiter vorn wuchs am Rande der tiefen Wagengleise bereits Moos.

Sie glaubten sich fern von allen übrigen Menschen, ganz allein. Aber dann tauchte plötzlich ein Jagdwächter mit einer Flinte auf oder ein Trupp zerlumpter Frauen, die auf ihren Rücken große Reisigbündel schleppten.

Wenn der Wagen anhielt, war nichts als Schweigen im Walde; nur das Schnaufen des Pferdes hörte man, und dann einen ganz schwachen, verschlafenen Vogellaut, ein-, zweimal.

****

Eines Morgens standen sie auf der halben Höhe eines Hügels. Auf seinen höchsten Grat führte kein Weg, aber er war in seltsam symmetrischen Wellenlinien durchschnitten; da und dort, wie Vorgebirge im ausgetrockneten Bett eines Ozeans, ragten Felsen auf, die hatten eine ungefähre Ähnlichkeit mit Tieren, mit Schildkröten, die den Kopf vorstrecken, oder kriechenden Seehunden, Nilpferden, Bären. Kein Mensch war da. Kein Laut. Der Sand, auf den die Sonne prall herniederfiel, glitzerte; plötzlich, in diesem Wellenspiel des Lichts, schienen die Tiere sich zu bewegen. Die beiden machten fast erschrocken Kehrt, sie flohen, da ihnen zu schwindeln begann.

Der Ernst des Waldes teilte sich ihnen mit, und sie verlebten Stunden völligen Schweigens, in denen sie, von den Wagenfedern gewiegt, wie von einer stillen Trunkenheit betäubt, dahinfuhren. Dann, den Arm um ihre Taille geschlungen, hörte er sie wieder sprechen, während die Vögel zwitscherten; mit demselben Blick umfaßte er die schwarzen Trauben auf ihrem Hütchen und die Beeren der Wacholdersträuche am Straßenrand, die Draperie ihres Schleiers und die Voluten an den geballten Wolken; wenn er sich zu ihr neigte, so vermischte sich die Frische ihrer Haut mit dem großen Duft des Waldes. Alles belustigte sie; wie etwas Merkwürdiges zeigten sie einander Marienfäden, die an den Büschen hingen, kleine mit Wasser gefüllte Grotten in den Felsen, ein Eichhörnchen in den Zweigen, zwei Schmetterlinge, die sich verfolgten; oder sie entdeckten, zwanzig Schritte entfernt, unter dem Laub eine Hirschkuh, die ruhig und gravitätisch dahinschritt, neben ihr das Kalb. Rosanette wäre gern nachgelaufen, um dieses zu liebkosen.

Einmal hatte sie große Angst, als ein Mann plötzlich vor ihnen auftauchte, der ihnen in einer Schachtel drei Vipern zeigte. Sie klammerte sich schnell an Frédéric; er war glücklich darüber, daß sie schwach war und er sich stark genug fühlte, sie zu verteidigen.

An diesem Abend aßen sie in einer Wirtschaft am Ufer der Seine. Der Tisch stand am Fenster, Rosanette saß ihm gegenüber; er betrachtete ihr zartes weißes Näschen, ihre aufgeworfenen Lippen, ihre klaren Augen, ihren runden kastanienbraunen Scheitel, ihr hübsches ovales Gesicht. Ein Kleid von roher Seide schmiegte sich an ihre Schultern, die ein wenig abwärts fielen, und ihre beiden Hände, die aus ganz glatten Manschetten hervortraten, tranchierten, füllten die Gläser und bewegten sich geschäftig auf dem Tischtuch. Man servierte ihnen ein Hühnchen, ein Aalragout in einer irdenen Schale, sauren Landwein, hartes Brot und legte ihnen schartige Messer vor. Alles das erhöhte ihr Vergnügen, ihre Illusion. Sie glaubten sich fast auf einer Reise im fremden Land, in Italien, in den Flitterwochen.

Bevor sie weiterfuhren, machten sie einen Spaziergang am Ufer.

Der zartblaue, wie eine Kuppel gewölbte Himmel berührte sich am Horizont mit den zackigen Konturen des Waldes. Geradeaus am Ende der Wiese sah man den Kirchturm eines Dorfes, und weiter zur Linken lag das Dach eines Hauses wie ein roter Fleck über dem Flusse, der in der ganzen Länge seiner Krümmung unbewegt erschien. Die Binsen neigten sich aber doch im Winde, und das Wasser schaukelte leise die Stangen, die vom Ufer aus die Netze im Fluß hielten. Eine Reuse aus Korbweide und zwei oder drei alte Schaluppen waren zu sehen. Neben der Wirtschaft wand eine Magd, die einen Strohhut trug, Eimer aus einem Brunnen herauf; – Frédéric hörte mit einem unerklärlichen Genuß das Knirschen der Kette.

Er zweifelte nicht daran, daß er bis ans Ende seiner Tage glücklich sein würde, so natürlich erschien ihm sein jetziges Empfinden, so eng verwoben mit seinem Leben, mit dem Besitz dieser Frau. Es trieb ihn, ihr Zärtlichkeiten zu sagen. Sie antwortete mit denselben zärtlichen Worten, mit leichten Schlägen auf seine Schulter, mit Liebkosungen, die ihn überraschten und entzückten. Er entdeckte an ihr eine ganz neue Schönheit, vielleicht einen Reflex ihrer Umgebung, oder doch eine Blüte, die erst durch die geheimen Kräfte dieser neuen Umgebung zur Entfaltung gebracht wurde.

Wenn sie auf dem Felde Rast machten, so streckte er sich aus, den Kopf auf ihren Knien, im Schatten ihres Sonnenschirmes – oder sie legten sich beide platt ins Gras, einander gegenüber, und blieben so, die Augen ineinander versunken, voll wachsender Begierde, außer sich, dann mit halb geschlossenen Lidern, ohne ein Wort mehr zu sprechen.

Manchmal hörten sie ganz in der Ferne Trommelwirbel. Es war der Generalmarsch, der in den Dörfern geschlagen wurde, Paris zu verteidigen!

"Ach ja! Der Aufstand!" sagte Frédéric mit einem geringschätzigen Mitleid, so elend klein erschien ihm diese Bewegung, verglichen mit ihrer Liebe und der ewigen Natur.

Sie plauderten vom gleichgültigsten Zeug, von Dingen, die sie schon wußten, von Personen, die sie nicht interessierten, von tausend Dummheiten. Sie erzählte ihm von ihrem Stubenmädchen und ihrem Friseur. Einmal vergaß sie sich und verriet ihre Jahre: neunundzwanzig; sie beginne, alt zu werden.

Ohne es eigentlich zu wollen, erzählte sie ihm öfters Einzelheiten über sich selbst. Sie war "Ladenfräulein in einem Warenhaus" gewesen, hatte eine Reise nach England gemacht, hatte für die Bühne zu studieren begonnen; alles das ohne Übergänge, er konnte sich nicht ein zusammenhängendes Bild daraus machen. Sie erzählte ihm mehr davon, es war an einem Tage, als sie unter der Platane am Rande der Wiese saßen. Unten am Wege ließ ein kleines Mädchen, das barfuß im Staube herumlief, eine Kuh weiden. Sobald es die beiden bemerkte, kam es bettelnd näher; mit der einen Hand hielt es sein zerfetztes Röckchen fest, mit der anderen kratzte es sich in seinen schwarzen Haaren, die wie eine Perücke à la Ludwig XVI. den braunen Kopf, in dem zwei prachtvolle Augen leuchteten, vollständig einhüllten.

"Die wird einmal hübsch werden," sagte Frédéric.

"Das wird ein Glück für sie sein – wenn sie keine Mutter hat!" ergänzte Rosanette.

"Wieso denn?"

"Gewiß; wenn ich keine hätte ..."

Sie seufzte und fing an, von ihrer Kindheit zu sprechen. Ihre Eltern waren Hausweber in Croix-Rousse. Sie war bei ihrem Vater Gehilfin gewesen. Der arme Mann konnte sich schinden, so viel er wollte, seine Frau beschimpfte ihn bloß und verkaufte alles, um es zu vertrinken. Rosanette sah ihr Zimmer noch vor sich, mit den Webstühlen, die der Länge nach vor den Fenstern standen, dem Kochtopf auf dem Ofen, dem Bett aus falschem Mahagoni, dem armseligen Schrank gegenüber und dem dunklen Hängeboden, wo sie geschlafen hatte, bis sie fünfzehn Jahre alt war. Dann war jemand gekommen, ein dicker Mann mit einem buchsbaumfarbenen Gesicht, mit frömmlerischer Miene und in einem schwarzen Rock. Ihre Mutter und er sprachen lange miteinander, und drei Tage später ... Rosanette hielt an und sagte mit einem Gemisch von Schamlosigkeit und Bitterkeit:

"Dann war es so weit!"

Auf eine fragende Bewegung Frédérics fuhr sie fort:

"Da er verheiratet war und natürlich Angst hatte, sich in seinem Hause zu kompromittieren, brachte man mich in das Kabinett eines Gasthauses; vorher hatte man mir gesagt, daß ich glücklich sein und ein schönes Geschenk bekommen würde.

Wie ich in die Türe trat, war das erste, was mir auffiel, ein vergoldeter Kandelaber auf einem Tisch, auf dem zwei Kuverts lagen. Ein Spiegel an der Decke gab dieses Bild wieder, und mit den blauseidenen Bezügen an den Wänden sah der ganze Raum wie ein großes Himmelbett aus. Ich war sprachlos vor Überraschung. Du begreifst, ein armes Wesen, das nie etwas gesehen hat! Trotz meiner Verblüffung hatte ich Furcht. Ich wollte fliehen. Aber ich bin geblieben.

Die einzige Sitzgelegenheit war ein Diwan, der am Tische stand. Er gab leicht unter mir nach, das Loch der Heizung in der Tapete warf mir einen heißen Luftzug entgegen, und ich blieb sitzen, ohne etwas anzurühren. Der Kellner, der mir gegenüberstand, hat mich aufgefordert, etwas zu essen. Und sofort gießt er mir ein großes Glas Wein ein! Alles dreht sich um mich, ich will das Fenster öffnen, da sagt er: ›Nein, Fräulein, das ist verboten!‹ Dann ist er weggegangen. Der Tisch war mit einer Menge Dinge bedeckt, die ich nicht kannte. Nichts sah gut aus. Da habe ich mich schließlich an einen Topf Eingemachtes gehalten, und noch immer wartete ich. Ich weiß nicht, was ihn abgehalten hat, zu kommen. Es war sehr spät, mindestens Mitternacht, ich konnte nicht mehr vor Müdigkeit; wie ich eins von den Kopfkissen beiseite schiebe, um mich besser ausstrecken zu können, finde ich eine Art Album, ein Heft; es waren unanständige Bilder ... Ich war darauf eingeschlafen, als er hereinkam."

Sie senkte den Kopf und blieb in Gedanken versunken.

Die Blätter rauschten ringsum, ein großer Fingerhut schaukelte in einem Gebüsch, das Licht rollte wie eine Welle über den Rasen, und die tiefe Stille wurde in kurzen Zwischenräumen nur durch das Grasen der Kuh unterbrochen, die sie nicht sahen.

Rosanette blickte starr vor sich hin, auf einen Punkt am Boden, drei Schritte weit entfernt; ihre Nasenflügel zitterten, und sie war wie geistesabwesend. Frédéric nahm ihre Hand.

"Wie du gelitten hast, armer Liebling!"

"Ja," erwiderte sie, "mehr als du glaubst! ... Ich habe sogar ein Ende machen wollen; man hat mich wieder herausgefischt."

"Was?"

"Sprechen wir nicht mehr davon! ... Ich liebe dich, ich bin glücklich! Küsse mich." Dabei nahm sie die Disteln, die sich am Saume ihres Kleides festgesetzt hatten, eine nach der anderen ab.

Frédéric dachte vor allem an das, was sie – nicht gesagt hatte. Durch welche Wandlungen hatte sie sich aus dem Elend erheben können? Welchem Geliebten verdankte sie ihre Erziehung? Was hatte sich in ihrem Leben ereignet bis zu dem Tage, an dem er zum ersten Male zu ihr gekommen war? Ihr letztes Geständnis verbot weitere Fragen. Er wollte nur wissen, auf welche Weise sie die Bekanntschaft Arnoux' gemacht hatte.

"Durch die Vatnaz."

"Warst du es nicht, die ich einmal im Palais-Royal mit den beiden gesehen habe?"

Er gab das genaue Datum an. Rosanette dachte nach.

"Ja, es ist richtig! ... Damals war mir nicht heiter zumute!"

Arnoux hätte sich jedoch sehr gut gegen sie benommen. Frédéric zweifelte nicht daran, aber immerhin war ihr Freund ein eigentümlicher Mensch mit vielen Fehlern, die er einzeln anführte. Rosanette gab dies zu.

"Was macht das! ... Trotzdem hat man den Kerl gern!"

"Noch immer, auch jetzt?" fragte Frédéric.

Sie errötete, halb lächelnd, halb ärgerlich.

"Nein, nein! Das sind vergangene Zeiten. Ich verberge dir nichts. Und selbst, wenn es noch so wäre, das steht auf einem anderen Blatt. Übrigens finde ich dich nicht nett gegen dein Opfer."

"Mein Opfer?"

Rosanette faßte ihn am Kinn.

"Na gewiß!"

Und in verzärtelter Sprache, wie eine Kinderfrau zum Baby:

"Wir sind nicht immer sehr artig gewesen! Haben mit seiner Frau im Bettchen gelegen!"

"Ich? Niemals!"

Rosanette lächelte. Dies Lächeln verletzte ihn, da er es für einen Beweis von Gleichgültigkeit hielt. Aber sie fuhr zärtlich und mit einem jener Blicke, die um eine Lüge betteln, fort:

"Ist das auch wahr?"

"Gewiß!"

Frédéric gab sein Ehrenwort, daß er nie an Frau Arnoux gedacht habe, da er viel zu sehr in eine andere verliebt sei.

"In wen denn?"

"Nun, natürlich in Sie, meine Allerschönste!"

"Ach was! Mache dich nicht über mich lustig! Du höhnst mich!"

Er hielt es für klug, ein Märchen von einer Leidenschaft zu erfinden. Er schilderte sogar auf das UmständlichsteEinzelheiten. Diese Person hätte ihn übrigens sehr unglücklich gemacht.

"Du hast entschieden Pech!" sagte Rosanette.

"Na, wie man's nimmt!" erwiderte er, um noch andere Abenteuer anzudeuten und in ihren Augen mehr zu gelten, ebenso wie Rosanette nicht alle ihre Verhältnisse gebeichtet hatte, damit er sie mehr achte, – denn mitten in den intimsten Geständnissen gibt es immer noch Einschränkungen aus falscher Scham, aus Zartgefühl oder Mitleid. Man entdeckt in sich oder bei dem andern Abgründe und Schmutz, die ein Weitergehen verbieten; überdies fühlt man, daß man nicht verstanden werden würde; es ist ja so schwierig, genau zu sagen, wie alles gekommen ist; und so ist ein vollständiges Ineinanderaufgehen äußerst selten.

Die arme Marschallin hatte es nie besser gehabt als jetzt. Oft, wenn sie Frédéric ansah, stiegen ihr die Tränen auf, dann richtete sie die Augen in die Höhe oder sah in die Ferne, als wenn sie irgendeine strahlende Morgenröte, die Aussicht auf eine grenzenlose Glückseligkeit erblickt hätte. Endlich gestand sie ihm eines Tages, daß sie eine Messe lesen lassen möchte, "um unserer Liebe Glück zu bringen".

Woher kam es dann, daß sie ihm so lange Widerstand geleistet hatte? Sie wußte es selbst nicht. Er wiederholte seine Frage einige Male; endlich, indem sie ihn in ihre Arme drückte, rief sie:

"Weil ich Angst hatte, dich zu sehr zu lieben, mein Schatz!"

Am Samstag morgen las Frédéric in der Liste der Verwundeten den Namen von Dussardier. Er stieß einen Schrei aus, und Rosanette das Blatt hinhaltend erklärte er, daß er sofort abreisen müsse.

"Was willst du tun?"

"Ihn besuchen, ihn pflegen!"

"Du willst mich nicht allein lassen, denk' ich?"

"Komm mit mir!"

"Ach, daß ich in den ganzen Krakehl wieder hineinkomme? Danke, nein!"

"Ich kann aber nicht ..."

"Ta ta ta! Als wenn es im Spital keine Krankenwärter gäbe! Und warum hat er sich überhaupt hineinmischen müssen, dein Freund? Man muß auf sich selbst sehen!"

Dieser Egoismus empörte Frédéric, und er machte sich Vorwürfe, nicht mit den anderen auf dem Posten zu sein. Seine Gleichgültigkeit gegen das Unglück des Vaterlandes hatte etwas Kleinliches, Philiströses. Seine Liebe drückte ihn, als wäre sie ein Verbrechen. Eine Stunde schmollten sie.

Dann flehte sie ihn an, zu warten, sich nicht der Gefahr auszusetzen.

"Wenn das Unglück will, daß du fällst!"

"Dann werde ich nur meine Pflicht getan haben!"

Rosanette sprang auf. Seine Pflicht sei vor allem, sie zu lieben. Aber er hat ja nun anscheinend genug von ihr! Es ist zu blödsinnig! Was für eine Idee, mein Gott!

Frédéric läutete und wollte die Rechnung. Es war aber nicht leicht, nach Paris zurückzukehren. Der Wagen der Linie Leloir war soeben fortgefahren, die Berlinen von Lecomte sollten überhaupt nicht abgehen, die Diligence aus dem Bourbonnais konnte erst spät in der Nacht vorbeikommen und am Ende voll sein; weiter wußte man nichts. Nachdem er mit diesen Erkundigungen eine Menge Zeit verloren hatte, kam ihm der Gedanke, die Post zu nehmen. Der Postmeister wollte ihm keine Pferde geben, da er keinen Paß hatte. Endlich mietete er eine Kalesche (dieselbe, in der sie spazieren gefahren waren), und gegen fünf Uhr kamen sie in Melun vor dem Hôtel du Commerce an.

Der Marktplatz war mit Gewehr-Pyramiden bedeckt. Der Präfekt hatte den Nationalgardisten verboten, nach Paris zu marschieren. Diejenigen, die nicht aus seinem Departement waren, wollten aber ihren Weg fortsetzen. Man schrie. Die Herberge war voller Tumult.

Rosanette in ihrer tödlichen Angst erklärte, daß sie nicht weiter fahre, und bat ihn noch einmal, zu bleiben. Der Wirt und seine Frau schlossen sich ihren Vorstellungen an. Ein Biedermann indessen, der eben bei Tische saß, mischte sich ein und sagte, daß die Schlacht binnen kurzem beendigt sein würde; außerdem, man müsse seine Pflicht tun. Daraufhin brach die Marschallin in noch stärkeres Schluchzen aus. Frédéric war empört. Er gab ihr seine Börse, küßte sie hastig und verschwand.

In Corbeil am Bahnhofe teilte man ihm mit, daß die Aufständischen an verschiedenen Stellen die Schienen aufgerissen hätten, und der Kutscher weigerte sich weiterzufahren, da seine Pferde, wie er sagte, "fertig" seien.

Mit seiner Fürsprache erhielt Frédéric ein schlechtes Kabriolett, das für zwanzig Franken und ein Trinkgeld ihn bis an die Barrière d'Italie bringen sollte. Aber schon hundert Schritte früher hieß sein Kutscher ihn aussteigen und machte kehrt. Frédéric ging auf dem Wege weiter, als plötzlich eine Schildwache ihm das Bajonett entgegenhielt. Vier Männer packten ihn an und schrien:

"Da ist einer! Gebt acht! Durchsucht ihn! Räuber! Kanaille!"

Seine Bestürzung war so groß, daß er sich zum Posten der Barrière heranschleppen ließ, in das Rondell, wo die Boulevards des Gobelins und de l'Hôpital und die Rue Godefroy und Mouffetard zusammentreffen.

Vier Barrikaden lagen vor den Mündungen der vier Straßen – enorme Steinhaufen; Fackeln knisterten; trotz des Staubs, der aufstieg, unterschied er Liniensoldaten und Nationalgardisten, alle mit schwarzen Gesichtern, aufgerissenen Kleidern und verstört. Sie hatten soeben den Platz eingenommen und mehrere Männer erschossen, ihr Zorn war noch nicht verflogen. Frédéric sagte, daß er von Fontainebleau komme, um einem verwundeten Kameraden, der in der Rue Bellefond wohnt, beizustehen. Niemand wollte ihm anfangs glauben, man untersuchte seine Hände, man schnupperte sogar an seinen Ohren, ob er nicht nach Pulver rieche. Endlich, da er immer dasselbe wiederholte, ließ ein Hauptmann sich überreden und befahl zwei Füsilieren, ihn zum Posten am Jardin des Plantes zu bringen.

Sie gingen den Boulevard de l'Hôpital hinunter. Eine heftige Brise wehte; die frischte ihn wieder auf. Dann bogen sie in die Rue du Marché aux Chevaux ein. Der Garten zeichnete sich rechts als große, dunkle Masse ab, während links die ganze Front der Pitié, deren Fenster hell erleuchtet waren, wie ein Feuerbrand aussah; hinter den Scheiben sah man Schatten flüchtig hinhuschen.

Die beiden Begleiter Frédérics traten ab, und ein anderer brachte ihn bis zur Polytechnischen Schule. Die Rue Saint-Victor war vollständig finster, weder ein Gasarm, noch ein Licht in den Häusern brannte. Von zehn zu zehn Minuten hörte man rufen: "Schildwachen! Seid auf der Hut!" Dieser Ruf, mitten in der Stille, hallte fort wie das Aufklatschen eines Steins, der in einen tiefen Abgrund gefallen ist.

Manchmal näherte sich ein Geräusch von schweren Schritten. Das waren Patrouillen, in Scharen von hundert Männern; Flüstern und ein unbestimmtes Eisengerassel drang von der verschwommenen Masse her, dann entfernte sie sich wieder, rhythmisch bewegt wie eine Welle, und löste sich in der Dunkelheit auf.

Inmitten der großen Plätze sah man je einen Dragoner, der unbeweglich auf seinem Pferde saß. Von Zeit zu Zeit passierte eine Ordonnanz in scharfem Galopp, dann trat wieder Stille ein. Kanonen, die über die Straße gezogen wurden, ließen noch in der Ferne das dumpfe Rollen auf dem Pflaster hören; man mußte erschrecken bei diesen Geräuschen, die nichts vom gewöhnlichen Straßenlärm hatten. Die Stille der Stadt erschien dadurch nur noch größer, tiefer – es war eine Stille, schwarz wie die Nacht. Männer in weißen Blusen näherten sich den Soldaten, flüsterten ihnen etwas zu und verschwanden wie Gespenster.

Der Posten der Polytechnischen Schule war überfüllt. Frauen belagerten die Schwelle und wollten ihre Söhne, ihre Männer sehen. Man schickte sie nach dem Panthéon, das zum Leichenhaus gemacht worden war, und hörte Frédéric nicht an. Er gab nicht nach und beteuerte, daß sein Freund Dussardier ihn erwarte und im Sterben sei. Endlich ließ man ihn durch einen Korporal zum Gemeindeamt des zwanzigsten Arrondissements, am oberen Ende der Rue Saint-Jacques, führen. Der Panthéon-Platz war voll von Soldaten, die auf Stroh gebettet lagen. Der Tag brach an. Die Lagerfeuer erloschen.

Der Aufstand hatte in diesem Viertel schreckliche Spuren zurückgelassen. Allenthalben war das Straßenpflaster aufgerissen. Auf den zerstörten Barrikaden sah man Omnibusse, Gasröhren, Wagenräder; kleine schwarze Lachen an einzelnen Stellen schienen Blut zu sein. Die Häuser waren von Geschossen durchlöchert; unter dem abgerissenen Verputz lag das Gebälk frei. Rolläden, an denen nur noch ein einziger Nagel festhielt, hingen wie Fetzen herunter. Die Treppen waren eingestürzt, Türen öffneten sich ins Leere. Man sah das Innere der Zimmer und ihre zerlumpten Tapeten; dabei waren manchmal gerade zerbrechliche Dinge unversehrt geblieben. Eine Stutzuhr, ein Stab aus einem Papageienkäfig, Kupferstiche fielen Frédéric auf.

Als er die Mairie betrat, schwatzten die Nationalgardisten endlos über den Tod Brédas, Négriers, des Abgeordneten Charbonnel und des Erzbischofs von Paris. Man erzählte, daß der Herzog von Aumale in Boulogne angekommen, Barbès aus Vincennes geflüchtet sei, daß Artillerie aus Bourges eintreffe und aus der Provinz Succurs komme. Gegen drei Uhr brachte jemand frohe Nachrichten; Parlamentäre der Aufständischen waren bei dem Präsidenten der Nationalversammlung.

Alles jubelte; und da Frédéric noch zwölf Franken hatte, ließ er zwölf Flaschen Wein kommen, um seine Befreiung damit vielleicht zu beschleunigen. Plötzlich glaubte man, Gewehrfeuer zu hören. Das Zechen hatte ein Ende, und man sah den Unbekannten mit mißtrauischen Blicken an; es konnte vielleicht Heinrich V. sein.

Um keinerlei Verantwortlichkeit zu haben, brachten sie ihn nach der Mairie des elften Arrondissements, und dort ließ man ihn erst um neun Uhr morgens heraus.

Er lief mehr, als er ging, nach dem Quai Voltaire. An einem offenen Fenster stand ein Greis in Hemdsärmeln, sah zum Himmel hinauf und weinte. Die Seine floß friedlich dahin. Der Himmel war tiefblau, in den Bäumen der Tuilerien sangen die Vögel.

Frédéric überschritt den Carrousel-Platz, als eine Tragbahre vorbeikam. Der Posten leistete die Ehrenbezeigung, und der Offizier, die Hand an den Tschako legend, sagte: "Dem unglücklichen Helden!" Diese Phrase war fast obligat geworden, und doch war der, der sie aussprach, immer feierlich bewegt. Ein Trupp wütenden Volks kam hinterher und schrie:

"Wir werden euch rächen! Wir werden euch rächen!"

Auf dem Boulevard verkehrten die Wagen, Frauen saßen vor den Haustüren und zupften Charpie. Der Aufstand war niedergeworfen oder doch beinahe; eine Proklamation Cavaignacs, die soeben angeschlagen wurde, besagte es. Auf der Höhe der Rue Vivienne erschien ein Häuflein Mobilgardisten. Die Bürger brüllten vor

Begeisterung, sie schwenkten die Hüte, klatschten in die Hände, tanzten umher, wollten sie umarmen und sie zum Trinken einladen; von den Balkons warfen Damen Blumen herunter.

Endlich, um zehn Uhr, in dem Augenblick, wo die Kanonen dumpf rollten, die den Faubourg Saint-Antoine einnehmen sollten, kam Frédéric bei Dussardier an. Er fand ihn in seiner Dachkammer, auf dem Rücken liegend und schlafend. Aus dem benachbarten Zimmer kam leise eine Frau heraus, die Vatnaz.

Sie führte Frédéric beiseite und erzählte ihm, auf welche Weise Dussardier verwundet worden war.

Am letzten Sonnabend hatte von einer Barrikade in der Rue Lafayette herunter ein Bursche, der in eine Trikolore eingehüllt war, den Nationalgardisten zugerufen: "Zielt nur auf eure Brüder!" Als weitere Aufständische heranrückten, hatte Dussardier sein Gewehr hingeworfen, die anderen beiseite gestoßen, die Barrikade erklettert, mit einem Fußstoß den Insurgenten zu Boden geworfen und ihm die Fahne entrissen. Man hatte ihn unter dem Schutt wiedergefunden, mit einer Kugel im Schenkel. Die Wunde mußte aufgeschnitten und das Geschoß entfernt werden. Die Vatnaz war am selben Abend gekommen und hatte ihn seit dieser Zeit nicht verlassen.

Mit Geschicklichkeit bereitete sie alles, was zum Verbinden nötig war, gab ihm zu trinken, erriet seine kleinsten Wünsche, ging und kam leiser als eine Fliege, und sah ihn mit zärtlichen Blicken an.

Vierzehn Tage lang kam Frédéric jeden Vormittag; als er eines Tages von der Aufopferung der Vatnaz sprach, zuckte Dussardier die Achseln.

"O nein! Das ist Interesse bei ihr!"

"Glaubst du?"

Er erwiderte: "Ich bin ganz sicher!", ohne sich näher erklären zu wollen.

Sie überhäufte ihn mit Aufmerksamkeiten, und sie brachte ihm die Zeitungen, in denen seine schöne Tat in den Himmel gehoben wurde. Diese Huldigungen schienen ihn zu belästigen. Er gestand sogar Frédéric einen Gewissenszwiespalt.

Vielleicht hätte er sich auf die andere Seite, zu den Blusen, schlagen sollen, denn schließlich hatte man ihnen eine Menge Dinge versprochen und nichts gehalten. Ihre Besieger von heute verabscheuten die Republik, und dann wäre man auch recht hart gegen die Armen gewesen! Sie hatten zweifellos unrecht, aber nicht in allem; und der brave Junge wurde durch den Gedanken gequält, daß er vielleicht gegen die Gerechtigkeit gekämpft hatte.

Sénécal, der in den Tuilerien unter der Uferterrasse eingesperrt war, hatte diese Angst nicht.

Sie waren dort neunhundert Menschen, im Schmutz zusammengepreßt, schwarz von Pulver und geronnenem Blut, vor Fieber erschauernd und vor Wut weinend;

nicht einmal die Sterbenden wurden hinausgebracht. Manchmal, wenn plötzlich eine Detonation erklang, glaubten sie, daß man sie alle erschießen würde, dann stürzten sie sich gegen die Mauer, um gleich wieder auf ihre Plätze zurückzutaumeln, so stumpfsinnig vor Schmerz, daß sie in einem quälenden Traum, in einer düsteren Sinnestäuschung zu leben glaubten. Die Lampe an der Decke sah wie ein Blutflecken aus, und kleine gelbe und grüne Flammen züngelten umher, die durch die Ausdünstungen des Gewölbes hervorgerufen waren. Da man eine Epidemie befürchtete, war eine Kommission ernannt worden. Auf den ersten Stufen aber prallte der Präsident schon zurück, halb ohnmächtig durch den Geruch des Kots und der Leichen. Wenn die Gefangenen sich einem Kellerloch näherten, stießen die Nationalgardisten, die da auf Posten standen, damit die Gitter nicht erschüttert würden, aufs Geratewohl mit ihren Bajonetten in die Masse.

Sie waren durchweg unerbittlich. Die, die sich nicht geschlagen hatten, wollten sich auszeichnen. Es war ein Schrecken ohne Ende. Man rächte sich mit einem Schlage für die Zeitungen, die Klubs, die Zusammenrottungen, die Doktrinen, für alles, was seit drei Monaten erbittert hatte; und trotz des Sieges machte sich triumphierend eine gewisse Gleichheit breit, aber nur als Zuchtrute für ihre Verteidiger und als Hohn auf ihre Feinde, eine Gleichheit von wilden Tieren, eine Gleichheit von Schandtaten; der Fanatismus der Interessen stand ja auf derselben Stufe wie das Delirium der Not, die Aristokratie hatte dieselben Wutausbrüche wie der Pöbel, und die baumwollene Mütze benahm sich nicht weniger scheußlich als die rote Mütze. Die Vernunft des Volkes erlitt eine Störung wie nach großen Natur-Umwälzungen. Menschen von Geist wurden zu Idioten und blieben es bis an ihr Ende.

Der alte Roque war sehr tapfer, beinahe waghalsig geworden. Am 26. mit den Leuten aus Nogent in Paris angelangt, hatte er sich, statt mit ihnen wieder nach Hause zu gehen, der Nationalgarde angeschlossen, die in den Tuilerien kampierte, und er war sehr zufrieden, als Schildwache vor der Uferstraße postiert zu werden. Da wenigstens würde er sie unter sich haben, die Banditen! Er weidete sich an ihrer Niederlage, ihrem Elend, und er konnte es sich nicht versagen, sie zu beschimpfen.

Einer von ihnen, ein Jüngling mit langen blonden Haaren, preßte sein Gesicht an die Gitterstäbe und bat um Brot. Roque befahl ihm, zu schweigen. Der junge Mann wiederholte mehrmals mit kläglicher Stimme:

"Brot!"

"Habe ich denn welches?"

Andere Gefangene kamen an das Kellerloch, mit struppigen Bärten und flammenden Blicken, sie stießen sich und heulten:

"Brot!"

Den alten Roque ärgerte es, seine Autorität mißachtet zu sehen. Um die Gefangenen zu ängstigen, schlug er sie ins Gesicht; aber von den Nachdrängenden, die ihn fast erstickten, ans Gitter gepreßt, rief der junge Mensch noch einmal:

"Brot!"

"Da! da hast du welches!" rief der alte Roque, sein Gewehr abfeuernd.

Ein furchtbares Geheul kam zur Antwort, dann Stille. Am Rande des Zubers aber sah man etwas Weißes kleben.

Danach entfernte sich Herr Roque und ging in seine Wohnung. Er hatte nämlich in der Rue Saint-Martin ein Haus, wo er sich ein Absteigequartier reserviert hatte, und die Beschädigungen, die der Aufstand an diesem verursacht hatte, waren es zum großen Teil gewesen, die ihn in solche Wut versetzten. Nun, als er das Haus wieder erblickte, schien ihm, daß er den Schaden doch überschätzt hatte. Seine Tat, von der er kam, besänftigte ihn, wie wenn er Entschädigung gefunden hätte.

Seine Tochter selbst öffnete ihm die Tür. Sie empfing ihn mit den Worten, daß seine lange Abwesenheit sie von zu Hause fortgetrieben habe; sie hatte ein Unglück, eine Verwundung befürchtet.

Dieser Beweis kindlicher Liebe rührte den alten Roque. Er wunderte sich darüber, daß sie ohne Catherine gereist war.

"Ich habe sie wegen einer Besorgung eben weggeschickt," antwortete Louise.

Sie erkundigte sich nach seiner Gesundheit, nach allen möglichen Dingen; dann fragte sie mit gleichgültiger Miene, ob er nicht zufällig Frédéric getroffen habe.

"Nein! Ich habe keine Spur von ihm gesehen."

Für ihn allein hatte sie die Reise gemacht.

Jemand ging auf dem Korridor.

"Ah! Entschuldige ..."

Damit verschwand sie.

Catherine hatte Frédéric nicht gefunden. Er war seit mehreren Tagen abwesend, und sein bester Freund, Herr Deslauriers, wohnte jetzt in der Provinz.

Louise kam zitternd zurück, unfähig zu sprechen. Sie stützte sich auf einen Stuhl.

"Was ist dir? Was hast du denn?" rief ihr Vater.

Sie machte ihm ein Zeichen, daß es nichts sei, und gewann durch eine große Willensanstrengung ihre Fassung wieder.

Ein Restaurateur aus dem Hause gegenüber brachte die Suppe. Aber für den alten Roque war die Erschütterung zu stark gewesen. Beim Nachtisch erlitt er eine Art

Ohnmachtsanfall. Man schickte schnell nach einem Arzt, der eine Medizin verschrieb. Dann, als er in seinem Bett lag, wollte Herr Roque möglichst viele Decken haben, um zu schwitzen. Er seufzte, er ächzte.

"Danke, meine gute Catherine. Küsse deinen armen Vater, mein Kind! Ach! Diese Revolution!"

Und da seine Tochter mit ihm schalt, daß er sich krank gemacht habe, weil er sich ihretwegen geplagt hätte, erwiderte er:

"Ja, du hast recht! Aber was hätte ich tun sollen? Ich bin eben zu empfindlich!"

2.

Frau Dambreuse saß in ihrem Boudoir, zwischen ihrer Nichte und Miß John, und hörte Herrn Roque zu, der von seinen militärischen Strapazen erzählte.

Sie biß sich auf die Lippen und schien leidend zu sein.

"Oh! Es ist nichts! Es wird schon vorübergehen!"

Mit liebenswürdiger Miene fuhr sie fort:

"Wir werden einen Ihrer Bekannten heute zu Tisch haben, Herrn Moreau."

Louise zuckte zusammen.

"Außerdem nur einige intime Freunde, unter anderen Alfred de Cisy."

Sie rühmte seine Manieren, seine Toiletten und namentlich seinen sittlichen Lebenswandel.

Frau Dambreuse log weniger, als sie glaubte; der Vicomte dachte ans Heiraten. Er hatte es Martinon gestanden und hinzugefügt, daß er sicher wäre, Fräulein Cécile zu gefallen, und daß ihre Verwandten ihn akzeptieren würden.

Um ein solches Geständnis zu wagen, mußte er günstige Auskünfte über die Mitgift bekommen haben. Martinon hatte seinerseits Cécile im Verdacht, die natürliche Tochter des Herrn Dambreuse zu sein, und er wäre wahrscheinlich sehr schlau gewesen, wenn er aufs Geratewohl um ihre Hand angehalten hätte. Dieses Wagnis aber schien ihm gefährlich, und deshalb hatte er sich bisher so benommen, daß er sich nicht kompromittiere; auch wußte er nicht, wie er sich die Tante vom Halse schaffen sollte. Der Name Cisy hatte ihn aber endlich bestimmt, und er war mit seiner Werbung bei dem Bankier herausgerückt; Herr Dambreuse fand kein Hindernis und hatte alsbald seine Frau davon in Kenntnis gesetzt.

Cisy erschien. Sie erhob sich und sagte:

"Sie vernachlässigen uns. Cécile, shake hands!"

In demselben Augenblick trat Frédéric ein.

"Also! Endlich! Man sieht Sie wieder!" rief der alte Roque. "Ich bin diese Woche dreimal mit Louise bei Ihnen gewesen!"

Frédéric war ihnen mit Absicht ausgewichen. Er gab vor, daß er seine ganze Zeit bei einem verwundeten Kameraden zubringe. Übrigens hätte er auch andere ernste Abhaltungen; er fing an, verschiedene zu erdichten. Glücklicherweise trafen die Gäste ein: Zuerst Herr Paul von Grémonville, der Diplomat, den er auf dem Balle gesehen hatte; dann Fumichon, der Industrielle, dessen konservativer Eifer ihn seinerzeit empört hatte; die alte Herzogin von Montreuil-Nantua folgte ihnen.

Man hörte im Vorzimmer zwei Stimmen.

"Ich weiß es gewiß," sagte die eine.

"Verehrte schöne Frau! Verehrte schöne Frau!" erwiderte die andere, "bitte, beruhigen Sie sich!"

Es waren Herr de Nonancourt, ein alter Stutzer vom Aussehen einer mit Coldcream einbalsamierten Mumie, und Frau de Larsillois, die Frau eines Präfekten Louis-Philippes. Sie zitterte entsetzlich, denn sie hatte eben auf einer Drehorgel eine Polka gehört, die ein Signal der Aufständischen sein sollte. Viele Leute der Gesellschaft litten unter solchen Einbildungen; man glaubte, daß Männer in Katakomben das Faubourg Saint-Germain in die Luft sprengen würden; aus Kellern drangen verdächtige Geräusche, und an Fenstern sah man ebenso verdächtige Dinge.

Trotzdem gab sich alle Welt die größte Mühe, Frau von Larsillois zu beruhigen. Die Ordnung wäre wiederhergestellt und nichts mehr zu befürchten. "Cavaignac hat uns gerettet!" Man übertrieb die Schrecken des Aufstandes, als ob an ihnen noch nicht genug gewesen wäre. Auf Seite der Sozialisten sollten dreiundzwanzigtausend Sträflinge gekämpft haben, – nicht weniger!

Man zweifelte nicht im mindesten an den vergifteten Lebensmitteln, den Mobilgardisten, die zwischen zwei Brettern zersägt worden waren, und den Fahnen mit Aufschriften, die zur Plünderung und zur Brandstiftung aufforderten.

"Und was noch sonst alles!" warf die Ex-Präfektin ein.

"Meine Liebe! ..." Frau Dambreuse unterbrach sie im Interesse des guten Tons; mit einem Blick zeigte sie auf die drei jungen Mädchen.

Gerade trat Herr Dambreuse mit Martinon aus seinem Arbeitszimmer. Sie sah weg und erwiderte die Begrüßung Pellerins, der auf sie zukam. Der Künstler blickte unruhig auf die Wände. Der Bankier nahm ihn beiseite und gab ihm zu verstehen, daß er für den Augenblick sein revolutionäres Bild verstecken müßte.

"Sehr begreiflich!" sagte Pellerin, der nach seinem Mißerfolg im "Klub der Intelligenz" die politische Richtung geändert hatte.

Herr Dambreuse fügte sehr liebenswürdig hinzu, daß er andere Arbeiten bei ihm bestellen würde.

"Pardon! ... Ach, lieber Freund! Wie reizend!"

Arnoux und seine Frau standen vor Frédéric.

Er taumelte wie in einem Schwindelanfall. Rosanette hatte ihn mit ihrer Bewunderung für das Militär den ganzen Nachmittag nervös gemacht; die alte Liebe erwachte wieder in ihm.

Der Haushofmeister kam mit der Meldung, daß serviert sei. Frau Dambreuse bat mit einem Blick den Vicomte, Cécile den Arm zu geben, sagte zu Martinon ganz leise: "Elender!", und alles begab sich in den Speisesaal.

In der Mitte der Tafel breitete sich im Schatten der grünen Blätter einer Ananas ein mächtiger Karpfen aus, das Maul zu einem Rehviertel gewendet und mit dem Schwanz einen Krebsaufbau berührend. Feigen, enorme Kirschen, Birnen und Trauben (Erstlinge der Pariser Zucht) lagen pyramidenförmig in Meißner Porzellan; Blumentuffs wechselten mit dem blitzenden Silberzeug; die weißseidenen Vorhänge, die an den Fenstern heruntergelassen waren, gaben dem Raum ein gedämpftes Licht. Zwei Springbrunnen, in denen Eisstücke lagen, verbreiteten Kühlung. Lange Diener in Kniehosen servierten. Nach den Aufregungen der letzten Zeit erschien das alles umso angenehmer. Man trat wieder in den Genuß der Dinge, die man zu verlieren gefürchtet hatte, und Nonancourt drückte nur die allgemeine Empfindung aus, als er sagte:

"Ah! Hoffentlich erlauben uns die Herren Republikaner, zu dinieren!"

"Trotz ihrer Brüderlichkeit!" setzte der alte Roque geistvoll hinzu.

Diese Standespersonen saßen rechts und links von Frau Dambreuse, die ihren Mann sich gegenüber hatte, der wieder zwischen Frau von Larsillois mit dem Diplomaten und der alten Herzogin mit Fumichon als Nachbar saß. Dann kamen der Maler, der Fayencenhändler, Fräulein Louise; und dank Martinon, der ihm seinen Platz weggenommen hatte, um neben Cécile sitzen zu können, saß Frédéric neben Frau Arnoux.

Sie trug ein Kleid von schwarzem Barège, einen goldenen Reif um das Handgelenk und, wie an dem ersten Tage, wo er bei ihr diniert hatte, etwas Rotes im Haar, einen Fuchsienzweig, der sich durch ihren Chignon schlang. Er konnte sich nicht enthalten, zu sagen:

"Es ist lange her, daß wir uns gesehen haben!"

"Ah!" erwiderte sie kühl.

Er fuhr mit einem sanften Ausdruck in der Stimme, wie um die Dreistigkeit der Frage zu mildern, fort:

"Haben Sie manchmal an mich gedacht?"

"Warum hätte ich das tun sollen?"

Frédéric verletzte diese Antwort.

"Vielleicht haben Sie schließlich recht."

Sofort faßte ihn jedoch Reue, und er beteuerte, daß er nicht einen Tag verbracht habe, ohne durch die Erinnerung an sie gequält zu werden.

"Ich glaube nicht eine Silbe davon."

"Und doch wissen Sie, daß ich Sie liebe!"

Frau Arnoux antwortete nicht.

"Sie wissen, daß ich Sie liebe."

Sie schwieg immer noch.

"Schön, unterhalte dich allein!" dachte Frédéric.

Und er sah sich in der Gesellschaft um und erblickte am anderen Ende der Tafel Fräulein Roque.

Sie hatte geglaubt, sehr eitel zu sein, indem sie ganz in Grün kam, einer Farbe, die mit dem Ton ihrer roten Haare schreiend kontrastierte. Ihre Gürtelschnalle saß zu hoch, ihr Kragen ließ den Hals zu kurz erscheinen; ihr Mangel an Eleganz hatte zweifellos als erstes Frédéric in seinem Benehmen so kühl gemacht. Sie beobachtete ihn neugierig aus der Entfernung, und Arnoux neben ihr verschwendete seine Galanterien nutzlos, da er nicht drei Worte aus ihr herauslocken konnte; er gab es schließlich auf, zu gefallen, und folgte der allgemeinen Unterhaltung. Man erzählte eben Klatsch aus dem Luxembourg.

Fumichon zufolge besaß Louis Blanc ein Haus in der Rue Saint-Dominique, in dem er sich ausdrücklich weigerte, an Arbeiter zu vermieten.

"Was ich komisch finde," sagte Nonancourt, "ist: Ledru-Rollin auf den Krondomänen jagend!"

"Er schuldet einem Goldschmied zwanzigtausend Franken," fügte Cisy hinzu; "und man behauptet sogar ..."

Frau Dambreuse unterbrach ihn.

"Pfui! Wie kann man sich so über Politik erhitzen! Ein junger Mann noch dazu! Beschäftigen Sie sich doch lieber mit Ihrer Nachbarin!"

Die gesetzten Herren begannen, die Zeitungen anzugreifen.

Arnoux verteidigte sie; Frédéric sprach auch mit und nannte sie Geschäfte wie andere. Ihre Mitarbeiter seien in der Regel Dummköpfe oder Aufschneider; er behauptete, sie zu kennen, und er bekämpfte die idealen Weltanschauungen seines Freundes mit Sarkasmen. Frau Arnoux bemerkte nicht, daß das eine Rache an ihr sein sollte.

Mittlerweile strengte der Vicomte sein Gehirn an, um Fräulein Cécile zu erobern. Zuerst kramte er künstlerische Kenntnisse aus, indem er die Form der Karaffen und die Gravierung der Messer tadelte. Dann sprach er von seinem Stall, seinem Schneider und seinem Hemdenlieferanten, endlich kam er auf das Thema Religion, und dabei wußte er durchblicken zu lassen, daß er alle Glaubenspflichten erfülle. Martinon machte es geschickter. In monotonen Worten und ohne ein Auge von ihr zu lassen, bewunderte er ihr Vogelprofil, ihr fades blondes Haar und ihre Hände, die zu kurz geraten waren. Das häßliche junge Mädchen erquickte sich an diesem Regen von Süßigkeiten.

Die übrigen hörten dies nicht, da alles sehr laut sprach. Herr Roque wünschte einen "Arm von Eisen", der Frankreich regieren müßte. Nonancourt bedauerte sogar, daß das politische Schafott abgeschafft sei. Diese Lumpen müßten massenweise hingerichtet werden.

"Die Kerle sind sogar feige," sagte Fumichon; "ich sehe keine Bravour darin, sich hinter den Barrikaden aufzupflanzen!"

"Apropos, erzählen Sie uns doch von Dussardier!" sagte Herr Dambreuse, zu Frédéric gewendet.

Der brave Kommis war momentan ein Held, wie Sallesse, die Brüder Jeanson, die Péquillet und andere.

Ohne sich bitten zu lassen, erzählte Frédéric die Geschichte seines Freundes; davon mußte ja ein Abglanz auf ihn selber fallen.

Natürlich hatte das zur Folge, daß verschiedene Züge von Mut erzählt wurden. Der Diplomat meinte, es sei nicht schwer, dem Tod gegenüberzustehen; der Beweis wären die, die sich im Duell schlagen.

"Der Vicomte wird uns das bestätigen," sagte Martinon.

Der Vicomte war sehr rot geworden.

Die Gäste sahen ihn an, und Louise, die erstaunter als die anderen war, flüsterte:

"Was soll das heißen?"

"Er hat vor Frédéric gekniffen," erwiderte Arnoux leise.

"Sie wissen etwas?" fragte Nonancourt sie sofort, der dann ihre Antwort Frau Dambreuse weitersagte, die nun, sich ein wenig vorbeugend, Frédéric zu betrachten begann.

Martinon wartete nicht erst auf eine Frage von Cécile. Er erzählte ihr, daß die Sache eine "unqualifizierbare" Person betreffe. Das junge Mädchen rückte ihren Stuhl etwas ab, wie um die Berührung mit diesem Wüstling zu fliehen.

Die Unterhaltung war wieder in Fluß geraten. Die edlen Bordeaux-Weine wurden herumgereicht, man wurde sehr lebhaft; Pellerin wetterte gegen die Revolution wegen des spanischen Museums, mit dem es nun endgültig vorbei wäre. Das betrübe ihn am meisten, in seiner Eigenschaft als Maler. Darauf fragte ihn plötzlich Herr Roque:

"Ist nicht auch von Ihnen ein sehr bemerkenswertes Bild, das ich kenne –?"

"Vielleicht! Welches meinen Sie?"

"Es stellt eine Dame in einem ... etwas leichten Kostüm vor, mit einer Börse und einem Pfau hinter sich."

Die Reihe, zu erröten, war nun an Frédéric. Pellerin tat, als ob er nichts davon wüßte.

"Jawohl, es ist von Ihnen! Denn darunter steht Ihr Name, und am Rahmen ist eine Aufschrift, daß das Bild Herrn Moreau gehört."

Eines Tages, als der alte Roque und seine Tochter auf Frédéric warteten, hatten sie das Porträt der Marschallin gesehen. Der gute Mann hielt es für ein "gothisches Gemälde".

"Nein!" sagte Pellerin brutal; "es ist ein Frauenporträt."

Martinon setzte hinzu:

"Von einer sehr lebenden Frau! Nicht wahr, Cisy?"

"Ich weiß davon gar nichts."

"Ich glaubte, daß Sie sie kennen. Wenn es Ihnen unangenehm ist, bitte ich um Entschuldigung!"

Cisy schlug die Augen nieder, und seine Verlegenheit bewies es, daß auch er bei dieser Porträt-Geschichte eine jämmerliche Rolle gespielt hatte. Was Frédéric anlangte, so konnte das Modell nur seine Maitresse sein. Das war eine von jenen Überzeugungen, die sich sofort bilden, und die Gesichter der Anwesenden spiegelten dies deutlich wieder.

"Wie er mich belogen hat!" sagte Frau Arnoux zu sich.

"Darum also hat er mich verlassen!" dachte Louise.

Frédéric glaubte, daß diese beiden Geschichten ihn kompromittieren könnten, und als man in den Garten gegangen war, machte er Martinon Vorwürfe darüber.

Der Verehrer von Cécile lachte ihn aus.

"Aber ganz und gar nicht! Das wird dir nützen! Jetzt nur vorwärts!"

Was wollte er damit sagen? Und dann, warum dieses Wohlwollen, das so ganz gegen seine Gewohnheit war? Ohne eine Erklärung dafür zu finden, ging er nach dem Hintergrunde, wo die Damen saßen. Die Herren standen umher, und in ihrer Mitte entwickelte Pellerin Ideen. Das Vorteilhafteste für die Kunst wäre eine kluge

Monarchie. Die moderne Zeit widere ihn an, und "wenn es nur wegen der Nationalgarde wäre", auch bedaure er, daß das Mittelalter und die Zeit Ludwigs XIV. vorüber wären; Herr Roque machte ihm Komplimente über diese Ansichten und gestand sogar, daß sie alle seine Vorurteile gegen die Künstler über den Haufen würfen. Er entfernte sich jedoch sogleich wieder, da ihn die Stimme Fumichons anlockte. Arnoux versuchte nämlich darzulegen, daß es zwei Arten von Sozialismus gebe, einen guten und einen schlechten, aber der Industrielle sah da keinen Unterschied; ihn machte das Wort Eigentum überhaupt gleich wild.

"Das ist ein Recht, das schon in der Natur begründet ist! Die Kinder hängen an ihrem Spielzeug; alle Völker denken wie ich, alle Tiere; der Löwe selbst, wenn er reden könnte, würde sich für einen Eigentümer erklären! So habe ich, meine Herren, mit fünfzehntausend Franken Kapital angefangen! Wissen Sie, daß ich dreißig Jahre lang regelmäßig um vier Uhr morgens aufgestanden bin? Ich habe wie ein Pferd arbeiten müssen, um mein Vermögen aufzubauen. Und nun will man kommen und mir sagen, daß ich nicht der Herr davon bin, daß mein Geld nicht mein Geld, daß das Eigentum Diebstahl ist?!"

"Aber Proudhon ..."

"Lassen Sie mich mit Ihrem Proudhon in Ruhe! Ich glaube, ich könnte ihn erwürgen, wenn er hier wäre!"

Er hätte ihn gewürgt. Namentlich, nachdem die Liköre gereicht worden waren, kannte Fumichon sich nicht mehr, und sein apoplektisches Gesicht war nahe daran, wie eine Bombe zu platzen.

"Guten Tag, Arnoux," sagte Hussonnet, der elastisch über den Rasen daherkam.

Er brachte Herrn Dambreuse die erste Nummer einer Broschüre, die die "Hydra" betitelt war; der Bohème verteidigte darin die Interessen eines reaktionären Klubs, und der Bankier stellte ihn seinen Gästen in dieser Eigenschaft vor.

Hussonnet belustigte sie, indem er zuerst behauptete, daß die Talghändler dreihundertzweiundneunzig Gassenjungen bezahlten, damit sie allabendlich "Illuminieren!" schrien, dann, indem er die Prinzipien von neunundachtzig, die Befreiung der Neger, die Redner der Linken ins Lächerliche zog; er verstieg sich sogar so weit, daß er "Prudhomme auf einer Barrikade" darstellte, vielleicht unter dem Einfluß eines unbewußten Neides gegen diese Spießbürger, die gut zu Mittag gegessen hatten." Aber das gefiel nur mäßig, und die Gesichter wurden länger.

Übrigens war auch der Moment nicht geeignet, um Witze zu machen; Nonancourt betonte dies, indem er an den Tod der Eminenz Affre und des Generals Bréda erinnerte. Beide wurden bei jeder Gelegenheit erwähnt; man argumentierte mit ihnen. Herr Roque erklärte "den Tod des Erzbischofs für das Erhabenste, was man sich denken könne"; Fumichon reichte dem Soldaten die Palme, und statt diese beiden Morde einfach zu beklagen, diskutierte man sie, um klarzustellen, welcher von beiden die stärkste Entrüstung hervorrufen müsse. Eine zweite Parallele wurde dann gezogen, und zwar zwischen Lamoricière und Cavaignac.

Herr Dambreuse hob Cavaignac in den Himmel, Nonancourt dagegen Lamoricière. Keiner der Anwesenden, mit Ausnahme von Arnoux, hatte die beiden in Tätigkeit gesehen, trotzdem hatten alle ein unumstößliches Urteil über ihre Operationen. Frédéric beteiligte sich nicht an der Diskussion, und er gestand auch, daß er nicht mitgekämpft habe. Der Diplomat und Herr Dambreuse nickten ihm beifällig zu. Den Aufstand bekämpfen hieß ja doch, die Republik verteidigen. Der Ausgang des Kampfes hatte diese nur zu sehr befestigt; in Wahrheit wünschte man, nachdem man die Besiegten los war, dasselbe von den Siegern.

Kaum daß sie im Garten waren, hatte Frau Dambreuse sich Cisys bemächtigt und ihm Vorwürfe über seine Ungeschicklichkeit gemacht; beim Anblick Martinons verabschiedete sie ihn; sie wollte von ihrem zukünftigen Neffen die Ursache seiner Spöttereien über den Vicomte erfahren.

"Ursache? Ich hatte gar keine."

"Also nur zum Ruhme des Herrn Moreau? Oder zu welchem Zweck?"

"Zu keinem andern. Frédéric ist ein reizender Junge. Ich habe ihn sehr gern."

"So? Ich auch! Ich möchte ihn hier haben! Holen Sie ihn!"

Nach zwei oder drei banalen Redensarten fing sie an, mit Frédéric über die anderen Gäste etwas geringschätzig zu reden, was nichts anderes hieß als: ihn auf ein höheres Niveau stellen. Er verfehlte seinerseits nicht, die anderen Damen zu verlästern, nur um ihr in geschickter Form Komplimente zu machen. Da aber Empfangsabend war, so verließ sie ihn von Zeit zu Zeit, um Damen zu bewillkommnen, dann kehrte sie auf ihren Platz zurück, und die ganz zufällige Anordnung der Sitze ermöglichte es ihnen, nicht gestört zu werden.

Sie zeigte sich heiter, seriös, melancholisch, verständig. Die Tagesbewegungen interessierten sie nur mäßig; für sie gab es eine Reihe von weniger vergänglichen Empfindungen. Sie schalt auf die Dichter, die die Wahrheit entstellten, dann sah sie zum Himmel hinauf und fragte ihn nach dem Namen eines Sterns.

In den Bäumen hatte man zwei oder drei chinesische Lampen angebracht; der Wind bewegte sie, farbige Streifen zitterten auf ihrem weißen Kleide. Sie saß, ihrer Gewohnheit gemäß, ein wenig zurückgelehnt, mit einem Tabourett vor sich, unter dem die Spitze ihres schwarzen Satinschuhes hervorsah; in kurzen Pausen warf sie ein etwas lauteres Wort dazwischen, manchmal sogar ein lautes Auflachen.

Diese Koketterien erreichten Martinon, der mit Cécile beschäftigt war, nicht; um so stärker berührten sie die kleine Roque, die mit Frau Arnoux plauderte. Unter allen Frauen war diese die einzige, deren Benehmen ihr nicht hochfahrend erschien. Sie hatte sich neben sie gesetzt und eine Unterhaltung begonnen:

"Nicht wahr? Er spricht doch sehr nett, Herr Fréderic Moreau?"

"Sie kennen ihn?"

"Oh, sehr gut! Wir sind Nachbarn; als ich noch ganz klein war, hat er mit mir gespielt."

Frau Arnoux warf ihr einen langen Blick zu, der sagen sollte:

"Sie lieben ihn doch nicht?"

Der des jungen Mädchens antwortete ohne Verwirrung:

"Doch!"

"Dann sehen Sie ihn wohl häufig?"

"O nein! Nur wenn er seine Mutter besuchen kommt! Aber er ist seit zehn Monaten nicht bei ihr gewesen! Obwohl er versprochen hatte, häufiger zu kommen!"

"Man muß den Versprechungen der Männer nicht zuviel trauen, mein Kind!"

"Aber mich hat er nicht getäuscht –!"

"– wie andere!"

Louise fuhr zusammen: Sollte er auch ihr etwas versprochen haben, ihr? Ihr Gesicht war von Mißtrauen und Haß verzerrt.

Frau Arnoux erschrak fast; sie hätte gern ihre Bemerkung zurückgenommen. Dann schwiegen beide.

Als nun Frédéric ihnen gegenüber auf einem Klappsessel saß, betrachteten sie ihn, die eine versteckt und von unten herauf, die andere frei und mit halb geöffneten Lippen, so daß Frau Dambreuse zu Frédéric sagte: "Wenden Sie sich doch etwas hierher, damit sie Sie sehen kann!"

"Wer denn?"

"Nun, Herrn Roques Tochter!"

Sie neckte ihn mit der Liebe dieser jungen Provinzlerin. Er verwahrte sich dagegen und versuchte, zu lachen.

"Aber ich bitte Sie! Wie können Sie das glauben! Eine solche Vogelscheuche!"

Bei alledem empfand er das Vergnügen einer ungeheuren Eitelkeit. Er dachte an jenes andere Fest zurück, das er mit einem Herzen voll Demütigungen verlassen hatte, und er atmete tief auf; jetzt fühlte er sich in seinem richtigen Element, in seiner Domäne; ihm war, als wenn alles das, das Hotel Dambreuse eingeschlossen, ihm gehörte. Die Damen saßen im Halbkreis und hörten ihm zu. Um sich interessant zu machen, sprach er sich für die Wiederherstellung der Scheidung aus, die so leicht gemacht werden müßte, daß man ad libitum sich verlassen und wieder vereinigen könnte, so oft man wollte. Einige widersprachen, andere tuschelten; aus dem Schatten der von Schlingpflanzen überzogenen Mauer drang leises Gekicher. Das Ganze hörte sich wie ein Gegacker von lustigen Hühnern an, und er entwickelte dabei seine Theorie mit dem Selbstbewußtsein, das die Empfindung des Erfolges verschafft. Ein Diener brachte ein Tablett mit Eis in die Laube. Die Herren traten näher; sie sprachen eben von den Verhaftungen.

Frédéric benutzte das, sich an dem Vicomte zu rächen. Er machte ihn glauben, daß man ihn vielleicht als Legitimisten verfolgen würde. Der andere wendete ein, daß er sich nicht aus seinem Zimmer gerührt habe; sein Gegner malte jedoch die Situation für den Vicomte so schwarz, daß selbst die Herren Dambreuse und de Grémonville sich sehr belustigten. Dann machten sie Frédéric Komplimente, und sie bedauerten, daß er seine Fähigkeiten nicht dazu verwende, die öffentliche Ordnung zu verteidigen. Sie drückten ihm herzlich die Hand: von nun an könne er auf sie zählen. Endlich, als alles ging, verneigte sich der Vicomte sehr tief vor Cécile:

"Mein Fräulein, ich habe die Ehre, Ihnen guten Abend zu wünschen."

Sie erwiderte mit kaltem Ton:

"Guten Abend!" – Herrn Martinon aber lächelte sie zu.

Der alte Roque, der seine Unterhaltung mit Arnoux fortsetzen wollte, schlug diesem vor, ihn nach Hause zu begleiten, "ebenso wie die gnädige Frau", da ihr Weg derselbe sei. Louise und Frédéric gingen voran. Sie hatte seinen Arm genommen und sagte, als sie etwas von den anderen entfernt waren:

"Ach! Endlich! Endlich! Wie habe ich den ganzen Abend über gelitten! Wie bösartig diese Frauen sind! Wie hochmütig bewegen sie sich!"

Er wollte sie verteidigen.

"Vor allem, du hättest wohl mit mir sprechen können, als du eintratst, – wo es doch ein Jahr her ist, daß du nicht nach Hause gekommen bist!"

"Es ist noch nicht ein Jahr her," sagte Frédéric, glücklich, bei dieser Einzelheit widersprechen und damit den anderen ausweichen zu können.

"Also gut! Die Zeit ist mir eben lange vorgekommen! Aber während dieses abscheulichen Diners war es, als schämtest du dich meiner! Ich weiß ja, ich habe nicht das Zeug, zu gefallen wie die anderen!"

"Du irrst dich," antwortete Frédéric.

"Wirklich? Schwöre mir, daß du keine andere liebst!"

Er schwor es ihr.

"Und ich allein bin es, die du liebst?"

"Bei Gott!"

Diese Versicherung machte sie vergnügter. Sie hätte sich in den Straßen verirren mögen, um die ganze Nacht mit ihm spazierengehen zu können.

"Ich bin zu Hause gepeinigt worden! Nur von Barrikaden hat man gesprochen! Ich sah dich blutüberströmt niederstürzen! Deine Mutter lag an ihrem Rheumatismus zu Bett und wußte natürlich nichts. Ich mußte schweigen! Ich konnte nicht mehr! Da habe ich Catherine mitgenommen."

Sie schilderte dann ihre Abreise, die ganze Fahrt und die Unwahrheit, die sie ihrem Vater gesagt hatte.

"Er bringt mich in zwei Tagen nach Hause. Komm' morgen abend wie zufällig und benutze die Gelegenheit, um mich anzuhalten."

Nie hatte Frédéric weniger ans Heiraten gedacht. Und vor allem erschien ihm Fräulein Roque als ein ziemlich lächerliches Persönchen. Was für ein Unterschied gegen eine Frau wie Frau Dambreuse! Ihm war eine ganz andere Zukunft vorbehalten! Nun hatte er die Gewißheit. Am wenigsten war also jetzt der Augenblick da, sich durch eine Herzenswallung in einer so wichtigen Entscheidung zu binden. Jetzt mußte er nüchtern denken – und dann hatte er auch Frau Arnoux wiedergesehen. Immerhin setzte ihn Louises Offenheit in Verlegenheit, und er entgegnete:

"Hast du über diesen Schritt auch nachgedacht?"

"Wie?" rief sie, starr vor Überraschung und Empörung.

Er sagte, daß es momentan eine Tollheit sei, zu heiraten.

"Du willst mich also nicht?"

"Du mißverstehst mich!"

Er setzte ihr mit einem sehr verworrenen Wortschwall auseinander, daß er durch ganz besondere Gründe zurückgehalten würde, daß er mit Geschäften überlastet und daß sogar sein Vermögen bedroht wäre, und auch diepolitischen Verhältnisse wären im Wege. Das Vernünftigste sei also, sich eine Zeit zu gedulden. Zweifellos würde sich alles regeln, wenigstens hoffe er es; und da ihm die Gründe ausgingen, tat er, als ob er sich plötzlich erinnere, daß er schon seit zwei Stunden bei Dussardier sein sollte.

Dann bog er, nachdem er sich von den anderen verabschiedet hatte, in die Rue Hauteville ein, ging um das Gymnase herum, kam auf den Boulevard zurück und stürmte die vier Treppen zu Rosanette hinauf.

Herr und Frau Arnoux verließen den alten Roque und seine Tochter an der Ecke der Rue Saint-Denis. Sie kamen nach Hause, ohne viel zu sprechen; er hatte so viel geschwatzt, daß er jetzt nicht mehr konnte, und sie verspürte eine große Ermüdung, die sie sogar zwang, sich auf ihn zu stützen. Er war der einzige Mann, der den Abend über anständige Gesinnungen entwickelt hatte. Sie hielt ihm jetzt manches zugute. Er aber erzürnte sich über Frédéric.

"Hast du sein Gesicht gesehen, als von dem Bilde die Rede war? Hatte ich dir nicht gesagt, daß er ihr Geliebter ist? Du hast mir nicht glauben wollen!"

Arnoux fuhr, stolz auf seinen Scharfsinn, fort:

"Ich möchte sogar wetten, daß er uns jetzt eben hat stehen lassen, um zu ihr zu laufen! Du kannst dich darauf verlassen, daß er jetzt bei ihr ist! Er bleibt die Nacht dort!"

Frau Arnoux hatte ihre Kapuze tief hinuntergeschlagen.

"Du zitterst ja!"

"Mich friert!" erwiderte sie. – –

Sobald ihr Vater eingeschlafen war, ging Louise in das Zimmer Catherinens und rüttelte die Magd auf.

"Steh auf! ... Schnell! Schneller! Und hole mir einen Fiaker!"

Catherine erwiderte, daß um diese Zeit keiner mehr zu finden sei.

"Dann wirst du mich selbst hinbringen!"

"Wohin denn?"

"Zu Frédéric!"

"Nicht möglich! Wozu?"

Sie müsse ihn sprechen. Warten könne sie nicht. Sie will ihn sofort sehen.

"Das ist nicht Ihr Ernst! Ohne weiteres und mitten in der Nacht in ein Haus eindringen? Übrigens schläft er jetzt!"

"Ich werde ihn aufwecken!"

"Das schickt sich aber nicht für ein Fräulein!"

"Ich bin kein Fräulein! Ich bin seine Frau! Ich liebe ihn! Vorwärts; nimm deinen Shawl!"

Catherine, die an ihrem Bettrand stand, überlegte. Schließlich sagte sie:

"Nein! Ich will nicht!"

"Gut, dann bleibe da! Ich gehe hin!"

Louise glitt wie eine Natter die Treppe hinab. Catherine stürzte hinter ihr her und holte sie auf dem Trottoir ein. Ihre Vorstellungen waren vergebens, und so folgte sie ihr und band im Gehen ihre Unterjacke zu. Der Weg erschien ihr außerordentlich lang. Sie klagte über ihre alten Beine.

"Mein Gott! Warum soll ich das alles mitmachen?"

Dann verfiel sie in Rührung.

"Armes Kind! Deine Cateau ist doch die einzige, siehst du?"

In anderen Augenblicken kamen ihr wieder Bedenken.

"Ach, Sie verleiten mich da zu etwas Schönem! Wenn Ihr Vater aufwachte! Großer Gott, hoffentlich passiert kein Unglück!"

Vor dem Theater des Variétés hielt eine Patrouille von Nationalgardisten sie an. Louise sagte sofort, daß sie mit ihrem Mädchen in die Rue Romfort ginge, um einen Arzt zu holen. Man ließ sie passieren.

An der Ecke der Madeleine begegnete ihnen eine zweite Patrouille; als Louise dieselbe Erklärung gab, erwiderte einer der Bürger:

"Wegen einer Neunmonatskrankheit? Was, mein Kätzchen?"

"Gougibaud!" rief der Hauptmann, "keine Zoten im Dienst! – Meine Damen, gehen Sie weiter!"

Aber die Witzeleien wurden fortgesetzt:

"Viel Vergnügen!"

"Grüßen Sie den Doktor!"

"Hüten Sie sich vor dem Wolf!"

"Sie amüsieren sich gern," sagte Catherine. "Das ist die Jugend!"

Endlich kamen sie bei Frédéric an. Louise zog mehrere Male stark an der Glocke. Die Tür ging auf, und der Portier antwortete auf ihre Frage:

"Nein!"

"Aber er muß doch in seinem Bett sein und schlafen!"

"Ich sage Ihnen ja: nein! Schon seit drei Monaten schläft er nicht zu Hause!"

Dabei sauste das kleine Fenster wie ein Fallbeil nieder. Sie blieben im Dunkeln auf der Diele stehen. Eine wütende Stimme rief ihnen zu:

"So gehen Sie doch!"

Das Tor öffnete sich wieder, sie verließen das Haus.

Louise mußte sich auf einen Prellstein setzen, und sie weinte, den Kopf in die Hände vergraben, heftig und unaufhörlich. Der Tag brach an, Karren rasselten vorüber. Catherine führte sie nach Hause, und sie umfaßte sie und küßte sie und sagte ihr alles mögliche Tröstliche aus ihrer eigenen Erfahrung. Man müsse sich nicht so viel Kummer wegen eines Liebsten machen. Wenn es mit diesem nichts wäre, so würde sie schon einen anderen finden.

3.

Als die Begeisterung Rosanettes für die Nationalgardisten verflogen war, wurde sie reizender als je, und unmerklich gewöhnte Frédéric sich daran, seine ganze Zeit bei ihr zuzubringen.

Das Beste am Tage war der Morgen auf ihrer Terrasse. Im Batistmieder, die nackten Füße in Pantoffeln, ging sie ab und zu, reinigte das Vogelbauer, gab ihren Goldfischen Wasser und grub mit einer Feuerschaufel in dem mit Erde gefüllten Kasten, aus dem sich ein Spalier von Kapuzinerkresse erhob, das die Wand bedeckte. Dann betrachteten sie zusammen, auf den Balkon gelehnt, die Wagen, die Vorübergehenden; sie wärmten sich in der Sonne und machten Pläne für den Abend. Er ging höchstens auf zwei Stunden fort, dann besuchten sie irgendein Theater in einer Proszeniumsloge, und Rosanette, einen großen Strauß in der Hand, hörte auf die Musik, während Frédéric ihr lustige und verliebte Dinge zuflüsterte. Ein andermal nahmen sie einen Wagen, um ins Bois de Boulogne zu fahren, dort gingen sie bis tief in die Nacht hinein spazieren. Endlich nahmen sie vom Arc de Triomphe aus durch die große Avenue den Heimweg, die frische Luft einatmend, die Sterne über ihren Köpfen, und vor sich, so weit das Auge reichte, die Reihen der angezündeten Laternen wie eine doppelte Schnur leuchtender Perlen.

Wenn sie ausgingen, mußte Frédéric stets auf sie warten; sie brachte sehr lange damit zu, die beiden Bänder ihrer Kapotte um ihr Kinn zu arrangieren, wobei sie sich vor ihrem Spiegelschrank selbst zulächelte. Dann legte sie ihren Arm auf den seinigen und zwang ihn, sich an ihrer Seite im Spiegel zu betrachten.

"Wir nehmen uns so sehr gut aus, so beide nebeneinander! Du lieber dummer Schatz! Ich könnte dich aufessen!"

Er war jetzt ihre Sache, ihr Eigentum. Ihr Gesicht hatte dabei etwas Strahlendes bekommen, und ihre Bewegungen waren schmachtender, ihre Formen voller geworden; ohne daß er es hätte definieren können, fand er sie verändert.

Eines Tages teilte sie ihm als eine wichtige Neuigkeit mit, daß Arnoux einer seiner früheren Fabrikarbeiterinnen ein Weißwarengeschäft eingerichtet habe; er käme jeden Abend hin und gäbe viel für sie aus, erst in der letzten Woche habe er ihr sogar eine Palisander-Einrichtung geschenkt.

"Woher weißt du das?" fragte Frédéric.

"Oh, ich bin gut unterrichtet!"

Delphine hatte, ihrem Befehl folgend, Erkundigungen eingezogen. Sie liebte also Arnoux, da sie sich so mit ihm beschäftigte! Er begnügte sich, ihr zu antworten:

"Was geht dich das an?"

Auf diese Frage antwortete Rosanette mit einem erstaunten Gesicht:

"Die Kanaille ist mir doch Geld schuldig! Ist es nicht abscheulich – nun hält er liederliche Frauenzimmer aus?"

Dann fuhr sie mit einem Ausdruck triumphierenden Hasses fort:

"Übrigens betrügt sie ihn nicht wenig. Sie hat noch drei außer ihm! Ganz gut so! Ich würde mich freuen, wenn sie ihn bis auf den letzten Heller ruinieren möchte!"

In der Tat ließ sich Arnoux von der Bordelaisin ausbeuten, mit der ganzen Schwäche der senilen Liebe. Seine Fabrik ging nicht mehr, seine pekuniäre Lage war überhaupt jammervoll, so daß er, um sich zu retten, zuerst das Projekt hatte, ein Café chantant aufzumachen, wo man nur patriotische Sachen singen sollte; mit einer Subvention vom Ministerium sollte dieses Etablissement gleichzeitig ein Sammelpunkt der Propaganda und ein gutes Geschäft sein. Da aber die Regierung wechselte, konnte nichts daraus werden. Nunmehr träumte er von einer großen militärischen Hutfabrik, aber dazu fehlten ihm die nötigen Mittel.

In seiner Häuslichkeit war er nicht glücklicher. Frau Arnoux zeigte sich ihm gegenüber weniger sanft, manchmal sogar ziemlich brüsk. Martha nahm immer die Partei ihres Vaters. Das verschärfte die Uneinigkeit, und das Haus wurde ihm unerträglich. Oft verließ er es in der Frühe; er verbrachte dann den Tag auf weiten Märschen, um sich zu betäuben, und aß schließlich in einem ländlichen Wirtshaus, wo er sich seinen Gedanken hingeben konnte.

Daß Frédéric sich völlig von ihnen fernhielt, störte ihn in seinen Gewohnheiten. Er erschien also eines Nachmittags bei ihm und flehte ihn an, doch wie früher zu kommen, was der andere schließlich versprach.

Frédéric hatte nicht gewagt, Frau Arnoux wieder zu besuchen. Er kam sich vor, als ob er sie betrogen hätte. Aber sein Benehmen war doch zu feige. Es gab vor der Welt keine Erklärung dafür. Und schließlich müßte er ja doch einmal hingehen; eines Abends machte er sich also auf den Weg.

Er war, da es regnete, gerade in die Passage Jouffroy eingetreten, als er vor den hellerleuchteten Schaufenstern von einem kleinen dicken Mann mit einer Mütze angesprochen wurde. Frédéric hatte keine große Mühe, Compain zu erkennen, den Redner, dessen Antrag so viel Heiterkeit im Klub erregt hatte. Er stützte sich auf den Arm eines Individuums, das mit einer roten Zuavenmütze ausstaffiert war, eine sehr lange Oberlippe, einen quittengelben Teint und einen Ziegenbart hatte und ihn mit großen Augen, die vor Bewunderung herausquollen, betrachtete.

Compain war zweifellos stolz auf ihn, denn er sagte:

"Ich stelle Ihnen diesen Burschen hier vor! Er ist ein Stiefelmacher, einer von meinen Freunden und ein Patriot! Wollen wir ein Glas Wein trinken?"

Frédéric lehnte dankend ab, und der andere fing sofort an, gegen den Antrag Rateau loszudonnern, den er als ein Manöver der Aristokraten bezeichnete. Um damit fertig zu werden, müsse man dreiundneunzig noch einmal aufführen! Dann erkundigte er sich nach Regimbart und einigen anderen, ebenso berühmten, wie Masselin, Sanson, Lecornu, Maréchal und einem gewissen Deslauriers, der in der Affäre der kürzlich in Troyes unterschlagenen Büchsen kompromittiert worden war.

Das alles war neu für Frédéric. Compain wußte auch nicht mehr darüber. Er verließ ihn mit den Worten:

"Auf baldiges Wiedersehen, nicht wahr, denn Sie gehören dazu?"

"Wozu?"

"Zum Kalbskopf!"

"Was für ein Kalbskopf?"

"Sie Spaßvogel!" erwiderte Compain, indem er ihm einen Schlag auf den Magen gab.

Damit schwenkten die beiden Terroristen in ein Café ab.

Zehn Minuten später dachte Frédéric nicht mehr an Deslauriers. Er stand auf dem Trottoir der Rue Paradis vor einem Hause und betrachtete den Schein einer Lampe im zweiten Stock hinter den Vorhängen.

Endlich stieg er die Treppe hinauf.

"Ist Arnoux zu Hause?"

Das Stubenmädchen erwiderte:

"Nein! Aber bitte, treten Sie ein!"

Und hastig eine Tür öffnend, rief sie:

"Gnädige Frau, Herr Moreau ist da!"

Frau Arnoux stand auf; sie war weißer als ihr Kragen. Sie zitterte.

"Was verschafft mir die Ehre eines ... so unerwarteten ... Besuches?"

"Nichts Besonderes! Das Bedürfnis, alte Freunde wiederzusehen!"

Er fuhr fort, indem er sich setzte:

"Wie geht es dem guten Arnoux?"

"Vorzüglich! Aber er ist ausgegangen."

"Also noch immer die alten Gewohnheiten! Abends muß er sich zerstreuen?"

"Warum nicht? Nach einem Tage voll geistiger Anstrengung hat man das Bedürfnis, sich auszuruhen."

Sie rühmte ihren Mann als Arbeiter. Dieses Lob irritierte Frédéric; auf ein Stück schwarzes Zeug mit blauen Litzen deutend, das auf ihrem Schoße lag, fragte er:

"Was arbeiten Sie da?"

"Eine Jacke, die ich für meine Tochter zurechtmache."

"Ich sehe ja Fräulein Martha gar nicht, wo ist sie denn?"

"In einer Pension," erwiderte Frau Arnoux.

Tränen traten ihr in die Augen; sie kämpfte dagegen an und gab sich Mühe, die Nadel schnell weiterzuführen. Er hatte, um nicht die Haltung zu verlieren, eine Nummer der "Illustration", die neben ihr auf dem Tische lag, in die Hand genommen.

"Diese Karikaturen von Cham sind wirklich drollig, nicht?"

"Ja, sehr!"

Dann trat wieder Schweigen zwischen ihnen ein.

Ein Windstoß rüttelte plötzlich an den Fenstern.

"Was für ein Wetter!" meinte Frédéric.

"Es ist wirklich sehr liebenswürdig, bei diesem schrecklichen Wetter einen Besuch zu machen!"

"Oh, daraus mache ich mir nichts! Ich bin nicht wie die Leute, die schon so etwas abhält, zu einem Rendezvous zu kommen."

"Was für einem Rendezvous?" fragte sie unbefangen.

"Sie erinnern sich daran nicht?"

Ein Zittern überlief sie, und sie senkte den Kopf.

Er legte sanft seine Hand auf ihren Arm.

"Ich versichere Sie, daß Sie mir viel Schmerz bereitet haben!"

Sie antwortete in einem wehklagenden Tone:

"Ich war doch in Angst um mein Kind!"

Und nun schilderte sie ihm die Krankheit des kleinen Eugène und alle Qualen dieses Tages.

"Ich danke Ihnen! Ich zweifle jetzt auch nicht mehr! Ich liebe Sie wie früher!"

"Nein! Das ist nicht wahr!"

"Warum?"

Sie sah ihn kalt an.

"Sie vergessen die andere! Die, die Sie zum Rennen führen! Die Frau, deren Porträt Sie haben! Ihre Geliebte!"

"Nun denn, ja!" rief Frédéric. "Ich leugne nicht mehr! Ja, ich war ein Elender! Aber hören Sie mich an!" Wenn er die andere besessen habe, so sei das aus Verzweiflung geschehen, wie man sich umbringt. Und wie sehr hat er sie unglücklich gemacht, nur um sich für seine Schande an ihr selbst zu rächen. "Was waren das für Qualen! Können Sie mich nicht verstehen?"

Da wendete Frau Arnoux ihr schönes Gesicht zu ihm und reichte ihm die Hand; und sie schlossen beide die Augen, befangen von einer seligen Trunkenheit, die sie mit leisen Armen wiegte – von einem Glück ohne Ende! Dann betrachteten sie sich lange, Auge in Auge, dicht aneinander.

"Konnten Sie denn glauben, daß ich Sie nicht mehr liebte?"

Sie antwortete mit gedämpfter Stimme, die voll war von Zärtlichkeit:

"Nein! Was immer geschehen ist, im Grunde meines Herzens fühlte ich ja, daß das unmöglich ist, und daß schon ein Tag kommen wird, der unserer Trennung wieder ein Ende macht."

"Ja, das fühlte auch ich! Aber, was hatte ich für tödliche Sehnsucht, Sie wiederzusehen!"

"Einmal", fuhr sie fort, "bin ich im Palais Royal ganz an Ihrer Seite gewesen!"

"Was? Wirklich?"

Und was für ein Glück, daß er sie bei den Dambreuse endlich wiederfand!

"Aber wie habe ich Sie an dem Abend verwünscht, als wir von dort fortgingen!"

"Armer Junge!"

"Mein Leben ist ja so trist!"

"Und meines! ... Wenn es nur der Kummer und die Aufregungen, die Demütigungen wären, alles was ich als Frau und Mutter ertrage, so würde ich mich gar nicht beklagen; das Schrecklichste ist meine Einsamkeit, daß ich ohne einen Menschen bin ..."

"Aber ich bin doch da, ich!"

"Ja!"

In einem Überschwang von Zärtlichkeit schluchzte sie auf. Ihre Arme breitete sie aus, und sie umarmten sich, wie sie so dastanden, und küßten sich lange.

Da knarrte es auf dem Parkettboden. Eine Frau stand vor ihnen, Rosanette. Frau Arnoux hatte sie erkannt; mit weitgeöffneten Augen sah sie voll Überraschung und Entrüstung auf sie. Endlich sagte Rosanette zu ihr:

"Ich möchte Herrn Arnoux in einer geschäftlichen Sache sprechen."

"Er ist nicht da, wie Sie sehen."

Die Marschallin erwiderte: "Ach, es ist also wahr! Ihr Stubenmädchen hatte recht! Bitte um Entschuldigung."

Und dann sich zu Frédéric wendend:

"Was, du bist hier?"

Dieses Du, von ihr ausgesprochen, machte Frau Arnoux erröten, wie ein Schlag ins Gesicht.

"Er ist nicht hier, ich habe es Ihnen schon gesagt!"

Aber die Marschallin, die sich vorerst im Zimmer umsah, setzte ungestört hinzu:

"Fahren wir nach Hause? Ich habe einen Fiaker unten."

Frédéric tat, als ob er nichts gehört hätte.

"Nun, so komm doch!"

"Jawohl! Ja! Benützen Sie die Gelegenheit! Gehen Sie! Gehen Sie!" sagte Frau Arnoux.

Und so gingen die beiden. Frau Arnoux beugte sich über das Geländer, um ihnen nachzusehen, und ein schneidendes, gellendes Lachen kam ihnen von oben nach. Frédéric stieß Rosanette in den Fiaker, setzte sich ihr gegenüber und sprach während der ganzen Fahrt kein Wort.

Diese Infamie, deren Schimpf auf ihn zurückfiel, hatte er selbst verschuldet. Er empfand gleichzeitig die Schande einer vernichtenden Demütigung und den Kummer um ein verlorenes Glück; endlich ist er daran gewesen, es zu erreichen: und nun ist es unwiederbringlich dahin! – durch die Schuld dieses Frauenzimmers, dieser Dirne. Er hätte sie erwürgen können, er glaubte, die Besinnung zu verlieren. In ihrem Hause angekommen, warf er seinen Hut auf einen Sessel und riß sich die Krawatte ab.

"Ah! Du kannst dich rühmen, etwas Hübsches angerichtet zu haben!"

Sie pflanzte sich dreist vor ihm auf.

"Ja, und –? Ist das dein Unglück?"

"Was? Du spionierst mir nach?"

"Bin ich schuld daran? Mußt du zu den anständigen Frauen laufen, dich zu unterhalten?"

"Ach was! Ich dulde nicht, daß du sie beleidigst!"

"Womit habe ich sie beleidigt?"

Er wußte nichts darauf zu erwidern und fuhr mit noch gehässigerem Ton fort:

"Damals auf dem Champ-de-Mars ...?"

"Ah, du wirst langweilig mit deinen alten Geschichten!"

"Elende!"

Er schwang die Faust.

"Tu mir nichts! Ich bin schwanger!"

Frédéric prallte zurück.

"Du lügst!"

"So sieh mich doch an!"

Sie nahm einen Leuchter und zeigte ihm ihr Gesicht:

"Verstehst du was davon?"

Kleine gelbe Flecke waren auf ihrer seltsam aufgedunsenen Haut. Frédéric konnte diese Anzeichen nicht leugnen. Er ging, das Fenster zu öffnen, machte einige Schritte hin und her und sank dann in einen Fauteuil.

Das war eine Katastrophe, vor allem weil ihre Trennung aufgeschoben wurde – und dann: alle seine Pläne fielen durcheinander. Die Idee, Vater zu sein, erschien ihm überdies grotesk, unmöglich. Aber weshalb? Wenn an Stelle der Marschallin ...? So sehr versank er in seine Träumerei, daß er eine Art Halluzination hatte. Er sah vor sich auf dem Teppich, am Kamin, ein kleines Mädchen spielen. Sie ähnelte Frau Arnoux und ein wenig auch ihm selbst; brünett und mit weißem Teint, schwarze Augen mit langen Brauen, ein rosa Band in ihren lockigen Haaren! (Oh! Wie sehr er sie lieben würde!) Und es war ihm, als hörte er sie rufen: "Papa!"

Rosanette, die sich entkleidet hatte, kam auf ihn zu, sah eine Träne in seinem Auge und küßte ihn ernst auf die Stirn. Er stand auf und sagte:

"Na ja! Totschlagen wird man ihn ja nicht, den Knirps!"

Nun fing sie emsig zu schwatzen an. Es würde ein Junge sein, natürlich! Er würde Frédéric heißen. Man müsse mit seiner Ausstattung anfangen; – als er sie so glücklich sah, erfaßte ihn Mitleid. Er empfand keinen Zorn mehr; nun wollte er den Grund ihres Besuches bei Arnoux wissen.

Die Vatnaz hatte ihr am selben Morgen einen schon seit langem protestierten Wechsel geschickt, deshalb war sie zu Arnoux gelaufen; sie wollte Geld haben.

"Ich hätte dir doch welches gegeben!"

"Es ist aber einfacher, daß ich mir dort hole, was mir gehört, und der Person endlich ihre tausend Franken zurückgebe!"

"Ist das wenigstens alles, was du ihr schuldig bist?"

Sie erwiderte:

"Gewiß!"

Am nächsten Tage ging Frédéric abends um neun Uhr (diese Stunde hatte ihm der Portier angegeben) zur Vatnaz.

Im Vorzimmer stieß er an einen Haufen übereinandergetürmter Möbel. Ein Lärm von Stimmen und Musik gab ihm die Richtung an. Er öffnete eine Tür und war mitten in einem Rout. Am Klavier saß ein Fräulein mit einer Brille und spielte, und Delmar stand ernst wie ein Hohepriester und deklamierte ein Humanitätsgedicht über die Prostitution; seine Grabesstimme dröhnte, begleitet von den angeschlagenen Akkorden. Eine Reihe von Frauen nahm die Plätze an der Wand ein, in Kleidern von dunkler Farbe, ohne Kragen und Manschetten.

Fünf oder sechs Männer, lauter Denker, saßen verstreut auf Stühlen. In einem Fauteuil lag ein ehemaliger Fabeldichter, eine Ruine, – und der stickende Geruch zweier Lampen vermischte sich mit dem Aroma der Schokolade, die in einem Dutzend Tassen auf dem Spieltisch stand.

Fräulein Vatnaz, mit einer orientalischen Schärpe um die Hüften, hielt sich in einer Kaminnische. Dussardier saß in der anderen, ihr gegenüber, mit einer Haltung, die eine gewisse Verlegenheit über diese Auszeichnung verriet; auch schüchterte das künstlerische Milieu ihn ein.

War die Vatnaz mit Delmar auseinander? Kaum; trotzdem schien sie eifersüchtig auf den braven Kommis. Als Frédéric sie um eine kurze Unterredung bat, machte sie jenem ein Zeichen, mit ihnen in ihr Zimmer zu kommen. Nachdem die tausend Franken aufgezählt waren, verlangte sie außerdem die Zinsen.

"Das ist doch nicht der Mühe wert!" sagte Dussardier.

"Sei doch still!"

Diese Feigheit eines sonst so mutigen Menschen berührte Frédéric wie eine Rechtfertigung seiner eigenen. Er brachte den Wechsel zurück; von dem Auftritt bei Frau Arnoux war nie wieder die Rede. Aber von diesem Augenblick an sah er um so deutlicher alle Fehler der Marschallin.

Sie hatte einen unverbesserlichen, schlechten Geschmack, eine unbegreifliche Faulheit, die Unwissenheit einer Wilden, die so weit ging, daß sie den Doktor Desrogis als sehr berühmt ansah; sie war stolz darauf, ihn und seine Ehehälfte bei sich zu empfangen, weil es "verheiratete Leute" waren. Mit pedantischer Miene schulmeisterte sie an der kleinen Irma herum, einem armen Geschöpfchen mit einer dünnen Stimme, das einen "sehr noblen Herrn" zum Beschützer hatte. Dieser war ein ehemaliger Zollbeamter und in Kartenkunststücken sehr geschickt; Rosanette nannte ihn "mein Dicker". Auch konnte Frédéric ihre ewige Wiederholung so alberner Worte nicht leiden, wie: Ja, Kuchen! Hol dich der Teufel! Weiß man's denn? und so weiter. Wenn sie frühmorgens ihre Nippes abstaubte, so mußte das in einem Paar alter weißer Handschuhe geschehen! Vor allem aber ärgerte ihn ihr Benehmen gegen das Dienstmädchen – sie war bei ihr nicht nur immer mit dem Lohn in der Schuld, sondern lieh sich sogar Geld von ihr. An den Tagen, wo sie abrechneten, zankten sie sich wie zwei Fischfrauen, dann versöhnte man sich unter Umarmungen und Küssen. Dastête-à-tête mit ihr wurde langweilig. Es war eine Erlösung für ihn, als die Abende bei Frau Dambreuse wieder begannen.

Die amüsierte ihn wenigstens! Sie kannte die Intrigen der eleganten Welt, die Veränderungen in den Gesandtschaften, das Personal der großen Schneiderinnen, und wenn ihr Gemeinplätze entschlüpften, so geschah dies doch in einer Form, die ebenso gut bloß Höflichkeit oder gar Ironie sein konnte. Man mußte sie inmitten zwanzig plaudernder Gäste sehen, wie sie keinen vergaß, die Antworten herausholte, die sie hören wollte, und den unangenehmen auszuweichen wußte! Die einfachsten Geschichten, von ihr erzählt, waren wie vertrauliche Bekenntnisse; das kleinste Lächeln wirkte bei ihr so, daß man darüber nachdachte; und ihr Reiz war, wie das auserlesene Parfüm, das sie gewöhnlich an sich hatte, kompliziert, undefinierbar. In ihrer Gesellschaft empfand Frédéric jedesmal das Vergnügen, als entdeckte er eine neue Seite an ihr, und doch fand er sie stets in derselben heiteren Ruhe, ruhig wie den Spiegel eines klaren Gewässers. Warum aber war ihr Benehmen gegen ihre Nichte von solcher Kälte? Manchmal warf sie ihr ganz merkwürdige Blicke zu.

Als das erstemal von der Heirat die Rede war, hatte sie Herrn Dambreuse auf die Gesundheit der "lieben Kleinen" aufmerksam gemacht und sie sofort in die Bäder von Balaruc geschleppt. Nach ihrer Rückkehr tauchten neue Vorwände auf: der junge Mann habe noch keine Position, diese große Liebe sei nicht ernsthaft genug, man riskiere auch nichts, wenn man warte. Martinon antwortete, er würde warten. Sein Benehmen war das eines Engels. Er hob Frédéric in den Himmel. Er tat noch mehr: er gab ihm die Mittel an, Frau Dambreuse zu gefallen, und ließ sogar durchblicken, daß er durch die Nichte die Gefühle der Tante kenne.

Was Herrn Dambreuse betraf, so überhäufte er – weit davon entfernt, Eifersucht zu zeigen – seinen jungen Freund mit Aufmerksamkeiten; er holte seinen Rat über die verschiedensten Dinge ein und interessierte sich sogar für seine Zukunft, und eines Tages, als man vom alten Roque sprach, flüsterte er ihm mit pfiffiger Miene ins Ohr:

"Das haben Sie sehr gut gemacht."

Und Cécile, Miß John, die Dienstboten, der Portier: unter ihnen gab es nicht einen einzigen, der nicht reizend gegen ihn war. Jeden Abend kam er; Rosanette ließ er allein. Die Aussicht auf ihre Mutterschaft machte sie ernster, sogar etwas traurig, wie wenn Besorgnisse sie quälten. Auf alle Fragen antwortete sie:

"Du irrst dich! Ich fühle mich wohl!"

Es waren fünf Wechsel gewesen, die sie damals unterschrieben hatte; da sie Frédéric, nachdem er den ersten bezahlt hatte, dies nicht zu sagen wagte, war sie wieder zu Arnoux gegangen; Arnoux versprach ihr in einem Schreiben den dritten Teil seines Verdienstes bei der "Gasbeleuchtung der Städte des Languedoc" (einem wunderbaren Unternehmen!), zugleich bat er sie aber, sich dieses Schriftstückes nicht vor der Versammlung der Aktionäre zu bedienen; diese Versammlung wurde von Woche zu Woche verschoben.

Die Marschallin brauchte jedoch Geld. Sie wäre lieber gestorben, als daß sie Frédéric darum gebeten hätte. Von ihm wollte sie keines. Das mußte ihre Liebe zerstören. Er bestritt wohl die Haushaltungskosten, aber ein kleiner Monatswagen und andere Ausgaben, die unbedingt notwendig geworden waren, seitdem er bei den Dambreuse verkehrte, hinderten ihn, mehr für seine Geliebte zu tun. Zwei- oder dreimal bemerkte er, wenn er zu ungewohnter Zeit nach Hause kam, den Rücken eines Mannes in einer der Türen verschwinden; auch ging sie häufig aus, ohne zu sagen, wohin. Frédéric versuchte gar nicht, den Dingen auf den Grund zu kommen. Eines Tages würde er schon eine endgültige Entscheidung treffen. Er träumte von einem anderen Leben, das lustiger und vornehmer sein sollte. Das wurde sein Ideal, und das machte ihn nachsichtig gegen das Haus Dambreuse.

Dieses war zu einer geheimen Geschäftsstelle der Rue de Poitiers geworden. Er traf dort den großen A., den berühmten B., den unergründlichen C., den beredten Z., den gewaltigen U., die alten Tenöre des linken Zentrums, die Paladine der Rechten. Er entsetzte sich über die ekelhafte Sprache, ihre Kleinlichkeit, ihre Rachsucht, ihre Prinzipienlosigkeit; – alle diese Leute, die für die Konstitution gestimmt hatten, bemühten sich, sie zu vernichten; dabei waren sie in unausgesetzter Bewegung, ließen Manifeste, Pamphlete, Biographien los; darunter war die Lebensbeschreibung Fumichons von Hussonnet die bedeutendste. Nonancourt beschäftigte sich mit der Propaganda auf dem Lande, Herr von Grémonville bearbeitete den Klerus, Martinon sammelte die jungen Patrioten. Jeder betätigte sich nach seinen Mitteln, sogar Cisy. Dieser dachte jetzt nur an ernste Dinge, den ganzen Tag, und fuhr immer – für die Partei – im Wagen herum.

Herr Dambreuse gab wie ein Barometer unfehlbar die kleinsten Stimmungsschwankungen an. Man konnte nicht von Lamartine sprechen, ohne daß er das Wort eines Mannes aus dem Volke zitierte: "Genug Gedichte!" Cavaignac war in seinen Augen nur noch ein Verräter. Der Präsident, den er drei Monate lang bewundert hatte, fing an, in seiner Schätzung zu sinken (da er ihn nicht mehr energisch genug fand); und da er stets durchaus einen Retter des Landes haben mußte, so gehörte seit der Affäre des Konservatoriums seine Erkenntlichkeit Changarnier: "Gott sei Dank, Changarnier ... Hoffen wir, daß Changarnier ... Oh, es ist nichts zu fürchten, solange Changarnier ..."

Man hob vor allem Herrn Thiers in den Himmel wegen seines Werkes gegen den Sozialismus, in dem er sich sowohl als Denker wie als Schriftsteller hervorgetan hatte. Man lachte sehr viel über Pierre Leroux, der in der Kammer philosophische Buchauszüge zitierte. Man ging, der "Foire aux Idées" zu applaudieren, und verglich den Verfasser mit Aristophanes. Frédéric ging auch hin wie die anderen.

Die Politik und die guten Diners schläferten seine Moral ein. So unbedeutend ihm diese Personen auch erschienen, so war er doch stolz darauf, sie zu kennen, und in seinem Innersten ersehnte er nichts mehr als bürgerliches Ansehen. Eine Geliebte wie Frau Dambreuse mußte ihn zu einem gewissen Rang bringen.

Er begann, sein Leben danach einzurichten.

Auf ihren Spaziergängen stand er plötzlich vor ihr, im Theater versäumte er es nicht, sie in ihrer Loge zu besuchen, und nachdem er erfahren hatte, zu welcher Stunde sie in die Kirche ging, pflanzte er sich dort hinter einem Pfeiler in einer melancholischen Stellung auf. Fortwährend wechselte er Briefchen mit ihr, sei es nun, daß er sie auf Kuriositäten aufmerksam machte oder von einem Konzert benachrichtigte, oder daß er ihr ein Buch, eine Zeitschrift lieh. Außer seinem Besuch am Abend machte er ihr manchmal auch noch einen am späten Nachmittag; und dann durchschritt er mit steigendem Entzücken das große Tor, den Hof, das Vorzimmer, die beiden Salons; endlich kam er in ihr Boudoir, dasverschwiegen wie das Grab, warm wie ein Alkoven war, und in dem man sich an den Polsterlehnen der Möbel stieß, zwischen denen alle möglichen anderen Gegenstände verstreut waren: Nähtischchen, Wandschirme, Pokale und Präsentierbretter aus Schildpatt, Elfenbein oder Malachit, kostspielige Kleinigkeiten, die häufig erneuert wurden. Es gab auch ganz einfache Dinge: drei Kiesel aus Etretat, die als Briefbeschwerer dienten, ein friesisches Häubchen, das an einem chinesischen Ofenschirm hing; und alles harmonierte; man war sogar überrascht durch die Vornehmheit des Ganzen, – das lag vielleicht auch an der Höhe des Plafonds, der Pracht der Portieren und den langen seidenen Fransen, die an den vergoldeten Stäben der Taburetts hingen.

Fast immer lag sie auf einer kleinen Causeuse, nahe dem Blumentisch, der die Fensternische ausfüllte. Am Rande eines großen Rundsessels sitzend, machte er ihr nach allen Regeln der Kunst Komplimente, und sie sah ihn ein wenig von der Seite an, und ihr Mund lächelte.

Er las ihr Gedichte vor, in die er seine ganze Seele hineinlegte, um sie zu rühren und um sich bewundern zu lassen. Sie unterbrach ihn mit einem Einwand, einer klugen Bemerkung; und immer wieder kamen sie dann mit ihrem Plaudern auf das ewige Thema der Liebe! Sie fragten sich, wodurch sie eigentlich geweckt werde, ob die Frauen sie inniger empfänden oder die Männer, worin die Liebe der beiden verschieden sei. Frédéric suchte seine Ansicht auszudrücken, aber alles Rohe und Nichtssagende dabei zu vermeiden. Eine Art Wettstreit wurde daraus, manchmal angenehm, manchmal auch langweilig.

An ihrer Seite empfand er nicht jenes ihn voll berauschende Entzücken, das ihn zu Frau Arnoux hinzog, auch nicht die holde Ausgelassenheit, in welche ihn früher Rosanette versetzt hatte. Aber er begehrte sie wie eine ungewöhnliche und heikle Sache, weil sie adlig war, weil sie reich war, weil sie fromm war – und er malte sich aus, daß sie Zartheit der Empfindung besitzen mußte, kostbar wie ihre Spitzen, und ein Amulett auf dem Körper tragen und eine letzte Scham noch in der Hingabe bewahren.

Er nahm die Erfahrungen seiner ersten Liebe zu Hilfe. Wie von ihr inspiriert, schilderte er jetzt alles, was ihn früher Frau Arnoux hatte empfinden lassen, sein Schmachten, seine Ahnungen, seine Träume. Frau Dambreuse nahm das auf wie jemand, der an so etwas gewöhnt ist, ohne ihn abzuweisen, ohne ihm etwas zu gewähren; und er kam ebensowenig dazu, sie zu verführen, wie Martinon, sich zu verheiraten. Um mit dem Anbeter ihrer Nichte ein Ende zu machen, beschuldigte sie ihn, daß er auf ihr Geld spekuliere, und sie bat sogar ihren Mann, die Probe darauf zu machen. Herr Dambreuse erklärte also dem jungen Manne, daß Cécile Waise von armen Eltern sei und weder eine Mitgift, noch "Aussichten" habe.

Ob nun Martinon glaubte, daß das nicht wahr sei, oder daß er vielleicht schon zu weit engagiert sei, um zurücktreten zu können, oder gar infolge einer jener idiotischen Starrköpfigkeiten, die oft Geniestreiche sind: jedenfalls antwortete er, daß sein eigenes Erbteil, fünfzehntausend Franken Rente, ihnen genügen würde. Diese Uneigennützigkeit überraschte und rührte den Bankier. Er versprach ihm die Kaution für einen Steuereinnehmerposten und verpflichtete sich, ihm einen solchen zu verschaffen; im Mai 1850 heiratete Martinon Cécile. Ein Ball fand nicht statt. Denselben Abend noch reiste das junge Paar nach Italien. Am nächsten Tage kam Frédéric wieder Frau Dambreuse besuchen. Sie erschien ihm blasser als gewöhnlich. Sie widersprach ihm in zwei oder drei gleichgültigen Dingen und war gereizt. Alle Männer, sagte sie, sind Egoisten.

Aber es gebe doch auch Selbstlose unter ihnen, und wenn auch er nur allein es wäre.

"Ach, Sie sind nicht anders als die anderen!"

Ihre Lider waren gerötet, sie weinte. Dann zwang sie sich zu einem Lächeln.

"Entschuldigen Sie! Ich habe unrecht! Mir ist etwas Trauriges eingefallen!"

Er verstand sie nicht.

Ganz gleich! Sie ist jedenfalls nicht so kalt, wie ich geglaubt habe! dachte er.

Sie läutete nach einem Glase Wasser, trank einen Schluck davon und ließ es wieder fortnehmen; sie beklagte sich, daß sie so schlecht bedient würde. Um sie zu erheitern, bot er sich ihr als Diener an; er könne den Tisch decken, Möbel abstauben und Besucher ankündigen und sei ein ausgezeichneter Kammerdiener, oder vielmehr Leibjäger, obwohl dafür die Mode schon vorbei war. Er hätte gern hinter ihrem Wagen stehen mögen und einen Hut mit Hahnenfedern tragen.

"Und wie majestätisch ich Ihnen zu Fuß folgen würde, mit einem Hündchen auf dem Arm!"

"Sie sind lustig!" sagte Frau Dambreuse.

Sei es nicht Unsinn, alles von der ernsten Seite zu nehmen? Es gebe doch schon genug Unangenehmes, ohne daß man nötig hat, danach zu suchen. Frau Dambreuse machte eine Bewegung mit den Augenbrauen, wie um ihm zuzustimmen.

Diese Gleichheit der Gefühle machte Frédéric kühner. Seine früheren Enttäuschungen hatten ihm endlich einen gewissen Scharfblick gegeben. Er fuhr fort:

"Unsere Großväter lebten angenehmer. Soll man nicht frohen Herzens dem Impuls folgen, der uns treibt?" Die Liebe sei doch schließlich an und für sich keine so schwer zu nehmende Sache.

"Das ist ja unmoralisch, was Sie da sagen!"

Sie hatte sich wieder auf die Causeuse gelegt. Er setzte sich am Rande zu ihren Füßen nieder:

"Merken Sie denn nicht, wie sehr ich lüge? Muß man nicht, um euch Frauen zu gefallen, ein gedankenloser Spaßmacher sein oder gleich in höchster tragischer Erschütterung? Ihr lacht uns ja aus, wenn man euch ganz einfach sagt, daß man euch liebt! Nach meinem Gefühl aber sind diese Übertreibungen, die euch gefallen, nichts als eine Entheiligung der wahren Liebe; die schlichte Wahrheit traut man sich gar nicht mehr zu sagen, am wenigsten vor Frauen, ... die ... viel Geist haben."

Sie sah ihn mit halbgeschlossenen Lidern an. Er senkte die Stimme und neigte sich zu ihrem Gesicht herab.

"Ja! Sie jagen mir Furcht ein! Aber ich verletze Sie doch nicht? Verzeihung! ... Ich habe das alles nicht sagen wollen! Es ist nicht meine Schuld! Sie sind so schön!"

Frau Dambreuse machte die Augen zu, und die Leichtigkeit seines Sieges überraschte ihn. Die großen und leise erzitternden Bäume im Garten standen still, wie gebannt. Unbewegt waren die Wolken und zeichneten lange rote Streifen auf den Himmel; und über die ganze Natur schien eine schwebende Ruhe gekommen zu sein. Er erinnerte sich ähnlicher Abende und der gleichen Stille. Wo war das doch gewesen ...?

Er sank auf die Knie, nahm ihre Hand und schwor ihr ewige Liebe. Dann, als er im Fortgehen war, rief sie ihn zurück und sagte ganz leise zu ihm:

"Kommen Sie zum Essen wieder! Wir werden allein sein!"

Frédéric stieg die Treppe hinunter; und ihm war, als müßte er ein anderer Mensch geworden sein; die berauschende Atmosphäre eines Blumenhauses hüllte ihn ein; endlich trat er in die Sphäre der aristokratischen Gesellschaft, ihrer Ehebrüche und Intrigen. Um darin sich zu behaupten, genügte ja eine Frau wie diese. Gierig nach Macht und Tätigkeit, wie sie war, und verheiratet mit einem mittelmäßigen Manne, den sie wunderbar gefördert hatte, suchte sie jetzt wohl eine starke Individualität, der sie wieder Führerin sein konnte? Nun war ihm nichts mehr unmöglich! Leicht dünkte es ihm, zweihundert Meilen galoppierend zu nehmen, viele Nächte hintereinander durchzuarbeiten, ohne müde zu werden; sein Herz war geschwellt von Stolz.

Auf dem Trottoir vor ihm ging ein Mann in einem alten Paletot, mit gesenktem Kopf und einer so niedergeschlagenen Miene, daß Frédéric sich umdrehte, um ihn genauer anzusehen. Der andere blickte auf. Es war Deslauriers. Er zögerte. Frédéric fiel ihm um den Hals.

"Ach, mein Lieber! Du bist es wirklich!"

Er zog ihn in sein Haus und bestürmte ihn mit den verschiedensten Fragen.

Der Ex-Kommissar Ledru-Rollins erzählte zuerst von den Leiden, die er hatte ertragen müssen. Da er den Konservativen Brüderlichkeit und den Sozialisten Ehrfurcht vor dem Gesetze gepredigt hatte, wollten die einen ihn erschießen und die anderen ihn mit einem Strick aufhängen. Nach den Junitagen wurde er in brutaler Weise entlassen. Er beteiligte sich an dem Komplott, das mit der Konfiszierung der Waffen in Troyes endete. Wegen Mangels an Beweisen wurde er freigelassen. Das Aktionskomitee hatte ihn dann nach London geschickt, wo er sich bei einem Bankett mit seinen Brüdern geohrfeigt hatte. Nach Paris zurückgekehrt ...

"Warum bist du nicht zu mir gekommen?"

"Du warst nie da. Dein Portier hat etwas so Geheimnisvolles, ich wußte nicht, was ich denken soll; und dann komme ich auch nicht gern als Besiegter wieder."

Er hatte an den Türen der Demokratie geklopft und ihr seine Dienste angeboten, seine Feder, seine Rednergabe;überall hat man ihn zurückgestoßen; man mißtraut ihm. Schließlich hat er seine Uhr, seine Bücher, seine Wäsche verkauft.

"Besser wäre es gewesen, mit Sénécal auf den Galeeren von Belle-Isle zu krepieren!"

Frédéric, der gerade seine Krawatte band, schien durch diese Neuigkeit nicht sehr erschüttert zu werden.

"Ach! Er ist also deportiert, der gute Sénécal?"

Deslauriers erwiderte, indem er die Wände mit einem Blick voll Neid betrachtete:

"Nicht jeder hat dein Glück!"

"Entschuldige mich," sagte Frédéric, ohne auf die Anspielung zu achten, "ich bin zu Tisch eingeladen. Du wirst hier bei mir essen; bestelle, was du willst! Du kannst sogar mein Bett benutzen."

Vor so viel Freundschaft verschwand Deslauriers' Bitterkeit.

"Dein Bett? Aber ... das wird dich genieren!"

"Ach nein! Ich habe noch andere!"

"Ausgezeichnet!" antwortete der Advokat lachend. "Wo ißt du denn?"

"Bei Frau Dambreuse."

"Was? Sollte jetzt am Ende gar ...?"

"Du bist zu neugierig," sagte Frédéric mit einem Lächeln, das diese Vermutung bestätigte.

Dann setzte er sich wieder, nachdem er auf die Uhr gesehen hatte.

"Es ist nun einmal so! und man muß nicht verzweifeln, alter Volksverteidiger!"

"Ich danke für dieses Geschäft! Das können jetzt andere besorgen!"

Der Advokat haßte die Arbeiter, nachdem er in seiner Provinz, einem Kohlendistrikt, so viel durch sie gelitten hatte. Jeder Schacht hatte seine eigene provisorische Behörde ernannt, die ihm Befehle erteilte.

"Sie haben sich übrigens reizend benommen, überall, in Lyon, in Lille, in Havre, in Paris! Ganz wie die Fabrikanten, die den Import verbieten möchten, verlangen die Herren, daß man die englischen, deutschen, belgischen und savoyischen Arbeiter ausweise! Und ihre Intelligenz! Was hat denn unter der Restauration ihre famose Vereinigung genützt? Im Jahre Dreißig sind sie in die Nationalgarde eingetreten, ohne da eine entscheidende Rolle spielen zu können! Sind nicht gleich nach Achtundvierzig die Zünfte mit eigenen Fahnen aufmarschiert? Sie haben sogar eigene Volksvertreter verlangt, die nur für sie reden sollten! Runkelrübenabgeordnete, die sich nur um Runkelrüben kümmern dürften! – Ah! Ich habe genug von diesen Kerlen, die abwechselnd vor dem Schafott eines Robespierre, den Stiefeln des Kaisers und dem Regenschirm Louis-Philippes auf dem Bauche liegen; ein Gesindel ist es, das stets für den schwärmt, der ihm Brot in den Rachen wirft! Man schreit immer über die Bestechlichkeit Talleyrands und Mirabeaus; aber der Dienstmann an der Ecke verkauft das Vaterland für fünfzig Centimes, wenn man ihm verspricht, daß sein Tarif auf drei Franken für den Weg erhöht werden soll. Wir sind ja blind gewesen! Wir hätten Europa an allen vier Ecken anzünden sollen!"

Frédéric antwortete ihm:

"Der zündende Funke hat gefehlt! Ihr seid einfach kleine Bürgersleute gewesen, und die besten unter euch waren nur Schulfüchse! Die Arbeiter, die haben Grund zur Klage; außer der Million, die von der Zivilliste abgestrichen worden ist und die man ihnen in der niedrigsten Kriecherei aufgedrängt hat, habt ihr ja für sie nichts als Phrasen übrig gehabt! Das Arbeitsbuch bleibt in den Händen des Meisters, und der Angestellte ist noch immer vor dem Gesetz weniger als der Arbeitgeber; ihm wird einfach nicht geglaubt! Die Republik ist veraltet. Wer weiß, der Fortschritt ist vielleicht überhaupt nur durch eine Aristokratie oder durch einen Einzigen erreichbar? Die Initiative kommt immer von oben; und das Volk ist immer minorenn; da mag man sagen, was man will."

"Das ist am Ende wahr," erwiderte Deslauriers.

Nach Frédérics Ansicht sehnte sich die große Masse der Bürger überhaupt nur nach Ruhe (er hatte im Haus Dambreuse profitiert), darum gingen alle Chancen für die Konservativen aus. Dieser Partei fehlten allerdings neue Männer.

"Wenn du dich vorstelltest, so glaube ich sicher ..."

Er beendete den Satz nicht. Deslauriers verstand ihn, er fuhr sich mit beiden Händen über die Stirn und sagte dann plötzlich:

"Und du? Was hindert dich? Warum solltest du nicht Abgeordneter werden?" Wegen einer Doppelwahl war in der Aube eine Kandidatur frei. Herr Dambreuse, der wieder in die Vertretung gewählt worden war, gehörte einem anderen Bezirk an. "Willst du, daß ich mich damit beschäftige?" Er kannte viele Kneipenwirte, Ärzte, Anwaltschreiber und ihre Prinzipale. "Und den Bauern kann man einreden, was man will!"

Frédéric fühlte seinen Ehrgeiz wieder aufflammen.

Deslauriers fuhr fort:

"Mir solltest du einen Posten in Paris verschaffen."

"Oh! Das wird nicht schwer sein, durch Herrn Dambreuse!"

"Da wir gerade von Kohlen gesprochen haben," begann der Advokat wieder, "was ist aus seiner großen Gründung geworden? So eine Beschäftigung müßte ich haben! Ich würde den Herrschaften nützen und dabei meine Unabhängigkeit wahren!"

Frédéric versprach, ihn in den nächsten Tagen zu dem Bankier zu führen.

Sein Abendessen im tête-à-tête mit Frau Dambreuse wurde entzückend. Sie saß an der Tischseite ihm gegenüber und lächelte ihm über den Blumenkorb zu; eine Hängelampe brannte, das Fenster war geöffnet, man konnte die Sterne am Himmel sehen. Sie sprachen sehr wenig, jeder von ihnen war noch unsicher vor dem andern, aber so oft die Dienstboten sich umdrehten, warfen sie sich Kußhände zu. Er erzählte von seiner Kandidatur. Sie war sehr dafür und übernahm es sogar, Herrn Dambreuse dafür zu interessieren.

Im Laufe des Abends kamen einige Freunde, um sie zu beglückwünschen und sie zu bedauern; sie müsse doch sehr bekümmert sein, ihre Nichte nicht mehr um sich zu haben? Es wäre übrigens sehr vernünftig von dem jungen Paar, daß es gleich auf die Reise gegangen sei; später kämen ja Kinder, Hindernisse aller Art dazwischen! Allerdings sei Italien nicht das, was man immer glaube. Aber sie seien ja im Alter der Illusionen, und im Honigmond wäre alles schön! Die beiden letzten, die blieben, waren Herr von Grémonville und Frédéric. Der Diplomat wollte lange nicht gehen. Endlich um Mitternacht stand er auf. Frau Dambreuse bat Frédéric mit einem Zeichen, mit ihm fortzugehen, und dankte ihm für seinen Gehorsam mit einem Händedruck, der köstlicher als alles andere an diesem Abend war.

Die Marschallin stieß einen Freudenschrei aus, als sie ihn wiedersah. Sie wartete seit fünf Uhr auf ihn. Er entschuldigte sich mit einem wichtigen Gang, den er für Deslauriers gemacht hätte. Sein Gesicht hatte einen triumphierenden Ausdruck, eine Aureole, die Rosanette blendete.

"Ist es der Frack, der dich so schön macht? Ich habe dich noch nie so schön gesehen! Wie lieb habe ich dich!"

In einem Überschwang ihrer Zärtlichkeit schwor sie in ihrem Innern, niemals einem andern zu gehören, was immer auch geschehe, und wenn sie im Elend zugrunde gehen müßte.

Ihre hübschen feuchtglänzenden Augen sprühten in so starker Leidenschaft, daß Frédéric sie auf seinen Schoß zog, sich innerlich sagte: "Was bin ich doch für eine Kanaille!" und doch mit seiner Verdorbenheit recht zufrieden war.

4.

Als Deslauriers sich bei Herrn Dambreuse vorstellte; dachte dieser daran, seine große Kohlen-Aktiengesellschaft wieder aufs Tapet zu bringen. Aber diese Verschmelzung aller Unternehmungen in eine einzige war damals sehr ungern gesehen; man eiferte gegen jedes Monopol, als wenn in manchen Betrieben nicht ein ungeheures Gesellschaftskapital unumgänglich wäre.

Deslauriers, der eigens das Werk Gobets und die Artikel des Herrn Chappe im "Journal des Mines" gelesen hatte, kannte die Frage gründlich. Er wies nach, daß das Gesetz von 1810 ein unumstößliches Recht zugunsten des Konzessionärs festsetze. Übrigens könne man dem Unternehmen einen demokratischen Anstrich geben: die Gruben-Vereinigungen hindern, hieße ja das Prinzip der "Assoziation" erschüttern!

Herr Dambreuse vertraute ihm Noten zur Abfassung eines Memorandums an. Über die Form, in der er seine Arbeiten entlohnen würde, machte er Versprechungen, die um so großartiger aussahen, als sie gar nichts Bestimmtes enthielten. Deslauriers kam zu Frédéric zurück und berichtete ihm über die Unterredung. Frau Dambreuse hatte er am Fuße der Treppe gesehen, eben als er fortging.

"Alle Achtung! Ich mache dir mein Kompliment!"

Dann plauderten sie von der Wahl. Man müßte dafür etwas erfinden. Drei Tage später kam Deslauriers mit einem Schriftsatz wieder, der für die Zeitungen bestimmt war und einen vertraulichen Brief wiedergab, in dem Herr Dambreuse die Kandidatur ihres Freundes billigte. Von einem Konservativen unterstützt und von einem "Roten" in den Himmel gehoben, mußte Frédéric Erfolg haben. Wie hatte aber der Kapitalist diese Schreiberei unterzeichnet? Ganz einfach: der Advokat hatte sie (das war sein Einfall gewesen) Frau Dambreuse gezeigt, und diese, die den Brief sehr gut fand, hatte für das Übrige gesorgt. Frédéric war davon überrascht, aber er mißbilligte es nicht. Deslauriers mußte auf der Reise auch mit Herrn Roque zusammenkommen, und Frédéric schilderte ihm seine Stellung zu Louise.

"Erzähle ihnen alles, was du willst; daß meine Verhältnisse ungeordnet sind, und daß ich sie ordnen werde; sie ist jung genug, um zu warten!"

Deslauriers reiste ab. Frédéric sah sich jetzt auf der Höhe. Er empfand ein tiefes Gefühl der Genugtuung. Die Freude, die er an dem Besitz der reichen Frau hatte, war durch kein Bedenken getrübt; seine neue Liebe harmonierte mit seinem Milieu. Sein Leben bestand jetzt aus lauter Herrlichkeiten.

Die auserlesenste war vielleicht die, Frau Dambreuse in ihrem Salon im Kreise der Gäste zu betrachten. Da konnte er bei der Korrektheit ihres Benehmens von den anderen Situationen, in denen er sie kannte, träumen; während sie in kühlem Tone plauderte, dachte er an ihre gestammelten Liebesworte; alle Ehrerbietung, die man ihrem guten Ruf bezeugte, schmeichelte ihm wie eine Huldigung, die auf ihn zurückfiel; und manchmal kam er in Versuchung, laut zu rufen: "Aber ich kenne sie ja besser als ihr! Sie ist mein!"

Es dauerte nicht lange, und ihre intime Freundschaft wurde als etwas Selbstverständliches hingenommen. Während des ganzen Winters schleppte Frau Dambreuse Frédéric mit sich in den Gesellschaften herum.

Er kam fast immer vor ihr; dann sah er sie eintreten, mit bloßen Armen, den Fächer in der Hand und Perlen im Haar. Sie blieb auf der Schwelle stehen (und die Türöffnung war wie ein Rahmen um sie); mit einer leichten Bewegung der Unschlüssigkeit und halbgeschlossenen Augen suchte sie, ob er da sei. Sie nahm ihn in ihrem Wagen wieder mit; der Regen peitschte gegen die Scheiben, die Vorübergehenden zogen wie Schatten durch die schmutzige Straße, und sie beide, aneinandergeschmiegt, sahen flüchtig auf diese Bilder, mit stiller Geringschätzung. Unter verschiedenen Vorwänden blieb er dann noch eine gute Stunde in ihrem Zimmer.

Vorerst war es Langeweile gewesen, warum Frau Dambreuse sich ihm gab. Aber sie wollte dieses Opfer nicht umsonst gebracht haben. Es sollte die große Liebe daraus werden, und sie gab sich alle Mühe, ihn mit Schmeicheleien und mit Aufmerksamkeiten zu überschütten.

Sie schickte ihm Blumen, sie stickte ihm einen Sessel, sie schenkte ihm eine Zigarrentasche, ein Schreibzeug, tausend Nichtigkeiten zum täglichen Gebrauch, damit er nichts tun könne, ohne an sie zu denken. Diese Aufmerksamkeiten entzückten ihn anfangs, bald kamen sie ihm wie selbstverständlich vor.

Sie stieg in einen Fiaker, schickte ihn an einem Hause weg, das zwei Eingänge hatte, und ging zur zweiten Tür hinaus; dann schlüpfte sie an weiteren Häusern entlang, einen doppelten Schleier vor dem Gesicht, und erreichte endlich die Straße, wo Frédéric auf sie wartete und lebhaft ihren Arm nahm, um sie in sein Haus zu führen. Seine beiden Diener hatte er ausgehen lassen, den Portier weggeschickt; sie blickte sich um: nichts zu fürchten –!, und stieß einen Seufzer aus, wie ein Verbannter, der sein Vaterland wiedersieht. Sie wurden mit der Zeit kühner. Die Rendezvous wurden zahlreicher. Einmal kam sie abends in großer Balltoilette plötzlich an. Solche Überraschungen aber konnten gefährlich werden; er tadelte sie wegen dieser Unvorsichtigkeit; sie mißfiel ihm auch in der ausgeschnittenen Taille, die ihren mageren Busen sehen ließ.

Er gestand sich ein, was er bisher nicht hatte sehen wollen: daß seine Sinne bei Frau Dambreuse kalt blieben. Dies hielt ihn nicht ab, große Leidenschaft zu heucheln, aber um das zu können, mußte er in sich Rosanettens Bild oder die Erinnerung an Frau Arnoux wachrufen.

Dieses Schwinden des Gefühls ließ ihm den Verstand vollständig frei, und mehr als je strebte er nach einem hohen Platz in der Gesellschaft. Nun, da er einen solchen Fußschemel hatte, war es doch das Mindeste, daß er sich seiner bediente.

Gegen Mitte Januar trat Sénécal eines Morgens bei ihm ein; auf Frédérics erstaunte Frage antwortete er ihm, daß er Sekretär bei Deslauriers sei. Er brachte ihm sogar einen Brief, der günstige Nachrichten enthielt, allerdings auch einen Tadel wegen seiner Nachlässigkeit. Er müsse selbst in die Gegend kommen.

Der zukünftige Abgeordnete versprach, am übernächsten Tage die Reise anzutreten.

Sénécal äußerte keine Ansicht über diese Kandidatur. Er sprach von sich und von der allgemeinen Politik.

So miserabel diese auch war, sie freute ihn doch; denn man trieb dem Kommunismus zu. Vor allem führten die Behörden selbst dahin, denn täglich gab es mehr Dinge, die die Regierung selbst in Verwaltung nahm. Was das Eigentumsrecht anlangte, so hatte die Verfassung von Achtundvierzig trotz ihrer Schwächen es nicht geschont; im Namen des öffentlichen Interesses konnte der Staat von jetzt an alles nehmen, was er für passend hielt. Sénécal erklärte sich für die Obrigkeit: Frédéric erkannte in diesen Reden die Übertreibung seiner eigenen Worte, die er Deslauriers gegenüber gesprochen hatte. Der Republikaner wetterte sogar gegen die Unfähigkeit der Massen.

"Robespierre hat, da er die Rechte des Volkes verteidigte, Ludwig XVI. vor den Konvent geschleppt und das Vaterland gerettet. Zum Schluß werden sie alle legitim. Die Diktatur ist manchmal unabwendbar – und sogar die Tyrannei, vorausgesetzt, daß der Tyrann das Gute will."

Ihre Diskussion dauerte lange, und beim Fortgehen gestand Sénécal (was vielleicht der Zweck seines Besuches war), daß Deslauriers sehr ungeduldig wegen Herrn Dambreuses Schweigen sei.

Herr Dambreuse war krank. Frédéric sah ihn jedoch täglich, da er als Intimer des Hauses immer Zutritt zu ihm hatte.

Die Absetzung des Generals Changarnier hatte den Kapitalisten auf das Äußerste erschüttert. An demselben Abend bekam er Fieber und Beklemmungen in der Brust, die ihm das Liegen unmöglich machten. Blutegel brachten ihm sofort einige Erleichterung. Der trockene Husten verschwand, das Atmen wurde ruhiger, und acht Tage später sagte er, als er seine Bouillon zu sich nahm: "Jetzt geht es wieder besser! Aber ich hätte beinahe die große Reise angetreten."

"Nicht ohne mich!" rief Frau Dambreuse aus; sie wollte sagen, daß sie ihn nicht hätte überleben können.

Statt jeder Antwort sah er sie und ihren Geliebten mit einem sonderbaren Lächeln an, in dem zugleich Entsagung, Nachsicht, Ironie und sogar etwas wie Witz, wie ein lustiger Hintergedanke, lagen.

Frédéric wollte nach Nogent abreisen, Frau Dambreuse widersetzte sich dem; und er schnürte seine Koffer und packte sie wieder aus, je nach den Wechselfällen der Krankheit.

Plötzlich spie Herr Dambreuse Blut in großen Mengen aus. Die "Fürsten der Wissenschaft", die konsultiert wurden, waren auf nichts Neues bedacht. Aber seine Beine schwollen an, und die Schwäche nahm zu. Mehrere Male äußerte er den Wunsch, Cécile zu sehen, die mit ihrem Manne am anderen Ende Frankreichs wohnte – sie hatten dort das Amt eines Steuereinnehmers bekommen. Frau Dambreuse schrieb drei Briefe, die sie ihm zeigte.

Ohne sich auf die geistliche Schwester zu verlassen, ging sie nicht eine Sekunde von ihm; sie legte sich gar nicht mehr zu Bett. Die Freunde des Hauses, die sich beim Portier einschrieben, erkundigten sich voller Bewunderung nach ihr, und die Passanten ergriff Ehrfurcht, wenn sie die Menge Stroh sahen, die auf der Straße vor den Fenstern aufgeschüttet lag.

Am zwölften Februar, um fünf Uhr, stellte sich ein fürchterlicher Bluthusten ein. Der wachende Arzt machte auf die Gefahr aufmerksam. Schnell wurde ein Priester geholt.

Während der Beichte des Herrn Dambreuse betrachtete ihn seine Frau von Ferne mit einem neugierigen Blick. Der junge Arzt legte ein Zugpflaster auf und wartete.

Das Lampenlicht, das durch die Möbel halb verdeckt war, erhellte das Zimmer ungleichmäßig. Vom Fuße des Bettes aus sahen Frédéric und Frau Dambreuse auf den Sterbenden. In einer Fensternische unterhielten sich der Priester und der Arzt halblaut; die Schwester lag auf den Knien und murmelte Gebete.

Endlich entrang sich dem Kranken ein Röcheln. Seine Hände wurden kalt, das Gesicht begann seine Farbe zu verlieren. Manchmal atmete er plötzlich sehr laut; das wurde aber immer seltener; zwei oder drei unverständliche Worte lallte er; dann stieß er einen kurzen Atemzug aus, während seine Augen sich gleichzeig verdrehten, und der Kopf sank seitwärts auf das Kissen zurück.

Eine Minute lang blieben alle unbeweglich.

Frau Dambreuse trat an das Bett, und ohne Zögern, mit der Einfachheit der Pflicht, drückte sie ihrem Mann die Augen zu.

Dann hob sie beide Arme, wie in krampfhaft unterdrückter Verzweiflung, wandte sich um und ging, gestützt auf die Schwester und den Arzt, zur Tür hinaus. Eine Viertelstunde später folgte ihr Frédéric in ihr Zimmer.

Man atmete dort einen undefinierbaren Duft, einen Duft aller der zarten Kostbarkeiten, die den Raum füllten. Auf dem Bett lag ein schwarzes Kleid: ein dunkler Fleck auf der rosa Decke.

Frau Dambreuse stand am Kamin. Ohne ihr allzuviel Trauer zuzumuten, dachte er doch, daß sie Schmerz empfinde; er sagte:

"Du leidest?"

"Ich? Nicht im mindesten!"

Sie drehte sich um, bemerkte das Kleid und sah es genauer an; dann sagte sie, er solle sich nicht genieren.

"Rauche, wenn du Lust hast! Du bist bei mir!"

Mit einem Seufzer setzte sie hinzu:

"Heilige Jungfrau! Endlich erlöst!"

Frédéric war starr über diesen Ausruf. Er erwiderte, und dabei küßte er ihr die Hand –:

"Wir waren doch immer ungehindert!"

Diese Anspielung auf die Ungeniertheit ihrer Liebe schien Frau Dambreuse zu verletzen.

"Gott! Du kennst ja die Dienste nicht, die ich ihm erwiesen habe, auch nicht die Qual, in der ich lebte!"

"Wie denn?"

"Gewiß! War das ›Sicherheit‹, immer diesen Bastard um sich zu haben, ein Kind, das er nach fünfjähriger Ehe in das Haus gebracht hat, und das, ohne mich, ihn sicher zu irgendeiner Dummheit verleitet hätte –?!"

Sie erklärte nun die Beziehungen. Sie hatten sich unter Ausschließung der Gütergemeinschaft verheiratet. Ihr väterliches Erbteil betrug dreihunderttausend Francs. Im Ehekontrakt hatte ihr Herr Dambreuse für den Überlebensfall fünfzehntausend Francs Rente und das Eigentum des Hauses zugesichert. Kurze Zeit nachher hatte er jedoch ein Testament gemacht, in dem er ihr sein ganzes Vermögen verschrieb, welches sie, soweit dies jetzt festzustellen war, auf mehr als drei Millionen schätzte.

Frédéric machte große Augen.

"Nicht wahr? Das war die Mühe wert! Übrigens habe ich dazu beigetragen! Es ist mein Gut, das ich verteidigt habe; Cécile hätte mich ungerechterweise beraubt."

"Warum ist sie nicht gekommen, ihren Vater noch zu sehen?" fragte Frédéric.

Frau Dambreuse sah ihn prüfend an, dann sagte sie kurz:

"Das weiß ich nicht! Wahrscheinlich aus Mangel an Gemüt! Oh, ich kenne sie! Sie wird auch keinen Pfennig von mir bekommen!"

Sie wäre doch kaum hinderlich gewesen, wenigstens seit ihrer Verheiratung.

"Ihre Verheiratung!" rief Frau Dambreuse mit einem höhnischen Lächeln.

Sie war über sich selbst böse, weil sie diese Gans, die immer eifersüchtig, interessiert und scheinheilig war, zu gut behandelt habe. "Alle Fehler ihres Vaters hat sie!" Frau Dambreuse setzte diesen immer mehr herab. Alles an ihm war Falschheit, er war unerbittlich und hart wie ein Steinklotz, "ein schlechter Mensch!"

Selbst die Gescheitesten begehen Dummheiten. Frau Dambreuse hatte soeben eine gemacht und zwar durch den Überschwang ihres Hasses. Frédéric, der ihr gegenüber in einem Lehnsessel saß, hatte Mühe, seine Entrüstung zu verbergen.

Sie stand auf und ließ sich sanft auf seinen Knien nieder.

"Du allein bist gut! Nur dich allein liebe ich!"

Ihr Herz wurde weicher, als sie ihn ansah, eine nervöse Reaktion drängte ihr Tränen in die Augen, und sie flüsterte:

"Willst du mich heiraten?"

Zuerst glaubte er, sie nicht richtig verstanden zu haben. Dieser Reichtum betäubte ihn. Sie wiederholte mit lauter Stimme:

"Willst du mich heiraten?"

Endlich antwortete er lächelnd:

"Zweifelst du daran?"

Dann kam eine gewisse Scham über ihn, und um dem Verstorbenen eine Art Genugtuung zu geben, erbot er sich, selbst bei ihm zu wachen. Da er sich aber auch dieses frommen Gefühls wieder schämte, setzte er in leichterem Ton hinzu:

"Das ist am Ende schicklicher!"

"Ja, vielleicht!" erwiderte sie. "Auch wegen der Dienerschaft."

Man hatte das Bett vollständig aus dem Alkoven hervorgezogen. Die Schwester saß am Fußende; zu Häupten stand ein Priester, ein anderer als früher, ein großer, hagerer Mann mit einem spanischen, fanatischen Gesicht. Auf dem Nachttisch, der mit einem weißen Tuch bedeckt war, brannten drei Lichter.

Frédéric setzte sich und betrachtete den Toten.

Sein Gesicht war gelb wie Stroh; etwas blutiger Schaum stand an den Mundwinkeln. Um den Schädel war ein Tuch geknüpft, er war mit einem gestickten Kamisol bekleidet, und zwischen den gekreuzten Armen lag auf der Brust ein silbernes Kruzifix.

Dieses Leben der Aufregungen, nun war es zu Ende! Wieviele Gänge hatte dieser Mann zu den Behörden gemacht, wieviel Ziffern bearbeitet, was für Geschäfte ausgeklügelt und Berichte angehört! Und wieviel Reklamen entworfen, wieviel Lächeln ausgestreut und Bücklinge gemacht! Wem hatte er nicht alles gehuldigt: dem Kaiser, den Kosaken, Ludwig dem Achtzehnten, den Leuten von 1830, den

Arbeitern, allen Machthabern; er hatte die Macht vergöttert, und er hätte immer noch daraufgezahlt, um sich ihr verkaufen zu können.

Nun hinterließ er die Domäne La Fortelle, drei Fabriken in der Picardie, die Waldung von Crancé im Yonne-Département, ein Pachtgut bei Orléans und große bewegliche Güter.

So zählte Frédéric bei sich das Vermögen auf; und das sollte ihm gehören! Er dachte zuerst an das, "was man dazu sagen würde", an ein Geschenk für seine Mutter, an seine zukünftigen Gespanne, an einen alten Kutscher seiner Familie, den er zum Portier machen wollte. Natürlich würde die Livree nicht dieselbe sein. Den großen Salon könnte er als Arbeitszimmer benützen. Wenn er drei Wände niederreißen ließe, könnte er leicht im zweiten Stock eine Bildergalerie einrichten. Vielleicht wäre es auch möglich, unten einen Saal mit türkischen Bädern anzulegen. Und das Bureau des Herrn Dambreuse endlich, das recht unbehaglich war, was konnte man daraus machen?

Der Priester, der sich schneuzte, oder die Schwester, die das Feuer im Kamin schürte, unterbrachen jählings diese Träumereien. Aber die Wirklichkeit bekräftigte sie; der Leichnam lag noch immer da. Die Lider hatten sich wieder geöffnet, und die Augäpfel waren, obgleich verschwommen, von einem rätselhaften, unerträglichen Ausdruck. Frédéric war es, als läse er darin ein vernichtendes Urteil über sich selbst; er fühlte fast Gewissensbisse, denn er hatte sich niemals über diesen Mann zu beklagen gehabt, im Gegenteil ... "Ach was! ein alter Lump!", sagte er sich zum Troste, dabei betrachtete er ihn mehr aus der Nähe, und in seinen Gedanken rief er ihm zu:

"Was ist denn? Habe ich dich vielleicht umgebracht?"

Der Priester las in seinem Buche weiter; die Schwester saß unbeweglich und schlummerte; die Dochte auf den Kerzen wurden immer länger.

Zwei Stunden lang hörte man das dumpfe Rollen der Karren, die zu den Markthallen zogen. Das fahle Morgenlicht fiel durch die Scheiben, ein Fiaker kam vorbei, dann ein Trupp Eselinnen, deren Hufe auf dem Pflaster klapperten; man hörte Hammerschläge, das Ausrufen von Hausierern, Trompeten-Getön; Paris erwachte.

Frédéric machte sich auf, die nötigen Gänge zu besorgen. Zuerst in das Gemeindeamt, wo er die Meldung erstattete; dann ließ er sich vom Arzt den Totenschein ausstellen und kam wieder zurück zum Amt, anzugeben, welchen Friedhof die Familie wählte; schließlich setzte er sich mit dem Bureau für Leichenbestattung ins Einvernehmen.

Der Angestellte zog eine Tabelle und ein Programm hervor; die erstere gab die verschiedenen Beerdigungsklassen an, das letztere die vollständigen Einzelheiten der Dekorierungen. Wünschte man einen Leichenwagen mit Galerie oder einen mit Helmbüschen, Pferde mit Tressen, Diener mit Federbüschen, Initialen oder ein Wappen, Trauerfackeln, einen Mann, um die Ehrenzeichen zu tragen, wie viele Wagen? Frédéric wählte das Teuerste; Frau Dambreuse hielt darauf, nicht zu sparen.

Dann begab er sich in die Kirche.

Der Vikar für die Leichenbegängnisse fing sofort an, über die Ausbeutung der Pompes funèbres loszuziehen; zum Beispiel sei der Beamte für die Ehrenzeichen ganz überflüssig; es wäre besser, dafür mehr Kerzen zu nehmen. Man einigte sich auf eine von Musik begleitete stille Messe. Frédéric unterschrieb die Abmachung mit der solidarischen Verpflichtung zur Zahlung sämtlicher Kosten.

Dann ging er in das Stadthaus, um den Platz zu kaufen. Eine Grabstätte von zwei Metern Länge und einem Meter Breite kostete fünfhundert Franken. Sollte es ein Kauf für immer oder für fünfzig Jahre sein?

"Oh! für immer!" erwiderte Frédéric.

Er nahm die Sache ernst und gab sich viele Mühe. Im Hof bei Frau Dambreuse erwartete ihn ein Marmorfabrikant, um ihm Bauanschläge und Zeichnungen von griechischen, ägyptischen, maurischen Grabmälern vorzulegen; aber der Architekt des Hauses hatte darüber schon mit der gnädigen Frau verhandelt. Auf dem Tisch im Vorzimmer lagen alle möglichen Prospekte über Reinigung von Matratzen, Desinfektion der Zimmer und verschiedene Einbalsamierungsverfahren.

Nach dem Mittagessen ging er wieder zum Schneider wegen der Trauerlivreen für die Diener; schließlich mußte er noch einen letzten Weg machen, denn er hatte Biberhandschuhe bestellt, während Handschuhe aus Flockenseide das Schickliche waren.

Als er am nächsten Morgen um zehn Uhr bei Dambreuse ankam, füllte sich der große Salon mit Menschen; alle hatten traurige Gesichter und sagten:

"Vor einem Monat habe ich ihn noch gesehen! Mein Gott, das ist das Schicksal von uns allen!"

"Ja! Man muß bloß sehen, daß es einen so spät wie möglich trifft!"

Ein unterdrücktes Lachen war die Antwort, und man hörte sogar Gespräche, die den Umständen absolut nicht angemessen waren. Endlich erschien der Zeremonienmeister, in einem Frack à la française und Kniehosen, mit Mantel, Trauerbinden, Degen an der Seite und dem Dreispitz unter dem Arm. Er verbeugte sich und sagte feierlich die gebräuchliche Phrase:

"Meine Herrschaften, wenn es Ihnen recht ist." Man machte sich auf den Weg.

Es war gerade der Tag des Blumenmarktes auf der Place de la Madeleine. Das Wetter war klar und milde, und der Wind, der die Leinenzelte ein wenig schüttelte, blähte die ungeheure schwarze Draperie auf, mit der das Kirchenportal ausgeschlagen war. Das Wappen des Herrn Dambreuse war darauf in einem Samtviereck an drei Stellen angebracht. Es zeigte eine geballte Faust mit einem Silberhandschuh, eine Grafenkrone und den Spruch: " Par toutes voies".

Die Träger schleppten den schweren Sarg die Treppe hinauf, man trat ein.

Die sechs Kapellen, der Altarraum und die Stühle waren schwarz verkleidet. Der Katafalk lag vor dem Chor, mit seinen großen Kerzen, wie eine schwelende Flut von gelbem Licht. Zu beiden Seiten brannten auf Kandelabern Flammen von Weingeist.

Die hervorragendsten Gäste nahmen im Altarraum Platz, die anderen im Schiff, und das Meßamt begann.

Fast bei allen war die religiöse Unwissenheit so groß, daß der Zeremonienmeister von Zeit zu Zeit ein Zeichen geben mußte, aufzustehen, niederzuknien, sich wieder zu setzen. Die Orgel und zwei Kontrabässe wechselten mit dem Gesang ab; in den Pausen hörte man das Gemurmel des Priesters am Altar, dann setzten die Musik und der Gesang wieder ein.

Ein mattes Licht fiel von den drei Kuppeln herab; aber von dem offenen Tor her strömte das helle Tageslicht herein und fiel grell auf die entblößten Köpfe; oben, in halber Höhe des Schiffes, spielte ein Schatten, der sich in den Verzierungen der Bogen und dem Blattwerk der Kapitäle vertiefte.

Frédéric hörte, um sich abzulenken, dem Dies irae zu, er sah sich die Anwesenden an und versuchte, trotz der Höhe, die Bilder zu erkennen, auf denen das Leben der Magdalena dargestellt war. Glücklicherweise stellte sich Pellerin neben ihn, der sofort mit einer langen Abhandlung über Fresken begann. Die Glocke fiel ein. Man verließ die Kirche.

Der Leichenwagen, der mit herabhängenden Draperien und hohen Helmbüschen geschmückt war, bewegte sich nach dem Père-Lachaise; ihn zogen vier Rappen, die Tressen in den Mähnen und Federbüsche auf dem Kopfe trugen und bis zu den Hufen in große silbergestickte Decken eingehüllt waren. Der Kutscher war in Schaftstiefeln und trug einen Dreispitz mit lang nachwallendem Kreppschleier. Die Schnüre wurden von vier Persönlichkeiten gehalten: einem Quästor von der Deputiertenkammer, einem Mitglied des Generalstabes der Aube, einem Delegierten der Kohlenwerke – und von Fumichon, als Freund. Die Kalesche des Verstorbenen und zwölf Trauerwagen folgten. Dahinter nahmen die Gäste den ganzen Mittelweg des Boulevards ein.

Die Vorübergehenden blieben stehen, um dieses Bild zu sehen, Frauen mit kleinen Kindern im Arm stiegen auf Stühle, und die Gäste in den Cafés stellten sich an die Fenster, Billard-Queues in der Hand.

Der Weg war lang; und wie bei den Festmählern, wo man zuerst reserviert ist, um dann aufzutauen, wurde die feierliche Haltung bald gelockert. Man sprach von der Gehaltzulage, die die Kammer dem Präsidenten verweigert hatte. Herr Piscatory war zu streng gewesen, Montalembert "großartig wie stets", und die Herren

Chambolle, Pidoux, Creton, kurz, die ganze Kommission hätte vielleicht der Ansicht der Herren Quentin-Bauchard und Dufour folgen sollen.

Diese Unterhaltungen setzten sich in der Rue de la Roquette fort, wo in zwei Reihen die Läden mit bunten Glasketten und schwarze, mit Goldbuchstaben bedeckte Grabschilder sich hinziehen, – an Tropfsteingrotten und Fayence-Magazine erinnernd. Vor dem Friedhofstor verstummte mit einem Schlage jedes Gespräch.

Inmitten der Bäume erheben sich die Grabmäler, abgebrochene Säulen, Pyramiden, Tempel, keltische Steine, Obelisken, etruskische Gewölbe mit Bronzetüren. In einigen sah man eine Art Trauerboudoir mit Gartenstühlen und Klappsesseln. Spinngewebe hingen dick wie Stofflappen an den Kettchen der Urnen, und Staub lag auf den Blumensträußen aus Seide und den Kruzifixen. Überall zwischen den Balustern und auf den Grabdeckeln sah man Immortellenkränze und Laternen, Vasen, Blumen, schwarze Schilder mit Goldbuchstaben, Gipsstatuetten, die kleine Knaben und Mädchen oder Engelchen darstellten; an Messingdrähten schwebten diese in der Luft, einige sogar mit einem Zinkdache über ihrem Kopf. Enorme Schnüre aus schwarz, weiß und azurblau übersponnenem Glas zogen sich von der Höhe der Grabsteine bis zu den Fliesen herunter, in weiten Windungen, Riesenschlangen ähnlich. Unter der leuchtenden Sonne und zwischen den schwarzen Holzkreuzen glitzerten sie hell; – der Leichenzug bewegte sich an ihnen vorbei auf den breiten Wegen vorwärts, die gepflastert sind wie die Straßen einer Stadt. Von Zeit zu Zeit knirschten die Wagenachsen. Kniende Frauen, deren Kleider im Grase schleiften, redeten leise mit den Toten. Weißliche Rauchwolken stiegen zwischen den grünen Taxushecken auf. Es waren Überreste von zurückgelassenen Blumenspenden, die man verbrannte.

Das Grab des Herrn Dambreuse war in der Nähe von Manuel und Benjamin Constant. Der Boden senkt sich an dieser Stelle sehr stark. Unter sich hat man die grünen Baumwipfel, weiterhin die Schornsteine von Feuerspritzen, dann die ganze große Stadt.

Frédéric konnte die Landschaft bewundern, während die Reden gehalten wurden.

Die erste wurde im Namen der Deputiertenkammer gesprochen, die zweite im Namen des Generalrats der Aube, die dritte im Namen der Kohlengesellschaft der Saône-et-Loire, die vierte im Namen der Ackerbaugesellschaft der Yonne, und dann kam noch eine im Namen einer philanthropischen Gesellschaft. Endlich, man wollte schon fortgehen, begann ein Unbekannter eine sechste Rede abzulesen, und zwar im Namen der Gesellschaft der Altertumsforscher in Amiens.

Sie benützten den Moment, gegen den Sozialismus zu donnern, als dessen Opfer Herr Dambreuse gestorben wäre. Das Schreckensbild der Anarchie und die Aufopferung für die bestehende Ordnung seien es gewesen, die seine Tage abgekürzt hätten. Alles übertrieb man, seine Intelligenz, seine Redlichkeit, seine Großmut, und selbst seine Schweigsamkeit als Volksvertreter wurde gerühmt: wenn er kein Redner war, besaß er dagegen jene gediegenen, tausendmal wertvolleren Vorzüge undsoweiter, und man hörte ununterbrochen die Worte: "Vorzeitiges Ende, – ewige Trauer, – das bessere Jenseits, – fahr wohl, oder nein, auf Wiedersehen!"

Erde, mit Kiesel vermischt, fiel auf das Grab; nun mußte niemals in der Welt mehr davon die Rede sein.

Ein wenig sprach man noch von ihm beim Verlassen des Friedhofes, und man nahm kein Blatt vor den Mund. Hussonnet, der in den Zeitungen über die Beerdigung zu berichten hatte, parodierte sogar sämtliche Reden – denn schließlich war der gute Dambreuse einer der hervorragendsten "Schieber" von Geldgeschäften im verflossenen Regime gewesen. Dann führten die Trauerkutschen die Bürger wieder zu ihrer Beschäftigung zurück; die Zeremonie hatte nicht gar zu lange gedauert, worüber man recht froh war.

Frédéric kam erschöpft in seiner Wohnung an.

Als er sich am nächsten Tage im Hause Dambreuse melden ließ, sagte man ihm, daß die gnädige Frau unten im Bureau arbeite. Die Kartons, die Schiebladen waren geöffnet, die Geschäftsbücher nach rechts und links geworfen, ein Bündel Papiere mit der Aufschrift "Aussichtslose Forderungen" lag am Boden; er wäre fast darüber gestolpert und hob es auf. Frau Dambreuse saß zusammengekauert in dem großen Fauteuil, in dem sie ganz verschwand.

"Nun? Wo sind Sie denn? Was gibt es?"

Sie erhob sich mit einem Satz.

"Was es gibt? Ich bin ruiniert. Ruiniert! Verstehst du?"

Herr Adolphe Langlois, der Notar, hatte sie in sein Bureau kommen lassen und ihr ein von ihrem Gatten vor der Hochzeit gemachtes Testament mitgeteilt. Er vermachte Cécile alles; das andere Testament war verloren. Frédéric wurde leichenblaß. Sie hatte sicher nicht ordentlich gesucht?

"Sieh doch selbst nach!" rief Frau Dambreuse, indem sie auf die Zimmerwände wies.

Die beiden Geldschränke, die mit Brecheisen geöffnet worden waren, zeigten eine gähnende Leere; außerdem hatte sie das Pult abgerückt, die Wandschränke durchsucht, die Strohmatten ausgeschüttet; plötzlich stürzte sie mit einem lauten Schrei in einen Winkel, wo sie ein Kästchen mit einem Metallschloß entdeckt hatte; sie öffnete es, – nichts!

"Oh, der Elende! Und ich habe ihn mit solcher Aufopferung gepflegt!"

Dann brach sie in Schluchzen aus.

"Es ist vielleicht anderswo?" fragte Frédéric.

"O nein! Es war dort, in jenem Geldschrank. Ich habe es selbst vor kurzem gesehen. Es ist verbrannt, ich bin fest davon überzeugt!"

Eines Tages, schon nach Beginn seiner Krankheit, war Herr Dambreuse dagewesen, um Briefe zu unterschreiben.

"Da wird er das gemacht haben!"

Sie fiel vernichtet auf einen Stuhl zurück. Eine trauernde Mutter kniet nicht so gebrochen an ihrer leeren Wiege, wie Frau Dambreuse vor den leeren Geldschränken. Trotz der niedrigen Ursache war ihr Schmerz tief, rührend, und Frédéric suchte sie damit zu trösten, daß sie schließlich doch nicht im Elend zurückbliebe.

"Für mich *ist* es das Elend, da ich dir jetzt kein großes Vermögen mehr mitbringen kann."

Sie hatte nur noch dreißigtausend Franken Einkommen, ohne das Haus, das vielleicht eine Rente von achtzehn bis zwanzig wert war.

Obgleich das für Frédéric Überfluß bedeutete, empfand er doch eine Enttäuschung. Seine Träume dahin und das ganze große Leben, das er hätte führen können! Die Ehre zwang ihn, Frau Dambreuse zu heiraten. Er überlegte einen Augenblick; dann sagte er mit einem zärtlichen Ausdruck:

"Ich werde ja dich haben!"

Sie warf sich in seine Arme, und er drückte sie an seine Brust mit einer Gerührtheit, in die sich auch Bewunderung für sich selbst mischte. Frau Dambreuse, deren Tränen aufgehört hatten zu fließen, erhob ihr glückstrahlendes Gesicht und rief, seine Hand ergreifend:

"Ich habe nie an dir gezweifelt! Ich habe es ja gewußt!"

Dieses "Ich habe es gewußt" bei einer Sache, die er für eine edle Handlung hielt, gefiel ihm nicht recht.

Dann führte sie ihn in ihr Zimmer, und sie machten Zukunftspläne. Frédéric mußte nunmehr daran denken, sich zu lancieren. Sie gab ihm sogar ausgezeichnete Ratschläge für seine Kandidatur.

Das Wichtigste wäre, zwei oder drei Phrasen von Volkswirtschaft zu wissen. Er müßte sich eine Spezialität wählen, wie zum Beispiel die Gestüte, mehrere Denkschriften über eine Frage von lokalem Interesse verfassen, stets Post- oder Tabakbureaux zu seiner Verfügung haben und überhaupt viele kleine Aufmerksamkeiten erweisen. In dieser Beziehung war Herr Dambreuse ein wahres Muster gewesen. So hatte er einmal auf dem Lande sein mit Freunden vollbesetztes Break vor der Bude eines Schuhflickers halten lassen, für seine Gäste zwölf Paar Schuhwerk und für sich fürchterliche Stiefel gekauft, die er sogar den Heroismus hatte, vierzehn Tage lang zu tragen. Diese Anekdote stimmte beide heiter. Sie erzählte noch mehr davon, und Grazie, Jugend und Geist lebten in ihr wieder auf.

Mit seinem Plan, sofort nach Nogent zu reisen, war sie einverstanden. Ihr Abschied war zärtlich; auf der Schwelle flüsterte sie noch einmal:

"Du liebst mich doch, nicht wahr?"

"Ich werde dich ewig lieben!" antwortete er.

In seiner Wohnung erwartete ihn ein Dienstmann mit einem Zettel; darauf war mit Bleistift geschrieben, daß Rosanette im Begriff stände, niederzukommen. Er war in den letzten Tagen so beschäftigt gewesen, daß er daran nicht mehr gedacht hatte. Sie hatte sich in eine Entbindungsanstalt bringen lassen, nach Chaillot.

Frédéric nahm einen Fiaker und fuhr hin.

An der Ecke der Rue de Marbeuf las er auf einem Brett in großen Lettern: "Privat-Heil- und Entbindungsanstalt von Madame Alessandri" und weitere Titel der Besitzerin.

Frédéric schlug mit dem Klopfer an.

Ein Stubenmädchen, das wie eine Soubrette aussah, führte ihn in den Salon, der mit einem Mahagonitisch, Fauteuils von granatfarbenem Samt und einer Standuhr mit einem Glassturz möbliert war.

Zugleich erschien auch die Dame, eine schlanke, hochgewachsene Brünette mit schönen Augen und eleganten Manieren. Sie teilte Frédéric die glückliche Niederkunft Rosanettes mit und ließ ihn in ihr Zimmer führen.

Über Rosanettes Züge lief ein unsagbar glückliches Lächeln; und wie eingehüllt in eine Liebe, die sie umhauchte, umflutete, sagte sie mit leiser Stimme:

"Ein Knabe ist es, dort!" auf eine Hängewiege neben ihrem Bette zeigend.

Er schob die Vorhänge zurück und erblickte inmitten der Windeln etwas gelblich Rotes, das viele Runzeln hatte, schlecht roch und wimmerte.

"Küsse ihn!"

Er antwortete, um seinen Widerwillen zu verbergen:

"Aber ich habe Angst, ihm weh zu tun!"

"Ach nein!"

Da küßte er denn mit spitzen Lippen seinen Sohn.

"Wie er dir ähnlich sieht!"

Und mit ihren beiden schwachen Armen hängte sie sich an seinen Hals, mit einem Überquellen von Empfindung, wie er es nie gesehen hatte.

Der Gedanke an Frau Dambreuse kam ihm wieder. Er warf es sich wie eine Ungeheuerlichkeit vor, dieses arme Wesen zu betrügen, das in der ganzen Ursprünglichkeit seiner Natur liebte und litt. Mehrere Tage lang leistete er ihr bis zum Abend Gesellschaft.

In diesem verschwiegenen Hause fühlte sie sich glücklich; sogar die Fensterladen nach der Straße waren da andauernd geschlossen, und ihr hell tapeziertes Zimmer ging auf einen großen Garten. Madame Alessandri, deren einziger Fehler es war, daß sie die berühmtesten Ärzte als ihre intimen Bekannten zitierte, umgab sie mit Aufmerksamkeiten; ihre Gefährtinnen, fast alles Mädchen aus der Provinz, langweilten sich sehr, da sie niemanden hatten, der sie besuchte; Rosanette bemerkte, daß man sie beneidete, und erzählte Frédéric dies mit Stolz. Man mußte allerdings leise sprechen, die Wände waren dünn, alle Welt suchte zu horchen, trotz des unausgesetzten Lärms der Klaviere. Endlich war er im Begriff, nach Nogent abzureisen, als er einen Brief von Deslauriers erhielt.

Zwei neue Kandidaten waren aufgetaucht, ein Konservativer und ein Roter; ein dritter, ganz gleich welcher Richtung, hatte keine Aussichten. Das war Frédérics Schuld, er hatte den günstigen Augenblick verpaßt, er hätte früher kommen und sich rühren müssen. "Man hat dich nicht einmal im Landwirtschaftlichen Verein gesehen!" Der Advokat tadelte ihn, daß er keine Beziehungen zu den Zeitungen hätte. "Ach, wenn du früher meinen Ratschlägen gefolgt wärest! Wenn wir eine große Zeitung für uns hätten!" Er kam immer wieder darauf zurück. Übrigens würden ihn jetzt viele, die ihn aus Achtung für Herrn Dambreuse gewählt hätten, verlassen. In Wirklichkeit gehörte Deslauriers selbst zu diesen. Da er von dem Kapitalisten nichts mehr zu erwarten hatte, ließ er dessen Schützling fallen.

Frédéric trug den Brief zu Frau Dambreuse.

"Du bist also nicht in Nogent gewesen!" sagte sie.

"Warum?"

"Ich habe nämlich Deslauriers vor drei Tagen gesehen."

Der Advokat hatte ihr, nachdem er den Tod ihres Gatten erfahren hatte, Notizen über die Kohlenwerke zurückgebracht und ihr seine Dienste als Geschäftsführer angeboten. Das erschien Frédéric sonderbar; und was machte sein Freund eigentlich dort?

Frau Dambreuse wollte wissen, was Frédéric in der Zwischenzeit ferngehalten hätte.

"Ich bin krank gewesen," erwiderte er.

"Du hättest mich wenigstens benachrichtigen können."

"Oh, das war nicht der Mühe wert"; überdies hatte er eine Menge Abhaltungen, Zusammenkünfte, Besuche gehabt.

Von da an führte er eine doppelte Existenz; die Nächte verbrachte er getreulich bei der Marschallin, die Nachmittage bei Frau Dambreuse, so daß ihm kaum während des Tages eine freie Stunde blieb.

Das Kind war auf dem Lande, in Andilly. Jede Woche fuhren sie hin.

Das Haus der Amme lag am oberen Ende des Dorfes in einem Hof, der finster wie ein Brunnen war, auf dem Stroh verstreut war, Hühner herumliefen und ein Gemüsekarren unter einem Schuppen stand. Rosanette stürzte immer sofort auf ihr Püppchen los, um es wie toll abzuküssen; in einer Art Delirium lief sie hin und her, versuchte die Ziegen zu melken, aß Schwarzbrot, sog den Geruch des Düngerhaufens ein, wollte sogar etwas davon in ihr Taschentuch tun.

Dann machten sie weite Spaziergänge; sie ging zu den Baumschulgärtnern hinein, riß Fliederzweige ab, die an den Mauern herunterhingen, rief den Eseln, welche Karren zogen, "Hü! Eselchen!" zu und blieb stehen, um durch das Gitter das Innere der schönen Gärten zu betrachten. Manchmal nahm auch die Amme das Kind, das man im Schatten eines Nußbaumes niederlegte, und beide Frauen kramten stundenlang unerträgliche Albernheiten aus.

Neben ihnen stand Frédéric, und er sah auf die Weingärten an den Abhängen, in denen da und dort ein Baum einen vereinzelten Tupf bildete, auf die staubigen Wege, die grau schimmernden Bändern glichen, auf die Häuser, die in das Grün rote und weiße Flecke warfen; manchmal zog sich der Rauch einer Lokomotive am Fuße der laubbedeckten Hügel gerade hin, wie eine riesenhafte Straußfeder, deren dünne Spitze sich in der Luft zerteilt.

Dann fiel sein Blick wieder auf seinen Sohn. Er stellte ihn sich als Jüngling vor, als seinen Gefährten; aber vielleicht würde es ein Dummkopf werden und – sicherlich – ein Unglücklicher! Seine uneheliche Geburt mußte immer auf ihm lasten; besser wäre es für ihn gewesen, nie zur Welt zu kommen, und Frédéric murmelte: "Armes Kind!", das Herz voll von einer unerklärlichen Traurigkeit.

Häufig versäumten sie den letzten Zug. Dann schalt Frau Dambreuse mit ihm wegen seiner Unpünktlichkeit. Er erfand irgendeine Ausrede.

Aber auch Rosanette gegenüber mußte er das oft. Sie begriff nicht, was er mit allen seinen Abenden machte; und wenn sie zu ihm schickte, war er nie zu Hause. Eines Tages, als er gerade da war, kamen beide fast gleichzeitig. Er ließ die Marschallin hinaus und versteckte Frau Dambreuse, der er sagte, daß seine Mutter kommen würde.

Bald belustigten ihn diese Lügen; er wiederholte der einen den Schwur, den er eben der anderen geschworen hatte, er schickte immer zwei gleiche Buketts, schrieb ihnen gleichzeitig und stellte Vergleiche zwischen ihnen an; – dabei stand im Geist eine dritte vor ihm. Die Unmöglichkeit, diese eine zu besitzen, rechtfertigte in seinen Augen seine Falschheit, die ihm immer mehr Spaß bereitete, da sie ihm Abwechselung brachte; und seltsam, je mehr er Frau Dambreuse und Rosanette miteinander betrog, desto mehr liebten sie ihn, gerade als wenn ihre Leidenschaften sich gegenseitig erhitzten und eine Art Wetteifer jede dazu triebe, ihn die andere vergessen zu lassen.

"Bewundere mein Vertrauen!" sagte eines Tages Frau Dambreuse zu ihm; dabei zeigte sie ihm ein Papier, in dem man sie benachrichtigte, daß Herr Moreau mit einer gewissen Rose Bron in wilder Ehe zusammenlebe. "Ist das vielleicht die Dame vom Rennen?"

"Was für eine Verrücktheit!" rief er aus. "Laß mich sehen!"

Der Brief war in lateinischen Buchstaben geschrieben und ohne Unterschrift. Frau Dambreuse hatte im Anfang diese Maitresse geduldet, die ihren Ehebruch deckte. Dann war ihre Leidenschaft stärker geworden, und sie hatte einen Bruch verlangt, der auch daraufhin erfolgt war – wie Frédéric jetzt sagte; als er aber nun mit seinen Beteuerungen zu Ende war, erwiderte sie – und dabei schloß sie halb die Augen, die wie die Spitze eines Stiletts funkelten:

"Gut; und die andere?"

"Welche andere?"

"Die Frau des Fayence-Fabrikanten!"

Er zuckte die Achseln. Sie sprach nicht mehr davon.

Als sie einen Monat später sich über Ehre und Rechtlichkeit unterhielten, und er seine Ehre (im Laufe des Gesprächs, wie zufällig und doch aus Vorsicht) rühmte, sagte sie zu ihm:

"Das ist wahr; du bist anständig, du gehst nicht mehr hin."

"Wohin?"

"Zu Frau Arnoux!"

Er bat sie, ihm doch zu verraten, woher sie das wisse. Von ihrer Hilfsschneiderin, Frau Regimbart.

Sie kannte also sein Leben, und er so wenig von ihrem!

Er hatte in ihrem Toilettezimmer das Miniaturbild eines Herrn mit einem langen Schnurrbart entdeckt; war das derselbe, von dem man ihm einstmals eine dunkle Selbstmordgeschichte erzählt hatte? Es gab kein Mittel, mehr darüber zu erfahren! Wer wozu auch? Die Frauenherzen sind wie jene kleinen Geheimschränke, voll ineinandergeschalteter Schiebladen; man quält sich, man bricht sich die Nägel ab, und man findet auf dem Grunde schließlich eine verwelkte Blume, Reste von Staub – oder gar nichts! Und dann fürchtete er vielleicht, zuviel zu erfahren!

Er mußte alle Einladungen ablehnen, wenn sie nicht mit ihm gehen konnte; sie hielt ihn an ihrer Seite fest, in der Furcht, ihn zu verlieren; aber trotz dieses Zusammenlebens, das täglich inniger wurde, taten sich plötzlich Abgründe zwischen ihnen auf; bei unwichtigen Dingen, bei der Beurteilung einer Person, eines Kunstwerkes.

Sie hatte eine Art, Klavier zu spielen, die korrekt und trocken war. Ihr Hang zum Spiritismus (Frau Dambreuse glaubte an eine Wanderung der Seelen nach den Sternen) hinderte sie nicht, ihre Kasse bewunderungswürdig in Ordnung zu halten. Sie war hochmütig gegen ihre Leute; beim Elend der Armen blieben ihre Augen trocken. Ein ungenierter Egoismus sprach ebenso aus ihren gewöhnlichen Redewendungen: "Was geht das mich an? Ich werde schön dumm sein! Hab' ich das nötig? ...", wie aus unzähligen kleinen, niedrigen Handlungen. Sie hätte an den Türen horchen können; sicherlich belog sie ihren Beichtvater. In ihrer Herrschsucht verlangte sie von Frédéric, daß er sie Sonntags zur Kirche begleite. Er gehorchte und trug das Gebetbuch.

Der Verlust der Erbschaft hatte sie sehr verändert. Diese Zeichen eines Kummers, den man Herrn Dambreuses Tode zuschrieb, machten sie interessant; und sie empfing wie früher viele Besuche. Seit dem Mißerfolg Frédérics bei der Kandidatur strebte sie für ihn und sich eine diplomatische Sendung nach Deutschland an; das erste war also, sich den herrschenden Ideen unterordnen.

Die einen sehnten das Kaiserreich herbei, andere die Orléans, noch andere den Grafen von Chambord; aber alle waren in bezug auf eine schleunige Dezentralisation einig, und mehrere Mittel wurden zu diesem Zwecke vorgeschlagen: Paris durch eine Menge großer Straßen zerteilen, den Sitz der Regierung nach Versailles verlegen, die Hochschulen nach Bourges bringen, die Bibliotheken abschaffen, alles den Divisionsgenerälen anvertrauen; – und man hob das Leben auf dem Lande in den Himmel, da der ungebildete Mann naturgemäß mehr gesunden Menschenverstand hätte, als die anderen. Nichts als Haß gab es: Haß gegen die Elementarlehrer und gegen die Weinwirte, gegen die Philosophiestudien, gegen die Romane, die roten Westen, die langen Bärte, gegen jede Unabhängigkeit, jede individuelle Kundgebung; denn es war nötig, "das Prinzip der Autorität wieder aufzurichten"; egal, in wessen Namen, oder woher es kam, wenn es nur die Macht, die Obrigkeit war! Die Konservativen redeten jetzt wie Sénécal. Frédéric begriff nichts mehr, und er hörte bei Rosanette dieselben Reden, von denselben Leuten.

Die Salons der galanten Mädchen (von daher datiert ihre Bedeutung) waren ein neutrales Gebiet, wo die Reaktionäre verschiedenster Färbung sich trafen. Hussonnet, der sich mit der Anschwärzung der zeitgenössischen Berühmtheiten befaßte, (ein hübscher Weg, um die öffentliche Ordnung wiederherzustellen!), brachte Rosanette die Idee bei, Empfangsabende wie die anderen zu haben; er würde darüber in den Zeitungen berichten. Zuerst führte er einen würdigen Mann bei ihr ein, Fumichon; dann erschienen Nonancourt, Herr von Grémonville, der Herr von Larsilloix, Expräfekt, und Cisy, der jetzt Agronom, Niederbretagner und mehr als je frommer Christ war.

Außerdem kamen frühere Geliebte der Marschallin, wie der Baron von Comaing, der Graf von Jumillac und einige andere; die Ungeniertheit ihres Benehmens verletzte Frédéric.

Um seine Stellung als Herr zu wahren, vergrößerte er Rosanettes Haushalt. Er hielt ihr einen Groom, nahm eine neue Wohnung und richtete sie neu ein. Diese Ausgaben waren auch geeignet, seine Heirat mehr im Einklang mit seinem Vermögen erscheinen zu lassen. Das letztere verminderte sich freilich dadurch erschreckend – und Rosanette begriff rein gar nichts davon.

Deklassiertes Bürgermädchen, schwärmte sie für das solide Leben, für eine kleine ruhige Häuslichkeit. Trotzdem war sie zufrieden, "einen Jour" zu haben; sie sagte: "Solche Geschöpfe", wenn sie von ihresgleichen sprach, wollte eine "Dame von Welt" sein und hielt sich dafür. Sie bat ihn, nicht mehr im Salon zu rauchen, und versuchte ihn dazu zu bringen, die Fasten einzuhalten, des guten Tones wegen. Sie redete sich schließlich in ihre Rolle hinein; sie wurde ernsthaft, und an den Abenden, wo sie mit Frédéric zu Bette ging, sogar melancholisch; man mochte an ein Gleichnis denken: wie es Zypressen vor den Türen von Kneipen gibt.

Er entdeckte den Grund ihrer Änderung: sie träumte davon, geheiratet zu werden, – sie auch! Frédéric war aufgebracht. Auch erinnerte er sich ihres Eindringens bei Frau Arnoux, und außerdem trug er ihr ihren langen Widerstand nach.

Trotzdem forschte er nach, wer alles ihr Geliebter gewesen war. Sie leugnete alle ab. Eine Art Eifersucht befiel ihn. Er ärgerte sich über die Geschenke, die sie erhalten hatte und noch erhielt; – aber je mehr ihr Charakter ihn abstieß, desto mehr zog ihn eine rohe und tierische Sinnlichkeit zu ihr hin, Illusionen eines Augenblicks, die sich in Haß auflösten. Ihre Worte, ihre Stimme, ihr Lächeln, alles begann ihm zu mißfallen, namentlich ihre Blicke: diese Augen einer Frau, die ewig heiter und albern ist. Das brachte ihn manchmal so außer sich, daß er sie ohne Erregung hätte sterben sehen können. Aber wie mit ihr böse werden? Ihre Sanftmut war zum Verzweifeln.

Deslauriers erschien wieder und erklärte seinen Aufenthalt in Nogent, indem er sagte, daß er dort wegen einer Advokaturskanzlei verhandelt habe. Frédéric war glücklich, ihn wiederzusehen; es war doch ein Mensch! Er wurde der dritte in ihrem Zusammenleben.

Von Zeit zu Zeit aß der Advokat bei ihnen, und wenn kleine Meinungsverschiedenheiten entstanden, nahm er immer für Rosanette Partei, so daß eines Tages Frédéric zu ihm sagte:

"Gut! Nimm sie doch, wenn dir das Spaß macht!"; so sehnte er einen Zufall herbei, der ihn von ihr befreien würde.

Gegen Mitte Juni bekam sie eine Zustellung, in der sie Herr Athanase Gautherot, Gerichtsvollzieher, aufforderte, viertausend Franken, die sie dem Fräulein Clémence Vatnaz schuldete, zu bezahlen, widrigenfalls sie am folgenden Tage gepfändet werden würde.

Tatsächlich war von den vier Wechseln, die sie seinerzeit akzeptiert hatte, nur einer bezahlt worden; das Geld, das sie seither in Händen hatte, war für andere Ausgaben verwendet worden.

Sie stürzte zu Arnoux. Er wohnte im Faubourg Saint-Germain, aber die Straße wußte der Portier nicht. Sie lief zu mehreren Freunden, traf niemanden an und kam verzweifelt wieder nach Hause. Frédéric wollte sie nichts sagen, da sie Furcht hatte, daß diese neue Geschichte ihrer Heirat schaden würde.

Am nächsten Morgen stellte sich Herr Athanase Gautherot ein, begleitet von zwei Gehilfen, der eine bleifarbig, mit verschlagenem und von Neid verzehrtem Gesicht, der andere mit einem hohen Stehkragen, krampfhaft angespannten Hosenstegen und einem ledernen Handschuhfinger am Zeigefinger – beide ekelhaft schmutzig, mit fettigen Rockkragen und zu kurzen Ärmeln.

Ihr Chef, der dagegen ein sehr schöner Mann war, begann damit, sich wegen seines peinlichen Auftrages zu entschuldigen, wobei er den Raum betrachtete, "voll hübscher Dinge, wahrhaftig!" Er setzte hinzu: "außer denjenigen, die man nicht pfänden kann". Auf ein Zeichen von ihm verschwanden die beiden Schergen.

Nun wurden seine Komplimente lebhafter. Sollte man es glauben, daß eine so ... reizende Person keinen ernsthaften Freund habe? Ein Zwangsverkauf wäre ein wirkliches Unglück. Davon erhole man sich nie! Er versuchte, sie zu erschrecken, dann, als er sie bewegt sah, nahm er einen väterlichen Ton an. Er kenne das Leben, er hätte mit vielen Damen zu tun gehabt; während er diese aufzählte, besichtigte er die Bilder an der Wand. Die stammten von Arnoux; es waren Skizzen von Sombaz, Aquarelle von Burieu, drei Landschaften von Dittmer. Rosanette kannte augenscheinlich den Preis nicht. Herr Gautherot wandte sich zu ihr:

"Hören Sie! Ich will Ihnen zeigen, daß ich ein guter Kerl bin; geben Sie mir diese Dittmer da, und ich bezahle alles! Abgemacht?"

In diesem Augenblick trat Frédéric, dem Delphine im Vorzimmer alles erzählt und der dort die beiden Männer gesehen hatte, ins Zimmer, den Hut auf dem Kopfe, brutal. Herr Gautherot behielt seine würdevolle Miene bei und diktierte, da die Tür offen geblieben war:

"Also los, meine Herren, schreiben Sie! Im zweiten Zimmer, sagen wir, ein Eichentisch mit zwei Ausziehbrettern, zwei Büfetts ..."

Frédéric unterbrach ihn: ob es nicht ein Mittel gebe, die Pfändung zu verhindern.

"Oh! Gewiß! Wer hat die Möbel bezahlt?"

"Ich!"

"Nun gut, klagen Sie auf Zurückgabe; da ist immerhin Zeit gewonnen."

Herr Gautherot beendigte schnell seine Schreibereien, beantragte im Protokoll eine vorläufige Entscheidung in Sachen Fräulein Rose Bron und verschwand.

Frédéric machte ihr keinen Vorwurf. Er betrachtete die Kotspuren auf dem Teppich, die die Stiefel der Gerichtsleute zurückgelassen hatten, und sagte zu sich:

"Man wird sich Geld verschaffen müssen!"

"Mein Gott, ich bin doch zu dumm," rief die Marschallin.

Sie wühlte in einer Schublade, zog einen Brief heraus und lief schnell zu der Beleuchtungsgesellschaft des Languedoc, um ihre Aktien übertragen zu lassen.

Eine Stunde später kam sie zurück. Die Papiere waren einem andern verkauft worden, der Kommis hatte ihr nach Prüfung des Schriftstücks, das Arnoux ihr als Sicherheit gegeben hatte, geantwortet: "Dies Papier macht Sie durchaus nicht zur Eigentümerin. Die Gesellschaft erkennt das nicht an." Kurz, er hatte sie verabschiedet, sie war außer sich darüber; Frédéric müsse augenblicklich zu Arnoux gehen, um die Sache aufzuklären.

Arnoux würde jedoch vielleicht glauben, er käme, um indirekt wieder in den Besitz der fünfzehntausend Franken seiner verlorenen Hypothek zu gelangen, und überdies war ein Geldanspruch an einen Mann, der der Geliebte seiner Maitresse gewesen war, in seinen Augen eine Gemeinheit. Einen Mittelweg wählend, holte er sich im Hotel Dambreuse die Adresse der Frau Regimbart, schickte zu dieser einen Dienstmann und erfuhr so den Namen des Cafés, welches der Patriot jetzt besuchte.

Es war ein kleines Lokal auf der Place de la Bastille, wo er sich den ganzen Tag lang aufhielt, immer in der rechten Ecke im Hintergrunde, immer so unbeweglich, als stellte er einen festen Teil des Gebäudes dar.

Nachdem er nacheinander die Leidenschaften für Kaffee, Grog, Bischof, Glühwein, Branntwein durchgemacht hatte, war er wieder beim Bier angelangt; jede halbe Stunde rief er einfach "Ein Bock!"; er hatte seine Sprache nur auf das Allernotwendigste reduziert. Frédéric fragte ihn, ob er manchmal Arnoux sehe.

"Nein!"

"Warum nicht?"

"Ein Esel!"

Vielleicht trennte sie die Politik, und Frédéric glaubte gut daran zu tun, daß er sich nach Compain erkundigte.

"Ein Vieh!" antwortete Regimbart.

"Wieso?"

"Mit seinem Kalbskopf!"

"Erklären Sie mir doch, was das mit dem Kalbskopf ist!"

Regimbart lachte geringschätzig.

"Dummheiten!"

Nach einem langen Schweigen fing Frédéric wieder an:

"Er ist also umgezogen?"

"Wer?"

"Arnoux!"

"Ja, nach der Rue de Fleurus."

"Welche Nummer?"

"Verkehre ich mit Jesuiten?"

"Wieso Jesuiten?"

Der andere erwiderte wütend:

"Mit dem Geld eines Patrioten, den er durch mich kennen gelernt hat, hat sich der Schweinehund als Rosenkranzhändler etabliert!"

"Nicht möglich!"

"Gehen Sie nur hin!"

Es war wirklich so; Arnoux, den ein Anfall sehr geschwächt hatte, war fromm geworden; übrigens "hatte er immer eine religiöse Ader gehabt", und so (mit der Mischung von Krämersinn und Naivität, die ihm angeboren war) war er, um gleichzeitig sein Seelenheil und sein materielles Wohl zu sichern, auf den Handel mit religiösen Dingen verfallen.

Frédéric fiel es nicht schwer, seinen Laden zu entdecken, dessen Schild folgende Aufschriften trug: "Zur Gotischen Kunst. – Kirchenausschmückung. – Polychrome Skulpturen. – Weihrauch der heiligen drei Könige, usw. usw."

In den beiden Ecken des Schaufensters standen zwei hölzerne, buntscheckig mit Gold, Zinnober und Azurblau angestrichene Statuen: ein heiliger Johann-Baptist mit seinem Lammfell und eine heilige Genoveva mit Rosen in der Schürze und einem Spinnrocken unter dem Arm; dann Gipsgruppen: eine fromme Schwester, ein kleines Mädchen unterrichtend, eine Mutter, die neben einem Bette kniete, drei Schüler vor dem Tisch des Herrn. Die Krippe mit dem Esel, dem Ochsen und dem auf Stroh – auf wirklichem Stroh – gebetteten Jesuskinde darstellte. Auf den Etageren sah man von oben bis unten Dutzende von Medaillen, alle möglichen Rosenkränze, Weihwasserkessel in Muschelform und die Porträts von geistlichen Berühmtheiten, in erster Linie den Heiligen Vater und Erzbischof Affre, beide lächelnd.

Arnoux saß halbschlafend in seinem Bureau, den Kopf auf die Brust gesenkt. Er war fürchterlich gealtert, an den Schläfen hatte er eine Menge roter Bläschen; der Reflex der goldenen Kreuze, die in der Sonne leuchteten, fiel auf ihn.

Eine tiefe Traurigkeit befiel Frédéric beim Anblick dieses Verfalls. Im Interesse der Marschallin beherrschte er sich aber und wollte nähertreten, als im Hintergrunde des Ladens Frau Arnoux erschien; da machte er kehrt und verschwand.

"Ich habe ihn nicht finden können," sagte er, als er nach Hause kam.

Er konnte noch so ängstlich versichern, daß er sofort an seinen Notar in Havre wegen Geld schreiben würde; Rosanette war aufgebracht. Sie hätte nie einen so schwachen, energielosen Menschen gesehen; während sie tausend Entbehrungen erduldete, lebten die anderen in Völlerei.

Frédéric dachte an die arme Frau Arnoux und malte sich die jämmerliche Ärmlichkeit ihrer jetzigen Wirtschaft aus. Er hatte sich an den Schreibtisch gesetzt, und als die keifende Stimme Rosanettens nicht verstummen wollte, rief er:

"So schweige doch, um Himmels willen!"

"Willst du sie vielleicht in Schutz nehmen?"

"Jawohl, ja! Warum bist du eigentlich so erbittert?"

"Und warum willst du eigentlich nicht, daß sie bezahlen? Du fürchtest, daß deine alte Liebe sich ein Haar ausreißt, das ist es!"

Er war in Versuchung, die Quälerin mit der Standuhr zu Boden zu schlagen; die Worte gingen ihm aus. Er schwieg. Rosanette, im Zimmer auf und ab gehend, fuhr fort:

"Ich werde ihm einen Prozeß anhängen, deinem Arnoux. Oh, ich habe dich nicht nötig," sagte sie, die Lippen zusammenbeißend; "ich werde mir einen Advokaten nehmen."

Drei Tage später stürzte Delphine aufgeregt ins Zimmer.

"Gnädiges Fräulein, gnädiges Fräulein, draußen ist ein Mann mit einem Kleistertopf, vor dem ich mich fürchte."

Rosanette ging in die Küche und sah einen Kerl mit Pockennarben und einem gelähmten Arm, der betrunken war und stotterte.

Es war der Zettelanschläger von Herrn Gautherot. Da der Einspruch gegen die Pfändung verworfen worden war, folgte naturgemäß der Zwangsverkauf.

Für die Anstrengung, mit der er die Treppe hinaufgestiegen war, verlangte er vor allem eine Herzstärkung, – dann bettelte er um Theaterbilletts, da er glaubte, daß die Gnädige eine Schauspielerin sei. Ferner beschäftigte er sich einige Minuten lang damit, unverständliche Zeichen mit den Augen zu machen; endlich erklärte er, daß er für vierzig Sous die Ecken der an die Tür geklebten Ankündigung abreißen würde. In dieser war Rosanette mit ihrem vollen Namen bezeichnet, – eine außergewöhnliche Grausamkeit, in der sich der ganze Haß der Vatnaz ausdrückte.

Auch sie war einmal feinfühlig gewesen, in einem Herzenskummer hatte sie sogar an Béranger geschrieben, um einen Rat von ihm zu erbitten. Die Stürme des Lebens hatten sie jedoch erbittert, nachdem sie abwechselnd Klavierstunden gegeben, einer Table d'hôte präsidiert, an Modejournalen mitgearbeitet, Zimmer vermietet und in der galanten Welt mit Spitzen gehandelt hatte; bei diesem Handel konnte sie durch ihre Beziehungen vielen Menschen gefällig sein, unter anderen auch Arnoux. Vorher hatte sie in einem großen Geschäftshaus gearbeitet.

Dort zahlte sie den Arbeiterinnen aus; von ihnen hatte jede zwei Bücher, deren eines aber in ihren Händen blieb. Dussardier, der aus Gefälligkeit das einer gewissen Hortense Baslin führte, kam eines Tages an die Kasse, gerade als Fräulein

Vatnaz die Abrechnung dieses Mädchens einreichte, 1682 Franken, die der Kassierer ihr auszahlte. Nun hatte am Tage vorher Dussardier nur 1082 Franken auf dem Buch der Baslin eingetragen. Unter irgendeinem Vorwande ließ er es sich von dieser wiedergeben; um die Schwindlerin nicht unglücklich zu machen, sagte er, daß er es verloren habe. Die Arbeiterin meldete das ganz naiv der Vatnaz wieder; diese, um zu wissen, woran sie war, sprach mit unbefangener Miene mit dem Kommis darüber. Er begnügte sich, zu antworten:. "Ich habe es verbrannt"; das war alles. Kurze Zeit nachher verließ sie das Geschäft, da sie an die Vernichtung jenes Buches nicht glaubte und sich einbildete, daß er es aufbewahre.

Bei der Nachricht von seiner Verwundung war sie zu ihm geeilt, in der Absicht, es wieder an sich zu nehmen. Dann, als sie nichts gefunden hatte, trotz der genauesten Nachforschungen, wurde sie von Respekt und bald von Liebe zu diesem edlen, sanften, starken und heldenhaften jungen Manne erfaßt! Ein solches Liebesglück in ihrem Alter war etwas ganz Unverhofftes! Mit dem Hunger eines Menschenfressers stürzte sie sich darauf; – und sie vergaß gern darüber die Literatur, den Sozialismus, "alle trostreichen Lehren und edlen Utopien" und den Vortrag, den sie über die "Entrechtung der Frau" zu halten pflegte, kurz, alles, sogar Delmar; schließlich bot sie Dussardier an, ihn zu heiraten.

Er aber, obwohl sie seine Maitresse war, war durchaus nicht in sie verliebt. Auch hatte er ihren Diebstahl keineswegs vergessen. Und dann war sie auch zu reich. Er sagte nein. Weinend gestand sie ihm nun ihre Zukunftsträume: sie hätte mit ihm zusammen ein Konfektionsgeschäft führen wollen. Sie hatte die ersten notwendigen Geldmittel, die sich in der nächsten Woche noch um viertausend Franken vermehren würden; sie erzählte ihm von ihren Schritten gegen die Marschallin.

Dussardier war darüber betrübt, wegen seines Freundes. Er dachte noch an die Zigarrentasche, die ihm von jenem auf der Wache angeboten worden war, an die Abende auf dem Quai Napoléon, die netten Plauderstunden, die geliehenen Bücher, die tausend Gefälligkeiten Frédérics. Er bat die Vatnaz, die Sache ruhen zu lassen.

Sie machte sich lustig über seine Gutmütigkeit und verriet gegen Rosanette einen unauslöschlichen Haß; sie wünschte sich sogar nur zu dem Zwecke reich zu sein, um sie später unter ihrer Karosse zerschmettern zu können.

Diese bodenlose Gehässigkeit erschreckte Dussardier, und als er den Tag der Versteigerung genau wußte, ging er fort. Am nächsten Morgen trat er mit verlegener Miene bei Frédéric ein.

"Ich muß mich bei Ihnen entschuldigen."

"Weshalb denn?"

"Sie müssen mich für undankbar halten, weil sie doch meine ..." Er stotterte. "Oh, ich werde sie nicht wiedersehen, ich will nicht ihr Mitschuldiger sein!" Da der andere ihn ganz erstaunt ansah, fuhr er fort:

"Werden nicht die Möbel Ihrer Geliebten in drei Tagen versteigert?"

"Wer hat Ihnen das gesagt?"

"Sie selbst, die Vatnaz! Aber ich fürchte, Sie zu beleidigen ..."

"Das ist unmöglich, lieber Freund!"

"Ach, das ist wahr. Sie sind so gut!"

Dabei reichte er ihm mit verschämter Miene eine kleine lederne Brieftasche.

Es waren viertausend Francs, seine ganzen Ersparnisse.

"Was? Was fällt Ihnen ein ...!"

"Ich dachte mir ja, daß ich Sie verletzen würde," erwiderte Dussardier mit einer Träne im Auge.

Frédéric drückte ihm die Hand, und der brave Junge fuhr mit bittender Miene fort:

"Nehmen Sie es! Machen Sie mir doch die Freude! Ich bin so verzweifelt! Ist es für uns nicht ohnehin mit allem vorbei? Als die Revolution da war, da habe ich geglaubt, jetzt würde man glücklich werden! Erinnern Sie sich, wie schön das war! Wie man frei aufgeatmet hat! Aber es ist ja schlimmer geworden als zuvor!"

Mit niedergeschlagenen Augen fuhr er fort:

"Jetzt töten sie unsere Republik, wie sie die andere, die römische, getötet haben! Denken Sie an das arme Venedig! An Polen, an Ungarn! Was für Abscheulichkeiten! Zuerst hat man die Freiheitsbäume gefällt, dann das Wahlrecht beschränkt, die Klubs geschlossen, die Zensur wieder eingeführt und den Unterricht den Priestern ausgeliefert, bis das Land wieder für die Inquisition reif ist. Warum auch nicht? Die Konservativen sehnen doch die Kosaken für uns herbei! Man verurteilt die Zeitungen, wenn sie gegen die Todesstrafe schreiben, Paris starrt von Bajonetten, sechzehn Départements sind im Belagerungszustand; – und die Amnestie ist wieder einmal verworfen!"

Er stützte seine Stirn in beide Hände, dann rief er, die Arme in großem Schmerz ausbreitend:

"Wenn man wenigstens einen Versuch machte! Mit etwas gutem Willen könnte man sich noch verständigen! Aber nein! Die Arbeiter sind nicht mehr wert als die Bürger! In Elbeuf haben sie kürzlich bei einer Feuersbrunst die Hilfe verweigert. Elende schimpfen Barbès einen Aristokraten. Um sich über das Volk lustig zu machen, wollen sie zum Präsidenten Nadaud, einen Maurer, ernennen, ich bitte Sie! Es gibt kein Mittel mehr, keine Rettung! Alles ist gegen uns! – Ich, ich habe nie Böses getan; und doch, jetzt liegt es wie ein Bleigewicht auf meiner Brust. Ich werde noch darüber verrückt werden, wenn das so weiter geht. Ich hätte Lust, selbst ein Ende zu machen. Ich sage Ihnen, daß ich mein Geld nicht brauche! Sie werden es mir zurückgeben – das ist selbstverständlich! Ich leihe es Ihnen!"

Frédéric, den die Notlage dazu zwang, nahm schließlich die viertausend Francs an. So war, was die Vatnaz anlangte, kein Grund zur Beunruhigung mehr vorhanden.

Rosanette verlor jedoch bald ihren Prozeß gegen Arnoux, und aus Eigensinn wollte sie Berufung einlegen.

Deslauriers redete sich heiser, um ihr begreiflich zu machen, daß das Versprechen Arnoux' weder eine Schenkung, noch eine regelrechte Cession bedeute; sie hörte ihn nicht einmal an und fand das Gesetz ungerecht; die Männer verbänden sich gegen sie, eben weil sie nur eine Frau sei! Schließlich folgte sie aber seinen Ratschlägen.

Er legte sich in ihrem Hause so wenig Zwang auf, daß er mehrere Male Sénécal zum Essen mitbrachte. Diese Ungeniertheit mißfiel Frédéric, der ihm Geld geliehen und ihn sogar von seinem Schneider hatte kleiden lassen; der Advokat schenkte dafür seine alten Gehröcke dem Sozialisten, von dem niemand mehr wußte, woher er das Notwendigste zum Leben nahm.

Aber auch für Rosanette tat er gern, was er konnte. Eines Tages, als sie ihm zwölf Aktien der Kaolin-Gesellschaft (das Unternehmen, wegen dessen Arnoux zu dreißigtausend Francs Geldstrafe verurteilt worden war) zeigte, sagte er zu ihr:

"Das ist ja glatter Schwindel! Das ist ja köstlich!"

Sie hätte das Recht, ihn zur Zahlung aller ihrer Forderungen zu zwingen. Vor allem würde sie beweisen, daß er solidarisch verpflichtet sei, alle Schulden der Gesellschaft zu bezahlen, da er persönliche Schulden für Gesellschaftsschulden ausgegeben hätte, und fernerhin, daß er der Gesellschaft mehrere Effekten unterschlagen habe.

"Das alles macht ihn des betrügerischen Bankerotts schuldig, Artikel 586 und 587 des Handelsgesetzbuchs; wir werden ihn schon festnehmen, Sie können sich darauf verlassen, mein Schatz!"

Rosanette fiel ihm um den Hals. Er empfahl sie tags darauf seinem früheren Chef, denn er selbst mußte dringend nach Nogent; im Notfalle würde Sénécal ihm schreiben.

Seine Verhandlungen über den Kauf eines Notariats-Bureaus waren ein Vorwand. Er verbrachte seine Zeit bei Herrn Roque, wo er sich damit eingeführt hatte, daß er das Lob des Freundes in allen Tonarten sang und ihn so viel wie möglich im Wesen und in der Sprache imitierte. Damit gewann er Fräulein Louise, während er ihren Vater mit seinen Brandreden gegen Ledru-Rollin eroberte.

Frédéric käme nicht zurück, so erzählte er, weil er in der großen Welt verkehre; außerdem liebe er eine Frau, nicht nur das, er habe ein Kind und halte eine Kreatur aus.

Die Verzweiflung Louisens war furchtbar, die Entrüstung Frau Moreaus nicht geringer. Sie sah ihren Sohn im Strudel der großen Welt einem Abgrund zutreiben, und daß er alles gesellschaftliche Herkommen so verletzte, war für sie wie eine persönliche Entehrung. Mit einemmal aber nahm sie eine ganz andere Haltung an. Wenn man sie nach Frédéric fragte, antwortete sie geheimnisvoll:

"Es geht ihm gut, sehr gut."

Sie hatte von seiner Heirat mit Frau Dambreuse erfahren.

Der Tag war dafür schon festgesetzt; und er suchte nur noch, wie er Rosanette die Sache beibringen könnte.

Gegen Mitte des Herbstes gewann sie ihren Prozeß wegen der Kaolin-Aktien; Frédéric erfuhr es durch Sénécal, der aus der Verhandlung kam und den er vor seiner Tür traf.

Arnoux war in allen Punkten der Unterschlagung schuldig befunden worden, und der Ex-Hilfslehrer schien sich darüber derartig zu freuen, daß Frédéric ihn bat, sich nicht weiter damit zu bemühen; er setzte hinzu, Rosanette werde er selber es ausrichten. Er trat mit ärgerlichem Gesicht bei ihr ein.

"Nun, jetzt wirst du zufrieden sein!"

Aber ohne auf seine Worte zu achten, sagte sie nur:

"Sieh doch!"

Dabei wies sie auf das Kind, das in seiner Wiege neben dem Ofen lag. Sie hatte es am Morgen bei der Amme so elend gefunden, daß sie es mit nach Paris nehmen mußte.

Alle seine Glieder waren schrecklich abgemagert und die Lippen mit vielen weißen Pünktchen bedeckt, die im Innern des Mundes wie geronnene Milch aussahen.

"Was hat der Arzt gesagt?"

"Ach! Der Arzt! Er behauptet, daß die Reise sein ... ich weiß nicht mehr, ein Namen, der auf ›ite‹ endet ... vermehrt hat. Und daß es die ›Maiblume‹ hat. Weißt du, was er meint?"

Frédéric zögerte nicht, "gewiß" zu antworten; er fügte hinzu, daß das aber nichts zu bedeuten habe.

Bald aber erschreckten ihn das kraftlose Aussehen des Kindes und die immer zunehmenden weißen Flecke, die wie Schimmel aussahen, – wie wenn das Leben in diesem armen kleinen Körper nur ein Häufchen Erde zurückgelassen hätte, auf dem die Vegetation trieb. Seine Hände waren kalt, es konnte schon nicht mehr schlucken, und die Amme, eine neue, die der Portier aufs Geratewohl aus einem Mietshaus geholt hatte, wiederholte unausgesetzt:

"Es steht sehr schlecht mit ihm, sehr schlecht!"

Rosanette blieb die ganze Nacht auf.

Am Morgen holte sie Frédéric.

"Komm' schnell. Er rührt sich nicht mehr."

Das Kind war gestorben. Sie nahm es auf, schüttelte es, rief es mit allen möglichen Kosenamen, bedeckte es mit Küssen und Tränen, lief wie eine Wilde im Zimmer umher, raufte sich die Haare und schrie; schließlich sank sie am Rande des Diwans nieder, wo sie mit offenem Munde, mit einem Tränenstrom, der aus ihren starren Augen schoß, liegen blieb. Dann befiel sie eine Betäubung, und alles war ruhig im Zimmer. Die Möbel waren umgeworfen. Zwei oder drei Handtücher lagen unordentlich umher. Es schlug sechs Uhr. Das Nachtlicht erlosch.

Frédéric glaubte fast zu träumen, als er dies alles sah. Sein Herz krampfte sich vor Bangigkeit zusammen. Es schien ihm, als wenn dieser Tod nur ein Anfang sei, und daß ein noch viel größeres Unglück im Hintergrunde lauere, ihn zu überfallen.

Plötzlich sagte Rosanette mit zitternder Stimme zu ihm:

"Wir werden es behalten, nicht wahr?"

Sie wünschte, es einbalsamieren zu lassen. Vieles sprach dagegen. Vor allem dies, sagte Frédéric, daß die Sache bei so jungen Kindern überhaupt kaum möglich sei. Ein Porträt wäre viel besser. Sie war mit dieser Idee einverstanden. Er schrieb Pellerin einige Zeilen, und Delphine lief damit hin.

Pellerin kam sofort, mit einem Eifer, der jede Erinnerung an sein früheres Verhalten verwischen sollte. Er sagte zuerst:

"Armer kleiner Engel! Ach, mein Gott, was für ein Unglück!"

Dann aber erklärte er nach und nach (der Künstler begann in ihm zu erwachen), daß man mit diesen verglasten Augen, mit diesem fahlen Gesicht nichts anfangen könne, daß zu dieser toten Natur unendlich viel Talent nötig sei; und er murmelte:

"O! Das ist nicht einfach, nicht einfach!"

"Wenn es nur ähnlich ist," warf Rosanette ein.

"Ach was! Ich pfeife auf die Ähnlichkeit! Nieder mit dem Realismus! Der Geist ist es, welcher malt! Lassen Sie mich! Ich werde mir vorzustellen suchen, wie das sein müßte."

Er überlegte, die Stirn in der linken Hand, den Ellenbogen in der rechten; dann sagte er plötzlich:

"Ich habe eine Idee! Ein Pastell! Mit farbigen Halbtönen, fast ganz flach aufgetragen, könnte man etwas Schönes machen."

Er schickte das Stubenmädchen nach seinem Farbenkasten, dann begann er, einen Stuhl unter den Füßen und einen andern neben sich, große Striche hinzuwerfen – ruhig, wie wenn er nach einem Gipsabguß arbeitete. Dabei schwärmte er von dem heiligen Johannes des Correggio, von der Infantin Rosa des Velasquez, den milchweißen Fleischpartien Reynolds', der Vornehmheit bei Lawrence, und namentlich von dem Kind mit den langen Haaren, das auf den Knieen von Lady Glower sitzt.

"Kann man übrigens etwas Reizenderes finden, als solch ein kleines Wurm? Der Typus des Erhabenen (wie ihn Raffael mit seinen Madonnen gefunden hat) ist am Ende eine Mutter mit ihrem Kinde!"

Rosanette, die einer Ohnmacht nahe war, ging hinaus, und Pellerin sagte sofort:

"Nun? Und Arnoux? ... Sie wissen, was passiert ist?"

"Nein! Was denn?"

"Es mußte ja so kommen!"

"So reden Sie doch endlich!"

"Er ist vielleicht in diesem Augenblick schon ... Pardon!"

Er stand auf, um den Kopf der kleinen Leiche höher zu legen.

"Sie sagten also ..." begann Frédéric wieder.

Der Künstler kniff die Augen halb zu, um die Proportionen besser beurteilen zu können.

"Ich wollte sagen, daß unser Freund Arnoux in diesem Augenblicke vielleicht eingesperrt ist!"

Dann fuhr er in befriedigtem Tone fort:

"Sehen Sie sich das mal an! Wie finden Sie das?"

"Ja, ausgezeichnet! Aber Arnoux?"

Pellerin legte seinen Stift hin.

"Nach allem, was ich verstanden habe, wird er von einem gewissen Mignot verfolgt, einem Intimus von Regimbart, – übrigens auch ein netter Herr, dieser Regimbart, was? Ein Idiot! Denken Sie, eines Tages ..."

"Es handelt sich doch momentan nicht um Regimbart!"

"Das ist wahr. Also Arnoux sollte gestern abend zwölftausend Francs auftreiben, sonst war er verloren."

"O, das ist vielleicht übertrieben," erwiderte Frédéric.

"Durchaus nicht! Es hat sehr bedenklich ausgesehen, sehr!"

Rosanette kam in diesem Augenblick mit geröteten Augenlidern wieder, von so brennendem Rot, daß sie wie geschminkt aussahen. Sie stellte sich vor den Karton und betrachtete ihn. Pellerin machte Frédéric ein Zeichen, daß er vor ihr nicht weiter reden wolle. Frédéric fuhr jedoch, ohne darauf zu achten, fort:

"Ich kann trotzdem nicht glauben ..."

"Ich sage Ihnen doch, daß ich ihn gestern getroffen habe," versetzte der Künstler, "um sieben Uhr abends in der Rue Jacob. Er hatte sogar aus Vorsicht seinen Paß bei sich, und er sprach von der Idee, sich in Havre einzuschiffen, nicht nur sich, sondern auch seine ganze Bande."

"Was? Seine Frau?"

"Gewiß! Er ist ein zu guter Familienvater, um allein zu leben."

"Und Sie wissen das bestimmt?"

"Das will ich meinen! Wo soll er zwölftausend Francs gefunden haben?"

Frédéric ging zwei- oder dreimal im Zimmer auf und ab. Er atmete keuchend, biß sich auf die Lippen und nahm seinen Hut.

"Wohin gehst du denn?" fragte Rosanette. Er antwortete nicht und verschwand.

5.

Zwölftausend Francs mußten aufgetrieben werden, oder er konnte Frau Arnoux nie wiedersehen; und daran hatte er noch immer in unzerstörbarer Hoffnung geglaubt. War sie für ihn nicht alles, der ganze Inhalt seines Herzens, der Zweck seines Lebens? Während einiger Minuten hielt er sich taumelnd auf dem Trottoir, von Qualen der Angst verzehrt und nur darüber glücklich, daß er nicht mehr bei Rosanette war.

Wo Geld hernehmen? Frédéric wußte aus eigener Erfahrung, wie schwer es ist, sofort welches zu bekommen, einerlei zu welchem Preis. Eine einzige Person konnte ihm helfen, Frau Dambreuse. Sie hatte in ihrem Schreibtisch immer Banknoten. Er ging zu ihr und sagte ganz dreist:

"Kannst du mir zwölftausend Franken leihen?"

"Wozu?"

Es wäre das Geheimnis eines anderen. Sie wollte es kennen. Er gab nicht nach. Beide blieben hartnäckig. Sie erklärte rundweg, daß sie nichts gebe, bevor sie wisse, wozu. Frédéric wurde feuerrot. Einer seiner Kameraden hätte einen Diebstahl begangen. Die Summe müßte heute ersetzt werden.

"Wie heißt er? Bitte, sage mir doch seinen Namen!"

"Dussardier!"

Dabei fiel er auf die Knie, sie beschwörend, nichts zu verraten.

"Was denkst du von mir?" erwiderte Frau Dambreuse. "Wenn man dich sieht, könnte man glauben, daß du selbst der Schuldige bist. Diese tragische Miene! Hier, da hast du! Wohl bekomm' es ihm!"

Er stürzte zu Arnoux. Der Händler war nicht in seinem Laden. Aber er wohnte noch immer in der Rue Paradis; er hatte zwei Wohnungen.

In der Rue Paradis beteuerte der Portier, daß Herr Arnoux schon einen Tag lang abwesend sei; von der gnädigen Frau könnte er nichts sagen; und Frédéric, der die Treppe wie ein Pfeil hinaufgeschossen war, legte sein Ohr an das Schlüsselloch. Endlich wurde geöffnet. Madame wäre mit dem Herrn abgereist. Das Dienstmädchen wußte nicht, wann sie zurückkommen würden; ihren Lohn hatte sie schon erhalten; sie selbst war im Fortgehen.

Plötzlich hörte man eine Tür knarren.

"Da ist doch jemand?"

"O, nein! Es ist der Wind."

Darauf ging er. Aber dieses schnelle Verschwinden war ihm etwas Unverständliches.

Regimbart, der mit Mignot intim war, konnte es vielleicht aufklären. Frédéric fuhr zu ihm nach Montmartre, Rue de l'Empereur.

An sein Haus stieß ein Gärtchen, das durch ein Eisengitter abgeschlossen war. Eine Freitreppe mit drei Stufen ließ die weiße Fassade hervortreten; und von der Straße aus sah man in die zwei Parterrezimmer, einen Salon, in dem alle Möbel mit neuen Kleidern bedeckt waren, und den zweiten Raum, in welchem die Arbeiterinnen von Frau Regimbart saßen.

Es waren junge Mädchen, alle verliebt in ihren Herrn, alle überzeugt, daß er besondere Geschäfte und große Beziehungen habe, daß er ein ganz außergewöhnlicher Mensch sei. Wenn er mit seinem Hut mit den aufgestülpten Krempen, seinem langen ernsten Gesicht und seinem grünen Überrock über den Korridor ging, unterbrachen sie sich in ihrer Arbeit. Übrigens verfehlte er niemals, ihnen ein paar ermutigende Worte, eine Liebenswürdigkeit in Form einer allgemeinen Betrachtung zuzurufen, – später, in ihrer Ehe, fühlten sie sich dann doppelt unglücklich, weil sie in ihm das Ideal gesehen und in der Erinnerung bewahrt hatten.

Keine liebte ihn jedoch so wie Frau Regimbart, die eine kleine intelligente Person war und ihn mit ihrem Geschäft ernährte.

Sobald Herr Moreau seinen Namen genannt hatte, kam sie sofort, ihn zu empfangen; durch die Dienstboten wußte sie, wie er mit Frau Dambreuse stand. Ihr Mann "war gerade nach Hause gekommen", und Frédéric, der ihr folgte, bewunderte die Sauberkeit der Wohnung und den Überfluß an Wachsleinwand, die überall ausgebreitet lag. Dann wartete er einige Minuten in einem Arbeitszimmer, in das sich der Patriot zurückzuziehen pflegte, um nachzudenken.

Seine Begrüßung war weniger bärbeißig als sonst.

Er erzählte die Sache mit Arnoux. Der Fayencehändler a. D. hatte Mignot, einen Patrioten, Besitzer von hundert Aktien des "Siècle", hineingelegt, indem er ihm einredete, daß vom demokratischen Standpunkt aus eine Änderung in der Geschäftsleitung und in der Redaktion des Blattes notwendig sei. Unter dem Vorwand, dieses in der nächsten Versammlung der Aktionäre durchsetzen zu wollen, hatte er sich von ihm fünfzig Aktien geben lassen, um sie, wie er sagte, sicheren Freunden, die sein Votum unterstützen würden, zur Verteilung zu überlassen; Mignot würde gar keine Verantwortung haben und sich mit niemandem verfeinden; im Gegenteil, nachdem die Änderung durchgesetzt wäre, würde er ihm in der Verwaltung einen guten Posten mit wenigstens fünftausend bis sechstausend Franken Gehalt verschaffen. Die Aktien wurden ihm übergeben. Was aber tat Arnoux? Er verkaufte sie auf der Stelle und gründete mit diesem Geld und einem Gesellschafter seinen Handel mit religiösen Artikeln. Daraufhin folgten Reklamationen Mignots und langwierige Ausflüchte Arnoux'; endlich hatte jener mit einer Anklage wegen Betruges gedroht, falls ihm Arnoux die Papiere oder das Geld, fünfzigtausend Franken, nicht umgehend zurückgäbe.

Frédéric sah verzweifelt vor sich hin.

"Das ist noch nicht alles," fuhr Regimbart fort. "Mignot, der ein anständiger Kerl ist, hat seine Forderung auf ein Viertel ermäßigt. Darauf neue Versprechungen von Arnoux, neue Komödien natürlich. Kurz, vorgestern morgen hat Mignot ihn aufgefordert, ihm unter Vorbehalt des Restes innerhalb vierundzwanzig Stunden zwölftausend Franken zu geben."

"Die habe ich ja!" rief Frédéric.

Der Patriot drehte sich langsam um:

"Aufschneider!"

"Pardon! Sie sind in meiner Tasche. Ich habe sie mitgebracht."

"Sie gehen aber ins Zeug, Donnerwetter! Übrigens ist es zu spät, die Klage ist übergeben, und Arnoux abgereist."

"Allein?"

"Nein! Mit seiner Frau. Man hat sie auf dem Havreser Bahnhof gesehen."

Frédéric wurde sehr blaß. Frau Regimbart glaubte, daß er ohnmächtig werden würde. Er beherrschte sich aber und hatte sogar die Kraft, zwei oder drei Fragen über genaue Einzelheiten zu stellen. Regimbart betrübte die Sache, da so etwas schließlich der Demokratie schadete. Arnoux wäre stets zügellos und ohne sittliche Kraft gewesen.

"Ein ausgemachter Strohkopf! Das lockere Leben hat den auf dem Gewissen! Er war immer einer, der aufs Ganze ging. Er tut mir ja nicht leid, aber seine arme Frau!" Der Patriot bewunderte die tugendhaften Frauen und hielt große Stücke auf Frau Arnoux. "Sie muß Ordentliches durchgemacht haben!"

Frédéric war ihm für diese Sympathie dankbar und drückte ihm die Hand, gerührt, wie wenn ihm selbst damit etwas Gutes erwiesen worden wäre.

"Hast du die notwendigen Gänge gemacht?" sagte Rosanette zu ihm, als sie ihn wiedersah.

Er antwortete, daß er noch nicht den Mut dazu gehabt habe und aufs Geratewohl in den Straßen umhergeirrt sei, um sich zu betäuben.

Um acht Uhr gingen sie ins Speisezimmer, aber sie blieben still einander gegenüber sitzen, stießen von Zeit zu Zeit tiefe Seufzer aus und ließen ihre Teller unberührt. Frédéric trank Branntwein. Er fühlte sich vollständig zerrüttet, vernichtet, zerschmettert, er empfand nichts weiter als eine fürchterliche Ermüdung.

Sie holte das Porträt. Das Rot, das Gelb, das Grün und Indigoblau standen in grellen Flecken starr nebeneinander und machten eine scheußliche, fast lächerliche Sache aus dem Bild.

Übrigens war die kleine Leiche jetzt unkenntlich. Das Violett der Lippen erhöhte noch das Weiß der Haut; die Nasenlöcher waren noch mehr zusammengeschrumpft, die Augen noch eingefallener; der Kopf ruhte auf einem Kissen von blauem Taft zwischen Kamelienblättern, Baumrosen und Veilchen. Das war eine Idee des Stubenmädchens gewesen, und beide hatten das andächtig so arrangiert. Auf dem Kamin, der mit einem Guipure-Überzug bedeckt war, standen silbervergoldete Armleuchter, dazwischen lagen Büschel von geweihten Palmen; in den Ecken, in den beiden Vasen, brannten Räucherkügelchen. Alles das war zusammen mit der Wiege eine Art Altar; und Frédéric mußte dabei an seine Leichenwache bei Herrn Dambreuse denken.

Fast jede Viertelstunde öffnete Rosanette die Vorhänge, um ihr Kind anzusehen. Sie malte es sich aus, wie es in einigen Monaten zu laufen angefangen hätte, dann in der Schule im Hofe spielend, dann mit zwanzig Jahren als Jüngling; und alle diese Bilder, die sie sich schuf, zeigten ihr ebenso viele Söhne, die sie verloren hatte; – so vervielfältigte der übergroße Schmerz ihre Mutterschaft.

Frédéric, der unbeweglich in dem anderen Fauteuil saß, dachte an Frau Arnoux.

Sie fuhr jetzt im Eisenbahnwagen, das Gesicht am Fenster, mit dem Blick auf die Landschaft, die gegen Paris hin verschwand, oder vielleicht auf dem Deck eines Dampfers, wie das erste Mal, als er ihr begegnet war; aber jetzt fuhr sie unbestimmten Ländern entgegen, aus denen sie nicht zurückkehren würde. Dann malte er sie sich in einer Herberge aus, einem Zimmer mit Koffern auf dem Fußboden, zerfetzten Tapeten und einer Tür, die im Winde hin- und herschwankte. Und später? Was würde aus ihr werden? Erzieherin, Gesellschafterin, vielleicht gar ein Stubenmädchen? Allen Zufälligkeiten des Elends war sie ausgeliefert. Daß er von ihrem Schicksal nichts erfahren sollte, folterte ihn. Er hätte sich ihrer Flucht widersetzen oder ihr nachreisen sollen. War er nicht ihr wirklicher Gatte? Und beim Gedanken daran, daß er sie nie wiederfinden würde, daß alles aus, daß sie unwiederbringlich verloren sei, fühlte er etwas wie ein Zusammenbrechen seines ganzen Seins; die Tränen, die er seit dem Morgen zurückgehalten hatte, flossen über.

Rosanette sah es.

"Du weinst wie ich! Du hast Kummer?"

"Ja! Ja, ich bin sehr unglücklich!"

Er drückte sie an sein Herz, und beide schluchzten in enger Umarmung.

Auch Frau Dambreuse weinte, in ihrem Bett ausgestreckt, den Kopf zwischen beiden Händen.

Olympe Regimbart, die am Abend zu ihr gekommen war, um ihr ihr erstes farbiges Kleid anzuprobieren, hatte von Frédérics Besuch erzählt und auch, daß er zwölftausend Franken bereit halte, die für Herrn Arnoux bestimmt seien.

Also dieses Geld, ihr Geld, war dazu bestimmt, die Abreise der anderen zu verhindern, dazu, ihm eine Geliebte zu erhalten!

Zuerst hatte sie einen Wutanfall, und sie war entschlossen, ihn wie einen Lakai hinauszuwerfen. Ein Tränenstrom beruhigte sie. Es war besser, die bittere Pille zu schlucken und nichts zu erwähnen.

Frédéric brachte am nächsten Tage die zwölftausend Franken zurück.

Sie bat ihn, sie für seinen Freund für den Notfall zu behalten, und fragte ihn über den Unglücklichen aus. Wer hatte ihn zu einem solchen Vertrauensbruch getrieben? Sicher eine Frau! Die Frauen verleiten ja zu allen Verbrechen!

Dieser spöttische Ton brachte Frédéric aus der Fassung. Er empfand starke Gewissensbisse wegen seiner Verleumdung. Ihn beruhigte nur, daß Frau Dambreuse die Wahrheit nicht kennen konnte.

Trotzdem blieb sie hartnäckig, am übernächsten Tage fragte sie wieder nach diesem Freunde, dann nach einem anderen, nach Deslauriers.

"Ist das ein zuverlässiger und intelligenter Mensch?" Frédéric rühmte ihn sehr.

"Bitten Sie ihn doch, nächstens bei mir vorzusprechen; ich möchte in einer Angelegenheit seinen Rat haben."

Sie hatte unter Papieren protestierte Wechsel Arnoux' gefunden, auf die auch Frau Arnoux ihre Unterschrift gesetzt hatte. Wegen eben dieser Wechsel war Frédéric einmal während des Frühstücks zu Herrn Dambreuse gekommen. Obgleich der Kapitalist sie nicht hatte eintreiben lassen wollen, hatte er doch durch das Handelsgericht nicht nur ein Urteil gegen Arnoux, sondern auch gegen seine Frau erwirkt, die dies aber nicht wußte: ihr Mann hatte es nicht für angemessen gehalten, sie davon in Kenntnis zu setzen.

Das war eine Waffe! Frau Dambreuse zweifelte nicht daran. Aber ihr Notar würde ihr vielleicht raten, davon abzustehen; sie zog einen vor, der weniger im Vordergrund stand, und sie hatte sich des langen Burschen mit dem unverschämten Gesicht erinnert, der ihr seine Dienste angeboten hatte.

Frédéric richtete seinen Auftrag ganz naiv aus.

Der Advokat war entzückt, mit einer so großen Dame in Verbindung zu treten.

Er eilte herbei.

Sie setzte ihm auseinander, daß die Erbschaft ihrer Nichte gehöre, einen Grund mehr, diese Forderungen einzuziehen, deren Gegenwert sie auszahlen würde; ihr lag daran, das Ehepaar Martinon durch das loyalste Vorgehen zu beschämen.

Deslauriers begriff, daß sich darunter ein Geheimnis verbarg, er sann darüber nach, indem er die Wechsel betrachtete. Der Name der Frau Arnoux, von ihr selbst geschrieben, brachte ihm ihre Person und den Schimpf, den sie ihm damals angetan, wieder vor Augen. Jetzt bot sich ihm Gelegenheit zur Rache; warum nicht danach greifen?

Er riet also Frau Dambreuse, die aussichtslosen Forderungen, die aus der Erbschaft herrührten, an den Meistbietenden verkaufen zu lassen. Ein Strohmann würde sie unter der Hand erwerben und eintreiben. Er übernahm es, diesen Mann zu verschaffen.

Gegen Ende November sah Frédéric, als er durch die Straße der Frau Arnoux ging, zu ihren Fenstern hinauf und bemerkte an der Tür einen Anschlag, auf dem in großen Buchstaben stand:

"Versteigerung eines reichen Hausstandes, bestehend aus: Küchengeschirr, Tisch- und Leibwäsche, Hemden, Spitzen, Unterröcken, Beinkleidern, französischen und indischen Kaschmirs, einem Erardschen Piano, zwei Renaissance-Truhen aus Eiche, venezianischen Spiegeln, chinesischem und japanischem Geschirr."

"Ihre Einrichtung!" dachte Frédéric, und der Portier bestätigte seine Vermutung.

Wer die Versteigerung vornehmen ließ, wußte er nicht. Aber der Taxator, Herr Berthelmot, würde vielleicht darüber Auskunft geben.

Der Gerichtsbeamte wollte zuerst nicht sagen, welcher Gläubiger die Sachen versteigern lasse, Frédéric gab jedoch nicht nach. Es wäre ein gewisser Sénécal, Agent; und Herr Berthelmot kam ihm schließlich so entgegen, daß er ihm sogar seine Nummer der "Petites Affiches" lieh.

Als Frédéric bei Rosanette eintrat, warf er die Zeitung offen auf den Tisch.

"Lies einmal!"

"Was soll ich lesen?" antwortete sie mit einem so ruhigen Gesicht, daß er ganz empört war.

"Spiele nur die Unschuldige!"

"Ich verstehe nicht."

"Du bist es, die Frau Arnoux' Sachen versteigern läßt!"

Sie las die Annonce noch einmal.

"Wo ist denn ihr Name?"

"Es ist ja doch ihr Mobiliar! Du weißt das besser als ich!"

"Was geht das mich an?" sagte Rosanette achselzuckend.

"Was dich das angeht? Du willst dich rächen, das ist es! Das ist ein Werk deines Hasses! Hast du sie nicht soweit beschimpft, daß du sogar bei ihr eingedrungen bist? Du, ein Nichts, eine Null! Und sie, die Heiligste, Reizendste, Größte aller Frauen! Warum tobst du so danach, sie zugrunde zu richten?"

"Du irrst dich! Wenn ich dir's sage ..."

"Geh' doch! Als wenn du nicht Sénécal vorgeschoben hättest!"

"Was für ein Unsinn!"

Eine wahnsinnige Wut erfaßte ihn.

"Du lügst! Du lügst, Elende! Du bist eifersüchtig auf sie! Du hast ein Urteil gegen ihren Mann in Händen! Sénécal und du, ihr seid einander würdig! Er haßt Arnoux, und du auch. Ich habe seine Freude beobachtet, wie du deinen Prozeß in der Kaolin-Sache gewonnen hast. Willst du das auch leugnen?"

"Ich gebe dir mein Wort ..."

"Dein Wort! Ich kenn' das!"

Dabei zahlte er ihre Liebhaber auf, die Namen und die geringsten Einzelheiten. Rosanette wurde schneeweiß und taumelte zurück.

"Das setzt dich in Erstaunen! Du hast mich für blind gehalten, weil ich die Augen geschlossen habe! Aber jetzt habe ich genug! An der Untreue einer Frau, wie du, stirbt man nicht. Wenn es zu arg damit wird, so verachtet man sie; es wäre ja für mich eine Erniedrigung, wenn ich dich bestrafen wollte!"

Sie rang die Arme.

"Mein Gott! Was hat ihn so verändert?"

"Niemand anders als du selbst!"

"Und das alles wegen Frau Arnoux ..." rief Rosanette weinend.

Er versetzte kalt:

"Ich habe nie eine andere geliebt!"

Bei dieser Beschimpfung versiegten ihre Tränen.

"O, das beweist deinen guten Geschmack! Eine Person, wahrhaftig, die nicht mehr jung ist, mit einem Teint wie Lakritze und dicker Taille, mit Augen, die so groß und leer sind wie Kellerlöcher! Wenn dir das Spaß macht, so gehe doch und such' sie!"

"Darauf habe ich nur gewartet! Danke!"

Rosanette stand unbeweglich da, starr über diese Veränderung. Sie hörte ihn die Tür zuschlagen; dann erst stürzte sie ihm mit einem Satz ins Vorzimmer nach und hielt ihn mit ihren Armen fest:

"Aber, du bist ja verrückt! Du bist verrückt! Es ist doch zu albern! Ich liebe dich ja!" Sie flehte ihn an; "Um Himmels willen, im Namen unseres Kindes!"

"Sag' die Wahrheit: du hast den Streich geführt!"

Sie versicherte abermals ihre Unschuld.

"Du willst es nicht eingestehen?"

"Nein!"

"Dann adieu! Für immer!"

"So höre mich doch an!"

Frédéric wandte sich um.

"Wenn du mich genauer kenntest, müßtest du wissen, daß mein Entschluß jetzt unwiderruflich ist!"

"Du wirst mich wiedersehen!"

"Niemals in meinem Leben!"

Er ließ die Tür laut hinter sich zufallen.

Rosanette schrieb Deslauriers, daß sie ihn sofort sprechen müsse.

Fünf Tage später, eines Abends, kam er an; als sie ihm von ihrem Bruch mit Frédéric erzählte, erwiderte er:

"Das ist alles? Das ist das ganze Unglück?"

Sie hatte anfangs geglaubt, daß er ihr Frédéric wieder zurückbringen könne; aber jetzt war alles vorbei. Durch seinen Portier hatte sie von seiner bevorstehenden Verheiratung mit Frau Dambreuse erfahren.

Deslauriers hielt ihr eine Trostrede, dabei war er überraschend vergnügt und ausgelassen; da es sehr spät war, bat er sie um die Erlaubnis, die Nacht auf einem Lehnstuhl zubringen zu dürfen. Am nächsten Morgen reiste er nach Nogent zurück, nachdem er ihr beim Abschied gesagt hatte, er wüßte nicht, wann sie sich wiedersehen würden; binnen kurzem werde vielleicht eine große Veränderung mit ihm vorgehen.

Zwei Stunden nach seiner Ankunft war Nogent in heller Aufregung. Alles sprach davon, daß Frédéric Frau Dambreuse heiraten werde. Schließlich liefen die drei Fräulein Auger, die es nicht mehr aushalten konnten, zu Frau Moreau, die die Nachricht stolz bestätigte. Der alte Roque wurde krank vor Ärger. Louise schloß sich ein. Das Gerücht ging sogar, daß sie verrückt geworden wäre.

Mittlerweile konnte Frédéric seiner Trauer nicht Herr werden. Frau Dambreuse überschüttete ihn, um ihn aufzuheitern, mit Aufmerksamkeiten. Jeden Nachmittag fuhr sie mit ihm in ihrem Wagen spazieren, und eines Tages, als sie die Place de la Bourse passierten, kam sie auf die Idee, in das Versteigerungshaus zu gehen, um es zu besichtigen.

Es war der erste Dezember, gerade der Tag, an dem der Hausstand der Frau Arnoux unter den Hammer kommen sollte. Er erinnerte sich des Datums und machte seinen Widerwillen geltend; das Haus mit seiner Menschenmenge und dem Lärm sei unerträglich. Sie wollte nur einen Blick hineinwerfen. Das Koupee hielt an. Es blieb ihm nichts übrig, als ihr zu folgen.

Im Hofe sah man Waschtische ohne Schalen, Gestelle von Lehnsesseln, alte Körbe, Porzellanscherben, leere Flaschen und Matratzen; Männer in Blusen oder schmierigen Röcken, alle mit Staub bedeckt und gewöhnlich aussehend, einige mit Leinwandsäcken auf der Schulter, standen in Gruppen unten und lärmten.

Frédéric wiederholte, es sei peinlich, weiter zu gehen.

"Ach was!"

Sie stiegen die Treppe hinauf.

In dem ersten Saale rechts prüften Herren mit dem Katalog in der Hand Bilder; in einem anderen wurde eine Sammlung chinesischer Waffen versteigert; Frau Dambreuse wollte wieder hinuntergehen. Sie sah die Nummern über den Türen an und führte ihn bis zum äußersten Ende des Korridors, in einen Raum, der von Menschen überfüllt war.

Sofort erkannte er die beiden Etageren des "Kunstgewerbes", ihre Arbeitstischchen, alle ihre Möbel! Im Hintergrunde waren sie der Größe nach aufgestellt, und an den anderen Wänden des Raumes hingen die Teppiche und die Vorhänge gerade herunter. Darunter befanden sich Trittschemel, auf denen alte Herren saßen und schlummerten. Links war eine Art Tribüne errichtet, auf der der Auktionator, in weißer Krawatte, einen kleinen Hammer schwang. Neben ihm schrieb ein junger Mann; und ein wenig niedriger stehend, rief ein kräftiger Bursche, der etwas von einem Geschäftsreisenden und einem Kontremarkenhändler an sich hatte, die zu versteigernden Möbel aus. Drei Diener trugen sie auf einen Tisch, um welchen Trödler und Händlerinnen herumsaßen. Hinter ihnen bewegte sich die Menge auf und ab.

Als Frédéric eintrat, gingen die Unterröcke, die Halstücher und schließlich die Hemden von Hand zu Hand; manchmal warf man sie sich zu, und man sah etwas Weißes durch die Luft fliegen. Dann wurden die Kleider versteigert, dann einer ihrer Hüte, an dem die Feder zerbrochen herunterhing, dann ihr Pelzwerk, dann drei Paar Stiefel, – die Verteilung dieser Reliquien, in denen er etwas von den Formen ihres Körpers wiedererkannte, war in seinen Augen eine Grausamkeit, unerträglich, wie wenn er Raben ihren Leichnam hätte zerfleischen sehen. Die von Ausdünstungen überladene Atmosphäre des Saales ekelte ihn an. Frau Dambreuse bot ihm ihr Riechfläschchen; sie selbst unterhielt sich sehr gut, wie sie sagte.

Man kam zu den Möbeln ihres Schlafzimmers. Maître Berthelmot setzte einen Preis fest. Der Ausrufer wiederholte denselben sofort viel lauter, und die drei Diener warteten ruhig auf das Herabfallen des Hammers, dann trugen sie den Gegenstand in einen anstoßenden Raum. So verschwanden nacheinander der große blaue Teppich, dessen Guirlanden aus Kamelien ihre kleinen Füße so oft gestreift hatten, wenn sie im Salon ihm entgegentrat; das kleine gestickte Sofa, auf dem er ihr immer gegenüber saß, wenn sie allein waren; die beiden Kaminschirme, deren Elfenbein durch die Berührung ihrer Hände noch zarter geworden war; ein Nähkissen aus Samt, in dem noch Nadeln staken. Es war, als ob Bruchstücke ihres Herzens mit diesen Schätzen fortgingen; und die eintönige Stimme des Ausrufers und seine immer gleichen Bewegungen machten Frédéric müde, betäubten ihn; er war halbtot.

Ein Rauschen von Seide drang an sein Ohr; Rosanette stand dicht neben ihm.

Von der Versteigerung hatte sie durch Frédéric selbst erfahren. Nachdem ihr Kummer verflogen war, fiel ihr ein, daß sie dabei profitieren könnte. Mit Siegermiene stand sie da, in einer Jacke von weißem Atlas mit Perlenknöpfen, einem Rock mit Volants und mit enganschließenden, hohen Handschuhen.

Er wurde bleich vor Zorn. Sie betrachtete die Frau, in deren Begleitung er war.

Frau Dambreuse hatte sie erkannt, und eine Minute lang sahen die beiden sich prüfend von oben bis unten an, als wollten sie aneinander einen Fehler, eine schwache Seite entdecken, – die eine eifersüchtig auf die Jugend der anderen, diese wieder neidisch auf den guten Ton und die aristokratische Einfachheit ihrer Rivalin.

Endlich wandte Frau Dambreuse den Kopf mit einem unaussprechlich hochmütigen Lächeln weg.

Der Ausrufer hatte ein Klavier geöffnet, – ihr Klavier! Im Stehen spielte er eine Tonleiter mit der rechten Hand; er bot das Instrument für zwölfhundert Franken aus, dann ging er auf tausend, achthundert, siebenhundert herunter.

In ausgelassener Weise mokierte sich Frau Dambreuse über den Klimperkasten.

Vor die Trödler wurde ein Kästchen mit Rundbildern, silbernen Ecken und Schließhaken gestellt, dasselbe, das er bei dem ersten Diner in der Rue Choiseul gesehen hatte, das dann bei Rosanette gewesen und schließlich zu Frau Arnoux zurückgekommen war; während ihrer Plaudereien hatten häufig seine Blicke es gestreift; es war mit seinen teuersten Erinnerungen verknüpft, und seine Seele schluchzte vor Rührung; plötzlich sagte Frau Dambreuse:

"Das werde ich kaufen."

"Aber es ist nicht viel daran," versetzte er.

Sie fand es im Gegenteil sehr hübsch; der Ausrufer rühmte gerade auch die zarte Arbeit.

"Ein Schmuckstück der Renaissance! Achthundert Franken, meine Herren! Fast ganz aus Silber! Mit ein wenig Putzstein wird es wieder glänzen!"

Da sie sich durch die Menge drängte, sagte Frédéric:

"Was für ein Einfall!"

"Ärgert Sie's?"

"Nein! Aber wozu? Was kann man mit dem Ding machen?"

"Wer weiß? Vielleicht Liebesbriefe hineintun!"

Dabei warf sie ihm einen Blick zu, der die Anspielung sehr durchsichtig machte.

"Um so mehr Grund, den Toten nicht ihre Geheimnisse zu rauben."

"Für so tot habe ich sie nicht gehalten." Mit heller Stimme rief sie: "Achthundertzwanzig Franken!"

"Es ist nicht schön, was Sie da tun," murmelte Frédéric.

Sie lachte.

"Meine Liebe, es ist die erste Bitte, die ich an Sie richte."

"Wissen Sie, daß Sie kein liebenswürdiger Gatte sein werden?"

Jemand hatte mehr geboten, sie hob die Hand in die Höhe:

"Neunhundert Franken!"

"Neunhundert Franken!" wiederholte Maître Berthelmot.

"Neunhundertzehn ... fünfzehn ... zwanzig ... dreißig!" kreischte der Ausrufer, indem er in die Runde sah und die Angebote mit kurzem Kopfnicken entgegennahm.

"Beweisen Sie mir, daß ich eine vernünftige Frau bekomme," flüsterte Frédéric ihr zu.

Dabei zog er sie sanft zur Tür.

Der Auktionator fuhr fort:

"Also, meine Herren! Bietet niemand mehr als neunhundertdreißig Franken?"

Frau Dambreuse, die an der Schwelle angelangt war, blieb stehen und rief laut:

"Tausend Franken!"

Durch die Menge ging eine Bewegung, dann entstand tiefes Schweigen.

"Tausend Franken! Bietet niemand mehr? Tausend Franken! – Zum Dritten!"

Der Elfenbeinhammer fiel.

Sie reichte ihre Karte nach vorn, man gab ihr das Kästchen. Sie versenkte es in ihren Muff.

Frédéric fühlte, wie ein eiskalter Schauer ihm durchs Herz ging.

Frau Dambreuse hatte seinen Arm nicht losgelassen, aber sie wagte nicht, ihm ins Gesicht zu sehen, bis sie auf der Straße waren, vor ihrer Kutsche.

Sie huschte hinein wie ein Dieb, der auf der Flucht ist, dann drehte sie sich nach Frédéric um. Er hielt seinen Hut in der Hand.

"Sie steigen nicht ein?"

"Nein, gnädige Frau!"

Und mit einem kalten Gruß schloß er die Wagentür, dann gab er dem Kutscher das Zeichen, abzufahren.

Zuerst empfand er ein Gefühl der Freude und einer wiedererrungenen Freiheit; er war stolz darauf, Frau Arnoux gerächt zu haben, indem er ihr ein Vermögen opferte; dann aber kam ihm doch sehr verwunderlich vor, was er getan, und eine unendliche Zerschlagenheit drückte ihn nieder.

Am nächsten Morgen brachte ihm sein Diener Neuigkeiten. Der Belagerungszustand war erklärt, die Nationalversammlung aufgelöst, und ein Teil der Volksvertreter nach Mazas gebracht worden. Die öffentlichen Angelegenheiten ließen ihn gleichgültig, so stark war er von seinen persönlichen in Anspruch genommen.

Er schrieb an seine Lieferanten, um verschiedene Käufe abzubestellen, die mit seiner Heirat zusammenhingen; diese erschien ihm jetzt wie eine unedle Spekulation, und er verabscheute Frau Dambreuse, weil er ihretwegen beinahe etwas Niedriges begangen hätte. Er vergaß darüber die Marschallin, sorgte sich nicht einmal mehr um Frau Arnoux, – nur an sich selbst, sich allein denkend, – versunken in die Trümmer seiner Träumereien, krank, von Schmerz und Entmutigung überwältigt; und voll Haß gegen die erkünstelte Welt, in der er soviel gelitten hatte, sehnte er sich nach der Frische einer grünen Wiese, der Ruhe der Provinz, nach einem stillen Leben im Schatten des Vaterhauses, nach der Gesellschaft harmloser Menschen. Am Mittwoch abend endlich ging er aus.

Zahlreiche Gruppen standen auf dem Boulevard umher. Von Zeit zu Zeit trieb eine Patrouille sie auseinander; aber sie schlossen sich sofort wieder zusammen. Man sprach ganz ungeniert, verhöhnte und beschimpfte die Truppen, ohne tätlich zu werden.

"Wird man sich nicht schlagen?" fragte Frédéric einen Arbeiter.

Der Blusenmann antwortete ihm:

"Wir sind nicht so dumm, uns für die Bourgeois totschlagen zu lassen! Die können selbst sehen, wie sie fertig werden!"

Ein Herr brummte, den Proletarier von der Seite ansehend:

"Die Kanaille von Sozialisten! Wenn man sie doch jetzt ausrotten könnte!"

Soviel Rachsucht und Dummheit waren Frédéric ein Rätsel. Sein Widerwillen gegen Paris wurde dadurch noch größer; am übernächsten Tage fuhr er mit dem ersten Zuge nach Nogent ab.

Die Häuser verschwanden bald, das flache Land tat sich auf. Allein in seinem Waggon und die Füße auf dem Sitz, überdachte er die Ereignisse der letzten Tage, seine ganze Vergangenheit. Die Erinnerung an Louise stieg wieder auf.

"Diese Eine hat mich geliebt! Ich habe unrecht getan, nicht nach diesem Glück zu greifen ... Na! Denken wir nicht mehr daran!"

Fünf Minuten später sagte er sich jedoch:

"Wer weiß? ... Später vielleicht, warum nicht?"

Seine Gedanken schweiften ebenso wie seine Blicke in unbestimmte Horizonte.

"Sie war naiv, eine Bäuerin, fast eine Wilde, aber sie ist gut!"

Je näher er Nogent kam, desto näher trat ihm ihr Bild.

Als er durch die Felder von Sourdun fuhr, sah er sie im Geiste vor sich, wie früher, unter den Pappeln, Binsen am Rande der Wasserlachen schneidend; der Zug hielt, er stieg aus.

Müde lehnte er sich über das Brückengeländer, um die Insel mit dem Garten wiederzusehen, in dem sie an einem sonnigen Tage spazieren gegangen waren; – und die Betäubung, die ihm die Reise und die frische Luft verursachten, die Schwäche, die von den letzten Aufregungen zurückgeblieben war, versetzten ihn in eine Art Exaltation; er sagte sich:

"Sie ist vielleicht ausgegangen; wenn ich ihr begegnen könnte!"

Die Glocke von Saint-Laurent ertönte; auf dem Platz vor der Kirche sah er eine Ansammlung von Armen, eine Kalesche (die einzige in der Gegend, die, welche bei Hochzeiten benutzt wurde) und plötzlich unter dem Portal, mitten in einer Menge von Bürgersleuten mit weißen Krawatten, ein neuvermähltes Paar.

Er glaubte an eine Sinnestäuschung. Aber nein! Sie war es wirklich, Louise! – eingehüllt in einen weißen Schleier, der von ihren roten Haaren bis an ihre Absätze herunterfiel; und er war Deslauriers! – in einem blauen Rock mit Silberbesatz, der Präfektenuniform. Was bedeutete das?

Frédéric verbarg sich im Winkel eines Hauses, um den Zug vorbeiziehen zu lassen. Beschämt, besiegt, niedergeschmettert, ging er wieder zur Eisenbahn; er fuhr nach Paris zurück. Sein Droschkenkutscher versicherte, daß vom Château d'Eau bis zum Gymnase Barrikaden ständen, und nahm den Weg durch das Faubourg Saint-Germain. An der Ecke der Rue de Provence stieg Frédéric aus, um die Boulevards zu erreichen.

Es war fünf Uhr, ein feiner Regen fiel herab. Die Trottoirs hinter der Oper waren mit Bürgern dicht besetzt. Die gegenüberliegenden Häuser waren geschlossen. Kein Mensch an den Fenstern. Den ganzen Boulevard entlang galoppierten Dragoner im vollsten Jagen, auf ihre Pferde niedergebeugt, mit gezogenem Säbel; die Helmbüsche und ihre weiten weißen Mäntel, die hinter ihnen flatterten, zogen im Lichte der Gasflammen vorüber, die durch den Nebel im Winde flackerten. Stumm und entsetzt sah ihnen die Menge nach.

Zwischen den Kavallerie-Zügen brachen Trupps von Schutzleuten durch, um das Volk in die Nebenstraßen zurückzudrängen. Aber ein Mann auf den Stufen von Tortoni – Dussardier, von ferne schon an seinem hohen Wuchse erkennbar – blieb stehen, bewegungslos wie eine Karyatide.

Einer der Polizeibeamten, der vorn an der Spitze schritt, den Dreispitz tief in der Stirn, drohte ihm mit dem Degen.

Der andere trat einen Schritt vor und rief:

"Es lebe die Republik!"

Er fiel auf den Rücken, die Arme weit ausgestreckt, wie gekreuzigt.

Ein Schrei des Entsetzens ging durch die Menge. Der Polizist sah sich mit gehobenem Gesicht im Kreise um, und Frédéric, sprachlos, erkannte Sénécal.

6.

Er reiste.

Er lernte die Melancholie der Dampfschiffe, die kalten Morgendämmerungen unter Zeltdächern, den betäubenden Eindruck von Landschaften und Ruinen, die Bitterkeit unterbrochener Sympathien kennen.

Er kam zurück.

Er besuchte Gesellschaften und hatte noch manche Geliebte. Aber neben der unverlöschbaren Erinnerung an jene erste Sehnsucht wurden sie ihm alle wieder gleichgültig, nichtswürdig; und mit dem Ungestüm des Verlangens, mit dem ersten, stärksten Duft der Empfindung war es vorbei. Auch sein geistiger Ehrgeiz war gesunken. Jahre vergingen, und er schleppte geduldig seine untätige Intelligenz, ein träges Herz mit sich.

Gegen Ende des März 1867, als er eines Abends in der Dämmerung in seinem Arbeitszimmer saß, trat eine Frau bei ihm ein.

"Frau Arnoux!"

"Frédéric!"

Sie nahm seine Hände, zog ihn sanft ans Fenster und sah ihn immer wieder an:

"Er ist es! Er ist es wirklich!"

Im Halbdunkel konnte er unter dem schwarzen Spitzenschleier, der ihr Gesicht bedeckte, nur ihre Augen erkennen.

Nachdem sie eine kleine Brieftasche aus granatfarbenem Samt auf den Sims des Kamins gelegt hatte, setzte sie sich. Eine Weile blieben sie so, ohne ein Wort hervorzubringen, lächelnd einander zugewandt.

Endlich richtete er alle die vielen Fragen an sie, die er auf dem Herzen hatte: was sie erlebt, wie es mit ihrem Manne stehe.

Sie wohnten tief in der Bretagne, um sparsam leben und ihre Schulden bezahlen zu können. Arnoux, der fast immer krank war, sah wie ein Greis aus. Ihre Tochter war in Bordeaux verheiratet, und ihr Sohn in Mostaganem in Garnison. Dann hob sie den Kopf und sagte:

"Aber nun sehe ich Sie wieder! Ich bin glücklich!"

Er verfehlte nicht, ihr zu sagen, daß er bei der Nachricht von der Katastrophe in ihre Wohnung geeilt war.

"Ich weiß!"

"Woher?"

Sie hatte ihn damals im Hof gesehen und sich verborgen gehalten.

"Warum?"

Darauf antwortete sie mit zitternder Stimme, und nur zögernd kamen die Worte heraus:

"Ich hatte Furcht! Jawohl ... Furcht vor Ihnen ... vor mir selbst!" Diese Enthüllung verblüffte und erregte ihn zugleich; sein Herz klopfte stürmisch. Sie fuhr fort:

"Entschuldigen Sie, daß ich nicht früher gekommen bin." Sie zeigte auf das rotsamtne Täschchen, das mit goldenen Palmblättern bedeckt war. "Ich habe es eigens für Sie gestickt. Es enthält das Geld, für das die Terrains in Belleville haften sollten."

Frédéric dankte ihr für das Geschenk und schalt gleichzeitig mit ihr, weil sie sich so bemüht hätte.

"Nein! Deshalb allein bin ich nicht gekommen! Mir lag an diesem Besuch; nun kann ich ruhig wieder zurückfahren in mein Nest da drunten!"

Sie beschrieb ihm, wo sie jetzt wohnte.

Es war ein niedriges einstöckiges Haus mit einem Garten, in dem riesige Buchshecken standen, und mit einer doppelten Allee von Kastanienbäumen, die sich bis auf den Hügel hinaufzogen, von dem aus man das Meer sehen konnte.

"Dort sitze ich auf einer Bank, die ich ›Frédérics Bank‹ getauft habe."

Sie stand auf und sah neugierig prüfend seine Möbel an, die Nippes, die Bilder, um sie in der Erinnerung mit sich zu nehmen. Das Porträt der Marschallin war mit einem Vorhang halb verdeckt. Aber das Gold und die Lichter der Leinwand, die durch die Finsternis schimmerten, zogen ihre Blicke an.

"Mir scheint, daß ich diese Frau kenne?"

"Unmöglich!" erwiderte Frédéric. "Es ist eine alte italienische Malerei."

Sie gestand ihm, daß sie gern einen Spaziergang durch die Straßen an seinem Arm machen würde.

Sie gingen zusammen aus.

Lichtschimmer aus den Schaufenstern fielen manchmal scharf auf ihr blasses Profil; dann verbarg die Dunkelheit es wieder; inmitten der Wagen, der Menge und des Lärms gingen sie dahin, in sich gekehrt, ohne sich ablenken zu lassen, ohne die Außenwelt zu bemerken, wie Menschen, die in einer Landschaft auf einem Teppich von welkem Laub spazierengehen.

Sie plauderten von früheren Tagen, von den Diners zur Zeit des "Kunstgewerbe", den Eigenheiten Arnoux', von seiner Art, die Spitzen seines Kragens zu zerren, Pomade in seinen Schnurrbart zu tun, und dann von anderen, intimeren, ernsteren Dingen. Welches Entzücken war es für ihn, als er sie zum ersten Male singen hörte! Wie schön war sie in Saint-Cloud an ihrem Geburtstage gewesen! Er erinnerte sie an den kleinen Garten in Auteuil, an die Abende im Theater, an eine Begegnung auf dem Boulevard, an ihre früheren Dienstboten, an die Negerin.

Sie wunderte sich über sein Gedächtnis. Aber auch sie bekannte:

"Manchmal kommen Ihre Worte wie ein Echo aus der Ferne, wie der Klang einer Glocke, den der Wind mit sich führt, mir wieder in Erinnerung; und wenn ich eine Liebesszene in einem Roman lese, dann ist mir's immer, als wären Sie bei mir."

"Was man in Büchern für übertrieben hält, alles das habe ich bei Ihnen wirklich empfunden!" sagte Frédéric. "Ich verstehe jetzt den Werther, den nichts an Charlotte ernüchtern kann, auch nicht ihr Butterbrot."

Sie seufzte auf; nach langem Stillschweigen sagte sie:

"Und doch, wir haben uns wirklich geliebt!"

"Aber nicht besessen!"

"Das war vielleicht besser so," sagte sie.

"Nein! Nein! Wie glücklich hätten wir werden können!"

"Ja! Mit einer Liebe wie der Ihren!"

Wie stark mußte die sein, wenn ihr die lange Trennung nichts anhaben konnte!

Frédéric fragte sie, wie sie zuerst davon erfahren hätte.

"Es war an einem Abend, Sie küßten mir die Hand zwischen dem Handschuh und der Manschette. Da habe ich mir gedacht: ›Er liebt mich am Ende ... er liebt mich!‹ Aber ich hatte Angst davor, ich wollte keine Gewißheit. Ihre Zurückhaltung war ja so reizend, sie war viel mehr als eine ausgesprochene, beabsichtigte Huldigung."

Nun bedauerte er nichts mehr. Seine Leiden von damals waren aufgewogen.

Als sie wieder in seine Wohnung kamen, nahm Frau Arnoux den Hut ab. Die Lampe, die auf einer Konsole stand, fiel hell auf ihr Haar: es war weiß. Das traf ihn wie ein Faustschlag mitten in die Brust.

Um diese Enttäuschung vor ihr zu verbergen, beugte er sich auf die Knie, nahm ihre Hände und sagte ihr zärtliche Worte.

"Sie selbst und Ihre kleinsten Bewegungen, sie waren in meinen Augen immer von einer übermenschlichen Bedeutung für die Welt. Mein Herz war wie Staub, der unter Ihren Füßen aufwirbelt. Ich sah Sie vor mir, wie man einen Mondstrahl in einer Sommernacht sieht, wenn alles ringsum Duft ist, süße Dämmerung, Lichtschimmer, unendliche Stille; und alle Wonnen des Körpers und der Seele waren für mich in Ihrem Namen enthalten, den ich immer vor mich hinsprach, den ich zu küssen versuchte, wenn ich ihn auf den Lippen hatte. Etwas Höheres habe ich niemals erträumt. So wie Sie waren, liebte ich Sie, die schöne Frau Arnoux mit ihren beiden Kindern, zärtlich und ernst – und so gut! Neben Ihrem Bild mußten alle anderen verblassen. Wie hätte ich je an etwas anderes denken können, da in meinem tiefsten Innern immer die Musik Ihrer Stimme nachklang, und der Glanz Ihrer Augen darin unauslöschlich war!"

Mit Entzücken nahm sie das hin – Anbetungen einer Frau, die sie nun nicht mehr war. Frédéric, der sich an seinen Worten berauschte, glaubte schließlich, was er sagte. Frau Arnoux, den Rücken zum Licht gewendet, neigte sich zu ihm. Einen kosenden Hauch ihres Atems fühlte er auf seiner Stirn, und durch ihre Kleider empfand er eine leise Berührung mit ihrem ganzen Körper. Ihre Hände fanden sich in einem Druck; die Spitze ihres Schuhs trat unter ihrem Kleid hervor, und fast zu schwach, um noch zu widerstehen, sagte er zu ihr:

"Wenn ich Ihren Fuß sehe, das verwirrt mich."

In einer schamhaften Regung stand sie auf. Unbeweglich und wie im Ton einer Nachtwandlerin sagte sie:

"In meinen Jahren! Frédéric! ... Nie ist eine Frau geliebt worden wie ich! Niemals! Wozu jung sein? Ich brauche es nicht. Ich verachte die jungen, sie können kommen, so viele ihrer wollen."

"O! Es kommt schwerlich noch eine!" antwortete er, um sie zu beruhigen.

Ihr Gesicht strahlte; sie wollte wissen, ob er heiraten würde.

Er beteuerte: "Niemals!"

"Wirklich! Und warum?"

"Ihretwegen," erwiderte Frédéric, sie in seine Arme schließend.

So blieb sie stehen, die Schultern zurückgebeugt, mit halboffenem Mund, die Augen aufwärts gerichtet. Plötzlich stieß sie ihn unglücklich, verzweifelt von sich; und da er in sie drang, ihm das zu erklären, sagte sie mit gesenktem Blick:

"Wie gern hätte ich Sie glücklich gemacht!"

Frédéric hatte den Verdacht, daß sie gekommen war, sich ihm anzubieten; und eine wütende, tolle Begierde, stärker als jemals, packte ihn. Und doch, zugleich empfand er etwas Unerklärliches, was wie ein Widerstreben in ihm war, wie die Furcht vor einer Blutschande. Und noch eine andere Angst hielt ihn ab: daß er nicht später einmal ungern daran zurückdenke. Welche Unannehmlichkeiten konnten auch daraus entstehen! Aus Klugheit, und um sein Ideal nicht zu erniedrigen, wandte er sich ab; er begann eine Zigarette zu drehen.

Sie sah ihn an und war voller Bewunderung.

"Wie feinfühlig Sie sind! Sie sind der edelste Mensch! Der edelste!"

Es schlug elf.

"Schon elf!" sagte sie. "Um Viertel muß ich gehen!"

Sie setzte sich wieder, aber den Blick auf die Uhr geheftet, und er ging noch immer rauchend auf und nieder. Sie fanden beide nichts mehr zu sagen. Vor einer Trennung gibt es immer einen Augenblick, wo die geliebte Person schon nicht mehr bei uns ist.

Endlich, nachdem der Zeiger fünfundzwanzig Minuten überschritten hatte, faßte sie langsam ihren Hut an den Bändern.

"Adieu, mein Freund, mein lieber Freund! Ich werde Sie nie wiedersehen! Das war mein letzter Weg zu Ihnen, aber meine Seele wird Sie nie verlassen! Alle Segnungen des Himmels seien mit Ihnen!"

Und sie küßte ihn wie eine Mutter auf die Stirn.

Aber sie schien noch etwas zu suchen, sie bat ihn um eine Schere.

Sie nahm ihren Kamm heraus, und ihre weißen Haare fielen frei herab.

Schonungslos schnitt sie eine lange Locke an der Wurzel ab.

"Bewahren Sie sie! Adieu!"

Als sie fort war, öffnete Frédéric das Fenster. Auf dem Trottoir stand Frau Arnoux und rief einen Fiaker heran. Sie stieg ein. Der Wagen verschwand.

Das war alles.